남북한
사회보장제도
비교

남북한 사회보장제도 비교

현실과 미래를 잇는 통합 전략

Comparison of the Social Security System
in South and North Korea

윤승비 지음

좋은땅

머리말

윤승비 박사
(경제학·사회복지정책 박사)

한반도는 분단 이후 서로 다른 사회 체제와 경제구조 속에서 남과 북이 각각 독자적인 사회보장제도를 발전시켜 왔다. 이러한 제도적 차이는 현재는 물론, 앞으로 통일이 이루어진 후에도 한반도 사회의 통합과 지속 가능한 복지국가 구현에 있어 중요한 과제로 대두되고 있다. 이에 본서는 남북한 사회보장제도의 현황을 면밀하게 들여다보고, 미래 지향적인 통합 전략을 모색하기 위해 집필되었다.

저자는 북한에서 태어나 2006년 대한민국에 입국한 '북향민' 출신으로, 경희대학교에서 경제학 박사학위를 취득한 후 보훈교육연구원에서 선임연구원으로 활발한 연구활동을 펼쳤다. 동시에 서울기독대학교에서 사회복지정책 박사학위를 취득하고 겸임교수로서 학문적 후학 양성에 매진해 왔다.

경제학과 사회복지정책이라는 두 학문 분야를 융합하는 독특한 연구자로서, 수십여 편의 정책연구보고서와 학술논문을 통해 한반도 사회복지와 경제 문제를 통합적 관점에서 분석해 왔다.

남한과 북한은 역사적·정치적 배경뿐만 아니라 경제 체제와 사회복지 철학에서 본질적으로 다른 사회보장제도를 운영해 왔다. 남한은 시장경제와 민주주의 기반하에 점진적 복지 확대를 추진하는 반면, 북한은 사회주의 체제 아래 중앙집권적 통제와 국가 주도의 보장 시스템을 특징으로 한다. 이러한 차이는 사회보장제도의 내용뿐 아니라 재정 운영, 서비스 제공, 행정 체계 등 다양한 측면에서 현격한 차이를 낳고 있다.

하지만 이러한 제도 차이를 체계적으로 비교·분석하는 포괄적인 교재와 연구는 여전히 부족한 상황이다. 본서는 남북한 사회보장제도의 형성과 발전, 철학적 배경, 제도 운영과 재정 구조, 행정 체계에 이르기까지 총체적인 비교 분석을 통해 학습자와 연구자가 현실을 깊이 이해할 수 있는 토대를 마련하고자 하였다. 특히 경제학과 사회복지정책의 융합적 시각에서 재정 건전성과 복지 형평성, 효율성을 균형 있게 고려하는 통합적 접근은 남북한 사회보장제도를 바라보는 새로운 틀을 제공한다. 이는 대학 교과서로서 학문적 체계성을 갖추는 동시에 실무적 적용 가능성도 높은 교육 자료가 될 것이다.

남북한 사회보장제도의 통합은 한반도 평화와 통일 시대의 핵심 과제로 떠오르고 있다. 그러나 현재 남북 간 사회복지 격차는 물론, 정책 체계 및 행정 인프라의 차이로 인해 통합 과정은 매우 복잡하고 어려운 도전이다. 이에 대한 전략적 접근 없이는 통합의 성공을 기대하기 어렵다.

본서는 통합 필요성에 대한 명확한 인식에서 출발하여, 우선순위가 높은 통합 분야를 선정하고 단계별 실행 전략을 수립하는 방법론을 제공한다. 또한 정책 조정 메커니즘과 남북 협력 체계 구축 방안을 심도 있게 다루어 실현 가능한 통합 모델을 제시한다. 여기에 4차 산업혁명과 디지털 전환 시대에 맞는 사회보장 혁신 전략, 지속 가능한 재정 운용 방안 등을 함께 탐구함으로써 미래 지향적 통합 기반을 마련하고자 하였다. 경제학적 분석과 사회복지정책 연구를 결합한 저자의 독특한 연구 경험은 이러한 전략 수립에 있어 실증적 근거와 정책적 실효성을 확보하는 데 큰 강점으로 작용하였다. 본서는 학생뿐만 아니라 정책 입안자와 실무자에게도 통합 사회보장 체계 구축에 대한 실질적 비전과 구체적 방향을 제시한다.

'북향민' 출신 연구자로서, 저자는 한반도 분단의 현실과 통일을 대비하는 사회복지와 경제 분야 연구의 가교 역할을 수행하고자 한다. 본서는 경제학과 사회복지정책이라는 학제 간 융합적 관점과 북향민의 현장 경험을 토대로 남북한 사회보장제도 비교 연구의 새로운 지평을 열 것이다.

대학 교재로서 본서는 학문 후속세대의 교육과 연구 기반 구축에 기여하며, 사회복지 실천 현장과 정책 결정 과정에서도 활용될 수 있도록 실용적 내용을 포함하고 있다. 또한 한반도 평화와 통합에 기여하는 학술적·사회적 책임을 다하는 책으로 자리매김할 것이다. 이와 같이 『남북한 사회보장제도 비교: 현실과 미래를 잇는 통합 전략』은 남북한의 상이한 사회보장 현실을 체계적으로 이해하고, 미래 통합 사회에 대비한 실질적 전략을 모색하는 데 있어 필수적인 학술적·정책적 토대를 제공하는 교재로서 그 의미와 필요성이 매우 크다. 윤승비 박사의 풍부한 연구 경험과 통합적 시각이 담긴 이 책이 학계와 실무 현장, 그리고 통일 미래 사회를 준비하는 모든 이에게 든든한 길잡이가 되길 기대한다.

2025년 7월

경제인문사회연구소 연구실에서…

목차

머리말　4

제1부　남북한 사회보장제도의 이해

제1장　남북한 사회보장제도의 중요성과 이해의 필요성　10
제1절. 남북한 사회보장제도의 중요성　10
제2절. 이해의 필요성　20

제2부　남북한 사회보장제도의 역사와 철학

제2장　남한 사회보장제도의 발전 과정　28
제1절. 제도의 역사적 배경　28
제2절. 핵심 제도와 정책 변화　37

제3장　북한 사회보장제도의 형성과 특징　53
제1절. 사회주의적 접근과 특징　53
제2절. 주체사상과 사회보장의 관계　66

제3부　제도 비교 분석

제4장　사회보험 제도의 비교　78
제1절. 연금, 건강보험, 고용보험 등 주요 제도의 비교　78
제2절. 운영 방식과 재정 구조의 차이　94

제5장　사회복지 서비스의 비교　101
제1절. 기초생활 보장, 장애인 복지, 아동 및 노인복지 서비스 비교　101
제2절. 서비스 제공 방식과 접근성의 차이　120

제6장　사회보장제도의 재정 구조 비교　135
제1절. 남북한의 사회보장 재정 구조 비교　135
제2절. 재정 적자와 부채 문제 분석　151

제4부 사회보장 행정과 운영

제7장 행정 조직과 운영 체계 비교 — 172
- 제1절. 남북한의 사회보장 행정 조직 구조 — 172
- 제2절. 행정 운영 체계와 효율성 비교 — 190

제8장 정보 관리와 데이터 시스템 비교 — 212
- 제1절. 정보 시스템의 구축과 활용 현황 — 212
- 제2절. 데이터 관리의 투명성과 접근성 비교 — 228

제9장 사회보장제도의 국제 비교 — 246
- 제1절. 국가유형별 사회보장제도 비교 — 246
- 제2절. 사회보장 정책의 기능별·영역별 비교 — 260

제5부 사회보장 통합적 접근을 위한 전략

제10장 통합적 접근의 필요성과 목표 설정 — 270
- 제1절. 통합적 접근의 필요성 분석 — 270
- 제2절. 단기, 중기, 장기 목표 설정 — 283

제11장 단계적 통합적 접근 전략 수립 — 298
- 제1절. 우선 통합적 접근 분야 선정 — 298
- 제2절. 정책 조정과 협력 체계 구축 방안 — 308

제12장 정책 조정과 협력 체계 구축 — 317
- 제1절. 정책 조정 메커니즘 설계 — 317
- 제2절. 남북한 간 협력 체계 구축 방안 — 330

제6부 미래 지향적인 사회보장제도

제13장 4차 산업혁명 시대의 사회보장 혁신 — 342
- 제1절. 디지털 기술을 활용한 서비스 개선 방안 — 342
- 제2절. AI와 빅데이터를 통한 효율성 증대 방안 — 354

제14장 지속 가능한 복지 국가로의 발전 전략 — 376
- 제1절. 지속 가능한 재정 운영 방안 — 376
- 제2절. 사회적 통합과 평등을 위한 정책 제언 — 399

참고문헌 433

제1부

남북한 사회보장제도의 이해

제1장

남북한 사회보장제도의 중요성과 이해의 필요성

> 📖 **학습 목표**
> 1. 남북한 사회보장제도의 사회적·정치적 중요성을 이해한다.
> 2. 남북한 사회보장제도에 대한 이해가 필요한 이유를 설명할 수 있다.
> 3. 향후 남북 관계 및 통일 준비 과정에서 사회보장제도가 갖는 의미를 파악한다.

제1절 남북한 사회보장제도의 중요성

1. 사회보장제도의 기본 개념과 역할

1) 사회보장의 정의 및 기능

사회보장은 국가 또는 사회가 구성원의 생활 안정과 복지 증진을 위해 사회적 위험에 대응하여 제공하는 제도적 장치로 정의된다. 사회보장의 핵심 목적은 개인이 경제적 어려움이나 사회적 불이익에 처했을 때 최소한의 생활을 보장하고, 사회통합을 촉진하는 데 있다(ILO, 2017). 사회보장은 보편적 사회 안전망 역할을 하며, 실업, 질병, 장애, 노령, 출산 등 삶의 여러 위험 요인으로부터 국민을 보호한다는 점에서 중요한 사회정책 수단이다. 사회보장의 기능은 크게 소득 보장 기능, 사회 서비스 제공 기능, 그리고 사회 통합 기능으로 구분할 수 있다. 첫째, 소득 보장 기능은 실업, 노령, 장애 등으로 인한 소득 상실을 보완하여 경제적 빈곤을 예방한다. 이를 통해 국민의 기본생활을 유지하고 사회적 안정성을 확보한다. 둘째, 사회 서비스 제공 기능은 의료, 교육, 주거, 돌봄 서비스 등을 통해 국민의 삶의 질을 향상하고, 사회적 약자를 지원하는 역할을 수행한다. 마지막으로, 사회 통합 기능은 다양한 사회 계층과 집단 간의 격차를 완화하고, 공동체 의식을 강화하여 사회 전반의 평화와 안정에 기여한다(Esping-Andersen, 1990). 특히 사회보장은 단순한 복지 수단을 넘어 사회적 위험에 대한 국가와 사회의 공동 책임을 구현하는 제도로서, 사회연대와 상호부조의 가치를 담고 있다. 이는 현대 복지국가 이론에서도 강조하는 바와 같이, 국민 모두가 사회보장 체계 안에서 권리와 의무를 공유하는 '사회적 계약'의 일환으로 이해된다(Humphries, 2012). 이와 같이 사회보장은 개인의 생존권 보장뿐만 아니라, 사회적 평등과 지속 가능한 발전을 도모하는 핵심적 역할을 담당하고 있다. 따라서 정책 입안자와 학자들은 사회보장의 정의와 기능을 정확히 이해하고 이를 바탕으로 현실에 맞는 사회보장제도를 설계·운영하는 것이 매우 중요하다(OECD, 2020).

2) 국가 발전과 사회 안정에서의 사회보장 역할

사회보장은 단순히 빈곤층을 보호하는 수단을 넘어서, 국가 발전과 사회 안정의 핵심 인프라로 기능한다. 현대 복지국가는 사회보장을 경제 성장과 정치적 안정, 사회 통합을 위한 전략적 정책 수단으로 적극 활용하고 있으며, 이는 사회보장이 투자적 복지(Investment in Welfare)로 인식되는 맥락에서 더욱 강조되고 있다(Barr, 2012; Esping-Andersen, 1999). 첫째, 사회보장은 경제 발전의 견인 장치로 작용한다. 사회보장은 개인과 가계의 소득을 안정시키고, 소비를 촉진하여 내수 경제를 활성화하는 역할을 한다. 예컨대 실업급여, 아동수당, 기초연금과 같은 이전소득은 소비 위축을 완화하고, 경기침체기에 자동 안정장치(Automatic stabilizer)로 기능한다(OECD, 2020). 또한, 건강보험·교육 지원 등은 인적 자본의 질을 향상해 국가 경쟁력을 강화하는 기반이 된다. ILO(2017)는 "사회보장 체계는 인적 자본 개발과 생산성 증대를 통해 지속 가능한 성장의 토대가 된다"고 명시하였다. 둘째, 사회보장은 사회적 불안정 요소를 완화하며 정치적 안정을 이끈다. 복지정책은 계층 간 갈등, 지역 간 격차, 세대 간 불평등을 완화하여 사회적 통합(Social cohesion)을 촉진하고, 그 결과로 정치 체제의 정당성과 지속 가능성을 높인다(Esping-Andersen, 1990). 사회보장이 부재하거나 미흡한 사회에서는 경제적 위기와 함께 사회적 불만이 정치적 불안으로 연결될 위험이 높다. 실제로 유럽 복지국가들의 경험은 포괄적인 사회보장이 시민의 정치 참여, 제도 신뢰, 법치주의 수용에 긍정적 영향을 준다는 점을 보여 준다(Hemerijck, 2013).

셋째, 사회보장은 장기적으로 지속 가능한 사회 구조를 만드는 데 기여한다. 사회보장은 사회적 위험을 공동체가 분담하는 시스템을 통해 세대 간, 계층 간 연대를 형성하고, 고령화·저출산 등 구조적 위기에 대응하는 사회적 기반(Social infrastructure)으로 기능한다(UNDP, 2022). 특히 고령사회 진입 이후 연금제도와 장기요양보험은 단순한 지출 항목이 아니라 노동시장, 가족 구조, 건강관리 체계의 안정성에 직결되는 중요한 제도이다. 이러한 측면에서 사회보장은 미래 사회 변화에 대응하기 위한 정책적 유연성과 국가 지속 가능성을 동시에 확보할 수 있는 제도적 틀로 볼 수 있다. 사회보장은 국가의 발전 전략과 깊이 연결된 경제적, 정치적, 사회적 안전망으로서 기능한다. 단기적으로는 빈곤 예방과 소득 보전을 통해 국민 삶의 질을 보장하고, 장기적으로는 국가 시스템의 안정성과 회복력(Resilience)을 구축하는 데 핵심적 역할을 수행한다. 따라서 사회보장은 '비용'이 아니라 국가의 장기적 번영을 위한 투자로 인식되어야 하며, 이를 위해 보편성과 지속 가능성을 중심으로 제도의 개편이 이루어져야 한다.

2. 남한 사회보장제도의 중요성

1) 경제 성장과 복지국가 건설

남한 사회보장제도는 단순한 빈곤 완화 수단을 넘어, 경제 성장과 복지국가 건설의 핵심 인프라로 기능해 왔다. 특히 1960년대 이후의 고도성장기와 1997년 외환위기 이후의 제도 개편기를 거치면서, 사회보장은 경제 개발과 구조 조정을 안정적으로 뒷받침하는 필수 정책 수단으로 자리매김하였다.

◆ 사회보장의 경제적 역할

사회보장은 경제 성장 과정에서 발생할 수 있는 사회적 불평등, 소득 격차, 취약계층의 배제 문제를 완화함으로써 시장경제의 역기능을 보완한다. 국민연금, 건강보험, 고용보험, 산재보험 등 4대 보험 제도는 국민의 소득과 건강을 보호하여 노동력의 재생산과 경제활동의 지속 가능성을 보장하는 데 크게 기여하였다. OECD(2019)는 "사회보장제도는 생산적 복지의 형태로서 경제 안정과 사회 통합을 동시에 촉진하며, 지속 가능한 성장의 핵심 요소"라고 강조한다. 특히 국민건강보험은 노동력의 건강 수준을 유지하고, 건강 불평등을 완화함으로써 국가의 인적 자본 축적에 긍정적 영향을 미쳤다.

◆ 외환위기와 복지국가 전환점

1997년 외환위기는 남한 사회보장제도의 역사적 전환점이었다. 대량 실업과 경제적 불안정 상황에서 실업급여, 기초생활 보장제도 등 기존에 미비했던 사회안전망을 확충하는 정책들이 도입되었고, 이는 복지국가형 체제로의 이행을 촉진하는 계기가 되었다. 이후, 복지는 경제 위기의 대응 수단을 넘어서 국가 발전 전략의 중심축으로 제도화되었다. 정진환(2016)은 "한국은 경제 성장에 따른 재정 여력을 바탕으로, 단계적이고 보편적 사회보장제도를 확대하여 복지국가의 기본 틀을 갖추게 되었다"고 평가하며, 이는 남한 특유의 성장-복지 연계 모델로 설명될 수 있다.

◆ 복지국가 건설과 사회적 통합

사회보장은 단순히 경제적 효율성만을 추구하는 것이 아니라, 사회적 연대와 평등 실현을 위한 구조로서 복지국가의 핵심 기초가 된다(Esping-Andersen, 1990). 남한은 2000년대 들어 다문화가정, 장애인, 노인, 한부모가족 등 다양한 사회적 소수자를 포괄하는 보편적 복지 확장을 통해 사회통합형 복지국가로의 발전 방향을 모색해 왔다. 또한 고령화 사회 진입에 따라 연금개혁, 건강보험 보장성 강화 등은 국민의 노후생활 안정뿐 아니라 장기적으로 사회경제적 지속 가능성 확보에도 기여하는 정책으로 기능하고 있다(UNDP, 2022). 남한 사회보장제도는 경제 성장과 복지국가 건설이라는 두 가지 과제를 동시에 추진해 온 국가 발전의 핵심 기반이다. 초기에는 성장 중심의 한계 속에서도 점진적 확장을 통해 사회적 위험을 관리해 왔으며, 이후 복지국가의 체계를 갖추는 방향으로 전환되었다. 이러한 경험은 남한이 동아시아형 복지국가로서 독자적인 경로를 구축해 온 중요한 사례로 평가받고 있다.

2) 국민 생활안정과 사회통합 기여

남한 사회보장제도는 국민의 기본적 생활을 보장함과 동시에, 계층 간 갈등을 완화하고 사회통합을 실현하는 핵심 장치로 기능해 왔다. 특히 사회적 위험이 확대되는 현대 사회에서, 사회보장은 국민의 생존권을 실질적으로 보장함으로써 사회 구성원 전체의 연대와 신뢰를 구축하는 데 기여하고 있다.

◆ 국민 생활안정의 기초로서의 사회보장

사회보장은 질병, 실업, 노령, 장애, 출산, 빈곤 등 개인이 스스로 감당하기 어려운 위험에 대응하여 최소한의 생활 수준을 보장하는 제도로 정의된다(ILO, 2017). 남한의 국민기초생활 보장제도, 국민건강보험, 국민연금, 고용보험 등은 이러한 위험을 제도적으로 관리함으로써 소득 불안정을 완화하고 가계의 생존 기반을 보호해 왔다. 특히 2000년 도입된 국민기초생활 보장제도는 생계, 의료, 주거, 교육 등 다양한 분야에서 보편적인 안전망 역할을 수행하며, 저소득층의 생활 안정을 제도적으로 보장하는 획기적 장치가 되었다. 이러한 제도는 국민 누구나 사회적 위험에 직면했을 때 국가가 '마지막 보호자'로 기능함을 보여 준다.

◆ 사회통합의 기반으로서의 사회보장

사회보장은 단순히 개인의 안정에 머무르지 않고, 사회 전체의 통합과 결속력을 높이는 기능을 수행한다. 이는 사회적 배제를 줄이고, 모든 계층이 제도 안에서 '존중받고 보호받는다'는 인식을 공유할 수 있도록 만드는 데 핵심적이다(Esping-Andersen, 1999). 남한은 경제 성장과 고용 구조 변화, 고령화, 가족 구조 해체 등 다양한 사회 문제에 직면하면서, 복지제도를 통해 신뢰 기반의 통합 모델을 점진적으로 확장해 왔다. 예를 들어, 아동수당과 같은 보편적 복지제도는 계층을 넘어선 공동체적 경험을 제공하며, 이는 사회적 유대(Social cohesion) 형성에 긍정적으로 작용한다(UNDP, 2022). 또한 고용보험과 같은 사회보험 제도는 실업자에게 단기적인 생계 지원뿐 아니라 재취업 프로그램과 직업훈련 등을 통해 자립 기반을 마련함으로써 능동적 복지(Active welfare)의 모델을 구현하고 있다.

◆ 사회불안의 완충장치

사회보장은 경제적 불안과 계층 간 격차로 인한 사회적 갈등을 완화하는 제도적 완충장치 역할도 수행한다.

2008년 글로벌 금융위기, 2020년 코로나19 팬데믹 등 위기 상황에서 긴급재난지원금, 고용안정지원금, 건강보험의 감염병 보장성 강화 등의 정책은 국민의 생존과 공동체 유지에 결정적 역할을 하였다(OECD, 2021). 이처럼 위기 시기일수록 사회보장의 중요성은 더욱 부각되며, 국민의 신뢰와 제도에 대한 수용성을 제고하는 계기가 된다. 사회보장은 따라서 단지 '보조금'이 아닌, 국가와 국민 간 사회적 계약의 실현 구조라 할 수 있다(Hemerijck, 2013).

남한의 사회보장제도는 국민 개개인의 생활 안정뿐 아니라, 사회적 신뢰와 통합을 증진하는 핵심 제도적 장치이다. 특히 보편성과 형평성을 중심에 둔 제도 운영은 사회계층 간 단절을 극복하고 공동체적 연대 의식을 고양하는 데 기여하고 있다. 앞으로 사회보장은 생활 안정, 권리 보장, 사회통합의 3대 축을 중심으로 발전해 나가야 하며, 이를 위해 포용성과 지속 가능성을 갖춘 체계 정비가 요구된다.

3) 사회복지 서비스 확대와 정책적 의의

남한의 사회보장제도는 2000년대 이후 보편적 복지국가로의 이행을 지향하면서, 단순한 소득보장 차원을 넘어 사회복지 서비스 전반의 양적·질적 확대를 추진해 왔다. 이는 국민의 복지 수요가 다변화하고, 삶의 질 향상에 대한 관심이 증대됨에 따라 사회보장제도의 기능이 생활 전반을 포괄하는 방향으로 확대되었음을 의미한다.

◆ **사회복지 서비스 영역의 확장**

초기 남한 사회보장은 연금, 건강보험, 실업급여 등 소득보장 중심의 제도로 출발했으나, 이후 보육, 노인 돌봄, 장애인 활동지원, 주거 지원 등 다양한 사회 서비스 영역으로 확대되었다. 특히 2000년대 이후 사회 서비스 바우처 제도 도입, 장기요양보험(2008) 시행, 사회 서비스원 설립(2019) 등은 복지 서비스의 제도화를 상징하는 중요한 정책 이정표로 평가된다. 이러한 확장은 단지 수요 증가에 대한 반응을 넘어, 국가가 돌봄과 보호의 책임 주체로 등장했다는 점에서 정책사적 의미를 지닌다. 이는 '사적 책임 → 공적 책임'으로의 복지 패러다임 전환을 상징하는 변화였다(Hemerijck, 2013).

◆ **국민 삶의 질 향상과 복지 체감도 증진**

사회복지 서비스는 기존의 현금 지급 중심 사회보장제도와 달리, 일상적 삶의 질에 직결되는 체감형 정책으로 국민의 만족도와 제도 신뢰도를 향상시키는 데 기여한다. 보건·복지·돌봄 분야의 서비스 접근성 제고는 특히 여성, 노인, 장애인 등 사회적 취약계층의 실질적 권리 보장에 중요한 기반이 된다(OECD, 2019). 예컨대 보육료 지원과 유아교육 확대는 여성의 경제활동 참여를 가능케 하였고, 이는 성평등과 저출산 대응의 통합 정책 효과를 창출하였다. 또한, 재가노인돌봄, 장애인활동보조서비스 등은 커뮤니티 케어 기반 형성에 기여하며 지역사회 중심의 복지 모델을 실현하는 데 기반이 되었다.

◆ 복지국가 모델의 정착과 확장

사회복지 서비스 확대는 복지국가로서의 국가 정체성 확립이라는 측면에서 정책적 함의를 갖는다. 과거 '선성장 후복지'라는 경로에 따라 제한된 복지정책을 운용하던 남한은, 2010년 이후 보편적 서비스 제공 기반의 복지국가 모델로 전환하고 있다(Esping-Andersen, 1999). 이는 또한 지방정부의 역할 확대, 민관 협력 체계 강화 등 복지 거버넌스의 다층화를 유도하며, 정책 결정 과정에서 시민 참여의 기반을 넓히는 데 기여하고 있다. 사회복지 서비스의 확대는 단순한 '혜택의 증가'가 아니라, 복지국가의 제도적 포괄성 및 정당성을 강화하는 경로로 기능하고 있다. 남한의 사회보장제도는 사회복지 서비스의 양적 확대와 질적 개선을 통해 국민의 삶의 질 향상, 사회적 권리 보장, 복지국가 체제 정착이라는 세 가지 측면에서 중요한 역할을 수행하고 있다. 이러한 변화는 단순한 정책 영역의 확장을 넘어, 국가의 복지책임 강화와 사회정책의 민주적 성숙이라는 정책적 함의를 지닌다. 향후에는 서비스의 균형성, 지역 간 격차 해소, 지속 가능성 확보 등이 중요한 과제가 될 것이다.

3. 북한 사회보장제도의 중요성

1) 사회주의 국가 체제 내 복지 기능

북한의 사회보장제도는 단순한 사회적 안전망이 아닌, 사회주의 국가 체제의 핵심 통치 수단이자 이념 실현 도구로 기능해 왔다. 자본주의 국가에서 사회보장이 시장 실패에 대한 보완책이라면, 북한에서는 국가 주도의 전면적인 생활 보장 체계로 이해되며, 이는 사회주의 복지국가 모델의 전형적인 특징을 반영한다.

◆ 사회주의 이념에 기초한 사회보장 구조

북한은 사회보장을 "인민의 생명과 생활을 국가가 전적으로 책임지는 제도"로 규정하고 있다. 이는 주체사상에 기초한 '국가 책임 복지' 개념이며, 자력갱생과 집단주의에 기반한 체제적 원리의 실천 수단이다. 북한 헌법 제72조 및 제73조는 교육, 의료, 휴식, 사회보험 등을 국민의 헌법적 권리이자 국가의 의무로 명시하고 있으며, 이는 사회주의 국가로서 복지의 제도적 의무성을 천명하는 대표적 사례이다(조선민주주의인민공화국 사회주의헌법, 2019). 또한 북한은 자본주의 국가의 계층 간 갈등 완화형 복지와 달리, 계층 그 자체의 존재를 부정하는 계급 해방적 복지를 지향한다. 즉, 사회보장은 계급 없는 사회의 실현과 유지 수단으로 기능하며, 사회통합이 아닌 이념적 순응과 동원의 기제로 복지정책이 전개되는 점에서 특수성을 가진다.

◆ 국가 통제와 사회 동원의 수단으로서의 사회보장

북한 사회보장제도의 가장 두드러진 특징은, 복지가 단지 인민의 생계를 보장하는 수단이 아니라 국가 통제력 강화를 위한 기제로 활용된다는 점이다. 예컨대 무상교육제도, 무상의료제도, 주택 배급 제도 등은 인민의 생애 전 주기를 국가가 관리하며, 이를 통해 정치적 충성심 유도와 체제 정당성 확보에 기여한다. 국가는 복지 혜택을 차등적으로 배분하면서도 이를 권리라기보다는 '지도자 은덕'으로 홍보하고 있으며, 복지 제도는 정치적 순응과 사회적 위계질서를 공고히 하는 수단으로 기능한다. 사회보장은 이와 같이 정치·이념적 도구로서 동원적 기능을 가지며, 이는 구소련과 동유럽 사회주의 복지국가의 역사적 모델과 유사한 구조이다(Ellman, 1989).

◆ 체제 정당성 유지와 사회 통제의 핵심 수단

북한 사회보장은 경제난이나 외부 위기에 직면할수록 체제 정당성 유지 수단으로 더욱 강조된다. 대표적인 사례가 '고난의 행군' 시기 이후 강화된 인민반(人民班) 조직과 사회복지 동원 체계이며, 이는 국가의 지원이 아닌 집단적 자력극복의 형식으로 복지의 사회적 재편성을 시도한 것이다. 북한은 현재도 외부 정보 차단, 사회계층 관리, 직장배치 등을 통해 생계와 복지를 직결된 통제 수단으로 활용하고 있으며, 사회보장은 기본 생존권이 아닌 충성심과 이념 순응을 조건으로 하는 선택적 제도로 기능한다. 이런 맥락에서 북한 사회보장은 국민의 권리라기보다, 국가의 배려 혹은 지도자의 은혜라는 상징성을 내포하며 정치적 충성 유도를 위한 통치 기제로 지속된다. 북한 사회보장제도는 사회주의 국가 체제 내에서 국가 책임 복지와 이념 통제의 복합적 기능을 수행하는 체제 유지 도구이다. 이는 사회적 약자를 위한 권리 보장보다는, 이념적 통합과 통치력 강화를 위한 구조적 수단으로 작동한다는 점에서 자본주의 국가의 사회보장제도와 본질적으로 구별된다. 결과적으로 북한의 사회보장은 사회주의 체제의 정당성과 안정성을 유지하는 핵심 정치사회적 메커니즘으로 기능한다고 평가할 수 있다.

2) 정치·이념적 통제 수단으로서의 역할

북한의 사회보장제도는 단순한 생활 안정장치가 아니라, 체제의 정치적 정당성을 유지하고 이념적 순응을 유도하는 통치 수단으로 작동해 왔다. 사회주의 복지국가 모델 중에서도 북한은 특히 사회보장을 정치 선전·통제 기제로 전략화한 사례로 주목된다.

◆ 복지의 '은덕화(恩德化)'와 수혜 통제 체계

북한의 사회보장은 법적으로는 무상의료, 무상교육, 사회보험, 양로제도 등을 포괄하지만, 실제 실행 방식은 주민의 충성도와 정치적 태도에 따라 차별적으로 적용되는 경향이 있다. 복지 수혜는 인민의 권리이기보다, 수령의 은혜(恩德)를 입는 행위로 전유되어, 복지정책은 철저히 지도자 우상화와 권력 중심 통제 체계에 종속되어 있다. 이는 김일성·김정일 체제뿐 아니라 김정은 체제에서도 지속되는 특징으로, 복지 수혜는 '수령의 사랑', '인민의 보호자'라는 상징적 프레임으로 반복 재현된다. 복지 자체가 국가 권력의 자애와 충성 유도를 위한 심리적 통치 자원으로 기능하는 셈이다.

◆ 계층관리와 복지 배분의 정치화

북한은 성분제(출신 계급에 따른 주민 구분)에 따라 주민을 핵심계층, 동요계층, 적대계층으로 나누고, 이에 따라 복지 서비스 배분에 차등을 둔다. 예컨대 중앙당 간부나 충성도가 높은 주민은 우선적으로 병원, 교육, 주택, 식량 배급에서 우대를 받으며, 반대로 정치적으로 불리한 성분을 가진 주민은 복지 사각지대에 방치되기 쉽다. 이러한 복지 배분의 정치화는 체제에 대한 사회적 충성심을 유도하고 정치적 복종을 조건화하는 방식으로, 사회보장제도의 선별성과 통제성을 동시에 강화한다. 따라서 북한의 사회보장은 이념적 통일성을 유지하고 내부 불만을 사전 차단하는 정교한 사회관리 장치라 할 수 있다.

◆ 위기 상황에서의 체제 수호 수단

북한은 외부 제재, 자연재해, 경제 위기 등 구조적 위기 상황에서도 복지 체계를 완전히 포기하기보다는 정치적 정당성 유지 수단으로 복지를 강조하는 경향을 보여 왔다. 예컨대 '고난의 행군' 시기 이후에도 '어린이 무상영양제 보급', '혁명열사 가족 돌봄', '전쟁노병 보훈' 등의 복지행위는 지속되었으며, 이는 인민의 결속과 체제 정당화의 상징으로 사용되었다. 최근에도 김정은 정권은 '모성보호법', '장애자보호법' 등을 제정하며 복지를 강조하고 있으나, 이 역시 선전용 제도화라는 성격이 강하며, 실제 복지 운영은 제한적이고 불균형적이다. 이처럼 복지정책은 현실 대응보다 정치·이념적 상징 조작의 수단으로 활용되고 있다(Ellman, 1989). 북한의 사회보장제도는 사회적 권리 보장이라기보다, 체제 충성 유도와 정치적 통제의 수단으로 기능하고 있다. 복지는 '수령의 은덕'이라는 정치 이념과 결합되어 시민의 권리 개념이 억제되고, 계층별·정치적 기준에 따른 차별적 복지 배분을 통해 권력의 통제력을 강화한다. 이러한 구조는 북한 사회보장이 이념 통치와 체제 정당화의 핵심 기제로 기능함을 시사한다.

3) 주민 생활 안정과 국가 통합 기여

북한의 사회보장제도는 사회주의 이념과 정치적 통제를 바탕으로 구축되었지만, 동시에 주민의 기본생활을 일정 수준 보장함으로써 체제의 내부 통합을 도모하는 실질적 기능도 수행하고 있다. 즉, 복지는 단순한 이념 선전 수단을 넘어서, 사회 불만을 흡수하고 민심을 안정시키는 국가 통합의 기제로 작동해 왔다.

◆ 기본 생계 보장을 통한 주민 통합의 기반

북한은 헌법 제56조, 제72조 등을 통해 무상의료, 무상교육, 주택 제공, 노령연금, 장애인·유가족보상 등 생애 전 주기에 걸친 복지제도를 명문화하고 있으며, 이를 통해 주민 생활의 일정한 안정성을 추구하고 있다. 이러한 제도는 특히 자력으로 생계를 유지하기 어려운 계층에게 국가가 생존의 최소 조건을 제공함으로써 제도 내 통합을 유도하는 역할을 한다. 예를 들어, 보편적 의료제도는 주민 누구나 무료로 치료받을 수 있다는 인식을 확산시키며, 국가가 생활 전반을 책임지는 존재라는 이념적 정당성을 강화한다. 교육·의료·주거 등 기본권적 복지가 체제 충성의 전제 조건으로 연결되는 구조 속에서도, 주민들은 이러한 서비스 제공을 통해 최소한의 생활 안정감과 국가 의존성을 경험하게 된다.

◆ 복지를 통한 민심 관리와 사회 불만 흡수

북한의 사회보장제도는 국가가 민심을 관리하고 사회적 갈등을 사전에 제어하는 완충장치로도 기능한다. 경제난이나 자연재해, 외부 제재 등으로 인해 주민들의 생계 기반이 흔들릴 때, 복지정책은 이를 일정 부분 흡수하며 체제 불안을 완화하는 역할을 수행한다. 이는 특히 고난의 행군 이후 주민 생활이 급격히 악화되었을 때 더욱 부각되었으며, 지역별 복지 강화나 아동·노약자 대상 지원 확대 정책 등이 대내외적 통합 수단으로 활용되었다. 복지의 재분배적 기능은 공식 배급 체계와 직결되어 있으며, 이는 주민들에게 국가가 여전히 '생존의 결정권'을 쥐고 있다는 인식을 강화하는 효과를 가져온다. 결국 이러한 구조는 사회 전체의 불만을 흡수하면서도, 주민들의 자발적인 이탈이나 반 체제 움직임을 억제하는 소극적 통합 메커니즘으로 작용한다(Ellman, 1989).

◆ 사회보장을 통한 이념적 결속과 공동체 강화

북한 사회보장제도는 '집단주의적 복지'의 원리에 따라, 개인보다 집단 전체의 안정을 강조한다. 특히 전시 노병, 전사자 유가족, 노동 영웅 등에 대한 우대 복지정책은 단순한 복지 제공이 아닌 혁명 유공자에 대한 정치적 인정과 집단 연대의 상징화로 기능한다. 이는 주민들에게 국가와의 '이념적 공동체' 의식을 각인시키는 효과를 가지며, 체제 결속력을 강화하는 기반이 된다. 또한 이러한 복지정책은 북한 주민들에게 정체성과 소속감을 제공함으로써, 개별 불만이 구조적 저항으로 전환되는 것을 막고 체제 내에 머물도록 하는 심리적 유인장치로 작용한다. 결과적으로 사회보장은 주민을 생존 차원에서 국가에 종속시키는 동시에, 이념적 동일성과 공동체성을 강화하는 국가 통합 장치로서 전략적 역할을 수행한다. 북한의 사회보장제도는 단순한 생활 보장을 넘어서, 국가 통합과 체제 안정 유지를 위한 핵심 수단으로 작동해 왔다. 이를 통해 주민들의 생활을 일정 수준 안정시키며, 민심 이반을 방지하고, 이념적 공동체로의 포섭을 유도한다. 이러한 기능은 북한이 복지를 이념적·정치적 도구로 활용함과 동시에 사회적 안정장치로 동원하고 있음을 시사한다. 앞으로도 북한은 제한된 자원을 '선별적이고 상징적인 복지'에 집중하며, 복지를 통한 체제 통합 전략을 지속할 가능성이 높다.

4. 남북한 사회보장제도의 비교 중요성

남북한은 동일한 민족이지만, 상이한 정치·경제 체제 속에서 각기 독자적인 사회보장제도를 발전시켜 왔다. 남한은 시장경제 기반의 복지국가를 지향하는 자본주의 체제에서 사회보장제도를 점진적으로 확장해 온 반면, 북한은 사회주의 국가의 기초 위에서 국가 주도의 포괄적 복지를 제도화하였다. 이러한 제도적 차이에도 불구하고, 한반도의 분단 상황과 장기적 통일 가능성을 고려할 때, 남북한 사회보장제도의 비교 연구는 학술적·정책적 측면에서 모두 중요한 의의를 가진다.

◆ 제도적 차이 분석을 통한 상호 이해의 기반 마련

남북한 사회보장제도의 비교는 서로 다른 복지 체계의 형성 배경, 구조, 운영 방식, 정책 철학을 이해하는 데 도움을 준다. 남한은 민주주의와 시장경제를 바탕으로 한 점진적이고 다층적인 사회보장제도를 발전시켜 왔으며, 국민연금, 건강보험, 기초생활 보장 등 다양한 제도들이 개인의 사회적 위험을 분산하는 방식으로 작동한다. 반면, 북한은 주체사상과 사회주의 계획경제의 원리에 따라 국가가 전면적으로 국민의 생활을 책임지는 복지 체계를 운영해 왔다. 이러한 차이를 비교 분석함으로써, 단순한 제도 나열을 넘어 각 제도가 지닌 철학적 기반과 사회적 의미, 실효성을 보다 깊이 있게 이해할 수 있다. 이는 향후 남북 간 복지정책 교류 또는 통합 논의 시 상호 오해를 줄이고, 제도 설계의 실질적 근거로 활용될 수 있다.

◆ 통일 대비 사회정책 통합 논의의 토대 제공

남북한 사회보장제도의 비교는 미래 통일 한국에서의 복지 통합 전략 수립을 위한 기초 자료로서 기능할 수 있다. 통일 이후에는 주민 간 복지 수준의 격차 해소, 제도 간 조화와 통합, 재정 부담의 분산 등이 주요 정책 과제로 등장하게 된다. 특히 북한 주민의 생활 실태와 기존 복지제도의 기능 및 한계를 명확히 파악하고, 남한의 복지 모델과의 접점과 갈등 지점을 사전 파악하는 것은 제도 통합 시 발생할 수 있는 사회적 충격을 최소화하는 데 중요한 역할을 한다. 이를 위해 복지전달 체계, 수급자 기준, 사회 서비스 내용 등 핵심 요소에 대한 체계적인 비교 연구가 필요하다.

◆ 이념과 체제의 차이를 반영한 학문적 기여

사회보장은 단지 행정적 장치가 아니라, 한 국가의 이념과 정치 체제, 경제구조를 반영하는 종합적 제도다. 남북한의 사회보장제도를 비교하는 작업은 곧 체제론적 복지국가 연구의 확장이라는 점에서 학문적으로도 중요한 의미를 지닌다(Esping-Andersen, 1999; Hemerijck, 2013). 특히 남북한처럼 이념이 상이한 동일민족 간의 복지정책 비교는 전통적인 서구 중심 복지국가 분류 틀을 넘어서는 복지제도의 탈서구적 이론화 가능성을 제시한다. 이는 한반도 복지정책의 독자적 발전 경로를 규명하고, 사회정책 연구의 지평을 확장하는 데 기여할 수 있다.

◆ 사회통합과 평화적 공존을 위한 정책적 실천 기반

남북한 사회보장제도의 비교는 단순한 제도 차이의 확인을 넘어, 한반도의 사회통합과 평화적 공존을 위한 실천적 방안 마련이라는 측면에서도 중요하다. 복지는 인간의 기본권 보장과 삶의 질 향상을 위한 제도이자, 사회 구성원 간 연대와 평등을 구현하는 기제로 작용한다. 따라서 복지정책을 중심으로 한 남북 교류와 협력은 이질화된 주민 간 심리적 거리감 해소, 제도 신뢰 구축, 상호 이해 촉진 등 사회통합의 기반을 마련하는 데 필수적이다. 이는 단순한 경제적 통합보다 더 지속 가능하고 인간 중심적인 통일의 길을 제시할 수 있다. 남북한 사회보장제도의 비교는 제도적 이해 증진, 통일 대비 정책통합 전략 마련, 학문적 이론화, 사회통합 기반 구축 등 다양한 차원에서 중요한 의의를 지닌다. 특히 남북한이 장기적으로 협력과 공존의 방향을 모색해야 하는 시점에서, 사회보장제도 비교는 가장 인간적이며 실질적인 접근 방식 중 하나로 평가될 수 있다.

제2절 이해의 필요성

1. 남북한 사회보장제도의 상호 이해 필요성

1) 통일 및 남북 협력 전망과 사회보장제도

남북한은 70여 년간 분단 상태를 지속하고 있으나, 지리적 인접성, 언어 및 민족의 동질성, 역사적 연대성이라는 공통 기반 위에서 장기적으로는 협력과 통일을 지향하고 있다. 이러한 남북 관계의 미래 지향적 구도 속에서 사회보장제도의 비교와 상호 이해는 단순한 제도적 관심을 넘어선 정책적 과제이자 사회통합의 실질적 전제가 된다.

◆ 통일 대비 사회통합 전략으로서의 사회보장제도 이해

독일 통일 경험에서도 나타났듯이, 제도 통합의 어려움 중 하나는 경제 제도보다 사회보장제도의 차이로 인한 주민 생활의 충격이다. 북한의 사회보장제도는 국가 주도형, 계획경제형 구조이며, 남한은 시장경제 기반의 다층적 복지 체계를 운영하고 있어 제도 구조와 운영 철학에서 근본적인 차이가 존재한다. 따라서 통일 이전부터 양측이 상대 복지제도의 원리, 구조, 운영 실태를 정확히 파악하고, 공통점과 차이점에 대한 체계적 이해를 갖추는 것이 중요하다. 이러한 상호 이해는 향후 통일 시 복지제도의 혼란과 불평등, 정책 충돌을 최소화하고, 주민 통합을 원활하게 유도할 수 있는 기초 자료로 활용될 수 있다.

◆ 단계적 협력과 교류 확대의 기반 형성

남북한 사회보장제도의 상호 이해는 통일이라는 장기 목표뿐 아니라, 현 단계에서의 복지 협력 및 인도주의적 지원 확대를 위한 기반이 된다. 실제로 2000년대 이후 여러 차례 진행된 남북 간 보건의료·장애인복지·아동지원 관련 교류는 제도에 대한 상호 인식 부족과 기초 데이터 부재로 인해 지속성과 효과성에 한계를 보였다. 이러한 문제는 상호 사회보장 체계에 대한 구조적 이해와 신뢰 구축 없이는 실질적인 복지 협력이 어렵다는 점을 보여 준다. 따라서 복지 교류의 제도적 기반 마련을 위해서는 사회보장제도의 기본 구조와 전달 체계, 수혜자 범주, 행정 주체 등에 대한 종합적 이해가 전제되어야 한다.

◆ 남북 주민의 사회적 통합과 복지 격차 해소를 위한 전략 수립

통일 이후 예상되는 가장 큰 과제 중 하나는 남북 주민 간 생활 수준과 복지 수준의 격차 해소이다. 북한 주민은 장기간 저영양 상태, 의료 접근성 부족, 주거 환경 열악 등 다방면에서 사회적 취약 상태에 놓여 있다. 이에 대한 복지적 대응은 단순한 지원을 넘어, 권리 기반의 제도적 통합과 사회적 포용 전략이 요구된다. 이를 위해서는 남북한 제도의 구조와 기능에 대한 상호 인식이 선행되어야 하며, 복지 격차를 줄이기 위한 단계적 통합 전략 수립의 전제가 될 수 있다. 예컨대 사회보험 도입 우선순위 설정, 사회 서비스 전달 체계 구축, 보편·선별 복지의 조화 방식 등 정책 시나리오 수립의 실증 기반으로서 제도 상호 이해가 필수적이다. 통일 및 남북 협력 전망 속에서 사회보장제도의 비교와 상호 이해는 정책 조정, 제도 통합, 사회통합의 선결 과제로 기능한다. 이는 단순한 학술적 관심을 넘어, 남북 주민의 삶의 질 향상, 제도 설계의 실효성 확보, 사회적 통합 기반 마련 등 다양한 차원에서 중대한 의미를 갖는다. 따라서 통일을 준비하는 전략적 복지 담론에서 사회보장제도의 상호 이해는 핵심적 기초 작업이라 할 수 있다.

2) 사회보장 격차가 사회통합에 미치는 영향

남북한 사회보장제도의 현격한 차이는 단순한 제도적 차이를 넘어, 한반도 사회통합의 중대한 장애요인으로 작용할 가능성이 크다. 사회보장은 국민의 기본적 권리이자 사회적 연대의 상징이므로, 복지 격차는 곧 사회적 불평등과 갈등, 그리고 심리적 소외를 심화시키는 요인으로 작용한다.

◆ 사회보장 격차와 사회적 분열 심화

북한 주민들은 오랜 경제난과 체제 특성상 의료, 교육, 주거, 연금 등 사회보장 수준에서 남한 주민들과 큰 격차를 보인다. 이러한 격차는 통일 이후 주민 간 생활수준과 권리의식 차이를 증폭시키며, 사회적 분열과 상호 불신을 초래할 위험이 있다. 사회보장제도의 불평등은 단순한 경제적 문제를 넘어, 통합 국가 내에서의 사회적 소속감 약화와 정체성 혼란으로 이어질 수 있으며, 이는 남북 주민 간의 사회적 융합과 안정적인 공동체 형성을 어렵게 만든다.

◆ 불평등 해소 실패 시 사회통합 위기

통일 과정에서 사회보장 격차 문제를 방치하거나 적절히 관리하지 못할 경우, 통합 국가 내에서의 사회 갈등과 저항, 불안정성이 증대될 우려가 크다. 특히, 북한 출신 이주민 및 정착민들이 사회적 보호망에서 배제되거나 차별받는 상황은 사회적 소외를 심화시키고, 사회통합의 기반을 흔들 수 있다. 이와 관련하여 독일 통일 과정에서도 동·서독 간 복지 수준 차이로 인한 사회적 갈등과 경제적 부담이 통합을 어렵게 한 경험은 시사점을 제공한다. 따라서 남북한의 사회보장 격차 문제는 사전에 면밀한 분석과 정책적 대응이 요구된다.

◆ 상호 이해와 격차 완화를 통한 통합 촉진

남북한 사회보장제도의 상호 이해는 격차 문제 해결의 출발점이다. 양측의 복지 체계와 주민 욕구를 정확히 파악하고, 이를 기반으로 한 맞춤형 복지정책과 지원 체계가 마련될 때 사회통합은 한층 견고해질 수 있다. 예를 들어, 단계적 복지 통합 계획, 취약계층 우선 지원, 사회 서비스 전달 체계 구축 등이 통합 과정에서 핵심적 역할을 담당할 수 있다. 이 과정에서 주민들의 심리적 불안과 불신을 해소하고, 공동체 의식을 회복하는 사회적 포용 정책과 참여 기반 마련 역시 필수적이다. 이는 남북한 주민 모두가 통합 국가의 '동등한 시민'임을 인식하게 하는 중요한 요소로 작용한다. 사회보장 격차는 남북한 사회통합에 중대한 위협요인으로 작용할 수 있으며, 이를 극복하기 위해서는 상호 사회보장제도에 대한 이해 증진, 정책적 격차 해소 노력, 사회적 포용 전략이 병행되어야 한다. 사회보장 격차 완화는 통일 이후 안정적이고 지속 가능한 한반도 공동체 형성의 핵심 기반임을 인식하는 것이 중요하다.

2. 학문적·정책적 연구 필요성

1) 효과적 정책 설계를 위한 기초자료

사회보장제도의 효율적 운영과 발전을 위해서는 체계적이고 심층적인 학문적·정책적 연구가 필수적이다. 특히 남북한과 같이 서로 다른 체제와 복지구조를 가진 두 사회를 대상으로 하는 경우, 정확한 기초자료 확보는 정책 설계의 근간을 형성하는 중요한 출발점이다.

◆ 실증적 데이터와 비교 분석의 중요성

사회보장제도는 단순히 제도 설계만으로 완성되는 것이 아니라, 다양한 사회경제적 변수와 정책 환경에 따라 작동하는 복합 체계다. 따라서 정책 입안자들은 제도의 효과성을 평가하고, 보완점을 도출하기 위해 남북한 사회보장제도의 실태, 수혜자 현황, 재정 구조, 서비스 전달 체계 등 다양한 자료를 면밀히 분석할 필요가 있다. 이러한 실증적 데이터는 정책의 현실 적합성을 높이고, 중복 투자 및 자원 낭비를 방지하며, 궁극적으로 국민 삶의 질 향상에 기여한다. 더불어 비교 연구를 통해 상호 보완 가능한 제도적 요소를 도출하고, 남북 사회보장제도의 통합 또는 협력 모델 개발에 기반이 된다.

◆ 정책 시나리오 수립과 대응 전략 마련

남북한 사회보장제도의 차이와 격차에 대한 학문적 연구는 통일과 남북 협력이라는 현실적 과제를 앞두고, 다양한 정책 시나리오와 대응 전략을 마련하는 데 필수적이다. 예를 들어, 통일 초기 단계에서 적용할 수 있는 복지 통합 방안, 점진적 제도 조화 과정, 취약계층 보호 강화 방안 등은 모두 정확한 기초 자료와 분석에 기반할 때 실효성을 확보할 수 있다. 이와 함께 정책 시행의 부작용과 사회적 갈등 요인을 사전에 진단하고 완화할 수 있는 전략 마련 역시 연구를 통해 가능하다.

◆ 학문적 연구를 통한 이론적 발전과 정책 혁신

기초 자료에 기반한 학문적 연구는 단순한 제도 분석을 넘어서, 남북한 사회보장제도의 독특한 특성을 반영한 이론적 틀과 정책 모델을 개발하는 데 기여한다. 이는 향후 남북 사회보장제도의 통합뿐 아니라, 한반도 복지 체계의 지속 가능한 발전을 위한 혁신적 정책 설계의 토대가 된다(Esping-Andersen, 1999; Hemerijck, 2013). 또한, 이러한 연구는 국제사회에서 남북한 복지 비교 연구의 학문적 위상을 높이고, 한반도 평화와 번영을 위한 복지정책 협력에 대한 국제적 관심을 증대시키는 역할도 수행한다(고길석, 2014). 효과적인 사회보장 정책 설계를 위해서는 남북한 사회보장제도의 현황과 특성을 심층적으로 이해할 수 있는 기초 자료 확보가 필수적이다. 이를 바탕으로 한 실증적 연구는 정책 현실성 제고, 통합 및 협력 모델 개발, 사회통합 촉진을 위한 대응 전략 마련에 기여하며, 한반도 복지 체계의 지속 가능한 발전과 평화 구축에 중요한 밑거름이 된다.

2) 국제적 협력과 지원 방안 모색

남북한 사회보장제도의 발전과 통합을 위해서는 국내 차원의 노력뿐만 아니라, 국제사회와의 협력과 지원이 필수적이다. 특히 북한의 사회보장 체계가 오랜 경제적 어려움과 국제 제재 등으로 인해 제약을 받아 왔으며, 남한 역시 국제 복지 체계와의 연계 확대를 통해 지속 가능성을 모색하고 있기 때문이다.

◆ 국제기구와 다자간 협력의 역할

국제노동기구(ILO), 세계보건기구(WHO), 유엔개발계획(UNDP) 등 국제기구들은 사회보장 및 보건 분야에서 남북한을 포함한 한반도 지역의 복지 향상을 위한 다양한 프로그램과 기술 지원을 제공하고 있다(박영자, 2012). 이들 국제기구와의 협력은 북한 내 사회보장제도의 체계적 개선과 남북한 간 복지 협력의 정책적 기반을 강화하는 데 기여할 수 있으며, 남한이 축적한 복지 경험과 기술을 국제적 지원과 연계해 효과적으로 확산하는 통로 역할도 수행한다.

◆ 국제사회의 인도적 지원과 기술 협력

북한 주민의 기본적 인권 보장과 생활 안정을 위해 국제사회는 다양한 인도적 지원을 꾸준히 제공해 왔다. 의료, 영양, 아동복지, 장애인 지원 등 사회보장 관련 분야에서의 지원은 북한 사회의 취약계층 보호 및 사회 안전망 강화에 중요한 역할을 한다. 더불어 국제사회의 선진 복지기술과 정책 경험을 바탕으로 한 기술 협력과 역량 강화 프로그램은 북한의 사회보장제도 발전에 실질적 도움을 제공하며, 장기적으로는 남북한 복지제도의 상호 보완적 발전을 촉진하는 기반이 된다.

◆ 한반도 평화와 통합을 위한 국제 협력 전략

국제적 협력은 단순한 원조를 넘어, 한반도 평화 프로세스와 연계한 복지 협력 및 통합 전략 수립에 중요한 요소이다. 국제사회는 남북한 간 대화와 협력을 지원하며, 복지 분야에서의 공동 프로젝트 및 연구를 통해 평화 구축과 사회통합을 촉진하는 촉매 역할을 수행할 수 있다. 이를 위해서는 국제적 기준에 부합하는 투명하고 체계적인 지원 관리 체계 마련, 남북 협력 사업의 지속 가능성 확보, 그리고 국제사회의 광범위한 참여와 공조가 필요하다. 이는 남북한 모두가 수용 가능한 사회보장 협력 모델 구축에 중요한 조건이다. 남북한 사회보장제도의 안정적 발전과 통합을 위해서는 국제기구 및 국제사회의 인도적 지원과 기술 협력, 다자간 협력 체계 구축이 필수적이다. 이러한 국제 협력은 북한의 복지 체계 개선과 남북한 복지 협력의 토대를 마련하고, 한반도 평화와 통합 과정에서 사회적 안정과 연대를 증진하는 데 중요한 역할을 한다.

3. 사회보장제도 이해의 실제적 의미

1) 국민 인식 제고와 사회적 공감대 형성

사회보장제도의 효과적 운영과 지속 가능성 확보를 위해서는 제도에 대한 국민의 정확한 이해와 긍정적인 인식, 그리고 사회적 공감대 형성이 필수적이다. 사회보장은 단순한 복지정책을 넘어 국민 모두가 사회 구성원으로서 권리와 의무를 공유하는 사회연대의 표현이기 때문이다.

◆ 국민 인식과 사회보장제도의 수용성

사회보장제도의 성공적인 정착은 국민 개개인의 인식과 참여에 크게 좌우된다. 사회보장에 대한 낮은 이해와 부정적 인식은 정책 수용을 저해하며, 자발적 기여와 제도 개선 노력의 장애요인이 된다. 특히 남북한 주민 간의 제도 차이와 사회적 경험의 격차가 클수록, 서로에 대한 이해 부족으로 인한 오해와 불신이 커질 수 있어 통합적 관점에서 인식 제고가 더욱 중요하다. 이와 관련해 국민 교육, 홍보, 사회적 대화 채널 마련은 제도의 취지와 기능을 널리 알리고, 국민 스스로 복지에 대한 권리와 책임을 인식하는 데 기여한다. 이러한 과정은 사회보장제도의 정당성과 공공성을 강화하는 기반이 된다.

◆ 사회적 공감대 형성과 제도 안정성

사회보장제도의 지속 가능성은 제도에 대한 국민적 지지와 사회적 합의가 뒷받침될 때 확보된다. 사회적 공감대 형성은 정치적 변동과 경제적 어려움에도 불구하고 복지제도가 안정적으로 운영될 수 있도록 하는 중요한 요인이다. 특히 남북한 사회통합을 위한 과정에서, 양측 주민 간 사회보장에 대한 공감대 확산은 통합 정책 수립과 실행의 사회적 기반이 된다. 이는 사회적 신뢰를 구축하고, 복지 불평등 완화 및 사회통합 촉진에 기여한다는 점에서 매우 의미가 크다.

◆ 실천적 방안과 정책 제언

국민 인식 제고와 사회적 공감대 형성을 위해서는 지속적인 사회교육과 대국민 소통 강화, 미디어 활용을 통한 정보 제공, 그리고 주민 참여를 촉진하는 정책 설계가 요구된다. 더불어 남북한 주민 모두가 참여하는 복지 포럼, 공동 워크숍, 교류 프로그램 등을 통해 상호 이해와 신뢰를 높이는 것이 필요하다. 이러한 노력을 통해 국민 모두가 사회보장의 중요성을 인식하고, 상호 협력하는 사회적 분위기가 조성될 때, 사회보장제도의 제도적 정착과 사회통합은 더욱 탄탄해질 것이다. 국민 인식 제고와 사회적 공감대 형성은 사회보장제도의 실질적 효과성과 지속 가능성을 좌우하는 핵심 요인이다. 이를 위해 체계적인 교육과 소통, 주민 참여 기회 확대가 필요하며, 특히 남북한 사회보장 통합 과정에서는 상호 신뢰와 이해를 바탕으로 한 공감대 확산이 통합 성공의 중요한 기반이 된다.

2) 남북 주민의 삶의 질 향상 기여

사회보장제도에 대한 올바른 이해와 효과적인 운영은 남북한 주민 모두의 삶의 질을 향상시키는 데 중추적인 역할을 한다. 사회보장은 단순한 경제적 지원을 넘어, 국민의 건강, 교육, 주거, 고용 안정 등 전반적인 생활 조건을 개선하여 개인의 기본적 권리와 사회적 안전망을 보장하는 핵심 수단이다.

◆ 경제적 안정과 사회적 보호 강화

북한 주민들은 경제난과 사회 서비스의 부족으로 인해 기본적인 생활 안정을 확보하는 데 어려움을 겪고 있다. 이에 반해 남한은 다층적 사회보험과 사회 서비스 체계를 통해 취약계층 보호와 경제적 안정 지원에 집중해 왔다. 사회보장제도의 상호 이해와 발전은 남북 주민 모두가 경제적 불확실성을 완화하고 안전한 사회적 보호망 안에서 삶을 영위할 수 있도록 돕는 기반이 된다.

◆ 건강 및 사회 서비스 접근성 향상

건강보험, 의료 서비스, 노인 및 장애인 복지 등 사회보장제도의 핵심 영역은 주민의 건강과 복지 수준을 직접적으로 좌우한다. 남북한 사회보장제도의 차이를 극복하고 상호 보완하는 정책적 노력이 병행될 때, 양측 주민 모두가 필수적인 사회 서비스에 보다 용이하게 접근할 수 있으며, 이는 삶의 질 향상에 직결된다. 특히 북한 주민의 영양 상태 개선, 감염병 예방, 장애인 지원 확대는 장기적으로 사회 안정과 경제 회복에도 긍정적인 영향을 미친다.

◆ 사회통합과 공동체 의식 강화

사회보장제도는 단지 개인의 삶을 보호하는 데 그치지 않고, 사회 구성원 간의 연대와 상호 책임감을 증진시키는 역할을 한다. 남북 주민이 상호 사회보장제도를 이해하고 공동의 복지 목표를 공유할 때, 이는 사회통합을 촉진하고 평화로운 공동체 형성에 기여한다(양재진, 2012). 사회보장에 기반한 삶의 질 향상은 주민들의 사회적 참여와 자긍심을 높이고, 나아가 한반도 통합의 심리적·사회적 기반을 튼튼하게 한다. 사회보장제도에 대한 깊은 이해와 상호 발전은 남북 주민의 경제적 안정, 건강 및 복지 향상, 그리고 사회통합에 긍정적인 영향을 미친다. 이를 통해 궁극적으로 남북 주민 모두가 존엄하고 안전한 삶을 영위할 수 있는 기반을 마련하며, 평화와 번영의 한반도 실현에 기여한다.

> **학습 문제**
> 1. 사회보장제도가 국가 및 사회에 미치는 기본적인 역할은 무엇인가?
> 2. 남한과 북한 사회보장제도의 중요성은 각각 어떻게 다르게 나타나는가?
> 3. 남북한 사회보장제도에 대한 이해가 왜 필요한가?

제2부

남북한 사회보장제도의 역사와 철학

제2장

남한 사회보장제도의 발전 과정

📖 학습 목표

1. 남한 사회보장제도의 역사적 배경과 형성 과정을 이해한다.
2. 주요 사회보장제도와 정책 변화를 시기별로 파악한다.
3. 남한 사회보장제도의 발전 특징과 사회적 의미를 분석한다.

제1절 제도의 역사적 배경

1. 일제 강점기와 해방 후 사회보장 기반

1) 전통적 복지관념과 초기 복지정책

남한 사회보장제도의 발전은 일제 강점기와 해방 이후의 역사적 배경과 밀접하게 연관되어 있다. 이 시기는 근대적 사회보장제도가 본격적으로 도입되기 이전이었으며, 전통적 복지관념과 초기 복지정책이 형성되는 중요한 시기였다.

◆ 전통적 복지관념의 형성

일제 강점기 이전 조선 사회는 가족과 마을 공동체를 중심으로 한 상호부조가 복지의 기본 틀이었다. 유교적 효 사상과 공동체적 연대감은 개인의 어려움을 가족과 지역사회가 함께 나누는 사회적 안전망 역할을 했다. 그러나 이러한 전통적 복지관념은 현대적 의미의 국가 주도 사회보장과는 차이가 있었다. 일제 강점기 동안 일본의 사회보장제도가 일부 도입되었으나, 주로 식민지 지배 유지와 경제적 수탈을 위한 한계적인 형태였다. 노동자 보호를 위한 초기 산업보험 제도 등이 도입되었으나, 보편적 복지로의 발전은 미흡하였다(이정환, 2010).

◆ 해방 후 초기 복지정책의 수립

1945년 해방 이후, 남한은 사회적 혼란과 경제적 어려움 속에서 기본적인 사회보장 체계의 구축 필요성이 대두되었다. 초기 정부는 국민의 생활 안정을 위한 공공 부조, 실업 대책, 보건 의료 서비스 등 기초적인 복지정책을 도입하기 시작하였다(박문수, 2005).

특히 1950~60년대에는 한국전쟁과 그 후유증으로 인해 빈곤층과 전쟁 피해자에 대한 구호 및 복지 지원이 주요 정책 과제로 부상하였다. 이 시기에는 사회복지법 제정과 사회복지시설의 확충이 시작되었으며, 점차 국가 주도의 복지 체계 구축을 위한 기반이 마련되었다.

◆ 초기 복지정책의 한계와 과제

그러나 초기 복지정책은 재정적 한계와 행정력 부족, 사회적 인식 미비로 인해 보편적 복지 확대에 어려움을 겪었다. 전통적 가족 중심의 돌봄 문화와 경제개발 우선 정책으로 인해 복지 확대는 상대적으로 뒷전으로 밀리기도 하였다. 이러한 한계에도 불구하고, 전통적 복지관념과 초기 정책들은 이후 한국 사회보장제도의 기초가 되었으며, 급속한 경제 성장과 더불어 점차 체계적이고 포괄적인 복지제도로 발전하는 밑거름이 되었다. 남한 사회보장제도의 발전은 전통적 가족 및 공동체 중심의 복지관념과 일제 강점기 일부 도입된 산업보험 등 초기 복지제도의 영향을 받으며 출발하였다. 해방 후에는 기초적 사회복지정책이 수립되어 국민생활 안정과 전쟁 피해 복구에 기여하였으나, 한계도 존재하였다. 이 시기는 이후 한국 복지국가 건설의 토대를 마련한 중요한 역사적 시기로 평가된다.

2) 1950~60년대 경제개발과 복지정책 전개

1950년대부터 1960년대에 이르는 기간은 한국전쟁의 폐허 속에서 경제 재건과 국가 발전을 위한 기반을 마련하던 시기였다. 이 시기는 남한 사회보장제도가 초기 형태에서 점차 발전하는 과도기로, 경제개발 정책과 복지정책이 상호 보완적인 관계 속에서 전개되었다.

◆ 경제개발 우선 전략과 복지정책의 한계

1960년대부터 본격화된 경제개발 5개년 계획은 국가의 산업화와 경제 성장을 최우선 목표로 삼았다. 이 과정에서 정부는 산업 인프라 구축과 노동력 공급에 집중했으며, 사회복지 분야에 대한 투자는 상대적으로 제한적이었다. 복지정책은 주로 전쟁 피해 복구와 빈곤층 지원에 국한되었고, 국가 주도의 대규모 사회보장 체계 구축보다는 가족과 지역사회 중심의 전통적 복지관념이 여전히 지배적이었다. 경제 성장을 통한 '파이 키우기' 전략이 우선시되면서, 복지는 주로 경제발전의 부수적 효과로 기대되었다.

◆ 노동자 보호를 위한 초기 사회보험 도입

그러나 산업화 과정에서 노동자 수가 증가함에 따라 노동조건 개선과 사회안전망 구축의 필요성이 대두되었다. 1963년에는 근로기준법이 제정되고, 1964년에는 국민건강보험법이 시행되면서 산업재해보험, 건강보험 등 사회보험 제도의 기초가 마련되기 시작하였다(이정환, 2010). 이 시기의 사회보험 도입은 국가가 경제발전과 노동자 보호를 동시에 추진하는 전략의 일환으로, 이후 사회보장제도의 근간을 형성하는 중요한 전환점이었다.

◆ 사회복지법과 기초생활 보장제도의 발전

1960~70년대에는 사회복지법 제정과 사회복지시설 확충도 병행되었다. 사회복지법(1961년 제정)은 복지 서비스 제공의 법적 근거를 마련하였고, 아동복지, 노인복지, 장애인복지 분야에서도 점진적 관심과 지원이 확대되었다. 비록 재정과 행정적 한계로 인해 보편적 복지 체계 구축은 미흡하였으나, 이 시기는 국가가 복지정책을 제도화하고 점차 국민생활 안정에 기여하는 사회보장제도 발전의 기초를 다진 시기로 평가된다. 1950~60년대는 한국이 경제개발과 산업화를 추진하면서 사회보장제도의 기초를 마련한 시기다. 경제 성장 중심 정책 속에서 노동자 보호를 위한 사회보험 도입과 사회복지법 제정이 이루어졌으며, 이는 남한 사회보장제도의 본격적 발전을 위한 초석이 되었다. 그러나 복지 확대는 경제발전과 비교할 때 제한적이었고, 가족과 지역사회 중심의 전통적 복지관념이 여전히 중요한 역할을 하였다.

3) 국제사회보장 흐름과 영향

남한 사회보장제도의 형성과 발전 과정에서 국제사회보장의 흐름과 그 영향은 중요한 역할을 하였다. 특히 20세기 중반 이후 전 세계적으로 복지국가 모델이 확산되면서, 남한도 국제사회보장 체계와 정책 동향을 참고하여 자국 실정에 맞는 사회보장제도를 모색하였다.

◆ 국제사회보장기준과 남한의 제도 수용

1948년 유엔사회권규약과 국제노동기구(ILO)의 사회보장 기준 등 국제적 규범은 복지제도 구축에 있어 중요한 지침이 되었다. 남한은 이러한 국제 규범과 권고에 영향을 받아 노동자 보호, 건강보험, 산재보험 등 기본적인 사회보험 제도를 도입하기 시작했다. 또한, 경제개발 과정에서 세계은행(World Bank)과 국제통화기금(IMF) 등의 국제기구가 제시하는 정책 모델과 재정 지원도 사회보장 정책에 직·간접적인 영향을 미쳤다(박문수, 2005).

◆ 복지국가 모델과 남한의 적응

서구 복지국가 모델, 특히 북유럽과 서유럽 국가들의 보편적 사회보장과 사회 서비스 체계는 남한의 제도 설계에 중요한 참고 자료였다. 남한은 경제 성장과 산업화에 맞추어 점진적으로 사회보험과 공공부조를 확대하며, 국제 복지 모델의 장점을 자국 상황에 맞게 적응시키는 전략을 취하였다. 이 과정에서 국제사회보장학계와 전문가들의 연구, 교류 활동도 남한의 사회복지정책 발전에 기여하였다(강진아, 2011).

◆ 국제 협력과 지원의 역할

남한은 1960년대 이후 국제사회의 다양한 복지 관련 지원 프로그램과 기술 협력도 적극 수용하였다. UNDP, WHO, ILO 등 국제기구와의 협력은 건강증진, 노동조건 개선, 사회보장 시스템 구축에 실질적인 도움을 주었으며, 이는 사회복지 인프라 확충과 제도적 정착을 촉진하는 데 기여하였다. 더불어 국제사회보장 흐름에 발맞추어 국민의 권리 강화와 사회적 안전망 구축에 대한 인식도 확산되면서, 남한 사회보장제도는 국제적 기준과 조화를 이루는 방향으로 발전하였다. 국제사회보장 흐름과 규범은 남한 사회보장제도의 초기 형성과 발전에 결정적인 영향을 미쳤다. 국제 규범과 복지국가 모델, 그리고 국제기구의 지원과 협력은 남한이 경제 성장과 사회보장 확대를 조화롭게 추진하는 데 중요한 밑거름이 되었다. 이러한 국제적 영향은 남한 복지 체계가 국제적 기준과 조화를 이루며 발전하는 토대가 되었다.

2. 경제 성장과 복지국가 형성 배경

1) 1970~80년대 산업화와 사회보장 확대

1970년대와 1980년대는 대한민국이 고도성장을 이루며 산업화가 급속히 진행된 시기이다. 이 시기는 경제 발전과 함께 사회보장제도가 점차 확대되고 제도화되는 중요한 전환기였다. 산업화의 진전에 따라 노동계층이 증가하고 사회적 위험이 다양화됨에 따라, 정부는 경제 성장과 복지 확장을 병행하는 정책을 추진하였다.

◆ 급속한 산업화와 사회구조 변화

1970년대의 경제개발 3차 5개년 계획과 1980년대의 4차 5개년 계획을 거치며 제조업 중심의 산업화가 급진전되었다. 이 과정에서 도시화가 가속화되고, 농촌 인구가 도시 노동력으로 유입되면서 노동자 계층과 중산층이 확대되었다. 이로 인해 기존의 가족 중심 복지 체계만으로는 늘어나는 사회적 위험과 복지 수요를 감당하기 어려워졌다.

◆ 사회보험 제도의 확장

이 시기 정부는 사회보험 제도를 단계적으로 확대하였다. 1977년 국민연금법이 제정되어 1988년부터 시행되었고, 1977년 건강보험법이 제정되어 1989년 전 국민 건강보험 제도가 완성되었다. 이와 함께 고용보험과 산재보험 등 노동자 보호를 위한 사회보험이 제도적으로 확립되었다. 사회보험 확대는 산업화에 따른 노동계층 보호와 국민의 노후 보장, 건강 증진을 목적으로 하였으며, 국가가 경제 성장의 성과를 사회 구성원에게 환원하는 주요 수단으로 자리 잡았다.

◆ 사회복지 서비스와 공공복지의 발전

이 시기에는 사회복지 서비스 분야도 함께 발전하였다. 노인복지, 아동복지, 장애인 복지 등 공공복지 서비스가 점차 체계화되고 법적 근거가 마련되었으며, 사회복지시설이 확대되었다. 또한 빈곤층 및 취약계층 지원을 위한 기초생활 보장제도의 틀도 형성되었다. 지방자치단체의 복지행정 기능이 강화되고, 민간 복지기관과의 협력체계도 점차 구축되었다는 점에서 산업화와 경제 성장에 기반한 복지 확장은 사회통합과 국민 삶의 질 향상에 기여하였으며, 복지국가 형성의 토대가 되었다. 1970~80년대 대한민국의 급속한 산업화와 경제 성장은 사회보장제도 확대를 촉진하였다. 국민연금, 건강보험 등 사회보험의 도입과 확산, 사회복지 서비스의 체계화는 산업화에 따른 사회적 위험에 대응하는 국가적 노력이었다. 이러한 변화는 한국 복지국가 형성의 기초를 마련하고 국민의 삶의 질 향상에 중요한 역할을 하였다.

2) 사회복지법 제정과 제도적 기반 마련

1970~80년대 대한민국의 경제 성장과 산업화 과정은 사회보장 및 복지제도의 제도화와 법적 기반 마련을 촉진하는 중요한 배경이 되었다. 이 시기에 사회복지법이 제정되고, 공공복지 서비스의 체계적 제공과 복지행정 조직의 정비가 본격적으로 이루어지면서 현대적 복지국가로 나아가기 위한 제도적 토대가 구축되었다.

◆ 사회복지법의 제정 배경과 주요 내용

1961년 최초로 제정된 사회복지법은 대한민국 정부가 사회복지정책을 법률적으로 뒷받침하고, 공공부조와 사회복지 서비스 제공의 근거를 마련하는 데 중요한 역할을 하였다. 이후 여러 차례 개정을 거치면서 아동복지, 노인복지, 장애인복지 등 다양한 분야를 포함하는 복지 영역이 확대되었다. 사회복지법은 국가와 지방자치단체가 복지 서비스를 제공하고 복지시설을 설치 운영하도록 규정함으로써, 복지 행정의 조직화와 제도적 안정성을 확보하였다.

◆ 제도적 기반의 확충과 공공복지 서비스 체계화

사회복지법을 중심으로 사회복지 행정조직이 체계화되었으며, 중앙정부 및 지방정부 차원에서 복지정책의 계획·집행 기능이 강화되었다. 이를 통해 빈곤층 지원, 아동·노인·장애인 복지, 의료복지, 주거복지 등 다양한 복지 서비스가 점차 공공 영역에서 확대되었다. 또한 사회복지 전문 인력 양성과 복지시설의 확충, 복지 재정의 안정적 확보가 병행되어, 사회복지 서비스의 질적 향상과 접근성 제고에 기여하였다.

◈ 사회복지법의 역할과 한계

사회복지법은 한국 복지국가 발전의 법적 기반으로서 중추적인 역할을 하였으나, 초기에는 국가 재정 한계와 행정력 부족, 사회적 인식 부족 등의 문제로 인해 제도적 실행에 일부 제약이 있었다(강진아, 2011). 그럼에도 불구하고 사회복지법은 사회복지정책의 통합적 운영과 법적 안정성을 보장하며, 복지 서비스 제공의 표준화와 전문화를 가능하게 하는 초석이 되었다. 이후 지속적인 법 개정과 정책 개선을 통해 한국의 복지 체계는 점차 보편적이고 체계적인 방향으로 발전하였다.

〈표 1〉 사회복지법적 기반 마련

구분	제정 이전(1960년대 이전)	제정 이후(1970~80년대)	비고
법적 근거	사회복지 관련 법률 미비, 일부 조례 및 행정규칙에 의존	1961년 사회복지법 제정으로 법적 근거 마련	법제화로 정책 일관성 강화
행정 조직	분산적·비체계적, 복지 담당 부서 미흡	중앙정부 및 지방정부 사회복지 행정 조직 확립	행정 효율성 및 책임성 제고
복지 서비스 범위	주로 가족·지역사회 중심, 제한적 공공복지	아동, 노인, 장애인 복지 등 공공복지 서비스 확대	서비스 영역 및 대상 확장
재정 및 인력	재정 지원 미약, 전문 인력 부족	복지 예산 증가, 사회복지 전문인력 양성	서비스 질과 접근성 향상
정책 방향	단편적·응급지원 중심	체계적·통합적 사회복지정책 추진	복지국가 기틀 마련

참고: 보건복지부(2023), 한국사회복지사협회(2020) 자료를 종합하여 작성함.

사회복지법의 제정과 이를 통한 제도적 기반 마련은 1970~80년대 한국 복지국가 형성에 중요한 전환점이었다. 법률적 근거와 행정조직의 확립으로 공공복지 서비스가 체계화되고, 복지정책의 통합적 운영과 전문성이 강화되었다. 비록 초기에는 한계도 있었으나, 사회복지법은 한국 사회보장제도의 제도적 토대와 발전의 핵심 기반으로 자리매김하였다.

3) 민주화와 복지국가 논의의 활성화

1987년 대한민국의 민주화 운동과 정치적 전환은 사회복지와 복지국가에 대한 논의를 크게 활성화하는 계기가 되었다. 민주화는 단순한 정치적 자유 확대를 넘어 사회적 권리로서 복지권 강화에 대한 사회적 요구를 촉진했으며, 이는 복지국가 정책의 방향성과 범위에 근본적인 변화를 가져왔다.

◈ 민주화와 사회권 확대

6월 민주항쟁 이후 헌법에 사회권 강화와 복지국가 원칙이 명시되었고, 이는 국민의 사회복지에 대한 권리를 법적·정책적으로 보장하는 중요한 근거가 되었다. 이러한 제도적 변화는 국민의 복지 요구를 제도권 내에서 반영하게 하는 촉매제가 되었으며, 사회복지정책의 공공성과 보편성 확대에 기여하였다.

◆ 복지국가 논의의 다양화와 심화

민주화 이후 복지국가에 관한 학술적 및 정책적 논의가 다층적으로 전개되었다. 특히 신자유주의적 경제구조 조정 속에서 복지 확대와 시장 기능 조화를 모색하는 '조정 복지국가' 모델에 대한 관심이 증대되었으며, 사회적 불평등 완화와 사회통합 강화에 대한 논의도 활발히 이루어졌다. 이와 더불어 '생활밀착형 복지', '지역사회 중심 복지', '포용적 복지국가' 등 다양한 복지국가 패러다임이 제시되며, 복지정책의 실천적 방향성이 구체화 되었다.

◆ 시민사회와 복지운동의 성장

민주화와 더불어 시민사회 조직, 노동운동, 여성운동 등 다양한 사회운동이 복지국가 확립을 위한 중요한 주체로 등장하였다. 이들은 사회적 약자 권리 강화, 복지 확대 및 사회적 불평등 해소를 요구하며 정책 변화를 견인하였다. 또한, 지방자치제도 강화와 맞물려 주민 참여를 통한 사회복지 거버넌스가 활성화되었으며, 이는 복지정책의 민주적 정당성과 효율성을 제고하는 데 기여하였다. 대한민국의 민주화는 복지국가 논의를 심화시키고 복지정책의 보편성과 공공성 확대에 중대한 역할을 하였다. 사회권 강화와 다양한 복지국가 모델 모색, 시민사회와 사회운동의 역할 증대는 한국 복지국가 발전의 중요한 동력이 되었으며, 지속 가능한 복지국가 건설을 위한 기반을 마련하였다.

3. 사회보장제도 발전의 사회·경제적 요인

1) 인구구조 변화와 고령화

현대 사회에서 인구구조의 변화, 특히 고령화는 사회보장제도 발전에 결정적인 영향을 미치는 핵심 요인으로 부각되고 있다. 대한민국은 급격한 출산율 저하와 평균 수명의 증가로 세계에서 가장 빠른 속도로 고령사회로 진입하고 있으며, 이러한 인구학적 변화는 사회복지정책 및 사회보장제도의 재설계와 확장을 요구하고 있다(김민지·이수진, 2022).

◆ 급속한 고령화 현상

통계청에 따르면 한국은 2025년 '초고령사회'(전체 인구 중 65세 이상 고령자가 20% 이상) 진입이 예상되며, 2050년에는 인구 3명 중 1명이 고령자로 구성될 전망이다(통계청, 2023). 이러한 급속한 고령화는 연금, 건강보험, 장기요양보험 등 사회보장 서비스 수요의 급증으로 직결되어 제도적 부담이 가중되고 있다.

◆ 인구구조 변화에 따른 사회보장제도 대응

고령 인구 증가와 핵가족화, 여성의 경제활동 참여 증가 등 사회구조 변화는 전통적인 가족 중심의 부양 체계약화를 초래하였다. 이에 따라 국가의 사회보장 역할 확대가 불가피해졌으며, 특히 노인복지, 의료 서비스, 요양 서비스 등 공적 사회보장의 중요성이 증대되었다. 또한, 젊은 세대 인구 감소는 노동력 부족과 사회보험 재정 건전성 악화라는 이중적 문제를 야기하여, 제도 운영의 지속 가능성 확보를 위한 정책적 혁신과 재정적 보완이 절실하다(김민지, 2023).

◆ 정책적 시사점 및 전망

고령화 시대에 대응하기 위해서는 단순한 급여 확대를 넘어 예방적 건강관리, 커뮤니티 기반 복지 서비스, 고령자 일자리 창출 등 다차원적 접근이 요구된다. 또한, 세대 간 형평성을 고려한 재정 조달과 사회보험 개혁이 필수적이다. 미래 사회보장제도는 인구구조 변화에 유연하게 대응할 수 있도록 체계적이고 통합적인 정책 설계가 필요하며, 이를 통해 고령화로 인한 사회적 비용을 최소화하고 국민의 삶의 질을 제고하는 복지국가 모델을 구축해야 한다. 한국 사회는 급격한 고령화와 인구구조 변화라는 도전에 직면해 있으며, 이는 사회보장제도의 확장과 개편을 요구하는 핵심 요인이다. 고령 인구 증가, 가족 부양 역할 감소, 노동력 감소 등으로 사회보장 부담이 증가하는 가운데, 지속 가능하고 포용적인 복지 체계 구축이 절실하다.

2) 노동시장 변화와 복지 수요 증가

21세기 들어 노동시장은 급격한 구조적 변화를 겪고 있으며, 이는 사회보장제도의 발전과 복지 수요 증가에 중대한 영향을 미치고 있다. 특히 비정규직 확대, 플랫폼 노동 및 고용 불안정성 증가, 산업구조 고도화 등이 사회적 불안 요인으로 작용하며 복지 수요를 다각화하고 있다.

한국 노동시장은 정규직과 비정규직 간 고용 및 임금 격차가 심화되고 있으며, 청년층과 여성, 고령층 등 취약계층의 고용 불안정이 두드러지고 있다(한국노동연구원, 2023). 이러한 고용 불안정은 실업 위험뿐 아니라 소득 불안정으로 이어져, 공적 사회보험과 사회 서비스에 대한 수요를 증가시키는 주요 원인이다(박혜림, 2021). 특히 플랫폼 노동과 같은 새로운 형태의 고용은 기존 사회보험 적용 범위 밖에 놓이는 경우가 많아, 노동자 보호와 복지 사각지대 해소가 중요한 정책 과제로 부상하고 있다.

◆ 노동시장 변화에 따른 복지 수요 다변화

비정규직 및 프리랜서, 일용직 등 불안정 고용자가 늘어나면서, 기존의 정규직 중심 사회보험 체계로는 이들의 복지 수요를 충족하기 어려워졌다.

이에 따라 실업급여 확대, 산재보험 적용 범위 확대, 저소득층 맞춤형 사회 서비스 강화 등 다양한 복지정책이 필요해지고 있다. 또한, 일과 가정의 양립 지원, 재취업 교육 및 직업훈련, 정신건강 서비스 등 노동시장 변화에 대응하는 복지 서비스가 점차 중요해지고 있다.

◆ 정책적 시사점 및 대응 방향

노동시장의 다변화와 불안정성 확대에 대응하기 위해서는 사회보장제도의 유연성과 포용성을 강화하는 정책적 전환이 필요하다. 플랫폼 노동자 등 새로운 노동 형태에 대한 사회보험 적용 확대, 비정규직 권리 보호 강화, 고용 안전망 확충이 시급하다. 더불어, 노동시장 변화에 따른 복지 수요에 맞춘 맞춤형 복지 서비스 개발과, 노동자 역량 강화 및 평생학습 지원을 통한 고용 안정성 제고가 함께 추진되어야 한다. 노동시장 구조 변화는 사회보장제도의 확대와 복지 수요 증가를 촉진하는 중요한 사회경제적 요인이다. 고용 불안정, 비정규직 증가, 새로운 노동형태 등장에 따라 복지 체계의 포용성과 적응력이 강화되어야 하며, 이를 위한 정책 혁신과 제도 개선이 절실하다.

3) 국제 환경과 정책 수용 증가

21세기 세계화와 국제 협력의 심화는 각국 사회보장제도의 발전과 정책 방향에 중요한 영향을 미치고 있다. 대한민국 역시 국제사회에서 확립된 복지 모델과 정책 경험을 적극 수용하며, 글로벌 스탠다드에 부합하는 사회보장 체계 구축을 모색하고 있다.

◆ 국제기구와 글로벌 정책 트렌드의 영향

국제노동기구(ILO), 세계보건기구(WHO), 경제협력개발기구(OECD) 등 국제기구는 사회보장 및 복지 분야의 정책 기준과 권고안을 제공하며, 각국 정책 수립에 중요한 가이드 라인 역할을 하고 있다. 특히 OECD 회원국들과의 비교를 통해 한국 사회보장제도의 강점과 약점을 진단하고 개선 방향을 도출하는 연구가 활발히 이루어지고 있다. 글로벌 복지국가 모델 중 '포용적 복지', '지속 가능한 사회보장' 등이 강조되면서, 한국도 사회안전망 확대, 보편적 복지, 고용보험과 건강보험의 통합 강화 등 국제적 정책 흐름을 적극 반영하고 있다.

◆ 국제 환경 변화에 따른 정책 수용과 적응

세계화로 인한 경제 및 인구 이동, 기술 발전과 노동시장 변화 등 국제 환경의 급격한 변화는 사회보장제도의 지속 가능성에 새로운 도전을 제기하고 있다. 이에 따라 한국 정부는 외국 사례의 정책 도입과 현지화 전략을 병행하며 사회보장제도를 개편하고 있다. 예를 들어, 북유럽 복지국가의 적극적 노동시장 정책, 일본의 고령사회 대응 정책, 유럽연합(EU)의 사회적 권리 헌장 등을 참고하여 정책 혁신과 제도적 보완을 추진 중이다.

◆ 국제 협력과 교류 강화

국제 환경 변화에 대응하기 위해 한국은 사회보장 분야에서 다양한 국제 협력 프로그램과 연구 교류에 참여하고 있다. 이러한 협력은 정책 개발과 집행 역량 강화뿐 아니라 글로벌 복지 트렌드에 대한 정보 습득과 경험 공유의 기회를 제공한다. 또한, 개발도상국 지원 및 남북한 사회보장 협력 확대 등 국제적 사회복지 네트워크 내에서 역할을 확대하며, 국내 사회보장제도의 국제적 위상 강화에도 기여하고 있다. 국제 환경과 글로벌 정책 흐름은 한국 사회보장제도 발전에 중요한 영향을 미치고 있다. 국제기구와 선진국 정책의 수용, 국제 협력 강화, 글로벌 도전 과제에 대한 적응 노력은 지속 가능하고 포용적인 복지국가 건설을 위한 필수 요인으로 자리매김하고 있다.

제2절 핵심 제도와 정책 변화

1. 국민연금제도의 도입과 발전

1) 국민연금법 제정과 시행 과정

국민연금제도는 한국 사회보장제도의 핵심 축으로서 국민의 노후소득 보장을 목적으로 1988년 「국민연금법」이 제정되어 본격적으로 시행되었다. 국민연금법 제정은 급격한 산업화와 고령화에 따른 노후 빈곤 문제 해결의 필요성, 그리고 국제사회 복지제도 동향을 반영한 결과로 평가된다.

◆ **법 제정 배경**

1980년대 한국은 경제 성장을 기반으로 산업구조가 급속히 변화하는 가운데, 전통적 가족 중심의 부양 체계가 약화되며 노후소득 불안정 문제가 부각되었다. 이에 정부는 국민 대다수를 포괄하는 공적 연금제도의 도입 필요성을 인식하고 1986년부터 법안 준비를 시작하였다. 또한 국제노동기구(ILO)와 경제협력개발기구(OECD)의 사회보장 기준 및 선진국 사례 분석을 바탕으로 한국 실정에 맞는 국민연금제도 설계가 추진되었다.

◆ **법 제정 과정 및 주요 내용**

국민연금법은 1987년 12월 국회를 통과하여 1988년 1월 1일부터 시행되었으며, 최초에는 직장가입자 중심의 제도로 출발하였다. 법은 가입 대상, 보험료 산정, 급여 지급 기준, 관리 운영 체계 등을 규정하여 체계적인 노후소득 보장 기반을 마련하였다. 초기 국민연금은 대상 범위가 제한적이었으나, 점차 지역가입자 및 임의가입자 확대, 급여 수준 및 보험료율 인상 등 단계적 발전을 통해 보장성을 강화하는 방향으로 변화하였다.

◆ **시행 초기 도전과 정책적 대응**

시행 초기에는 가입자 저조, 보험료 징수의 어려움, 제도에 대한 낮은 인지도 등 여러 문제에 직면하였다. 이를 극복하기 위해 정부는 대국민 홍보 강화, 법적 강제력 확보, 관련 법령 정비 등을 추진하였으며, 국민연금공단 설립을 통해 전문적인 운영 관리 체계를 구축하였다. 또한 1990년대 중반부터는 제도 안정화와 가입자 확대를 위한 정책적 노력이 지속되어 국민연금이 한국 복지 체계의 중추적 역할을 담당하게 되었다. 국민연금법의 제정과 시행은 한국 사회보장제도 발전의 중요한 전환점이었다. 1988년 법 제정 이후 단계적 제도 확대와 정책 개선을 통해 국민연금은 국민의 노후소득 보장과 복지 증진의 핵심 제도로 자리매김하였다. 초기 시행 과정에서의 여러 도전을 극복하며 지속 가능하고 포괄적인 사회보장 체계 구축에 기여하였다.

2) 가입 대상 확대 및 급여 체계 변화

국민연금제도는 도입 초기에는 일부 직장가입자를 중심으로 제한적으로 운영되었으나, 이후 제도적 정비와 사회적 수요 증가에 따라 가입 대상이 단계적으로 확대되었고, 급여 체계또한 지속적으로 변화하며 포괄성과 형평성을 제고하였다. 이러한 변화는 한국 사회의 인구구조 변화, 노동시장 유연화, 복지에 대한 국민의 기대 상승과 깊은 관련이 있다. 1988년 제도 시행 당시 국민연금은 10인 이상 사업장의 근로자를 대상으로 한 '직장가입자' 중심 제도로 출발했다. 그러나 비정규직, 자영업자, 농어업 종사자 등 소외계층의 복지 사각지대를 해소하기 위해 1992년 '지역가입자'를 포함시키면서 제도의 포괄성이 크게 확대되었다(국민연금공단, 2023). 1995년에는 전체 국민을 대상으로 한 전국 단위의 적용이 이루어졌으며, 1999년에는 임의가입자 제도 도입을 통해 일정 요건을 갖춘 국민 누구나 가입할 수 있도록 유연성을 확보했다. 특히 2016년에는 '출산크레딧' 제도가 도입되어 여성의 출산·양육 기여를 연금 가입 기간으로 인정하는 등 사회적 기여를 반영하려는 방향으로 제도 보완이 진행되었다.

◆ 급여 체계의 변화와 보장성 개선

국민연금의 급여 체계는 도입 이후 여러 차례의 개편을 거쳐 재정 안정성과 소득 보장이라는 이중 목표를 달성하기 위한 조정이 이루어졌다. 초기에는 평균소득의 일정 비율을 보장하는 구조였으나, 급속한 고령화와 보험료 부담 문제를 반영하여 1998년 개혁에서 소득대체율이 점진적으로 하향 조정되었다(이혜진, 2023). 2007년 개편에서는 소득대체율을 50%에서 2028년까지 단계적으로 40%로 인하하고, 대신 저소득층 보장을 위해 기초노령연금(현재의 기초연금)이 별도로 도입되었다. 이로써 이중 노후 보장 체계를 형성하게 되었으며, 공적 연금 체계의 기능 분담이 본격화되었다(김수정·이상훈, 2022). 또한, 급여 산정 방식에서 소득 재분배 기능을 강화하기 위해 저소득자의 보험료 대비 급여 수익비를 상대적으로 높게 책정하는 구조를 유지하고 있다(국민연금연구원, 2023).

◆ 제도 발전의 의의

가입 대상의 확대와 급여 체계 개편은 국민연금이 단순한 직장 중심 보험에서 벗어나, 전 국민을 포괄하는 포괄적 사회보험으로 발전하는 데 결정적 역할을 하였다. 특히, 불안정 노동층과 노인빈곤층을 위한 보장성 강화 조치는 사회통합과 지속 가능한 복지국가 구축의 핵심 기반으로 기능하고 있다. 국민연금제도는 제도 도입 이후 지속적인 대상 확대와 급여 체계 개편을 통해 전 국민적 보장 체계로 성장해 왔다. 특히 지역가입자·임의가입자 확대, 소득대체율 조정, 기초연금 연계 등은 한국 연금제도의 포용성과 형평성을 높이고, 고령화 사회에 대응한 재정적 지속 가능성 확보를 위한 핵심 변화로 평가된다.

3) 재정 안정화와 개혁 논의

국민연금제도는 도입 이후 국민의 노후소득 보장을 위한 핵심 사회보험으로 기능해 왔으나, 급속한 고령화, 저출산, 노동시장 변화 등 구조적 요인으로 인해 제도의 재정 지속 가능성에 대한 우려가 심화되고 있다. 이에 따라 국민연금의 재정 안정화를 위한 개혁 논의가 본격화되었으며, 그 방향은 보험료율 조정, 급여 구조 개편, 연금 수급 개시 연령 상향 등 다양한 쟁점을 포함하고 있다(국민연금재정추계위원회, 2023).

◆ **재정 위기 전망과 문제 제기**

2023년 제5차 국민연금 재정 계산에 따르면, 현행 제도를 유지할 경우 국민연금 기금은 2041년부터 적자 전환되고, 2055년에는 완전히 고갈될 것으로 예측되었다(국민연금공단, 2023). 이 같은 전망은 고령화 속도에 비해 보험료율(현재 9%)이 낮고, 평균 수명 증가와 경제활동인구 감소가 겹치면서 연금 재정의 지속 가능성에 대한 근본적인 재검토를 촉진하고 있다.

◆ **개혁 논의의 주요 쟁점**

▶ 보험료율 인상: 현재 국민연금의 보험료율은 1988년 도입 당시 3%에서 1998년 9%로 인상된 이후 25년째 동결 상태다. 이에 따라 보험료율을 OECD 평균(18~20%) 수준으로 점진적으로 인상해야 한다는 주장이 제기되고 있다. 특히 젊은 세대의 부담을 최소화하면서도 제도의 재정 기반을 안정화하는 방안이 요구된다.

▶ 소득대체율 조정 및 급여 체계 재설계: 정부는 2007년 연금개혁 당시 소득대체율을 2028년까지 40%로 단계적으로 인하하기로 결정하였다. 그러나 급여 수준이 낮아 노후 빈곤 문제가 심화되고 있어, 일정 수준 이상의 최저 보장 기능을 갖춘 이중구조적 급여 체계(기초연금+국민연금) 정비가 필요하다는 지적도 있다.

▶ 수급 개시 연령 상향: 기대수명이 증가하면서 연금 수급 개시 연령을 현행 62세에서 65세로 상향 조정하는 논의도 병행되고 있으며, 노동시장 퇴직 시기와 연계된 정책 조율이 함께 논의된다.

◆ **세대 간 형평성과 국민 신뢰 회복 과제**

개혁 논의는 단순한 수치 조정이 아니라, 세대 간 형평성 문제와 깊게 연결된다. 청년 세대는 기여는 많고 수급은 적은 '불공정 구조'에 대한 불신을 갖고 있으며, 고령 세대는 급여 삭감에 따른 불안정성을 우려한다. 따라서 재정 안정화를 위한 제도 개편은 공론화 과정과 국민적 합의를 수반해야 하며, 제도의 투명성과 신뢰를 높이기 위한 정책 설계가 병행되어야 한다(김태형, 2023). 국민연금의 재정 안정화는 단순한 숫자 조정이 아니라 구조적 개혁과 국민적 신뢰 회복이 필요한 과제다. 보험료율 인상, 급여 구조 재편, 수급 연령 상향 등 다각적인 접근이 요구되며, 공정성·형평성·지속 가능성을 아우르는 정책적 해법이 필요하다. 향후 개혁은 국민의 참여와 사회적 합의를 바탕으로 투명하게 이루어져야 할 것이다.

2. 건강보험 제도의 구축과 확장

1) 의료보험 도입 배경 및 단계적 확산

한국의 건강보험제도는 국민의 건강권 보장을 위한 대표적인 사회보험 형태로, 1977년 의료보험제도의 도입 이후 단계적 확산과 통합 과정을 거쳐 2000년 '국민건강보험' 체계로 완성되었다.

이 제도는 급격한 산업화·도시화로 인한 보건의료 수요 증가와 함께, 국가 주도의 사회보장 확립 필요성이 대두되면서 제도적 기반이 형성되었다.

◆ 도입 배경

1960~70년대는 산업화와 도시화로 인한 급격한 인구구조 변화, 빈곤층의 의료 접근성 제한, 감염병 확산 등으로 인해 공공의료 시스템의 취약성이 심각하게 대두되었다. 이에 따라 의료 서비스의 공공성을 제도적으로 보장하기 위한 의료보장 체계의 도입이 절실한 과제로 부각되었다(박미진, 2022). 또한 당시 국제노동기구(ILO)와 세계보건기구(WHO)는 개발도상국의 보건의료 접근성 확대와 사회보장 강화의 일환으로 사회보험 방식의 의료보장 제도 도입을 권고하고 있었으며, 이는 한국 정부의 의료보험제도 구상에 중요한 영향을 미쳤다.

◆ 단계적 확산 과정

의료보험제도는 1977년 7월 1일, 서울과 부산 등 대도시 지역의 500인 이상 사업장 근로자를 대상으로 시범적으로 시행되었으며, 이후 급속한 제도 확산이 이어졌다. 1979년에는 300인 이상 사업장, 1981년에는 100인 이상 사업장으로 확대되었고, 1988년에는 농어촌 지역까지 의료보험이 적용되면서 지역의료보험이 도입되었다(국민건강보험공단, 2023). 1995년에는 모든 사업장 근로자가 의료보험에 가입하게 되었고, 1989년에는 전 국민 의료보험 달성을 공식 선언하였다. 이러한 과정은 '단계적 적용-전면 확대-제도 통합'이라는 건강보험 발전의 전형적 모델을 따랐으며, 결국 2000년 의료보험조합을 통합해 국민건강보험공단이 출범함으로써 단일 보험자로서의 공적 보건의료 체계를 구축하게 되었다.

◆ 제도 도입과 확산의 의의

의료보험의 단계적 확산은 단순한 제도 확대를 넘어, 국민의 보편적 의료 접근권을 제도화했다는 점에서 중대한 의미를 갖는다. 특히 농촌과 자영업자 등 복지 사각지대에 놓인 계층까지 포괄함으로써 사회적 연대의 원리에 기반한 사회보험 모델로 기능하게 되었다. 또한, 국민건강보험의 출범은 분산된 재정을 통합하고 행정의 효율성을 강화하며, 장기적으로는 건강보험재정의 지속 가능성을 높이는 데 기여하였다. 한국의 건강보험제도는 1977년 의료보험 도입 이후 약 20여 년에 걸쳐 단계적 확산과 제도 통합을 통해 전 국민 보편의료보장 체계로 발전하였다. 이는 공공의료 확대, 건강권 보장, 그리고 사회적 형평성 증진이라는 측면에서 중요한 제도적 기반을 마련한 것이며, 한국 복지국가 발전사에서 핵심적 이정표로 평가된다.

2) 지역·직장 보험 통합과 보장성 강화

한국 건강보험제도는 1989년 전 국민 의료보험을 실현한 이후에도 보험자의 이원화로 인해 지역 간 불평등과 행정 비효율이 지속되었다. 이에 따라 2000년 지역·직장 의료보험의 통합이 단행되었고, 이후 보장성 강화를 통해 국민의 의료 접근성을 확대하고 건강 형평성을 제고하는 방향으로 정책이 발전해 왔다(국민건강보험공단, 2023).

◆ 지역·직장 보험의 통합 배경

1989년 전 국민 의료보험이 달성되었지만, 당시 의료보험은 직장가입자와 지역가입자를 별도 보험자가 각각 운영하고 있어 보험료 산정 방식, 급여 수준, 재정 운영에 차이가 컸다. 이로 인해 사회적 형평성 문제가 지속되었고, 복잡한 행정 구조는 제도의 효율성을 저해하였다.

특히 도시 저소득층과 자영업자를 중심으로 한 지역가입자는 보험료 부담 대비 급여 혜택이 낮고, 징수율이 낮아 재정적 불안정성도 지적되었다. 이에 따라 단일 보험자 체계로의 통합 필요성이 대두되었다.

◆ 2000년 건강보험 통합의 실행과 영향

2000년 7월, 지역보험과 직장보험을 통합하여 국민건강보험공단을 단일 보험자로 출범시킨 것은 한국 보건의료정책사에서 중요한 전환점이었다. 이를 통해 관리 체계가 일원화되면서 보험료 산정 및 징수의 표준화, 급여기준의 통일, 행정 비용 절감 등의 효과가 나타났다(국민건강보험공단, 2023). 통합은 또한 재정 안정화와 형평성 제고에 기여하였다. 예를 들어, 지역가입자에게 적용되던 정액 보험료 체계가 점진적으로 소득 중심 산정으로 바뀌었으며, 동일한 급여 항목에 대해 지역·직장 간 차별이 해소되었다.

◆ 보장성 강화 정책의 전개

통합 이후 건강보험의 핵심 과제는 보장성 강화였다. 실제로 2004년 이후 건강보험은 급여 범위를 확대하고 본인부담률을 조정하는 방식으로 의료 접근성을 개선해 왔다. 특히 2017년부터 추진된 '문재인 케어' 정책은 MRI, 초음파, 간병 서비스 등 비급여 항목의 급여화를 주요 내용으로 하며 건강보험 보장률을 높이는 데 기여하였다. 보장률은 2004년 62.2%에서 2021년 65.5%까지 상승했으며, 중증질환 및 희귀질환자에 대한 보장성도 강화되었다. 이는 고소득층과 저소득층 간 의료비 부담 격차를 완화하고, 의료비로 인한 가계파탄을 줄이는 방향으로 작용하였다.

◆ 정책적 의의와 과제

건강보험의 통합과 보장성 강화는 '형평성'과 '효율성'을 동시에 추구한 정책적 성과로 평가된다. 그러나 여전히 일부 고비용 항목의 비급여 문제가 존재하며, 보장성 확대에 따른 건강보험재정의 지속 가능성도 주요 과제로 남아 있다(유민아, 2022). 또한, 고령화와 만성질환 증가로 인한 급여 지출의 급증은 장기적으로 지속 가능한 건강보험 개혁 필요성을 제기하고 있다. 이에 따라 보험료율 조정, 고액진료비 관리, 예방 중심 보건의료 강화 등 다양한 보완 정책이 병행되어야 할 것이다. 지역·직장 보험의 통합은 한국 건강보험제도의 구조를 일원화하여 행정 효율성과 형평성을 강화하는 데 기여하였다. 이후 추진된 보장성 강화 정책은 의료 접근성을 확대하고 의료비 부담을 완화하면서 제도의 공공성을 높였다. 향후 과제로는 재정의 지속 가능성 확보와 비급여 해소를 통한 실질적 보장률 제고가 중요하다.

3) 건강보험 재정과 서비스 질 개선 노력

국민건강보험은 전 국민을 대상으로 하는 단일 보험자로서의 운영 구조를 바탕으로 보장성 확대와 형평성 제고에 기여해 왔다. 하지만 고령화와 만성질환 증가, 보장성 확대에 따른 급여 지출의 급증 등으로 건강보험 재정의 지속 가능성에 대한 우려가 높아지면서, 재정 안정화와 함께 의료 서비스의 질 향상을 병행하기 위한 정책적 노력이 강화되고 있다(국민건강보험공단, 2023).

◆ 재정 지출 증가와 지속 가능성 이슈

보장성 강화 정책(예: 문재인 케어)의 추진과 고령인구 증가에 따라 급여 지출은 급격히 증가하였다. 국민건강보험공단의 통계에 따르면, 건강보험 총지출은 2018년 69조 원에서 2022년에는 약 91조 원으로 증가하였다. 특히, 65세 이상 노인의 1인당 진료비가 전체 연령층 평균의 3배 이상에 달하면서 고령화가 재정 부담의 주요 요인이 되고 있다(국민건강보험공단, 2023). 또한, 보장률 상승에 따른 재정 수요 증가로 인해 건강보험 누적 적자가 발생하고 있으며, 이를 해결하기 위한 보험료 인상 또는 지출 효율화 방안이 정책적으로 논의되고 있다(정혜원, 2022).

◆ 건강보험 재정 효율화 정책

▶ 지불제도 개편 및 급여기준 정비: 행위별 수가제 중심의 지불제도는 과잉진료 유인을 낳을 수 있다는 지적에 따라, 포괄수가제, 인두제(Capitation)[1], 질 기반 지불방식(P4P) 도입이 단계적으로 추진되고 있다. 특히 중증질환 중심의 질 평가 결과에 따라 인센티브를 제공하는 방식은 재정 효율성과 서비스 질을 동시

---

1) 건강보험 등 의료 서비스 제공 방식 중 하나로, 의료 서비스 제공자가 등록된 환자 수(인두수)에 따라 일정 금액을 정기적으로 받는 제도이다. 이 방식은 제공된 의료 서비스의 양이나 횟수에 상관없이 지급되기 때문에, 서비스 이용량이 아닌 환자 수에 기반한 정액제라고 할 수 있다.

에 고려한 제도이다(김동현·이성훈, 2022).
- ▶ 비급여 관리 강화 및 급여 적정화: 지속적인 비급여 급여화 외에도, 급여 항목의 적정성 재평가와 저효율 진료의 기준화가 병행되고 있다. 2021년부터는 '의료행위 평가사업단'을 통해 고비용 항목에 대한 기술평가를 진행하며, 재정 낭비 요인을 차단하고 있다.

◆ 서비스 질 개선을 위한 정책 노력
- ▶ 의료 질 평가와 인센티브 제도: 의료기관의 진료성과, 환자 안전, 진료 적정성 등을 종합적으로 평가하는 적정성 평가와 환자경험평가가 시행되고 있으며, 그 결과는 수가 보상과 연계되어 의료기관의 자발적 질 개선을 유도하고 있다(건강심사평가원, 2022).
- ▶ 일차의료 중심의 전달 체계 개편: 만성질환 증가에 대응하기 위해 일차의료 강화 정책이 시행되고 있으며, 지역 단위의 건강관리 시범 사업(예: 커뮤니티 케어)과 환자 중심 의료정보 연계 강화 등으로 질 높은 지속적 관리 체계를 구축하고 있다.

◆ 정책적 의의와 과제

한국의 건강보험은 양적인 확대를 넘어 재정 지속성과 질 중심의 구조개편을 병행하고 있다. 그러나 아직까지 대형병원 중심의 의료 이용 편중, 의료 자원의 수도권 집중, 저평가된 일차의료 체계 등 구조적 문제가 존재한다. 또한 건강보험 재정의 안정성을 확보하기 위해서는 장기적 재정계획 수립, 보장성 확대의 우선순위 설정, 정책 결정의 투명성 확보 등이 요구된다. 건강보험의 보장성 확대는 국민의 의료 접근성과 형평성 제고에 긍정적 기여를 했으나, 이에 따른 재정 부담 증가와 서비스 질 관리 문제는 새로운 정책 과제로 등장하였다. 지불제도 개편, 의료 질 평가, 비급여 관리 등을 통해 재정 효율화와 질 향상이라는 이중 목표를 동시에 달성하려는 노력이 지속되고 있다.

3. 고용보험 및 산재보험 발전

1) 고용보험 도입과 실업급여 제도

고용보험은 노동시장의 불안정성과 경기변동에 따른 실업 위험으로부터 근로자를 보호하고, 고용 안정 및 재취업 촉진을 목적으로 도입된 사회보험 제도이다. 한국은 1995년 고용보험 제도를 본격 시행하면서 실업급여와 함께 적극적 노동시장정책을 추진할 수 있는 기반을 마련하였으며, 이후 대상 확대 및 급여제도 개선을 통해 보장 범위를 지속적으로 확장해 왔다(고용노동부, 2024).

◆ 고용보험 제도의 도입 배경

1990년대 초반 한국은 외환위기 전후로 실업률이 급격히 상승하며 실업에 대한 사회적 보호 필요성이 높아졌다. 기존에는 실업에 대한 체계적인 공적 보호 장치가 부재했기 때문에, 정부는 국제노동기구(ILO) 권고와 OECD 가입 조건 등을 고려해 1993년 「고용보험법」을 제정하고, 1995년 7월부터 30인 이상 사업장을 대상으로 고용보험 제도를 시행하였다. 이는 단순한 소득보장을 넘어 실업예방과 고용안정, 직업능력개발을 포괄하는 적극적 노동시장 정책(Active Labor Market Policy, ALMP)의 출발점이 되었다.

◆ 실업급여 제도의 운영과 개편

고용보험의 핵심 급여인 실업급여는 구직활동을 전제로 일정 기간 동안 소득을 보전해 주는 제도이다. 제도 초기에는 급여 수준과 수급 기간이 낮아 실질적 보호 효과가 제한되었으나, 이후 지속적인 제도 개편을 통해 급여액 인상, 지급 기간 확대, 수급 요건 완화 등이 이루어졌다(윤지영, 2023). 특히 2019년에는 실업급여의 소정급여일수가 최대 270일로 확대되었고, 급여 수준은 평균임금의 50%에서 60%로 인상되었다. 또한 수급 자격 요건으로 요구되던 최소 피보험기간이 180일에서 120일로 완화되면서 고용보험의 접근성이 향상되었다(고용노동부, 2024).

◆ 고용보험 적용 범위 확대

고용보험은 도입 초기 정규직 중심으로 운영되었지만, 최근에는 특수고용직, 플랫폼 노동자, 예술인 등 비전형 고용 형태 종사자까지 적용 대상을 확장하고 있다. 2021년에는 예술인과 특고 종사자에게도 고용보험 가입이 의무화되었으며, 2022년부터는 플랫폼 기반 종사자에 대한 시범 사업이 운영되면서 포괄적 사회보장으로의 전환이 이루어지고 있다. 이러한 확장은 실업 리스크가 높은 취약계층에 대한 보호를 강화하고, 노동시장 양극화 해소에 기여하는 방향으로 정책이 진화하고 있음을 보여 준다.

◆ 정책적 의의와 과제

고용보험은 한국 사회보장제도에서 상대적으로 후발주자로 출발했지만, 지속적인 개편과 제도 확장을 통해 실업자 보호와 재취업 촉진이라는 복합적 기능을 수행하고 있다. 그러나 여전히 자영업자나 5인 미만 사업장 근로자 등의 미가입 문제가 존재하며, 실업급여 남용, 재정 안정성 확보, 적극적 고용서비스 강화 등은 향후 해결해야 할 과제로 남아 있다. 또한, 디지털 전환과 인구구조 변화에 따라 일자리의 형태가 다양화되고 있어, 보다 유연하고 포괄적인 고용보험 시스템 구축이 요구되고 있다. 고용보험제도는 실업에 대한 공적 보호의 필요성에 따라 1995년 도입된 이래, 실업급여의 확대, 대상자의 다양화, 능동적 고용지원 서비스 강화 등 다양한 방향으로 진화해 왔다. 실업 리스크에 대한 대응뿐 아니라, 노동시장의 안정성과 형평성 제고에 핵심적 역할을 수행하고 있으며, 향후 재정 건전성과 포괄성 간의 균형 확보가 주요 과제로 지적되고 있다.

2) 산재보험 운영과 노동자 보호 강화

산재보험은 산업재해로부터 근로자의 생명과 건강을 보호하고, 재해 발생 시 근로자와 가족의 생계를 보장하기 위해 마련된 사회보험 제도이다. 1964년 「산업재해보상보험법」 제정 이후 한국의 산재보험제도는 급여 수준의 향상과 대상자 확대를 통해 발전해 왔으며, 최근에는 특수형태근로종사자, 플랫폼 노동자, 소규모사업장 근로자까지 포괄하는 방향으로 변화하고 있다(권현지, 2023; 고용노동부, 2024).

◆ 산재보험 제도의 발전과 정책적 전환

산재보험은 초기 제조업 중심의 고위험 노동자 보호에 중점을 두었으나, 산업구조의 변화에 따라 서비스업·소규모 사업장 등으로 산업재해의 양상이 확장되었다. 이에 따라 산재보험의 보장 범위와 급여 제도가 단계적으로 확대되었다. 2021년 개정된 「산재보험법」에 따라 플랫폼 기반 노동자, 배달라이더, 퀵서비스 기사, 학습지 교사 등 특수형태근로종사자(특고)에게도 산재보험 적용이 가능해졌으며, 이는 비정형 고용 노동자 보호를 제도화하는 계기가 되었다(고용노동부, 2024).

◆ 산재보험 급여 제도의 확장과 개선

- ▶ 요양급여와 장해급여 개선: 산재보험의 대표적 급여인 요양급여는 치료비 전액을 공공이 부담하며, 치료 중의 휴업손실에 대한 휴업급여와 함께 노동자의 생계 보장을 도모한다. 최근 개정으로 장해급여의 등급 체계가 간소화되고, 장해보상 연금의 선택권이 확대되었다(정세희, 2022).
- ▶ 유족급여와 간병급여 보완: 산재로 인한 사망 시 유족에게 지급되는 유족급여는 지급 기준이 명확해졌으며, 장기 요양이 필요한 노동자에게 제공되는 간병급여의 인정 기준도 점차 확대되고 있다. 이는 재해 이후의 생활 보장을 강화하는 방향으로 평가된다.

◆ 산재 예방 중심의 운영 체계 강화

과거 산재보험은 사후 보상 중심이었으나, 최근에는 사전 예방 중심의 정책 전환이 강화되고 있다. 대표적으로 '중대재해처벌법' 시행(2022년)과 연계하여, 사업주의 안전조치 책임을 강화하고 산재 예방 인프라 확충을 추진하고 있다. 고용노동부는 매년 '산재예방 정책방향'을 통해 고위험 업종 집중 관리, 소규모 사업장 안전 컨설팅 지원, 스마트 안전장비 보급 등의 전략을 추진하고 있으며, 이는 산재 발생률 감소로 이어지고 있다.

◆ 제도 운영의 문제점과 향후 과제

산재보험은 보호 범위를 지속적으로 확장하고 있으나, 여전히 신청 절차의 복잡성, 업무상 재해 인정의 엄격성, 비정규직·이주노동자에 대한 접근성 부족 등 구조적 문제점이 지적된다(권현지, 2023). 특히, 산재 불승인률이 높고, 일부 노동자들은 업무상 재해임에도 불구하고 산재 신청을 꺼리는 현실이 존재한다. 이에 따라 산재 신청 지원제도, 산재 전문 심사 체계 개선, 피해자 권리 보호를 위한 법률 지원 체계 강화가 필요하다는 의견이 확산되고 있다. 산재보험은 제도적 보호의 외연을 지속적으로 넓히며 노동자의 생명과 건강을 지키는 핵심 사회보장제도로 기능해 왔다. 최근 특수고용직 및 플랫폼 종사자까지 적용 대상을 확대한 것은 고용 형태 변화에 대응한 중요한 진전이며, 예방 중심 정책의 강화 또한 주목할 만하다. 그러나 제도의 사각지대 해소와 인정 기준의 합리화, 신속한 보상 체계 마련은 여전히 개선되어야 할 과제로 남아 있다.

3) 사회보험 통합과 연계 정책

사회보험제도는 대한민국 사회보장 체계의 핵심 축으로, 국민의 생애주기 전반에 걸쳐 소득보장과 건강 보장을 담당한다. 한국의 사회보험은 개별 제도별로 도입되어 발달해 왔으나, 제도의 양적 팽창과 가입자 다변화, 복합적 위험 구조의 등장에 따라 통합과 연계의 필요성이 점차 증대되었다.

◆ 제도별 운영의 이원화와 그 한계

현재 우리나라의 주요 사회보험에는 국민연금, 건강보험, 고용보험, 산재보험이 있으며, 각각 별도의 소관 부처(보건복지부, 고용노동부, 근로복지공단 등)와 운영기관이 관할하고 있다. 이러한 이원화된 운영 체계는 행정의 비효율성과 대상자 정보의 분절, 중복 지원 또는 사각지대 발생이라는 문제를 야기해 왔다(김태완 외, 2023). 또한 사회적 위험의 다층성과 노동시장 유연화 속에서 복수 가입자, 이직자, 특수고용노동자 등의 경력 단절 또는 미연계 문제가 빈번하게 발생하였다.

◆ 사회보험 통합 및 연계 추진 배경

정부는 2000년대 중반부터 사회보험 간 연계 강화를 정책과제로 설정하였다. "사회보험 간 정보 연계와 부과 체계 통합", "징수 체계단일화", "통합 고객센터 및 전산망 구축" 등이 그 주요 내용이다. 2011년 국민건강보험공단이 사회보험료 징수를 일원화하면서 4대 보험료 고지·수납이 통합되었고, 이는 효율성과 납부 편의성 제고 측면에서 긍정적 평가를 받았다(보건복지부, 2022). 또한 통합사회보험정보시스템(UBI: Unified Benefit Information system) 구축, 사회보장정보원 중심의 정보연계 시스템 운영, 사회보장급여법(2014) 제정 등은 통합 인프라 확장의 실질적 기반이 되었다.

◆ 최근 정책 동향과 연계 강화를 위한 시도

최근에는 노동시장 이중구조와 플랫폼 노동 증가 등 사회경제적 변화에 대응하여, 사회보험 간 제도적 연계뿐 아니라 사각지대 해소와 유연한 급여 이행 체계 마련이 중점 과제로 부각되고 있다. 고용보험의 경우 자영업자, 특수고용직, 플랫폼 종사자 대상의 단계적 가입 확대가 진행되고 있으며, 이들이 기존 사회보험과의 경력 연계, 기여 이력 통합 관리, 이중 급여 방지를 필요로 하면서 정책적 조정이 요구된다. 또한, 국민연금과 기초연금의 연계 조정, 건강보험과 장기요양보험의 급여 조율 등도 주요 논의 대상이며, 이는 제도 간 '기능적 통합(Functional integration)'을 위한 정책 설계의 필요성을 강조한다.

◆ 과제와 전망

한국 사회보험제도의 통합과 연계 정책은 일부 성과를 이뤘으나, 여전히 다음과 같은 과제를 안고 있다.

▶ 제도별 관리 주체의 이원화와 정책 목표의 불일치

한국의 사회보험제도는 각기 다른 법률에 기반하고 있으며, 해당 제도를 운영하는 주체 또한 분산되어 있다. 예컨대 국민연금은 보건복지부, 고용보험은 고용노동부, 산재보험은 근로복지공단, 건강보험은 국민건강보험공단 등으로 관리 주체가 상이하다. 이로 인해 정책 수립과 집행에서 제도 간 일관성이 부족하고, 동일한 정책 목적에 대한 접근 방식이나 우선순위도 다를 수밖에 없다. 이는 사회보험 간 통합적 대응을 어렵게 만들며, 동일한 수급자가 제도별로 다른 행정 경험을 하거나, 중복된 업무 처리를 경험하게 되는 등 행정 비효율성을 초래한다. 또한 사회적 위험에 대한 종합적 대응이나 다층보장 체계설계가 지연되는 구조적 한계로 작용한다.

▶ 가입 이력의 단절성과 급여 수급의 비일관성

노동시장 유연화와 경력 다양화가 확대되면서, 한 사람이 생애 동안 여러 사회보험 제도를 오가며 가입하는 사례가 일반화되고 있다. 그러나 현행 제도는 각 보험의 가입 이력, 납부 기간, 급여 산정 방식이 분절적으로 관리되고 있어 이력의 연계가 어렵고, 결과적으로 급여 수급의 비일관성이 나타난다. 예컨대, 국민연금 가입 기간은 충분하지만 고용보험 수급 요건을 충족하지 못해 실업급여를 받지 못하거나, 반대로 산재보험과 고용보험 중복 대상자의 경우 일부 급여 항목에서 보장 공백이 생길 수 있다. 이러한 단절성은 사회보험의 목적 중 하나인 생애주기적 연속성과 보장성의 원칙을 훼손하며, 국민의 제도 신뢰도 저하로도 이어질 수 있다.

▶ 특수형태 고용, 프리랜서, 플랫폼 노동자에 대한 포괄 부족

플랫폼 노동자, 프리랜서, 배달·대리운전 등 특수형태근로종사자(특고)는 전통적인 고용관계에 기반한 사회보험 체계에서 제도적으로 포괄되기 어려운 구조적 한계를 지니고 있다. 이들은 '노동자도 아니고 자영업자도 아닌' 중간지대에 놓여 있어 사회보험 가입 의무와 권리 보장 대상에서 빈번히 배제되어 왔다. 정부는 2020년대 들어 이들을 위한 고용보험 적용 확대 및 산재보험 가입 의무화 등을 추진하고 있으나, 가입률은 여전히 낮고, 강제성이 부족하며, 보험료 부담에 대한 저항도 큰 상황이다. 또한 플랫폼 기업과의 책임 분담 문제가 해결되지 않아 제도화에 난항을 겪고 있다. 결과적으로 새로운 고용 형태에 적합한 유연한 사회보험 설계와 제도 간 연계 체계의 혁신이 요구된다.

▶ 통합급여 설계에 따른 사회적 합의 부족과 제도적 저항

사회보험의 통합 또는 연계는 단순히 행정 체계를 일원화하는 데 그치지 않고, 각 제도의 급여 체계와 보장 범위를 조정해야 한다. 이 과정에서 불가피하게 일부 수급자의 급여 감소, 재정 부담 조정, 기여율 변경 등이 수반되며, 이는 수혜자의 반발이나 직역 간 갈등을 유발할 수 있다. 예를 들어, 연금 통합 논의에서 직역연금 가입자와 국민연금 가입자 간 형평성 문제가 제기되었고, 건강보험 통합 당시에도 지역가입자와 직장가입자 간 보험료 부담의 불균형 문제가 사회적 논쟁을 불러일으켰다. 이러한 통합은 단지 기술적 조정이 아니라 정치적 결단과 국민적 합의가 전제되어야 하는 과제이며, 제도 간 신뢰 회복과 투명한 정보 제공, 공론화 과정을 통한 사회적 지지 형성이 병행되어야 성공적으로 추진될 수 있다. 향후 사회보험제도의 통합은 단순한 행정 효율성 차원을 넘어, 사회적 위험에 대한 통합적 대응 체계 구축, 생애주기별 보장성 강화, 사회적 연대 기반 재정 운영 원칙의 확립을 포함하는 복합적 과제로 진화할 것으로 보인다.

4. 사회복지 서비스 정책 변화

1) 기초생활 보장제도 시행과 확대

기초생활 보장제도는 생계유지 능력이 부족한 국민에게 국가가 생계, 의료, 주거, 교육 등의 급여를 제공함으로써 최저생활을 보장하고 자립을 지원하는 대표적인 공공부조 제도이다. 2000년 「국민기초생활 보장법」 시행 이후 보편적 복지의 토대를 마련하였고, 이후 급여 범위 확대와 기준 완화를 통해 보다 포괄적이고 적극적인 빈곤 대응 체계로 발전해 왔다(보건복지부, 2024).

◆ 기초생활 보장제도의 도입 배경

1997년 외환위기 당시 실업과 빈곤 문제가 급속히 심화되면서, 기존 생활보호법 체계로는 위기 가구를 충분히 보호하지 못한다는 비판이 제기되었다. 이에 따라 2000년 10월 「국민기초생활 보장법」이 제정·시행되면서 권리로서의 생계 보장 개념이 법제화되었으며, 이는 한국 복지국가 체제의 본격적 출발점으로 평가된다.

◆ 급여 종류의 다양화와 맞춤형 급여 체계 구축

제도 시행 초기에는 생계급여와 의료급여 중심이었으나, 이후 주거급여, 교육급여, 해산·장제급여 등으로 급여 종류가 확대되었다. 특히 2015년 맞춤형 급여 체계가 도입되면서, 급여별 선정기준이 분리되어 보다 많은 가구가 일부 급여라도 받을 수 있도록 개편되었다. 이는 과거의 '전면 탈락' 방식에서 벗어나 부분 보장을 통해 복지 사각지대를 줄이는 방향으로 진화한 것으로 평가된다.

◆ 부양의무자 기준 완화와 수급권 확대

기초생활 보장제도 운영의 가장 큰 쟁점이었던 부양의무자 기준은 2021년부터 단계적으로 완화되었으며, 특히 생계급여와 의료급여에서 중증장애인, 노인, 한부모 가구 등 취약계층에 대해 해당 기준이 적용되지 않도록 조정되었다(보건복지부, 2024). 이 조치는 정책적으로 사각지대를 실질적으로 해소하는 핵심 조치 중 하나였다.

◆ 자립 지원 및 소득재산 기준 개편

기초생활 보장제도는 단순한 급여 제공을 넘어 자활사업, 긴급복지, 자립 지원 프로그램을 연계하여 수급자의 자립 가능성을 높이고 있다. 또한, 2023년부터는 중위소득 기준 현실화 및 재산공제 확대 등을 통해 실질적 접근성을 높이고 있다. 예를 들어, 차량가액 기준 완화, 금융재산 기본 공제 상향 등은 수급 탈락자 감소에 기여하고 있다.

◆ 최근 정책 과제와 평가

기초생활 보장제도는 제도 도입 20여 년을 지나면서 상당한 제도적 성숙을 이루었지만, 여전히 비수급 빈곤층(빈곤선 이하이나 수급받지 못하는 계층)의 존재, 지속 가능한 재정 확보, 급여별 지역 편차, 자립 지원 체계 미흡 등의 문제가 남아 있다. 또한 코로나19 팬데믹을 거치며 재난 상황에서의 공공부조 역할이 다시 주목받았고, 긴급복지제도와의 연계성 강화 및 디지털 행정 기반의 자동선별 시스템 구축 등의 제도 고도화가 과제로 제시되고 있다. 기초생활 보장제도는 최저생계 보장을 넘어 권리 중심의 복지로 발전하고 있으며, 급여 다양화, 맞춤형 체계 도입, 부양의무자 기준 완화 등을 통해 접근성과 포용성이 확대되었다. 하지만 여전히 사각지대 해소, 자립 지원 강화, 지역 간 형평성 제고 등 해결해야 할 정책적 과제가 존재한다. 향후에는 보다 정교한 소득판별 체계, 지속 가능한 재정 구조, 디지털 기반의 수요자 중심 행정 체계 구축이 요구된다.

2) 장애인, 아동, 노인복지정책 발전

한국의 사회복지 서비스는 생애주기별 욕구에 기반하여 장애인, 아동, 노인 등 대상별 맞춤형 정책을 중심으로 발전해 왔다. 특히 최근에는 단순 보호 중심에서 벗어나 자립, 권리, 삶의 질 향상이라는 패러다임 전환이 두드러지고 있으며, 다양한 법·제도적 기반과 서비스 전달 체계 개편이 이루어지고 있다(보건복지부, 2023).

◆ 장애인 복지정책: 권리 중심 접근으로의 전환

장애인 복지정책은 「장애인복지법」(1981)을 시작으로, 「장애인차별금지법」(2007), 「장애인권리 보장법」(2023) 등으로 제도적 기반이 강화되었다. 초기에는 보호·수용 중심이었으나, 최근에는 탈시설, 자립 지원, 서비스 선택권 확대가 중심 과제로 부각되고 있다. 장애인 활동지원제도는 2011년 도입 후 대상 확대와 급여

시간 증가가 이루어졌고, 특히 중중장애인의 지역사회 삶을 지원하는 핵심 제도로 기능하고 있다. 2022년에는 장애인 탈시설 로드맵이 수립되어, 거주시설 중심 지원에서 지역사회 기반 자립생활 지원 체계로의 전환이 본격 추진되고 있다(보건복지부, 2023).

◆ 아동 복지정책: 보호에서 권리와 발달로

아동 복지정책은 보호 중심의 수동적 틀에서 벗어나 권리 기반의 적극적 복지로 진화하고 있다. 2019년 개정된 「아동복지법」은 아동학대 대응 체계를 공공 중심으로 재편하며 아동보호전담공무원 제도를 도입하였고, 2021년부터는 공공아동보호 체계로 전환되면서, 지자체의 책임과 자원을 강화하는 구조가 마련되었다. 또한 아동수당, 아동 돌봄서비스, 지역아동센터 등 생애 초기부터 일상생활에 이르기까지 다양한 영역에서 서비스가 통합적으로 제공되고 있으며, 2023년 '영유아기본돌봄법' 제정 논의는 보편적 아동권 보장의 방향성을 보여 준다.

◆ 노인복지정책: 급속한 고령화 대응과 서비스 다양화

한국은 2025년 초고령사회 진입을 앞두고 있으며, 노인복지정책은 빠르게 확대·다변화되고 있다. 대표적으로 노인장기요양보험제도는 2008년 도입 이후 이용자 수가 지속 증가하고 있으며, 2023년 기준 약 110만 명이 이용 중이다(국민건강보험공단, 2024). 장기요양 등급 체계 개편, 방문형 서비스 확대, 재가 중심 서비스 강화 등은 지역사회 내 돌봄 체계 전환과 연계된다. 또한, 기초연금제도는 소득보장을 중심으로 매년 급여 인상 및 수급대상 확대가 이루어지고 있으며, 2024년 기준 최대 월 40만 원까지 확대되었다. 여가·건강·사회 참여 등 포괄적 노인복지도 정책의 주요 영역으로 부상하고 있다.

◆ 공통 정책 동향: 통합 돌봄과 지역 중심 서비스 확대

장애인, 아동, 노인복지 모두 '지역사회 중심 통합 돌봄'이라는 공통된 정책 기조를 강화하고 있다. 보건복지부의 '커뮤니티케어' 정책은 일관성 있는 돌봄 체계를 마련하여 대상자 중심의 맞춤형 서비스 제공을 목표로 하며, 이는 복지, 보건, 주거, 고용 등 다분야 연계를 강조한다(보건복지부, 2023). 장애인, 아동, 노인복지정책은 대상별 특성에 맞춘 권리 중심의 정책 강화, 지역사회 자립 지원, 서비스의 통합화와 접근성 향상이라는 흐름으로 발전해 왔다. 복지 패러다임의 변화는 단순한 보호에서 벗어나, 삶의 질 향상과 사회 참여 보장을 목표로 하며, 향후 통합 돌봄 기반의 전달 체계고도화와 정책 간 연계성이 더욱 중요해질 것이다.

3) 지역사회 복지와 민간 협력 강화

한국 사회복지정책은 중앙정부 주도의 공급 중심 체계에서 지방분권, 민관협력, 주민 참여 기반의 지역사회 복지로 전환되고 있다. 이는 단순한 서비스 전달을 넘어 지역의 문제를 지역이 해결하는 공동체 기반 복지 체계 구축의 일환이며, 특히 최근에는 복지 사각지대 해소, 통합 돌봄, 커뮤니티케어 등을 중심으로 다양한 민간 협력 모델이 활성화되고 있다(보건복지부, 2023).

◆ 지역사회 복지정책의 제도적 기반 확대

지역 중심 복지 체계는 「사회보장기본법」, 「지역사회보장계획 수립지침」 등을 통해 법적 기반을 마련했으며, 지자체는 4년 단위의 지역사회보장계획을 수립하여 지역 실정에 맞는 복지 서비스를 설계하고 운영하게 되었다. 특히 「사회보장급여의 이용·제공 및 수급권자 발굴에 관한 법률」(2014)은 찾아가는 복지 서비스, 복지사각지대 발굴 시스템 구축의 근거가 되었고, 읍면동 중심의 찾아가는 보건복지 서비스는 전국적 확산 단계에 이르렀다(임지영, 2023).

◆ 민관협력의 구조화: 지역사회보장협의체와 복지공동체

민간 협력의 대표적인 조직은 지역사회보장협의체이다. 시·군·구와 읍·면·동 단위에서 구성되며, 복지기관, 민간단체, 주민이 참여하여 복지대상자 발굴, 서비스 연계, 후원 자원 조직화 등 복지 플랫폼 기능을 수행한다. 2022년 기준 전국적으로 3,600여 개의 읍면동 단위 협의체가 운영되고 있으며, 긴급위기가구 지원, 복지사각 발굴, 나눔냉장고, 이동세탁차량 지원 등 다양한 민관협력 복지사업이 추진되고 있다(보건복지부, 2023). 이러한 협력은 일회성 행정이 아니라 지역 내 돌봄 생태계 형성의 핵심 기제로 평가된다.

◆ 통합 돌봄 및 커뮤니티케어와의 연계

복지 수요의 다양화와 인구 고령화에 따라 지역 내 돌봄 수요가 확대되면서, 지역사회 통합 돌봄(Community Care) 정책이 2018년부터 본격 추진되었다. 특히 고령자, 장애인, 정신질환자, 퇴원 환자 등을 대상으로 한 통합적인 보건·복지·주거·일상 지원 서비스 모델이 민간자원과 연계되어 제공된다. 예: "○○시 통합 돌봄 선도사업"은 복지기관, 병원, 주민조직, 자원봉사단체가 협력하여 사례 관리 및 주거개선, 식사 배달, 의료 연계 등을 수행하고 있다(조은미, 2023). 이러한 흐름은 공공 단독이 아닌 지역사회 전체가 돌봄의 주체가 되는 방향으로 전환되고 있다.

◆ 정책 과제: 민간 협력의 지속 가능성과 체계화

민간 협력은 지역복지 강화의 핵심 전략이지만, 다음과 같은 문제점도 제기된다. 지자체 간 자원 편차로 재정력과 조직 역량에 따라 민간 협력의 질적 수준에 큰 차이가 존재하고, 전문성 부족과 역할 중복으로 인하여 일부 지역사회보장협의체는 명목상 운영에 그치거나 전문성 부족으로 실질적 역할 수행에 한계에 직면하고 있다. 또한 지속 가능성 문제는 민간자원의 일시적 참여나 단기 후원에 의존할 경우 장기적 서비스 제공이 어려움(임지영, 2023)이 따르며, 중앙-지방 간 협력 구조 정비, 민간 파트너 역량 강화, 협력 성과 관리 체계 구축 등이 향후 주요 정책 과제로 제시된다. 지역사회 복지와 민간 협력은 복지전달 체계의 중심으로 부상하고 있으며, 이는 주민 주도성과 공동체 기반의 복지 구현이라는 패러다임의 전환을 반영한다. 정책적으로는 지역사회보장협의체 활성화, 통합 돌봄 연계, 민관자원 조직화가 주요 동력으로 작용하고 있으나, 체계적 협력 인프라 구축과 전문성 강화가 병행되어야 지속 가능한 지역복지가 실현될 수 있다.

◆ 요약

한국의 사회복지제도는 경제 성장과 사회 구조 변화에 따라 지속적으로 발전·확대되어 왔다. 특히 국민연금, 건강보험, 고용보험 등 주요 사회보험 제도의 도입과 정착은 사회안전망의 기초를 마련했으며, 기초생활보장제도 및 다양한 사회복지 서비스 정책은 복지 사각지대 해소와 국민 생활 안정에 기여하였다.

> 💡 학습 문제
>
> 1. 남한 사회보장제도의 초기 형성에 영향을 미친 주요 사회·경제적 요인은 무엇인가?
> 2. 국민연금제도의 주요 발전 과정과 정책적 변화는 무엇인가?
> 3. 건강보험 제도 통합의 의미와 효과를 설명하시오.
> 4. 고용보험과 산재보험의 역할과 발전 과정을 간략히 서술하시오.
> 5. 남한 사회복지 서비스 정책의 주요 변화와 그 사회적 의미는 무엇인가?

제3장

북한 사회보장제도의 형성과 특징

> 📖 **학습 목표**
> 1. 북한 사회보장제도의 형성 배경과 사회주의적 접근 방식을 이해한다.
> 2. 주체사상이 북한 사회보장제도에 미친 영향과 그 특성을 분석한다.
> 3. 북한 사회보장제도의 독특한 구조와 기능을 파악한다.

제1절 사회주의적 접근과 특징

1. 사회보장제도의 사회주의적 이념 배경

1) 사회주의 사회보장의 기본 원리

사회주의 국가에서 사회보장은 국가의 근본 이념과 정책 방향에 부합하는 필수적 기능으로 인식된다. 북한을 포함한 사회주의 체제는 사회보장을 단순한 사회적 안전망이 아니라, 계급 해방과 사회적 평등 실현의 핵심 수단으로 간주한다.

◆ **국가 주도의 보장과 보편성**

사회주의 사회보장은 국가가 생산수단을 소유하고 계획경제를 운영하는 구조 아래에서 전 국민에게 균등하고 보편적인 복지 서비스를 제공하는 것을 목표로 한다. 이는 사회 구성원 모두가 경제적 기본권과 사회적 권리를 보장받아야 한다는 원칙에 근거하며, 빈곤과 실업의 근절, 건강과 교육의 보장을 국가가 책임지는 강력한 공공성에 초점을 둔다(최민주, 2023).

◆ 계급 해소와 사회통합 도구

사회주의 사회보장은 계급 간 불평등 해소와 노동계급 중심의 사회통합을 지향한다. 이를 위해 사회보장은 자본주의 체제에서 나타나는 사회적 불평등과 소외를 제거하는 혁명적·구조적 수단으로 작동하며, 이를 통해 모든 계층의 노동자가 평등한 생활 조건을 누리도록 한다(황진우, 2022). 이러한 이념은 사회보장의 대상과 범위를 계급적 시각에서 정의하고, 국가가 주도적으로 모든 사회구성원을 대상으로 복지를 시행하도록 한다.

◆ 무상성과 포괄성

사회주의 체제에서 사회보장 서비스는 무상으로 제공되는 포괄적 공공재라는 특성을 가진다. 의료, 교육, 주거, 생활 보장 등 거의 모든 사회 필수 서비스가 무상으로 제공되며, 이는 사회주의 국가가 국민 생활을 국가의 책임 아래 두는 정치경제적 원리에서 기인한다(김성현, 2024). 무상성은 사회주의 사회보장의 가장 중요한 기본 원리로, 경제적 부담을 개인에게 전가하지 않고 국가가 전면적으로 부담하는 것을 뜻한다.

◆ 계획성과 집단주의

사회주의 사회보장은 중앙집권적 계획경제 체제에 기반하여 운영된다. 국가가 복지 자원을 계획적으로 배분하며, 개인보다 집단과 사회 전체의 이익을 우선시하는 집단주의 원칙에 따라 사회보장이 설계되고 집행된다. 이는 자본주의 사회보장의 시장 중심, 개별적 위험 관리와 대비되는 개념으로, 국가가 국민 전체의 생활 안정을 계획·관리하는 체계이다.

◆ 정치·이념적 통제 수단

사회주의 사회보장은 단순한 경제·사회적 보장 기능 외에도 정치적·이념적 통제 수단으로 활용된다. 사회보장을 통해 국민의 국가에 대한 충성심과 단결을 강화하고, 사회주의 체제의 정당성과 지속성을 확보하는 역할을 담당한다. 이는 사회보장이 국가 이념과 정책 목표에 부합하도록 설계되고 운영되는 특징으로, 사회통합과 국가 발전을 위한 핵심 도구임을 의미한다. 사회주의 사회보장은 국가 주도, 보편적 무상성, 계획성, 계급 해소 및 사회통합 지향, 정치·이념적 통제 기능이라는 기본 원리를 중심으로 구성된다. 이는 사회주의 국가의 정치경제 체제와 긴밀히 결합되어, 개인보다 사회 전체의 평등과 복지를 우선시하는 집단주의적 복지 모델을 형성한다. 이러한 원리는 사회주의 사회보장의 제도적·운영적 특징을 규정하며, 자본주의 사회보장과 본질적으로 구별되는 중요한 이념적 토대가 된다.

2) 계획경제와 사회보장제도의 연계

사회주의 사회보장제도의 가장 큰 특징 중 하나는 그것이 계획경제 체제와 유기적으로 연계되어 있다는 점이다. 사회보장은 단순한 복지의 개념을 넘어, 국가의 경제 운영과 통합된 정책 수단으로 기능하며, 사회적 자원의 배분, 노동력 관리, 사회통합 유지의 역할을 수행한다.

◆ 계획경제의 개념과 사회보장 연계 구조

사회주의 체제는 생산수단의 사회적 소유를 전제로 하며, 국가가 경제 전반을 계획적으로 통제·운영한다. 이 과정에서 사회보장제도는 국가의 계획경제하에서 사회적 비용과 복지 자원의 분배를 책임지는 부문으로 통합된다. 예컨대, 국가 5개년 계획에는 생산 목표와 함께 의료·주택·교육·복지 등 공공 서비스 제공 목표가 포함되며, 사회보장 역시 국가 계획의 일환으로 실행된다.

◆ 노동력 재생산과 사회보장의 기능 통합

사회주의 계획경제에서는 노동력의 안정적 재생산과 배치가 매우 중요하며, 사회보장제도는 이를 뒷받침하는 체제로 구성된다. 무료 의료제도, 보편적 교육, 출산·육아 지원은 노동자의 건강과 생산성 유지, 가정 단위의 사회 재생산을 국가가 책임지는 장치로 활용된다. 예를 들어 북한의 경우 산모에 대한 출산휴가 및 산후 복지 지원, 전 국민 무상 건강관리 제도 등이 국가의 노동력 관리 정책과 밀접히 연결되어 있다(조선보건성, 2022; 이광재, 2023).

◆ 사회적 분배와 생활 수준의 계획적 보장

사회주의 계획경제는 자원의 시장 기반 배분이 아닌, 국가 주도의 계획적 분배를 원칙으로 한다. 이에 따라 사회보장 역시 개인의 기여가 아닌 필요에 따른 배분 원칙(Need-based distribution)에 따라 운용되며, 이는 사회적 평등 구현의 수단이 된다. 계획경제에서 임금, 물가, 주택, 교육, 의료 등 대부분의 사회 서비스는 국가 계획에 따라 통제되며, 사회보장은 이 분배구조의 보완 기제로 작동한다(황진우, 2022).

◆ 정치경제적 통제 장치로서의 역할

계획경제 속의 사회보장은 단순한 생활 보장을 넘어서, 국가가 국민을 직접적으로 통제하고 사회질서를 유지하는 정치경제적 메커니즘으로 작용한다. 특히 북한과 같은 체제에서는 배급제, 근로자 복지, 직장 배치와 연계된 복지 등 모든 사회보장이 국가 기획과 이념에 복무하는 체계로 정렬되어 있다. 이는 국가 계획의 효과적인 실행을 위한 복지의 동원과 통제 기능이라 할 수 있다(김은주, 2023).

사회주의 국가의 사회보장제도는 계획경제 체제와 밀접하게 연결되어 있다. 이는 복지가 단순한 지원이나 분배를 넘어, 국가 경제의 목표를 실현하고 사회 구성원의 생활을 통제·조율하는 기능을 수행한다는 것을 의미한다. 노동력의 재생산과 관리, 자원의 계획적 배분, 사회적 통합 유도, 정치적 통제의 수단으로서 복지가 기능하며, 이 모든 요소는 계획경제 체제하에서 전면적으로 국가가 주도하게 된다.

2. 북한 사회보장제도의 형성과 발전 과정

1) 건국 초기 사회보장 정책과 제도 설립

북한의 사회보장제도는 1945년 해방 이후 소비에트식 사회주의 모델을 적극 수용하면서 형성되었으며, 1948년 조선민주주의인민공화국의 수립과 함께 제도적 기반이 본격적으로 구축되었다. 북한은 건국 초기부터 사회주의 이념에 기초한 보편적 복지를 강조하며, 국가 주도의 무상복지 체계를 지향하였다(김성현, 2024; 이광재, 2023).

◆ 해방 직후 긴급 구호와 사회적 보호

1945년 해방 직후 북한 지역에서는 미약하지만 사회적 약자를 보호하기 위한 긴급 구호 조치가 시행되었다. 소련군정의 영향 아래 기존 일제 통치 잔재를 청산하고, 새로운 사회주의 질서를 구축하기 위해 전재민, 고아, 노인, 장애인 보호 조치 등이 실시되었다. 이 시기에는 주로 "인민위원회"를 중심으로 식량 배급, 의료 지원, 주거 제공 등이 간헐적으로 시행되었으며, 이는 초기 복지 체계의 토대가 되었다(정은채, 2023).

◆ 1948년 헌법과 사회보장의 법제화

북한은 1948년 제정된 최초의 사회주의 헌법(조선민주주의인민공화국 사회주의헌법)에서 사회보장제도를 국가의 책임과 권리로 명시하였다. 헌법 제21조에서는 "국가는 노동자, 농민, 인민군 군인 등 인민의 복리를 위하여 무상치료와 무상교육을 보장하며, 노령자와 장애인에 대한 생활 보장을 실시한다"고 규정했다. 이는 사회보장을 국가 의무로 법제화한 초기 사례로, 이후 사회복지 관련 법률 제정의 근간이 되었다(최민주, 2023).

◆ 주요 제도의 도입과 제도화

건국 초기 북한은 다음과 같은 핵심 사회보장제도를 단계적으로 도입하였다. 무상치료제도 도입(1950년) → 전 국민을 대상으로 한 무상 의료제도는 사회주의 보건복지의 핵심으로 자리 잡았다. 노동보험법 제정(1947년) → 산업 노동자를 위한 상해, 질병, 산재보상을 제도화한 것으로, 노동자 보호 장치로 기능하였다. 국가양로제도 시범 운영(1950년대 초) → 고령자와 부양 능력이 없는 인민을 위한 국가 양로시설이 설립되기 시작했다. 주택·의류·식량의 계획적 배급 → 시장이 아닌 국가를 통해 생계필수품을 공급함으로써 생존권 보장을 실현하고자 했다(황진우, 2022).

◆ 소비에트 모델의 수용과 자주적 수정

북한의 사회보장제도는 소련 모델의 구조를 초기에는 거의 그대로 수용하였으나, 이후 주체사상에 따라 점차 북한식 복지 체계로의 전환을 꾀하게 된다. 초기에는 "소련의 사회보장 3원칙"인 무상성, 보편성, 국가책임성을 그대로 따랐으며, 이를 통해 국가의 복지 제공 권한을 강화하고 국민에 대한 통제력도 제고하였다.

하지만 1950년대 후반부터는 주체적 복지 노선이 강조되며, 단순한 재정 지원이 아닌 생산적 노동과 집단적 복지를 강조하는 방향으로 변모하였다(이광재, 2023).

북한의 사회보장제도는 해방 직후의 사회적 혼란 속에서 시작되었지만, 1948년 헌법 제정과 함께 제도화되며 국가 주도의 계획적 복지 체계로 정비되었다. 무상치료, 노동보험, 노령보장 등의 핵심 제도는 국가가 인민의 생존과 생활을 책임지는 사회주의 국가의 기초가 되었으며, 이는 이후 북한 복지정책의 핵심 이념이자 운영 원리로 작용하였다. 초기 사회보장정책은 소비에트 모델의 수용과 주체적 변형을 통해 독자적인 북한식 사회주의 복지제도의 기반을 형성하게 된다.

2) 국가 주도형 복지 체계 구축

북한의 사회보장제도는 사회주의적 이념과 계획경제의 틀 속에서 철저한 국가 주도형 복지 체계로 발전하였다. 북한에서 복지는 단순히 생계 보장 차원을 넘어, 국가가 전면적으로 국민의 생활 전반을 책임지고 통제하는 체제의 핵심 구성 요소로 자리매김했다.

◆ 전 국민 대상 보편적 무상복지 체계

북한은 1950년대 중반부터 사회주의 체제의 정착과 함께 '전면적 무상복지'를 추구하며 보편주의 복지 모델을 강화하였다. 무상교육제도(1956년)와 무상치료제도(1960년대 정착)는 가장 대표적인 국가 주도 복지제도로, 국민이 생애 전 주기에 걸쳐 국가의 보호 아래에서 교육과 건강을 보장받는 체계가 마련되었다(조선중앙통신, 2023). 노동자, 농민, 군인 등 생산계층을 중심으로 복지 대상이 점차 확대되었으며, 이는 북한 체제 정당성의 주요 기반이 되었다.

◆ 직장(단위 조직) 중심의 복지 운영

국가 주도형 복지 체계의 또 다른 특징은 '단위 조직'(기업소, 협동농장, 학교 등)을 기반으로 한 복지 집행 구조이다. 북한 사회에서는 모든 국민이 일정한 조직에 속하여 생활하는 '생활 단위 조직제'하에 있으며, 복지 서비스도 각 단위 조직을 통해 전달된다. 예를 들어, 의복·식량 배급, 자녀 교육, 의료 서비스, 주택 제공 등이 개인의 자격이 아닌 조직 소속을 기준으로 차등 없이 배분된다. 이러한 구조는 국가 통제력 강화를 가능하게 하며, 동시에 복지의 행정 효율성과 동원 가능성을 높이는 역할을 한다.

◆ 제도 정비와 법률적 기반 확충

북한은 1960~80년대에 걸쳐 주요 사회보장제도의 법적 기반을 구축하였다. 사회보장법, 노동보호법, 아동 및 여성 보호법 등이 이 시기에 정비되었으며, 이는 단순한 정책 수준을 넘어 법률적 통제를 통한 제도화를 의미한다(황진우, 2022). 특히 1987년 개정 사회주의 헌법은 사회보장을 국가의 기본 의무로 재확인하며, 노령·장애·산재·출산 등 전 생애 단계에 대한 보호 체계 확립을 법제적으로 정착시켰다.

◆ 복지를 통한 정치·이념 통합 수단화

북한의 복지 체계는 단순한 사회 서비스 전달이 아닌, 정치적 충성심 확보와 사회주의 이념교육 수단으로 활용되었다. '은정 정책(恩情政策)'이라 불리는 복지 혜택은 지도자의 은혜로 설명되며, 주민들은 복지 혜택을 국가와 수령의 배려로 인식하게끔 설계되었다. 이처럼 복지는 사회 통제와 이념 주입의 도구로 작용하며, 국가 주도형 체제의 강력한 유지 장치로 활용되고 있다.

◆ 복지와 생산의 통합

북한 복지 체계는 단순한 분배가 아니라, 노동과 생산성을 중시하는 사회주의 가치와 통합된 구조를 갖고 있다. 예를 들어, 노동능력과 생산 기여 여부가 복지 배분의 암묵적 기준으로 작동하며, 이는 사회주의 '생산적 복지'와도 연계된다. 복지를 통해 노동력을 재생산하고, 노동의 가치를 높이며, 동시에 국가의 계획경제와 통합된 인민관리 시스템을 구현하는 것이 북한식 복지의 핵심이다. 북한의 국가 주도형 복지 체계는 헌법과 법률에 기초한 강력한 국가 책임성을 바탕으로 보편적 무상복지, 단위 조직 기반의 행정구조, 정치 이념적 통합 수단, 계획경제와 복지의 통합 운영이라는 특징을 갖는다. 이는 단순한 복지 전달 체계를 넘어, 체제 유지와 사회 통제, 노동력 재생산이라는 다층적 목적을 달성하기 위한 국가 전략의 일환으로 기능한다. 북한 사회보장은 명실상부한 국가 권력 중심의 복지 모델로 자리 잡아 왔다.

3) 주요 사회보장 서비스 유형과 대상

북한의 사회보장제도는 국가 주도의 보편적 복지를 기반으로 하면서도, 생애주기별, 직업별, 사회계층별로 차별화된 서비스 체계를 갖추고 있다.

특히 노동자·농민·군인 등 생산계층 중심의 보호를 강조하며, 동시에 노인, 아동, 장애인 등 사회적 약자에 대한 지원도 제도적으로 포괄하고 있다(김성현, 2024; 황진우, 2023).

◆ 보건의료 서비스: 무상치료제도

북한의 가장 대표적인 사회보장 서비스는 무상치료제도이다. 1950년대 후반부터 전국적으로 정착된 무상진료 체계는 모든 국민에게 의료비 부담 없이 진료와 약품을 제공하는 것을 원칙으로 한다. 특히 예방의학 중심의 3단계 의료 시스템(도급·군급·읍면급 병원 및 보건소)을 통해 지역 기반 서비스를 제공하며, 공장, 학교, 협동농장에도 의무실과 의료인력이 배치된다(정은채, 2023). 최근에는 코로나19 이후 공공보건 체계의 문제점이 드러났지만, 여전히 북한은 보건복지를 체제의 핵심 자산으로 강조하고 있다(조선보건성, 2023).

◆ 아동 및 청소년 복지: 전면 무상교육과 탁아·유치원 제도

북한은 사회주의 이념에 따라 아동은 '국가의 미래'로 간주하며, 체계적인 복지제도를 구축해 왔다. 전면 무상교육제도는 유치원부터 대학교까지 적용되며, 교과서와 학용품, 기숙사까지 국가가 제공한다. 또한, 탁아소(생후 3개월부터 3세), 유치원(4세부터 6세) 제도를 전국적으로 운영하며, 특히 여성의 경제활동을 독려하기 위해 탁아소·유치원을 직장 단위 또는 지역 단위로 설치하였다. 영유아 건강검진, 예방접종, 급식 서비스도 기본 복지로 포함되며, 이 모든 것이 국가의 책임하에 운영된다.

◆ 노인복지 및 양로 서비스

북한의 노인복지는 제한적이나 제도화되어 있으며, 노동이 불가능한 고령자에게는 국가가 생계비 또는 양로시설을 제공한다. '노동능력 상실자에 대한 생활 보장제도'는 일정 연령 이상 또는 신체적 사유로 노동이 불가능한 자에게 현물 배급 또는 양로원 입소 기회를 부여한다. 다만, 자녀가 있거나 부양가족이 있는 노인은 원칙적으로 가족이 돌보는 것이 우선시되며, 국가가 개입하는 방식은 가족주의와 국가책임주의가 혼합된 형태를 띤다.

◆ 장애인 및 산재자 보호

장애인에 대한 보호 역시 사회보장 범주에 포함되며, 전쟁 상이자와 산업재해 장애인을 중심으로 지원 체계가 강화되었다. 국가 차원에서는 재활시설 설치, 의료보조기구 제공, 특수교육 지원 등을 통해 복지 서비스를 제공하며, 사회적 생산에 참여 가능한 장애인의 노동활동을 장려한다. 특히 장애인 체육대회나 예술 활동 등 정치 선전 목적의 복지 활동도 병행되어, 북한 복지 체계의 이념적 특성이 드러나는 영역이다.

◆ 여성복지: 출산 및 육아 지원 중심

여성에 대한 복지는 출산과 육아 중심의 국가 보호제도로 운영된다.

임신한 여성은 의료진의 지속적인 관리를 받으며, 출산 후 일정 기간은 출산휴가 및 노동 면제가 주어진다. 출산비용은 전액 국가가 부담하며, 모성보호를 위한 직장 배려나 자녀 교육시설과의 연계도 복지 서비스의 일환이다(정은채, 2023). 북한의 사회보장 서비스는 보건의료, 교육, 노인·장애인 보호, 여성복지 등 다양한 분야를 포괄하며, 체제 유지를 위한 이념적·정치적 목적과 밀접하게 연관되어 있다. 특히 국가가 모든 생애주기에서 복지를 전면 책임진다는 원칙하에, 생산계층과 약자계층 모두에 대한 복지를 제도화하였고, 이를 통해 사회 통합과 정치적 충성심 확보를 동시에 추구해 왔다. 북한의 사회보장은 단순한 사회 서비스라기보다는 국가의 체제관리 도구이자 이념 실현 수단이라 할 수 있다.

3. 북한 사회보장제도의 특징

1) 보편성과 선별성의 구분

북한 사회보장제도는 표면적으로는 사회주의 원리에 입각한 보편적 복지 체계를 지향하고 있지만, 실제 운영 방식에서 선별적 요소와 계층적 차별성이 존재하는 이중적 구조를 갖고 있다. 다시 말해, 북한의 사회보장은 '보편주의'라는 이념적 틀 속에 정치적 충성도, 사회적 성분, 노동 능력 유무 등에 따라 선별적으로 적용되는 복지 메커니즘을 내포하고 있다(김성현, 2023; 정은채, 2024).

◆ 사회주의 보편주의 원칙의 제도화

북한은 헌법과 관련 법령을 통해 국민 모두에게 무상 교육, 무상 의료, 기본 생계 보장을 제공한다고 명시하고 있다. 2019년 개정 헌법 제72조는 "공민은 교육과 치료를 받을 권리를 가지며, 국가는 무상 교육과 무상 치료를 보장한다"고 규정하고 있다. 이를 통해 북한은 사회주의 복지국가로서 보편주의 원칙에 충실한 제도를 갖춘 것처럼 외형적으로는 설계하고 있으며, 이는 이념적 정당성과 국제사회의 대외적 이미지 제고를 위한 전략이기도 하다(황진우, 2023).

◆ 실질적 선별주의: '성분', 충성도, 노동능력 중심

그러나 실제로 북한 사회보장은 사회적 성분제(Songbun), 정치적 충성도, 노동 능력 여부에 따라 복지 접근성과 내용에서 명확한 선별성이 작동한다. '핵심계층'과 '적대계층' 간의 복지 서비스 격차는 의료, 교육, 주택, 식량 배급 등 전 영역에 걸쳐 발생하고 있으며, 이는 보편주의 원칙을 실질적으로 훼손하는 요인이다(이수영, 2023). 특히 식량 배급제(공급제)는 표면적으로는 모든 주민에게 적용되는 것처럼 운영되지만, 실상은 당원, 군인, 충성도 높은 직업군 중심으로 우선 배급되며, 시장 접근이 제한된 농촌지역과 비당원층은 배제되기 쉬운 구조이다(정은채, 2024). 노동능력 유무 또한 복지 접근에 영향을 미치며, 노동 불가자는 제한된 생계 보장만을 받을 수 있고, 생산 가능 인력에게는 더 많은 혜택과 기회가 주어지는 생산복지적 성격이 강하다.

◆ '형식적 보편성과 실질적 선별성'의 병존

북한의 복지 체계는 다음과 같이 형식적 보편성과 실질적 선별성이 병존하는 구조적 특성을 가진다. 의료와 교육은 법적으로는 전면 무상이지만, 실질적 의료 접근성과 교육의 질은 도시와 농촌, 평양과 지방, 간부층과 일반주민 간 큰 격차를 보이고 있다. 양로원, 장애인 시설, 보육시설 등도 모든 계층에 개방된 것이 아니라, 국가가 지정한 대상자에 한하여 '선별적 수용'이 이루어지는 구조이다(이광재, 2023). 이러한 복지 시스템은 체제 안정을 유지하는 도구로서의 선별적 복지 제공, 즉 정치적 유대와 충성을 확보하기 위한 방식으로 활용된다.

◆ 선별적 보편주의? 북한 복지의 이념적 재해석

최근 일부 학자들은 북한 복지 체계를 '선별적 보편주의(Selective universalism)'라는 개념으로 설명하기도 한다. 이는 보편성을 전면에 내세우되, 실질적 운영에서는 정치적 충성, 계층, 기여도, 지역적 우선순위에 따라 선별적으로 자원을 배분하는 전략적 복지 형태로 분석된다(김정아, 2022). 이러한 이중성은 북한의 사회주의 체제가 단순한 평등 실현을 넘어, 권력 유지와 사회 통제의 수단으로 복지를 활용하는 방식을 드러낸다. 북한의 사회보장제도는 공식적으로는 보편적 복지를 지향하는 사회주의적 모델로 제도화되어 있지만, 실제 작동에서는 정치·계층·생산기여도 중심의 선별적 운영 체계를 통해 복지 서비스가 차등 제공되고 있다. 이러한 이중적 구조는 북한 사회복지의 근본적인 특징으로서, 보편성과 선별성의 경계가 정치적 필요에 따라 유연하게 변형되는 체제의 유연한 복지 관리 전략으로 볼 수 있다.

2) 국가 책임 중심의 복지 체계

북한 사회보장제도는 사회주의 국가 체제의 본질에 따라, 국가가 복지의 전 영역을 독점적으로 책임지는 국가책임주의에 기반하고 있다. 이는 자본주의 국가의 사회보장제도와 구분되는 가장 핵심적인 특징 중 하나로, 복지의 재정 조달, 정책 결정, 서비스 제공, 수급 자격 결정 등 모든 단계에서 국가가 절대적인 역할을 수행한다(정은채, 2024).

◆ 복지의 주체로서 국가의 전면적 역할

북한에서는 헌법과 관련 법률에서 국가의 복지 책임을 명문화하고 있다.

2019년 개정 『조선민주주의인민공화국 사회주의헌법』 제56조에서는 "국가는 근로자들의 건강한 생활을 보장하기 위하여 무료 치료제를 실시하며 의료기구를 강화하고 의학 과학을 발전시킨다"고 규정되어 있다. 이러한 규정은 북한의 복지 체계가 개인의 권리가 아닌 국가가 부여하는 배려와 보호의 성격을 지닌다는 점을 명확히 하며, 국가 중심의 복지 제공 방식을 제도적으로 뒷받침한다.

◆ 세금이 아닌 국가 재정과 계획경제에 기반한 복지 운영

북한 복지의 또 다른 특징은 자본주의 국가에서처럼 세금을 통한 사회보험 방식이 아닌, 국가 재정과 계획경제를 통해 복지를 운영한다는 점이다. 예산 편성부터 집행까지 모든 과정이 중앙정부의 계획경제 틀 안에서 이루어지며, 이는 사회보장을 경제계획의 하위 구성 요소로 포함시켜 복지의 행정화를 강화하는 구조로 작동한다. 예컨대, 의료기관, 학교, 복지시설 등은 모두 국유이며, 복지 관련 인력 또한 공무원 신분으로 배치되어 국가 명령에 따라 움직이는 체계를 따른다.

◆ **가족·시장·시민사회에 대한 복지 책임의 부재**

북한의 복지는 국가 외 다른 행위자(가족, 민간, 시장)의 복지 역할을 원칙적으로 인정하지 않거나 부정한다. 가족은 일부 보완적 역할을 수행하지만, 복지의 1차 책임 주체로 간주되지는 않으며, 시민사회나 민간 부문의 개입은 제도적으로 차단된다(김성현, 2024). 이는 사회복지의 공급 주체를 다원화하는 현대 복지국가와는 반대 방향으로, 국가 권력 집중형 복지 구조를 더욱 공고히 한다.

◆ **위기 상황에서의 국가 복지 약속과 실제 간의 괴리**

북한은 다양한 공식 문서에서 "국가가 인민의 생활을 끝까지 책임진다"는 구호를 강조하지만, 경제 위기, 자연재해, 제재 등의 외부 변수에 따라 국가 복지 책임의 이행력이 현저히 저하되는 현상도 자주 나타난다. 예컨대, 1990년대 중반 식량난과 경제난 속에서 공급제(식량배급) 시스템이 붕괴되며 복지의 국가 책임이 사실상 무력화되었고, 이후 개인과 시장, 비공식 네트워크에 의존하는 생활 구조가 확산되었다. 그러나 제도적으로는 여전히 국가가 복지의 유일한 주체로 자리 잡고 있어, 형식적 국가 책임주의와 실질적 시장 의존의 이중구조가 복합적으로 나타나고 있다.

◆ **'복지 권리'가 아닌 '복지 배려'로서의 성격**

국가 책임 중심의 복지는 북한에서 복지를 '권리'가 아닌 '배려'로 보는 시각을 형성한다. 이는 사회보장을 인권이나 사회권의 실현이 아닌, 수령과 당에 의한 시혜적 조치로 해석하게 하며, 결과적으로 주민의 복지 요구와 참여를 구조적으로 제한한다(정은채, 2024). 특히 복지의 내용과 수준, 제공 여부에 있어 정치적 충성도와 당의 지시에 대한 순응도가 주요 기준이 되면서, 복지가 국가 통제 수단으로 기능하게 된다. 북한의 사회보장제도는 전형적인 국가 책임 중심의 복지 체계를 구현하고 있으며, 복지의 공급, 운영, 통제 주체로서 국가가 절대적 권한과 책임을 행사한다. 그러나 이는 복지를 권리로 보지 않고, 국가의 시혜와 통치 수단으로 이용하는 결과를 낳으며, 정치적 안정성과 사회 통제를 강화하는 수단으로 기능하고 있다. 동시에, 국가의 역량 저하나 외부 충격에 따라 복지 체계가 쉽게 약화되는 구조적 한계도 내포한다.

3) 복지 수준의 지역·계층 간 불균형

북한의 사회보장제도는 헌법과 법률상 보편적 복지와 평등한 권리 보장을 강조하고 있으나, 실제 운영에 있어서는 지역 간, 계층 간 복지 혜택의 현격한 불균형이 존재한다. 이러한 불균형은 북한의 사회주의 복지 체계가 실질적 평등을 실현하지 못하고 있으며, 정치·경제적 계층구조를 반영한 차등적 복지구조로 기능하고 있음을 보여 준다.

◆ 지역 간 복지 수준의 불균형

가장 두드러진 불균형은 수도 평양과 지방 농촌지역 간의 격차에서 나타난다. 평양은 특권 계층이 밀집된 정치·경제 중심지로, 국가가 우선적으로 자원을 배분하며 의료, 교육, 식량 공급 등 사회보장 서비스가 상대적으로 안정적으로 제공된다. 반면, 지방 특히 함경도·양강도 등 북부 산간지역은 식량배급이 중단되거나 의료 서비스가 사실상 마비된 경우도 빈번하게 보고된다(이광재, 2023). 평양에는 최신 의료장비를 갖춘 병원이 집중되어 있으며, 지방의료시설은 약품 부족과 전문 인력 미비로 기본적인 진료조차 어려운 경우가 많다(김성현, 2023). 이는 계획경제 체제 내의 자원 분배 불균형과 더불어, 정치적 충성도에 따른 '중심-주변' 전략의 일환으로 분석된다.

◆ 계층 간 복지 접근의 차별성

북한은 공식적으로 계급 없는 평등사회를 표방하지만, 실제로는 '성분제도'에 근거한 사회적 계층 분화가 엄존하며, 이에 따라 복지 접근과 수준도 달라진다. 핵심계층(당 간부, 군 간부, 노동당 충성계층)은 식량, 의료, 교육 등 모든 복지 분야에서 우선적 혜택을 누리며, 일반계층과 적대계층(토지 소유자 후손, 탈북 시도자 가족 등)은 기초적 서비스조차 배제되는 사례가 많다. 이러한 구조는 정치적 충성도와 계층적 배경이 복지 수급권을 결정짓는 주요 기준이 되고 있다는 점에서, 국가 주도 복지의 근본적 불평등성을 드러낸다.

◆ 교육 및 보육 서비스의 지역·계층 편차

복지의 일환으로 제공되는 교육과 보육 서비스 또한 지역과 계층에 따라 크게 달라진다. 평양 소재 명문학교나 특수학교(예술·과학영재학교)는 당 간부 자녀 중심으로 선발되며, 일반 주민 자녀는 이와 같은 고급 교육기관 진입이 매우 어렵다. 유치원과 보육시설도 중심지역은 국영 시설이 운영되지만, 지방의 경우 시설 노후화, 교사 부족, 식사 결핍 등으로 인해 사실상 기능이 마비된 경우도 있다(정은채, 2024).

◆ 시장화 이후 복지 양극화의 심화

1990년대 중반 고난의 행군 이후 시장경제 요소가 비공식적으로 확산되면서, 복지 수준은 계층의 '시장 접근 능력'에 따라 결정되는 양상이 강화되었다. 국가가 제공하지 못하는 복지를 개인이 자력으로 구매해야 하는 경우가 많아졌고, 장사 등 시장 활동이 가능한 계층은 의료·교육·식량을 자력 해결하지만, 그렇지 못한 계층은 사실상 복지 사각지대에 방치되고 있다. 특히 여성, 고령자, 장애인 등 노동 취약계층은 시장 참여에서 배제되며, 국가 복지 사각지대와 시장 소외가 중첩되는 구조 속에서 이중의 배제를 경험하고 있다. 북한의 복지제도는 형식적으로는 보편성과 평등을 추구하지만, 실제로는 지역 간, 계층 간 명확한 복지 불균형을 내포하고 있다. 이는 북한의 체제 특성인 정치 중심주의, 자원 집중 정책, 성분제 기반의 사회 구조와 밀접하게 연결되어 있으며, 국가 주도 복지의 구조적 한계와 불평등성을 드러낸다. 또한, 시장화 이후에는 공공복지가 축소되고, 자력 해결 능력에 따라 복지 격차가 심화되면서 '신사회주의 양극화'라는 새로운 현상이 나타나고 있다.

4) 중앙집권적 운영과 통제

북한의 사회보장제도는 전형적인 중앙집권적 운영 체계를 기반으로 구축되어 있으며, 복지정책의 결정과 실행, 감독까지 모든 권한이 국가 최고기관에 집중되어 있다. 이러한 구조는 사회주의 계획경제와 일당지배 체제의 특성이 반영된 결과로, 복지정책이 단순한 행정 서비스를 넘어 정치적 통제의 도구로 기능하게 되는 주요 요인으로 작용한다(정은채, 2023; 이광재, 2023).

◆ 당 중심의 복지 운영과 정책 결정 구조

북한의 사회보장제도는 형식상 내각(내무성, 노동성 등)이 정책 집행을 담당하고 있으나, 실질적 결정권은 조선노동당 중앙위원회와 국무위원회에 집중되어 있다. 예컨대, 의료·교육·보건 등 사회 서비스에 대한 기본 방향은 당의 정치국 회의와 전원회의에서 결정되며, 이에 따라 각 부처는 정치적 우선순위에 맞는 예산 집행과 자원 배분을 시행하게 된다(조영기, 2022). 특히 복지정책은 체제 유지를 위한 선전·동원 수단으로 간주되며, 정책 결정의 전문성보다 정치적 충성도와 전략적 가치가 중시된다.

◆ 일원적 명령 체계와 하향식 행정 운영

북한의 복지 행정은 지방 자치나 지역 행정의 자율성이 사실상 부재한 구조이며, 모든 행정은 중앙의 명령과 계획에 따라 집행된다. 사회복지 서비스 기관(병원, 탁아소, 양로원 등)은 중앙의 계획에 따라 정해진 표준지침과 규격에 맞춰 운영되며, 지역 실정에 맞는 유연한 조정이 불가능한 경우가 많다. 이로 인해 실제 복지 수요와 공급 간의 괴리가 발생하며, 지역별로 불균형과 비효율이 누적되는 결과를 초래한다.

◆ 통계와 정보 통제 통한 중앙 통제 강화

북한은 복지 관련 통계를 외부에 거의 공개하지 않으며, 내부적으로도 통계와 데이터를 정치적 목적에 따라 조작하거나 제한적으로 활용한다. 복지 관련 예산, 수혜자 수, 서비스 질 등은 중앙 기구에 의해 독점적으로 관리되며, 정책 비판이나 문제 제기를 위한 기초 자료로 활용되는 일은 거의 없다(정은채, 2023). 이는 복지 분야에서도 정보 독점과 비대칭을 통한 중앙 권력의 통제력 유지가 중요한 전략임을 시사한다.

◆ 중앙집권 구조의 한계: 비효율성과 현장 괴리

중앙집권적 복지 운영은 정책 일관성과 통제력 확보에 유리하지만, 지방 수요 반영 부족, 행정의 경직성, 자원 낭비 등의 문제를 초래한다. 실제로, 중앙 계획에 따라 배정된 물자나 인력은 지역의 실질적 복지 수요와 맞지 않아 낭비되거나 비공식 시장으로 유출되는 사례가 빈번하다(이광재, 2023). 또한 재난·감염병 등 돌발 상황에 대한 신속한 대응이 어렵고, 지역 간 복지 격차를 조정하는 기능이 미흡하여 주민의 체감 복지 수준은 더욱 낮아지고 있다.

◆ 복지를 통한 체제 통제 수단화

중앙집권 구조하에서 복지는 단순한 생활 보장이 아닌, 정치적 충성 유도 및 주민 통제 수단으로 적극 활용된다. 예컨대, 특정 계층이나 지역에 대한 복지 혜택 제공 여부는 당의 방침에 대한 복종 여부, 체제에 대한 충성도에 따라 좌우되며, 이러한 방식은 복지의 정치화와 불공정성을 심화시키고, 복지를 통한 사회통합보다 선별적 통제를 위한 수단으로 전락하게 만든다. 북한 사회보장제도의 중앙집권적 운영과 통제 구조는 체제 유지 논리와 결합되어 복지정책이 정치화되고 비효율화되는 주요 원인으로 작용한다. 중앙이 결정하고 일방적으로 하달되는 복지 행정은 지역 실정 반영 부족, 자원 분배의 비효율, 정책 집행의 형식화라는 문제를 낳고 있으며, 복지를 통한 정치 통제 강화라는 체제적 특성도 함께 나타난다. 이로 인해 북한의 복지 체계는 국가 권력의 수단화된 제도로 기능하면서도, 주민의 실질적 삶의 질 향상에는 한계를 보이고 있다.

4. 사회주의적 사회보장과 남한과의 차별점

남북한의 사회보장제도는 이념적 기반, 제도 운영 방식, 복지 재정 구조, 수혜자 선정 기준 등 전반에서 현격한 차이를 보인다. 북한의 사회보장제도는 사회주의 이념과 국가 주도 체제를 기반으로 형성된 반면, 남한은 시장경제 기반의 민주주의 체제에서 다원주의와 민간 참여, 점진적 확대를 통해 복지국가로 진화하고 있다. 이러한 구조적 차이는 제도 설계뿐 아니라 정책의 실현 양태와 국민 체감 복지 수준에서도 뚜렷하게 나타난다.

◆ 이념적 기반과 제도 형성의 차이

북한의 사회보장제도는 사회주의 이념과 주체사상에 입각하여 국가가 모든 국민의 생존과 생활을 보장해야 한다는 절대적 국가 책임 원리에 기반한다. 이는 복지의 보편성, 무상성, 중앙집중성을 특징으로 한다. 반면 남한의 복지 체계는 민주주의와 자본주의적 시장경제 질서 안에서 형성되어, 국가와 민간의 복합적 역할을 전제로 하며, 점진적으로 보편적 복지로 나아가는 과정을 거쳤다.

◆ 운영 방식: 중앙집권 vs 지방분권, 국가 주도 vs 민관협력

북한은 전적으로 중앙정부가 복지제도의 설계·집행·감독을 독점하며, 하향식 명령 체계와 계획경제 논리에 따라 일괄적이고 일률적인 방식으로 사회보장을 시행한다. 이에 반해 남한은 지방자치단체와 민간기관의 협력을 통해 분권화된 복지행정 체계를 운영하고, 지속적인 시민 참여와 정책 피드백을 통해 유연성과 대응성을 확보한다.

◆ 수혜자 기준: 정치적 충성 vs 소득·욕구 중심

북한은 사회보장 수급 자격과 혜택 범위가 '성분제도'에 기초한 정치적 충성도와 계급 지위에 따라 결정되는 경우가 많으며, 이로 인해 형식적 보편주의에도 불구하고 실질적으로는 선별적 복지로 작동하는 경우가 많

다. 반면 남한은 소득 수준, 장애 여부, 가족 구성 등 사회적 욕구와 형평성에 기반한 수급 기준을 적용하고 있으며, 객관성과 제도적 정당성 확보를 위한 법률 기반이 강화되고 있다(윤지혜, 2022).

◆ 재정 구조와 지속 가능성

북한은 복지 재정을 대부분 국가 일반 예산에서 충당하며, 세입 구조가 불안정한 가운데 자원 배분의 자의성이 강하다. 또한 시장화를 통한 사적 복지 확산이 체계적으로 통제되지 않아 공공복지의 공백을 비공식 시장이 보완하는 왜곡 현상이 발생하고 있다. 반면 남한은 사회보험 방식과 일반 조세 기반의 복합 재정 구조를 통해 복지 지출을 안정적으로 확대하고 있으며, 재정 투명성 확보와 지속 가능성에 대한 사회적 논의도 활발히 진행 중이다(이재훈 외, 2022).

◆ 정책 목표: 체제 통합 수단 vs 삶의 질 향상 도구

북한의 복지는 정권의 안정성과 정치적 통제 강화를 위한 도구적 수단으로 활용되며, 복지정책은 주민의 생활 향상보다는 충성 유도와 체제 내 질서 유지를 중시하는 경향이 강하다. 반면 남한의 사회보장제도는 국민의 삶의 질 향상, 빈곤 해소, 사회적 약자 보호 등을 중심 목표로 설정하고 있으며, 복지를 통한 사회적 통합과 민주적 신뢰 구축을 지향하고 있다(김정은, 2023). 남북한 사회보장제도의 차이는 이념, 제도 운영 방식, 수혜 기준, 재정 구조, 정책 목적 전반에서 구조적이며 본질적인 차이를 나타낸다. 북한은 중앙집권적, 정치적 통제 중심, 계획경제 기반의 일률적 복지를, 남한은 지방분권, 민관 협력 기반, 수요자 중심의 유연한 복지 체계를 구성하고 있다. 이는 남북한의 통일 또는 협력 과정에서 사회보장 통합에 있어 가장 중요한 정책적·제도적 조율의 과제로 작용할 것으로 보인다.

제2절 주체사상과 사회보장의 관계

1. 주체사상의 기본 개념과 핵심 가치

1) 자립과 자주성 강조

주체사상은 북한 정치 이념의 핵심으로, 인간을 모든 것의 주인으로 보고 정치적 자주성, 경제적 자립성, 국방의 자위성을 국가 발전의 기본 원리로 삼는다. 이 가운데 자립과 자주성은 북한 사회 전반에 걸쳐 구현되는 핵심 가치이며, 이는 사회보장제도 운영에도 뚜렷이 반영된다. 주체사상에 따르면 국민의 생활은 외부 원조가 아닌 국가 자체의 역량으로 보장되어야 하며, 이는 곧 사회보장제도의 기반이 되는 이념적 토대가 된다. 이러한 철학은 1950년대 이후 북한이 사회보장정책을 수립하면서 "국가는 인민을 보호하고 부양할 책임이 있다"는 명분 아래 무상 교육, 무상 진료, 식량 배급제도 등을 전면 시행한 배경과 직결된다. 사회보장제도는 단순한 복지의 틀을 넘어서, 국가의 자립적 능력을 대내외에 과시하고 국민의 충성심을 결속시키는 수단으로 기능한다.

특히 북한은 주체사상의 실현을 위해 국제기구나 외부 원조에 대한 의존을 최소화하고, 가능한 한 국내 자원과 행정 조직을 통해 복지 체계를 독자적으로 유지하고자 한다. 이는 북한이 식량난, 경제위기, 국제 제재 등 극심한 상황 속에서도 복지제도의 외형적 유지를 강조한 이유이기도 하다. 그러나 이러한 자립·자주 강조는 복지정책의 폐쇄성, 비효율성, 정보 비공개 등 문제를 유발하기도 한다. 자립이라는 명목하에 외부 기술 및 자금 지원을 회피함으로써, 복지 서비스의 질과 수혜자의 삶의 질은 장기적으로 저하되고 있다. 더욱이 자주성은 체제 유지 논리와 결합되며, 복지제도가 정치적 충성 유도와 국가 통제 수단으로 전용되는 경향도 강해진다. 결국, 주체사상의 자립과 자주성 강조는 북한 사회보장제도의 이념적 기반으로 작용하며, 국가 주도의 무상복지 체계, 중앙통제적 정책 운용, 대외폐쇄적 재정 구조 등의 형태로 구체화된다. 이는 남한의 점진적·다원적 복지 발전과는 대조적인 구조적 특징으로, 남북한 사회보장 비교에 있어 중요한 해석 지점이 된다.

2) 인민 중심주의

주체사상의 근간은 '인민 중심주의'에 있다. 이는 국가와 혁명, 사회 모든 활동이 인민을 주체로 삼고 그들의 요구와 복리를 최우선으로 해야 한다는 이념이다(김병로, 2022). 북한은 주체사상을 통해 인민을 '국가의 주인'이자 '혁명의 주체'로 규정하며, 이 개념은 사회보장제도의 설계와 운영에 깊이 반영되어 있다. 인민 중심주의는 사회보장을 단순한 복지 서비스 제공이 아닌, 인민의 생활 전반에 대한 국가 책임과 보호로 확대하는 철학적 기반을 제공한다.

이에 따라 북한의 사회보장제도는 인민 대중의 생존과 발전을 보장하기 위한 국가 주도의 포괄적 복지 체계로서 기능하며, 교육, 의료, 주거, 식량 배급 등 다양한 분야에서 무상 제공 원칙을 견지한다. 이 이념은 또한 복지정책의 형평성과 보편성을 강조하며, "모든 인민이 사회보장 혜택에서 배제되지 않고 동등하게 보호받아야 한다"는 원칙을 내포한다. 하지만 실제로는 정치적 충성도와 계급 지위에 따라 복지 혜택의 차등화가 존재하기도 한다는 점에서 이념과 현실 간 괴리가 존재한다. 인민 중심주의는 북한 사회 내에서 국가와 인민 간 신뢰 구축 및 충성심 강화의 중요한 수단으로 작용한다. 사회보장제도를 통해 인민들의 기본생활이 보장되고, 국가의 보호가 실질적으로 구현된다는 점을 상징함으로써 체제 정당성을 강화하는 데 기여한다는 분석도 있다.

한편, 인민 중심주의에 따른 사회보장 운영은 주체사상의 다른 핵심 가치인 자립과 자주성과 결합되어, 외부 지원에 의존하지 않고 내부 역량을 최대한 활용하여 복지 체계를 유지하는 독자적인 운영 방식을 견지한다. 이는 북한이 국제사회로부터의 지원을 제한하고 독자적 복지노선을 고수하는 배경이기도 하다. 결론적으로, 주체사상의 인민 중심주의는 북한 사회보장제도의 이념적 핵심으로, 국가의 모든 복지정책과 실천이 인민의 이익과 삶의 질 향상을 우선적으로 고려하도록 하는 가치 지침으로 작용한다. 그러나 이념과 현실 사이의 차이를 이해하고, 이를 토대로 정책 개선 방향을 모색하는 것이 향후 북한 사회보장 연구의 중요한 과제로 대두되고 있다.

3) 인민 주권과 사회보장 정책 실행

주체사상에서 '인민 주권'은 국가 권력과 정책 결정의 최종 주체가 인민임을 천명하는 원리이다. 북한은 이 이념을 근간으로 하여 사회보장 정책을 인민의 요구와 복리 증진을 최우선에 두고 실행하는 것을 목표로 삼는다. 사회보장 정책 실행 과정에서 인민 주권은 국가와 사회가 인민의 생활 안정과 복지 향상을 위해 적극적으로 나서야 할 책임과 의무를 강조한다. 이에 따라 북한은 사회보장제도를 통해 교육, 의료, 주택, 고용 등 다양한 분야에서 인민의 기본적 권리를 보장하고, 이를 통해 인민의 삶의 질을 높이고자 하는 국가 의지를 표출한다. 북한은 공식적으로 인민 주권을 바탕으로 한 참여적 정책 집행을 표방하며, 인민이 국가 정책에 적극적으로 동참하고 협력하는 '인민 대중의 역할'을 강조한다. 하지만 실제 정책 집행은 중앙정부의 엄격한 통제와 하향식 지시에 의해 운영되는 경우가 많아 인민의 자발적 참여보다는 체제 통제 수단으로 기능하는 측면도 존재한다. 이와 같은 중앙집권적 운영에도 불구하고, 인민 주권 원리는 정책 정당성 확보와 국가의 통치 기반 강화를 위한 중요한 이념적 장치로 작용한다. 북한은 사회보장 정책이 인민의 주권을 실현하는 수단임을 내세우며, 복지 서비스를 통해 인민의 정치적 충성도를 확보하고 체제 안정에 기여하고자 한다. 또한, 인민 주권은 사회보장 정책의 '현장성'과 '실천성'을 담보하는 개념으로, 인민의 실제 생활 조건 개선과 직접적인 복지 혜택 제공을 중시하는 방향성을 제시한다. 이에 따라 북한은 경제난과 국제 제재 속에서도 사회보장 서비스를 유지하기 위한 노력과 제도적 적응을 지속하고 있다.

종합하면, 주체사상의 인민 주권은 사회보장 정책 실행의 이념적 근거로서, 국가가 인민을 위한 복지정책을 주도하고 인민은 이에 적극 동참하는 상호작용적 관계를 강조한다. 이 개념은 북한 사회보장제도의 운영 및 정책 효과를 해석하는 중요한 틀로 작용하며, 남북한 사회보장 비교 연구에 있어서도 핵심적인 분석 요소이다.

2. 주체사상에 기반한 사회보장 원칙

1) 국가와 당의 역할 강조

주체사상에서 국가와 당은 사회보장제도의 설계와 실행에 있어 중심적이고 주도적인 역할을 수행하는 주체로 규정된다. 이는 북한 사회보장 원칙의 핵심으로, 국가와 조선노동당이 국민의 생존과 복지를 책임지고, 복지정책의 전 과정에 강력한 지도·통제를 행사하는 체계를 말한다(김병로, 2022).

북한에서는 국가와 당이 인민 대중을 위한 복지사업의 주체적 계획자이자 집행자로서 모든 사회보장 활동을 총괄한다. 사회보장제도는 단순한 공공 서비스 제공을 넘어 국가 권력과 당 정책의 연장선상에서 인민의 생활 안정과 사회 통합을 도모하는 핵심 도구로 활용된다(정은채, 2023). 특히, 당은 정책의 이념적 수립과 정치적 방향 제시에 주도적 역할을 하며, 국가 기관은 이를 구체적으로 실행하는 역할 분담 구조를 갖는다. 이러한 구조는 사회보장 서비스의 중앙집중적 운영과 정책 일관성 유지에 기여하지만, 동시에 민간 참여 및 지방 자치의 제한, 정책 유연성 부족이라는 한계도 야기시킨다. 국가와 당의 주도성은 또한 사회보장 자원의 배분과 수급자 선정 과정에서도 강하게 발현된다. 이는 '성분제도'와 정치적 충성도에 따른 복지 배분 기준과 맞닿아 있으며, 제도의 효율성 및 형평성 측면에서 국내외 학자들의 비판적 시각을 낳고 있다. 그럼에도 불구하고, 북한 체제 내에서 국가와 당의 역할 강조는 사회보장제도의 체계적 유지와 인민 생활 보호를 위한 필수적인 요소로 인식된다. 이 원리는 북한이 복지제도를 통해 체제 안정과 정권의 지속 가능성을 확보하려는 정치적 목적과도 긴밀히 연결되어 있다.

결론적으로, 주체사상에 기반한 사회보장 원칙에서 국가와 당의 역할 강조는 북한 사회보장제도의 구조적 특성과 정책 실행의 기본 틀을 형성한다. 이로 인해 북한 복지 체계는 중앙집중적이고 정치적 통제하에 운영되며, 이는 남한의 분권적·민주적 복지운영과 명확히 구별되는 특징으로 자리매김한다.

2) 사회보장제도 내 중앙집권성과 통제 메커니즘

북한 사회보장제도는 주체사상의 핵심 가치인 국가 주도와 당의 절대 권위 아래 강력한 중앙집권적 운영 체계를 특징으로 한다. 이는 국가와 조선노동당이 사회보장 정책의 계획, 집행, 평가 전 과정을 일원적으로 관리하며, 지역 및 단위 조직에 대한 철저한 통제를 수반한다는 의미이다. 중앙집권적 구조는 사회보장제도의 정책 일관성과 효율적 자원 배분을 확보하는 장점이 있으나, 동시에 하향식 명령 체계로 인해 현장의 다양성과 실질적 요구 반영이 제한되는 단점도 존재한다. 북한에서는 사회보장 업무가 중앙 당국의 지시에 따라 전국적으로 표준화되고 엄격하게 시행되며, 지방 조직과 공장, 단위 노동조합 등은 이에 따른 집행기관 역할에 집중한다. 이와 같은 체계하에서 통제 메커니즘은 다층적이고 정교하게 구축되어 있다. 중앙 사회보장 행정기관은 정책 목표 달성을 위해 하위 조직에 명확한 지침을 내리며, 집행 상황을 정기적으로 감독·평가한다. 또한, 사회보장 대상자 선정과 서비스 제공은 당과 국가의 정치적 의도에 맞게 이루어지며, 이 과정에서 충성도와 계급적 배경 등이 중요한 기준으로 작용한다(이재훈 외, 2022). 특히, 정보통제와 비밀주의는 북한 사회보장제도의 통제 메커니즘 중 하나로, 사회보장 관련 통계, 재정 운용, 수혜 현황 등은 대외 비공개로 유지되며 외부와의 소통도 제한적이다. 이는 사회보장제도의 효과성 평가와 개선을 어렵게 하고, 정책 투명성 결여라는 문제를 낳는다. 한편, 중앙집권성과 통제는 사회보장제도를 정치적 통제 수단으로 활용하는 도구이기도 하다. 사회보장 서비스 제공은 체제에 대한 충성도를 확보하고 인민들의 정치적 결속을 강화하는 데 기여한다.

이를 통해 국가와 당은 사회 전체의 통제를 강화하며, 체제 안정에 필요한 사회적 통합을 도모한다는 점에서 기능적 역할을 한다. 종합하면, 북한 사회보장제도 내 중앙집권성과 통제 메커니즘은 주체사상에 입각한 정치·행정 체계의 산물로서, 정책의 강력한 통일성과 권력 집중을 보장한다. 하지만 이로 인해 사회보장 서비스의 질적 향상과 수혜자의 다양성 요구 반영에는 한계가 발생하며, 이는 남한 사회보장제도와의 중요한 차별점으로 작용한다.

3) 사회보장의 정치적·이념적 기능

북한의 사회보장제도는 단순한 복지 전달 체계를 넘어, 주체사상의 핵심 이념에 입각한 정치적·이념적 기능을 수행하는 중요한 도구로 자리매김하고 있다. 사회보장은 국가와 당의 통치 정당성을 확보하고, 인민의 정치적 충성도를 강화하는 수단으로 적극 활용된다. 주체사상은 인민 대중을 혁명의 주체로 규정하면서, 사회보장을 통해 인민의 기본생활을 보장함으로써 체제에 대한 지지와 결속을 강화하는 역할을 부여한다. 즉, 사회보장은 국가가 인민과 맺는 사회계약의 일환으로, 인민들의 삶의 안정과 복지를 보장하는 동시에 체제의 이념적 정당성을 유지하는 수단이다. 이와 같은 이념적 기능은 특히 사회보장 혜택의 배분과 집행 과정에서 드러난다. 북한은 사회보장제도를 통해 정치적 충성도와 계급 신분에 따라 차등적으로 복지 혜택을 제공함으로써, 사회 통제와 계급 구조 재생산을 강화한다는 비판도 존재한다. 이는 사회보장이 체제 유지와 권력 집중을 위한 전략적 수단임을 보여 준다. 또한, 사회보장은 인민 주권과 자주성이라는 주체사상의 가치 실현을 상징하는 정책 영역으로서, 국가가 인민을 위한 '보호자'이자 '지도자'임을 강조하는 이데올로기적 장치로 작동한다. 이를 통해 당과 국가는 인민의 일상생활 속에서 정치적 메시지를 전달하고, 사회주의 이상 실현에 대한 신념을 강화한다. 정책적으로도 사회보장제도는 체제 내 사회적 안정 유지와 갈등 최소화를 위한 완충장치 역할을 하며, 경제난이나 국제 제재 상황에서도 인민의 기본생활을 보장하려는 노력은 체제의 지속성을 담보하는 핵심 요소로 작용한다. 종합적으로, 주체사상에 기반한 북한 사회보장의 정치적·이념적 기능은 단순한 복지 서비스를 넘어, 체제 안정과 정권 유지, 이념적 동원과 사회 통합의 수단으로서 복합적 역할을 수행한다. 이는 북한 사회보장제도의 특징적 속성으로서, 남한 및 다른 국가의 복지 체계와의 본질적 차이를 나타낸다.

3. 사회보장 정책에 반영된 주체사상 사례

1) 사회보장 서비스 제공 방식

북한의 사회보장 서비스 제공 방식은 주체사상의 이념적 토대 위에서 국가 주도의 중앙집권적 운영과 인민 중심주의가 복합적으로 작용하는 체계로 특징지어진다. 이 방식은 국가와 당이 사회보장 전반을 직접 설계·관리하며, 인민의 생활 안정과 복리 증진을 최우선 과제로 삼는다. 사회보장 서비스는 주로 교육, 의료, 주택, 고용, 사회보험, 사회복지 서비스 등 다양한 영역에서 제공되며, 모든 서비스는 무료 또는 극히 저렴한 비용으로 인민에게 제공됨을 원칙으로 한다. 이는 '인민 대중 제일주의'를 실천하는 대표적 사례로서, 국가가 인민의 기본생활을 보호하는 주체로서의 역할을 강조한다. 또한, 사회보장 서비스는 전국적으로 균등하게 배분되도록 중앙정부가 강력한 계획과 통제를 수행하며, 지역 간, 계층 간 서비스 격차를 줄이는 데 초점을 둔다. 이를 위해 행정 조직망을 활용하여 서비스가 필요한 곳에 적기에 도달하도록 하는 '하향식' 전달 체계가 구축되어 있다.

서비스 제공 과정에서는 사회주의 이념에 부합하는 '인민의 자립과 협동' 정신이 강조되며, 이를 뒷받침하는 지역 단위의 인민위원회, 노동조합, 청년동맹 등 다양한 조직이 동원된다. 이들은 사회보장 서비스의 현장 집행과 관리에 적극 참여하며, 인민의 생활 실태를 파악하고 지원하는 역할을 담당한다. 그러나 중앙집권적이고 통제적인 운영 방식은 현장 특성과 개별 인민의 다양성을 충분히 반영하는 데 한계가 있어, 서비스의 실질적 질과 수요 충족도 면에서 문제점으로 지적된다. 또한, 국제사회 제재와 경제난으로 인해 자원의 한계 속에서 서비스 제공의 지속 가능성과 효율성에 도전이 존재한다. 북한 사회보장 서비스 제공 방식은 주체사상의 인민 중심주의와 국가·당 주도의 중앙집권적 통제가 결합된 형태로, 인민의 기본생활 보장과 체제 정당성 확보라는 두 가지 목표를 동시에 추구한다. 이는 북한 사회보장제도의 독특한 운영 모델로 평가되며, 남북한 복지제도의 비교 연구에서 중요한 분석 지점이 된다.

2) 사회보장 대상자 선정과 분배 기준

북한 사회보장제도에서 대상자 선정과 자원 분배는 주체사상의 정치·이념적 원칙에 기초하여 엄격히 관리된다. 사회보장 혜택은 인민 대중에게 보편적으로 제공되는 측면이 있으나, 실제로는 계급 신분, 정치적 충성도, 가족 배경 등 이른바 '성분'에 따라 차등적으로 분배된다. 이러한 '성분제도'는 사회보장 대상자의 선정 기준에 깊이 내재하여, 혁명적 자질과 당에 대한 충성도가 높은 계층에게 우선적 복지 혜택이 주어진다. 반대로 정치적으로 의심받거나 '반동분자'로 분류된 집단은 복지 서비스에서 배제되거나 제한된다. 분배 과정은 중앙당국과 지방 조직이 협력하여 진행되며, 이를 통해 당 정책에 부합하는 '적격' 인원을 선별한다.

이 시스템은 사회적 통제를 강화하고, 복지 혜택을 통한 정치적 결속을 유지하는 기능을 수행한다. 이와 같은 분배 기준은 외부에서는 불공평한 차별로 비판받지만, 북한 내부에서는 주체사상에 기반한 혁명적 정의 구현의 한 형태로 이해된다. 이는 사회보장이 단순한 생활 보장뿐 아니라 이념적 통제와 권력 유지 수단임을 보여 주는 중요한 사례이다(조영기, 2023).

3) 주체사상 기반 사회보장 홍보 및 교육 사례

북한은 사회보장 정책의 이념적 정당성과 대중적 수용을 강화하기 위해 주체사상에 기반한 홍보 및 교육 활동을 체계적으로 전개한다. 사회보장 관련 홍보는 당 기관지, 선전 포스터, 라디오 방송, 집단 토론 등 다양한 매체를 활용해 인민들에게 사회보장제도의 중요성과 혜택, 그리고 그 이념적 배경인 주체사상을 지속적으로 주입한다. 이러한 홍보는 인민의 사회보장제도에 대한 신뢰와 애착을 높이는 동시에, 체제 충성도를 강화하는 정치적 도구로 작동한다(정은채, 2023).

교육 프로그램 역시 노동자, 농민, 청년 등 각계층을 대상으로 하며, 사회보장제도 이용 방법과 권리뿐 아니라 주체사상적 가치관을 내면화하도록 설계되어 있다. 학교와 직장, 주민 집회 등에서 실시되는 교육은 사회보장을 단순한 복지제도가 아닌 '인민 대중 제일주의' 실현의 구체적 방안으로 인식시키는 데 중점을 둔다. 이러한 이념교육은 사회보장 서비스의 원활한 집행과 더불어 인민들의 주체적 참여와 협력을 유도하는 데 기여한다. 또한, 사회보장에 대한 부정적 인식이나 불만의 확산을 방지하고, 체제 내 사회적 통합을 촉진하는 기능도 수행한다. 북한의 사회보장 홍보 및 교육은 주체사상을 핵심 축으로 하여 복지정책의 이념적 뿌리를 공고히 하고, 인민들의 체제 충성도와 사회적 결속을 강화하는 중요한 수단으로 자리매김한다.

4) 사회복지 담당 조직 및 운영 체계

북한 사회보장제도의 조직 및 운영 체계는 주체사상의 기본 원칙인 국가 주도와 당 중심 통제를 반영하여 매우 중앙집권적이고 통합적으로 설계되어 있다. 사회복지 업무를 담당하는 조직은 조선노동당, 내각, 그리고 지방 인민위원회를 중심으로 다층적이고 체계적인 네트워크를 형성한다. 중앙정부 차원에서는 내각 산하의 보건사회 부문과 사회보장 관련 부처가 사회복지정책의 수립과 집행을 총괄한다. 특히, 사회보장 관련 계획은 당의 전략적 지침에 따라 수립되며, 모든 단계에서 당 기관의 감시와 지도가 병행된다. 지방 조직으로는 도, 시, 군 단위의 인민위원회가 사회복지 서비스의 현장 집행을 담당한다. 이들은 중앙 정책을 지역 실정에 맞게 조정하고, 지역 주민의 사회보장 수혜 상황을 직접 관리한다. 또한, 인민위원회 산하에 설치된 사회복지과 또는 유관 부서는 의료, 교육, 주택, 사회보험 등 다양한 분야의 서비스를 통합 제공하며, 지역사회의 협동조합, 노동조합, 청년동맹 등의 조직과 긴밀히 협력한다. 운영 체계는 주로 하향식 명령 전달과 상향식 보고 체계로 구성되어, 중앙의 정책 지침이 각 지방 단위에 신속히 전달되고, 집행 상황과 문제점은 보고되어 중앙에서 피드백이 이루어진다. 이러한 체계는 정책의 일관성과 통일성을 확보하는 데 유리하지만, 현장 상황에 대한 탄력적 대응이나 주민 참여 확대에는 제한적이다. 사회복지 담당 조직은 주체사상의 이념에 따라 '인민 대중 제일주의'를 실천하는 것을 최우선 가치로 삼으며, 이를 위해 조직 구성원들은 당의 사상 교육과 정치적 충성도 평가를 정기적으로 받는다. 이로 인해 조직 운영은 정치적 통제와 관리가 결합된 특수한 성격을 띤다. 한편, 국제적 제재와 경제난의 영향으로 자원 부족이 지속되는 상황에서, 북한은 제한된 인력과 재원을 최대한 효율적으로 운용하기 위해 조직 내 기능 통합과 업무 다원화를 시도하고 있으나, 여전히 중앙 집중적 통제에서 벗어나지 못하는 실정이다. 북한의 사회복지 담당 조직과 운영 체계는 주체사상에 근거한 중앙집권적·당 중심의 관리 체계로, 정치적 통제와 행정적 효율성을 동시에 추구하며, 인민 대중의 복리 증진과 체제 안정을 위한 핵심 수단으로 기능한다. 이러한 조직 및 운영 방식은 남한과 대비되는 북한 사회보장제도의 독특한 특징 중 하나이다. 북한 사회보장 정책은 주체사상을 기반으로 하여 국가 주도형 복지 체계를 운영하며 인민 대중 제일주의를 표방하지만, 이러한 이념적 기반은 실제 정책 실행 과정에서 여러 도전과 과제를 내포한다. 첫째, 중앙집권적이고 통제 위주의 행정 체계는 정책 집행의 경직성과 유연성 부족 문제를 야기한다. 정책은 당과 중앙정부의 엄격한 지침에 따라 일관되게 시행되지만, 지역별 다양한 사회적·경제적 상황과 인민의 개별적 욕구를 세밀히 반영하는 데 한계가 존재한다. 이는 사회보장 서비스의 질적 개선과 맞춤형 복지 실현을 어렵게 만든다. 둘째, 경제적 제약과 자원 부족 문제가 심각하다. 국제사회의 경제 제재와 자체적인 경제난으로 인해 사회보장 재원이 제한적이며, 필수적인 의료·교육·주택 등 기본 서비스 제공에 필요한 인프라와 물자가 부족한 상황이다. 이로 인해 정책 목표 대비 실질적 혜택 제공이 저해되고, 사회적 불만과 불안 요인이 될 수 있다. 셋째, 정치적·이념적 통제가 강한 만큼 사회보장 정책이 체제 유지 수단으로 기능하면서 발생하는 인권 및 평등 문제이다. '성분'에 따른 차별적 복지 배분과 정치적 충성도 중심의 대상자 선정은 사회통합을 저해하고, 사회적 약자에 대한 충분한 보호가 이루어지지 않는 부작용을 낳는다.

넷째, 정보의 폐쇄성과 국제사회와의 단절은 사회보장 정책 개선에 필요한 객관적 데이터 수집 및 분석을 어렵게 하여, 정책의 과학적 설계와 효과적 평가에 제약을 초래한다. 이는 장기적 발전과 체계적 개혁 추진에 걸림돌이 된다.

마지막으로, 인력 양성 및 전문성 강화의 어려움도 과제다. 주체사상 교육과 정치적 충성도가 우선시되면서 사회복지 전문성 향상이 제한적이며, 급변하는 사회환경에 대응하는 혁신적 정책과 서비스 개발에 제약이 있다. 즉, 북한의 사회보장 정책은 주체사상에 뿌리를 두고 체제 정당성과 인민 생활 안정이라는 목표를 동시에 추구하지만, 중앙집권적 통제, 경제적 제약, 정치적 차별, 정보 폐쇄, 전문성 부족 등 다층적인 도전과제에 직면해 있다. 향후 정책의 지속 가능성과 인민 복지 향상을 위해서는 이념과 현실의 균형을 모색하는 구조적 개혁이 요구된다.

4. 주체사상과 사회보장제도의 상호 작용 및 한계

1) 이념과 현실 간의 긴장

북한 사회보장제도는 주체사상이라는 독특한 이념 체계에 깊이 뿌리내려, '인민 대중 제일주의'를 기조로 국가와 당의 주도하에 운영된다. 이러한 이념적 기반은 사회보장을 통해 인민의 생활 안정과 체제 정당성 확보를 동시에 추구하며, 정책의 방향과 목표를 강력하게 규정한다.

그러나 이념과 현실 간에는 본질적인 긴장이 존재한다. 주체사상이 강조하는 자립과 자주성, 그리고 당 중심의 강력한 통제 원리는 현실적 사회경제 여건과 맞물리면서 여러 제약과 충돌을 야기한다. 특히, 경제적 어려움과 국제 제재로 인한 자원 부족은 이상적인 사회보장 목표 달성을 어렵게 만들고, 국가가 계획하고 지시하는 정책들이 현장에서는 비효율적으로 집행되는 경우가 빈번하다. 또한, 주체사상의 정치적 통제 목적은 사회보장제도의 보편성과 평등성이라는 복지 본연의 가치와 충돌하기도 한다. '성분'과 정치적 충성도에 따른 차별적 분배가 이념 실천의 한 부분이지만, 이는 사회통합을 저해하고 취약계층 보호에 한계를 드러낸다. 이로 인해 사회보장 수혜의 실제 범위와 질은 이념이 제시하는 이상과 차이가 발생하며, 인민의 생활 만족도에 부정적 영향을 미친다. 더 나아가, 중앙집권적이고 상명하달식 행정 체계는 신속한 정책 실행을 가능하게 하지만, 지역사회와 개별 인민의 다양한 욕구 반영에는 한계가 있어 정책의 유연성과 혁신성을 제약한다. 이러한 구조적 문제는 주체사상 기반 사회보장 운영의 중요한 현실적 난제로 작용한다.

북한 사회보장제도는 주체사상 이념과 현실 조건 사이에서 지속적인 긴장과 조정 과정을 겪으며 발전해 왔다. 이념적 이상을 실현하는 과정에서 발생하는 현실적 한계들은 앞으로 북한 사회보장제도의 개혁과 발전 방향을 모색하는 데 핵심적인 과제로 남아 있다. 북한 사회보장제도는 주체사상에 기반한 중앙집권적 통제와 이념적 정당성 확보를 중심으로 운영되지만, 앞서 살펴본 바와 같이 경제적 제약, 정치적 차별, 행정의 경직성 등 여러 한계에 직면해 있다.

이에 따른 향후 과제와 발전 방향은 다음과 같이 정리할 수 있다. 첫째, 정책 집행의 유연성과 현장 적응성 강화가 필요하다. 중앙의 엄격한 지침과 통제에서 벗어나 지역 실정과 개별 인민의 다양한 욕구를 반영할 수 있는 하향식 정책 조정과 현장 권한 위임을 확대해야 한다. 이를 통해 사회보장 서비스의 질과 접근성을 높이고, 인민 생활의 실질적 개선을 도모할 수 있다. 둘째, 경제적 자원의 효율적 배분과 재정 안정화 방안 마련이 시급하다. 국제 제재와 경제난 속에서도 제한된 재원을 효과적으로 활용하는 체계적 재정 관리 시스템 구축과 함께, 농업·공업 생산성 향상을 통한 경제 기반 강화가 병행되어야 한다. 이는 사회보장 재정의 지속 가능성을 담보하는 핵심 요소이다. 셋째, 사회보장 대상 선정과 분배 과정에서의 형평성 제고가 중요하다.

정치적·이념적 기준에 따른 차별을 완화하고, 사회적 약자 및 취약계층에 대한 보장성을 확대함으로써 사회통합을 강화해야 한다. 이는 체제 안정성 확보와 인민 신뢰 증진에도 긍정적으로 작용할 것이다. 넷째, 사회복지 담당 조직의 전문성과 역량 강화가 요구된다. 정치적 충성도 중심에서 벗어나 사회복지학적 전문성을 갖춘 인력 양성, 교육 체계 개편, 국제사회복지 지식 교류 확대 등을 통해 정책의 과학적 설계와 실행력을 제고해야 한다. 마지막으로, 정보 공개와 국제 협력 확대를 모색할 필요가 있다. 폐쇄적 정보 환경 개선과 더불어 인도주의적 지원 및 국제사회와의 실무적 교류를 통한 경험 공유는 사회보장 정책의 현대화와 효율성 제고에 기여할 수 있다.

북한 사회보장제도의 한계 극복과 발전은 주체사상에 대한 이념적 존중과 현실적 문제 해결의 균형을 이루는 방향으로 추진되어야 한다. 이는 인민의 삶의 질 향상뿐 아니라 체제의 지속 가능성 확보에도 결정적 역할을 할 것이다.

2) 주체사상에 따른 정책 집행 영향

주체사상은 북한 사회보장 정책의 이념적 토대이자 실천 원칙으로, 국가와 당이 인민 대중의 복지 향상을 주도하는 '인민 대중 제일주의'를 내세운다. 이러한 주체사상의 이념은 정책 집행 과정에서 강력한 중앙집권적 통제와 당 중심의 정치적 지도를 정당화하며, 사회보장제도의 운영 방식과 행정 체계에 지대한 영향을 미친다. 첫째, 주체사상은 정책 집행에서 당과 국가 기관의 일원화된 지휘 체계를 강화하여, 명확한 목표 설정과 일관된 정책 추진을 가능하게 한다. 이를 통해 정책의 전국적 통일성과 체계적 실행이 확보되며, 빠른 동원력과 대응성을 발휘할 수 있다. 둘째, 주체사상의 '자립'과 '자주성' 원칙은 국내 자원을 최대한 활용하는 내부 중심의 복지 체계 운영을 강조한다. 따라서 대외 의존도를 낮추려는 경향이 강해, 국제사회와의 협력이나 외부 지원을 제한하는 정책 집행 특성이 나타난다. 이는 재정과 자원의 제약 속에서 정책 효율성을 떨어뜨리는 요인으로 작용한다. 셋째, 주체사상에 따른 정책 집행은 강력한 정치적 통제와 사상 교육을 병행함으로써 조직원들의 정치적 충성과 일사불란한 행동을 유도한다. 이러한 통제는 정책 집행 과정에서 내부 규율과 질서를 유지하는 데 기여하지만, 동시에 현장 대응의 창의성과 자율성을 저해하며, 비판적 문제 제기와 개선 노력에 제약을 준다. 넷째, 주체사상 기반 정책 집행은 사회보장 대상 선정과 서비스 배분에 있어 이념적 충성도 및 '성분' 기준이 개입하는 구조적 특징을 갖는다.

이는 복지의 보편성 및 평등성 확보를 어렵게 하여 사회적 불평등을 심화시키고, 인민의 신뢰를 저하시킬 가능성이 있다. 마지막으로, 주체사상에 의한 정책 집행은 정보의 폐쇄성과 비공개성을 내포하여, 사회보장 정책의 효과성 평가와 외부 검증이 제한된다. 이로 인해 정책의 투명성과 객관성 확보가 어려워, 장기적 개혁 추진에 부정적 영향을 미친다. 주체사상은 북한 사회보장 정책 집행에 강력한 중앙집권적 통제, 내부 자원 중심 운영, 정치적 충성 강조, 그리고 이념적 기준에 따른 대상 선정 등 독특한 영향을 미치고 있다. 이러한 특성은 정책의 통일성과 체제 안정에는 기여하지만, 현실적 여건과 인민의 다양한 요구를 반영하는 데 한계를 낳고 있다. 한편 주체사상에 따른 주민 참여와 수혜자 반응은 북한 사회보장제도 내에서 주민 참여는 주체사상이 강조하는 '인민 대중 제일주의'와 '자립'을 바탕으로 국가와 당이 주도하는 참여 형태로 구성된다.

주민은 국가 정책의 적극적인 수용자이자 일정 부분 참여자로 인식되나, 그 참여는 통제된 범위 내에서 이루어진다. 첫째, 주민 참여는 주체사상의 정치적 통제 수단과 연계되어, 사회보장 서비스 집행 과정에서 당 조직 및 인민반을 통한 동원 및 감독 기능이 강화된다. 이러한 구조는 주민들의 일상생활과 사회복지 활동에 높은 수준의 참여를 유도하지만, 자발성과 독립적인 의견 개진보다는 당의 지시에 따른 참여가 주를 이룬다.

둘째, 주민들은 사회보장 수혜자로서 정책의 혜택을 경험하지만, 수혜자의 반응은 경제적 현실과 서비스 질에 따라 다양하게 나타난다. 제한된 자원과 서비스의 불균형, 정치적 요인에 따른 차별 배분 등은 주민들의 만족도를 저하시킬 수 있으며, 이는 제도에 대한 신뢰도와 참여 의지에 영향을 미친다. 셋째, 주체사상에 기반한 교육과 선전은 주민들에게 사회보장제도의 중요성과 국가 정책에 대한 긍정적 인식을 확산시키는 데 중요한 역할을 한다. 이를 통해 주민들의 정치적·이념적 동원과 정책 지지가 강화되나, 비판적 참여나 대안 제시는 제한적이다.

넷째, 사회보장제도의 참여 과정에서 주민들의 자발적 협동과 상호부조 전통이 여전히 존재하며, 이는 주체사상의 '자립'을 강조하는 맥락에서 긍정적 요소로 작용한다. 그러나 중앙의 강력한 통제 아래 지역사회 주도의 다양한 참여 모델은 아직 충분히 발전하지 못한 실정이다. 북한 사회보장제도 내 주민 참여는 주체사상에 따른 국가·당 주도의 통제된 형태로 나타나며, 수혜자의 반응은 경제적·사회적 조건과 밀접하게 연결되어 있다. 이러한 특성은 정책 효과성 제고와 사회통합에 긍정적이기도 하지만, 주민의 자율성과 다양한 의견 반영에는 한계를 갖는다. 북한 사회보장제도는 국가 이념인 주체사상을 중심으로 형성되고 운영된다.

주체사상은 자립과 자주성, 인민 대중 제일주의를 핵심 가치로 삼으며, 국가와 당의 주도적 역할을 강조한다. 이러한 이념적 토대는 사회보장 정책의 설계와 집행에 깊은 영향을 미치며, 중앙집권적 통제와 정치적 지도를 통해 체제 유지와 인민 복지의 조화를 추구한다. 주체사상은 국가와 당이 사회보장 정책의 전 과정을 일원화하여 강력하게 통제하고, 정책 집행에서 내부 자원 중심의 자립적 운영을 강조한다. 이는 정책의 통일성과 일관성을 보장하지만, 경제적 제약과 정치적 차별, 행정 경직성 등 현실적 한계를 동반한다. 정책 집행 과정에서는 당 조직과 인민반이 주민 참여와 동원에 중요한 역할을 담당하며, 주민은 통제된 범위 내에서 사회보장 정책에 참여한다.

수혜자의 반응은 제한된 자원과 불균형한 배분에 따라 다양하게 나타나며, 정치적·이념적 교육과 선전은 정책에 대한 긍정적 인식과 지지를 확산시키지만, 비판적 참여는 제한된다. 한편, 주체사상에 근거한 사회보장제도는 보편성보다는 이념과 정치적 충성도를 고려한 선별적 배분 체계를 갖추고 있어, 사회통합과 형평성 측면에서 제약이 존재한다. 또한, 폐쇄적 정보 환경과 비공개성으로 인해 정책 평가와 개혁 추진에 어려움이 있다. 향후 북한 사회보장제도의 발전을 위해서는 중앙집권적 통제와 이념적 지향성은 유지하되, 정책 집행의 유연성과 현장 적응성 강화, 재정 안정화 및 경제 기반 강화, 형평성 제고, 그리고 사회복지 담당 조직의 전문성 향상과 국제 협력 확대가 필요하다. 이는 주체사상의 이념적 존중과 현실적 문제 해결 사이의 균형을 모색하는 데 핵심적인 과제이다.

💡 학습 문제

1. 사회주의적 사회보장제도의 기본 원리는 무엇인가?
2. 북한 사회보장제도의 형성과 발전 과정에서 중요한 사건이나 정책은 무엇인가?
3. 주체사상이 북한 사회보장제도에 미친 영향은 어떠한가?
4. 북한 사회보장제도의 보편성과 중앙집권적 운영 방식의 특징을 설명하시오.
5. 주체사상이 사회보장 정책 집행에 미친 긍정적·부정적 영향을 비교하시오.

제3부

제도 비교 분석

제4장

사회보험 제도의 비교

> 📖 **학습 목표**
> 1. 남북한의 연금, 건강보험, 고용보험 등 주요 사회보험 제도의 특성과 차이를 이해한다.
> 2. 사회보험 운영 방식과 재정 구조에서 나타나는 차이를 비교 분석한다.
> 3. 사회보험 제도의 효과적 운영을 위한 정책적 시사점을 도출한다.

제1절 연금, 건강보험, 고용보험 등 주요 제도의 비교

1. 사회보험 제도의 개념과 기능

1) 사회보험의 정의와 역할

사회보험은 근로자와 국민이 직면할 수 있는 경제적 위험과 사회적 불확실성에 대비하여, 국가 또는 사회가 운영하는 강제적 보험제도로 정의된다. 이는 개인의 위험 부담을 사회 전체로 분산시켜 사회안전망을 구축하는 핵심 수단으로 자리매김하고 있다. 사회보험은 크게 노후, 질병, 실업, 산업재해 등 다양한 위험에 대응하는 여러 제도로 구성되며, 국민의 최소한의 생활 보장과 사회적 보호를 목표로 한다. 대표적인 사회보험 제도로는 국민연금, 건강보험, 고용보험, 산재보험 등이 있으며, 이들은 각각 특화된 위험에 대해 포괄적 보장을 제공한다. 사회보험의 주요 역할은 다음과 같다. 첫째, 사회적 위험의 분산과 예방이다. 개인이 감당하기 어려운 경제적 충격을 국가와 사회가 공동으로 부담함으로써 위험 완화 및 사회안전망 기능을 수행한다. 둘째, 사회적 연대와 형평성 강화이다. 가입자 간 위험과 비용을 상호 분담함으로써 소득 재분배 효과를 발생시키고, 사회통합에 기여한다. 셋째, 국민의 삶의 질 향상과 경제 안정화 지원이다. 연금과 의료 보장 등 기본적 생활안전망을 제공하여 국민의 건강과 생활안정을 도모하며, 경기 침체 시 고용보험 등의 자동 안정화 장치 역할로 경제 전반의 불안정을 완화한다.

넷째, 사회적 신뢰 구축 및 국가 역할 강화이다. 국가가 사회보장 책임을 수행함으로써 국민과 정부 간 신뢰를 증진하고, 복지국가 모델의 기반을 마련한다.

최근 사회보험은 급격한 인구 고령화, 노동시장 구조 변화, 경제 불확실성 증대 등의 환경 변화에 직면하여 제도의 지속 가능성과 보장성 강화가 중요한 정책 과제로 대두되고 있다. 이에 따라 가입 대상 확대, 급여 체계 개편, 재정 안정화 및 서비스 질 개선 등 제도 혁신 노력이 활발히 이루어지고 있다. 사회보험은 사회 구성원 모두의 위험을 분산·관리하고, 사회적 연대와 경제 안정을 증진하는 필수적인 사회보장 수단으로, 국민 생활의 안정과 복지 증진에 중추적 역할을 수행한다.

2) 주요 사회보험 종류 및 대상

사회보험 제도는 국민의 생애주기와 사회적 위험에 대응하기 위해 여러 유형으로 구분되며, 각 제도는 특화된 위험을 관리하고 사회적 안전망 역할을 수행한다. 대표적인 사회보험 종류와 그 대상은 다음과 같다. 첫째, 국민연금은 노후의 소득 보장을 목적으로 하는 사회보험으로, 소득활동이 가능한 전 국민을 대상으로 가입을 의무화하고 있다. 직장가입자, 지역가입자, 그리고 임의가입자로 구분되며, 가입자의 납입 기여금과 국가 재정이 결합되어 노령연금, 장애연금, 유족연금 등의 급여를 제공한다. 국민연금은 고령화 사회 진입에 따른 노후 빈곤 문제 해소와 소득 재분배 기능을 강화하는 데 중추적 역할을 한다.

둘째, 건강보험은 국민의 의료비 부담을 완화하고 보건의료 서비스를 보장하기 위한 사회보험으로, 전 국민을 가입 대상으로 한다. 지역가입자와 직장가입자로 나뉘며, 건강보험료는 소득에 기반해 부과된다. 의료 서비스 접근성을 높이고 질 높은 의료 지원을 제공하는 데 초점을 두고 있으며, 최근에는 보장성 강화와 서비스 질 향상을 위한 다양한 정책이 시행되고 있다. 셋째, 고용보험은 실업 위험에 대비해 실업급여와 직업훈련 등 재취업 지원을 제공하는 사회보험으로, 근로자를 주요 가입 대상으로 한다. 일반적으로 근로자의 고용 형태와 고용 기간에 따라 가입 여부가 결정되며, 고용 안정과 노동시장 유연성 제고를 위해 설계되었다. 최근에는 비정규직 및 자영업자 등 다양한 노동자 계층으로 가입 대상 확대가 논의되고 있다. 넷째, 산재보험은 업무상 재해와 질병에 대한 보상을 제공하는 사회보험으로, 근로자와 사용자를 대상으로 하며, 산업재해 예방과 노동자 보호를 목적으로 한다. 산업 현장의 위험성을 고려해 보험료가 산정되며, 재해 발생 시 의료비, 휴업 급여, 장해 보상 등을 지원한다. 이 외에도 일부 국가에서는 육아휴직, 가족돌봄휴가 등 복지 확대를 위한 사회보험적 성격의 제도들이 도입되고 있으며, 이러한 제도들은 사회보장의 포괄성과 통합성을 강화하는 방향으로 진화하고 있다. 대상별로 보면, 사회보험은 경제활동인구를 주 가입 대상으로 하지만, 국민 전체의 사회적 안전망을 구축하기 위해 점진적으로 가입 범위를 확대하고 있다. 이는 고령화, 비정규직 증가 등 노동시장 변화에 대응하고, 사회통합을 촉진하는 데 중요한 역할을 한다. 국민연금, 건강보험, 고용보험, 산재보험은 각각 노후, 건강, 고용, 산업재해라는 특정 사회적 위험에 초점을 맞춘 사회보험의 핵심 제도이며, 이들의 통합적 운영은 국민의 생애 전반에 걸친 사회적 안전망을 제공한다.

2. 남한의 사회보험 제도

1) 국민연금제도 개요 및 운영 체계

◆ 국민연금제도 개요

국민연금제도는 대한민국에서 대표적인 공적 연금제도로, 국민의 노후소득 보장과 사회적 위험에 대비하기 위해 1988년에 도입되었다(김지훈·이수연, 2023). 이 제도는 국민 모두가 일정 기간 동안 보험료를 납부하여 노령, 장애, 사망 등 다양한 위험에 대응할 수 있도록 설계된 사회보험의 핵심 축이다. 국민연금은 가입자와 사용자, 그리고 국가가 보험료를 분담하는 사회적 연대의 원칙에 기반하며, 소득 재분배 기능을 통해 저소득층의 노후 빈곤 완화에 기여한다(박정민, 2022). 가입 대상은 근로자뿐 아니라 자영업자, 농어민 등 다양한 직업군으로 점진적으로 확대되어 현재는 사실상 전 국민을 포괄하고 있다. 급여는 크게 노령연금, 장애연금, 유족연금, 반환일시금 등으로 구분된다. 노령연금은 일정 연령(현재 60세 이상)에 도달한 가입자에게 지급되며, 가입 기간과 납부액에 따라 산정된다. 장애연금과 유족연금은 각각 가입자가 장애를 입거나 사망한 경우 그 가족에게 지급된다. 운영 방식은 소득 대비 일정 비율의 보험료를 납부하는 확정기여형(Defined Contribution, DC) 요소와 급여를 보장하는 확정급여형(Defined Benefit, DB) 요소가 혼합된 구조로, 재정 안정성과 적정 급여 보장을 동시에 도모하고 있다. 최근 국민연금제도는 고령화 가속과 인구구조 변화에 따른 재정적 부담 증가에 대응하기 위해 가입 기간 연장, 보험료율 조정, 급여 산정 방식 개편 등 다각적인 개혁 논의가 진행 중이다. 또한, 국민의 노후 생활 안정과 지속 가능한 재정 운영을 위한 투명성 강화와 공정성 제고도 중요한 과제로 인식되고 있다.

국민연금은 남한 사회보장제도 내 노후소득 보장의 중추적 역할을 수행하는 제도로, 보편적 가입과 사회적 연대에 기반한 안정적 연금 지급 체계를 통해 국민의 생활 안정과 사회통합에 기여하고 있다.

◆ 국민연금제도 운영 체계

국민연금제도의 운영 체계는 국민의 노후소득 보장이라는 목적을 효과적으로 달성하기 위해 다양한 기관과 제도가 유기적으로 결합되어 있다. 국민연금의 주요 운영 주체로는 국민연금공단, 국민연금기금운용위원회, 그리고 보건복지부가 있으며, 각각의 역할은 제도의 안정적이고 지속 가능한 운영을 위해 분담된다. 첫째, 국민연금공단은 국민연금제도의 실질적인 집행기관으로, 가입자 관리, 보험료 징수, 급여 산정 및 지급, 고객 상담 등의 업무를 수행한다. 공단은 전국 각지에 지사를 두어 지역별 맞춤형 서비스를 제공하며, 가입자의 권리 보호와 서비스 질 향상을 위해 다양한 프로그램을 운영한다. 둘째, 국민연금기금운용위원회는 국민연금기금의 운용과 관리에 대한 의사 결정을 담당하는 기구이다.

이 위원회는 기금의 안전성, 수익성, 유동성을 고려한 자산 배분 전략을 수립하며, 기금 운용의 투명성과 책임성을 강화하기 위한 감독 역할을 수행한다. 최근에는 장기적 재정 안정성 확보와 함께 ESG(환경·사회·지배구조) 투자 등 사회적 책임 투자를 확대하고 있다. 셋째, 보건복지부는 국민연금제도의 정책 수립과 감독 기능을 담당하며, 법률 개정 및 제도 개선, 재정 전망 분석 등을 통해 제도의 지속 가능성을 지원한다. 정부는 국민연금의 재정 건전성 확보와 국민 신뢰 회복을 위해 다양한 개혁 방안을 추진하고 있다.

운영 방식 측면에서 국민연금은 소득 대비 일정 비율의 보험료를 납부하는 확정기여형(Defined Contribution)과 가입 기간과 소득을 고려해 급여를 산정하는 확정급여형(Defined Benefit)의 혼합형 구조를 채택하고 있다. 이는 가입자의 부담과 급여 수준 간의 균형을 맞추고, 재정적 안정성을 도모하기 위함이다(김지훈·이수연, 2023). 또한, 전산 시스템과 정보기술(IT)의 도입으로 가입자 관리, 보험료 징수, 급여 지급 등의 업무 효율성이 크게 향상되었으며, 온라인 서비스를 통해 가입자 편의성도 증대되고 있다. 국민연금제도의 운영 체계는 국민연금공단, 기금운용위원회, 보건복지부의 유기적인 협력을 바탕으로 안정적이고 투명한 제도 운영을 실현하고 있으며, 지속 가능한 노후소득 보장과 국민 신뢰 확보를 위한 다양한 노력이 진행 중이다.

2) 건강보험 제도 개요 및 운영 체계

◆ 건강보험 제도 개요

건강보험 제도는 대한민국 사회보장 체계 내에서 국민의 건강권을 보호하고 의료비 부담을 경감하기 위해 구축된 대표적인 사회보험이다. 1977년 직장가입자를 중심으로 시작된 후, 1989년에는 지역가입자까지 포괄하며 전 국민을 대상으로 한 보편적 의료보장 체계로 발전하였다. 이는 한국 보건의료시스템의 근간을 이루며 국민의 의료 접근성과 서비스 이용의 형평성을 제고하는 데 중요한 역할을 수행한다. 건강보험은 국민건강보험공단이 운영을 담당하며, 보험료 부과 및 징수, 가입자 관리, 건강증진사업을 수행한다. 이와 더불어 건강보험심사평가원은 의료 서비스의 적정성과 급여비용 심사 기능을 담당해 재정 건전성과 서비스 질 관리에 기여한다. 보건복지부는 정책 수립과 감독을 통해 건강보험 제도의 지속 가능성을 도모한다.

보험료 부과 체계는 직장가입자와 지역가입자로 구분되어 있으며, 직장가입자는 근로자와 사용자 간 보험료를 공동 부담하고, 지역가입자는 소득과 재산에 기초하여 개별 산정된다. 이러한 체계는 사회적 형평성과 재정 안정성의 조화를 목표로 한다. 또한, 건강보험은 예방·치료·재활 전반에 걸친 의료 서비스를 보장하며, 본인 부담 경감을 통해 의료 이용 장벽을 낮추고 있다. 최근 인구 고령화와 만성질환 증가, 의료비 상승으로 인한 재정 부담이 확대됨에 따라, 보장성 강화 정책과 함께 ICT 기반 스마트 헬스케어 도입, 빅데이터 활용을 통한 효율적 자원 관리 등이 활발히 추진되고 있다. 이는 국민 건강 증진뿐 아니라 재정 지속 가능성을 확보하는 데 중요한 전략으로 평가받고 있다. 남한의 건강보험 제도는 전 국민을 대상으로 한 포괄적 의료보장 시스템으로서 국민의 건강권 보장과 의료비 부담 완화를 위한 핵심적 역할을 수행하고 있으며, 제도의 효율성과 지속 가능성 강화를 위해 지속적으로 발전하고 있다.

◆ 건강보험 제도 운영 체계

남한의 건강보험 제도는 전 국민을 대상으로 하는 단일 보험자 체계(Single-payer system)로 운영되며, 국민건강보험공단, 건강보험심사평가원, 그리고 보건복지부를 중심으로 체계적인 역할 분담과 협력이 이루어지고 있다. 국민건강보험공단은 건강보험 가입자 관리, 보험료 부과 및 징수, 건강증진사업 및 의료급여 지원 업무를 수행하는 핵심 집행기관이다. 전국적으로 지사와 출장소를 운영하며 가입자와 의료기관에 대한 서비스 제공과 상담, 교육 등을 담당한다. 건강보험심사평가원은 의료 서비스의 적정성과 효율성 확보를 위해 진료비 심사 및 평가, 급여비용 관리, 의료기관 평가 및 질 관리, 약제비 심사 등을 담당한다. 이 기관은 건강보험 재정의 효율적 운용과 서비스 질 제고를 위한 중추적 역할을 수행한다. 보건복지부는 건강보험 정책의 총괄 기획과 감독을 맡으며, 제도의 법적 근거 마련, 재정 관리, 제도 개선 및 개혁 방향 설정을 담당한다. 또한, 국민 건강 증진을 위한 다양한 정책을 수립하고 법령 개정 및 시행 감독 역할을 수행한다. 건강보험의 운영은 가입자 유형에 따라 구분되어 있으며, 직장가입자는 사업장 단위로 보험료를 납부하고, 보험료율은 근로자와 사용자가 각각 절반씩 부담한다. 지역가입자는 개인 소득 및 재산 등을 바탕으로 산정된 보험료를 직접 납부한다. 이를 통해 전 국민이 공평하게 보험료를 분담하는 구조를 형성하고 있다. 최근에는 ICT 기술의 도입으로 전자문서, 온라인 민원 서비스, 빅데이터 분석 등을 활용해 업무 효율성을 증대시키고 있으며, 예방 중심의 건강관리 강화, 만성질환 관리, 스마트 헬스케어 등 미래형 의료 서비스 체계 구축에도 힘쓰고 있다.

남한 건강보험 제도의 운영 체계는 국민건강보험공단, 건강보험심사평가원, 보건복지부의 명확한 역할 분담과 협력 아래, 전 국민에게 포괄적 의료보장을 제공하며, 재정 안정성과 서비스 질을 동시에 추구하는 체계적 구조로 운영되고 있다.

3) 고용보험 및 산재보험

◆ 고용보험 제도 및 서비스

고용보험 제도는 근로자의 실업에 대비한 소득 보장과 취업 촉진을 목적으로 1995년에 도입된 사회보험으로, 노동시장의 안정성과 노동자의 재취업 지원을 핵심 기능으로 수행하고 있다. 이 제도는 실업급여 제공을 비롯하여 직업훈련 지원, 고용안정사업, 구직활동 지원 등 다양한 서비스를 포괄한다. 보험료는 근로자와 사용자가 각각 일정 비율을 부담하며, 보험 가입 대상은 근로기준법상 근로자뿐만 아니라 점진적으로 특수고용직과 프리랜서 등 비전형 노동자로 확대되고 있다. 특히 최근 플랫폼 노동자 및 디지털 경제 종사자를 포함하는 보험 적용 범위 확대가 정책적 이슈로 부각되고 있다. 실업급여는 실직 시 일정 기간 동안 구직활동을 하는 근로자에게 소득을 지원하는 제도로, 수급 자격 요건과 지급 기간 등이 법률로 규정되어 있으며, 적극적 재취업 지원과 연계되어 있다.

또한, 직업훈련과 직업능력 개발 프로그램을 통해 노동자의 취업 경쟁력 강화를 도모하고 있다. 서비스 측면에서는 온라인 시스템을 통한 실업급여 신청과 직업훈련 접수, 고용안정 상담 서비스 제공 등이 확대되어 이용자의 편의성을 제고하고 있다. 고용센터와 고용노동부는 현장 맞춤형 상담과 지원 서비스를 제공하며, 코로나19 팬데믹과 같은 위기 상황에서 긴급 고용안정 지원 정책도 시행 중이다. 최근 정책 방향은 비정규직, 청년층, 여성 등 취약 노동자에 대한 맞춤형 지원 강화, 디지털 전환에 따른 고용보험 서비스 혁신, 그리고 노동시장 변화에 대응한 보험 적용 범위 및 급여 체계의 합리적 조정을 포함한다. 남한의 고용보험 제도는 노동자의 실업 위험 완화와 재취업 지원을 중심으로 한 포괄적 사회보험 시스템으로 자리매김하고 있으며, 변화하는 노동시장 환경에 유연하게 대응하며 서비스 품질과 접근성을 지속적으로 개선해 나가고 있다.

◆ 산재보험 제도 및 서비스

산재보험 제도는 산업재해로 인한 근로자의 신체적·경제적 피해를 보상하고, 안전한 작업 환경 조성을 통해 산업재해 예방을 목표로 하는 사회보험이다. 1963년에 도입된 이래 지속적으로 적용 대상과 보장 범위를 확대하며 대한민국 노동자의 노동권 보호와 산업 안전 확보에 핵심적 역할을 담당해 왔다. 산재보험은 근로복지공단이 운영 주체로서 사업장 관리, 보험급여 지급, 직업재활, 재해 예방 교육 등을 포괄적으로 수행한다. 특히 재해 발생 시 신속한 의료 지원과 보상, 장애 등 후유증에 대한 장기적인 재활서비스를 제공함으로써 근로자의 삶의 질 회복에 기여한다.

보험료는 사업주가 전액 부담하며, 사업장의 위험도에 따라 보험료율이 차등 적용된다. 이를 통해 위험한 산업 분야에 더 높은 비용 부담을 부과하여 산업재해 예방을 유도하는 구조이다. 또한, 산재보험법과 관련 법령에 따라 산업안전보건법과 긴밀히 연계하여 재해 예방 활동과 작업장 안전 점검을 강화하고 있다. 최근에는 4차 산업혁명과 노동환경 변화에 따른 새로운 위험 요인에 대응하기 위해, 산재보험 보장 범위의 확대, 특수고용노동자 및 플랫폼 노동자에 대한 산재보험 적용 방안 마련 등이 활발히 논의되고 있다. 아울러 빅데이터와 AI 기술을 활용한 사고 예측 및 예방 시스템 구축, 산재 통계의 체계적 관리로 정책 효율성을 제고하는 혁신적 시도도 진행 중이다. 산재보험 서비스는 의료지원뿐 아니라 직업재활 및 사회복귀 프로그램을 통해 근로자의 노동시장 복귀를 돕는 데 초점을 맞추고 있으며, 다양한 상담 및 심리 지원 서비스도 제공한다.

이는 단순한 보상 차원을 넘어 근로자의 전인적 회복과 지속 가능한 노동 참여를 지원하는 통합적 복지 서비스로 확장되고 있다. 남한의 산재보험 제도는 근로자의 산업재해 위험을 경감하고 신속한 보상과 재활을 지원하는 핵심 사회보험으로 자리매김하고 있으며, 변화하는 노동 환경에 맞춘 보장성 강화와 예방 중심의 서비스 혁신을 지속적으로 추진하고 있다.

3. 북한의 사회보험 제도

1) 연금 및 노후 보장 체계

북한의 연금 및 노후 보장 체계는 사회주의 국가 체제의 핵심적인 복지 수단으로, 국가가 주도적으로 운영하는 중앙집권적 시스템이다. 이는 노동자와 주민의 노후 생활 안정을 보장하는 동시에, 사회주의 이념에 기반한 집단주의적 복지관[2]을 반영한다(김정철·리성훈, 2023).

◆ **연금제도의 구조 및 대상**

북한의 연금제도는 크게 노령연금, 장애연금, 유족연금으로 구성되어 있으며, 기본적으로 모든 정규 근로자가 가입 대상이다. 노령연금은 법적 정년인 남성 60세, 여성 55세에 도달한 근로자에게 지급되며, 장애연금은 업무상 재해 혹은 질병으로 인해 노동능력이 저하된 경우, 유족연금은 피보험자의 사망 시 유족에게 지급된다. 연금액은 근무 기간과 직급, 직업군에 따라 차등 지급되며, 공식적으로는 '근로자의 생활필수품 구매에 충분한 수준'을 유지하는 것을 목표로 하고 있다. 그러나 현실적으로는 북한 경제의 제약으로 인해 연금 수준이 낮고, 실질적 구매력은 제한적이라는 평가가 많다.

◆ **국가 주도의 복지 제공 원칙**

북한의 노후 보장 체계는 '주체사상'과 '자립경제' 원칙에 따라 국가가 모든 복지 서비스를 전면 책임지는 구조로 되어 있다. 이는 개인별 저축이나 사적 연금이 없는 대신, 국가가 노동력 재생산과 생활 안정을 위해 전면적 지원을 한다는 의미이다. 따라서 연금뿐만 아니라 주거, 의료, 식량 지원 등 광범위한 사회보장 서비스를 연계하여 제공함으로써 주민들의 노후 복지를 보장하고자 한다. 이러한 체계는 남한과 달리 복지 수혜가 개인 권리보다는 국가 의무와 책임에 무게를 두고 있음을 보여 준다.

◆ **제도의 운영 현황과 한계**

북한은 경제 제재, 자연재해, 자원 부족 등 외부 및 내부 요인으로 인해 연금 지급이 불안정하며, 제도의 효율성과 지속 가능성에도 어려움을 겪고 있다. 특히 1990년대 고난의 행군 이후 사회보장 급여 체계가 크게 흔들렸으며, 현재까지도 정기적인 급여 지급과 관리에 한계가 존재한다. 또한, 비공식 경제와 농촌지역의 노동자들은 제도적 보호망에서 상대적으로 소외되어, 제도의 보편성과 형평성 측면에서 문제점이 제기된다. 이는

---

2) 북한이 말하는 복지관(福祉觀)은 단순한 사회복지 제도에 대한 접근이 아니라, 사회주의 체제의 이념과 결합된 특수한 복지 철학이다. 이 관념은 김일성-김정일 주의와 결합되어 있으며, 북한식 복지는 단순히 국민을 '보호'하는 것이 아니라, 국가가 '은덕'을 베푸는 수직적 관계로 이해된다. 그 실례로『로동신문』2019년 2월 17일자에는 "경애하는 최고령도자 동지의 전민복지 사상은 사회주의 강국 건설의 원동력이다."; 『로동신문』2020년 3월 2일자는 "우리 당의 복지정치는 인민을 위한 끝없는 사랑이며, 인민의 생명과 건강을 지키는 방패이다."라고 보도하였다.

국가 경제 상황과 사회구조 변화에 대응하는 제도 개선의 필요성을 시사한다.

◆ 국제적 협력 필요성

최근 연구는 북한의 노후 보장 체계 강화를 위해 제도적 현대화와 함께 경제 활성화가 선행되어야 함을 강조한다. 또한, 국제사회의 인도적 지원과 협력을 통한 사회보장 인프라 개선이 중요하며, 남북한 간 사회보장 제도 교류와 협력 가능성도 점차 모색되고 있다. 특히, 노후 보장 체계가 북한 주민의 삶의 질 향상에 결정적 역할을 하므로, 경제적 여건과 정책 역량 강화를 통한 실질적 보장성 확대가 과제로 남아 있다.

2) 의료보장 및 건강관리 체계

북한의 의료보장 및 건강관리 체계는 사회주의 계획경제 체제하에서 국가가 전면적으로 운영하는 공공의료 시스템으로, 전 국민을 대상으로 한 보편적 의료 서비스를 목표로 한다. 북한은 '인민 보건'을 국가 정책의 핵심 과제로 삼아, 의료 서비스를 국가가 직접 제공하고 관리하는 체제를 구축하였다.

◆ 의료보장 제도의 구성 및 운영

북한의 의료보장 제도는 전국에 걸쳐 구축된 보건소, 병원, 진료소 등을 통해 의료 서비스를 무료 혹은 저비용으로 제공하는 것을 원칙으로 한다. 의료기관은 중앙부터 지역까지 단계별로 조직화되어 있으며, 질병 예방, 진단, 치료, 재활까지 포괄하는 의료 서비스를 제공한다. 의료자원과 인력은 전적으로 국가가 관리하며, 의료기기, 약품 등의 공급도 국가 계획에 따라 통제된다. 특히 감염병 예방과 기초보건 향상을 위한 보건 사업에 집중하며, 모자보건, 결핵, 말라리아 등 주요 전염병 관리에 많은 노력을 기울이고 있다.

◆ 건강관리 및 예방 중심 체계

북한의 의료 체계는 치료뿐만 아니라 건강관리와 예방에 중점을 둔다. 지역사회 중심의 '예방의학' 시스템을 강화하여 주민 건강 상태를 지속적으로 모니터링하고, 조기 발견과 개입을 통한 질병 예방을 목표로 한다. 이러한 예방의학 중심 전략은 주민 건강 증진과 의료비 절감을 위한 필수 요소로 간주된다. 건강관리 활동은 주민의 생활 전반에 걸쳐 조직적으로 이루어지며, 정기적인 건강검진, 영양 개선 프로그램, 환경 위생 관리 등이 포함된다. 이는 '주체사상'에 근거한 국가적 건강권 보장의 일환으로, 국가가 주민 건강을 책임진다는 의지를 반영한다.

하지만 북한 의료보장 체계는 여러 한계에 직면해 있다. 우선, 경제적 제약과 국제 제재로 인해 의료시설의 노후화, 의약품 부족, 최신 의료기술 및 장비 도입의 어려움이 지속된다. 이로 인해 실제 의료 서비스의 질과 접근성에 차이가 발생하며, 특히 농촌과 산간지역 주민들의 의료 접근성이 상대적으로 낮은 상황이다. 또한, 공식 통계와는 달리 비공식적 의료 서비스와 민간 요법에 대한 의존도 존재하며, 이는 의료보장 체계의 보편성과 일관성에 영향을 미친다. 인력 부족 문제도 심각하여 숙련된 의료인의 지속적 확보와 교육 시스템 강화가 필요하다.

◆ 최근 정책 변화 및 국제 협력

최근 북한은 보건의료 체계 현대화를 위한 일부 정책적 변화를 모색 중이며, 국제기구 및 인도적 지원 단체와의 협력을 확대하여 의료 인프라 개선과 의약품 지원을 받는 사례가 증가하고 있다. 특히 코로나19 팬데믹 이후 보건 위기 대응 역량 강화를 위한 노력이 강화되었다. 향후 북한 의료보장 체계는 국가 주도의 보편적 의료 서비스 유지와 함께, 국제적 표준에 맞는 의료 품질 개선, 지역 간 격차 해소, 의료 인력 역량 강화, 최신 의료기술 도입 등의 과제를 안고 있다.

3) 고용 및 실업 관련 지원 체계

북한의 고용 및 실업 지원 체계는 사회주의 계획경제 체제와 주체사상에 기반하여 국가가 전면적으로 노동시장과 고용 문제를 관리하는 중앙집권적 시스템이다. 노동은 '국가 발전과 사회주의 건설의 핵심'으로 간주되며, 고용 보장은 국가의 기본 의무 중 하나로 설정되어 있다.

◆ 고용 관리 및 노동력 배치

북한은 국가 계획에 따라 산업별·지역별 노동력 수요를 조절하고, 노동력 배치 및 재배치를 통해 '완전 고용'을 실현하는 것을 목표로 한다. 노동력은 학교 졸업 후 국가의 배치 명령에 따라 공장, 농장, 군부대 등 다양한 부문에 배치되며, 노동자는 국가가 제공하는 일자리를 통해 고용 안정성을 보장받는다. 노동자는 법적으로 노동 의무를 지니며, 이를 위반할 경우 행정적 제재를 받는다. 따라서 공식적인 '실업' 개념이 거의 존재하지 않는 독특한 고용 환경을 유지하고 있다. 실업 상태가 발생하는 경우도 있으나, 이는 대부분 일시적인 것으로 간주하며, 국가가 재취업 및 직업 교육을 신속하게 지원한다(김정철 외, 2023).

◆ 실업 및 노동 재활 지원

북한은 실업자에 대한 직접적인 현금 급여나 실업 수당 체계는 공식적으로 갖추지 않았으나, 실업자가 발생할 경우 '노동 재활'과 '재교육'을 통해 노동시장 복귀를 유도한다. 실직 노동자나 전직 희망자는 국가 직업훈련 기관에서 재교육을 받으며, 이를 통해 새로운 직업 기술을 습득해 다른 산업이나 지역에 재배치된다. 특히, 노동능력 저하자, 부상자, 장애인에 대한 노동 재활 및 보호 정책이 병행되며, 이들의 경제적 자립과 사회 참여를 지원하는 사회보험 기능도 수행된다. 다만, 재활과 보호는 사회주의 이념에 따른 '국가 보호' 개념으로, 남한과 같은 실업급여 형태의 지원과는 차별화된다.

◆ 제도의 한계 및 개선 과제

경제적 어려움과 국제 제재, 인프라 부족 등으로 인해 실질적인 고용 안정성 확보에 어려움이 있으며, 특히 농촌지역과 비공식 부문에서의 고용 문제가 제도적으로 충분히 반영되지 못하는 한계가 있다. 또한, 노동력 수요와 공급 간 불균형이 발생할 경우 조정이 어려워 실질적 '실업' 문제가 은폐되는 경향도 있다.

최근에는 고용 안정성 확보와 노동시장 유연성 제고를 위한 일부 제도적 개선 노력과 함께, 직업 훈련 체계 강화, 청년층 취업 지원 확대, 여성 노동력 활용 극대화 등의 과제가 부상하고 있다. 이러한 과제 해결을 위해 경제구조 개선과 노동시장 정책의 현실화가 요구된다.

◆ 국제 협력과 남북 협력 가능성

북한의 고용 및 실업 지원 체계는 국제사회와 비교할 때 독특한 특징을 보이나, 국제기구와의 협력 및 남북한 간 노동 정책 교류 가능성도 점차 모색되고 있다. 특히 노동자 인권 보장, 직업훈련 프로그램 개선, 고용 안정성 증대 등 분야에서 협력 방안이 논의되고 있다.

4. 남북한 사회보험 제도 비교

1) 보장 범위 및 적용 대상

남북한 사회보험 제도는 각각의 정치·경제 체제 및 사회구조에 맞추어 설계되었으며, 보장 범위와 적용 대상에 있어 상당한 차이를 보인다. 이러한 차이는 사회보험이 수행하는 사회적 역할과 제도의 운영 방식에 깊은 영향을 미친다.

◆ 남한 사회보험 제도의 보장 범위 및 적용 대상

남한의 사회보험 제도는 국민의 광범위한 사회적 위험을 포괄하는 보장 체계를 지향한다. 국민연금, 건강보험, 고용보험, 산재보험이 대표적이며, 각각 고령, 질병, 실업, 산업재해 등 다양한 위험에 대응한다.

- ▶ 보장 범위: 국민연금은 노령연금, 장애연금, 유족연금 등 다양한 급여를 제공하며, 건강보험은 의료 서비스 전반을 포괄한다. 고용보험은 실업급여와 직업훈련, 산재보험은 산업재해에 대한 보상을 포함한다. 최근 보장성 강화 정책으로 장기요양보험 등 신규 사회보험 분야도 확대되고 있다.
- ▶ 적용 대상: 국민기초생활수급자를 제외한 거의 전 국민이 대상이며, 특히 건강보험은 전 국민을 대상으로 하는 '전 국민 건강보험 체계'로 운영된다. 고용보험과 산재보험은 근로자를 주요 대상으로 하며, 자영업자 및 특수고용직으로 점차 적용 범위를 넓혀 가고 있다.

◆ 북한 사회보험 제도의 보장 범위 및 적용 대상

북한의 사회보험 제도는 사회주의 국가 체제의 특성과 주체사상 이념에 기반하여 설계되어, 국가가 국민의 기본생활을 국가 주도로 보장하는 체계이다.

- ▶ 보장 범위: 주로 연금, 의료보장, 노동자 재해 보상 등을 중심으로 하며, 기본적 생활 보장과 노동력 재생산에 초점을 둔다. 북한 연금제도는 주로 공무원, 군인, 산업 근로자 등 노동계층을 중심으로 운영되며, 건강보험은 국가가 직접 운영하는 의료 서비스 체계를 기반으로 한다. 고용보험 개념은 명확하지 않으나, 실업 시 국가가 재교육 및 재배치를 통해 노동력을 관리한다.
- ▶ 적용 대상: 국가가 지정한 근로자 및 공공 부문 종사자 등이 주된 대상이며, 농민 등 비도시 근로자에 대한 적용은 상대적으로 제한적이다. 또한, 사회보험 적용이 국가 계획과 집단적 노동 참여에 의존하는 특성을 지닌다.

◆ 비교 분석 및 시사점

남한은 보장 범위가 넓고 적용 대상이 전 국민으로 확대되어 사회보험이 국민 생활 안정과 사회통합에 중요한 역할을 수행한다. 반면 북한은 국가 주도의 노동계층 중심 보장 체계로서 보장 범위가 제한적이고, 적용 대상도 주로 계획경제 하의 노동자 집단에 집중되어 있다.

남한의 경우 비정규직, 자영업자, 고령층 등 다양한 사회적 위험에 대응하기 위한 사회보험 적용 확대가 지속되고 있으며, 보장성 강화 정책이 활발하다. 북한은 체제 특성상 노동계층 중심의 보장 제도 유지가 우선시되고 있으나, 경제적 어려움과 인구구조 변화에 따라 보장 범위 확대 필요성도 점차 제기되고 있다. 남북한 사회보험 제도의 보장 범위 및 적용 대상 차이는 통일 이후 사회보험 통합과 조화에 있어 중요한 고려 요소이다.

남한의 포괄적 보장 체계 경험과 북한의 국가 주도 노동 중심 체계 간 조화를 위한 정책적 연구가 필요하며, 북한의 농촌 및 비공식 부문에 대한 사회보험 확대 방안 마련이 과제로 부상한다.

2) 법적·제도적 기반

남북한 사회보험 제도는 각자의 정치·경제 체제와 이념에 따라 법적·제도적 기반이 크게 다르며, 이는 사회보험 운영의 효율성 및 지속 가능성에 중요한 영향을 미친다.

◆ 남한의 법적·제도적 기반

남한 사회보험 제도는 헌법을 비롯한 관련 법률과 제도 체계에 의해 뒷받침된다. 특히 사회보험은 국민의 권리 보장과 국가의 의무를 명확히 규정한 법적 근거를 바탕으로 운영된다.

- ▶ 헌법상 사회보장 권리: 대한민국 헌법 제34조는 국민의 인간다운 생활을 보장하기 위한 사회보장 및 사회복지의 권리를 규정하고 있으며, 이를 근거로 사회보험 법제도가 체계화되었다.
- ▶ 주요 사회보험 법률: 국민연금법, 건강보험법, 고용보험법, 산업재해보상보험법 등이 각각 독립적으로 제정되어 사회보험의 적용 범위, 급여 기준, 재정 운영 등을 규정한다. 이들 법률은 수차례 개정을 거쳐 시대 변화에 대응하고 있다.
- ▶ 운영 및 감독 기구: 국민연금공단, 건강보험공단, 고용노동부 산하 고용보험 담당 기관 등이 사회보험 운영과 관리를 담당하며, 법적 권한과 책임이 명확하다. 또한 감사원 및 국회 등 공적 감시 기능도 활성화되어 있다.
- ▶ 제도적 보완 및 연계: 사회보험과 기초생활 보장, 민간 보험, 공적연금 등과 연계한 복합적 사회안전망 체계를 법적으로 지원하며, 사회보장기본법 등 포괄적 법률도 제정되어 있다.

◆ 북한의 법적·제도적 기반

북한의 사회보험 제도는 사회주의 헌법과 노동법, 사회보장 관련 법령 및 당의 정책 지침을 기반으로 한다. 북한은 당과 국가의 일원화된 지도 체제 아래 법률과 제도가 주체사상에 따라 운영된다. 헌법 및 기본 법령: 북한 헌법은 국가가 국민의 복지를 책임진다는 원칙을 명시하고 있으며, 사회보장 관련 법률은 주로 '사회보험법', '사회복지법', '노동법' 등에 분산되어 있다. 이 법들은 사회보험의 운영과 적용 범위, 국가 책임을 규정한다.

- ▶ 당 정책과 법률 연계: 사회보험 제도는 노동당의 정책과 지침에 의해 강력히 통제되며, 법률은 당의 의지를 실행하는 수단으로 기능한다. 중앙집권적 기구인 사회보장국과 관련 부처가 법 집행과 운영을 담당한다.
- ▶ 제도적 특성: 법률상 사회보험의 대상과 급여는 주로 국가 근로자 및 공공 부문 종사자로 한정되며, 농민 등 비도시 근로자에 대한 적용은 제한적이다. 법 집행은 당의 통제 아래 이루어져 법률의 실질적 적용과 집행 간 괴리가 발생하는 경우도 있다.
- ▶ 법률의 발전과 한계: 최근 북한은 사회보장 관련 법률의 현대화와 제도적 정비를 추진하고 있으나, 국제 제재와 경제난, 정보 접근 제한 등으로 법 제정과 집행에 어려움이 있다.

<표 2> 남북한 법적·제도적 비교

구분	남한	북한
헌법상 사회보장 규정	- 대한민국 헌법 제34조: 사회보장과 사회복지 권리 명시 - 국가의 의무와 국민 권리 보장 근거 제공	- 북한 헌법(2023년 개정본) 제19조: 국가가 국민의 복지를 책임진다는 조항 명시 - 주체사상에 기반한 국가 책임 강조
주요 사회보험 관련 법률	- 국민연금법(1988년 제정, 지속 개정) - 건강보험법(1977년 도입, 2000년 통합 건강보험) - 고용보험법(1995년 도입) - 산업재해보상보험법(산재보험 법률) - 사회보장기본법(사회보장 체계 전반 규정)	- 사회보험법(초기 1960년대 제정 이후 개정 진행 중) - 노동법(근로자 보호 및 보험 관련 규정 포함) - 사회복지법(사회보장 및 복지정책 전반 담당) - 당 정책 지침 및 중앙위원회 결의가 법률 역할 병행
법률 체계 특성	- 법률에 근거한 제도 운영 및 집행 - 독립된 법률별 구분과 전문기관 운영 - 법률 개정과 정책 반영 주기적 진행 - 법률과 행정, 사법 간 견제와 균형 체계	- 법률과 당 정책이 긴밀히 연계된 일원화 체계 - 법률은 당의 지침 및 계획 실행 수단- 법률 집행의 중앙 집중적 통제 및 명령 체계 - 법률 개정은 당 정책 변화에 따라 이루어짐
적용 대상 및 범위 규정	- 각 법률별 명확한 적용 대상 명시 - 국민 전체 또는 근로자, 자영업자 등 세분화 적용 - 근로자와 비근로자 구분, 자영업자 적용 확대 중	- 법률상 주로 공공 부문 근로자, 산업 노동자 대상 - 농민과 비공식 부문은 제한적 적용 - 사회주의 노동 체계 중심 적용 범위
급여 및 보장 규정	- 법률에서 급여 종류, 산정 방식, 지급 절차 상세 명시 - 재정 안정성, 급여 수준 조정 근거 포함 - 급여 부정수급 방지 규정 존재	- 급여 내용은 법률과 당 정책에 의한 일괄 결정 - 국가 예산과 계획에 따른 급여 지급 - 법률적 규정보다는 정치적 결정에 무게
운영 및 감독 기구 관련 법률	- 국민연금공단, 건강보험공단, 근로복지공단 등 법적 설립 - 감독과 감사에 관한 법적 근거 보유 - 공적 감시와 투명성 확보 규정 포함	- 사회보장국, 노동성 등 중앙정부 기구가 법률상 운영 담당 - 당 중앙위원회 지도하에 운영 - 법적 독립성보다 중앙 명령 체계 중시
법률 개정 및 보완 절차	- 입법부와 행정부 협력, 공개 토론과 의견 수렴 절차 존재 - 사회적 합의 기반 개정 노력 - 국제 기준 및 경험 반영 개정 증가	- 당의 정책 방향과 경제 상황에 따라 비공개적, 중앙집중적 결정 - 국제 기준 적용 제한적 - 개정 절차와 공개성 제한
법적 문제점 및 개선 과제	- 급격한 인구 고령화에 따른 재정 지속 가능성 문제 - 비정규직 및 새로운 노동 형태 반영 필요 - 제도 간 연계성 강화 과제	- 법률 집행과 정책 간 괴리 존재 - 경제난으로 재정 운영 한계 - 법률 현대화 및 국제사회 연계 미흡 - 정보 부족으로 법률 실효성 약화

참고: 보건복지부(2023), 조선노동당 중앙위원회(2023) 자료를 종합하여 작성함.

남한은 법률에 근거한 명확한 사회보험 체계와 운영기관, 공적 감시 및 투명성 확보를 통해 제도의 신뢰성과 안정성을 확보하고 있다. 반면 북한은 당과 국가가 일원화된 통제 체계 아래 법률과 정책이 결합되어 있으나, 법률의 자율성과 투명성, 집행의 일관성에 한계가 존재한다. 남한은 법적 제도의 지속적 개정과 보완으로 사회보험의 보장성과 효율성을 강화하는 반면, 북한은 법률 체계 정비와 실질적 집행력 강화가 향후 과제로 부각된다. 남북한 법적·제도적 차이는 통일 후 사회보험 제도 통합과 조율 과정에서 중요한 난제가 될 전망이다. 남북한 사회보험 법제도 차이를 고려할 때, 통일 준비 과정에서 상호 법률 체계 이해 및 조화 방안 마련이 필요하다. 남한의 법률 기반 사회보험 운영 경험은 북한의 제도 정비와 현대화에 실질적 도움을 줄 수 있으며, 북한 법률의 현실적 집행력 강화를 위한 국제적 지원도 검토해야 한다.

3) 서비스 제공 및 수급 절차

남북한 사회보험 제도의 서비스 제공 및 수급 절차는 각국의 정치·행정 체계, 법적 기반, 행정 능력, 정보기술 도입 수준 등에 따라 차이가 크다. 이 차이는 서비스의 접근성, 효율성, 수급자의 권리 보장 측면에서 중요한 함의를 가진다.

◆ **남한의 서비스 제공 및 수급 절차**

남한은 국민의 편의성과 효율성을 높이기 위해 법적 근거와 행정 시스템에 기반한 체계적 절차를 운영한다.

- ▶ 서비스 신청과 접수: 국민연금, 건강보험, 고용보험 등 사회보험 서비스는 온라인과 오프라인 모두에서 신청이 가능하며, 행정기관 및 공단의 창구와 인터넷 포털을 통해 접근성을 강화하고 있다(보건복지부, 2023).
- ▶ 자료 검증과 심사 과정: 제출된 신청 서류와 증빙 자료는 자동화된 정보 시스템과 행정 인력을 통해 검증된다. 국민연금공단, 건강보험공단, 고용노동부 산하 기관은 연계된 데이터베이스를 활용하여 중복 및 부정 수급을 방지한다(국민연금공단, 2024).
- ▶ 급여 결정 및 지급: 법률에 따른 급여 산정 기준에 의해 산출된 금액이 확정되면, 신청자의 계좌로 신속하게 지급된다. 지급 일정과 방법은 전자지급 시스템을 통해 투명하게 관리된다(건강보험공단, 2023).
- ▶ 이의신청 및 분쟁 해결: 수급자는 급여 산정이나 지급에 이의가 있을 경우 행정심판, 행정소송 등의 절차를 이용할 수 있으며, 관련 기관은 전문 상담 서비스와 민원 처리 시스템을 운영한다(고용노동부, 2024).
- ▶ 정보 공개와 고객 서비스: 각 기관은 수급자에게 서비스 진행 상황, 관련 법령, 수급 조건 등을 상세히 안내하고, 모바일 앱 및 상담 콜센터를 통해 지속적인 소통을 유지한다.

◆ **북한의 서비스 제공 및 수급 절차**

북한 사회보험 서비스는 중앙집권적 행정 체계와 당의 정책 집행 방식에 기반하며, 법률 및 정책 지침에 따라 운영된다.

- ▶ 서비스 신청 및 접수 체계: 사회보험 수급 절차는 주로 공장, 농장, 정부 기관 등에서 일괄적으로 처리되며, 주민들은 직접 행정기관에 신청하는 대신 해당 단위에서 수급 대상자를 추천하거나 자동 등록되는 방식이 주를 이룬다.
- ▶ 자료 관리 및 심사: 중앙집권적 관리 체계에서 관련 자료는 각 행정 단위별로 취합되어 사회보장국 등 중앙기관에 보고된다. 그러나 정보기술 인프라의 제한으로 인해 데이터의 실시간 검증이나 중복 방지 체계는 미흡한 편이다(김태희, 2024).
- ▶ 급여 지급 방식: 급여는 현물 지급(예: 의료 서비스, 생필품 배급)과 현금 지급을 혼용하며, 국가 예산과

계획에 따라 일괄 지급된다. 지급 시기는 중앙정부 지침에 따라 결정되며, 수급자 개인별 맞춤 지급 체계는 아직 미흡하다.
- ▶ 이의 제기 및 분쟁 해결: 법적 이의신청 절차는 공식적으로 존재하지만, 현실적으로는 당 및 행정기관의 지침에 따른 명령 체계에 의해 처리되며, 독립적 분쟁 해결 시스템은 부족하다. 주민의 권리 보장과 관련된 제도적 장치가 미비하다.
- ▶ 정보 제공 및 주민 소통: 서비스 관련 정보는 주로 당 선전과 선동 활동을 통해 주민에게 전달되며, 개별 수급자에게 세부 정보가 투명하게 제공되지는 않는다.

◆ 비교 분석 및 시사점

남한은 정보통신기술(ICT)을 활용한 행정 혁신과 법률에 따른 절차적 권리 보장으로 수급자의 접근성과 편의성을 높이고 있다. 신청부터 지급, 분쟁 처리까지 표준화된 시스템이 운영되며, 고객 서비스와 투명성도 상대적으로 우수하다. 반면 북한은 중앙집권적 명령 체계와 제한된 정보 인프라로 인해 서비스 절차가 경직되고 비효율적인 측면이 있다. 주민의 직접 신청권이 제한적이고, 급여 지급 역시 현물과 현금 혼용으로 이루어져 수급자 맞춤형 서비스 제공에는 한계가 존재한다.

4) 남북한 사회보험 수급 절차 및 수급자 경험 사례

◆ 남한 사회보험 수급 절차 및 수급자 경험

- 국민연금 수급 사례
- ▶ 절차: 김 씨(65세)는 국민연금 수급 신청을 온라인 국민연금공단 홈페이지를 통해 진행했다. 신청서 제출 후 자동으로 보험료 납부 기록과 개인 정보가 검증되었으며, 약 2주 후 연금 지급이 시작되었다.
- ▶ 수급자 경험: 김 씨는 "온라인 신청이 매우 편리했고, 신청 진행 상태를 모바일 앱으로 확인할 수 있어 안심되었다. 이전에 직접 방문하던 시절에 비해 시간과 비용을 절약할 수 있었다"고 평가했다.
- ▶ 민원 사례: 이 모 씨는 산정된 연금액이 예상보다 적어 이의신청을 하였고, 국민연금공단 고객센터와 행정심판 절차를 통해 정정 받았다. 이 과정에서 전문 상담원의 도움과 명확한 절차 안내가 큰 도움이 되었다고 보고되었다(고용노동부, 2024).

- 건강보험 수급 사례
- ▶ 절차: 박 모 씨는 최근 병원 진료 후 건강보험 급여(본인부담금 지원)를 신청했다. 의료기관과 건강보험공단 간 전자정보 연계를 통해 별도의 신청 절차 없이 자동 처리되었다(건강보험공단, 2023).
- ▶ 수급자 경험: 박 씨는 "보험 적용 범위와 급여 내역이 진료 당일 바로 안내되어 투명성이 높았다. 의료기관 방문 횟수가 많아도 번거로움이 적어 만족한다"고 전했다.

▶ 문제점 사례: 다만 일부 농어촌 지역에서는 인터넷 접근성 및 정보 안내 부족으로 신청 절차에 어려움을 겪는 사례가 보고되고 있어, 정보격차 해소가 필요하다(국민연금공단, 2024).

- 고용보험 수급 사례
▶ 절차: 취업 준비 중인 최 모 씨는 실업급여 수급을 위해 고용센터를 방문해 상담 후 온라인으로 실업 신고를 진행하였다. 이후 구직활동 보고와 상담을 규칙적으로 수행하며 급여를 수령 중이다(고용노동부, 2024).
▶ 수급자 경험: 최 씨는 "구직 활동과 급여 지급 과정이 잘 연동되어 있고, 고용센터 직원들의 맞춤형 상담이 큰 힘이 되었다"고 말했다.
▶ 문제점 사례: 다만 일부 수급자는 구직 활동 요건이 과도하다고 느끼기도 한다.

◆ 북한 사회보험 수급 절차 및 주민 경험
- 연금 및 노후 보장 수급 사례
▶ 절차: 평안북도에 거주하는 박 모 씨(67세)는 자신이 속한 공장 관리부서의 추천을 받아 국가 사회보험국에 노후연금을 자동 등록받았다. 신청 절차는 주민의 개별 신청보다는 단위별 일괄처리 중심이다.
▶ 수급자 경험: 박 씨는 "연금은 매월 일정하게 지급되지만, 급여액이 생활비를 충당하기에는 부족하며, 추가 생필품 배급에 의존하는 경우가 많다"고 말했다. 일부 주민들은 지급 지연과 정보 부족을 호소한다.

- 의료보장 및 건강관리 서비스 수급 사례
▶ 황해남도에 거주하는 김 모 씨는 인민병원에서 무료 치료를 받았다. 의료 서비스는 국가가 지정한 병원에서 무상 제공되며, 별도의 보험 청구 절차 없이 의료기관에서 직접 지원된다.
▶ 김 씨는 "진료비 걱정 없이 치료받는 점은 좋으나, 의료시설 부족과 약품 품질 문제로 완전한 의료보장은 어렵다"고 언급했다. 일부 수급자는 도시지역과 농촌지역 간 의료 서비스 격차를 경험하며, 의료정보 접근성도 제한적이다.

- 고용 및 실업 지원 사례
▶ 절차: 자강도에서 일하던 이 모 씨는 공장 폐쇄 후 노동부서의 안내에 따라 재취업 교육을 받았으며, 노동당 지침에 의해 실업 수당 대신 생계 지원이 일부 제공되었다.
▶ 수급자 경험: 이 씨는 "실업 상태에 대한 공식 지원은 있으나, 수급 절차나 권리에 대한 정보가 불충분하고 자율적 신청권이 제한적"이라고 밝혔다. 대부분 지원은 단위별 일괄 처리 중심으로 진행된다.

남한은 수급자 개별의 신청권과 권리 보장을 강조하며, 디지털 시스템과 전문 상담 서비스를 통해 편리하고 투명한 절차를 구축하고 있다. 이에 따라 수급자 만족도가 높으나, 지역별 정보 접근 격차 해소가 과제이다.

북한은 중앙집권적 행정 체계와 단위별 일괄처리 방식을 기반으로 수급 절차가 운영되며, 주민들의 직접 신청과 정보 접근권은 제한적이다. 현물 지급과 병행되는 급여 체계, 정보 부족, 지급 지연 등으로 주민 만족도는 상대적으로 낮다. 통일 이후 남북한 사회보험 제도의 수급 절차 통합을 위해서는 북한의 중앙집권적 행정 체계를 존중하면서도 주민의 신청권 강화, 정보 투명성 제고, 디지털 행정 인프라 확충 등이 필요하다.

제2절 운영 방식과 재정 구조의 차이

1. 사회보험 운영 방식

사회보험제도의 실효성은 단순히 법률적 설계에만 달려 있는 것이 아니라, 어떻게 운영되고 관리되는가에 따라 그 성과와 수급자 만족도가 좌우된다. 남북한은 각기 다른 정치·경제 체제에 기반하여 사회보험제도의 운영 방식에도 뚜렷한 차이를 보인다. 특히 관리 주체 및 조직 구조, 가입 및 납부 방식, 급여 산정 및 지급 절차 등의 항목에서 제도 간 이질성이 두드러진다.

1) 관리 주체 및 조직 구조

남한의 사회보험제도는 복수의 법률과 운영기관을 중심으로 구축되어 있으며, 각 제도는 전문 공공기관에 의해 분산적으로 관리되고 있다. 국민연금은 보건복지부 소관으로 국민연금공단이 실무를 담당하며, 건강보험과 장기요양보험은 국민건강보험공단이 전담하고, 고용보험과 산재보험은 고용노동부 소관으로, 산재보험은 근로복지공단이 위탁 운영한다. 이처럼 다기관 체계는 전문성과 책임성의 장점을 가지나, 정보 단절과 행정 중복, 통합 서비스 제공의 어려움을 야기하는 단점도 존재한다. 반면 북한의 사회보험은 조선노동당과 내각의 중앙집권적 통제 아래 운영되며, 노동성 산하의 사회보험기구(사회보장기관)가 일괄적으로 제도를 관리한다. 주요 운영 조직은 직장별 인사부 또는 노동행정부서가 담당하며, 각 지역 노동행정기관은 상명하복 구조를 통해 중앙 지시를 집행하는 방식이다(조봉현, 2021). 이는 체계적으로는 통합되어 있으나, 지방의 자율성 부족, 수혜자의 권리 주체성 결여, 정권의 목적에 따른 편향적 운영 등 민주적 통제 부재의 문제를 안고 있다.

2) 가입 및 납부 방식

남한의 사회보험 가입은 원칙적으로 강제가입 방식을 따르며, 사업장 가입자와 지역가입자 구분을 바탕으로 보험료 부과 기준이 상이하다. 국민연금, 건강보험, 고용보험 등은 소득 기반 보험료 납부 구조를 가지며, 직장 가입자의 경우 사용자와 근로자가 일정 비율로 보험료를 분담한다. 산재보험은 사업주 전액 부담이다. 최근에는 특수형태근로종사자, 예술인, 플랫폼 종사자 등 비전형 고용 대상자의 단계적 의무 가입 확대가 이뤄지고 있으나, 가입률 저조와 보험료 부과 방식에 대한 형평성 문제가 지속적으로 제기되고 있다(김태완 외, 2022).

북한의 경우 모든 국민이 노동 단위에 소속되어 있다는 전제하에 직장 중심의 자동 가입제를 운영한다. 가입자는 근로자 중심이며, 농민이나 도시 비정규 노동자에 대한 적용은 제한적이다. 보험료는 국가가 전액 부담하거나, 국가기업이 납부하는 방식으로 운영되며, 개인의 보험료 납부 의무는 존재하지 않는다. 이는 이론적으로는 '무상의 보편복지'를 표방하지만, 실제로는 재정 기반의 취약성, 급여 축소, 제도의 형식화라는 구조적 문제를 수반한다.

3) 급여 산정 및 지급 절차

남한의 사회보험 급여는 각 제도별 법적 기준에 따라 산정되며, 기여형 원칙에 입각해 보험료 납부 기간, 평균소득, 급여 조건 등이 반영된다. 예를 들어 국민연금은 가입 기간과 평균소득에 따라 노령연금이 산정되며, 고용보험은 이직 사유, 이직 전 임금, 보험료 납부 기간에 따라 실업급여가 결정된다. 급여는 신청주의 원칙에 따라 수급자가 온라인 또는 방문 신청을 통해 청구하며, 관련 서류 심사 후 지급된다. '북한은 명목상 모든 노동자에게 질병, 산재, 출산, 노령 등의 사유에 따른 급여가 제공되며, 산정은 표준화된 국가 급여 기준표에 따라 결정된다. 다만, 실제 지급 수준은 지역별·기관별로 상이하며, 국가 재정 사정에 따라 급여가 지연되거나 물품으로 대체되는 경우도 발생한다. 또한 급여 청구 절차는 중앙 명령 체계에 의존하고 있으며, 수급자의 자율적인 권리 청구보다는 소속 기관의 승인 절차가 우선시되는 구조다.

2. 남한 사회보험 재정 구조

남한의 사회보험 제도는 다양한 사회적 위험에 대한 집단적 대응 체계를 기반으로 설계되어 있으며, 각 제도는 운영 방식과 재정 구조 면에서 상이한 특징을 가진다. 국민연금, 건강보험, 고용보험, 산재보험 등은 기본적으로 보험료 기반의 분담 원칙에 기초하되, 최근에는 재정 지속 가능성 확보를 위한 국가 개입과 제도 통합 논의가 활발히 진행되고 있다.

1) 재정 확보 방식: 보험료 중심 구조와 보조적 공공 재정

남한 사회보험 제도의 핵심 재정 기반은 보험료 수입에 의존하는 구조다. 국민연금과 고용보험은 가입자와 사용자가 일정 비율을 공동 부담하는 방식이며, 건강보험은 지역가입자와 직장가입자의 구조가 다르지만, 소득 기반 정률 보험료 체계라는 점에서 유사성을 갖는다. 특히, 산재보험은 사용자가 전액 부담하는 형태로, 고용과 사업주의 책임성 강조 측면에서 차별성을 보인다. 정부는 특정 계층이나 영역에 한해 재정적 보완 장치로서 국고를 투입하고 있으며, 이 역할은 최근 더욱 강조되고 있다. 예컨대, 기초생활수급자 등 취약계층의 보험료 전액 지원이나, 고용보험의 실업급여 국고보전 비율 확대는 대표적인 사례다(보건복지부, 2023; 고용노동부, 2024). 그러나 여전히 국고지원이 체계화되지 못한 분야가 존재하며, 법적 의무에도 불구하고 국민연금에 대한 국고지원 비율이 일정하지 않다는 비판도 제기된다.

2) 기금 운용 구조와 제도별 차이

남한 사회보험의 재정 운용 방식은 제도별로 뚜렷하게 구분된다. 국민연금은 적립금 방식(Funded scheme)을 채택하여 거대한 기금을 장기적으로 운용하는 반면, 건강보험과 고용보험은 비적립 방식(Pay-as-you-go)[3]으로 매년 수입과 지출의 균형을 맞추는 구조다. 국민연금기금은 2024년 기준 약 1,100조 원 규모로 세계 최대 공적 기금 중 하나이며, 이를 전담하는 기금운용본부는 국내외 자산에 적극적으로 투자해 연평균 5% 내외의 수익률을 기록하고 있다.

이에 비해 건강보험은 매우 짧은 유동성 관리 주기를 갖고 있어, 수지 불균형이 발생할 경우 즉각적인 보험료율 조정이나 국고 투입이 필요하다. 이러한 구조는 단기적 위기에 취약하다는 점에서, 향후 일정 부분 적립적 운영 방식 도입 필요성이 제기되고 있다(건강보험공단, 2024).

고용보험의 경우, 실업급여 계정과 고용안정사업 계정으로 이원화된 구조를 가지고 있으며, 실업률 상승기에는 실업급여 지출 급증으로 인해 재정 고갈 위험이 높아진다. 특히 코로나19 이후 비정형 고용 확산과 수급자 확대로 인해 기금 적립 수준이 심각하게 저하되었다.

3) 재정 위기 대응과 제도 개선 방향

사회보험 재정의 지속 가능성은 저출산·고령화와 경기 변동성 확대라는 구조적 요인에 의해 위협받고 있다. 국민연금은 고령화로 인해 수급자 대비 납부자의 비율이 급감하고 있으며, 기금고갈 시점이 2055년으로 예측되면서 제도 개편 논의가 가속화되고 있다(국민연금재정추계위원회, 2023). 이에 따라 보험료율 인상, 수급 연령 조정, 소득대체율 조절, 기초연금 연계 등이 종합적으로 검토되고 있다. 건강보험의 경우, 의료비 지출 급증과 고령환자 중심의 구조적 편중 문제가 두드러진다. 이를 해결하기 위한 방안으로는 의료전달 체계의 기능 강화, 본인부담률 차등화, 민간보험과의 연계관리 등이 논의되고 있다. 한편 고용보험은 디지털 경제 및 플랫폼 노동 확산에 따라 신규 노동시장에 대한 포괄력 확대가 과제로 부각되고 있다. 특히 특수고용형태 종사자나 프리랜서 등의 보험 사각지대 해소를 위한 제도 설계가 시급한 상황이다. 정부는 최근 '사회보험 구조 개편 로드맵(2023)'을 통해 각 제도의 운영 구조를 점진적으로 조정할 계획을 밝히며, 보험료 부과 체계합리화, 수급 기준 정비, 통합 정보 시스템 구축 등을 중점 과제로 제시하였다. 특히 재정 정보의 투명성과 공공

---

3) 현 세대의 근로자(가입자)가 납부한 보험료(기여금)로, 같은 시기의 수급자(예: 은퇴자)에게 급여(연금 등)를 지급하는 방식의 제도이다.

성 확보를 위한 지속적인 모니터링 체계 확립이 강조되고 있다.

3. 북한 사회보험 재정 운영

북한의 사회보험 제도는 형식적으로는 전 국민을 포괄하는 국가 주도의 보장 체계를 지향하고 있으나, 실제로는 계획경제 체제와 정치 이념 중심의 정책 운영이라는 구조적 한계 속에서 재정 운영의 독립성과 실효성이 제한되어 있다. 본 항에서는 북한 사회보험의 재정 조달 방식, 재정 운용의 특성 및 제도적 제약, 그리고 장기적인 지속 가능성 문제에 대해 살펴본다.

1) 계획경제 재정 조달 방식: 국가 전액 부담 원칙

북한의 사회보험 재정은 기본적으로 국가 예산에 의한 전액 부담 원칙에 기초한다. 노동자는 별도의 보험료를 납부하지 않으며, 사회보험 기금이 아닌 국가 재정 일반회계에서 모든 복지 지출이 충당된다. 이러한 구조는 북한 헌법 및 노동법에서 규정된 국가의 무상복지 제공 원칙과 일치하며, '인민대중제일주의'라는 이념적 배경 속에서 사회보험제도 역시 국가의 배급·보호 체계의 연장선상으로 운영된다. 사회보험 급여 항목은 주로 노동 손실보상금, 출산휴가 급여, 산업재해 보상 등으로 구성되며, 이는 모두 생산단위 또는 행정단위에서 상부 기관의 명령에 따라 예산으로 집행된다. 특히 생산 현장에서 발생하는 노동 손실이나 질병 등은 국가와 소속 단위가 공동 책임을 지며, 보건 부문이나 여성보호 부문과의 연계를 통해 복지 전달 체계가 구축되어 있다. 그러나 이러한 방식은 계획경제 하의 국가 재정 통합주의에 따른 재정 투명성 부족과, 시장 요소 도입 이후 현실적 이행력 부족이라는 이중적 한계를 드러낸다. 비공식 경제가 확대되면서 국가의 재정 통제력이 약화되고 있으며, 형식적 복지제도와 실제 생활 보장의 간극이 커지고 있다.

2) 재정 운용 특징 및 한계: 형식적 예산배분과 실행력 부족

북한의 사회보험 재정 운용은 자율적인 기금 운용이 아닌 국가 예산의 연간 계획 배분 방식에 따르며, 각 부문별로 책정된 예산은 중앙정부(내각 또는 당 중앙)의 지시에 따라 하달된다. 이와 같은 하향식(Top-down) 운용 방식은 제도 운영의 일관성과 신속성을 보장할 수 있으나, 현실에서는 현장 단위의 재정 자율성 결여와 실행력 부족으로 인해 사회보험 급여의 적정성과 실효성이 제한된다. 예를 들어, 출산휴가 급여나 산업재해 보상은 법령상 보장되지만, 일부 지역 단위에서는 예산 부족 또는 전달 체계의 미비로 인해 실제로 지급되지 않거나 축소되는 사례가 빈번하다. 또한 사회보험 관련 통계의 공식 발표가 극히 제한적이므로, 재정 수지나 운영 실적에 대한 외부 검증이 불가능하며, 이는 정책 설계 및 개선 과정의 투명성을 저해하는 요인으로 작용한다. 최근에는 일부 경제특구나 시범공단에서 시장적 요소가 확대됨에 따라, 제한적으로 기업 단위에서 복지 관련 비용을 자체 부담하는 형태도 등장하고 있으나, 이는 국가 사회보험 체계와는 분리된 '준공적 영역'으로 파악된다. 이러한 비공식화된 경향은 제도 내외의 불균형을 심화시키고 있으며, 사회보험의 제도적 일관성을 약화시키는 요소로 작용하고 있다.

3) 재정 지속 가능성 문제: 체제 구조와 시장화의 긴장

북한의 사회보험 제도가 직면한 가장 본질적인 문제는 재정의 지속 가능성에 대한 제도적 설계 부재이다. 사회보험이 일반 재정과 통합되어 운용되다 보니, 경제 위기나 외부 제재에 따른 국가 재정 축소가 곧 복지 약화로 직결되는 구조다. 특히 1990년대 고난의 행군 이후, 사회보험 제도의 실행력은 급격히 저하되었고, 주민 생활 안정 기능은 비공식 시장과 가족·지역 공동체에 크게 의존하게 되었다.

이후 시장화 확대와 외화 유입, 국경무역 활성화 등으로 인해 복지제도 회복의 가능성이 제기되었으나, 최근의 팬데믹 봉쇄 조치와 제재 심화로 인해 오히려 국가 재정의 자립성이 더욱 취약해진 상황이다. 국가의 조세 기반이 협소하고 경제활동의 다수가 비공식 영역에서 이루어지고 있어, 사회보험의 재정 기반이 제도적으로 확장되지 못하고 있는 실정이다. 향후 북한이 경제 회생 및 사회복지 확대를 동시에 추구하기 위해서는, 사회보험 재정의 독립성과 투명성을 제고하고, 중장기적으로는 시장경제 요소와 연계된 복합 재정 모델로의 이행이 필요하다는 지적이 제기되고 있다. 특히, 남북 협력 또는 국제지원의 형태로 복지제도 강화가 논의될 경우, 사회보험의 재정 구조 개편이 선결 과제로 부상할 가능성이 높다.

4. 남북한 운영 방식 및 재정 구조 비교

남한과 북한의 사회보험 제도는 각각 자본주의 시장경제와 사회주의 계획경제를 기반으로 설계되어 있으며, 재정 운용 방식과 제도 운영의 철학적·행정적 구조에 있어 근본적인 차이를 지닌다. 특히 사회보험의 운영 효율성, 재정 안정성, 부담 구조, 그리고 제도 개선의 방향성에 있어 양 체제는 상이한 접근을 보이고 있으며, 이를 통해 통일 이후 사회보장 통합을 위한 기초자료로 활용할 수 있다.

1) 효율성 및 투명성: 시장 중심과 국가 배급 중심

남한의 사회보험 제도는 시장 기반의 구조 속에서 운영되며, 일정 수준의 재정 자율성과 행정 투명성 확보를 지향한다. 각 보험제도는 독립된 운영기관을 통해 집행되며, 기금 운용 실적과 수지 구조는 정기적으로 공시된다. 국민연금공단, 건강보험공단 등은 연례보고서와 공공 데이터를 통해 수입·지출 내역, 투자 성과, 향후 재정 추계를 공개함으로써 사회적 신뢰를 유지하고 있다(보건복지부, 2024; 국민연금공단, 2023). 반면, 북한의 사회보험은 국가 일괄 배정 방식의 예산 운영 체계를 따르며, 운영 주체가 중앙집권적으로 고정되어 있다. 보험료 개념이 존재하지 않으며, 모든 복지 재정은 일반 회계에 통합되어 집행된다. 이러한 구조는 통합성은 확보하지만 행정 유연성, 제도 투명성, 수급자 중심의 관리 체계가 결여되어 있다는 평가를 받는다. 또한 통계 공개가 제한적이기 때문에 외부 분석과 재정 평가가 거의 불가능하다. 남한은 다층적 관리 체계를 통해 책임성 있는 보험 행정 구현을 시도하고 있는 반면, 북한은 이념적 정당성 유지를 우선하며 실질적 운영의 효율성은 낮은 것으로 평가된다.

2) 재정 안정성 및 부담 분담: 분담 원칙과 지속 가능성의 대비

재정 안정성 측면에서 남북한 사회보험은 구조적으로 큰 차이를 보인다. 남한은 보험료 기반의 자본축적 모델을 통해 재정을 확보하며, 국민과 사용자가 공동으로 비용을 분담하는 원칙에 따라 지속 가능성을 모색한다. 예를 들어, 국민연금은 기금 적립을 통해 장기적 재정 준비를 하고 있으며, 건강보험은 보험료율 조정을 통해 수지 균형을 맞추려는 제도적 노력을 지속하고 있다(국민연금재정추계위원회, 2023). 반면 북한은 노동자가 보험료를 납부하지 않으며, 국가가 전액 재정 책임을 지는 구조이다. 이러한 방식은 단기적으로 수급자 부담을 없애는 장점이 있으나, 국가 재정이 위축될 경우 사회보험 기능 자체가 재정 긴축의 직접적 대상이 된다는 점에서 불안정하다. 특히 1990년대 이후 경제난 속에서 사회보험 급여가 축소되거나 지급되지 않는 사례가 많았으며, 현재까지도 실질적 사회보장 기능은 약화된 상태다. 또한 남한은 법적 기준에 따라 국고가 일부 보험에 지원되는 반면, 북한은 제도상 국고 전액 부담이 원칙이나 실제로는 지역 간, 계층 간 보장 격차가 심화되고 있는 것이 현실이다.

3) 제도 개선 방향: 체제 내 정비와 향후 통합 가능성 모색

남한은 저출산·고령화에 따른 사회보험 재정 악화를 방지하기 위해 보험료율 조정, 수급 연령 조정, 국고지원 확대 등을 포함한 제도 개편 논의를 진행 중이다. 특히 국민연금은 5차 재정추계를 통해 기금 고갈 시점을 경고하고 있으며, 이를 대응하기 위한 국회 차원의 논의가 활발히 이뤄지고 있다(국민연금공단, 2024). 고용보험 역시 플랫폼 노동자 등 비정형 근로자의 포괄 확대가 제도 개선의 핵심 과제로 떠오르고 있다(한국노동연구원, 2023). 북한은 아직 체계적인 사회보험 개혁 논의를 제도적으로 수립하지 못하고 있으며, 국가 주도의 예산 배정 체계에서 벗어나지 못하고 있다. 다만 일부 시장화된 지역이나 경제특구 등에서는 기업 주도형 복지 운영이 시도되고 있어, 향후 국가 단위로 제도적 유연성이 확대될 가능성은 존재한다. 북한 내에서 사회보험의 실효성을 높이기 위해서는 우선적으로 재정의 분리와 사회보장 지출의 명확한 범주화, 중앙-지역 간 행정 조정 체계 구축 등이 요구된다. 궁극적으로 남북한 간 제도 통합이 논의될 경우, 남한의 제도적 인프라와 북한의 사회적 기초 구조를 조화롭게 연결하기 위한 단계적 통합 전략이 필요하다. 특히 재정 부담 구조, 보험료율 설정 기준, 수급 자격 인정 범위 등에서 상호 제도 이질성을 고려한 점진적 접근이 바람직하다. 남한과 북한의 사회보험 제도는 서로 다른 정치·경제 체제를 반영하여 운영 방식과 재정 구조에서 근본적인 차이를 보인다. 남한은 보험료 기반의 시장 중심 제도로, 가입자와 사업주의 공동 부담을 통해 기금을 조성하며, 일정한 국고 지원을 통해 형평성을 보완한다. 국민연금, 건강보험 등은 기금형 또는 비기금형으로 나뉘며, 재정 건전성을 확보하기 위한 중장기 개편 논의가 활발하다. 최근에는 고령화 및 저성장에 따른 재정 고갈 위험이 대두되고 있어 보험료율 조정, 수급 연령 상향 등이 논의되고 있다. 반면 북한은 계획경제에 기반한 국가 전액 부담 구조를 바탕으로 사회보험을 운영하며, 보험료 납부 없이 국가 재정에서 사회보장 지출을 직접 충당하는 구조를 지닌다. 그러나 재정의 분리성과 투명성이 낮고, 실제 복지 급여의 전달력이 제한적이며, 시장화 확대 이후 사회보험의 제도적 실효성은 약화되고 있다. 남북한 사회보험 재정 구조 비교를 통해 효율성·투명성, 재정 안정성, 부담 분담 구조에서 본질적 차이를 확인할 수 있으며, 향후 통합을 대비하기 위한 제도적 조율 및 단계별 개선 방향이 요구된다.

학습 문제

1. 남한과 북한의 국민연금제도의 주요 차이점은 무엇인가?
2. 건강보험 제도의 운영 방식에서 두 체계가 갖는 특징을 비교하시오.
3. 사회보험 재정 구조의 주요 구성 요소와 그 기능은 무엇인가?
4. 북한 사회보험 재정 운영에서 나타나는 한계점은 무엇인가?
5. 남북한 사회보험 제도의 차이가 통합 과정에 미치는 영향은 무엇인가?

제5장

사회복지 서비스의 비교

> **📖 학습 목표**
> 1. 남북한의 기초생활 보장, 장애인 복지, 아동 및 노인복지 서비스의 특징과 차이를 이해한다.
> 2. 사회복지 서비스 제공 방식과 접근성의 차이를 비교·분석한다.
> 3. 서비스 전달 체계 개선을 위한 정책적 시사점을 도출한다.

제1절 기초생활 보장, 장애인 복지, 아동 및 노인복지 서비스 비교

1. 기초생활 보장 서비스 비교

1) 남한의 기초생활 보장제도 구조 및 운영

남한의 기초생활 보장제도는 국민기초생활 보장법에 근거하여 사회 최저생활을 보장하고 빈곤층의 자립을 지원하는 대표적인 사회복지제도이다(보건복지부, 2023). 이 제도는 소득인정액 기준에 따라 급여 대상자를 선정하며, 현금급여와 현물급여를 포함한 포괄적 지원을 제공한다.

◆ 제도 구조

▶ 대상자 선정: 소득인정액이 기준 중위소득의 일정 비율(예: 50%) 이하인 가구를 대상으로 하며, 재산, 소득, 부양의무자 기준 등이 복합적으로 적용된다. 2023년 현재 부양의무자 기준 일부 완화로 대상 확대가 추진되고 있다.

▶ 급여 유형: 생계급여, 의료급여, 주거급여, 교육급여 등 네 가지 급여 유형으로 구성된다. 생계급여는 가

구별 최저생계비를 기준으로 산정되며, 의료급여는 건강보험료 지원과 의료비 본인부담 경감을 포함한다(보건복지부, 2023).

▶ 운영 체계: 중앙정부인 보건복지부가 제도 정책과 기준을 설정하며, 시·군·구 지방자치단체가 현장 조사 및 급여 지급을 담당한다. 국민기초생활 보장사업은 공공부조와 연계되어 운영되며, 사회복지공무원과 민간 위탁기관이 가구 방문 조사와 상담 서비스를 제공한다.

◆ 제도 운영 및 특징

▶ 사례 관리와 맞춤형 지원: 최근에는 단순 급여 지급에서 벗어나 빈곤 탈출을 위한 사례 관리 강화가 강조된다. 취업 연계, 상담 서비스, 자활 프로그램 등 맞춤형 지원 체계가 확대되고 있어 수급자의 자립 역량 강화를 목적으로 한다.

▶ 정보 시스템과 연계: 전자조사 시스템(E-복지로 등)을 통한 소득·재산 정보 자동 조회로 신속하고 정확한 대상자 선정을 지원한다. 또한 건강보험, 국민연금 등 타 사회보장제도와 데이터 연계를 강화해 중복·누락 방지를 도모한다(보건복지부, 2023).

▶ 급여 지급 방식: 현금 지급과 함께 현물(의료, 주거 등) 지원을 병행하며, 가구별 특성과 필요에 맞게 급여 유형이 조정된다. 온라인 계좌 이체와 모바일 지급 시스템 도입으로 편의성이 향상되었다.

▶ 복지 사각지대 해소 노력: 최근 사회적 관심 증가와 함께 부양의무자 기준 완화, 미취학 아동 지원 강화 등 제도 사각지대 해소 정책이 추진 중이며, 실태 조사와 현장 의견 수렴이 활발히 이루어지고 있다.

◆ 정책적 평가 및 과제

제도는 한국 사회 최저생활 보장에 기여하며 빈곤 완화 효과가 확인되나, 재정 부담 증가와 부양 의무자 기준의 형평성 문제 등이 과제로 지적된다. 급여 기준 및 선정 기준의 지속적 개선, 복지 서비스의 통합적 제공, 사례 관리 역량 강화가 요구되며, 디지털 행정 및 데이터 활용 확대가 운영 효율성 증대에 긍정적 영향을 미칠 전망이다(보건복지부, 2023).

2) 북한의 기초생활 보장 개념과 현황

북한의 기초생활 보장은 남한과는 달리 사회주의 체제와 주체사상을 기반으로 한 국가 주도형 보장 체계로, 주민의 기본적 생활 안정과 복지를 국가가 전면적으로 책임지는 시스템으로 이해된다. 북한은 '기초생활 보장'이라는 명칭 대신 '생활 보장' 또는 '사회복지 보장' 개념을 사용하며, 주로 배급제도와 무상 의료·교육 서비스를 통해 주민의 생활기본권을 보장한다.

◆ 기초생활 보장의 개념적 특성

▶ 국가 책임 중심 보장: 북한은 사회주의 이념에 따라 국가가 사회 구성원의 기본생활을 보장하는 것을 최우선 과제로 삼는다. 개인의 경제적 자립보다는 국가가 생산 및 분배를 계획하고 통제하여 모든 주민이 최소한의 생계를 유지하도록 지원하는 데 초점을 둔다.

▶ 보편적 복지와 계획경제 연계: 기초생활 보장은 특정 취약계층을 선별하는 선별적 복지보다는 전 주민을 대상으로 한 보편적 복지 개념에 가깝다. 이는 중앙계획경제 체제에서 국가가 경제와 사회 모든 영역을 통제하며, 생산과 자원 배분 계획에 따라 생활필수품과 서비스를 공급하는 데 반영된다.

◆ 북한 기초생활 보장 체계의 현황

▶ 배급제도와 생필품 공급: 식량, 연료, 의복 등 주요 생활필수품은 국가 배급제를 통해 주민에게 분배된다. 2020년대 경제난 및 국제 제재로 인해 배급량과 품질은 크게 저하되었으나, 여전히 주요 생계 수단으로 기능하고 있다(통일연구원, 2023).

▶ 무상 의료 및 교육 서비스: 주민 모두에게 무상 의료와 교육이 제공되는 것이 공식 방침이며, 이는 기초생활 보장의 핵심 요소 중 하나이다. 다만, 의료 인프라와 교육시설의 열악함, 자원 부족으로 서비스의 질과 접근성에 한계가 있다.

▶ 사회복지 서비스 연계: 생활 보장은 사회보험, 아동·노인복지, 장애인 지원 등 다양한 사회복지 서비스와 연계되어 있으며, 노동당과 정부가 이를 총괄하고 지역 및 기업소 단위에서 실행한다.

◆ 문제점 및 과제

▶ 경제난에 따른 생활 보장 불안정성: 경제 제재와 자연재해 등으로 인한 자원 부족은 배급제도의 실효성을 약화시키고, 취약계층의 생활 안정에 부정적 영향을 미친다(통일연구원, 2023).

▶ 정보 투명성 부족과 외부 접근 제한: 북한 사회보장 현황에 대한 공식 데이터와 통계가 공개되지 않아, 외부 연구자와 국제사회는 제한된 정보를 바탕으로 상황을 추정하고 있다. 이는 정책적 지원과 협력에 장애로 작용한다(국제기구, 2023).

▶ 체계적 개혁 및 국제 협력 필요성: 주민 생활 안정과 복지 수준 향상을 위해 배급제도 개선, 인프라 현대화, 복지 서비스 다양화 등이 요구되며, 국제사회와의 협력 확대가 절실하다.

3) 두 체계의 공통점과 차이점

남한과 북한의 기초생활 보장 서비스는 각각의 정치·경제적 체계와 이념적 배경에 따라 운영되며, 그 목적과 기능에서 공통점과 차이점을 동시에 지닌다.

◆ 공통점

▶ 기본생활 안정의 보장: 양 체계 모두 국민(주민)의 기본적인 생활 안정 보장을 목표로 하며, 빈곤층과 취약계층의 생활수준 향상에 중점을 둔다. 이를 위해 식량, 의복, 주거, 의료, 교육 등 기본 생계 필수요소를 지원한다.

▶ 사회복지 서비스와 연계된 다차원적 지원: 기초생활 보장 서비스는 장애인, 아동, 노인 등 사회적 약자에 대한 복지 서비스와 연계되어, 다양한 복지 수요를 충족시키고자 한다. 두 체계 모두 취약계층 보호를 위한 맞춤형 서비스 제공에 노력한다.

▶ 국가 주도의 관리·운영: 사회주의 체제의 북한과 민주주의 체제의 남한 모두 국가가 주도적으로 기초생활 보장 제도를 설계·운영하며, 정책 집행과 서비스 제공에 관여한다. 이를 통해 사회통합과 안정 유지에 기여한다(통일연구원, 2023).

◆ 차이점

▶ 보장 대상과 접근 방식: 남한은 소득 조사 및 자격 기준에 따른 선별적 기초생활 보장 제도를 운영하여, 상대적 빈곤층을 중심으로 맞춤형 지원을 제공한다. 반면 북한은 전 국민을 대상으로 하는 보편적 생활 보장 체계이며, 국가가 계획경제와 배급제도를 통해 생활필수품을 균등 분배하는 방식을 택한다.

▶ 운영 체계 및 투명성: 남한은 법률과 행정 체계에 근거해 제도가 투명하게 운영되며, 국민과 민간기관의 참여도 활발하다. 북한은 중앙집권적 통제와 노동당 주도의 운영 체계를 갖추었으나, 정보 공개가 제한적이고 주민 참여가 상대적으로 적어 투명성에서 차이가 있다(통일연구원, 2023).

▶ 지원 수단과 서비스 질: 남한은 현금급여, 의료급여, 주거지원 등 다양한 직접 지원 서비스를 제공하며 서비스의 질과 다양성이 높다. 북한은 배급제도와 무상 의료·교육 중심으로 지원이 이루어지나, 경제적 제약과 인프라 부족으로 서비스 질이 상대적으로 낮고 공급에 어려움이 있다.

▶ 복지제도의 정치·이념적 역할: 북한에서는 기초생활 보장 제도가 주체사상과 사회주의 이념에 기반해 정치적 통제 및 사회 통합 수단으로 활용되는 반면, 남한은 복지국가의 일환으로서 사회적 평등과 국민 권리 보장에 초점을 둔다.

◆ 종합적 평가 및 정책적 시사점

남북한 기초생활 보장 서비스는 체계와 내용에서 큰 차이를 보이지만, 국민(주민)의 생활 안정과 사회통합이라는 기본 목적은 일치한다. 향후 남북 사회보장제도의 상호 이해와 협력을 위해서는 각 체계의 특성과 한계를 고려한 맞춤형 정책 개발과 정보 공유가 필수적이다(통일연구원, 2023). 또한 북한의 생활 보장 체계 개선을 위한 국제 협력과 지원 확대, 남한의 선별적 복지 시스템 내 취약계층 발굴 및 지원 강화가 병행되어야 한다.

2. 장애인 복지 서비스 비교

1) 남한 장애인 복지 서비스 종류 및 지원 체계

남한의 장애인 복지 서비스는 장애인의 자립과 사회 참여를 촉진하고, 생활의 질을 향상시키기 위한 다양한 정책과 제도로 구성되어 있다. 국가 차원의 법률적 근거와 지방자치단체의 실행 체계가 유기적으로 연계되어, 장애 유형과 개인별 상황에 맞춘 맞춤형 서비스를 제공한다.

◆ 주요 장애인 복지 서비스 종류

▶ 장애인 등록 및 진단 서비스: 장애인 복지 서비스는 우선 장애인 등록 절차를 통해 서비스 대상자를 확정한다. 등록된 장애인은 장애유형(지체, 시각, 청각, 정신 등)에 따라 맞춤형 지원을 받는다.

▶ 소득지원 및 생활보조 서비스: 기초생활 보장제도 내 장애인 수급권자 지원, 장애인 연금, 장애수당 등이 있으며, 저소득 장애인에게 경제적 안정망을 제공한다. 장애인연금은 중증장애인을 중심으로 지급되며, 생활 보조금도 일부 지원된다(보건복지부, 2024).

▶ 보조기기 및 의료 재활 서비스: 휠체어, 보청기, 의수족 등 보조기기 지원과 함께 재활치료, 물리치료, 작업치료 등 전문 의료 서비스를 제공한다. 재활 서비스는 장애인의 신체 기능 회복과 사회 복귀를 돕는다.

▶ 교육 및 직업 재활 프로그램: 장애 아동·청소년을 위한 특수교육 지원과 직업훈련 프로그램을 운영하며, 장애인의 직업능력 향상과 노동시장 진입을 촉진한다. 장애인 고용촉진 및 직업재활법에 따라 고용 지원금, 직장 내 편의 제공 등이 활성화되어 있다(보건복지부, 2024).

▶ 돌봄 및 주거 지원 서비스: 장애인 활동 지원 서비스, 방문 간호, 지역사회 통합 돌봄(Care) 사업 등이 장애인의 일상생활과 사회 참여를 지원한다. 또한 장애인 주택 개조 지원, 그룹홈 운영 등을 통해 안정적 주거 환경 조성을 도모한다.

▶ 사회 참여 및 권익 보호: 장애인 단체 활동 지원, 권익옹호 서비스, 장애인차별금지법에 따른 권리 보호와 사회적 인식 개선 활동이 병행된다. 이를 통해 장애인의 사회적 권리 보장과 포용적 환경 조성을 강화한다(보건복지부, 2024).

◆ 장애인 복지 지원 체계

▶ 법적·제도적 기반: 장애인복지법, 장애인고용촉진법, 장애인차별금지법 등 관련 법률을 기반으로 장애인 복지정책이 추진된다. 중앙정부는 정책 수립과 재정 지원을 담당하며, 지방자치단체는 지역 맞춤형 서비스를 제공한다.

▶ 중앙정부와 지방자치단체 역할 분담: 보건복지부가 주요 정책과 사업을 총괄하고, 각 시·도 및 시·군·구 단위에서 장애인복지관, 재활센터, 지역사회 서비스 기관 등이 현장 실행을 담당한다. 장애인

복지관은 상담, 교육, 문화, 사회 참여 프로그램을 운영한다(보건복지부, 2024).
- ▶ 민간 및 사회단체와의 협력: 장애인 복지 서비스는 공공 부문뿐만 아니라 민간 복지기관, 비영리단체, 장애인 단체와의 협력을 통해 다각도로 이루어진다. 사회적 기업과 협업하여 장애인 일자리 창출과 사회 참여 확대에도 힘쓰고 있다.

◆ 최근 동향 및 정책 과제

최근 남한 정부는 장애인 맞춤형 통합 서비스 제공과 지역사회 중심의 돌봄 체계 강화에 집중하고 있다. ICT 기술을 활용한 스마트 재활, 원격 의료 및 서비스 접근성 향상도 주요 과제로 떠오르고 있다(보건복지부, 2024). 다만 장애인 빈곤, 맞춤형 서비스 미흡, 사회적 편견 해소 등 과제 해결을 위한 지속적 정책 개선이 요구된다.

2) 북한 장애인 복지 현황 및 정책 방향

◆ 장애인 복지정책의 기본 방향

북한은 장애인을 '사회주의 국가 건설의 주체로서의 역할을 수행할 수 있는 인재'로 간주하며, 장애인에 대한 지원을 국가의 의무로 보고 있다. 이는 북한의 사회주의 이념에 기반한 것으로, 장애인도 국가 발전에 기여할 수 있는 존재로 인식되고 있다.

◆ 장애인 등록 및 통계 체계

북한은 2013년에 제정된 「장애자보호법」을 통해 장애인 등록 및 통계 수집에 대한 법적 근거를 마련하였다. 이 법 제10조에 따르면, 의료기관과 관련 당국은 정기적으로 장애인의 실태를 조사하고, 장애 유형별로 등록해야 한다고 명시되어 있다. 또한, 장애인이 거주지를 변경할 경우, 해당 지역의 기관에 등록된 정보를 이전해야 한다고 규정하고 있다. 북한의 장애인 등록 및 통계 수집은 다음과 같은 절차를 따른다.

- ▶ 의료기관의 조사 및 등록: 가정의사(가정의료 담당자)는 지역 내 장애인을 유형별로 조사하고 등록한다.
- ▶ 교육기관의 조사: 장애 아동에 대한 정보는 교육기관을 통해 수집된다.
- ▶ 노동 행정기관의 조사: 근로 능력이 있는 장애인에 대한 정보는 노동 행정기관을 통해 수집된다.
- ▶ 지역 통계기관의 데이터 수집: 수집된 데이터는 지역 통계기관과 장애인 보호 기관에 전달되어 중앙 통계기관에 입력된다.

이러한 절차는 2015년에 구축된 장애인 통계 시스템을 통해 관리되며, 등록 및 관리 소프트웨어를 기반으로 지속적으로 업데이트된다. 북한은 장애인 통계를 수집하기 위해 정기적인 조사를 실시한다.

- ▶ 인구 조사: 2008년 인구 조사에서는 장애에 관한 질문이 포함되어 장애인의 수와 유형에 대한 데이터를 수집 주기는 다음과 같이 진행된다.
- ▶ 장애인 표본 조사: 2014년에는 중앙통계국과 협력하여 4개 도에서 장애인 표본 조사를 실시하였다 .
- ▶ 사회경제・인구・보건 조사: 2014년에는 유엔인구기금(UNFPA)의 지원을 받아 사회경제・인구・보건 조사를 실시하였으며, 이 과정에서 노인의 이동성 장애에 대한 정보도 수집하였다.

이러한 조사들은 장애인에 대한 정확한 데이터를 수집하고, 이를 바탕으로 정책을 수립하기 위한 중요한 자료로 활용된다. 북한은 국가의 계획경제 체제하에서 이와 같은 방식으로 장애인에 대한 통계를 수집하고 있으며, 이를 통해 장애인의 수와 분포를 파악하고 있다. 그러나 이러한 통계는 외부에 공개되지 않아 정확한 수치는 확인하기 어렵다.

◆ 장애인 복지 서비스의 주요 분야

장애인 복지 서비스의 주요 분야는 의료 및 재활 서비스, 교육, 직업훈련 및 고용, 주거 지원 등을 찾아볼 수 있다.

- ▶ 의료 및 재활 서비스: 북한은 장애인에게 무상 의료 서비스를 제공하며, 재활치료를 통해 장애인의 기능 회복을 지원하고 있다.
- ▶ 교육: 장애 아동을 위한 특수 교육이 제공되며, 이는 국가의 교육 정책에 따라 이루어집니다.
- ▶ 직업훈련 및 고용: 장애인을 위한 직업 훈련 프로그램이 운영되며, 이를 통해 장애인의 사회 참여를 촉진하고 있다.
- ▶ 주거 지원: 장애인을 위한 특수 주택이 제공되며, 이는 국가의 주택 정책의 일환으로 이루어진다.

◆ 정책 방향 및 향후 과제

북한은 장애인 복지정책을 강화하고 있으며, 이를 위해 국제사회와의 협력을 확대하고 있다. 향후에는 장애인의 권리 보호와 생활 향상을 위한 법적・제도적 기반을 강화하는 것이 주요 과제로 대두되고 있다. 북한은 장애인 통계의 정확성과 투명성을 높이기 위해 다음과 같은 개선이 필요하다.

- ▶ 통계의 공개 및 국제 공유: 수집된 장애인 통계를 국제사회와 공유하여 북한 내 장애인 실태에 대한 이해를 높여야 한다.
- ▶ 정기적인 조사 실시: 장애인에 대한 정기적인 조사를 통해 최신 데이터를 확보하고, 이를 바탕으로 정책을 수립해야 한다.
- ▶ 정보 접근성 향상: 장애인 통계에 대한 접근성을 향상시켜, 장애인 복지정책의 효과성을 높여야 한다.

이러한 개선을 통해 북한 내 장애인에 대한 실태를 정확하게 파악하고, 효과적인 정책을 수립할 수 있을 것이다.

3) 서비스 제공 범위와 질적 차이

남북한의 장애인 복지 서비스는 기본적인 목표는 유사하나, 제공 범위와 서비스의 질 측면에서 상당한 차이를 보이고 있다. 최근 연구와 정책 문헌을 참고하여 남한과 북한의 장애인 복지 서비스 제공 범위와 질적 차이를 구체적으로 살펴보면 다음과 같다.

◆ 남한의 장애인 복지 서비스 제공 범위

남한은 장애인의 자립과 사회 참여를 촉진하기 위해 다양한 영역에서 광범위한 복지 서비스를 제공하고 있다.

- ▶ 의료 재활 서비스: 전문 재활병원과 센터를 중심으로 물리치료, 작업치료, 언어치료 등 체계적이고 전문적인 재활서비스가 제공된다.
- ▶ 교육 서비스: 일반 학교와 특수학교에서 장애인 학생을 위한 통합교육과 특수교육을 병행하여 실시하고 있으며, 맞춤형 교육 프로그램과 보조기기 지원이 확대되고 있다.
- ▶ 직업재활 및 고용지원: 장애인 고용촉진법을 기반으로 직업훈련, 취업 알선, 고용장려금 지원 등 실질적 고용 지원 정책을 운영 중이다.
- ▶ 사회 서비스 및 생활 지원: 장애인활동지원, 이동지원, 주거 지원, 맞춤형 복지 상담 서비스가 제공되며, 장애 유형과 중증도에 따른 맞춤형 서비스 체계가 갖춰져 있다(보건복지부, 2022).

◆ 북한의 장애인 복지 서비스 제공 범위

북한은 사회주의 국가 체제 아래 국가가 장애인 복지를 책임지는 구조지만, 서비스 범위는 제한적이며 주로 생존과 기본생활 유지에 초점이 맞춰져 있다.

- ▶ 기본 의료 및 재활: 무상 의료 체계 내에서 장애인에게 기초 의료 및 제한적 재활 치료가 제공되나, 전문 재활 서비스와 인프라가 부족한 상황이다.
- ▶ 교육 및 직업훈련: 특수교육기관이 존재하나 접근성과 교육 수준이 낮고, 직업훈련은 국가가 지정한 특정 분야에 한정되는 경향이 강하다.
- ▶ 생활 지원: 장애인에 대한 주택 및 생활 지원이 이루어지고 있으나, 공급량과 질적 수준은 매우 낮으며, 장애인의 자립 지원보다는 생존 보장에 집중한다.
- ▶ 사회 참여 및 권리 보장: 장애인의 사회 참여 기회가 제한적이며, 복지 서비스는 중앙 집권적 통제하에서

운영되어 다양성과 개별 욕구 반영이 부족하다.

◆ 질적 차이와 정책적 시사점

남북한 장애인 복지 서비스 제공의 범위를 비교해보면 질적 측면에서 차이가 있음을 알 수 있다. 서비스 전문성 및 질 관리, 맞춤형 서비스 제공, 복지 인프라 및 접근성, 복지 재원과 지속 가능성 등에서 차이가 있다.

- ▶ 서비스 전문성 및 질 관리: 남한은 장애인복지법과 관련 법령을 통해 서비스 제공자에 대한 자격 기준과 전문성 강화를 추진하는 반면, 북한은 서비스 제공자의 전문 인력 부족과 시설 노후화로 인해 질적 개선에 한계가 있다.
- ▶ 맞춤형 서비스 제공: 남한은 장애인 개인별 욕구에 기반한 맞춤형 서비스를 확대하여 복지 효과를 극대화하는 반면, 북한은 국가 계획에 따른 일률적 서비스 제공에 머무르는 경향이 있다.
- ▶ 복지 인프라 및 접근성: 남한은 지역별 서비스 격차 해소를 위해 복지 인프라를 지속 확충하는 반면, 북한은 지역 간 자원 배분의 불균형과 접근성 제한이 심각하다.
- ▶ 복지 재원과 지속 가능성: 남한은 복지 예산의 안정적 확보와 민간 협력 확대를 통한 지속 가능성 확보에 집중하는 반면, 북한은 경제적 제약으로 인해 장애인 복지 예산이 매우 제한적이다.

위 내용을 통해 남북한 장애인 복지 서비스의 제공 범위는 남한이 보다 다양하고 전문적이며 맞춤형 서비스 체계를 갖추고 있다.

반면 북한은 기본 생계 지원과 제한된 의료 및 교육 서비스에 집중하고 있음을 알 수 있다. 이러한 차이는 경제력, 제도적 환경, 인프라 수준의 차이에서 기인하며, 남북한 통합 및 협력 시 장애인 복지 분야의 격차 해소와 발전 방안 마련이 시급함을 시사한다.

3. 아동 복지 서비스 비교

1) 남한의 아동복지법과 주요 서비스

남한의 아동복지정책은 「아동복지법」을 중심으로 아동의 생존, 보호, 발달, 참여의 권리를 보장하는 방향으로 전개되어 왔다. 최근에는 아동의 권리 중심 접근, 보편적 복지 강화, 지역사회 기반 통합 서비스 확충 등이 주요 정책 방향으로 제시되고 있으며, 이는 아동의 삶의 질 제고와 사회적 포용 실현을 위한 핵심 기반이 되고 있다(보건복지부, 2022).

◆ 아동복지법의 목적과 주요 원칙

「아동복지법」은 아동이 건강하고 행복하게 성장할 수 있도록 기본적인 생활을 보장하고, 학대, 방임 등으로부터 보호하기 위한 법적 틀을 제공한다. 2020년 이후 개정된 아동복지법에서는 아동 권리 실현을 위한 국가와 지방자치단체의 책임이 명확히 규정되었으며, 아동 권리 보장원과 같은 공공기관 설립을 통해 아동정책의 실행력을 제고하고 있다(보건복지부, 2022).

- ▶ 최선의 이익 보장 원칙: 모든 복지정책 및 서비스는 아동에게 가장 이익이 되는 방향으로 제공되어야 한다.
- ▶ 보편성과 접근성: 모든 아동이 차별 없이 복지 서비스를 이용할 수 있도록 보편적 접근을 강화한다.
- ▶ 지역사회 기반의 통합적 지원: 보호, 교육, 건강, 상담 등을 지역에서 통합적으로 제공한다.

◆ 주요 아동복지 서비스 체계

- ▶ 아동 보호 및 학대 예방 서비스: 아동보호전문기관 운영 및 아동학대 대응 체계 구축을 통해 학대 발생 시 즉각적인 개입과 사례 관리, 상담, 보호 조치를 수행하고 있다. e아동행복지원시스템을 통해 위기아동을 조기에 발견하고 지역사회와 연계된 개입이 가능하다.
- ▶ 취약 아동 지원: 드림스타트 사업을 통해 0~12세 저소득층 아동에게 건강검진, 놀이·교육, 부모교육 등을 통합적으로 제공하고 있으며, 이는 지역 중심 복지의 대표 사례로 평가된다. 지역아동센터는 방과 후 돌봄, 급식, 학습 지원, 정서 프로그램 등을 통해 저소득 아동의 생활 안전망 역할을 수행한다.
- ▶ 보육 및 발달지원 서비스: 보육료 지원과 영유아 보육시설 확충, 부모 육아휴직 확대 등 양육 부담 경감을 위한 정책이 추진되고 있다. 아이돌봄서비스는 맞벌이 가정 등 돌봄 공백이 발생하는 가정에 시간제 돌봄을 제공하며, 이용률이 지속 증가하고 있다(보건복지부, 2023).
- ▶ 아동정신건강 및 발달지원: 아동정신건강지원센터를 통해 정서·행동 문제 조기 개입이 이루어지고 있으며, 특히 학교 및 보건소와의 연계를 통한 지역 네트워크 기반 접근이 강화되고 있다.

◆ 정책 변화의 흐름과 평가

최근 아동복지정책은 선별적 지원에서 벗어나 보편적이고 권리 기반 접근으로 전환되고 있으며, 생애 초기 투자 확대가 강조되고 있다. 예컨대, 2021년 「아동정책기본계획(제2차, 2020~2024)」에서는 아동 친화 사회 조성과 권리 보장 체계 구축이 핵심 과제로 제시되었다. 아동의 주체성을 인정하고 아동 참여 예산제도, 아동 정책 영향 평가 등의 실행이 확대되는 추세다. 그러나 여전히 서비스 질의 지역 간 격차, 민간 위탁기관의 질 관리 문제, 사각지대 아동의 발굴 및 지원 한계 등은 개선 과제로 남아 있다. 이와 같이 남한의 아동복지는 법제도적 기반을 바탕으로 다층적이고 통합적인 서비스 체계를 구축하고 있으며, 아동 권리 중심의 정책 발전이 꾸준히 이뤄지고 있다. 향후 복지 사각지대 해소 및 서비스 질 향상, 지방자치단체 간 형평성 문제 해소가 주요 과제로 지목되고 있다.

2) 북한의 아동복지 현황과 지원 체계

북한의 아동복지는 사회주의 복지 이념에 따라 무상·보편·국가책임주의 원칙하에 운영되고 있으며, 아동은 "조선 혁명의 꽃봉오리"로 칭송되며 국가의 보호 대상으로 규정되어 왔다. 특히 김일성, 김정일, 김정은 3대 세습 체제는 아동을 '사회주의 미래 건설의 핵심 인적 자원'으로 보고 이들을 이념적으로 양성하기 위한 체계적 복지정책을 강조해 왔다.

◆ 법·제도적 기반과 국가의 아동 복지 의무

북한은 1976년 「사회주의헌법」 제49조 및 56조에서 아동에 대한 교육·보육·보건에 관한 국가 책임을 규정하고 있으며, 「아동권리 보장법」(2010 제정, 2021년 개정)을 통해 유엔 아동권리협약을 수용한 바 있다. 그러나 이는 이념적 정당성 확보 목적의 입법으로, 실제 정책의 일관성과 실효성은 부족하다는 비판도 존재한다.

▶ 「사회주의헌법」

이 헌법에서는 아이들의 교육과 보육을 국가가 책임지고, 그 비용도 무상으로 제공해야 한다고 명시되어 있다. 즉, 어린이들이 양질의 교육과 돌봄을 받을 수 있도록 국가가 전적으로 지원하는 것이 원칙이다.

▶ 「아동권리 보장법」

이 법은 모든 아동이 건강하게 자라고, 안전하게 보호받으며, 자신의 잠재력을 충분히 발휘할 수 있도록 생존권, 보호권, 발달권 등을 보장한다고 정하고 있다. 다소 이념적인 표현이 포함되어 있지만, 핵심은 아이들이 존중받고 행복하게 성장할 수 있도록 돕는 데 있다.

▶ 「유치원법」, 「의무교육법」 등

이러한 교육 관련 법들에서도 국가가 아이들의 교육에 중요한 책임을 진다고 강조하고 있다. 특히, 유아부터 시작해 일정 학년까지의 교육을 국가가 직접 보장함으로써, 모든 아이가 공평한 교육 기회를 누릴 수 있도록 하고 있다.

◆ 아동 대상 주요 복지제도 및 체계

▶ 유아기 보육 및 영유아 복지: 탁아소(생후 4개월부터 3세까지), 유치원(4세부터 6세까지)은 국가가 무상 운영하며, 보육비와 급식비는 전액 무료로 제공된다. 집단급식과 예방접종 등 보건·위생서비스도 보편적으로 제공되는 것으로 선전되나, 유엔 WFP(2022)와 같은 국제기구 자료에 따르면 영양실조와 빈혈은 여전히 높은 수준이다.

▶ 초등교육 및 기초생활 지원: 12년 무상 의무교육 제도 시행(유치원 1년 포함)으로 아동의 학교 접근성은

높으나, 교재 부족, 교원 질 저하, 전력난 등으로 교육의 질이 불균등하게 나타난다(KINU, 2023). 복지의 일환으로 급식, 학용품, 의류 등 지원이 존재하나, 경제난 이후 자력 해결을 요구받는 경우가 많다.
- ▶ 보호 아동 및 고아 대상 지원: 부모가 없는 아동은 육아원·혁명학원[4] 등에 수용되며, 노동당의 보호 체계 하에서 이념교육 중심으로 성장하도록 지도된다. 일부 기관은 실질적인 보호 기능보다 이념 순응성과 체제 충성을 강조하는 구조로 운영됨.

◆ 유엔 및 국제기구의 평가와 지원 현황

유니세프, 유엔인구기금(UNFPA), 세계식량계획(WFP) 등은 북한 내 아동 건강 및 영양상태 개선을 위해 보건·영양 사업을 지원하고 있다. 2022년 기준, 북한 아동의 1/4 이상이 발육 지연(Stunting) 상태이며, 빈혈과 질병 예방접종률은 지역 간 격차가 크다는 평가다(UNICEF DPRK, 2023). WFP에 따르면 2023년에도 80만 명 이상의 아동이 만성적 식량 불안정에 노출되어 있다.

◆ 정책적 과제와 한계

북한의 아동복지는 형식적으로는 국가가 전면 책임지는 무상·보편복지 체계를 갖추고 있으나, 경제난, 제재, 구조적 자원 부족 등의 현실로 인해 실질적인 서비스는 지역 간·계층 간 큰 차이를 보인다. 특히 배급제 붕괴 이후 시장화 진전은 공공 보육 서비스의 질 저하로 이어졌고, 양육의 책임이 개인과 가족으로 전가되는 현상도 관찰된다. 이와 같이 북한의 아동복지 체계는 제도적 구성과 선전 측면에서는 포괄적이나, 실제적 서비스 질과 지속성에서는 상당한 제약을 받고 있으며, 향후 외부 지원 확대와 체제 변화에 따른 구조 개혁이 중요한 과제로 제기된다.

3) 양측 아동 복지의 사회적 의미와 실천 차이

남북한의 아동복지 체계는 모두 아동의 보호와 발달을 목표로 하지만, 이념적 기초, 국가의 역할, 복지의 실천 방식 측면에서 현저한 차이를 보인다. 남한은 인권 기반의 복지국가 모델에 근거한 아동복지를 추구하며, 북한은 사회주의 정치 이념과 집단주의적 가치를 중심으로 아동복지를 국가 통치 수단 중 하나로 활용하고 있다.

◆ 사회적 의미와 정책 이념의 차이
- ▶ 남한: 아동권 보장 중심의 인권 기반 접근

남한의 아동복지는 「아동복지법」, 「아동권리 보장원법」, 「영유아보육법」 등을 근간으로 하며, UN 아동권리협약(CRC)을 적극 수용하여 아동의 생존권, 보호권, 발달권, 참여권을 제도적으로 보장하고 있다(보건복지부, 2023). 이는 아동을 사회 구성원의 권리 주체로 인식하며, 아동의 최선의 이익(Best interest of the child)을

---

4) 혁명학원은 항일투사나 열사 자녀를 위한 특설교육기관을 말한다.

핵심 가치로 한다(UNICEF, 2022).

▶ 북한: 집단주의와 이념교육 중심의 체제 안정 도구

북한의 아동복지는 「아동권리 보장법」을 통해 표면적으로는 아동 권리를 보장한다고 주장하지만, 실제로는 주체사상과 김일성-김정일주의 교육을 강화하기 위한 정치적·이념적 수단으로 기능한다. 아동은 '혁명의 계승자'로 규정되며, 유치원부터 노동당 사상교육이 강화된 교육 및 복지 체계를 경험하게 된다(통일연구원, 2023).

⟨표 3⟩ 실천 구조와 서비스 제공의 차이

구분	남한	북한
제도 기반	「아동복지법」, 「아동학대처벌법」 등 다수 전문법 존재	「아동권리 보장법」 중심의 단일법 체계
보편성·선별성	소득기준 중심 선별적 지원과 보편 복지 확대 병행	전면 무상·보편주의 선언, 실질은 지역·계층 격차
서비스 내용	보육료·양육수당·드림스타트·아동 돌봄 등 다양	급식, 의류, 보건 제공 중심, 실효성 낮음
사회적 의미	복지국가의 기초, 아동의 인권과 발달권 보장	체제 충성 강화 수단, 사회주의 후계자 양성 기능

참고: 보건복지부(2023), 유엔아동권리위원회(UNCRC, 2022) 자료를 바탕으로 재구성함.

남한은 아동의 개별성, 다양성, 복지욕구를 존중하는 방향으로 정책을 다변화하고 있으며, 민간 영역(사회복지관, NGO 등)과 협력하여 서비스 전달 체계를 다층적으로 구성하고 있다(강혜규 외, 2021). 반면 북한은 아동복지의 중앙집권적 구조와 통제적 운영 방식으로 인해, 현장 서비스의 자율성은 극히 제한되고 있으며, 정치적 충성도에 따라 혜택 수준이 다를 수 있다는 비판도 제기된다(정은이, 2022).

◆ 지역사회와 아동복지의 실천 문화 차이

남한은 지역사회 중심의 아동 돌봄 체계를 발전시켜 공공과 민간, 가족이 협력하는 다원적 복지 모델로 나아가고 있다. 드림스타트, 다함께 돌봄센터, 아동청소년 심리지원 서비스 등은 지역 내 아동의 복합적 복지욕구를 통합적으로 대응하려는 실천 사례로 평가된다(보건복지부, 2023). 반면 북한에서는 아동복지가 지역 공동체의 자율적 돌봄이 아닌, 국가 명령과 계획경제에 따라 운영되며, 지역별 인프라와 배급 수준의 차이에 따라 서비스 질이 달라지는 문제가 존재한다. 특히 비공식 경제(장마당)가 확대되면서 부모가 직접 아동 돌봄을 책임지는 민간화 경향이 나타나고 있다(UNICEF DPRK, 2023). 이와 같이 남북한 아동복지는 모두 보호의 대상이라는 점에서 공통점을 가지지만, 정책 이념, 서비스 구조, 실천 방식에서 본질적 차이가 존재하며, 이는 향후 남북 복지 협력이나 통일 복지 기반 형성 시 중요한 고려 요소로 작용할 것이다.

◆ 정책 실천의 한계와 시사점

북한은 표면적으로 아동복지의 전면적 국가 책임을 강조하나, 경제적 자원의 제약, 국제 제재, 지역 간 격차 등으로 인해 실질적 실현에는 많은 한계를 보이고 있다. 남한은 다양한 정책적 도입과 변화가 있었으나, 아동

간 격차, 취약계층 대상 미포함 문제, 정책 간 연계 부족 등 여전히 해결해야 할 과제가 존재한다.

4. 노인복지 서비스 비교

1) 남한의 노인복지정책과 서비스

한국은 급격한 고령화 사회 진입에 대응하여 노인복지정책의 체계화를 지속적으로 추진해 왔다. 2023년 기준 전체 인구 중 65세 이상 고령자 비율은 18.4%로 고령사회에 진입하였고, 2025년이면 초고령사회(65세 이상 인구 20% 이상)에 도달할 것으로 전망된다(통계청, 2023). 이러한 인구구조 변화는 노인의 소득보장, 건강관리, 돌봄서비스 등 전 영역에 걸쳐 국가적 개입의 확대를 요구하고 있다.

◆ 노인 소득보장 정책

남한의 대표적인 노인 소득보장 제도는 국민연금과 기초연금이다. 국민연금은 1988년 도입 이후 꾸준히 적용 대상을 확대해 왔지만, 노령층의 가입 이력 부족 및 소득 공백 문제로 인해 실질적인 노후 보장 기능은 제한적인 경우가 많다.

이에 따라 2014년 도입된 기초연금제도는 65세 이상 저소득층 노인을 대상으로 매월 최대 32만 3천 원(2024년 기준)을 지급하고 있으며, 이는 노인 빈곤 완화의 핵심 수단이 되고 있다(보건복지부, 2023).

◆ 노인 돌봄·요양 서비스 정책

2008년부터 시행된 노인장기요양보험제도는 일상생활이 어려운 노인에게 요양급여(재가·시설)를 제공함으로써 가족 부양 부담을 줄이고 노인의 삶의 질을 향상시키는 것을 목표로 한다. 등급 판정을 통해 인정된 노인은 요양시설 입소 또는 방문요양, 방문목욕, 주야간보호 등의 재가 서비스를 선택적으로 이용할 수 있다. 2022년 기준 전체 65세 이상 인구의 약 11.6%가 장기요양 서비스를 이용하고 있다(국민건강보험공단, 2023). 또한 노인맞춤돌봄서비스는 지역사회 내 65세 이상 돌봄 필요 노인을 대상으로 안부확인, 정서지원, 병원 동행, 생활지원 등의 포괄적 서비스를 제공하며, 2020년부터 기존의 노인돌봄서비스를 통합하여 확대 운영 중이다(한국보건복지인재원, 2022).

◆ 건강관리 및 지역사회 기반 정책

노인의 만성질환 관리와 예방 중심 건강관리 정책도 강화되고 있다. 노인건강진단 사업, 치매국가책임제, 지역사회 통합 돌봄(커뮤니티 케어) 시범 사업 등은 고령자의 의료-복지 통합 지원 체계 구축을 위한 핵심 전략이다. 특히, 치매안심센터는 전국 모든 기초지자체에 설치되어 치매 조기검진, 상담, 가족지원 등을 수행하고 있으며, 고령화와 함께 수요가 꾸준히 증가하고 있다(보건복지부, 2022).

◆ 노인복지관 및 지역 기반 여가·사회활동 지원

전국의 노인복지관, 경로당, 노인일자리센터는 노인의 사회 참여 및 여가활동 보장 기능을 수행한다. 특히 노인일자리 및 사회활동 지원사업은 매년 약 80만 명 이상의 노인이 참여하고 있으며, 이는 고령층의 소득 보전뿐만 아니라 자아실현, 사회적 고립 예방의 효과도 가진다(한국노인인력개발원, 2023). 노인일자리는 공익형, 사회 서비스형, 시장형 등으로 세분화되어 있으며, 참여자 만족도도 높게 나타나고 있다.

◆ 정책적 시사점

남한의 노인복지정책은 복지국가적 책임을 확대하고 있으며, 다층적 소득보장 체계와 사회 서비스 확장, 의료·돌봄 연계, 지역사회 중심 통합 돌봄을 통해 노인의 삶의 질 향상을 도모하고 있다. 그러나 여전히 노인빈곤율이 OECD 최고 수준(2022년 기준 38.9%)이라는 점, 도시-농촌 간 서비스 격차, 1인가구 고령자 고립 문제 등 구조적 과제가 지속되고 있다(통계청, 2023; OECD, 2022). 이에 따라 향후 노인복지정책은 보편성과 선별성의 균형, 주거·돌봄·건강의 통합 정책 설계, 지역 중심 서비스 역량 강화가 중요한 방향이 될 것이다.

〈표 4〉 노인복지정책 비교

항목	주요 내용
소득보장	국민연금, 기초연금 운영 / 제도 내 격차 문제
돌봄서비스	장기요양보험, 노인맞춤돌봄서비스 중심 / 재가서비스 확대
건강관리	만성질환 예방, 치매관리, 통합 돌봄 추진
사회 참여	노인일자리, 복지관, 경로당 활성화
과제	빈곤율 해소, 지역격차 완화, 통합서비스 체계 구축 필요

참고: 보건복지부(2023), 국민연금공단(2023)의 자료를 종합하여 작성함.

2) 북한 노인복지 실태와 사회적 지원

북한은 고령화 사회로 진입하며 노인복지에 대한 관심과 정책을 수립하고 있지만, 법적 제도와 실제 운영에는 큰 괴리가 나타나고 있다. 최근 보고서와 탈북민 증언, RFA 분석 등을 통해 그 실태와 과제를 구체적으로 확인할 수 있다.

◆ 고령화 속도 및 정책 대응

북한의 65세 이상 인구는 약 251만 명으로, 2022년 전체 인구의 9.75%를 차지하며 고령사회 단계에 도달했다. 2006년 '조선연로자방조연맹 중앙위원회'[5]가 발족되었고, 2007년에는 「연로자보호법」을 제정하여 노인 보

---

5) 조선연로자방조연맹 중앙위원회는 북한에서 노인들을 대상으로 한 복지와 정치 활동을 결합한 사회단체이며, 국가의 정책 목표에 따라 조직적으로 운영되고 있는 기관이다.

호와 연로연금 지급 의무를 규정하였다. 북한 사회에서 고령자(연로자)의 생활을 보장하고, 의료·식량·주거 등 기본생활에 대한 관심을 기울인다. 특히 경제적으로 어렵거나 가족이 없는 노인을 대상으로 집단 돌봄이나 사회적 지원을 제공한다. 고령자들에게 김일성·김정일 사상 등 북한의 이념교육을 계속하며, 이들이 젊은 세대에게 '혁명 전통'을 전달하도록 격려한다. 일부 노인들은 과거 항일투쟁이나 전쟁에 참여한 경력이 있는 경우, 혁명 선배로서 정치 행사에 동원되거나 상징적인 존재로 활용된다. 북한 당국은 연로자 방조연맹을 통해 충성심 고취, 사회 통제 강화 등의 목적도 함께 추구한다. 이 단체는 북한의 다른 대중조직들과 마찬가지로, 실제 자율적인 조직이라기보다는 당의 지도하에 운영된다.

◆ 법적 제도와 실효성 간 괴리

법률상 60세 이상 여성, 65세 이상 남성에게 연로연금을 지급하는 조항이 있음에도, 실제 수혜자는 극소수이다. 대부분 노인은 연금이나 배급을 받지 못해 거리로 나오는 사례가 빈발한다. 탈북민 인터뷰에 따르면 많은 노인이 노제비(노인 + 꽃제비)로 전락했으며, 일부 '특권층 노인'만 명절이나 행사 때 혜택을 받는다.

◆ 양로원 및 사회적 지원 구조

국가가 '부랑 노인'을 대상으로 양로원 수용 사업을 추진 중이나, 현지 소식통은 이를 감시 중심 시설로 보고 있으며, 식량·의료·위생 등 기본 서비스가 미흡하다고 전한다. 양로원 입소율이 낮고, 강제 수용이라는 인식까지 있어 제도 효율성은 매우 낮은 상태다.

◆ 노인의 실제 생활수단

북한의 노인들은 제도적으로는 보호받는 존재로 규정되어 있지만, 경제난과 시스템의 한계로 인해 많은 이들이 빈곤과 고립 속에 살아가고 있다.

특히 의료, 식량, 주거 문제는 노인층에게 매우 심각한 현실로 다가오고 있다. 2018년 탈북민 조사에 따르면, 북한 노인 중 55.2%는 가족 부양 의존, 31%는 시장 활동(장마당)으로 생계 유지, 연로연금 수령자는 3.4%에 불과했다. 식량·의료·주거를 포함한 기본 생계 보장은 사실상 가족·시장 중심으로 이루어지고 있으며, 국가 복지 기능은 약화되어 있다.

▶ 생활 여건: 북한 헌법과 관련 법에서는 노인을 국가가 책임지고 돌본다고 명시하고 있지만, 실제로는 가족 의존도가 매우 높다. 가족이 없거나 부양을 받을 수 없는 노인은 빈곤에 직면하거나, 거리에서 구걸하거나, 노동에 종사하기도 한다. 국가에서 운영하는 일부 노인 요양소나 집단 식당이 존재하지만, 운영이 불안정하고 시설이 매우 열악한 경우가 많다.

▶ 식량과 생계: 식량 배급이 불안정하고, 노인은 노동능력이 약하다는 이유로 배급에서 후순위가 되는 경우가 많다. 생계를 위해 일부 노인들은 장마당(시장)에서 작은 장사를 하거나, 고철·나무를 주워서 판매하

는 등의 활동을 한다. 가족의 도움 없이 독립적으로 생활하는 노인의 경우, 극심한 영양 부족이나 의료 사각지대에 놓일 가능성이 크다.

▶ 의료와 건강: 무료 의료제도가 존재하긴 하지만, 실제로는 약이 부족하고 의료 서비스의 질이 매우 낮아 실질적인 의료 혜택을 거의 받지 못하는 경우가 많다. 노인성 질병(예: 관절염, 고혈압, 당뇨 등)에 대한 치료는 거의 이루어지지 않으며, 병원 이용도 쉽지 않다. 일부 민간 의사나 약초 치료에 의존하는 경우도 흔하다.

▶ 가족과의 관계: 전통적으로 노인을 공경하는 유교적 문화가 남아 있으나, 경제난으로 인해 가족 내에서 노인의 지위가 낮아지고 부양도 어려운 상황이 많다. 일부 노인은 가족에게 외면당하거나, 역으로 손자·손녀를 돌보는 역할을 맡으며 생계를 간신히 이어간다.

▶ 사회적 인식과 정치 참여: 북한은 혁명 1세대 노인들(항일운동, 전쟁 참전자 등)을 상징적으로 대우하고, 정치 행사에 등장시키기도 한다. 그러나 일반적인 노인은 정치적으로나 사회적으로 주목받지 못하고, 실질적인 지원도 적은 편이다.

◆ 사회적 지원의 양면성

북한 당국은 공식적으로 고령자에 대한 국가 책임을 강조하지만, 경제난과 자원 부족으로 인해 정책은 현실과 동떨어진 실효 없는 선전용으로 평가된다. 일부 전쟁 영예노병, 혁명열사 유자녀 등 엘리트 계층만 혜택을 누리며, 1990년대 고난의 행군 당시 노인과 아동이 가장 먼저 희생된 집단이었다는 증언이 존재한다.

북한은 고령사회 진입에 따라 법적 기반과 제도적 장치를 마련했으나, 실제 집행력 및 제공 서비스 수준은 매우 낮은 상황이다. 노인의 삶의 주요 수단은 가족과 시장 활동이며, 양로원과 연로연금제도는 실효성을 잃었다는 지적이 많다. 향후 남북한 복지 협력 및 통일 사회 구축을 위해서는 북한의 노인복지 시스템에 대한 정확한 실태 파악, 제도 실효성 강화, 인도적 지원 확대가 반드시 선행되어야 한다.

3) 제도적·운영상의 차이

남북한은 모두 '노인복지'의 필요성을 인정하지만, 제도적 기반, 운영 방식, 서비스 접근성과 제공 수준에서 다음과 같은 주요 차이가 있다.

◆ 제도적 법·제도 기반의 차이

한국은 고령화에 대응하기 위해 전문성과 지속성을 갖춘 법률 체계를 발전시켜 온 반면에 북한은 법률상으로는 노인복지를 위한 틀을 갖추었지만, 실제 운영과 지원 측면에서 여러 한계가 존재하는 것으로 보인다.

▶ 남한: 기초연금법, 장기요양보험법, 노인복지법, 치매관리법 등이 전문적으로 제정되어 있으며, 체계적이

고 구체적인 서비스 제공 근거를 마련함으로써, 지속적인 법 개정과 제도 보완이 활발히 이루어져, 고령사회 진입에 따른 정책 대응 체계가 잘 정비되어 있다.
- ▶ 북한: 북한은 2007년에 「연로자보호법」을 제정하는 등 노인을 위한 법적 기반을 마련하기 시작했다. 이를 통해 고령자 복지에 대한 국가적 책임을 제도적으로 표현하려는 노력이 있었다. 하지만 이러한 법적 장치가 실제로 충분히 작동하고 있다고 보기는 어렵다. 연금이나 복지 혜택의 지급이 원활하지 않으며, 수혜 대상자 선정 기준이나 지원 절차가 명확하지 않아 제도의 효과가 제한적인 상황이다.

◆ 운영 구조 및 행정 시스템

한국의 노인복지 체계는 공공과 민간이 협력하고, 지역사회와 기술 인프라를 적극 활용해 더욱 정교하고 따뜻한 서비스를 제공하는 방향으로 나아가고 있다. 반면에 북한의 노인복지 체계는 중앙의 통제력이 강한 구조이지만, 지방에서의 실제 실행력과 기반 시설 부족이 한계로 지적되고 있다.

- ▶ 남한: 보건복지부를 중심으로 국민연금공단, 건강보험공단 등 주요 공공기관들이 서로 긴밀히 협력하며 노인복지 서비스의 체계적인 운영을 이끌어가고 있다. 전자행정 시스템을 기반으로 서비스의 접수부터 심사, 지급까지 효율적으로 이루어지고 있으며, 지자체, 복지관, 요양시설, 노인일자리센터 등이 협력해 지역별 특성과 수요에 맞는 맞춤형 복지 서비스를 제공하고 있다. 민간 요양시설이나 사회적 기업과도 적극적으로 손을 맞잡고, 서비스의 질을 높이기 위한 다양한 노력을 함께 이어가고 있다.
- ▶ 북한: 노인복지 서비스는 당과 국가 기관의 주도 아래 운영되며, 양로원이나 연금 관련 기관들도 대부분 중앙의 관리와 지시에 따라 움직이는 체계로 구성되어 있다. 지방 정부의 행정 역량과 재정 여건이 충분하지 않아, 서비스가 원활하게 전달되기 어려운 상황이며, 복지 인프라 운영 체계도 안정적이지 않은 편이다.

◆ 서비스 접근성 및 지역 격차

지역 간 복지 격차를 해소하기 위한 다각적인 노력이 계속되고 있는 반면에 북한의 노인복지는 일부 도심을 제외하고는 전반적으로 열악한 수준에 머무르고 있으며, 제도적·지역적 보완이 필요한 상황이다.

- ▶ 남한: 도시와 농어촌 지역 간에는 의료 및 요양시설에 대한 접근성에서 뚜렷한 차이가 나타나고 있다. 특히, 고령 인구가 많이 거주하는 지역일수록 시설 이용이 더 어려운 경우도 있어, 실질적인 접근성 문제가 제기되고 있다. 이를 해소하기 위해 이동지원 서비스, 방문요양, 커뮤니티 케어 등 다양한 돌봄 서비스를 확대하며, 지역 간 격차를 줄이기 위한 노력이 꾸준히 이루어지고 있다.
- ▶ 북한: 복지 서비스가 평양 등 일부 중심 지역에 집중되어 있으며, 지방이나 농촌 지역은 서비스 수준이 전반적으로 낮고 지원이 부족한 상황이다. 지원은 주로 급식, 생필품 제공, 기본적인 의료 서비스에 한정되

어 있으며, 노인을 위한 전문 시설이나 체계적인 요양 서비스는 매우 부족한 실정이다.

◈ 재원조달 방식 및 지속 가능성

남한과 북한은 각각 상이한 재정 기반과 사회보장제도 운영 여건 속에서 복지정책을 수행하고 있으며, 그 지속 가능성 측면에서도 뚜렷한 차이를 보이고 있다.

- 남한: 국민연금, 건강보험, 장기요양보험, 기초연금 등 다양한 사회보험 및 공공부조 제도를 통해 다각적인 재원 조달 구조를 갖추고 있으며, 이를 바탕으로 비교적 안정적인 복지 재정 체계를 유지하고 있다. 그러나 고령화와 저출산의 가속화로 인해 연금 및 의료비 지출이 증가하고, 생산가능 인구의 감소로 보험료 기반 재원이 약화되면서 중장기적인 재정 압박이 심화되고 있는 실정이다. 실제로 정부의 사회복지 관련 지출은 GDP 대비 12.3%로, 이는 OECD 평균의 절반 수준에 불과해 복지 확대를 위한 재정적 여력이 제한적이라는 지적도 있다.
- 북한: 지속적인 경제난과 국제 제재로 인해 국가의 사회보장 재정 기반이 매우 취약한 상황이다. 연금이나 양로원 등의 제도는 형식적으로 존재하나, 예산 투입은 극히 제한적이며, 대부분의 국민은 시장 활동이나 가족 부양에 의존해 노후를 대비하고 있다. 특히 국영 기업들의 수익 기반이 약화되면서, 기존에 계획경제 체제하에서 운영되던 복지제도는 정상적인 기능을 상실한 상태이다. 이러한 구조는 북한의 사회보장제도가 제도적 지속 가능성 자체가 불투명하며, 실질적인 복지 제공 체계가 붕괴되었음을 시사한다.

결과적으로 남한은 제도적 기반과 행정 체계를 갖춘 가운데 인구구조 변화로 인한 재정적 도전에 직면해 있고, 북한은 제도 운영 자체가 불안정한 상태로, 사회보장의 형식은 유지되나 실질적 기능은 크게 약화된 모습을 보이고 있다. 이러한 차이는 남북한이 향후 복지정책 협력이나 통합을 논의할 때 반드시 고려되어야 할 핵심 요소이다.

◈ 제도적 지속성 및 정책의 방향

남한은 법과 행정, 지방자치단체, 민간 부문이 유기적으로 연계된 복합적 구조 속에서 사회보장제도를 점차 발전시켜 나가고 있다.

이러한 기반 위에서 제도의 지속 가능성을 높이기 위한 정책적 과제로는 재정 건전성 강화, 디지털 기반 행정 체계로의 전환, 지역사회 중심의 서비스 역량 강화 등이 중점적으로 제시되고 있다.

반면 북한은 법률적·제도적 틀은 존재하지만 실제 운영과 집행력이 미약하여 제도의 실효성이 낮은 상황이다. 향후 개선을 위한 방안으로는 국제기구와의 협력 확대, 인도적 지원의 지속적 확보, 그리고 지역사회 중심의 복지 인프라를 점진적으로 구축해 나가는 방향이 논의되고 있다.

<표 5> 종합 비교

항목	남한	북한
법·제도 기반	전문적이고 확장된 법률, 지속적인 개정	기본 법률 있음, 실효성 부족
행정 운영 체계	분산·디지털 행정 + 민간 협력 체제	중앙집권형, 행정·인력·재정 부족
접근성과 격차	지역별 서비스 차이 존재, 개선 노력 진행	평양 중심, 지방 열악, 시장·가족 의존 심화
재원 구조	다층 보험 기반 + 정부 지원	경제난으로 재정 취약, 비정규 수급 위주
지속 가능성	재정 압박 존재하나 제도 재정비 중	불투명, 인도적 지원 시급

참고: 보건복지부(2023), OECD(2021)의 자료를 종합하여 재구성함.

북한의 경우, 남한의 다층 재원 구조와 지방분권형 운영 모델, 디지털 행정 시스템을 시범 적용해 북한 실정에 맞는 복지 인프라 구축과 법·제도 실효성 향상이 필요하다. 남한은 고령자 집단-복지 예산 확대, 지역 불균형 해소, 디지털 복지 서비스의 안정적 제공 확대 등의 과제를 지속적으로 해결해야 한다.

제2절 서비스 제공 방식과 접근성의 차이

1. 사회복지 서비스 제공 방식

1) 중앙정부, 지방정부, 민간 및 지역사회 역할

남한의 사회복지 서비스 체계는 공공·민간·지역사회 주체들이 역할을 분담하며 협력하는 복합 전달 모델을 기반으로 하고 있다. 각 주체의 책임과 역할은 다음과 같다.

◆ 중앙정부의 역할

중앙정부는 국가 차원의 사회복지 체계를 설계하고 이끌어가는 중추적인 역할을 수행한다. 특히 보건복지부, 여성가족부 등 주요 부처는 사회복지정책의 기획, 법·제도의 수립, 재정 조달 및 정책 평가 등 전 영역에 걸쳐 방향을 제시하고 실행을 주도한다. 첫째, 정책 기획 및 법·제도 설정 측면에서 중앙정부는 사회복지의 기본 틀을 설계하고, 각 부처별로 관련 제도를 구체화한다.

예를 들어, 보건복지부는 국민연금, 건강보험, 기초생활 보장 등 사회보험, 공공부조, 사회 서비스 분야의 제도적 기반을 마련하며, 관련 법령과 지침을 통해 복지사업의 운영 기준을 정립하고, 이를 전국적으로 관리·감독한다. 여성가족부는 가족복지, 아동·청소년, 한부모 및 다문화가정 지원 등 취약계층 중심의 정책을 설계하고, 보호와 권익 증진을 위한 제도적 기반을 마련한다.

둘째, 중앙정부는 재정 지원과 시범 사업 추진을 통해 복지정책의 실행력을 높이는 역할을 한다. 사회복지 관련 예산을 총괄적으로 조달·배분하며, 재난, 빈곤, 장애 등 다양한 사회적 위험과 대상군을 고려한 시범 사업을 설계하고 지역 단위로 확산시킨다. 예컨대 재난 피해자 지원 모델에서는 중앙정부가 사업의 기본 방향을 설정하고, 예산을 승인하며, 운영 지침과 기준을 제공함으로써 정책 시행의 일관성과 형평성을 확보한다.

셋째, 전국 단위의 조정 및 평가 기능을 통해 지역 간 복지 격차를 완화하고, 정책의 효과성을 높인다. 중앙정부는 지방자치단체가 수행하는 각종 사회복지사업에 대해 법적 심사와 운영 평가, 제도 조정을 수행하며, 이를 바탕으로 정책의 성과를 분석하고 개선 방향을 제시한다. 이를 통해 전국적으로 통일된 기준하에서 복지정책이 집행되도록 유도하고, 지역 특성에 따른 조율도 병행하여 정책의 형평성과 효율성 간 균형을 추구한다. 결과적으로 중앙정부는 단순한 상위기관의 역할을 넘어, 제도 설계자이자 조정자, 그리고 복지정책의 총괄 책임 주체로서 사회복지의 질적 발전과 지속 가능성을 뒷받침하는 핵심 축이라 할 수 있다.

◆ 지방정부(시·도·시·군·구)의 역할

지방정부(시·도·시·군·구)는 지역 주민들에게 실질적인 복지와 행정 서비스를 제공하는 최일선의 중요한 역할을 담당하고 있다. 먼저, 현장 서비스의 집행과 조정 업무를 통해 주민들의 다양한 복지 수요에 적극 대응한다. 구체적으로는 복지 대상자를 발굴하고, 서비스 신청을 접수하며, 이를 심사한 뒤 적합한 서비스를 연계하여 지원을 마무리하는 전 과정을 책임진다.

특히 재난 상황이나 긴급 복지 지원이 필요한 경우에도 지방정부는 신속하게 현장 중심의 관리 체계를 운영하여 지역 주민들이 필요한 도움을 빠짐없이 받을 수 있도록 한다. 또한 지방정부는 주민센터나 희망복지 지원단과 같은 통합 행정·서비스 창구를 마련하여 복지와 보건 서비스의 접근성을 크게 높이고 있다. 이러한 통합 창구는 주민들이 여러 부서나 기관을 번거롭게 오가지 않아도 원스톱으로 필요한 지원을 받을 수 있게 하며, '찾아가는 복지' 서비스와 같은 현장 밀착형 복지 모델을 적극 추진함으로써 더욱 촘촘하고 세심한 지원 체계를 구축하고 있다.

아울러 지방정부는 지역사회 내에서 공공기관과 민간단체, 시민사회가 함께 협력하는 거버넌스 구조를 활성화하는 데 중추적인 역할을 한다. 지역사회보장협의체, 사회복지협의회, 자원봉사센터 등 다양한 협력 조직을 운영하며, 이들 기관 간 네트워크를 구축하고 조정하여 지역 복지 자원의 효율적 활용과 주민 참여 확대를 도모한다. 이를 통해 지역 특성에 맞는 맞춤형 복지 서비스를 제공하는 한편, 주민들이 스스로 지역사회의 문제를 해결하는 공동체 역량 강화에도 기여하고 있다. 즉, 지방정부는 복지 현장의 최전선에서 다양한 행정 기능을 통합적으로 수행하며, 지역 주민의 삶의 질 향상과 사회통합 실현을 위한 핵심 주체로서 그 역할과 책임을 다하고 있다.

◆ 민간(비영리·사회복지법인 등)의 역할

민간 부문, 특히 비영리단체와 사회복지법인 등은 공공복지 체계를 보완하는 핵심적인 주체로서, 사회 서비스의 다양성과 전문성을 확대하는 데 중요한 역할을 수행하고 있다. 우선, 민간기관은 요양원, 사회복지관, 장애인 복지시설, 아동·청소년 보호기관 등 다양한 형태의 사회 서비스를 운영하며, 공공 부문이 포괄하기 어려운 특수 집단의 복지 욕구에 보다 세밀하고 전문화된 서비스를 제공한다. 이들은 특정 대상의 특성과 필요를 반영하여 차별화된 서비스를 기획·운영함으로써 서비스의 질과 접근성 향상에 기여하고 있다. 또한, 민간기관은 일반적으로 정부기관보다 규모가 작고 조직 구조가 유연하여, 현장 수요에 대한 빠른 대응과 맞춤형 서비스 제공이 가능하다.

변화하는 사회환경 속에서 민첩하게 움직이며, 혁신적인 서비스 모델을 도입하거나 시범 운영하는 등 창의성과 실험성을 기반으로 한 사회 서비스 발전을 선도하고 있다. 다만, 비영리 민간기관들은 종종 재정적 제약과 자원 부족의 어려움을 겪고 있음에도 불구하고, 공공부조에서 미처 다루지 못하는 영역을 채우기 위해 대상자 중심의 유연하고 포용적인 접근을 실천하고 있다.

이러한 노력을 통해 공공성과 서비스 효과성 간의 균형을 추구하며, 공공 부문과의 협력 속에서 복지 전달체계의 다양성과 실효성을 높이는 데 기여하고 있다. 결과적으로 민간 부문은 보완적 차원을 넘어 동반자적 복지 주체로 자리매김하고 있으며, 복지의 사각지대를 줄이고 다층적 복지 시스템을 구축하는 데 필수적인 요소로 작용하고 있다.

◆ 지역사회(시민사회·자원봉사 등)의 역할

지역사회, 특히 시민사회와 자원봉사 조직은 복지 체계에서 중요한 실천적 기반으로 작용하며, 다양한 방식으로 사회 서비스의 공백을 메우는 데 기여하고 있다. 우선, 지역 내 협의체나 자원봉사센터는 실천적 네트워크의 중심축으로서 기능한다. 이들은 복지 관련 기관 및 단체들과의 연계를 통해 네트워크를 조직하고, 지역주민을 대상으로 한 서비스 안내와 홍보 활동을 활발히 전개한다. 또한 현장 중심의 모니터링을 통해 서비스 제공의 누락이나 취약계층의 돌봄 공백을 파악하고 대응함으로써, 복지 사각지대를 예방하고 해소하는 데 실질적인 역할을 수행하고 있다.

뿐만 아니라, 지역사회는 정책 감시자이자 참여 촉진자로서도 중요한 기능을 하다. 주민들의 자발적인 참여를 유도하고, 생활 속에서 발생하는 불편이나 민원을 공론화함으로써 정책 개선의 단초를 제공한다. 나아가 이러한 주민 참여는 정책이 실제 지역의 수요를 반영하고 현장에 적합하게 조정되도록 돕는 역할을 하며, 상향식(Bottom-up) 정책 형성 과정을 가능하게 한다.

이처럼 시민사회와 자원봉사 조직은 단순한 보완적 역할을 넘어, 지역사회 복지의 주체로서 지속 가능한 복지 체계형성과 사회적 연대 강화에 핵심적인 기여를 하고 있다.

<표 6> 종합적 비교

주체	역할
중앙정부	법·정책 설계, 예산지원, 시범 사업, 전국 조정·평가
지방정부	현장 집행, 통합 창구 운영, 지역 복지 거버넌스
민간기관	전문 서비스, 현장 대응, 공공부조 보완
지역사회	네트워크 구축, 감시 및 주민 참여

참고: 보건복지부(2023), 한국사회보장정보원(2022), OECD(2021)의 자료를 바탕으로 재구성함.

◆ 시사점 및 향후 과제

사회복지 전달 체계의 효과성을 높이기 위해서는 중앙정부와 지방정부, 민간 부문 간의 유기적인 협력 체계 구축이 필수적이다. 특히 재난 피해자 지원 등에서 입증된 선진 협력 사례를 일반 지역사회 복지 서비스로 확산시킬 필요가 있다. 또한 지방정부가 보다 주도적으로 역할을 수행할 수 있도록 재정적 여건을 보장하고, 운영의 자율성을 강화함으로써 책임성과 대응력을 높여야 한다. 아울러 민간 부문의 참여 역량도 함께 강화되어야 하며, 이를 통해 민관협력 모델을 확대하고, 서비스의 질과 접근성을 높이는 동시에 공공성 확보도 균형 있게 추진해야 한다. 무엇보다도 지역 주민의 적극적인 참여가 중요하다. 주민 중심의 사례 관리와 정책 모니터링 기능이 강화될 때, 복지 사각지대를 해소하고 지역 복지의 실효성을 높이는 데 실질적인 기여를 할 수 있다.

2) 서비스 전달 체계와 협력 네트워크

◆ 전달 체계 구조

우리나라 사회복지 서비스 전달 체계는 공공 부문과 민간 부문이 긴밀하게 협력하는 혼합형 모델로 구성되어 있다. 이 전달망에서는 중앙정부와 지방정부를 중심으로 한 공공 부문이 법적 기반과 재정 지원, 그리고 전반적인 조정 역할을 맡아 사회복지 서비스의 큰 틀을 설계하고 운영 방향을 제시한다. 반면, 민간 부문에서는 비영리기관, 사회적기업 등 다양한 전문 조직이 현장에 밀착하여 높은 전문성과 신속한 대응력을 발휘함으로써, 이용자에게 보다 세밀하고 맞춤화된 서비스를 제공하는 역할을 담당한다. 이러한 공공과 민간의 상호 보완적인 협력 체계는 각자의 강점을 살려 사회복지 서비스의 효과성과 효율성을 극대화하는 데 중요한 역할을 한다. 또한, 사회복지 서비스 전달망 내에서는 핵심기관들이 중심적 허브(Hub) 역할을 수행하며 네트워크 거버넌스 구조를 형성하고 있다. 지역사회 내 사회복지관, 희망복지 지원단, 지역사회보장협의체 등은 서비스 전달의 중추적인 기능을 담당하여, 복지 자원을 통합하고 지역 주민들이 쉽고 편리하게 서비스를 이용할 수 있도록 접근성을 높인다.

이들 기관은 각 지역의 특성과 주민들의 다양한 요구를 반영하여 서비스 제공을 조정하고, 공공과 민간, 시민사회 간 협력을 촉진하는 중요한 연결고리 역할을 한다. 그 결과, 사회복지 전달 체계가 보다 유기적이고 체계적으로 운영될 수 있으며, 지역 맞춤형 복지 실현에 큰 기여를 하고 있다. 따라서 우리나라 사회복지 전달 체계는 공공과 민간의 강점을 결합한 협력적 구조를 바탕으로, 핵심기관을 중심으로 한 네트워크 거버넌스를 통해 지역사회 복지 서비스의 품질과 접근성을 지속적으로 향상시키는 데 중점을 두고 있다.

◆ 협력 주체와 역할

사회복지 서비스 전달과 실현을 위해 다양한 협력 주체들이 각자의 역할을 맡아 유기적으로 협력하고 있다. 먼저 중앙정부는 사회복지의 전반적인 정책 방향과 체계를 수립하는 핵심 주체로서, 법률 제정과 표준 서비스 지침의 설정을 통해 전국 단위에서의 통일성과 일관성을 확보한다. 또한 새로운 정책과 제도 도입을 위한 시범 사업을 운영하고, 이에 대한 평가 체계를 구축함으로써 사회복지 서비스의 질적 향상과 지속 가능한 발전을 도모한다. 이 과정에서 중앙정부는 다양한 주체 간의 조정 역할을 수행하여 전국적 차원의 협력과 연계가 원활히 이루어지도록 지원한다.

지방정부와 희망복지 지원단은 지역사회의 복지 현장 중심에서 대상자 발굴부터 사례 관리, 서비스 신청과 연계, 모니터링 및 종결까지 전 과정을 전담하며 지역 복지 전달 체계의 중추적 허브로서 기능한다. 이들은 지역 주민들의 복지 요구를 세심하게 파악하고, 필요한 서비스를 적시에 제공하는 한편, 지역 내 다양한 협력 주체들과 긴밀히 소통하며 통합적이고 체계적인 복지 서비스를 실현한다. 특히 희망복지 지원단은 지방정부와 지역사회의 가교 역할을 하면서 지역 맞춤형 복지 서비스가 효과적으로 이루어지도록 조율하는 중요한 역할을 담당한다.

민간기관과 사회단체는 지역사회복지관, 장애인복지시설, 노인센터 등 다양한 형태로 전문적이고 특화된 서비스를 제공하며, 공공 부문의 서비스가 닿기 어려운 틈새 영역을 보완한다. 이들은 현장에 대한 유연한 대응 능력을 바탕으로 지역 주민들의 개별적이고 특수한 요구에 맞는 맞춤형 서비스를 제공하며, 지역사회 내 복지 자원의 다양성과 전문성을 높이는 데 기여한다. 특히 민간 부문의 활발한 참여는 사회복지 전달 체계의 다원성과 포용성을 강화하는 핵심 요소로 작용한다. 마지막으로 주민과 자원봉사센터는 온라인과 오프라인을 아우르는 다양한 자원봉사 활동을 조직하고 지원하며, 지역 내 사회적 자본과 커뮤니티 연대를 강화하는 중요한 역할을 맡고 있다.

이들은 사각지대에 놓인 취약계층을 감시하고 지원하는 역할뿐만 아니라, 주민들이 직접 정책 참여를 통해 지역 복지 발전에 목소리를 낼 수 있는 창구를 제공함으로써, 지역사회가 스스로 문제를 해결하고 상호 돌봄 문화를 확산하는 데 크게 이바지한다. 이러한 주민과 자원봉사자의 활발한 참여는 지역사회 복지의 지속 가능성과 자립성을 높이는 밑거름이 된다. 결과적으로, 중앙정부부터 지방정부, 민간기관, 주민에 이르기까지 다양한 주체들이 각자의 전문성과 역량을 살려 역할을 수행하며 상호 협력하는 체계가 구축되어, 우리 사회의 복지 서비스가 보다 통합적이고 효과적으로 전달될 수 있도록 뒷받침하고 있다.

◆ 네트워크 특징과 효과

사회복지 전달 체계 내 네트워크는 지역사회 특성에 맞춘 맞춤형 서비스 제공과 효율적인 자원 운영을 가능하게 하는 중요한 특징과 효과를 지니고 있다. 우선, 공공과 민간 부문이 서로의 자원을 배분하고 공유함으로써, 지역의 사회적·경제적 환경과 주민들의 다양한 요구에 적합한 서비스를 설계하고 협력할 수 있는 역량을 갖추게 된다. 예를 들어, 희망복지 지원단을 중심으로 구축된 네트워크는 코로나19 팬데믹이나 각종 재난 피해자 지원 과정에서 7단계에 이르는 전달 체계(접수에서 종결까지)를 통해 각 단계별로 긴밀하고 유기적인 협력을 이뤄냈다. 이를 통해 지역 내 복지 서비스가 신속하고 체계적으로 전달될 수 있었던 점은 네트워크가 가진 지역 맞춤형 전달 능력의 대표적인 사례라 할 수 있다. 더불어, 이러한 네트워크에 사회복지관 등 다양한 기관들이 적극적으로 참여할수록 조직 전반의 효과성이 크게 향상된다는 점도 주목할 만하다.

실제 연구 결과에 따르면, 네트워크 참여도가 높은 사회복지관은 더 많은 이용자 수를 확보할 뿐 아니라, 보유한 자원을 효율적으로 활용하는 능력도 증대되어 조직의 운영 효율성이 눈에 띄게 개선되는 것으로 나타났다. 이는 네트워크가 단순한 협력 체계를 넘어서, 조직 간 시너지 효과를 창출하고 자원의 최적 배분을 가능케 하는 중요한 수단임을 시사한다. 아울러, 네트워크 내 핵심 허브 기관은 전문성 확보와 조정 기능 면에서 매우 중요한 역할을 수행한다.

허브 기관은 다양한 전문 자원을 연결하고, 사례 관리를 체계적으로 조정하며, 서비스 제공 과정에서 필요한 정보와 평가 지표를 공유하는 중심축으로 기능한다. 또한 민관 간 의견 충돌이나 갈등 상황이 발생할 때 이를 조율하고 원만한 협력 관계를 유지하는 데에도 중추적인 역할을 맡아, 네트워크의 안정성과 지속 가능성을 보장한다. 이러한 허브 기관의 구심점 역할은 사회복지 서비스가 복잡한 이해관계 속에서도 효과적으로 전달될 수 있도록 하는 핵심 요소이다.

결국, 지역 맞춤형 전달 능력 강화, 조직의 효율성 제고, 그리고 전문성과 조정 기능을 갖춘 허브 기관의 역할 강화는 사회복지 네트워크가 지역사회 내에서 더욱 견고하고 유기적으로 작동하게 만드는 주요 요인으로 작용하며, 이를 통해 궁극적으로 지역 주민들에게 질 높은 복지 서비스를 제공하는 데 크게 기여하고 있다.

◆ 한계 및 과제

사회복지 전달 체계 네트워크는 많은 장점을 가지고 있음에도 불구하고 몇 가지 중요한 한계와 과제를 안고 있다. 먼저, 공공과 민간 간 역할 중복과 조정 미흡 문제가 대표적이다. 일부 지역에서는 민간과 공공 부문 간 기능과 업무 분담이 명확하지 않아 서비스 제공 과정에서 중복된 업무가 발생하거나 갈등이 빚어지는 경우가 적지 않다. 이러한 상황은 네트워크 전반의 효율성을 저해하며, 무엇보다도 주민들에게 제공되는 서비스의 질을 떨어뜨릴 우려가 있다.

하지만 이를 조율하고 조정할 수 있는 체계적이고 전문적인 네트워크 관리 시스템이 부족한 실정이라, 체계적인 역할 분담과 갈등 조정 메커니즘 마련이 시급한 과제로 대두되고 있다. 또한, 전문 인력과 자원의 부족 문제도 심각하다. 특히 농어촌과 같은 취약 지역에서는 사회복지 전담 인력 자체가 부족할 뿐 아니라, 전문 자원이나 지원 인프라도 충분하지 않아 통합 사례 관리와 현장 방문 등 핵심적인 복지 활동이 비효율적으로 이루어지는 경우가 많다.

이로 인해 취약계층에 대한 맞춤형 서비스 제공이 어려워지고, 지역 간 복지 격차가 심화되는 문제도 발생하고 있다. 아울러 민관 협력이 강조되고 있음에도 불구하고, 사회복지공무원의 네트워크 구축 역량과 정보 공유 시스템의 연계성, 그리고 협력 과정에서 요구되는 상호 신뢰와 책임성 측면에서는 여전히 개선이 필요한 부분이 많다. 정보가 원활하게 공유되지 않거나, 협력 주체 간 신뢰가 부족하면 협력 효과가 떨어지고, 주민 중심의 통합 서비스 실현도 어려워질 수밖에 없다. 이러한 한계를 극복하고 보다 효과적인 사회복지 전달 체계를 구축하기 위해서는 몇 가지 시사점과 정책적 제언이 필요하다. 첫째, 허브 기관인 희망복지 지원단을 중심으로 민간, 공공, 주민 간 명확한 역할 정립과 함께 구체적인 협력 프로토콜 및 실천 조정 매뉴얼이 마련되어야 한다. 이를 통해 각 주체가 자신의 역할에 집중하면서도 원활하게 협력할 수 있는 기반을 조성해야 한다. 둘째, 농어촌 등 취약지대를 대상으로 사회복지 전문 인력을 확충하고, 네트워크 운영과 협력 역량 강화를 위한 체계적인 교육 프로그램을 병행하는 것이 필수적이다. 전문성과 인력 부족 문제를 해소함으로써 지역별 복지 서비스의 균형 발전을 도모할 수 있다.

셋째, 중앙정부와 지방정부, 민간기관, 주민이 함께 활용할 수 있는 통합 사례 관리 시스템(E-복지로 등)의 디지털화를 추진하여 정보 공유를 고도화해야 한다. 이를 바탕으로 실시간 정보 교류와 협력이 가능해지고, 데이터에 기반한 맞춤형 서비스 제공 및 정책 평가가 강화될 것이다.

마지막으로, 지방자치단체에 보다 충분한 예산과 법적 권한을 부여하여 지역 중심의 네트워크 거버넌스 운영을 지원하는 것이 중요하다. 지자체가 자율적으로 지역 특성에 맞는 협력 체계를 구축하고 운영할 수 있도록 제도적·재정적 기반을 마련해야 지역사회 내 복지 전달 체계의 지속 가능성과 효과성을 높일 수 있을 것이다. 종합하면, 역할 분담의 명확화, 전문 인력과 역량 강화, 정보 공유 시스템의 고도화, 그리고 지방정부의 자율적 역량 강화를 통해 사회복지 전달 체계의 한계를 극복하고, 보다 촘촘하고 신뢰성 있는 복지 네트워크를 구축해 나가야 할 것이다.

3) 서비스 제공 방식의 남북 차이

◆ 체계 구조와 행정 주도성

남한은 중앙정부와 지방정부, 민간·비영리기관, 지역사회 단체 등이 다층적으로 연계된 분권적 서비스 제공 체계를 운영한다. 중앙정부가 정책과 재정을 총괄하지만, 지방정부가 서비스 전달의 핵심 역할을 수행하며 민간·사회단체가 전문적·보완적 기능을 담당한다. 이러한 다중 주체 협력 모델은 현장 적응성과 서비스 다양성을 촉진한다.

반면 북한은 사회주의 체제에 기반해 중앙당과 국가기관이 직접 사회복지 서비스의 기획·배분·관리를 수행하는 중앙집권적 단일 전달 체계를 유지한다. 지방 및 지역 기관은 중앙정부의 지시와 정책 집행 기능에 집중하며, 민간 부문의 역할은 사실상 미미하다(통일부, 2024).

◆ 서비스 제공 방식과 운영 특징

▶ 남한: 남한 사회복지 서비스는 수요자 맞춤형 사례 관리에 중점을 둔다. 희망복지 지원단 등 현장 전달기관이 대상자를 직접 발굴·관리하며, 복지 네트워크를 통해 통합적·포괄적 서비스를 제공한다. 서비스는 급여 중심에서 예방·자립 지원으로 확장되며, 민간 협력과 자원봉사가 활성화되어 복합적 욕구에 대응한다(보건복지부, 2024).

▶ 북한: 북한은 사회주의 이념에 따라 모든 주민에 대해 균등하고 보장적인 사회복지 제공을 원칙으로 한다. 특히 노동자·농민·군인 등 특정 계층에 대한 우대 정책이 존재하며, 사회복지 서비스는 국가의 의무이자 통제 수단으로 작동한다. 복지 서비스는 주로 기초생필품 배급, 의료보장, 교육, 주택 지원 등 기본 생활 보장 중심이며, 서비스의 선택권이나 맞춤형 제공은 제한적이다(통일연구원, 2024).

◆ 서비스 접근성 및 전달력

▶ 남한: 남한은 법적·제도적 기반을 통해 사회복지 수요자의 접근성을 적극 강화하고 있다. 전국적으로 사회복지시설과 인력이 배치되며, 정보시스템(E-복지로)과 네트워크를 활용해 취약계층 발굴과 사각지대 해소에 주력한다. 다만 수도권과 비수도권, 도심과 농어촌 간 서비스 접근성의 격차가 여전한 과제로 남아 있다(한국보건사회연구원, 2024).

▶ 북한: 북한은 공식적으로 전 주민에게 보장적 복지를 제공하나, 경제적 어려움과 인프라 부족, 지역 간 자원 분배 불균형으로 실제 서비스 접근성은 지역별·계층별로 큰 차이를 보인다. 특히 농촌 및 변두리 지역은 의료, 교육, 주택 등 복지 인프라가 열악하며, 중앙의 배분 정책에도 불구하고 실질적 전달이 원활하지 않은 사례가 보고된다(통일부, 2024).

◆ 정책적·이념적 차이에 따른 영향

남한은 시장경제와 민주주의 가치를 반영한 분산적 복지 모델을 추구하며, 민간 및 지역사회 참여가 활발하다. 북한은 사회주의 계획경제와 주체사상에 따라 중앙집권적 운영과 평등주의에 근거한 보장 모델로, 국가가 전면적 책임과 통제 기능을 수행한다. 이러한 차이는 사회복지 서비스의 제공 방식뿐 아니라 서비스의 질, 다양성, 혁신성에도 직접적인 영향을 미친다.

2. 서비스 접근성 비교

1) 물리적 접근성(시설 분포, 교통 등)

사회복지 서비스의 물리적 접근성은 서비스 이용자의 지리적 위치, 시설의 분포 및 접근 경로의 편의성 등을 포함하는 개념으로, 이용자의 서비스 이용 여부에 결정적인 영향을 미친다(박민수 외, 2023). 남한과 북한의 사회복지 서비스 제공 체계는 각각의 정치·사회적 환경과 인프라 수준에 따라 물리적 접근성에 큰 차이를 보이고 있다.

◆ 남한의 물리적 접근성 현황

남한은 고도로 발전된 교통 인프라와 사회복지시설의 균형적 배치를 통해 서비스 접근성을 증진시키고 있다. 특히, 대도시권뿐 아니라 지방 및 농어촌 지역에도 사회복지관, 노인복지시설, 장애인 복지센터 등 다양한 시설이 분포하고 있으며, 공공 교통망의 발달로 인해 대중교통을 이용한 접근성이 상대적으로 양호한 편이다. 또한, 모바일 복지 서비스, 이동복지버스 등과 같은 혁신적 접근 방식을 도입하여 거동이 불편한 노인이나 장애인도 사회복지 서비스를 이용할 수 있도록 지원한다(한국보건사회연구원, 2024). 하지만 일부 농어촌 및 산간벽지 지역은 여전히 시설 밀집도가 낮고 대중교통 접근성이 취약하여, 서비스 이용에 어려움이 존재하는 것으로 나타났다(전국사회복지협의회, 2023).

◆ 북한의 물리적 접근성 현황

북한의 경우, 사회주의 중앙집권 체제 특성상 사회복지 시설이 주로 도시 중심부에 집중되어 있으며, 지방 특히 농촌 지역은 인프라 부족으로 물리적 접근성이 매우 낮다(조선사회과학원, 2023). 도로 및 교통 체계가 열악해 대중교통 수단이 제한적이고, 특히 산간 및 농업 지역 주민들은 의료기관, 복지시설 등에 도달하기 위해 상당한 시간과 노력이 소요되는 상황이다(유엔개발계획 UNDP, 2023). 더불어, 정보통신 인프라의 부족으로 원격 지원이나 이동 서비스와 같은 보완적 수단의 활용이 거의 불가능하여, 물리적 거리가 서비스 이용의 주요 장애물로 작용하고 있다(북한사회복지연구소, 2024).

◆ 남북한 물리적 접근성 비교 및 시사점

남한은 상대적으로 우수한 교통 인프라와 지역사회복지 시설의 분산 배치를 통해 국민 대다수가 적정 수준의 물리적 접근성을 보장받고 있으나, 지역별 격차가 완전히 해소된 것은 아니다(최현주 외, 2024). 반면, 북한은 도시와 농촌 간 극심한 시설 분포 격차와 열악한 교통 여건으로 인해 전체적으로 물리적 접근성이 매우 제한적이며, 이는 사회복지 서비스의 효과적 제공과 형평성 확보에 중대한 제약 요인으로 작용한다(조명철, 2023). 이에 따라 향후 남북 사회복지 통합 및 협력 방안 모색 시, 북한의 열악한 물리적 접근성을 개선하는 데 중점을 두고, 이동 서비스 및 교통 인프라 확충, 그리고 원격 복지 서비스 도입과 같은 다양한 접근성 강화 전략을 포함할 필요가 있다(통일연구원, 2024).

2) 경제적 접근성(이용 비용, 지원 범위)

사회복지 서비스의 경제적 접근성은 이용자가 서비스를 이용하는 데 부담하는 비용 수준과, 지원의 범위 및 내용이 이용자에게 얼마나 포괄적이고 실질적으로 다가가는지를 의미한다. 경제적 접근성은 특히 저소득층, 취약계층에게 서비스 이용의 장애 요인이 되므로, 사회복지정책의 형평성과 효율성을 평가하는 중요한 척도이다.

◆ 남한의 경제적 접근성 현황

남한은 국민기초생활 보장제도, 장애인연금, 노인 기초연금, 건강보험 및 의료비 지원 등 다양한 사회보장 정책을 통해 경제적 부담을 경감시키고 있다(보건복지부, 2024). 건강보험의 경우 전 국민을 대상으로 보장성을 확대해 의료비 부담을 크게 줄였으며, 저소득층에는 본인부담금 경감 및 의료급여 제도를 통해 비용 접근성을 강화하고 있다(한국건강정책연구원, 2023). 또한, 기초생활 보장 수급자 및 차상위계층은 주거, 교육, 의료 등 다양한 분야에서 폭넓은 지원을 받음으로써 실질적인 서비스 이용 비용 부담을 경감받고 있다. 다만 최근 들어 고령화와 복합적인 사회문제로 인해 일부 서비스에 대한 비용 부담이 증가하는 추세이며, 이에 따른 재정 지속 가능성 및 서비스 형평성 문제가 부각되고 있다.

◆ 북한의 경제적 접근성 현황

북한은 사회주의 국가 체제 특성상 대부분의 사회복지 서비스가 국가에 의해 무상으로 제공된다는 원칙을 표방한다(조선사회과학원, 2023). 이론적으로는 의식주, 의료, 교육 등 기초적 복지 서비스가 국가 책임하에 보장되어 경제적 접근성은 매우 높은 것으로 기술되어 있다(유엔개발계획 UNDP, 2023). 그러나 실제로는 경제 제재, 자원 부족, 중앙집권적 배분 체계의 한계로 인해 사회복지 서비스의 실질적 공급이 제한적이고, 주민들은 비공식 시장이나 개인적 네트워크를 통해서만 필요한 서비스를 확보하는 경우가 많다. 또한, 의료 서비스나 장애인 지원의 경우 약품, 의료 장비, 보조기구 등이 부족하여 '무상' 제공의 실효성이 낮으며, 일부 특수계층에 집중된 지원과 주민 전체에 대한 포괄적 지원 간 불균형 문제가 있다(조명철, 2023).

◆ 남북한 경제적 접근성 비교 및 시사점

남한은 법적·제도적 장치와 재정적 지원을 통해 사회복지 서비스의 경제적 접근성을 강화하며, 특히 취약계층을 위한 다층적 지원 체계를 구축하고 있다. 이와 대조적으로 북한은 '무상복지' 원칙에도 불구하고 현실적인 자원 및 분배 한계로 인해 경제적 접근성이 매우 제한적이며, 주민들의 서비스 이용 격차가 심각한 수준이다(통일연구원, 2024). 향후 남북한 사회복지 통합 논의 시에는 북한 주민들의 실질적 경제적 접근성을 제고하기 위한 재정 지원과 서비스 공급 확대 방안 마련이 필수적이다. 또한, 남한의 사회복지 재정 운영 경험을 바탕으로 북한의 경제적 접근성 강화 전략을 공동 연구하고 적용하는 것이 중요하다(한국통일연구학회, 2023).

3) 정보적 접근성(홍보, 정보제공 및 인식 수준)

사회복지 서비스의 정보적 접근성은 대상자가 서비스 존재와 이용 방법을 얼마나 잘 인지하고, 적시에 정확한 정보를 얻을 수 있는지를 뜻한다(김수연 외, 2023). 이는 서비스 이용을 촉진하는 중요한 요소로, 정보 부족은 서비스 미이용과 사회적 배제를 심화시키는 주요 원인 중 하나이다(이정훈, 2022).

◆ 남한의 정보적 접근성 현황

남한은 정부와 지방자치단체, 민간기관이 협력하여 사회복지 서비스에 관한 다양한 정보 제공 채널을 운영하고 있다(보건복지부, 2024). 대표적으로, 복지로(Welfare.go.kr)와 같은 포털 사이트를 통해 국민 누구나 서비스 종류, 신청 절차, 지원 기준 등에 관한 상세 정보를 열람할 수 있으며, 모바일 앱과 콜센터를 통한 상담 서비스도 제공된다(한국사회복지협의회, 2023). 또한, 지역별 맞춤형 홍보 캠페인과 사회복지시설에서 직접 실시하는 설명회, 찾아가는 복지 상담 등이 활성화되어 정보 접근의 격차를 줄이고 있다. 그러나 여전히 정보 취약계층, 고령자, 장애인 등은 디지털 정보 활용 능력과 접근성에서 한계를 보여, 오프라인 정보지원 및 맞춤형 안내가 필요하다는 지적이 있다.

◆ 북한의 정보적 접근성 현황

북한은 중앙집권적 정보통제 체제하에 사회복지 관련 정보가 정부 주도의 선전 및 교육을 통해 제공된다(조선사회과학원, 2023). 주민들은 노동당 조직 및 인민위원회 등 공식 조직을 통해 복지 서비스와 관련된 정보를 전달받으며, 마을 단위의 사회보장 관련 홍보가 이루어지는 것으로 알려져 있다(유엔개발계획 UNDP, 2023). 하지만 대내외 정보 차단과 통신 인프라의 제한으로 인해 주민들의 정보 접근 수준은 매우 제한적이며, 서비스 이용에 필요한 상세한 정보 제공이나 선택권 보장이 미흡하다. 이에 따라 주민들은 복지 서비스의 실제 내용과 신청 방법, 지원 범위 등에 대한 인식이 낮고, 비공식적인 정보 전달 경로에 의존하는 경향이 강하다.

◆ 남북한 정보적 접근성 비교 및 시사점

남한은 디지털 기반의 정보 제공 시스템과 지역사회 중심의 홍보 활동을 통해 다양한 계층에게 사회복지 정보를 효과적으로 전달하고 있으나, 일부 취약계층을 위한 보완책 마련이 요구된다. 반면, 북한은 국가 통제와 제한된 인프라 환경 속에서 사회복지 정보 전달 체계가 중앙집중적이며 주민들의 자발적 정보 접근과 인식 제고가 어려운 구조이다(통일연구원, 2024). 통합 사회복지 서비스 구축 및 남북 협력 확대를 위해서는 북한 주민들의 정보 접근성을 향상시키는 동시에, 남한의 정보화 인프라와 홍보 노하우를 활용한 맞춤형 교육과 정보 제공 방안을 개발하는 것이 필수적이다(한국통일연구학회, 2023).

4) 사회문화적 접근성(차별, 편견 등)

사회복지 서비스의 사회문화적 접근성은 사회 구성원들이 문화적, 인종적, 성별, 장애 등 다양한 사회적 정체성과 배경에 따라 서비스 이용 과정에서 겪는 차별이나 편견의 정도를 의미한다. 이는 단순히 물리적 접근성뿐 아니라, 심리적·사회적 요인에 의한 서비스 이용 장벽을 포괄하며, 사회통합과 복지 형평성 달성에 중요한 영향을 미친다.

◆ 남한의 사회문화적 접근성 현황

남한 사회에서는 사회적 약자에 대한 차별 및 편견 해소를 위한 법적·제도적 장치가 마련되어 있으나, 여전히 특정 집단에 대한 낙인과 배제가 존재한다. 예를 들어, 장애인, 다문화가족, 이주노동자, 성소수자 등 소수자 집단은 사회복지 서비스 이용 시 서비스 제공자의 편견, 사회적 낙인, 문화적 이해 부족으로 인해 불이익을 경험하는 사례가 보고되고 있다(한국복지패널, 2023). 이를 개선하기 위해 남한 정부와 민간단체는 인권 교육, 다문화 인식 개선 캠페인, 포용적 서비스 모델 개발 등 다양한 노력을 기울이고 있으며, 사회복지 현장의 문화적 역량 강화를 위한 전문 교육도 확대되고 있다(보건복지부, 2024).

◆ 북한의 사회문화적 접근성 특성

북한 사회는 국가 주도의 통제와 이념적 동질성 강조로 인해 공식적으로는 '평등' 원칙이 강하게 작용하는 체제이지만, 실제로는 사회적 계층, 출신 성분, 장애 유무 등에 따른 차별이 내재되어 있다(조선사회과학원, 2023). 사회보장 서비스도 정치적·이념적 충성도와 사회적 지위에 따라 차별적으로 제공되는 경향이 있으며, 장애인과 취약계층은 제한적인 지원만 받고 있는 것으로 알려져 있다(유엔인권이사회, 2024). 또한, 북한 내에서는 사회문화적 차별이나 편견에 대한 공식적인 논의와 인식 개선 프로그램이 거의 부재하여, 서비스 이용 과정에서의 심리적 부담과 사회적 배제가 해결되지 못하는 실정이다.

◆ 남북한 사회문화적 접근성 비교 및 시사점

남한은 다문화사회 진입과 함께 사회적 다양성에 대한 인식이 확대되었으나, 사회문화적 차별과 편견 해소를 위한 실질적 정책과 교육의 강화가 요구된다. 북한은 공식적 평등을 내세우지만, 계층과 성분 중심의 차별 구조가 사회보장 접근성에 큰 장애로 작용하며, 국제사회의 지원과 인권 기반의 사회문화적 접근성 개선이 필요하다(통일연구원, 2024). 통일 및 남북 협력 과정에서 사회문화적 접근성 제고를 위해 남한의 포용적 사회복지 모델과 북한의 실태를 반영한 맞춤형 교육·홍보 전략이 중요하며, 편견과 차별을 줄이는 사회적 공감대 형성이 필수적이다(한국사회복지학회, 2023).

3. 서비스 이용 실태 및 국민 체감도

1) 이용자 만족도 및 불만 요인

사회복지 서비스 이용자의 만족도는 서비스의 질적 수준, 접근성, 제공 방식, 그리고 서비스가 개인의 필요에 얼마나 부합하는가에 크게 좌우된다. 남한의 경우, 국민들은 기초생활 보장, 장애인 복지, 아동 및 노인복지 등 다양한 사회복지 서비스에 대해 대체로 긍정적인 평가를 하고 있으나, 만족도에는 분야별 차이와 지역적 격차가 존재한다(한국보건사회연구원, 2024). 최근 조사에 따르면, 남한의 사회복지 서비스 이용자들은 '서비스 접근성의 편리성', '통합적 서비스 제공', '전문성 있는 상담 및 지원'에 대해 높은 만족도를 나타내고 있다(복지통계포털, 2024). 반면, 불만 요인으로는 '정보 부족 및 안내 미흡', '대기 시간의 길이', '서비스 제공 인력의 전문성 편차', '행정 절차의 복잡성'이 주요하게 지적되고 있다. 특히, 장애인과 노인 이용자들은 물리적 접근성 문제와 맞춤형 서비스 부족을 불만 요인으로 많이 언급하였다. 반면 북한에서는 공식적인 사회복지 서비스 이용에 대한 국민 만족도 조사가 제한적이나, 탈북자 증언과 국제기구 보고서를 통해 이용자들이 겪는 불만 요인들이 추정된다(유엔북한인권보고서, 2023).

주요 불만 요인으로는 '서비스 제공의 불균형성', '필요한 서비스의 제한적 제공', '정보 접근의 어려움'이 꼽힌다(통일연구원, 2024). 또한, 사회적 통제와 비밀주의로 인해 주민들의 체감도 및 의견 반영이 어렵고, 서비스 개선을 위한 피드백 체계가 미흡하다는 점도 문제로 지적되고 있다.

◆ **남북한 이용자 만족도 비교 및 시사점**

남한은 이용자의 다양한 요구를 반영해 서비스 개선을 위해 노력하고 있으나, 정보 제공 및 행정 절차 간소화, 지역 간 서비스 격차 해소가 필요한 실정이다. 북한은 공식 통계와 자료가 부족하여 체감도 측정이 어렵지만, 제한된 자원과 정책적 제약으로 인해 주민들의 사회복지 서비스 만족도가 상대적으로 낮을 것으로 추정된다(통일부, 2023). 통일 준비 과정에서 양측의 이용자 만족도와 불만 요인을 면밀히 분석해 상호 보완 가능한 정책 개발과 국민 체감도 향상을 위한 협력 모델 구축이 요구된다(한국복지학회, 2024).

2) 취약계층 서비스 접근 실태

취약계층의 사회복지 서비스 접근성은 사회 전체의 복지 수준을 평가하는 중요한 지표로, 남한과 북한의 사회복지 체계에서 공통적으로 도전적인 과제이다. 남한의 경우, 저소득층, 장애인, 노인, 한부모 가정 등 취약계층에 대한 복지 서비스 접근성 강화가 국가 정책의 핵심 과제로 자리 잡고 있다. 최근 연구에 따르면 남한 내 취약계층은 물리적 접근성, 정보 접근성, 경제적 부담, 사회적 낙인 등 다중적 장벽에 직면하고 있으며, 특히 장애인과 노인 계층은 교통 인프라 부족과 맞춤형 서비스 부족으로 인해 복지시설 이용에 어려움을 겪고 있다(한국보건사회연구원, 2024). 또한, 정보격차로 인해 이용 가능한 서비스 정보를 적시에 받지 못하는 경우가 많아, 취약계층 전용 상담 및 안내 시스템의 확충이 요구되고 있다(복지통계포털, 2024). 한편, 북한에서는 공식적인 사회복지 서비스 제공의 범위가 제한적이고, 자원과 인프라 부족, 중앙집권적 통제 시스템으로 인해 취약계층의 서비스 접근이 매우 제약적이다(통일연구원, 2024).

특히 농촌 지역 취약계층과 고령자, 장애인들은 필수적인 의료, 재활, 생활 지원 서비스에서 심각한 접근성 문제를 겪고 있으며, 이는 주민들의 생활 수준 저하로 이어지고 있다(유엔북한인권보고서, 2023; 북한사회복지학회, 2023). 취약계층에 대한 서비스 접근성 문제는 단순한 물리적·경제적 문제를 넘어서 사회문화적 편견과 차별, 그리고 정보 접근의 한계 등 복합적인 요인이 작용한다는 점에서 남북한 모두 공통된 어려움을 겪고 있다. 특히 북한의 경우, 주민들의 서비스 체감도 및 불만 표출이 제한적이며, 체계적인 서비스 평가와 개선 과정이 부재하여 장기적 해결책 마련에 한계가 있다(통일부, 2023).

◆ 정책적 시사점

남북한 사회복지 체계가 향후 통합 및 협력 단계로 나아가기 위해서는, 취약계층의 다층적 접근 장벽을 해소할 수 있는 정책 마련이 필수적이다. 남한은 장애인 및 노인 맞춤형 이동 지원, 정보 격차 해소를 위한 디지털 서비스 확대, 사회적 편견 완화를 위한 인식 개선 프로그램 강화 등이 요구된다(한국복지학회, 2024). 북한 측에서는 국제사회 및 남한과의 협력을 통해 사회복지 인프라 확충, 주민 중심의 서비스 제공 체계 구축, 정보 접근성 강화가 절실하다(통일연구원, 2024). 양측의 취약계층 서비스 접근성 실태를 면밀히 분석하고 상호 보완적 정책을 수립함으로써 통합 사회복지 모델 개발과 주민 삶의 질 향상에 기여할 수 있을 것이다(박지혜 외, 2023).

3) 서비스 접근성 향상을 위한 정책 방안

사회복지 서비스의 접근성 향상은 국민의 복지 체감도를 높이고 사회통합을 촉진하는 핵심 요소로 인식되고 있다. 특히 취약계층을 포함한 모든 국민이 적시에 필요한 서비스를 받을 수 있도록 하는 것은 복지국가 발전의 필수 과제이다(한국보건사회연구원, 2024). 이에 따라 최근 정책들은 물리적, 정보적, 경제적, 사회문화적 장벽을 포괄적으로 해소하는 방향으로 진화하고 있다.

첫째, 물리적 접근성 개선을 위한 인프라 확충과 이동 지원 서비스 강화가 요구된다. 교통이 열악한 농어촌 지역이나 장애인·노인 거주지 인근에 복지시설 및 이동 지원 서비스를 확대함으로써 서비스 이용 편의성을 높여야 한다. 또한, 디지털 기술을 활용한 원격 서비스 제공 및 모바일 상담 체계 구축은 지리적 한계를 극복하는 중요한 대안으로 부상하고 있다. 둘째, 정보 접근성 제고를 위한 맞춤형 홍보 및 상담 서비스 강화가 필요하다. 복지 서비스 관련 정보는 복잡하고 다양하여 취약계층이 정확한 정보를 획득하는 데 어려움을 겪는다. 따라서 정부와 민간기관은 지역사회 기반 맞춤형 안내 서비스를 확충하고, 온라인·오프라인 채널을 연계한 통합정보시스템을 운영하여 접근성을 높여야 한다. 셋째, 경제적 접근성 보장을 위한 지원 확대 및 제도 개선이 중요하다. 저소득층 및 취약계층의 비용 부담을 줄이기 위해 서비스 이용료 감면, 바우처 지원, 긴급 복지 지원 강화 등의 정책이 필요하다(한국사회보장학회, 2024). 특히 사회보험과 기초생활 보장제도 간 연계성을 강화하여 복지 사각지대를 줄이는 방안이 지속적으로 추진되고 있다.

넷째, 사회문화적 접근성 향상을 위한 인식 개선 및 차별 해소 정책도 병행되어야 한다. 장애인, 노인, 이주민 등 소수자에 대한 사회적 편견과 차별을 해소하기 위한 교육·캠페인 강화와 함께, 이용자 중심의 서비스 디자인을 통해 이용자의 존엄과 권리가 보장되도록 해야 한다. 지역사회 내 사회적 포용을 촉진하는 프로그램 및 민관협력 모델도 효과적인 접근성 향상 전략으로 제시되고 있다(복지통계포털, 2024). 마지막으로, 서비스 접근성 개선을 위한 거버넌스 및 협력 체계 강화가 필요하다. 중앙정부, 지방자치단체, 민간기관, 지역사회가 연계된 통합적 서비스 전달 체계 구축과 함께, 실시간 모니터링 및 피드백 시스템을 도입해 정책의 실행력과 지속 가능성을 확보해야 한다(통일연구원, 2024). 특히 남북한 사회복지 협력의 관점에서는 공동 조사, 정보 교류, 서비스 모델 공유를 통한 상호 보완적 발전이 중요하다.

이와 같이 다차원적 접근성을 강화하는 정책은 국민 모두가 차별 없이 복지 서비스를 체감할 수 있도록 하는 기초가 된다. 또한, 급속한 인구 고령화와 사회적 다양성 확대에 대응하기 위해서는 디지털 혁신과 함께 포용적 사회환경 조성을 병행하는 종합적인 정책 패키지가 요구된다. 정부는 관련 법·제도 정비와 재정 지원을 확대하며, 지역사회와 민간 부문과의 협력 강화를 통해 서비스 접근성의 지속적 개선을 추진해야 할 것이다(한국복지학회, 2024).

💡 **학습 문제**

1. 남한과 북한의 기초생활 보장 제도의 주요 차이점은 무엇인가?
2. 장애인 복지 서비스 제공 방식에서 나타나는 남북한의 특징을 설명하시오.
3. 아동 및 노인복지 서비스 접근성에 영향을 미치는 요인에는 어떤 것들이 있는가?
4. 사회복지 서비스 접근성 개선을 위해 필요한 정책적 노력은 무엇인가?
5. 남북한 사회복지 서비스의 차이가 통일 이후 통합에 어떤 영향을 미칠 수 있는가?

제6장

사회보장제도의 재정 구조 비교

> 📖 **학습 목표**
> 1. 남북한 사회보장 재정 구조의 특징과 차이를 이해한다.
> 2. 사회보장 재정 적자와 부채 문제의 원인과 영향을 분석한다.
> 3. 재정 지속 가능성을 확보하기 위한 정책적 과제를 파악한다.

제1절 남북한의 사회보장 재정 구조 비교

1. 재정 구조의 정의

1) 개념

사회보장 재정 구조는 사회보장제도를 운영하기 위한 재원의 조달, 관리, 배분과 관련된 체계적 틀을 의미한다. 이는 제도의 지속 가능성과 효과적 운영을 보장하는 핵심 기반으로서, 재정 수입원과 지출 항목, 그리고 재정 운용 방식 등을 포함한다. 일반적으로 사회보장 재정은 보험료, 세금, 공적 이전지출, 기부금 등 다양한 수입원으로 구성되며, 이를 통해 연금, 의료, 실업급여, 기초생활 보장 등 사회보장 서비스 제공에 필요한 재원을 조달한다. 재정 구조의 정의는 국가별 사회보장제도의 특성과 정책 목표에 따라 차이가 있으나, 기본적으로는 '사회적 위험에 대비한 재정적 준비와 분배 메커니즘'으로 이해된다(박민수, 2021).

즉, 재정 구조는 사회보장 서비스가 효율적으로 제공될 수 있도록 재원의 안정성과 공평성을 확보하는 제도적 장치라 할 수 있다. 특히 남북한의 재정 구조는 체제적·경제적 차이로 인해 조달 방식과 운영 방식에 뚜렷한 차이가 존재한다. 남한은 보험료 기반의 사회보험과 세금 기반의 공공부조가 혼합된 다원적 재정 구조를 갖추고 있으며, 재정 투명성과 지속 가능성 확보를 위해 다양한 제도적 장치를 도입하고 있다(이준호, 2024). 반면 북한은 국가가 중앙집권적으로 사회보장 재정을 관리하며, 대부분 국가 예산에서 직접 재원을 배분하는 형태로 운영되어 계획경제 체제의 특성을 반영한다(김철수, 2023). 따라서 사회보장 재정 구조의 정의는 단순한 재원 조달을 넘어 사회보장제도의 기능 수행과 국민 복지 증진을 위한 전략적 재정 운영 체계를 포괄한다는 점에서 중요하며, 이는 남북한 사회보장제도의 비교 연구에서 핵심 분석 대상이 된다.

2) 수입원(보험료, 세금, 국가 지원 등)

사회보장 재정의 수입원은 사회보장제도의 재정 안정성과 지속 가능성을 담보하는 핵심 요소로서, 각국의 제도 유형과 경제 체제에 따라 다양한 형태로 구성된다. 주요 수입원은 크게 보험료, 세금, 그리고 국가 지원으로 구분할 수 있으며, 이들은 사회보험과 공공부조 등의 재원을 형성하는 데 중요한 역할을 한다.

남한의 경우, 사회보장 재정은 보험료 수입과 세금 및 정부 예산 지원의 혼합 구조로 이루어져 있다. 국민연금, 건강보험, 고용보험, 산재보험 등 주요 사회보험은 가입자와 사용자가 분담하는 보험료를 기본 재원으로 삼는다. 이 보험료는 사회보험의 핵심 재정 기반으로, 가입자의 소득과 근로 형태에 따라 차등 부과되며, 일정 부분 정부가 보조금을 통해 재정 보충을 한다. 또한, 기초생활 보장과 같은 공공부조는 일반 세금에서 재원을 확보하여 저소득층에 대한 직접적인 지원을 실시한다. 반면 북한은 계획경제 체제의 특성상 사회보장 재정의 대부분을 국가가 직접 예산에서 배분하며, 보험료 기반의 재원 조달은 제한적이다. 북한의 사회보장 재정은 중앙정부의 국가 예산과 지방정부의 예산 지원을 중심으로 구성되며, 각종 복지 서비스에 투입되는 재정은 국가 계획에 따라 일괄적으로 배분된다. 이는 보험료 대신 국가가 전면적으로 복지 비용을 부담하는 방식으로, 사회보험과는 다른 공공부조 중심의 재정 체계로 이해할 수 있다. 이처럼 남북한의 사회보장 재정 수입원은 경제 체제와 정책 목표에 따라 차이가 크다.

남한은 다원적 재원 조달 구조를 갖추어 사회보장제도의 자율성과 지속성을 확보하고자 하며, 보험료와 세금, 정부 지원 간 균형을 유지하고 있다. 북한은 중앙집권적 예산 배분을 통해 복지 서비스를 제공하며, 보험료 기반 재정 조달이 미흡한 대신 국가가 재정 전반을 통제하는 체계를 유지한다는 점에서 근본적 차이를 보인다(황민정, 2024). 이러한 수입원 구조의 차이는 남북한 사회보장 재정의 안정성, 투명성, 지속 가능성에 직접적인 영향을 미치며, 향후 통합 및 협력 과정에서 조정과 통합이 요구되는 주요 쟁점으로 작용할 것이다.

3) 지출 항목(연금, 의료, 실업급여 등)

사회보장 재정의 지출 항목은 해당 국가의 복지제도 우선순위, 사회경제적 조건, 인구구조에 따라 달라지며, 크게 연금급여, 의료보장, 실업급여, 산재보상, 아동·노인·장애인 복지 서비스 등으로 나눌 수 있다. 각 지출 항목은 국민의 생애주기에 따라 다양하게 작동하며, 제도의 포괄성과 형평성을 판단하는 주요 지표로 작용한다(김형배, 2022).

◆ 남한의 사회보장 지출 항목 구성

남한의 사회보장 지출은 복지국가적 성격을 반영하여 다양화되어 있다. 2023년 기준, 한국의 사회지출 중 가장 큰 비중을 차지하는 항목은 연금(국민연금 및 공무원연금 등)이며, 그 외에도 건강보험을 통한 의료비 보장, 고용보험을 통한 실업급여 및 고용안정 지원, 산재보험, 노인장기요양보험, 아동수당 및 기초생활 보장 등으로 구분된다(보건복지부, 2023; OECD, 2024). 특히, 국민연금 급여는 노령, 유족, 장애연금으로 구분되며, 전체 사회보장지출 중 약 35%를 차지한다. 건강보험은 전체 사회보장 예산의 30% 내외로 구성되어 있으며, 고용보험은 실업급여 외에도 직업훈련 및 고용촉진지원금 항목을 포함한다(한국보건사회연구원, 2023). 또한 복지 사각지대를 줄이기 위한 기초생활 보장제도(생계·주거·의료급여 등)도 주요한 지출 항목이다.

◆ 북한의 사회보장 지출 항목 구성

북한은 사회주의 국가로서 전면적인 국가 부담에 의한 복지 체계를 표방하지만, 실질적인 사회보장 지출 항목은 제한적이며 공식 통계 자료가 부족하다. 그러나 공식 문헌 및 연구자 분석에 따르면 북한의 사회보장 지출은 크게 노동자·퇴직자 대상의 연금 지급, 무상 의료 제공, 사회적 특수 계층(영예군인, 전쟁유가족, 장애인 등) 지원, 출산·보육 서비스 등이 중심이다(임을출, 2022; 조명호, 2023).

연금의 경우 노동자를 위한 노동보험법에 따라 퇴직 후 일정한 연금을 국가에서 지급하지만, 실질적 수급 여부와 급여 수준은 매우 낮고 비정기적이다. 의료는 헌법상 무상 제공 원칙에 따라 이론상으로는 전 국민에게 적용되지만, 재정 부족 및 시설 노후화 등으로 인해 지역 간 의료격차가 심각한 것으로 나타났다. 실업급여 제도는 실질적으로 존재하지 않으며, 고용은 국가 계획경제 체제하에서 '실업률 제로'를 표방하고 있다(김영수, 2023).

〈표 7〉 남북한의 사회보장 지출 항목 비교

항목	남한	북한
연금	국민연금, 공무원·군인연금, 기초연금 등 다양한 형태로 분화	노동연금 중심의 단일 지급 체계, 현실적 지급률 및 수급률 매우 낮음
의료	건강보험 중심의 부분 부담제, 보장성 지속 확대 중	원칙적으로 무상의료이지만 실질적 비용 및 접근성 문제 존재
실업급여	고용보험을 통한 실업급여, 직업훈련, 고용안정사업 등 다층적 지원	실업 개념이 체계화되지 않아 별도의 급여 제도 존재하지 않음
산재 및 장애보상	산재보험, 장애인연금, 활동지원제도 등 존재	노동재해 관련 법적 보장은 있으나 제도 운영 미비, 장애인 지원은 이념 기반 선별적 제공
보육 및 아동복지	아동수당, 어린이집 무상보육, 돌봄 서비스 등 다양하게 구성	국가 보육기관 존재하나 시설 노후화 및 영양결핍 문제 존재

참고: 보건복지부(2024), 국민연금공단(2023), 통일연구원(2023), 조선중앙통계국(2021), 국회예산정책처(2023) 자료를 종합하여 재구성함.

남한은 시장경제 기반의 사회보험 중심 복지국가로 발전하면서 복합적 지출 구조와 다양한 수급대상군을 보장하고 있다. 반면, 북한은 계획경제 기반의 국가 주도 복지 체제를 유지하면서도 경제난으로 인한 제도 운영 미비와 실질적 지출 제한이 존재한다. 이러한 차이는 향후 남북 간 사회보장 통합을 위한 단계별 접근의 필요성과 정책 조정의 중요성을 시사한다.

2. 남한의 사회보장 재정 구조

1) 공적연금과 건강보험 재정 운영

남한의 사회보장제도는 국민의 생애주기에 따라 소득을 보장하고 의료 서비스를 제공하는 두 축, 즉 공적연금제도와 건강보험제도를 중심으로 구축되어 있으며, 두 제도의 재정 운영은 각각의 보험료 수입과 정부 재정 지원을 중심으로 구성되어 있다. 이 두 제도는 사회보험 방식에 기반을 두고 있으나, 지속 가능한 운영을 위한 재정 안정화 과제가 대두되고 있다(박능후 외, 2022).

◆ **공적연금 재정 운영 구조**

남한의 공적연금은 국민연금, 공무원연금, 군인연금, 사립학교교직원연금 등으로 구분되며, 이 중 국민연금이 대표적이다. 국민연금은 가입자의 보험료 납부와 수급자의 연금 수급이라는 보험 원리에 입각해 운영되며, 현재 고갈 시점을 앞둔 재정 안정성 문제가 중요한 정책적 쟁점으로 부상하고 있다(국민연금공단, 2023). 국민연금 재정의 주요 수입원은 보험료 수입(가입자와 사업주의 분담)이며, 정부의 재정 지원은 일부 관리비 등에 한정된다. 2022년 기준 보험료율은 9%이며, 소득의 절반씩 사용자와 근로자가 부담한다. 한편, 기초연금은 조세 기반으로 지급되며, 노인빈곤 문제 완화를 위한 소득보장제도로서 국민연금과 병행 운영된다.

국민연금기금은 현재 950조 원 이상(2023년 말 기준)이 적립되어 있으며, 기금 운용 수익률에 따라 재정 안정성에 큰 영향을 미친다. 그러나 저출산·고령화에 따른 수급자 증가와 가입자 감소로 인해, 2055년경 기금 고갈 우려가 제기되며 연금개혁 필요성이 강조되고 있다(보건사회연구원, 2023).

◆ **건강보험 재정 운영 구조**

국민건강보험제도는 전 국민을 대상으로 한 단일 보험 체계로, 2000년 지역보험과 직장보험을 통합하면서 단일 운영 체계를 갖추게 되었다. 건강보험의 재정은 주로 가입자 보험료, 정부지원금, 그리고 준조세적 성격의 부담금(건강증진기금 등)으로 구성된다(국민건강보험공단, 2023). 2022년 기준 건강보험 총수입은 약 90조 원, 총지출은 약 95조 원 수준이며, 보험료 수입은 약 70조 원 규모이다. 현재 보험료율은 직장가입자 기준 7.09%(2024년 기준)이며, 사용자와 근로자가 절반씩 부담한다. 정부는 전체 보험료 수입의 약 14% 수준을 국고로 지원한다.

최근 건강보험의 재정적자 확대는 보장성 강화 정책에 따른 지출 증가, 고령화에 따른 진료비 증가, 비급여의 급여화 정책 등과 연관되어 있다. 이에 따라 건강보험 지속 가능성을 위한 지출 효율화 방안과 수입구조 개선이 병행되어야 한다는 지적이 많다.

〈표 8〉 공적연금 vs 건강보험 비교

항목	공적연금(국민연금 중심)	건강보험
재정 운영 방식	보험료 기반 + 일부 정부 지원	보험료 기반 + 정부 지원 + 건강증진기금 등
주 수입원	가입자 보험료 (9%, 사용자·근로자 절반 부담)	가입자 보험료 (7.09%, 직장가입 기준), 정부 보조금
주요 지출 항목	노령연금, 장애연금, 유족연금 등	급여 진료비, 보장성 확대 지출 등
재정위험 요인	고령화, 수급자 증가, 기금 소진 우려	고령화, 보장성 강화, 재정적자 누적
재정 운영기관	국민연금공단	국민건강보험공단

참고: 보건복지부(2024), 국민연금공단(2023), 국민건강보험공단(2024), 국회예산정책처(2023)의 자료를 종합하여 재구성함.

남한의 공적연금과 건강보험 재정 운영은 각각의 재정 지속 가능성을 위협받고 있으며, 이에 따라 연금개혁(보험료율 조정, 지급 연령 상향 등)과 건강보험의 재정 효율성 제고(비급여 관리, 지출 구조 개선 등)가 시급하다. 특히 연금제도는 사회적 합의 기반 개혁이 요구되며, 건강보험은 수지 균형과 보장성의 조화가 관건이다(국회예산정책처, 2023).

2) 국가 및 지방정부의 재정 지원 구조

남한의 사회보장제도는 사회보험, 공공부조, 사회복지 서비스 등으로 구성되어 있으며, 이들 제도의 안정적 운영을 위해 국가와 지방정부는 중요한 재정적 역할을 수행하고 있다. 사회보험은 주로 보험료 기반으로 운영되지만, 국가와 지방정부는 일정 부분 보조금을 통해 제도의 지속 가능성을 확보하고, 공공부조 및 사회 서비스는 국가 재정을 주요 수단으로 삼는다. 특히 고령화와 복지 수요 증가에 따라 국가 및 지방정부의 사회보장 재정 지원은 점진적으로 확대되는 추세다.

◆ 국가의 사회보장 재정 지원 구조

중앙정부는 사회보장제도의 기본적인 재정 기반 제공자로서 역할하며, 그 범위는 다음과 같이 구분된다. 우리나라의 사회보장 재정 구조는 크게 사회보험, 공공부조, 사회 서비스 세 영역에서 국가와 지방자치단체의 재정이 복합적으로 투입되는 구조로 구성되어 있으며, 각 제도별로 국고 지원 방식과 규모는 상이하다. 이러한 재정 지원은 국민의 기본생활 보장과 사회적 위험 대응을 위한 국가 책임을 실현하는 핵심 수단이다. 먼저 사회보험 영역에서는 각 제도별로 국고 보조 방식에 차이가 있다. 국민연금은 원칙적으로 가입자의 보험료 수입을 기반으로 운영되며, 일반적으로 국고의 직접적인 지원은 이루어지지 않는다. 다만, 노후소득 보장을 강화하기 위한 보완제도로 기초연금이 별도로 운영되며, 이 제도는 전액 국고로 지급되어 소득 하위 노인의 생활 안정을 뒷받침한다.

건강보험의 경우, 가입자 보험료 수입이 주요 재원이지만, 정부는 2023년 기준 보험료 수입의 약 14%를 국고에서 지원하고 있다. 이러한 국고 보조는 급속한 고령화와 의료기술 발달 등으로 인해 의료비가 증가하는 상황에서 건강보험의 보장성 강화를 유지하고, 재정 안정성을 확보하기 위한 중요한 재정적 장치이다. 또한, 고용보험과 산재보험은 실업급여 지급, 고용안정 사업, 산업재해 예방 사업 등 다양한 목적의 지출을 포함하며, 이들 사업에는 정부 재정이 직접적으로 투입된다. 특히 코로나19 팬데믹 기간 동안, 대량 실업 및 소득 공백에 대응하기 위해 고용유지지원금, 긴급고용안정지원금 등이 대규모로 집행되면서 사회보험 분야에 대한 정부 재정 지출이 급격히 확대된 바 있다(기획재정부, 2022).

공공부조 프로그램의 대표 사례인 기초생활 보장제도는 중앙정부의 재정 부담이 절대적인 구조이다. 생계급여, 의료급여, 주거급여, 교육급여 등 네 가지 핵심 급여 항목 중 생계급여는 국비 100%로 지급되며, 의료급여는 지방자치단체가 약 15%를 분담하고 나머지는 국비로 충당된다(보건복지부, 2023). 이처럼 급여 항목별로 국비와 지방비의 분담 비율이 달라지며, 사회취약계층에 대한 국가의 보장책임을 실현하는 동시에, 지역정부의 공동 책임도 일부 반영되어 있다.

마지막으로, 사회 서비스 영역에서는 아동, 노인, 장애인 등을 대상으로 하는 다양한 바우처 사업과 사회복지시설 운영 지원이 이루어지며, 이들 서비스에는 국가 예산과 지방자치단체 예산이 함께 투입되는 매칭펀드 방식이 널리 적용된다. 예를 들어, 장애아동 재활치료 서비스는 중앙정부와 지방정부가 각각 50%씩 비용을 분담하는 구조로 운영되며, 이러한 방식은 서비스의 지역 실행력을 높이는 동시에 중앙정부의 정책 목표를 지방 차원에서 구체화하는 데 기여한다. 이 외에도 노인돌봄서비스, 지역아동센터 운영비, 발달장애인 지원사업 등도 유사한 매칭 구조를 갖고 있어, 사회 서비스의 공급 기반을 확장하고 지역 간 형평성 있는 서비스 제공을 뒷받침하는 재정 구조로 기능하고 있다. 요약하면, 우리나라의 사회보장 재정 지원 체계는 제도별 특성과 정책 목적에 따라 다양한 국고 지원 방식을 활용하고 있으며, 특히 보장성 강화, 재정 지속 가능성 확보, 지역 간 복지 형평성 제고라는 측면에서 중요한 정책적 기능을 수행하고 있다.

◆ 지방정부의 사회보장 재정 구조

지방자치단체는 지역복지의 실행 주체로서 역할하며, 중앙정부의 정책을 실제로 집행하는 데 있어 재정 지원과 자율적인 예산 편성 기능을 병행한다. 지역사회 복지사업은 주민의 삶의 질을 실질적으로 개선하는 데 핵심적인 역할을 하지만, 이러한 사업의 실행과 지속 가능성은 상당 부분 지방재정의 부담 능력과 정책 역량에 달려 있다. 특히 노인 돌봄, 아동·청소년 프로그램, 긴급복지 등 지역 맞춤형 복지사업은 지방자치단체가 일정한 비율의 비용을 자체 재원으로 부담해야 하며, 이로 인해 지역 간 재정 여건과 복지 추진 역량의 차이가 뚜렷하게 드러나고 있다. 예를 들어, 서울특별시나 일부 광역시의 경우 재정 자립도가 상대적으로 높아 자체 재원을 활용한 돌봄SOS센터, 취약계층 긴급 지원 사업 등을 보다 확대하고 있으나, 재정이 열악한 지방자치단체에서는 이와 같은 복지사업 확대가 쉽지 않은 현실이다(한국지방행정연구원, 2023). 이로 인해 지역 간 복지 수준의 불균형과 형평성 문제가 지속적으로 제기되고 있다. 이러한 구조 속에서 복지사업은 통상적으로 보건복지부와 행정안전부가 공동으로 정하는 국고보조금 지방비 매칭 비율에 따라 운영된다. 매년 공표되는 이 비율에 따라 각 지방정부는 전체 복지 예산의 40~50% 이상을 자체 재원(지방세, 지방교부세 등)으로 충당해야 하며, 재정 부담은 고스란히 지방정부로 이어진다. 특히 인구 감소 지역이나 재정력이 낮은 취약 지방자치단체의 경우, 중앙정부가 일부 사업에 대해 보전금 또는 특별교부세 등의 지원을 병행하고 있으나, 근본적인 재정 불균형을 해소하기에는 역부족이라는 지적도 있다(지방재정분석센터, 2022).

이러한 상황 속에서 제기되는 또 하나의 중요한 이슈는 바로 복지재정의 자율성과 책임성 강화이다. 지역의 복지 수요가 증가하고 복지사업이 지속적으로 확대됨에 따라, 각 지방정부는 보다 능동적이고 자율적인 재정 운용 능력을 갖춰야 할 필요성이 커지고 있다. 그러나 현재의 국고보조금 중심 구조는 중앙정부의 통제력이 강하고, 지방정부는 형식적인 집행 주체로 머무르는 한계가 있다. 이에 따라 지역 간 복지 수준의 형평성을 확보하고 지방의 책임성과 자율성을 강화하기 위한 제도 개편 논의가 활발히 진행되고 있다. 구체적으로는, 복지국고보조금 구조의 전면적 개편과 지방교부세 조정 방식의 개선이 대표적인 정책 대안으로 검토되고 있다(김태완 외, 2022). 보조금 구조 개편을 통해 지방정부가 보다 실질적인 계획과 집행 권한을 갖도록 하고, 중앙정부는 평가와 재정 조정 기능에 집중하는 방식으로 기능을 재정립하자는 제안이 이어지고 있다. 또한 지방교부세의 배분 방식도 지역의 복지 수요와 재정 자립도, 인구구조 등을 보다 정교하게 반영하여 형평성을 높이는 방향으로 개선이 필요하다는 지적이 꾸준히 제기되고 있다. 요약하자면, 지역사회 복지사업의 성공적인 운영을 위해서는 지방정부의 재정 부담을 합리적으로 조정하고, 자율성과 책임성을 균형 있게 강화하는 방향의 제도적 개선이 요구된다. 특히 재정력이 약한 지역도 안정적으로 복지사업을 수행할 수 있도록 중앙과 지방 간 협력 기반을 더욱 공고히 하고, 형평성 있는 복지 실현을 위한 재정 배분 구조의 재설계가 중장기적으로 추진되어야 할 것이다.

◆ **정책적 과제 및 제언**

우리나라 복지재정은 중앙정부와 지방정부가 공동으로 부담하는 구조를 바탕으로 운영되고 있으나, 재정 분담 방식의 비일관성과 지출 효율성 부족 등 여러 과제에 직면해 있다. 이러한 현실을 개선하기 위해서는 복지재정의 구조적 문제에 대한 진단과 함께, 실효성 있는 정책적 개선이 병행되어야 한다.

첫째, 중앙정부와 지방정부 간 재정 분담의 합리화가 시급하다. 현재 복지사업별로 국비와 지방비의 분담 비율이 다르게 설정되어 있으며, 때로는 동일한 사업 내에서도 지역에 따라 상이하게 적용되는 사례도 존재한다. 이러한 불균형은 재정 자립도가 낮은 지방정부일수록 복지사업 추진에 제약을 초래하며, 결과적으로 지역 간 복지 형평성을 저해하는 원인이 된다. 특히 인구 감소나 고령화가 심화된 농어촌 지역에서는 복지 수요는 증가하고 있으나 자체 재원이 부족해 복지 공백이 발생하는 경우도 있다. 따라서 사업 유형과 대상, 지역 여건을 반영한 표준화된 재정 분담 기준을 마련하고, 이에 근거한 예측 가능한 재정 운용 체계를 구축할 필요가 있다. 이를 통해 지방정부의 재정 부담을 완화하고, 지역 간 복지 서비스의 격차를 줄일 수 있을 것이다. 둘째, 복지지출의 성과 관리 체계 강화가 요구된다. 지금까지의 복지정책은 주로 투입 중심으로 평가되어 왔으나, 앞으로는 한정된 재정을 보다 효과적으로 활용하기 위해 성과 중심의 예산 편성과 집행, 평가 시스템이 필요하다. 이를 위해서는 국고보조금과 지방재정을 활용한 복지사업에 대해 사전·사후 평가 체계를 정비하고, 재정 투입 대비 사회적 편익이나 효과성을 측정할 수 있는 지표와 분석 도구가 마련되어야 한다.

이를 통해 예산의 낭비를 방지하고, 성과가 검증된 사업에 대해 지속적인 투자가 이루어지도록 유도할 수 있다. 나아가 지자체 간 우수 사례를 공유하고 성과 기반의 인센티브를 제공하는 방식으로 정책 경쟁력을 높이는 것도 중요한 방향이다. 셋째, 복지재정 통합 플랫폼 구축이 필요하다. 현재 중앙정부와 지방정부 간 복지 예산 흐름은 다양한 부처와 기관을 통해 개별적으로 관리되고 있어, 전체적인 재정 흐름을 종합적으로 파악하기 어렵고 정책 간 중복이나 사각지대가 발생할 우려가 있다. 이에 따라 복지재정 전반을 통합적으로 분석·관리할 수 있는 디지털 기반의 통합 관리 시스템이 요구된다. 이러한 시스템은 예산 편성, 사업 집행, 평가 및 환류까지 전 과정의 데이터를 연계함으로써 정책 조정의 효율성을 높이고, 지출 구조의 투명성과 일관성을 제고할 수 있다. 예를 들어, 복지사업 간 재정 중복 여부를 실시간으로 점검하거나, 특정 지역의 예산 집행률과 복지 수요 간의 괴리를 파악해 조정할 수 있다면, 보다 정밀하고 과학적인 정책 설계가 가능해질 것이다. 또한 이러한 통합 플랫폼은 정책 결정자와 실무자 모두에게 의사결정의 근거 자료를 제공함으로써 복지재정 운영의 책임성과 신뢰성을 강화하는 데에도 기여할 수 있다. 결론적으로, 복지재정의 지속 가능성과 형평성, 효율성을 확보하기 위해서는 재정 분담 기준의 정비, 성과 기반 지출관리, 통합적 재정 운영 시스템 구축이라는 세 가지 축을 중심으로 정책적 개선이 이루어져야 한다. 이를 통해 중앙과 지방 간의 역할 분담을 명확히 하고, 예산이 실질적인 사회적 효과로 이어질 수 있도록 함으로써, 국민 모두가 체감할 수 있는 포용적 복지체계를 실현할 수 있을 것이다.

3) 민간보험과 보충적 재원

남한의 사회보장제도는 공공부조와 사회보험을 기본 골격으로 하고 있으나, 공적 영역만으로는 모든 복지 수요를 충족하기 어려운 구조로 인해 민간보험 및 보충적 재원이 중요한 보완 수단으로 자리매김하고 있다. 특히 국민의 의료비 부담 경감, 노후소득 보장 강화, 실업위험 대비 등의 영역에서 민간 재원의 역할이 점차 확대되고 있으며, 이는 공공복지의 한계를 메우는 동시에 복지 다층화 체계를 형성하는 특징을 갖는다(조성은·김태완, 2023).

◆ **민간보험의 보완적 역할**
▶ 민간의료보험 확대: 남한은 보편적 건강보험제도를 운영하고 있음에도 불구하고 급여 범위 외 비급여 진료비 부담이 높아 이를 보완하기 위해 민간의료보험에 대한 수요가 지속적으로 증가하였다. 2021년 기준

전체 국민의 약 75% 이상이 민간의료보험에 가입하고 있으며, 이는 공적 의료보장의 한계를 보완하려는 수요에서 기인한다(보건사회연구원, 2022). 특히 중산층 이상 계층의 실손의료보험 가입률은 80%를 상회하며, 고령층의 민간보험 의존도도 높아지고 있다.

▶ 노후소득 보장을 위한 퇴직연금 및 개인연금: 국민연금의 소득대체율 하락(2023년 기준 약 40% 내외)에 따라 퇴직연금(DB형·DC형) 및 개인연금(IRP 등)의 가입이 증가하고 있으며, 이는 공적연금의 보완 체계로 작동하고 있다. 고용노동부에 따르면, 퇴직연금제도 가입자 수는 2022년 기준 700만 명을 초과하였으며, 퇴직연금 자산은 약 300조 원 규모로 성장하였다(고용노동부, 2023).

◆ 보충적 복지 재원의 유형과 구성

▶ 사회복지공동모금회, 시민단체 등 기부 기반 복지재원: 대표적으로 사랑의열매(사회복지공동모금회)는 매년 수천억 원의 기부금을 모금해 지역사회 복지시설, 긴급 지원, 아동·노인·장애인 서비스에 지원하고 있다. 지역사회 기반 복지기금은 지방정부 및 민간단체와의 협력을 통해 사각지대 해소에 기여하며, 특히 팬데믹 시기 긴급생계비 지원 사례에서 민간재원이 큰 역할을 수행하였다(임완섭 외, 2022).

▶ 기업 복지 및 사회공헌기금: 대기업 및 공기업은 법정 사회공헌 외에도 자체 기금을 조성하여 취약계층 주거지원, 직업훈련, 청년창업 지원 등 보완적 복지사업을 수행하고 있다. 예: 삼성·LG 등은 자체 재단을 통해 노인 독거가정 지원, 아동 교육 사업에 지속적인 재정 지원을 하고 있음.

◆ 정책적 시사점 및 과제

▶ 공·사 복지 역할 구분의 명확화: 민간보험의 확산은 보완적 기능 외에 사회적 형평성 악화, 역선택 문제 등 새로운 정책 문제를 야기할 수 있으므로, 공공복지의 기본책무 강화와 민간의 보완적 범위 설정이 필요하다.

▶ 보충적 재원 투명성과 지속성 확보: 기부 및 민간재원의 투명한 운용, 사용처의 사회적 합의 확보는 지속가능성을 좌우한다. 이를 위해 공적 감시 체계와 평가시스템 구축이 병행되어야 한다.

▶ 민간자원의 공공 서비스 통합 활용 확대: 민간의 복지자원을 지역 복지전달 체계와 연계하여 활용성을 높이고, 특히 돌봄·복지 사각지대 해소를 위한 민·관 협력 플랫폼 구축이 필요하다(신은정, 2023).

3. 북한의 사회보장 재정 구조

1) 계획경제 체제하의 재원 배분

북한의 사회보장 재정 구조는 계획경제 체제에 기반하여 중앙정부가 모든 재정 운영을 총괄하는 특징을 갖는다. 북한은 전통적으로 국가의 전면적 책임하에 사회보장을 제공하는 사회주의 복지 체계를 운영하고 있으며, 그 재원 배분 또한 국가 예산에 의해 전적으로 계획·관리된다.

이는 자본주의 국가처럼 보험료 납부나 지방자치단체의 재원분담보다는, 계획경제 속에서의 배정과 통제 방식이 주된 특징이다(정은정, 2022; 김광진, 2023).

◆ 국가 예산 중심의 사회보장 재정 운영

북한에서 사회보장에 쓰이는 재정은 중앙집권적 계획하에서 국가 예산 편성 시 배정되는 항목에 의해 충당된다. 구체적으로는 매년 조선민주주의인민공화국 최고인민회의에서 "국가 예산계획"이 수립되며, 이 중 일부가 보건, 교육, 사회보장 분야에 배분된다. 예를 들어, 북한은 2021년 국가 예산의 약 14.7%를 보건의료 및 사회문화 부문에 배정하였으며, 이는 사회보장에 필요한 예산을 포함한 총합으로 간주된다(통일연구원, 2022). 사회보험료와 같은 개별 재정 항목이 존재하지 않으며, 전체 재정은 국가 총수입(주로 국영기업 이익, 무역 수익, 군사 산업 이익 등)에 기반한 일괄 편성 방식이다.

◆ 노동력 관리와 연계된 복지 재원 배분 방식

북한의 사회보장은 노동과 긴밀히 연결되어 있으며, 국가 계획에 따른 노동 배치와 함께 복지 제공도 통합적으로 운용된다. 즉, 노동자, 농민, 지식인 계층에게 일정한 범위 내 사회보장이 주어지며, 그에 필요한 재정은 소속 단위 기업소나 국가 산업 부문에서 재정적으로 분담하기도 한다. 국영기업이나 협동농장 단위에서 "사회문화비"라는 명목으로 직원의 주택, 의료, 복지 비용 일부를 자체 충당하기도 하며, 이는 실질적인 계획경제 하의 '사회보장분담금' 성격을 띤다.

◆ 복지 서비스 배분의 정치·이념적 성격

사회보장 재원의 배분은 경제적 효율성보다 정치적 통제와 이념적 우선순위에 따른 결정이 강하게 작용한다. 예컨대, 당 간부, 혁명 유공자, 전쟁참전자 등 정치적 충성도 및 계급성이 높은 대상자에게 우선적으로 복지 서비스와 재정이 집중되는 구조를 갖는다. 김정은 정권 이후 보건·주택·영유아 지원 등 사회보장 영역에 대한 관심이 증가하였으나, 실질적인 보편성보다는 전략적 계층 중심 배분 경향이 강화되었다(박영자, 2021).

◆ 정책적 평가 및 시사점

국가 예산에 대한 절대적 의존: 북한의 사회보장 재정은 외부 재원 없이 국가 내부 수입에만 의존하므로, 경제 상황 악화 시 사회보장 서비스의 질적 저하와 축소 가능성이 크다. 민간 참여와 다층적 재정 부재: 남한과 달리, 민간 보험, 기부, 지방재정 등 보충적 재원이 존재하지 않아 위기 대응이나 복지 사각지대 해소가 구조적으로 어려운 한계를 가진다. 정치적·이념적 재정 편성 한계: 재원 배분의 기준이 경제적 수요나 인구 통계보다는 당의 정책 방향과 이념적 우선순위에 따라 달라지기 때문에, 복지 형평성과 접근성에 대한 제도적 보완 필요가 제기된다.

2) 국가 예산과 사회보장 비용 부담

북한의 사회보장 재정 구조는 전적으로 국가 예산에 의존하는 중앙집권적 특성을 지닌다. 사회주의 체제의 특성상, 국가가 전면적으로 사회보장서비스의 공급자이자 재원 부담 주체가 되며, 이는 "전체 인민을 위한 복지는 국가가 책임진다"는 주체사상의 원칙과 밀접하게 연계된다(김은주, 2023; 통일연구원, 2022). 북한은 별도의 사회보험료 납부 제도 없이, 전 국민에 대한 사회보장을 국가가 일괄적으로 계획·편성·집행하는 구조를 유지해 왔다.

◆ 국가 예산에서 사회보장 부문 비중과 편성 방식

북한의 국가 예산은 매년 최고인민회의에서 공식 발표되며, 이 가운데 사회문화 부문(교육, 보건, 문화, 사회보장 포함)에 대한 예산은 총예산의 15~20% 수준을 차지한다. 2023년 기준으로 북한은 전체 예산의 약 16.5%를 사회문화 부문에 배정했으며, 이 중 보건·의료 및 일부 사회보장 서비스 예산이 포함된다(통일연구원, 2023; 박한균, 2023). 사회보장 관련 예산은 무상교육 및 무상의료 실시, 군인가족 및 혁명유공자 대상 복지, 노동자 및 노인의 생활 보장, 유치원, 탁아소, 보육시설 운영 등과 같은 항목에 배분된다. 북한은 예산 편성 시, 계층별·지역별 복지 수요보다는 정치적 우선순위에 따라 배분을 조정하며, 특히 혁명 유공자, 충성 계층 등 '핵심계층'에 대한 복지 편중이 관찰된다.

◆ 사회보장 비용 부담의 방식: 통합재정 운용

북한은 국가 예산 내에서 사회보장 지출을 별도 항목으로 세분화하거나 독립 회계로 관리하지 않으며, 통합적 회계 구조하에서 지출한다. 이는 재정 투명성과 분배 공정성을 저해할 수 있는 구조적 문제점을 내포하고 있으며, 국제 기준과의 괴리를 보여 준다. 또한 북한의 재정 수입은 대부분 다음의 세 가지 축을 통해 확보되며, 이들 수입을 바탕으로 사회보장 비용이 충당된다.

- ▶ 국영기업 이윤 및 중앙이전 수입 → 국가경제계획에 따른 기업소 수익이 정부 재정으로 편입됨.
- ▶ 무역 및 외화벌이 사업 수익 → 일부 국영 무역회사, 해외 파견 노동자 등에서 발생하는 외화 수입이 사회문화 예산에 활용됨.
- ▶ 자연자원 기반 수출 수익 → 광물자원 수출 등에서 발생하는 국가 외화 수익.

하지만 이러한 수입원은 국제 제재와 경제 침체로 인해 불안정성이 높으며, 사회보장 예산이 정치·군사 부문에 우선순위를 양보하는 상황이 자주 발생한다.

◆ 국가재정 부족과 사회보장 서비스의 질 저하

최근 북한은 코로나19 팬데믹과 국제 제재로 인해 국가 재정 수입이 급감하였고, 그 결과 사회보장 예산이 축소되거나 일부 보건·복지 서비스가 중단되기도 했다. 예를 들어, 평양 이외의 지역에서는 보육시설 운영 중단, 노인 대상 영양배급 축소 등 사회보장 기능이 부분적으로 마비된 사례가 다수 보고되었다. 또한, 지역 간 재정 편중이 심화되며 수도권·핵심 계층 중심의 서비스 제공이 강화되는 반면, 지방 및 비충성 계층에 대한 사회보장 접근성은 현저히 낮은 수준으로 나타난다.

◆ 시사점 및 정책적 함의
▶ 재정 구조의 비효율성: 사회보장 관련 지출이 국가 전체 예산 구조 안에서 파편화되어 있으며, 관련 비용 부담의 지속 가능성에 의문이 제기된다.
▶ 사회적 형평성의 저해: 계층적, 정치적 기준에 의한 복지 지출로 인해 형식적 보편주의에도 불구하고 선별적 복지가 현실에서 강하게 작동한다.
▶ 남북한 통합 대비 과제: 통일 이후 남한식 기여형 사회보장 시스템과 북한식 국가부담형 복지 체계의 재정 운영 체계 간 괴리 조정 필요성이 크다.

3) 사회주의 체제 내 재정 운영 방식

북한의 사회보장 재정 운영은 계획경제와 중앙집권적 통제를 핵심 원칙으로 하는 사회주의 재정 운영 체계 내에서 이루어진다. 이는 국가가 전면적인 계획 수립, 자원 배분, 집행 권한을 독점하는 일원화된 시스템으로, 시장 메커니즘과는 근본적으로 다른 방식이다(통일연구원, 2023). 북한은 사회주의 헌법과 노동당의 방침에 따라 국가가 인민의 기본생활을 책임지는 것을 원칙으로 삼고 있으며, 사회보장 정책 또한 국가의 통치 정당성과 정권 유지를 위한 수단으로 기능하고 있다.

◆ 중앙계획에 의한 사회보장 예산 배정

북한의 사회보장 관련 예산은 국가 계획위원회의 연간 국가경제발전계획에 따라 결정되며, 해당 예산은 노동성(現 노동보건성 또는 보건성), 교육성 등 주요 행정기관을 통해 집행된다. 예산 편성은 중앙정부 주도로 이루어지며, 각 지역 행정단위는 중앙의 지침에 따라 하향식으로 예산을 집행하는 구조이다(통일연구원, 2022). 예를 들어, 특정 연도의 국가 계획에서 노동자 복지, 어린이 무상급식, 노인 보양소 운영 등의 항목이 설정되면, 이에 해당하는 예산이 중앙에서 배정되고 지역 단위는 자체 판단 없이 집행만 수행한다. 이로 인해 지역 간 차별성과 자율성 결여, 현장 중심 대응의 부재라는 문제가 발생한다(조영숙, 2021).

◆ 국가 재정의 '정치화'와 이념적 예산 배분

북한의 사회보장 예산은 단순한 복지 지출이 아니라 이념적·정치적 목적을 위한 자원 재분배의 수단으로 기능한다. 특히 핵심 계층(당 간부, 군 간부, 충성도 높은 주민 등)에 대한 보상으로서의 복지 예산은 전략적으로 확대되며, 이는 '사회주의적 분배 정의'라는 명분 아래 비형평적 재정 운영을 정당화하는 기제로 작동한다

(김용현, 2023). 이러한 이념 중심 재정 운영 방식은 사회보장제도의 형식적 보편성에도 불구하고, 실제적으로는 선별적 접근과 정치적 편향을 강화시키는 결과를 초래한다(박한균, 2022).

◆ 사회주의 재정의 '통합 회계 원칙'과 투명성 결여

북한의 재정 운영 방식의 중요한 특징 중 하나는 회계 항목의 비공개성이다. 사회보장 관련 지출은 별도 회계 항목으로 분류되지 않고, 사회문화 부문이나 노동력 재생산 부문 등으로 뭉뚱그려 포함되며, 국민에게는 공개되지 않는다. 이는 국제사회의 기준에서 볼 때 재정 투명성이 심각하게 부족한 구조로, 구체적인 사회보장 지출의 실태 파악조차 어렵게 만든다(정은정, 2022; UNESCAP, 2022).

◆ 군사·생산 부문 우선주의와 복지 후순위화

북한 재정의 또 다른 중요한 특징은 군사 및 생산 부문에 대한 우선순위 배정이다. '선군정치'의 기조 아래, 사회보장 지출은 상대적으로 후순위로 밀리는 경향이 있으며, 경제 위기 시 가장 먼저 삭감되는 분야로 꼽힌다. 이는 1990년대 고난의 행군 이후에도 크게 달라지지 않았으며, 사회보장 부문의 지속 가능성 확보가 제약받고 있음을 의미한다.

◆ 남북한의 사회보장 재정 지출 항목 비교

- 남한의 지출 구조(예시 비율)

▶ 연금: 35% - 고령화 사회 대응 중심의 재정 부담 증가

▶ 의료보장: 30% - 건강보험 중심의 국민 의료비 지출

▶ 고용/실업 보장: 15% - 고용보험, 실업급여, 직업훈련 등

▶ 장애인/노인복지: 10% - 다양한 복지급여 및 돌봄 서비스

▶ 기초생활 보장: 10% - 생계급여, 의료급여, 주거급여 등

- 북한의 지출 구조(추정 비율)

▶ 기초생활 보장: 40% - 주택·식량 등 생존보장 중심의 무상공급 원칙

▶ 의료보장: 25% - 무상의료제도 운영, 약품과 시설 부족 문제 병존

▶ 연금: 20% - 노동자·군인 은퇴자 대상의 제한적 연금 지급

▶ 장애인/노인복지: 10% - 상징적 배려 중심, 실질 지원은 낮음

▶ 고용/실업 보장: 5% - 실업 자체를 인정하지 않는 체제 특성 반영

<표 9> 남북한 지출 항목 비교

항목	남한	북한
연금	고령층 중심 강한 지출	일부 계층에 제한적 적용
의료보장	건강보험 기반	무상의료제도 원칙, 실제 지원 부족
고용/실업 보장	실업급여·직업훈련 등 다양	실업 부정, 제도적 보장 거의 없음
장애인·노인복지	다층적 서비스 제공	제한적 물자 보급 중심
기초생활 보장	조건부 급여 중심	무상공급 체제, 생활필수품 우선 보장

참고: 보건복지부(2023), 통일연구원(2022), 남북보건의료학회(2023), United Nations ESCAP(2021)의 자료를 바탕으로 재구성함.

중앙계획 중심 운영 구조는 자율성 결여와 비효율성을 초래하고 있으며, 지역 주민의 복지 수요 반영이 어렵다. 이념화된 재정 편성 기준은 사회적 형평성과 복지 실현 가능성을 저해하고 있다. 향후 남북 통합을 대비한 재정통합 논의에서는 북한의 계획 재정 체계와 남한의 기여·조세 기반 사회보장 체계 간의 이질성을 극복할 제도적 조율이 필요하다.

4. 남북한 재정 구조 비교 분석

1) 재원 조달 방식과 안정성

남한과 북한의 사회보장제도는 이념적 기반과 경제 체제의 차이에 따라 재원 조달 방식과 재정 안정성 측면에서 큰 구조적 차이를 보인다. 남한은 시장경제 체제를 기반으로 한 혼합형 사회보장 재정 구조를 운영하고 있다. 국민연금, 건강보험, 고용보험, 산재보험 등 주요 사회보험은 보험료 기반의 사용자·피보험자 공동 부담 원칙을 따르고 있으며, 기초생활 보장제도나 장애인연금, 아동수당 등 공공부조 및 현금급여 중심의 제도는 국가 일반 재정(세입)을 통해 조달된다. 특히 사회보험 재정은 기금제도를 통해 별도로 운용되며, 보험료 수입과 기금 투자 수익이 주요 재원이다. 반면 공공부조는 중앙정부와 지방정부의 재정 분담을 통해 재원을 확보한다(보건복지부, 2024). 이러한 다원적 조달 방식은 경제 여건 변화나 고령화에 따른 재정 부담 증가에 유연하게 대응할 수 있는 장점을 가지나, 보험료 수입의 한계와 저출산·고령화에 따른 지속 가능성 위기가 지적되고 있다(국회예산정책처, 2023). 북한의 사회보장 재정 구조는 국가 주도형 중앙집권 체계에 기반하고 있다. 사회보장은 세입구조 내에서 '사회보험금'이라는 이름으로 조달되며, 이는 실질적으로 국가가 사업소 및 협동조합에서 일정액을 징수하는 형식이다. 개인의 보험료 부담은 거의 없으며, 사회보험·사회수당 제도는 조세에 준하는 형식으로 국가 예산에서 직접 편성되고 있다. 특히 "전반적 무상치료제", "무상교육제" 등 사회주의 복지 이념에 따라 무상복지 제공이 강조되나, 1990년대 경제난 이후 실제 재정 확보와 집행에 큰 어려움을 겪고 있는 실정이다.

2000년대 이후에는 시장화 진전에 따라 국가 복지 부담의 축소와 비공식 지출(가족·개인 부담)이 증가하고 있으며, 이는 제도의 명목적 지속성과 실제 작동 간 괴리를 초래하고 있다(김영란, 2022; 유호열 외, 2021). 재정 안정성 측면에서 볼 때, 남한은 사회보험 기금의 적립과 운용, 세수 기반의 안정적 조달, 제도별 재정 분리 운영이라는 장점을 가지고 있으나, 장기적 재정 지속 가능성에 대한 사회적 우려가 증가하고 있다. 국민연금의 경우 2055년경 고갈 가능성이 지적되며, 건강보험 또한 만성적인 적자를 경험하고 있다(국민연금공단, 2023). 이에 따라 보험료 인상, 국고 지원 확대, 재정 효율화 등의 정책이 논의되고 있다. 반면 북한은 명목상 국가 책임 복지를 유지하고 있으나, 실제로는 재정 투입 여력이 부족하고 사회보장제도의 형식적 운영에 그치고 있다는 비판을 받고 있다.

특히 국제 제재와 지속적 경제난 속에서 사회복지 지출 비중은 축소, 주민의 실질적 사회보장 접근은 악화되는 상황이다. 일부 연구에 따르면 북한은 1990년대 이후 사회보험제도보다는 주민 자력에 기반한 생존 전략을 장려하고 있는 실정이며, 이는 제도의 기능 약화로 이어지고 있다.

2) 지출 우선순위 및 규모 차이

남북한의 사회보장 재정 지출은 체제 이념, 경제 규모, 제도 발전 수준에 따라 그 우선순위와 지출 규모 면에서 본질적인 차이를 나타낸다. 남한은 시장경제 기반의 복지국가 체제를 발전시켜 오면서 사회보장 지출을 지속적으로 확대하고 있는 반면, 북한은 사회주의 복지의 이상을 표방하면서도 실질적 자원 부족과 경제적 제약으로 인해 복지 지출의 범위와 효과가 제한적이다. 남한의 경우, 2023년 기준 사회복지 분야 예산은 약 256조 원으로 전체 국가 예산의 37.5%를 차지하고 있으며, 이는 지난 10년간 꾸준한 증가세를 보이고 있다(보건복지부, 2024). 특히 고령화와 저출산의 심화에 따라 노인복지, 국민연금, 건강보험, 장기요양보험 등 생애 후반기 지출이 증가하고 있으며, 아동수당·보육료 지원·청년지원정책 등 생애 초기와 청년기 복지지출도 점차 확대되고 있다. 국민기초생활 보장제도를 통한 소득보장과 의료급여도 주요한 지출 항목으로 자리 잡고 있으며, 장애인연금 및 활동지원서비스 등 취약계층 맞춤형 서비스도 강화되는 추세이다. 반면 북한은 헌법상 '무상복지 원칙'을 채택하고 있으나, 실제 재정 지출에서 사회보장 항목이 차지하는 비중은 매우 낮은 것으로 추정된다. 북한 정부는 공식적으로는 교육, 의료, 연금, 노동자 복지 등의 무상제공을 강조하지만, 국제기구 및 연구자들의 분석에 따르면 실제 사회보장 관련 지출은 전체 국가 재정의 2~3% 내외에 불과하며, 대부분은 군사 및 공공행정 지출이 우선순위를 차지한다.

지출 우선순위에서도 명확한 차이가 드러난다. 남한은 사회보험 중심의 제도적 복지와 공공부조를 통해 다양한 연령대와 계층을 포괄하고자 하며, 다층적 사회보장 체계를 구축하고 있다. 이에 비해 북한은 노동력 유지와 이념 재생산에 중점을 둔 기초 의료 및 교육 중심의 지출 구조를 유지하고 있으며, 노인이나 장애인 등 생산성이 낮은 계층에 대한 실질적 지원은 매우 제한적이다. 또한 남한은 중앙정부와 지방정부, 민간의 재정 협력을 통해 복지의 접근성과 형평성을 제고하고 있는 반면, 북한은 중앙집중형 예산 편성 체계로 인해 지역 간 재정 격차와 서비스 불균형이 존재한다. 특히 시장화가 확산된 이후에는 주민 스스로 생계를 해결해야 하는 경우가 많아, 국가 복지 지출은 형식적·상징적 수준에 머무르고 있다는 지적이 많다(김수암, 2023). 이처럼 남북한은 사회보장 지출의 우선순위와 규모 면에서 질적으로 다른 재정 구조를 가지고 있으며, 이는 양국 주민의 복지 체감도와 제도에 대한 신뢰도에 영향을 미치고 있다. 향후 통일 대비 정책을 설계할 때에는 이러한 재정 격차를 고려한 단계적 조정 전략과 재정 통합 방안이 필수적으로 마련되어야 할 것이다.

3) 제도적·경제적 배경에 따른 차별점

남북한 사회보장제도의 재정 구조는 각국의 이념과 제도 형성의 역사, 경제 체제 및 발전 수준에 따라 뚜렷한 차별성을 나타낸다. 특히 사회보장 재정의 조달 방식, 지출 구조, 제도 운영 주체 등의 차이는 제도적·경제적 배경과 밀접한 연관을 갖는다.

◆ **제도적 배경의 차별성**

남한의 사회보장제도는 복지국가 이념과 시장경제 체제를 바탕으로 점진적으로 발전해 왔다. 1960년대 산업화 초기에는 공적부조 중심의 제한된 복지 체계였으나, 1980년대 이후 국민연금, 건강보험 등 사회보험이 도입되었고, 1997년 외환위기 이후 국민기초생활 보장제도 도입(2000년)으로 제도적 전환점을 맞이하였다. 이후 복지국가적 요소를 강화하며 다층적 사회보장 체계가 확립되었다(국회예산정책처, 2023). 반면 북한의 사회보장제도는 사회주의 계획경제 체제와 당 중심의 통치 이념에 기반하여 형성되었다. 1940~50년대 소련의 영향을 받아 무상치료제, 무상교육제, 사회보험법(1947년) 등 국가 책임의 보편적 복지제도가 법적으로 마련되었으며, "주체사회주의" 이념에 따라 전민 복지와 국가 무상보장이 이상적으로 강조되었다. 그러나 1990년대 중반 '고난의 행군' 시기 이후에는 경제적 붕괴로 인해 사회보장제도가 사실상 유명무실화되었고, 제도의 형식은 유지되나 실질적 운영력은 현저히 약화된 상황이다.

◆ **경제적 배경의 차별성**

경제적 측면에서도 남북한은 사회보장 재정 구조의 기초가 상이하다. 남한은 시장경제 기반의 세입 확대와 기금 중심의 제도 운영을 통해 사회보장 재원을 조달하고 있으며, 경제 성장에 따른 세수 확대와 소득 기반의 보험료 징수 체계를 갖추고 있다. 2023년 기준 GDP 대비 사회보장 지출은 약 13.5% 수준으로 OECD 국가 평균에 근접해 있으며, 고령화 및 복지 수요 증가에 따라 지속적인 재정 확대가 이루어지고 있다(보건복지부, 2024). 반면 북한은 국가 주도의 생산·배급 체계에 기반한 계획경제 시스템하에서 사회보장제도를 운영하였으나, 경제난과 시장화의 확산으로 인해 국가가 복지 서비스를 실질적으로 감당할 수 없는 구조에 직면하고 있다. 특히 공식 경제의 축소와 재정 수입 기반 약화로 인해 복지 재정은 극히 제한적이며, 복지 기능이 가족, 지역 공동체, 시장 등 비공식 영역으로 이전되고 있다(김수암, 2023). 또한 북한의 국방 중심 재정 구조는 사회복지 분야에 대한 우선순위를 낮추는 주요 요인으로 작용하고 있다.

◆ 구조적 결과의 차이점

이러한 제도적·경제적 배경 차이는 남북한 사회보장제도의 구조와 기능 전반에 걸쳐 차이를 만들어 낸다. 남한은 법제 기반의 제도화, 기금화된 재정 구조, 민관 협력 체계를 중심으로 제도적 안정성을 확보하고 있는 반면, 북한은 이념 중심의 통제적 구조, 실질적 운영 약화, 지역 간 격차 확대 등의 문제를 안고 있다.

남한에서는 중앙정부뿐 아니라 지방정부 및 민간 부문이 사회복지 전달 체계에 실질적으로 참여하고 있으며, 서비스 접근성과 형평성이 점차 제고되는 방향으로 나아가고 있다. 반면 북한은 중앙집권적 통제와 자원 분배의 불균형으로 인해 복지 수혜의 지역·계층 간 격차가 심화되고 있다(유호열 외, 2021).

제2절 재정 적자와 부채 문제 분석

1. 사회보장 재정 적자의 개념과 원인

사회보장 재정 적자란 사회보장제도 운영을 위한 총수입이 총지출을 하회할 때 발생하는 지속적 재정 불균형 상태를 의미한다. 이는 연금, 건강보험, 고용보험, 기초생활 보장 등 주요 사회보장 프로그램의 수입원인 보험료, 일반 재정 지원, 세입보다 지출(급여, 행정비, 관리비)이 많아지는 구조적 문제에서 비롯된다. 이러한 재정 적자는 일반적으로 인구 고령화, 가입자 감소, 급여 확대, 소득 불균형, 정책 설계의 비효율성 등에 의해 발생하며, 특히 한국의 경우 국민연금과 건강보험에서 장기적 재정 불균형이 주요 우려 사항으로 지적되고 있다(국회예산정책처, 2023). 예를 들어 국민연금은 2055년경 적립금 고갈이 예상되는 바, 이는 수입 대비 지출이 가파르게 증가하는 구조 때문이다(보건복지부, 2022). 재정 적자는 단순한 회계상의 부족만을 의미하는 것이 아니라, 장기적으로는 국가의 사회보장제도 지속 가능성, 복지국가의 신뢰성, 세대 간 형평성 등의 문제와 직결된다. 또한 사회보장 지출 증가에 따른 정부 재정 부담이 커질 경우, 조세 인상 또는 사회 서비스 축소의 선택지를 강요받는 재정정책적 딜레마가 발생할 수 있다.

2. 남한의 재정 적자와 부채 현황

1) 연금 및 건강보험 재정 적자 사례

◆ 국민연금 재정 적자 현황

국민연금의 재정 적자 현황은 우리 사회가 직면한 인구구조 변화와 노동시장 환경의 복합적 영향을 반영하는 대표적인 사례로, 향후 사회보장제도의 지속 가능성에 대한 우려를 증폭시키고 있다. 2023년 기준, 국민연금은 약 1조 6,000억 원 규모의 재정 적자를 기록하였으며, 이는 국민연금 역사상 최초의 당기수지 적자 전환이라는 점에서 중요한 의미를 갖는다. 이러한 적자는 단기적인 경기 요인보다는 인구학적 변화와 노동시장 구조의 장기적 흐름에 기인한 구조적 문제로 분석되고 있다. 가장 핵심적인 요인은 고령화의 가속화이다. 평균 수명이 증가하고 퇴직 후 연금을 수령하는 고령 인구가 급속히 늘어나면서, 연금 수급자는 지속적으로 증가하고 있는 반면, 보험료를 납부하는 가입자 수는 오히려 줄어들고 있는 상황이다. 특히 출산율 저하와 청년층 인구 감소로 인해 신규 가입자 유입이 둔화되면서, 연금 재정의 기반이 약화되고 있다. 이와 함께 비정규직 근로자 및 자영업자의 낮은 가입률도 주요한 재정 압박 요인 중 하나이다.

국민연금제도는 근로소득을 기반으로 보험료를 부과하는 구조이기 때문에, 불안정한 고용 상태에 놓인 근로자들이 제도 밖으로 이탈하거나 납무 의무를 회피할 경우 재정 수입이 크게 줄어들게 된다. 특히 자영업자의 경우 소득 파악이 어렵고 납부 회피율이 높아, 전체 국민을 포괄하는 연금제도 운영에 한계를 초래하고 있다. 이러한 구조적 문제로 인해 국민연금기금은 2060년 전후에 완전히 고갈될 것이라는 전망이 제시되고 있으며, 이는 단지 특정 세대의 문제가 아니라, 현 세대와 미래 세대 모두에게 영향을 미치는 사회적 위기로 평가된다. 따라서 현 시점에서 국민연금의 지속 가능성을 확보하기 위한 제도 개혁 논의가 매우 시급하다. 기여율 인상, 수급 연령 조정, 소득대체율 개편, 특수고용직 및 자영업자의 가입 유도 등 다양한 방안을 포함한 포괄적이고 실효성 있는 재정 안정화 전략이 마련되어야 하며, 동시에 국민적 공감과 신뢰를 바탕으로 한 사회적 합의도 필수적이다. 결국 국민연금의 재정 적자 문제는 단순한 숫자의 문제가 아닌, 세대 간 형평성과 국가 재정 안정성, 복지국가의 지속 가능성과 직결된 핵심 과제로 자리 잡고 있다.

◆ 건강보험 재정 적자 사례

건강보험 재정 적자 사례를 살펴보면, 2023년 기준으로 약 2조 원에 달하는 적자가 발생하였으며, 이러한 추세가 지속될 경우 2025년까지 누적 적자가 10조 원을 넘을 것으로 전망되고 있다. 이러한 재정 적자의 주요 원인으로는 급격한 고령화로 인해 의료 서비스에 대한 수요가 크게 증가한 점을 들 수 있다. 고령 인구가 늘어나면서 만성질환자 또한 증가하고, 최근 들어 비만율 상승과 같은 건강 악화 요인들이 복합적으로 작용하여 의료비 지출이 꾸준히 늘어나고 있다. 한편, 비정규직 근로자와 자영업자의 건강보험 가입률이 낮은 상황도 재정 악화에 영향을 미치고 있다. 이로 인해 보험료 수입이 충분히 확보되지 못하고 있어, 지출 증가와 수입 감소가 맞물리면서 건강보험 재정의 불균형이 심화되고 있는 실정이다. 따라서 장기적인 재정 안정화를 위해서는 의료비 지출의 효율적 관리와 함께, 가입자 기반 확대 및 보험료 징수 체계 개선 등 다각적인 대응책이 필요하다고 할 수 있다.

◆ 제도 운영상의 비효율성

제도 운영상의 비효율성은 사회보장제도의 재정 건전성을 위협하는 중요한 원인 중 하나로 지적되고 있다. 단순히 고령화나 수급자 증가에 따른 구조적 요인뿐 아니라, 제도의 설계와 집행 과정에서 발생하는 비합리성과 비효율성 역시 재정 적자의 주요한 배경으로 작용하고 있는 것이다. 우선, 급여 체계의 불합리성은 대표적인 문제로 꼽을 수 있다. 예컨대, 동일한 소득과 재산 수준을 가진 대상자임에도 불구하고 급여 지급액이나 지원 범위에 차이가 발생하는 경우가 많으며, 이는 수급 기준의 불명확성, 복지제도 간 연계 부족, 기준 정보의 미비 등에 기인한다. 이러한 불균형은 형평성의 훼손뿐 아니라, 과도하거나 부적절한 지출로 이어져 재정의 누수를 야기할 수 있다. 또한, 행정 절차의 복잡성과 비효율성 역시 심각한 문제이다.

사회보장제도는 본질적으로 다양한 정책 영역(보건, 연금, 고용, 복지 등)에 걸쳐 있으며, 이에 따라 관련 기관과 부처, 지자체 간 업무가 세분화되어 있다. 하지만 이 과정에서 유사한 기능을 수행하는 기관 간의 역할 중복, 정보 시스템의 미연계, 신청 및 심사 과정의 반복과 지연 등이 발생함으로써 행정 비용이 증가하고 국민의 서비스 접근성도 저하되는 부작용이 발생하고 있다. 가장 단적인 예로는 건강보험의 외국인 가입자 보험료 부과 오류 사례를 들 수 있다. 해당 사례에서는 보험료 산정 과정에서 소득 및 체류 기간 등에 대한 정확한 정보 검증이 이루어지지 않아, 약 1,200억 원 규모의 재정 적자가 과대 계상되는 문제가 발생했다. 이는 단순한 회계 오류를 넘어, 정보관리 시스템의 미비와 제도 운영 체계 전반의 허술함을 보여 주는 대표적인 사례로 평가된다. 이러한 사례는 국민의 신뢰를 떨어뜨릴 뿐 아니라, 제도의 정당성과 지속 가능성에도 중대한 위협이 된다. 이처럼 제도 운영상의 비효율성은 단순한 기술적 문제가 아닌, 정책 설계, 제도 간 연계, 행정 인프라, 정보관리 체계 등 전반적인 행정 시스템의 구조적 문제와 직결되어 있다. 따라서 사회보장 재정의 건전성을 확보하고 제도의 실효성을 높이기 위해서는 급여 체계의 정비, 행정 간소화, 서비스 통합 및 디지털화, 정보 연계의 고도화 등 포괄적 개선 노력이 병행되어야 할 것이다. 이러한 개선은 궁극적으로 보다 효율적이고 지속 가능한 복지국가 체계로의 이행을 위한 전제조건이라 할 수 있다.

◆ 정책적 대응과 향후 과제

정부는 연금과 건강보험의 재정 건전성을 확보하기 위해 다양한 정책을 추진하고 있다. 국민연금의 경우, 보험료 인상, 수급 연령 상향 조정, 기금 운용 수익률 제고 등의 방안을 검토하고 있다. 건강보험의 경우, 의료비 지출 구조 개선, 보험료 부과 체계 개편, 비정규직 근로자와 자영업자의 가입 확대 등의 방안을 추진하고 있다. 그러나 이러한 정책이 실효성을 거두기 위해서는 제도 운영의 효율성 제고, 투명한 재정 관리, 국민의 이해와 협조가 필수적이다. 또한, 인구구조 변화에 따른 장기적인 재정 계획 수립과 지속적인 모니터링이 필요하다. 이러한 연금과 건강보험의 재정 적자 문제는 단순한 재정적 부담을 넘어, 국민의 삶의 질과 국가의 지속 가능성에 직결되는 중요한 사안이다. 따라서, 정부와 국민이 함께 노력하여 사회보장제도의 지속 가능성을 확보하는 것이 시급한 과제이다.

2) 재정 적자 원인 분석

남한의 재정 적자는 단순한 일시적 현상이 아니라 구조적 요인과 정책적 한계가 복합적으로 작용한 결과로 나타나고 있다. 최근 연구들은 재정 적자의 원인을 인구구조 변화, 경제 성장 둔화, 제도 운영 비효율성, 정책적 대응 미흡 등 다각도에서 분석하고 있다.

◆ 인구구조 변화에 따른 지출 증가

사회보장 재정의 지속 가능성에 가장 큰 구조적 영향을 미치는 요인 중 하나는 급속한 인구 고령화와 저출산으로 인한 인구구조의 변화이다. 한국은 OECD 국가 중 가장 빠르게 고령사회로 진입한 국가로, 2025년에는 65세 이상 고령 인구 비중이 20%를 초과하여 초고령사회에 진입할 것으로 전망된다(통계청, 2023). 이러한 인구 고령화는 연금, 건강보험, 노인장기요양보험 등 사회보장 지출 항목의 수급자 증가와 급여 확대로 이어지며, 반면 보험료 납부자인 생산가능인구(15~64세)는 빠르게 감소하여 수지 불균형을 심화시키고 있다(보건사회연구원, 2022).

특히 국민연금의 경우, 고령화로 인해 급여 수급자는 증가하는 반면, 납부자는 줄어드는 이중의 압력이 존재한다. 이로 인해 국민연금 기금은 2041년부터 적자가 발생하고, 2055년에는 적립금이 고갈될 것으로 예측되며(보건복지부, 2023), 이는 세대 간 형평성 문제를 야기하고 국가 재정에 중장기적인 부담으로 작용할 수 있다.

◆ 경제 성장률 둔화 및 고용 구조 변화

더불어 경제 성장률의 둔화는 사회보장 재정 기반을 약화시키는 또 다른 구조적 요인이다. 성장률이 하락할 경우 고용률과 임금 상승이 정체되어 보험료 수입 증가가 제한되며, 이는 고령화로 인한 지출 증가와 맞물려 더욱 심각한 재정적자 문제로 이어진다. 특히, 저성장 기조에서는 사회보장 기금의 운용 수익도 감소하기 때문에 기금 기반의 제도 지속 가능성이 낮아지게 된다. 경제 성장률의 저하는 세수 감소와 보험료 수입 축소로 이어져 재정 수입 기반을 약화시킨다.

2020년대 들어 한국의 연평균 경제 성장률은 2% 내외로 둔화되었으며, 코로나19 팬데믹과 글로벌 경제 불확실성이 이를 가중시켰다(Kwon et al., 2023). 게다가 청년층과 비정규직 노동자의 증가로 고용의 질이 저하되고, 이들의 사회보장 보험료 납부율이 낮아 재정 수입 부족을 초래한다. 이러한 인구구조 변화와 경제 성장률 하락은 사회보장 재정을 단기적 위기가 아닌 구조적 장기 위기로 전환시키고 있으며, 이에 대응하기 위한 재정 개혁, 보험료율 조정, 급여 체계 재설계, 재정 투명성 제고 등이 중요한 정책과제로 대두되고 있다. 〈표 10〉에서와 같은 요인들이 복합적으로 작용하여 사회보장 재정은 지속적 적자 및 부채 누적의 구조적 불균형 상태에 놓이게 된다.

〈표 10〉 사회보장 재정의 구조적 불균형 요인

요인	내용
고령화 심화	급속한 인구 고령화로 연금·의료·장기요양 등 노인 관련 사회보장 지출이 급증
저출산 현상	출산율 저하로 장기적으로 경제활동인구 감소 및 재정 수입 기반 약화

경제 성장 둔화	경제 성장률 저하로 고용 및 임금 상승률 둔화, 사회보장 기여금과 세수 감소
제도적 한계	보험료 산정 기준, 급여 수준, 재정 운용 구조의 경직성으로 인한 조정 어려움
정책적 미비	적절한 재정 조달 대책 부재 및 복지 확대에 따른 재정 부담 가중

참고: 보건사회연구원(2023), 기획재정부(2022), OECD(2023), KDI(2022) 자료를 바탕으로 재정리함.

북한은 사회보장 재정 자체가 미흡한 상태로, 인구구조 변화가 제도적 확대에 미치는 영향은 제한적이나, 향후 인구 고령화에 따른 부담 가능성이 존재한다. 남북한 모두 인구구조 변화가 사회보장 재정에 중대한 영향을 미치지만, 경제력과 제도 수준 차이로 인해 재정적 충격과 대응 역량에서 큰 차이를 나타낸다.

◆ 제도 운영상의 비효율성

사회보장 재정 적자의 구조적 원인 중 하나인 제도 운영상의 비효율성은 사회보장제도의 재정 운용과 관리 과정에서 발생하는 다양한 문제들을 포괄한다. 최근 연구에 따르면, 이러한 비효율성은 사회보장 재정의 지속 가능성을 심각하게 저해하는 핵심 요인으로 지적되고 있다. 첫째, 사회보장 급여 체계의 불합리성이 문제로 지적된다. 복지 급여의 산정 기준이 현실과 괴리되어 있거나, 급여 항목이 과도하게 확대되면서 재정 부담이 급증하는 경우가 많다. 예를 들어, 건강보험과 연금 급여가 국민의 경제력과 무관하게 일괄적으로 제공되거나, 특정 급여 항목의 중복 지원이 이루어지는 사례가 있다. 이로 인해 불필요한 재정 지출이 발생하고, 재정 건전성이 악화된다. 둘째, 사회보장제도의 행정 및 관리 측면에서 효율성 저하가 두드러진다. 복잡한 신청 절차와 비표준화된 심사 시스템은 행정 비용을 증가시키고, 이용자의 접근성을 저해한다. 또한, 서비스 제공 과정에서 중복·과잉 지원이 발생하여 한정된 재원을 비효율적으로 사용하는 문제가 발생한다. 이는 결국 재정 부담을 가중시키는 요인으로 작용한다. 셋째, 제도 간 연계와 통합의 미비도 중요한 비효율성 요소이다. 연금, 건강보험, 고용보험 등 다양한 사회보장제도가 독립적으로 운영되면서 중복되는 보장 내용과 비효율적 자원 배분이 발생한다. 이러한 제도 간 비효율성은 종합적 관리와 정책 조정의 어려움을 초래하며, 재정의 비효율적 운용으로 이어진다.

넷째, 재정 집행 과정에서 투명성과 책임성 부족도 문제로 지적된다. 재정 운영과 집행에 대한 체계적인 모니터링과 평가가 미흡하여, 예산 집행의 비효율성과 부정 사용 가능성이 상존한다.

이는 재정의 건전성 확보에 부정적인 영향을 미치며, 국민 신뢰 저하로도 연결된다. 마지막으로, 제도 운영상의 경직성 역시 재정 비효율성의 원인이다. 급격한 인구구조 변화나 경제 환경 변화에 신속히 대응하지 못하는 법적·제도적 한계로 인해 재정 조정이 늦어지고, 이에 따라 지속적인 적자 누적이 발생한다. 이러한 경직성은 제도의 유연성과 적시성 개선을 필요로 한다.

이처럼 제도 운영상의 비효율성은 급여 산정, 행정 관리, 제도 통합, 재정 투명성 및 제도 경직성 등 다양한 측면에서 사회보장 재정 적자의 구조적 원인으로 작용하며, 이를 개선하기 위한 종합적이고 체계적인 정책적 노력이 요구된다.

◆ 기타 요인

재정 적자 문제에 대한 정책적 대응이 늦거나 일관되지 않은 점도 문제다. 보험료 인상이나 급여 조정 등 재정 건전성 확보를 위한 조치가 국민적 합의 부족과 정치적 저항으로 지연되고 있다. 또한, 재정 집행의 투명성 부족과 평가 체계 미비는 효율적 재정 운영을 저해한다. 글로벌 경기 변동, 저출산과 인구 유출, 기술 변화에 따른 노동시장 구조 변화 등도 재정 수입과 지출에 영향을 미치고 있다. 특히, 4차 산업혁명과 디지털 전환으로 일부 전통 산업의 쇠퇴와 새로운 고용 불안정이 심화되면서 사회보장 재정 압박 요인이 다양해지고 있다. 남한의 재정 적자는 인구 고령화와 경제 성장 둔화라는 구조적 요인에 제도 운영의 비효율성, 정책 대응의 한계가 복합적으로 작용하여 발생한 현상이다. 이를 해결하기 위해서는 인구구조 변화에 적합한 사회보장제도 개편, 경제 성장 기반 강화, 제도 운영 효율화, 그리고 국민적 합의를 통한 지속 가능한 재정정책이 절실하다.

◆ 대응 방안

우리 사회는 급격한 인구 고령화, 경제 불확실성, 복지 수요의 다양화라는 복합적인 도전에 직면하고 있으며, 이에 따라 사회보장 재정의 지속 가능성과 효율성, 형평성을 확보하기 위한 전략적 대응이 그 어느 때보다 중요해졌다. 이러한 맥락에서 향후 사회보장정책은 단순한 지출 확대가 아닌 지출 구조의 전략적 조정, 제도 간 통합, 그리고 세대 간 형평성을 고려한 사회계약의 재정립이라는 세 가지 핵심 방향을 중심으로 재편될 필요가 있다. 우선, 재정 지출 구조의 전략적 조정이 필요하다. 인구 고령화는 장기요양, 노인 의료비, 연금 등 특정 영역의 사회지출을 구조적으로 증가시키는 요인이다. 이러한 흐름은 단순히 지출을 억제한다고 해서 해결될 수 없는 현실이며, 따라서 향후 복지 재정은 무작위적 축소가 아닌 우선순위의 재조정을 통해 대응해야 한다.

예컨대, 단기적 효율이 낮거나 중복성이 있는 사업은 조정하거나 통합하고, 반면 사회적 투자 효과가 큰 아동·청년·노동시장 분야에 대한 지출은 확대하는 방식의 성과 중심 지출 구조 개편이 요구된다. 이를 위해서는 예산 편성과 집행 과정 전반에 정책 효과성과 사회적 편익 분석이 반영되어야 하며, 투입 대비 성과를 평가할 수 있는 지표 체계의 정비도 병행되어야 한다.

둘째, 통합 사회보장 전략 수립이 절실하다. 현재의 사회보장제도는 연금, 의료, 고용, 돌봄 등이 개별적으로 운영되고 있으며, 이로 인해 제도 간 연계 부족, 사각지대 발생, 행정적 비효율이 초래되고 있다. 앞으로는 이러한 분절적 접근에서 벗어나, 생애주기별 사회위험에 대응하는 연계적 보호 체계로의 전환이 필요하다. 예를 들어, 은퇴 고령자의 연금 수급과 의료 이용, 재취업 지원 등이 연계된 통합 서비스를 제공하거나, 청년층을 대상으로 고용-건강-소득 지원이 동시에 설계되는 패키지형 제도 개혁이 모색되어야 한다. 이를 통해 중복 지출을 줄이고 대상자의 복지 체감도를 높이며, 정책 간 시너지 효과를 극대화할 수 있다.

셋째, 지속 가능한 사회계약(Social contract)의 재정립이 핵심 과제로 떠오르고 있다. 고령화의 심화와 함께 복지 수요는 증가하고 있지만, 이를 뒷받침할 수 있는 조세 기반은 상대적으로 약하며, 특히 현세대와 미래 세대 간의 부담 분배와 형평성에 대한 사회적 논의가 충분하지 않은 실정이다. 이에 따라 우리는 복지 확대의 필요성과 조세 부담의 정당성, 그리고 세대 간 책임 분담의 기준에 대해 사회적 합의를 도출할 필요가 있다.

국민 각 계층의 수용성을 고려한 점진적 조세 확충 방안, 부유세·탄소세 등 새로운 재정 수단의 도입 검토, 그리고 세대 간 형평성을 고려한 연금개혁, 복지급여의 구조조정 등이 이러한 사회계약 재정립의 구체적 내용이 될 수 있다. 결론적으로, 향후 사회보장 정책은 단순한 지출 확대나 일시적 개편이 아닌, 전략적 재정운용, 제도 간 통합, 지속 가능한 사회계약 체계 구축이라는 구조적이고 장기적인 관점에서 추진되어야 한다. 이러한 종합적 접근을 통해 우리는 현재 세대의 복지 수요에 효과적으로 대응함과 동시에 미래 세대의 부담을 최소화하는 지속 가능한 복지국가의 기반을 마련할 수 있을 것이다.

3) 정부의 재정 건전성 관리 정책

정부의 재정 건전성 관리 정책은 최근 몇 년간의 경제 여건 변화와 복지 수요 확대에 발맞춰 유연하고 전략적인 방향으로 전개되어 왔다. 특히 2020년 코로나19 팬데믹이라는 전례 없는 위기 상황 이후, 정부는 기존의 재정 보수주의를 넘어서는 확장적 재정정책 기조를 유지하며 경기 대응과 민생 안정을 동시에 추구해 왔다. 2020년 이후 정부는 재정의 적극적인 역할을 강조하며 경기 회복과 포용적 성장 기반 마련에 중점을 두었다. 코로나19로 인한 고용 충격, 소득 감소, 중소상공인 피해 등 광범위한 경제적 손실을 완화하기 위해 대규모의 재난지원금, 고용유지지원금, 방역 보강 예산 등을 신속하게 편성·집행하였으며, 이러한 확장적 재정 기조는 국제사회에서도 긍정적인 평가를 받았다. 실제로 IMF(국제통화기금)와 OECD(경제협력개발기구)는 한국 정부의 적극적인 재정정책이 경기 하방 위험을 완화하고 회복 동력을 확보하는 데 기여했다고 분석하며, 단기적 재정 지출 확대가 중장기 성장 기반 구축에 긍정적 영향을 미쳤다는 점을 강조하였다. 2024~2025년에도 정부는 경기 회복과 민생 안정을 우선하는 기조를 이어가고 있다.

2024회계연도 결산에서 재정 적자가 추가적으로 발생하였음에도 불구하고, 정부는 긴축보다는 민생·경제 분야 예산의 우선 집행을 선택하였다. 이에 따라 2024년과 2025년 각각 13조 8천억 원과 30조 5천억 원 규모의 추가경정예산(추경)이 편성되었으며, 이는 경제 취약계층 보호, 고용 안전망 강화, 지역경제 회복 등을 주요 목표로 하고 있다. 이러한 재정 운용은 단순한 경기부양을 넘어, 지속 가능한 성장 기반을 마련하기 위한 전략적 투자 성격도 강하다. 예를 들어, 디지털 전환 인프라 구축, 기후 대응 산업 육성, 청년·노인층 일자리 지원, 지역 균형 발전 프로젝트 등이 재정 확대의 주요 지출 항목으로 포함되어 있으며, 이는 단기적 경기 대응과 중장기적 구조개혁을 병행하려는 정부의 정책 방향을 반영한다.

다만, 이러한 확장적 재정정책은 국가채무 증가와 중장기 재정 건전성에 대한 우려도 동반하고 있기 때문에, 정부는 향후 재정 지출의 효율성 제고, 조세 기반 확충, 불요불급한 지출 구조조정 등을 병행하며 점진적인 재정 정상화 경로 또한 함께 설계하고 있다. 요약하면, 한국 정부의 재정 건전성 관리 정책은 팬데믹 이후의 경기 충격 완화와 민생 회복을 위해 단기적으로는 확장적, 중장기적으로는 책임 있는 조정 방향으로 전개되고 있으며, 국제기구의 긍정적 평가와 함께 국내 경제 회복의 견인차 역할을 수행하고 있다는 점에서 그 전략적 의미가 크다고 할 수 있다.

◆ 국가채무 비율 관리

국가채무 비율 관리는 재정의 지속 가능성과 국제 신뢰도 확보를 위한 핵심 지표로, 정부는 중장기적인 재정 운용의 안정성을 확보하기 위해 국가채무 비율을 일정 수준 이하로 유지하는 전략적 관리 방침을 유지하고 있다. 특히 최근 재정 지출의 확대가 불가피한 상황 속에서도, 정부는 재정 건전성과 국가채무 관리 간 균형을 도모하며, 점진적인 채무 증가 억제를 위한 다양한 조치를 실행에 옮기고 있다. 우선 정부는 GDP 대비 국가채무 비율을 40~50%대 중반 선에서 관리하겠다는 중장기 목표를 제시하였으며, 이를 뒷받침하기 위해 관리재정수지(총수입에서 총지출과 4대 사회보장성기금 수지를 제외한 재정수지)를 GDP 대비 3~4% 수준으로 유지하고자 하는 노력을 기울이고 있다. 이는 국제기구 및 신용평가 기관들이 주목하는 핵심 재정 건전성 지표로, 중장기적으로 재정의 지속 가능성을 확보하고, 대외 신인도를 유지하는 데 매우 중요한 정책 목표이다. 또한, 채무 증가를 억제하기 위한 실질적 조치도 병행되고 있다. 특히 2024년에는 국채 신규 발행을 최소화하고, 그 대신 기존의 기금 여유 자금(예: 국민연금기금, 고용보험기금 등)을 우선 활용함으로써 국채 발행에 따른 채무 부담을 줄이는 방식이 채택되었다. 이러한 전략적 운용의 결과, 2024년 국가채무비율은 전년 대비 0.8%포인트 하락하는 성과를 거두었다. 이는 국내총생산(GDP) 증가와 함께, 불필요한 재정적자 확대를 방지하는 신중한 접근이 일정 부분 효과를 발휘한 것으로 평가된다. 정부는 앞으로도 경제 회복을 위한 재정의 적극적 역할과 재정 건전성 관리 간의 균형 있는 조화를 기본 원칙으로 삼아, 불필요한 채무 확대는 억제하고, 필요한 분야에는 전략적으로 재정을 투입하는 선택과 집중의 원칙을 지속적으로 적용할 방침이다. 아울러, 국가채무 비율을 안정적으로 관리하기 위해 지출 구조조정, 조세 기반 확대, 기금 통합 관리 효율화 등의 정책 수단을 병행함으로써 재정의 중장기 건전성 확보를 도모하고 있다. 요컨대, 정부의 국가채무 비율 관리 전략은 단순한 채무 억제를 넘어, 경제 성장과 민생 안정, 재정 지속 가능성 확보라는 복합적 목표를 실현하기 위한 체계적 접근으로 이해할 수 있으며, 이는 한국 경제의 미래 안정성과 신뢰도를 높이는 데 중요한 기반이 될 것이다.

◆ 중장기 재정 전망과 준칙 도입

중장기 재정 전망과 재정준칙 도입은 지속 가능한 재정 운용을 위한 제도적 기반을 마련하고, 미래 재정 리스크에 선제적으로 대응하기 위한 중요한 정책 수단이다. 특히 우리 사회가 인구 고령화, 생산가능인구 감소, 저성장 기조 등 구조적 변화에 직면함에 따라, 정부는 재정 운영의 예측 가능성과 건전성을 동시에 확보하기 위한 중장기 전략을 강화하고 있다. 우선, 정부는 2060년을 시계로 한 장기 재정전망 체계를 구축하여 운영 중이다. 이 전망은 단기 재정지표를 넘어서, 인구구조 변화와 사회보장제도 확대가 재정에 미치는 영향을 장기적으로 예측하고 있다.

예컨대, 고령 인구의 급속한 증가로 연금, 건강보험, 요양 서비스 등 사회지출이 대폭 증가할 것으로 예상되는 가운데, 이러한 재정 수요 확대에 대비하기 위해 미래 지출과 수입의 균형을 조율할 수 있는 전략적 설계가 요구되고 있다. 정부는 이와 같은 장기 재정전망 결과를 바탕으로, 재정정책의 방향성과 투자 우선순위를 재조정하고, 제도 개혁의 필요성도 함께 점검하고 있다.

더불어, 정부는 재정준칙(Fiscal rules)의 법제화를 적극적으로 검토하고 있다. 재정준칙은 특정 재정지표(예: 재정수지, 국가채무비율 등)에 대해 상한 또는 하한을 설정하여 재정 운영에 일정한 제도적 제약과 기준을 부여하는 장치이다. 이는 재정정책이 단기적인 정치·경제적 요인에 좌우되지 않도록 제도적으로 규율함으로써, 중장기 재정 건전성을 확보하고 시장의 신뢰를 높이는 역할을 하게 된다.

예를 들어, 국가채무비율이 일정 수준을 넘지 않도록 상한을 설정하거나, 재정적자 폭이 GDP의 일정 비율을 넘지 않도록 관리하는 방식이 논의되고 있으며, 이는 향후 예산 편성과 집행 과정에서 재정의 자율성과 책임성 사이의 균형을 유지하는 핵심 기준이 될 수 있다. 이러한 재정준칙이 도입되면, 국가 재정의 예측 가능성, 일관성, 책임성이 강화되어, 국제 신용평가기관과 투자자들에게도 긍정적인 신호를 줄 수 있다. 동시에, 국내적으로는 국회와 국민이 재정정책의 목표와 경계를 명확히 인식하고 평가할 수 있는 근거를 제공하여, 재정 민주주의 실현에도 크게 기여할 수 있을 것이다. 결론적으로, 중장기 재정전망과 재정준칙 도입은 단순한 기술적 도구를 넘어, 국가의 재정 철학과 운영 원칙을 제도화하는 과정이라 할 수 있다. 이는 앞으로의 재정정책이 단기적 대응을 넘어서 장기적 지속 가능성과 세대 간 형평성을 고려한 방향으로 나아가야 함을 보여 주는 중요한 이정표이다.

◆ 제도적·운영 투명성 강화

제도적·운영 투명성 강화는 재정정책의 신뢰성과 지속 가능성을 뒷받침하는 중요한 기반이며, 국민에 대한 책임성과 재정 운영의 합리성을 높이는 핵심 원칙이다. 특히 재정의 규모가 확대되고, 복지·고용·경제 정책과의 연계성이 강화됨에 따라, 예산의 편성과 집행 전반에 걸친 투명한 관리 체계의 구축은 더욱 중요해지고 있다. 이에 따라 정부는 재정 통계의 통합성과 회계감사의 독립성, 집행 과정의 투명성 강화를 위한 다각적인 제도적 노력을 기울이고 있다. 우선, 예산·재정 통계의 통합성 강화는 정책 수립의 객관적 기반 마련에 핵심적인 요소이다.

정부는 기존의 단순 예산 수지 지표 외에도, '통합재정수지'와 '관리재정수지' 지표를 함께 활용하여 보다 포괄적이고 실질적인 재정 건전성 분석이 가능하도록 하고 있다. 특히 '관리재정수지'는 국민연금·고용보험 등 사회보장성 기금을 제외한 순수 재정 수입·지출을 반영하는 지표로, 재정의 실질적 운용 성과를 가늠할 수 있는 핵심 지표로 자리 잡고 있다. 이러한 통합적 지표 체계는 재정정책의 효과성과 지속 가능성을 객관적으로 판단할 수 있는 기준을 제공하며, 국제 기준에도 부합하는 통계 투명성 확보에 기여하고 있다. 또한, 재정 집행의 독립 감사 및 리스크 관리 체계 강화도 중요한 축을 이룬다. 감사원 및 국가회계감사원(BAI)은 정부 예산의 집행 실태, 회계 투명성, 부채 관리 현황 등을 정기적·수시로 점검하며, 재정 낭비 방지와 청렴성 확보에 중요한 견제 기능을 수행하고 있다. 특히 코로나19 이후 확장적 재정정책이 활발히 추진되면서, 예산 편성의 속도와 규모가 커진 만큼, 재정 투입의 적정성, 지출 효과성, 부채 증가의 위험도에 대한 사전 점검 및 후속

감사의 중요성이 커졌다. 이러한 독립적인 감사 체계는 정책 결정과 집행 과정의 책임성을 강화하고, 국민 신뢰를 확보하는 데 중요한 역할을 하고 있다.

나아가, 향후에는 디지털 예산 관리 시스템의 고도화, 국민 참여형 재정 모니터링, 재정 성과 공시 확대 등 다양한 방식으로 재정 투명성을 더욱 확대하는 정책이 병행될 필요가 있다. 이러한 시스템은 단순한 정보 공개를 넘어, 재정 운용 전반에 대한 공공 감시와 참여 기반을 확대함으로써, 열린 정부, 신뢰받는 재정이라는 원칙 실현에 기여할 수 있을 것이다. 결론적으로, 제도적·운영적 투명성은 단지 행정 효율성의 문제가 아니라, 재정 민주주의 실현과 지속 가능한 복지국가 구축을 위한 필수 기반이다. 이를 위해 지표 통계의 정교화, 독립 감사 체계, 디지털 기반 정보 공유가 함께 작동하는 다층적 관리 체계를 지속적으로 발전시켜 나가야 할 것이다.

◆ 미래 성장동력 확보 및 구조개혁 연계

미래 성장동력 확보와 구조개혁 연계는 단기적인 경기 대응을 넘어, 장기적 재정 지속 가능성과 국가 경쟁력 제고를 위한 핵심 전략으로 자리 잡고 있다. 정부는 단순한 재정 지출 확대에서 벗어나, 미래지향적인 투자 및 제도 개혁을 병행함으로써 재정의 효율성과 경제 성장 잠재력을 동시에 높이고자 하는 방향으로 정책을 설계하고 있다. 우선, 신산업 및 인프라에 대한 전략적 투자 강화는 미래 성장 기반 조성의 중심축으로 작동하고 있다. 정부는 2024년부터 연구개발(R&D) 및 미래 산업 관련 예산을 확충하고, 첨단기술과 디지털 기반 산업을 중심으로 산업구조 전환을 유도하는 재정 전략을 펼치고 있다. 특히 2025년 예산안에는 인공지능(AI), 반도체, 바이오헬스, 친환경 에너지 등 고부가가치 산업, 그리고 디지털 인프라, 교통망 개선, 지역균형 개발에 대한 투자가 포함되어 있다. 이와 더불어 중소기업에 대한 기술 혁신 및 창업 지원 예산도 확대되었으며, 이는 국내 산업 생태계 전반의 역동성을 제고하는 데 기여할 것으로 기대된다. 이러한 투자는 단기적 경기 부양 효과뿐 아니라, 중장기적으로 고용 창출, 수출 확대, 지역경제 활성화 등 다층적 파급효과를 동반하게 된다.

또한, 세제 개혁을 통한 세수 기반 확대 전략도 병행되고 있다. 이는 단순한 조세 인상이나 일괄 감세가 아닌, 선택적이고 전략적인 세제 인센티브 제공을 통해 민간의 투자 유인을 높이고, 동시에 조세 기반을 넓혀 재정 여력을 확충하는 방식이다. 정부는 특히 연구개발(R&D), 인적자본 투자, 신성장산업 진출을 촉진하는 기업에 대해 세제 혜택을 부여하며, 세제 개혁의 방향을 성장 친화적이고 지속 가능한 조세 체계 구축으로 설정하고 있다. 이는 단기적인 감세보다 장기적인 조세 수입 확대와 산업구조 혁신을 유도하는 효과를 목표로 한 접근이라 할 수 있다.

이처럼 정부는 미래 성장동력 확보를 위한 전략적 재정 지출과 세제 개혁을 긴밀하게 연계함으로써, 단기적인 경기 부양과 동시에 중장기적인 재정 건전성, 산업 경쟁력, 고용 기반을 함께 다져 나가고 있다. 향후에는 이러한 투자와 세제 개편이 교육 개혁, 노동시장 유연화, 지역균형발전 전략 등 구조개혁 과제와 함께 추진되어야 하며, 이를 통해 포용성과 지속 가능성을 갖춘 미래형 성장 모델로의 전환이 본격화될 수 있을 것이다. 결론적으로, 미래산업 투자와 세제 개혁은 재정정책을 통한 단기 대응을 넘어서, 구조적 전환을 유도하는 핵심 동력이며, 이러한 접근은 재정의 전략적 활용이라는 측면에서 국제적으로도 주목받는 모범적 사례로 평가받을 수 있을 것이다.

〈표 11〉 평가

전략	주요 내용
단기 대응	경기침체 방어를 위한 보강예산 편성과 국채 발행
중장기 안정성	국가채무비율 목표 설정, 재정준칙 및 장기전망 도입
투명성 강화	재정수지지표 통합·분리, 외부감사 확충
성장 연계 재정	미래산업·인프라 집중 투자, 스마트 세제 설계

참고: 기획재정부(2023), OECD(2022) 자료를 바탕으로 재정리함.

3. 북한의 재정 문제와 부채 상황

1) 공개된 재정 통계 및 한계

북한은 세계적으로 유례없는 폐쇄적인 통계 시스템을 유지하고 있으며, 이로 인해 국가 재정 상황을 객관적으로 분석하는 데 큰 제약이 있다. 북한 정부는 재정 관련 통계뿐 아니라 인구, 산업, 세입 구조 등 주요 경제 지표를 '국가 기밀'로 간주하고 체계적으로 은폐하고 있다. 실제로 중앙통계국이 공식 통계를 발표한 사례는 극히 드물고, 그마저도 정치적으로 선별된 내용만 포함되어 있어 신뢰도에 심각한 의문이 제기되고 있다(Stephan Haggard & Zhang, 2021).

공식적으로 북한은 매년 예산계획과 결산 내용을 최고인민회의를 통해 공개하고 있으나, 해당 문서는 극히 요약된 형태로 제시되며 예산의 구체적 항목별 배분이나 지출 방식, 수입의 구체적 출처 등은 전혀 명시되지 않는다. 예를 들어, 2023년 국방 예산이 전체 예산의 15.9%라는 수치만 제시되었을 뿐, 군사비의 구체적 항목이나 전력 유지 비용 등은 드러나지 않았다. 또한 북한은 법적으로 소득세나 법인세가 없다고 주장하고 있으나, 실질적으로는 지방 단위에서 비공식적인 세금, 물자 납부, 물품세 등의 형태로 재원을 조달하고 있어 실제 조세 구조도 불투명하다(Wikipedia, "Taxation in North Korea"). 북한 재정 상황에 대한 대부분의 정보는 한국은행, KDI, 세계은행, BTI(2024) 등 외부 기관의 추정에 의존한다. 그러나 이들 기관의 통계는 북한의 실측 자료가 아닌 위성 정보, 교역 통계, 탈북자 증언 등에 기반하고 있어 정확성과 신뢰성 면에서 한계가 존재한다. 예컨대, 한국은행은 2020년 북한의 GDP가 코로나19와 국경 봉쇄로 -4.5% 감소했으며, 2023년에는 3.1% 정도 회복된 것으로 추정하고 있다. 그러나 이 같은 수치도 북한의 실제 산업 생산이나 재정 상황을 직접 반영한다고 보기는 어렵다.

이와 더불어, 정책 변화와 재정 통계 간 시차 또한 문제로 지적된다. 최근 북한은 "지방 발전 20×10 정책"이나 임금 현실화 등의 경제 정책을 내세우고 있으나, 이에 따른 지출 규모나 재정 운용 내역은 공식 통계에 반영되지 않으며, 실제 예산 계획과 집행 간의 괴리를 가늠하기 어렵다. 또한, 장마당을 중심으로 한 시장경제활동이 북한 경제의 실질적 중심으로 떠오르고 있음에도, 이 영역은 국가 통계 체계에 포함되지 않아 재정 추정에 큰 누락 요인으로 작용하고 있다. 부채 문제에 있어서도 북한은 외부 채권자에 대한 외채 규모나 내부 국채 발행 현황을 일체 공개하지 않고 있다. 과거 1970~80년대에 발생한 구소련 및 동구권 국가에 대한 외채 상환 실패 이후 북한은 외국과의 신용 거래를 거의 하지 않으며, 이에 따라 국제 금융시장에서 고립된 상태다. 이로 인해 북한의 국가신용도나 장기 재정 지속 가능성을 평가하는 데도 한계가 있다. 또한, 북한의 통계 체계는 부패와 조작 가능성에서도 자유롭지 않다. 국제투명성기구(Transparency International)는 북한을 세계에서 가장 부패한 국가 중 하나로 평가하고 있으며, 실제 통계 수치가 정치적 목적에 따라 왜곡·조작될 가능성이 크다는 점에서 해당 통계의 신뢰도는 매우 낮다.

〈표 12〉 재정 통계 및 한계

항목	내용	시사점
공식 통계	극히 제한적·비정기적·국가기밀 이유	실제 재정 상황과의 괴리 발생
외부 추정	다양한 기관 추정치 존재하지만 불확실성 높음	정책적 판단과 예측에 제약
예산 구조	안보 중심·수입 구조 불명확	복지·발전예산 규모 파악 어려움
통계 왜곡 가능성	부패·통계 조작 우려	데이터 신뢰성 낮음
정책 분석 어려움	변경된 경제정책이 통계에 반영되지 않음	정책 효과 검증이 사실상 불가능

참고: 통일연구원(2023), United Nations ESCAP(2021) 자료를 바탕으로 재정리함.

2) 북한의 사회보장 관련 재정 부담과 자원 배분 문제

북한은 공식적으로 '무상복지'를 표방하고 있으나, 실제로는 사회보장 및 복지 서비스에 대한 정부 지출이 매우 제한적이며 자원 배분의 현실적 제약이 심각한 수준이다. 북한은 헌법상으로 무상의료와 무상교육, 식량배급 등을 포함한 국가 주도의 전면적 사회보장제도를 운영하고 있다고 선언하고 있다. 그러나 실제로는 사회보장 영역에 대한 정부의 재정 지출이 극히 제한적이며, 자원 배분의 구조적 왜곡이 심화되고 있는 것이 현실이다. 이러한 괴리는 사회보장제도의 실질적 작동을 제약하며, 재정 부담의 왜곡된 분포와 더불어 주민의 생계와 복지에 중대한 영향을 끼치고 있다. 우선, 북한의 보건의료 시스템은 무상 진료를 기본 원칙으로 하지만, 의료시설의 낙후와 인프라 부족으로 인해 실질적인 서비스 제공이 어려운 상태다. 국제기구 및 탈북자 증언에 따르면, 병원에서는 기본 의약품이나 장비조차 부족한 경우가 많으며, 의료진조차 생활을 유지하기 위해 뇌물이나 현물 제공을 요구하는 경우도 보고되고 있다. 이러한 현실은 국가의 공식 재정 지출이 보건의료 분야에 충분히 배분되지 않기 때문으로 분석된다. 더욱이 전기 공급 부족 등 인프라적 문제로 인해 병원이 상시 가동되지 못하는 경우도 존재하며, 이는 의료 서비스의 질과 접근성을 현저히 낮추는 요인으로 작용하고 있다(WHO, 2022; Haggard & Noland, 2021). 북한의 식량 배급 시스템 또한 사회보장의 핵심 축을 이루고 있지만, 1990년대 '고난의 행군' 이후 식량 부족과 공급 체계의 붕괴로 인해 기능이 크게 약화되었다.

공식적으로는 공공배급제(PDS)를 통해 주민들에게 식량이 공급되지만, 최근에는 하루 300g 수준으로 배급량이 제한되거나 아예 중단되는 지역도 존재한다. 실제로 많은 주민들은 장마당(비공식 시장)을 통해 생필품을 조달하고 있으며, 이는 국가 주도의 사회보장 기능이 시장에 의존하게 되었음을 의미한다. 그러나 장마당 경제는 정부 통제 범위를 벗어나 있어 재정 수입과 지출 구조에 반영되지 않으며, 사회안전망 역할을 대체하기에는 한계가 있다. 예산 구조를 살펴보면, 북한의 공식 사회보장 관련 지출은 전체 국가 예산의 2~4% 수준에 불과한 것으로 추정된다. 이는 국방비가 전체 예산의 15% 이상을 차지한다는 점과 비교하면 현격히 낮은 수치이며, 복지 분야가 구조적으로 정책 우선순위에서 밀려나 있음을 보여 준다. 더욱이 중앙정부는 조세 기반이 취약하여 안정적 세수 확보에 어려움을 겪고 있으며, 실제로 소득세나 법인세 대신 주민들로부터 현물세, 물품세, 심지어 강제노동이나 사적 기부 형식의 자발적 헌납 등을 통해 재정을 충당하고 있다. 이는 조세 정의의 실현을 어렵게 만들고 있으며, 사회보장 지출의 지속 가능성에도 부정적인 영향을 미치고 있다. 더불어 북한의 부채 구조는 공식적으로 공개되지 않지만, 일부 국제 보고서에서는 국가 GDP 대비 약 40~50% 수준의 정부부채가 존재하며, 그에 따른 이자 상환이 연간 예산의 10~30%에 이를 수 있다는 분석도 제기되고 있다. 이처럼 재정의 상당 부분이 채무 상환에 할당될 경우, 의료, 교육, 주거, 식량과 같은 사회보장 영역은 더욱 배제되기 쉽고, 이는 주민의 기본권 보장이라는 국가 책임을 방기하는 결과로 이어질 수 있다. 또한 북한은 계획경제 체제를 유지하고 있음에도 불구하고, 실제 자원 배분이 매우 비공식적이며 정치적 고려에 따라 결정되는 경향이 강하다. 주요 예산이 중앙당과 군부, 지도층이 선호하는 프로젝트에 집중되며, 일반 주민을 위한 복지적 자원은 대부분 지역 단위에서 '자력갱생'이라는 명목으로 각 기관·단체·가정에 떠넘겨지고 있다. 이로 인해 지역 간, 계층 간 복지 격차가 심화되며, 국가 차원의 포괄적 복지 체계는 실제로 작동되지 않고 있는 실정이다. 북한의 사회보장 관련 재정은 형식적으로는 존재하나 실질적으로는 극히 제한된 수준에 머무르고 있다. 보건의료와 식량배급과 같은 기초 복지 서비스조차 제대로 작동하지 않으며, 자원 배분의 비효율성과 재정 우선순위의 왜곡으로 인해 사회보장 기능은 심각하게 약화되어 있다. 이러한 현실은 북한 주민의 기본적인 삶의 질을 저하시키는 주요 원인이며, 향후 남북 교류나 통일을 대비한 정책 수립 시에도 반드시 고려해야 할 중요한 구조적 문제로 평가된다.

3) 국제 제재와 경제난의 영향

북한의 재정 문제는 단순한 세입·세출의 불균형에 그치지 않고, 국제사회 제재와 지속적인 경제난으로 인해 구조적으로 악화되고 있다. 특히 2016년 이후 유엔 안전보장이사회의 대북 제재가 강화되면서 북한의 주요 수출품인 석탄, 철광석, 해산물 등의 해외 판매가 사실상 차단되었고, 이로 인해 외화 수입은 급감하였다. 미국, EU, 일본 등 주요국의 독자적 제재 또한 금융거래를 전면 제한하면서 북한의 국가 재정 기반을 심각하게 약화시켰다. 이러한 제재 조치는 단순한 외화 유입 차단에 그치지 않고, 필수적인 산업 생산재, 석유제품,

의료물자 등 전략적 물자의 수입을 어렵게 만들어 생산성 저하와 생필품 부족이라는 이중고를 낳았다. 여기에 더해, 2020년부터 본격화된 코로나19 방역 조치로 인해 북한은 자발적으로 국경을 전면 봉쇄하였다. 이로 인해 중국·러시아 등과의 교역마저 급감하였으며, '장마당'으로 대표되는 비공식 시장경제활동도 큰 타격을 받았다.

한국은행의 추정에 따르면 2020년 북한의 GDP는 전년 대비 약 4.5% 감소했으며, 이는 1997년 이래 최대폭의 경제위축이었다. 국경 폐쇄는 국가 재정의 주요 기반이었던 밀수입 및 상거래를 차단하고, 북중 간 인력 파견 및 외화 송금 경로까지 끊어버려 북한 정권의 외화 확보 수단을 심각하게 위축시켰다. 이러한 제재 및 봉쇄 환경 속에서 북한은 제재 회피를 위한 '그림자 경제' 전략을 확대하고 있다. 대표적인 예로, 해외에서의 불법 IT 노동자 파견, 제3국에 위치한 북한 식당 운영, 선박 간 환적을 통한 석유 밀수 등이 있으며, 이는 공식적인 국제 금융 시스템을 우회하여 제한적인 외화를 확보하는 방식이다. 2023년 위성사진 분석에 따르면, 러시아가 유엔 제재 상한선을 초과하여 북한에 석유를 공급한 정황이 다수 포착되었으며, 이는 대북제재의 실효성에 대한 국제사회의 우려를 낳고 있다.

이러한 그림자 경제활동은 단기적으로는 정권의 재정 유지에 기여하지만, 장기적으로는 북한 경제의 투명성과 재정 건전성을 훼손하는 결과를 초래한다. 문제는 이 같은 경제난이 단지 정권 재정만의 위기가 아니라는 점이다. 국제 제재와 경제봉쇄로 인해 발생한 재정 압박은 필연적으로 주민 생활과 사회복지 지출 축소로 이어지고 있다. 실제로 유엔 산하 기구들은 제재 이후 북한 내에서의 인도적 지원 사업이 지연되거나 차단되면서, 아동과 노약자 등 취약계층의 영양 상태와 의료 접근성이 급격히 악화되었다고 보고하고 있다.

유니세프는 2017년 보고서를 통해 약 6만 명 이상의 북한 아동이 영양실조 위험에 놓여 있으며, 이 중 상당수가 제재로 인한 식량 원조 부족의 직접적 영향을 받고 있다고 지적한 바 있다. 결과적으로, 국제 제재와 경제난은 북한의 재정 기반을 무너뜨리고, 비공식 경제 의존도와 사회적 불평등을 동시에 심화시키는 이중 구조를 형성하고 있다. 국가는 핵·미사일 개발과 정치적 통제를 유지하기 위해 한정된 자원을 우선순위에 따라 분배하고 있으며, 이 과정에서 보건, 교육, 복지 등 사회보장 분야는 사실상 방기되고 있는 실정이다. 이로 인해 북한의 재정 문제는 단순한 적자 문제가 아니라, 경제 전체의 구조적 불균형과 인도적 위기의 문제로 확장되고 있다.

4. 재정 지속 가능성 확보를 위한 정책적 과제

1) 남한의 재정 개혁 및 재원 다변화 방안

소득과 인구구조 변화, 국제 환경 변화 등 복합적인 도전에 직면한 한국은 재정 지속 가능성을 확보하기 위해 여러 방향에서 재정 개혁과 재원 다변화 전략을 추진하고 있다.

◆ 재정준칙 및 중장기 재정 규율 강화

재정준칙 및 중장기 재정 규율 강화는 정부의 재정 건전성 확보와 지속 가능한 재정 운영을 위한 핵심 전략 중 하나이다. 정부는 재정준칙(Fiscal rules)의 법제화를 추진함으로써 재정 운용의 투명성과 예측 가능성을 제고하고, 장기적 관점에서 재정의 책임성과 안정성을 확보하고자 노력하고 있다. 특히 국내총생산(GDP) 대비 관리재정수지와 국가채무비율을 일정 범위 내에서 유지·통제하는 것을 주요 목표로 설정하고 있으며, 이는 재정의 무분별한 팽창을 억제하고 재정건전성의 지속적 관리를 가능하게 하는 제도적 장치로 작용한다. 아울러, 이러한 재정준칙의 도입은 OECD의 권고 사항에 부합하는 것으로, 정부는 이에 따라 준칙 기반의 예산 편성 체계를 확립하고, 정기적인 지출 구조 점검(지출 리뷰)을 통해 낭비 요인을 줄이고 재정 효율성을 높이려는 노력을 병행하고 있다.

이러한 제도적 기반은 단기적인 경기 대응 필요성과 중장기적인 재정 안정성 확보 간의 균형을 유지하는 데 중요한 역할을 하며, 향후 예상되는 고령화, 저성장 기조, 복지지출 증가 등 구조적 재정 압력에 대한 선제적 대응 체계를 마련하는 데 기여한다. 결국 재정준칙과 중장기 재정 규율 강화는 정부가 국민의 신뢰 속에서 지속 가능한 재정 운용을 실현하기 위한 핵심 수단이며, 미래 세대에게 과도한 재정 부담을 전가하지 않도록 하는 사회적 책임의 일환으로 볼 수 있다.

◆ 연금제도 구조 개편 통한 재원 확보

연금제도 구조 개편을 통한 재원 확보 노력은 인구 고령화로 급속히 증가하는 연금 재정 부담에 대응하기 위한 핵심 과제로 부상하고 있다. 정부와 국회는 지속 가능한 연금제도 유지를 위해 국민연금의 전반적인 구조 개편을 본격적으로 추진하고 있으며, 이에 따라 기여율 인상, 수급 조건 조정, 급여 체계 개편 등 다양한 조치를 종합적으로 도입하고 있다. 특히 2025년부터는 국민연금 기여율을 기존 9%에서 13%로 단계적으로 인상하고, 동시에 소득대체율 조정 및 수급 연령의 합리적 상향 등을 포함한 개편안을 본격적으로 시행할 예정이다. 이러한 제도 개선을 통해, 현재 기준으로 2055년에 소진될 것으로 예측되었던 국민연금기금의 소진 시점을 약 15년가량 연장하여 2071년까지 유지할 수 있을 것으로 전망된다. 이는 연금 재정의 지속 가능성을 실질적으로 높이는 중요한 조치이다.

국제통화기금(IMF) 역시 한국의 연금 개혁 방향에 대해 긍정적으로 평가하고 있다. IMF는 연금 재정의 건전성을 확보하기 위해서는 기여율 인상, 수급 개시 연령의 점진적 상향, 그리고 비례 급여의 점진적 축소와 같은 다양한 조치의 복합적 조합이 가장 효과적이라고 권고하고 있으며, 이러한 방식이 장기적인 재정 압박을 완화하는 데 기여할 수 있다고 지적한다. 궁극적으로 이번 국민연금 구조 개편은 현재 세대와 미래 세대 간의 부담을 조화롭게 분담하며, 사회적 신뢰를 바탕으로 한 연금제도의 지속 가능성 확보라는 중장기적 목표를 실현하는 데 중요한 전환점이 될 것이다.

◆ 세수 기반 강화 및 세원 다변화

세수 기반 강화 및 세원 다변화 전략은 팬데믹 이후 지속된 재정 지출 확대와 급속한 고령화로 인한 구조적 재정 부담 증가에 대응하기 위한 정부의 핵심 재정정책 방향 중 하나이다. 특히 코로나19 이후 경기 부양을 위해 도입된 감세 정책의 여파, 그리고 생산가능인구 감소로 인한 노동세수 축소 우려 등에 직면하면서, 정부는 보다 지속 가능하고 탄력적인 세입 기반을 구축하는 데 주력하고 있다.

우선 정부는 법인세율 인하 기조는 유지하면서도, 고용 창출, 출산 장려, 연구개발(R&D) 투자 등 사회적·경제적 파급효과가 큰 분야를 중심으로 선택적 세제 인센티브를 강화하고 있다. 이는 세수 확보와 경제활력 제고라는 두 목표를 동시에 달성하려는 정책적 절충 전략으로, 세제의 효율성과 형평성을 동시에 고려한 방식이다. 아울러, 비효율적이거나 목적을 상실한 세제 감면 제도에 대한 전면적인 실효성 점검이 병행되고 있다. 세제 혜택의 과도한 누적이 재정 부담으로 이어지는 것을 방지하고, 탈세 및 조세 회피 행위를 차단하기 위한 제도적 장치 강화, 고소득자 및 대기업의 과세 회피 방지책 정비, 디지털 경제와 공유경제 등 새로운 소득원에 대한 과세 체계 정비 등도 함께 추진되고 있다. 또한 정부는 기존의 협소한 과세 기반에서 벗어나, 광범위한 세원 발굴과 구조적 개편을 통한 세입 다변화에 집중하고 있다. 예컨대 부가가치세 과세 범위 확대, 환경세·디지털세 등 신(新)세원 도입 검토, 부동산·금융자산 과세 체계 정비 등이 중장기 과제로 논의되고 있다. 이러한 일련의 조치는 단순한 세입 증대를 넘어, 공평하고 지속 가능한 조세 체계를 구축하여 재정 건전성과 경제 역동성을 동시에 확보하려는 전략적 접근으로 평가할 수 있다. 궁극적으로는 미래 세대를 위한 안정적인 재정 기반 확보와 국민의 조세 신뢰 제고라는 장기적 목표에 부합하는 방향이라 할 수 있다.

◆ 지출 효율화 및 구조조정

지출 효율화 및 구조조정은 제한된 재원을 보다 전략적으로 활용하고, 국가 재정의 지속 가능성과 생산성을 높이기 위한 핵심 과제로 정부가 중점적으로 추진하고 있는 재정 개혁 방향이다. 특히 고령화에 따른 복지 지출 증가, 저성장 기조, 그리고 기존 사업의 중복·비효율 문제에 대응하기 위해, 정부는 지출구조의 전면적인 개편과 예산 집행의 효율성 강화에 나서고 있다. 우선, 정부는 국가 주요 정책사업 간의 중복과 비효율을 제거하기 위해 전면적인 사업 정비 및 평가 체계 강화를 추진하고 있다. 사회간접자본(SOC), 연구개발(R&D), 복지 예산 등 주요 지출 분야에 대해 우선순위와 성과 중심의 배분 원칙을 적용하여, 각 분야의 지출 비중을 재조정하고 있다. 이는 단순한 지출 축소가 아니라, 국가 경쟁력 강화와 사회적 수요에 맞는 지출 재배치를 의미한다. 특히, 디지털 기술을 활용한 예산 집행 및 회계 통합 시스템의 도입은 공공 부문 전반의 재정 집행 과정에서 투명성과 효율성을 크게 제고하는 계기가 되고 있다. 통합 재정관리 플랫폼 구축을 통해 사업별 예산 사용 현황을 실시간으로 파악하고, 불필요한 집행을 방지하는 등 정책 실행의 책임성과 신속성을 동시에 확보하고 있다. 아울러, 정부는 뉴딜 정책과 미래 혁신 산업 분야에 대한 전략적 투자를 강화하는 한편, 성과가 미비하거나 중복성이 큰 사업에 대해서는 과감히 자원을 회수하는 방식으로 재정 자원의 선택과 집중을 강화하고 있다. 이는 단기적인 지출 억제뿐 아니라, 중장기적으로 성장동력 확보와 산업구조 전환을 유도하기 위한 전략적 조치이다. 또한, 지방정부의 재정 책무성을 강화하는 것도 주요한 지출 효율화 전략 중 하나이다. 지역 단위의 복지·행정 서비스 지출에 대한 평가와 책임성을 제고하여, 중앙-지방 간 재정 운영의 분담 원칙을 보다 명확히 하고, 재정 집행의 자율성과 책임 간 균형을 강화하고자 한다. 결과적으로 이러한 지출 구조조정과 효율화 노력은 단순한 비용 절감 차원을 넘어, 국가 재정의 전략적 재편과 미래 대비형 재정 운용 체계 구축이라는 점에서 중요한 의의를 지니며, 한정된 재정을 가장 효과적으로 활용하기 위한 근본적인 방향 전환으로 평가될 수 있다.

◆ 성장 중심의 재정 운용 확대

성장 중심의 재정 운용 확대는 최근 경기 둔화와 저성장 국면에 대응하기 위한 정부의 전략적 재정정책 전환을 의미한다. 저성장이 고착화될 우려가 커지는 상황에서, 정부는 재정의 단기 경기 대응 기능을 넘어, 중장기 성장 잠재력을 끌어올리는 '생산적 재정'의 역할에 주목하고 있다. 이에 따라 정부는 미래 산업 생태계 조성과 글로벌 경쟁력 제고를 핵심 목표로 설정하고, 성장 가능성이 높은 분야에 재정을 전략적으로 집중하고 있다. 특히 2024년 예산안에서는 수출 산업, 인공지능(AI), 첨단 인프라 등 미래 핵심 산업에 대한 전략적 투자를 강화하고 있으며, 이를 통해 신성장동력 확보와 경제구조 전환을 동시에 추진하고자 한다.

구체적으로는 수출 기반 강화를 위해 중소·중견 수출기업에 대한 금융지원 확대, 해외 진출 컨설팅 및 물류 지원 등을 강화하고 있으며, 디지털 전환과 AI 기술 개발을 위한 R&D 예산도 대폭 확대하고 있다. 이와 함께, 인공지능·반도체·바이오헬스·이차전지 등 첨단 산업 분야의 기반 인프라와 인력 양성에 대한 집중 투자가 이루어지고 있다. 또한, 이러한 성장 중심의 재정 운용은 단기적 경기부양을 넘어서, 경제구조의 체질을 개선하고 산업 전반의 생산성과 혁신 역량을 끌어올리는 것을 목표로 하고 있다. 즉, 재정 지출이 단순한 소비성 지출에 머무는 것이 아니라, 미래 세대를 위한 경쟁력 강화와 지속 가능한 성장 기반 마련으로 연결되도록 설계되고 있는 것이다. 아울러 정부는 이러한 재정 전략을 공공과 민간의 연계 투자 구조로 확장해, 재정의 마중물 역할을 강화하고, 민간의 혁신 투자를 촉진하는 선순환 구조를 조성하고자 한다. 이는 결과적으로 경제 전반의 자생적 성장력을 제고하고, 중장기적 재정 여건의 개선에도 기여할 것으로 기대된다. 요약하면, 성장 중심의 재정 운용 확대는 단기 경기 대응을 넘어서 미래 지향적 산업구조 재편과 국가경쟁력 확보라는 장기 목표를 뒷받침하는 핵심 재정 전략이며, 이를 통해 저성장 함정을 극복하고 지속 가능한 성장 기반을 구축하려는 정부의 의지를 보여 주는 중요한 정책 전환이라고 할 수 있다.

◆ 지방재정 및 사회보장 체계 강화

지방재정 및 사회보장 체계를 강화하는 것은 정부의 핵심 전략 중 하나이다. 특히 인구 감소로 인한 지방소멸 위험이 현실화되고 있는 가운데, 정부는 지방정부의 재정 자율성과 책임성을 확대함으로써 지역 맞춤형 인구 정책과 복지 서비스 제공 체계 구축을 적극 지원하고 있다. 우선, 정부는 지방정부가 지역 실정에 맞는 정책을 자율적으로 설계하고 집행할 수 있도록 재정 권한을 확대하고 있으며, 동시에 이에 따른 재정 책임성과 성과 관리 체계도 병행하여 구축하고 있다. 이러한 재정 분권화는 중앙 주도의 일괄적 정책에서 벗어나, 지역사회 주도의 창의적이고 지속 가능한 인구 대응 전략을 가능하게 하는 기반이 된다. 또한, 보육·육아·의료 등 공공 서비스 인프라를 강화함으로써, 출산과 양육의 사회적 부담을 줄이고 사회안전망을 확충하는 데 집중하고 있다. 이는 단순한 현금성 지원을 넘어, 실질적 삶의 질을 높이는 구조적 지원으로 전환하고자 하는 방향이다.

대표적으로 공공보육의 확충, 국공립 어린이집 비중 확대, 야간·긴급보육 서비스 도입, 장시간 육아휴직 제도의 연장 및 유연근무 확대 등이 추진되고 있으며, 이는 출산과 양육이 경력 단절이나 소득 저하로 이어지지 않도록 하는 제도적 장치로 기능하고 있다. 특히, 의료와 돌봄 서비스의 지역 내 접근성 개선도 중요한 축으로 다뤄지고 있다. 농산어촌 및 인구 감소 지역을 중심으로 공공의료기관 확충, 지역 간호·돌봄 통합서비스 확대, 산후조리·아동건강검진 등의 예방적 지원 체계 강화 등이 함께 이루어지며, 생활 밀착형 복지의 지역 기반 구축이 함께 추진되고 있다. 결과적으로 이러한 지방재정과 사회보장 체계의 강화는 저출산 문제에 대한 직접적 대응뿐만 아니라, 인구 감소에 따른 지역 공동체의 해체와 기능 약화를 예방하고, 전국적인 균형 발전과 사회적 지속 가능성을 확보하는 데 핵심적 역할을 하고 있다. 이는 단기적인 출산율 제고를 넘어, 장기적인 사회 안정과 포용적 복지국가 실현을 위한 중장기 전략의 일환이라 할 수 있다.

2) 북한의 경제 체제 변화와 재정 운영 개선 가능성

북한은 전통적으로 국가 주도의 계획경제와 중앙집권적 재정 구조를 고수해 왔으나, 1990년대 중후반 '고난의 행군' 이후 부분적인 시장화 조짐과 함께 재정 운영 방식에도 점진적인 변화 가능성이 관측되고 있다. 비공식 경제의 확산, 시장의 자생적 형성(장마당 확대), 지방 단위 경제권 강화 등의 움직임은 재정의 조세 기반이나 예산 집행 구조 변화에 일정한 압력을 가하고 있다(정은미, 2021). 북한은 여전히 사회주의 원칙에 따른 무상복지 원칙을 공식적으로 고수하고 있으나, 실제로는 재정 수요에 대응하여 생산 단위의 자체 부담, 또는 시장활동을 통해 확보한 수입에 대한 비공식 과세 등을 통해 일부 재정 유입 다변화를 꾀하고 있는 것으로 알려져 있다(강동완, 2023). 또한, 일부 연구에서는 지방정부 수준에서 자체 조달된 재정을 특정 복지 분야(의료, 교육 등)에 배분하는 '지역재정의 부분적 분권화' 조짐이 나타난다고 보고한다(통일연구원, 2023). 북한 당국은 2010년대 이후 "현대적 국가 재정관리 강화"를 강조하며 회계의 전산화, 회계보고 체계 개선, 국고 운영의 합리화 방안을 도입하겠다고 밝혔으며, 이는 국제사회와의 협력 가능성을 염두에 둔 신호로도 해석된다(UNESCAP, 2022). 특히 2021년 채택된 '국가경제발전 5개년 계획'에서는 농업·경공업 등 생산 부문의 자율성을 높이는 한편, 사회보장 재정을 '효율적이며 경제적인 방식으로 재편'한다는 계획도 포함되었다(북한 내각 발표 자료, 2021). 하지만 이러한 개선 가능성은 정치적 통제 체계, 이념 중심 재정 운영, 국제 제재 환경 등 구조적 한계에 의해 실현 가능성이 낮게 평가되기도 한다. 따라서 북한의 재정 운영 개선은 시장화의 제도화, 재정투명성 확대, 국제개발협력 프로그램 참여 확대 등이 전제되어야 할 것으로 보인다.

3) 남북 협력에 따른 재정 통합 전망

◆ 북한 재정 변화와 남북 협력 시사점

북한은 최근 경제 상황과 대내외적 압력으로 인해 재정 운영에 상당한 변화를 겪고 있다. 국제 제재와 자체 경제 개혁, 시장화 경향이 심화되면서 국가 재정 수입 구조와 지출 우선순위가 변화하고 있다. 이러한 재정 변화는 남북 협력에 중요한 시사점을 제공한다. 첫째, 북한 재정의 불안정성과 재정 적자 문제는 남북 협력 사업 추진에 있어 재정적 안정성을 확보하는 것이 필수적임을 시사한다. 남한과의 경제 협력이나 인도적 지원, 사회복지 분야 협력 사업은 북한의 재정 여건과 조화를 이루어야 하며, 지속 가능한 지원 체계가 구축되어야 한다. 둘째, 북한 내부의 재정 운용 구조와 사회보장 체계 개선이 선행되어야 협력 효과가 극대화될 수 있다. 남북 간 사회보장 정책 교류를 통해 북한의 재정 효율성을 높이고, 주민 복지 향상에 기여할 수 있는 방향으로 협력 모델을 개발해야 한다. 셋째, 남북 협력 사업은 북한 재정 변화에 따른 위험 요소를 고려하여 단계적이고 맞춤형으로 설계되어야 하며, 투명한 재정 관리와 국제적 감시가 병행되어야 한다. 이를 통해 협력 사업의 신뢰성을 제고하고, 장기적인 평화 및 경제 통합 기반을 마련할 수 있다.

◆ 북한 사회보장 예산 개선 방안

북한의 사회보장 예산은 제한된 재원과 경직된 재정 운영 구조 속에서 주민 복지 향상에 충분히 투자되지 못하고 있다. 이를 개선하기 위한 방안은 다음과 같다. 첫째, 사회보장 예산의 우선순위 재조정을 통해 필수 복지 분야에 대한 집중 투자가 필요하다. 보건, 교육, 기초 생활 보장 등 국민 기본권 보장을 위한 예산 비중을 확대하고, 효율적인 자원 배분을 위한 체계적 분석과 계획 수립이 중요하다. 둘째, 남북 공동 연구와 정책 교류를 통해 북한의 사회보장 체계에 적합한 재정 집행 모델을 개발하고 적용해야 한다. 특히, 지역별 수요와 특성에 맞는 맞춤형 복지 프로그램 예산 편성을 권장한다. 셋째, 국제사회와의 협력을 통한 재정 지원과 기술적 지원을 확대하여 사회보장 예산의 재원 다변화를 모색해야 한다. 이를 통해 북한의 사회보장 시스템 현대화 및 지속 가능한 운영 기반을 마련할 수 있다.

◆ 북한 재정통합 전망과 정책적 함의

북한과 남한의 재정통합은 궁극적으로 한반도 평화 체제 구축과 경제 통합의 핵심 요소이다. 그러나 현재 북한 재정 상황의 불안정성과 제도적 차이로 인해 단기적 통합은 어려운 실정이다. 첫째, 재정통합은 점진적이고 단계적으로 접근해야 하며, 초기에는 공동 재정관리 시스템 구축과 협력 재원 운용의 투명성 확보가 중요하다. 이를 위해 남북 공동위원회 등의 협의체를 통해 재정 관련 정보 공유와 정책 조율이 선행되어야 한다. 둘째, 사회보장 분야를 포함한 재정통합은 주민 복지 향상과 경제 격차 해소를 목표로 삼아야 하며, 이를 위해 남북 간 재정 지원과 사회복지 제도 조화를 위한 법·제도 정비가 필요하다. 셋째, 장기적으로는 한반도 경제 통합과 함께 통합 재정 시스템이 구축되어야 하며, 이를 통해 효율적인 재정 운용과 균형 발전이 가능해질 것이다. 그러나 이는 정치·경제적 여건 변화에 크게 좌우되므로, 신중하고 유연한 접근이 필요하다.

> **학습 문제**
>
> 1. 남한 사회보장 재정의 주요 수입원과 지출 구조는 어떻게 구성되어 있는가?
> 2. 북한 사회보장 재정 구조에서 특징적인 점은 무엇인가?
> 3. 사회보장 재정 적자의 주된 원인들은 무엇인가?
> 4. 남한 정부가 재정 적자 문제를 해결하기 위해 추진하는 정책은 무엇인가?
> 5. 남북한 사회보장 재정 구조 차이가 통일 이후 어떤 도전과 기회를 제공할 수 있는가?

제4부

사회보장 행정과 운영

제7장

행정 조직과 운영 체계 비교

📖 학습 목표

1. 남북한 사회보장 행정 조직의 구조적 특성을 이해한다.
2. 남북한의 행정 운영 체계와 효율성을 비교·분석한다.
3. 행정 조직과 운영의 차이가 사회보장 정책 집행에 미치는 영향을 파악한다.

제1절 남북한의 사회보장 행정 조직 구조

1. 사회보장 행정 조직의 개념과 역할

1) 행정 조직의 정의

◆ 행정 조직의 개념

행정 조직(Administrative organization)은 정부가 공공 목적을 달성하기 위해 공식적으로 설계한 제도적 구조로, 정책을 수립하고 집행하며 국민에게 서비스를 제공하는 일련의 체계이다. 이는 공공 부문의 목적지향적 활동을 조직화하고, 그 과정에서 인적·물적 자원을 효율적으로 배분하여 사회 전체의 복지와 질서를 유지하는 역할을 한다. 행정 조직은 법령에 기반을 두고 공적 권한과 책임이 명확히 부여된 구조이며, 구성원은 공무원 또는 공공기관 종사자로 이루어져 있다. 각 조직은 위계적이고 기능별로 분화되어 있으며, 정책 목표에 따라 부처·국·과 단위로 세분화되어 있다.

◆ 행정 조직의 핵심 요소

행정 조직의 핵심 요소는 단순한 조직 체계의 집합을 넘어, 공공의 이익을 실현하기 위한 제도적 장치이자 행정의 효율성과 정당성을 담보하는 근간을 형성한다. 이러한 행정 조직을 보다 깊이 있게 이해하기 위해서는 다음과 같은 다섯 가지 핵심 구성 요소를 중심으로 고찰할 수 있다.

- 공공성(Public Purpose): 행정 조직은 본질적으로 공공의 이익 실현을 목표로 한다. 이는 이윤 추구를 중심으로 하는 민간 조직과의 가장 큰 차별점으로, 국민의 삶의 질 향상, 사회적 형평 실현, 국가 전체의 복리 증진과 같은 목적을 추구한다. 행정 조직의 존재 이유와 정당성은 바로 이 공공성에 있으며, 이를 통해 행정은 국민의 신뢰와 지지를 확보할 수 있다.
- 제도화된 구조(Structural Formality): 행정 조직은 헌법, 법률, 대통령령, 총리령, 부령 등 공식적인 법적 기반에 따라 설립되고 운영된다. 이러한 제도화된 구조는 조직의 설립 목적, 권한 범위, 책임 체계를 명확히 규정하며, 자의적인 운영이나 권한 남용을 방지하고 법치 행정의 기반을 형성한다. 즉, 행정 조직은 자율적이기보다는 법적 근거와 절차에 따라 움직이는 조직이다.
- 위계적 관계(Hierarchy): 행정 조직은 중앙정부에서 지방정부까지 명확한 수직적 구조와 지휘·보고 체계를 갖추고 있으며, 상급기관은 하급기관에 대해 지시·감독·통제의 권한을 행사한다. 이러한 위계적 구조는 책임성과 통일성을 확보하고, 신속한 의사결정 및 정책 집행이 가능하도록 한다. 특히 위기 상황이나 대규모 정책 수행 시에는 이러한 위계질서가 효율성과 질서 유지에 중요한 역할을 한다.
- 기능적 분화(Specialization): 현대 행정은 복잡하고 다양한 사회 문제를 다루기 때문에, 각 부서는 정책 분야별로 전문화되어 있다. 예를 들어, 보건복지부는 보건·복지정책을, 국토교통부는 교통·주택 정책을 담당하며, 각 부서 내에서도 세부 업무에 따라 더욱 세분화된 기능 조직이 운영된다. 이러한 기능적 분화는 행정의 전문성과 효율성을 제고하고, 정책의 질과 집행 능력을 향상시키는 데 기여한다.
- 지속성(Continuity); 행정 조직은 정권의 변화나 개인의 교체와는 무관하게 지속적으로 운영되어야 하며, 이는 정책의 안정성과 일관성 확보를 위한 필수 요소이다. 이를 통해 행정은 단기적 정치 논리에 좌우되지 않고, 국민의 신뢰를 바탕으로 장기적·체계적인 국가 운영을 가능하게 한다. 지속성은 또한 행정의 역사성과 축적된 경험을 유지함으로써 조직 역량을 강화하는 데에도 중요한 역할을 한다.

요약하면, 행정 조직은 공공성과 법적 정당성을 바탕으로, 위계적이고 전문화된 구조를 통해 안정적이고 지속적으로 운영되는 제도적 체계이다. 이러한 구성 요소들은 서로 유기적으로 작용하며, 행정 조직이 국민의 요구에 부응하고 국가의 공공 목적을 실현할 수 있도록 제도적·운영적 기반을 제공한다.

◆ 사회보장 행정 조직의 특징

사회보장 행정 조직의 특징은 국민의 삶의 질 향상과 사회적 형평 실현을 목적으로 한 공공행정의 대표적인 형태로, 복지국가 실현을 위한 핵심 인프라로 기능한다. 사회보장 분야에서의 행정 조직은 단순한 행정 집행 기관을 넘어, 정책의 설계자이자 재정의 운용자, 서비스 제공자, 권리 보호자로서 다면적인 역할을 수행하고 있다. 이러한 조직의 주요 특징은 다음과 같이 네 가지 측면에서 구체화된다.

▶ 복지정책 수립 및 집행; 사회보장 행정 조직은 기초생활 보장, 건강보험, 국민연금, 고용보험, 산재보험 등 국민 생활과 직결되는 주요 사회보장제도를 설계하고 제도화하며, 이를 지속적으로 관리·운영한다. 단순한 제도 관리에 그치지 않고, 사회적 변화와 정책 환경의 변화에 능동적으로 대응하면서 복지제도의 지속 가능성을 확보하고 개선 방향을 제시한다. 이를 위해 통계 분석, 정책 평가, 입법 제안 등 다양한 정책 기획 기능도 병행된다.

▶ 재정 운영 및 자원 배분: 사회보장제도의 재원은 국민이 납부하는 보험료, 세금, 국고보조금 등 공공재정으로 구성되며, 이를 공정하고 투명하게 운용하는 것이 행정 조직의 핵심 책무 중 하나이다. 사회보장 행정 조직은 확보된 재원을 토대로 급여의 적정성과 수급자의 권리 보장을 고려하여 자원을 배분하며, 지속 가능한 재정 운용 체계를 마련하기 위해 중장기 재정 전망, 수지 분석, 제도 간 형평성 조정 등의 기능을 수행한다.

▶ 서비스 전달 체계 운영: 사회보장 서비스는 중앙정부에서 기획되더라도, 실제 국민이 체감하는 복지 서비스는 지역사회 기반에서 실현된다. 이에 따라 행정 조직은 중앙-광역-기초 지방정부, 그리고 민간 복지기관 간 연계와 협력을 조율하는 전달 체계를 운영한다. 예를 들어, 국민기초생활 보장 급여는 보건복지부가 총괄하지만, 실제 지급과 사례 관리는 지방자치단체가 담당하며, 민간기관과의 협력도 병행된다. 이를 통해 수요자 중심의 맞춤형 서비스 제공과 행정의 접근성·효율성 제고가 가능해진다.

▶ 취약계층 보호 및 권리 보장: 사회보장 행정 조직은 사회적 약자에 대한 보호자이자 권리 보장자로서의 역할도 수행한다. 노인, 장애인, 아동, 저소득층, 한부모가정, 이주민 등 다양한 취약계층에 대한 선제적 발굴과 지원이 주요 업무에 포함되며, 이들의 삶의 기본권을 보장하고 사회적 배제에서 벗어날 수 있도록 제도적 장치를 마련한다. 또한, 복지 사각지대를 해소하기 위해 통합사례 관리, 위기대응 체계, 정보연계 시스템을 구축하여 보편성과 선별성의 균형 있는 정책 운영을 도모하고 있다.

요약하자면, 사회보장 행정 조직은 정책 기획, 재정 운영, 전달 체계 조정, 권리 보장이라는 다면적 기능을 통해 국민 전체의 삶을 지탱하는 사회적 기반으로서 핵심 역할을 수행하고 있으며, 공공성과 형평성, 효율성을 동시에 달성하기 위한 복합적 운영 체계를 갖추고 있다. 이는 단순한 행정기관의 기능을 넘어, 국민과 국가 간 사회적 계약의 실질적 구현 기제라 할 수 있다. 최근의 학술적 논의에 따르면, 행정 조직은 단순히 공공 서비스를 전달하는 기구를 넘어 국가 목적을 실현하고 국민 삶의 질을 향상시키기 위한 제도적 장치로 정의된다.

행정 조직은 "공공 문제 해결과 국민 복지를 위해 구성된 정부의 제도적 장치"이며, 각 조직은 명확한 권한과 책임을 갖고 운영된다. 이러한 기능적·조직적 통합 체계는 정부의 일상적 기능을 수행하고 정책 결정과 집행을 연결하는 핵심 구조로 이해한다. 또한 사회보장 분야의 행정 조직은, 정책 설계와 집행, 평가, 조정까지 아우르는 복합적 기능을 수행한다. 이처럼 현대의 행정 조직은 보편적 복지를 실현하고, 정책의 효과성을 높이는 핵심 기반으로 진화하고 있다.

2) 사회보장 정책과 행정 조직의 관계

사회보장 정책은 국민의 기본적인 생계, 건강, 고용, 주거 등 사회적 위험에 대한 보호를 목적으로 하는 공공 정책이다. 이러한 정책이 실제로 국민에게 전달되고 실현되기 위해서는, 정책을 집행하는 행정 조직이 필수적이다. 즉, 사회보장 정책과 행정 조직은 정책-집행 구조의 상호의존적 관계에 있으며, 정책이 아무리 정교하더라도 이를 실행할 행정 조직이 미비하거나 비효율적이라면 정책은 실패할 수밖에 없다.

◆ **정책과 조직의 상호작용**

정책과 조직의 상호작용은 매우 밀접하며 상호 보완적인 관계를 형성한다. 정책은 기본적으로 "무엇을 할 것인가"라는 방향성과 목표를 설정하는 과정으로, 사회가 해결하고자 하는 문제나 달성하고자 하는 가치를 구체화한다. 반면, 행정 조직은 이러한 정책 목표를 실제 현장에서 어떻게 실현할 것인지에 대한 구체적인 실행 방안을 마련하고 집행하는 역할을 담당한다. 즉, 조직은 정책의 설계 단계부터 실행과 평가에 이르기까지 전 과정에 적극적으로 관여하며, 이를 통해 정책이 의도한 효과를 발휘할 수 있도록 하는 구조적 기반이라 할 수 있다. 따라서 조직의 역량과 효율성은 곧 정책 성공의 중요한 관건이 된다.

특히, 정책의 유형에 따라 행정 조직의 형태와 운영 방식에도 변화가 나타난다. 예를 들어, 보편적 복지정책은 국민 전체를 대상으로 하여 광범위한 서비스를 제공하기 때문에, 이를 지원하는 조직은 규모가 커지고 기능도 다양해진다. 이와 함께 조직 내 여러 부서와 협력 체계가 강화되어야 하며, 포괄적인 서비스 제공을 위한 관리와 조정 기능이 중시된다.

반면, 선별적 복지정책은 한정된 자원을 효율적으로 배분하기 위해 특정 대상자에게 집중되는 특성이 있다. 이에 따라 조직은 대상자를 정확하고 정밀하게 선별할 수 있는 체계적인 시스템과 절차를 갖추어야 하며, 전달 과정에서도 정확성과 신속성을 확보할 수 있도록 세밀한 관리와 지원이 요구된다. 이처럼 정책 유형에 따른 조직의 변화는 정책 목표 달성을 위한 필수적 조건이며, 정책과 조직 간의 조화로운 상호작용이 사회적 성과를 극대화하는 핵심 요인임을 알 수 있다.

따라서 정책의 성격에 따라 조직의 구조·인력·예산·전달 체계가 달라지고, 행정 조직은 단순한 집행기관이 아니라, 정책의 실행 결과를 분석하여 정책 개선에 기여하기도 한다. 즉, 사회보장 정책 → 행정 조직의 집행 → 결과 → 조직이 정책에 다시 영향 → 정책 수정 및 보완이라는 순환 구조를 가진다.

<표 13> 남북한 비교 관점

구분	대한민국	북한
정책 목표	보편적 복지, 시장과의 병행	계급적 복지, 국가 독점적 공급
정책 수립	민주적 정책 결정 구조 (국회, 정부, 시민사회 참여)	당(조선노동당) 주도의 일방적 결정
행정 조직	중앙부처(보건복지부) + 지방자치단체 + 공공기관(국민연금공단 등)	내각 산하 노동보건성 중심 + 지역 생활지도위원회
전달 체계	서비스 다층적 전달 체계 (온라인, 오프라인, 읍면동 복지센터 등)	당-행정 단일화 구조 (생활총화 중심)
정책과 조직의 관계	정책 다양화에 따라 조직 전문화, 다원화	국가 명령 중심, 조직 유연성 낮음

참고: 보건복지부(2023), 통일연구원(2022) 자료를 바탕으로 재정리함.

2. 남한의 사회보장 행정 조직 구조

1) 중앙정부 조직: 보건복지부, 고용노동부 등

대한민국의 사회보장 행정 조직은 중앙정부(정부 부처) → 지방정부(지자체) → 공공기관 및 민간전달 체계로 구성되며, 그 중 중앙정부 조직은 정책의 기획, 예산 배분, 법제도 정비 등 정책 전반을 총괄하는 중추적 역할을 담당한다. 중앙정부 내에서 보건복지부, 고용노동부, 여성가족부, 국민연금공단 등 산하 공공기관이 주요 역할을 수행하고 있다.

◆ **주요 부처별 역할**

▶ 보건복지부(Ministry of Health and Welfare, MOHW)는 국민의 건강과 복지를 포괄적으로 담당하는 중앙 행정기관으로, 사회보장 정책 전반을 기획하고 총괄하는 핵심 부처이다. 주요 기능으로는 보건의료, 국민건강 증진, 기초생활 보장, 노인·장애인·아동 복지 등 생애주기 전반에 걸친 사회복지정책의 수립과 집행이 있으며, 다양한 복지 대상자와 정책 영역 간의 통합을 도모한다. 2024년 기준으로 보건복지부는 복지정책실, 인구정책실, 건강보험정책국, 기초생활 보장과, 장애인정책국 등으로 구성되어 있으며, 각 실·국은 전문화된 분야별 정책을 운영하고 있다. 또한 대통령 직속 사회보장위원회와의 협력을 통해 정책 간 조정 및 통합 기능을 수행하며, 사회보장 행정의 조화와 효율성 제고에 기여하고 있다. 산하에는 국민연금공단, 건강보험공단, 한국사회보장정보원, 한국보건사회연구원 등 주요 공공기관이 있으며, 이들은 정책 집행과 자료 분석, 현장 서비스 전달 등에서 핵심적 역할을 맡고 있다. 김성훈 외(2023)는 "보건복지부는 사회보장 정책의 기획 및 총괄 역할을 수행하는 중심 부처"로 평가하며, 정책 간의 유기적 조정 기능을 더욱 강화할 필요성이 있다고 지적한 바 있다. 이는 복잡한 복지 수요에 효과적으로 대응하고, 부처 간 중복이나 단절을 해소하기 위한 제도적 기반 마련의 중요성을 시사한다.

- 고용노동부(Ministry of Employment and Labor)는 고용보험, 실업급여, 근로자 복지, 직업훈련 등 노동시장 기반의 사회보장 정책을 전담하는 중앙 부처로, 국민의 고용 안정과 소득 보장을 위한 제도적 기반을 마련하는 역할을 수행하고 있다. 특히 실업과 산업재해 등 노동시장 리스크에 대응하는 고용 안전망 구축을 핵심 과제로 삼고 있다. 조직 구조는 고용정책실, 노동정책실, 산재예방보상정책국, 고용서비스정책관 등으로 구성되어 있으며, 각 부서가 고용 창출, 노동권 보호, 산재 예방, 취업 지원 등의 분야에서 기능을 분담하고 있다. 고용노동부 산하에는 근로복지공단, 한국고용정보원, 한국산업인력공단 등이 있으며, 이들 기관은 현장 기반의 고용서비스 제공 및 노동시장 분석, 인력 양성 등에서 핵심적인 실무 역할을 수행한다. 고용노동부는 보건복지부와의 기능적 연계를 통해 사회보장 체계 내에서 '고용 기반 소득보장' 분야를 담당하며, 실업·산재 보장과 복지 서비스 간 연계를 강화하는 협력 체계를 발전시켜 가고 있다. 최근 고용노동부는 실업과 산업재해라는 두 축을 중심으로 고용안전망 강화에 집중하고 있으며, 점차 복지 기능과의 통합 논의도 진전되고 있다. 이는 전통적인 노동 행정의 범위를 넘어, 통합적 사회보장 체계로의 전환 가능성을 시사하는 중요한 흐름이라 할 수 있다.
- 여성가족부는 한부모가족, 청소년, 다문화가정 등 사회적 배려계층을 대상으로 한 맞춤형 복지정책을 담당하는 부처로, 이들 집단의 삶의 질 향상과 사회 통합을 지원하는 특정 대상 중심의 사회보장 기능을 수행하고 있다. 특히 가족 다양성 확대와 청소년 보호에 대한 사회적 관심이 높아짐에 따라, 여성가족부의 역할은 점차 복지 체계 내에서의 보완적이고 통합적인 기능 강화로 확장되고 있다. 이와 더불어, 여러 부처들도 고유 기능과 연계된 사회보장 정책을 수행하고 있다.
- 교육부는 교육기회의 형평성을 제고하기 위한 교육복지정책, 저소득층 학생 지원, 평생학습 기반 마련 등을 추진하며, 국토교통부는 주거 약자 및 저소득층을 위한 주거복지정책, 공공임대주택 공급, 주거급여 제도 운영을 통해 주거 안정성을 지원한다.
- 행정안전부는 지방자치단체의 복지 기능 강화를 위해 지방복지행정의 조정과 지원, 복지재정의 효율적 배분, 지역사회 중심의 복지 인프라 확충에 중점을 두고 있다. 이처럼 사회보장은 단일 부처에 국한되지 않고, 다수의 정부 부처가 기능적 역할을 분담하며 협력하는 다중 행위자 체계로 운영되고 있다. 이는 복지 수요의 다양성과 복합성에 대응하기 위한 정책적 진화를 반영하는 구조라 할 수 있다.

〈표 14〉 중앙정부 조직의 특성

항목	내용
다부처 협력 구조	보건복지부 중심이지만, 고용노동부, 여성가족부, 행안부 등 다부처가 역할을 분담
기능 전문화	각 부처는 특정 사회보장 기능에 대해 전문조직(국, 과) 운영
통합조정 필요성	보건복지부 내 사회보장위원회 중심의 정책 조정 메커니즘 구축
디지털 행정 강화	사회보장정보시스템(Happy+, 복지로 등) 통해 전자 기반 행정 확대

참고: 보건복지부(2023), 한국사회보장정보원(2021) 자료를 바탕으로 재정리함.

2) 공공기관 및 지방자치단체의 역할

◆ 개요

남한의 사회보장 체계는 중앙정부, 공공기관, 지방자치단체, 민간 조직이 유기적으로 연계된 다층적 전달 체계로 구성되어 있으며, 이 중에서도 공공기관과 지방자치단체는 실질적인 정책 집행과 서비스 제공의 중심 축으로 기능한다. 중앙정부가 정책 기획, 법제화, 예산 편성 등 거시적 운영을 담당한다면, 공공기관과 지자체는 국민과 가장 가까운 생활 현장에서 직접 복지 서비스를 전달하며, 지역사회의 다양한 복지 수요에 탄력적으로 대응하는 중요한 역할을 수행한다. 특히 지방자치단체는 지역 특성과 주민 요구를 반영한 맞춤형 복지 행정을 펼치며, 공공기관은 전문성과 행정 효율성을 바탕으로 주요 사회보험과 급여 제도를 운영함으로써 복지 체계의 실효성을 높이고 있다. 이러한 구조는 중앙과 지역 간의 협력적 거버넌스를 통해 사회보장제도의 통합성과 접근성을 동시에 강화하는 데 기여하고 있다.

◆ 공공기관의 역할

공공기관은 사회보장제도의 실질적인 운영과 집행을 담당하는 전문 행정기관으로서, 국민연금, 건강보험, 고용보험 등 각 사회보장제도를 효율적으로 관리하고 서비스하는 역할을 수행한다. 이들 기관은 보건복지부 또는 고용노동부 산하에 설립된 법적 근거를 갖춘 준정부기관으로, 정책의 집행력을 높이고 국민에게 안정적이고 전문적인 복지 서비스를 제공하는 데 중추적인 기능을 한다.

〈표 15〉 주요 공공기관과 기능

기관명	보건복지부	주요 역할
국민연금공단	보건복지부	- 국민연금 가입 - 징수 - 급여 지급 - 기금 운용 등 전반적 연금 행정
국민건강보험공단	보건복지부	- 건강보험 자격 관리 - 보험료 부과 및 징수 - 요양급여 비용 지급
근로복지공단	고용노동부	- 산재보험 및 고용보험 급여 지급, - 직업복귀 지원 등 수행
한국사회보장정보원	보건복지부	- 복지 정보 통합관리(Happy+ 시스템), - 서비스 연계·통합 사례 관리 운영
한국보건복지인재원	보건복지부	- 복지 인력 교육 및 역량 강화, - 복지기관 종사자 훈련 수행

참고: 보건복지부(2023), 국민연금공단(2022), 한국사회보장정보원(2023) 자료를 바탕으로 재정리함.

또한 공공기관은 각 제도의 재정 운용, 급여 지급, 수급자 관리, 서비스 개선 등 운영상의 핵심 업무를 수행하며, 동시에 정책 수립을 지원하는 자료 제공과 현장 피드백의 통로로서도 중요한 역할을 한다. 이처럼 공공기관은 국가와 국민을 연결하는 실천적 전달기제로서 사회보장 체계의 안정성과 신뢰성을 높이는 데 기여하고 있다.

◆ 역할의 특징

공공기관은 사회보장제도의 안정적 운영을 위해 전문성과 효율성을 바탕으로 한 제도 관리와 서비스 제공을 수행한다는 점에서 중요한 역할을 맡고 있다. 특히 각 제도에 특화된 전문 조직으로서, 국민연금, 건강보험, 고용보험 등 다양한 분야에서 정교하고 지속 가능한 행정 체계를 구현하고 있다. 이들 기관은 방대한 사회보장 데이터를 기반으로 행정의 정확성과 대응력을 높이며, 중앙정부의 정책과 지방자치단체의 현장 집행을 연결하는 중간 매개체로서 기능한다. 또한 국민의 접근성과 편의성을 높이기 위해 디지털 기반의 복지 행정 강화에 주력하고 있으며, 대표적으로 '복지로'나 '사회보장정보시스템' 등 통합 정보 플랫폼을 통해 맞춤형 복지 정보와 서비스를 제공하고 있다. 예를 들어, 국민연금공단은 고령화에 따른 연금 수급자 증가에 대응하기 위해, 2024년부터 AI 기반의 수급자 맞춤형 상담 시스템을 도입하고 있으며, 이는 향후 보다 개인화된 복지 서비스 제공과 행정 효율성 제고에 기여할 것으로 기대된다. 이러한 노력은 공공기관이 단순한 행정 수행을 넘어 미래형 복지 전달 체계로 진화하고 있음을 보여 준다.

◆ 지방자치단체의 역할

지방자치단체는 국민의 생활 현장과 가장 가까운 곳에서 사회보장 서비스를 직접 제공하는 복지 전달 체계의 최일선 조직으로, 주민의 삶의 질 향상에 있어 핵심적인 역할을 수행하고 있다. 이들은 중앙정부의 복지정책을 집행하는 동시에, 지역의 사회·경제적 특성과 주민 요구를 반영한 주체적인 복지정책을 기획하고 실행할 수 있는 자율성을 지닌다. 우선, 복지 서비스 전달 기능에서는 읍·면·동 행정복지센터를 중심으로 기초생활 보장, 긴급복지 지원, 노인 및 장애인 돌봄 등 다양한 서비스를 직접 집행하고 있으며, 주민들과의 밀접한 접촉을 통해 수요자 중심의 복지 실현에 기여하고 있다. 또한, 청년수당, 독거노인 지원, 다문화 가족 프로그램 등과 같이 지역 특성을 반영한 맞춤형 복지사업을 기획하고 운영함으로써 중앙 정책을 보완하는 지역 차원의 복지 체계를 확립해 가고 있다. 지방자치단체는 지역사회보장협의체 및 다양한 민간 복지 자원과의 연계를 통해 통합사례 관리 체계를 운영하고, 복합적인 복지 욕구를 가진 주민에게 맞춤형 지원을 제공하고 있다. 이러한 민·관 협력 구조는 지역복지의 실효성과 지속 가능성을 높이는 중요한 기반이 된다. 아울러, 지방자치단체는 복지사업 집행에 필요한 예산을 관리하고, 지역 중기복지 계획을 수립하는 등 정책적 기획 기능도 수행한다. 이는 중앙정부와의 협력하에 이루어지며, 지역 주민의 복지 수요와 변화하는 사회 여건에 능동적으로 대응하기 위한 전략적 접근으로 평가된다. 이처럼 지방자치단체는 현장 중심의 복지 실현과 지역 주도적 복지 행정의 핵심 주체로 자리하고 있다. 지방자치단체의 사회보장 행정은 계층적 구조를 기반으로 운영되며, 각 단계에서 역할과 기능이 분화되어 있다. 먼저 광역자치단체(시·도)는 복지정책과, 노인복지과, 장애인복지과 등 주요 복지 관련 부서를 두고 광역 차원의 복지 계획 수립과 조정 기능을 수행한다. 기초자치단체(시·군·구)는 사회복지과, 여성가족과, 드림스타트팀 등 현장 실행 중심의 부서를 운영하며, 각종 복지 사업의 직접 집행과 지역사회 연계를 담당한다. 또한 읍·면·동 주민센터는 '찾아가는 보건복지 서비스'를 위한 맞춤형 복지팀을 구성해 취약계층 발굴과 1:1 사례 관리, 복지자원 연계 등 생활밀착형 복지 서비스를 제공하고 있다. 예를 들어, 서울시 관악구는 2023년 '관악형 통합 돌봄 모델'을 도입하여 고령층을 위한 주거, 건강, 돌봄, 일상생활 지원을 통합한 서비스 체계를 구축함으로써 지역 기반의 복지 대응력을 강화한 바 있다. 이러한 지방자치단체의 복지 기능은 공공기관과의 유기적인 협력 관계를 통해 더욱 효과적으로 구현된다. 공공기관은 제도 운영과 정보시스템 구축, 전문 인력 지원 등 행정적·기술적 기능을 제공하고, 지자체는 지역사회 내 자원 활용과 수요자 중심의 서비스 전달을 담당하며 상호 보완적 관계를 형성한다. 예컨대, 국민연금공단이나 건강보험공단 등은 지자체와 정보 공유, 현장 상담, 복지 사각지대 발굴 사업을 공동 수행하며, 복지로 및 사회보장정보시스템을 통해 지방 행정과 중앙 데이터 간 연계를 가능하게 한다. 이처럼 공공기관과 지자체의 협력은 분절된 복지 전달 체계를 통합하고, 실효성 있는 현장 중심 복지를 실현하는 데 중요한 기반이 되고 있다.

3. 북한의 사회보장 행정 조직 구조

1) 중앙기관 및 부서별 역할

◆ 개요

북한의 사회보장 행정 체계는 조선노동당 주도의 중앙집권적 구조를 기반으로 운영되고 있다. 사회보장 정책은 당의 이념과 지시에 따라 수립되며, 국가 행정기구는 이를 집행하는 역할에 머무르는 특징을 지닌다. 중앙 차원에서는 내각 산하의 관련 부서, 사회보험기관, 노동조합 등이 행정 기능을 수행하지만, 실질적인 정책 결정 권한은 조선노동당에 집중되어 있다. 이로 인해 제도의 자율성과 다양성은 제한적이며, 정치적 통제력이 행정 전반에 강하게 작용한다.

◆ 사회보장 관련 중앙기관의 구조
▶ 조선노동당 중앙위원회: 조선노동당은 북한 전체 정책을 총괄하는 최고 권력 기관으로, 사회보장 정책의 기본 방향과 이념을 설정한다. '사회주의 복지국가' 구현이라는 이데올로기적 목표 아래 무상의료, 무상교육, 연금제도 등을 정당화하며, 당은 관련 부처에 정책 지침을 하달하고 실행 전반을 감시·통제한다. 단순한 정책 결정 기능을 넘어, 실행 과정에도 깊이 관여함으로써 사실상 정책 집행의 최종 책임자 역할을 수행하고 있다.
▶ 내각 산하 노동보건성: 노동보건성은 사회보장제도를 운영하는 중앙 행정 부서로, 보건의료를 비롯해 산

재예방과 보상, 노인·장애인 복지, 직장 내 복지제도, 출산·육아 지원 등 사회보장의 다양한 영역을 총괄하고 있다. 무상의료 제도의 관리와 함께 전국 병원과 보건기관의 운영, 의료 인력 배치를 담당하며, 사회보장 예산의 행정적 배분 기능도 수행한다.

〈표 16〉 노동보건성 역할 및 내용

주요 역할	내용
보건의료 관리	전국 병원 운영, 의약품 배급, 위생 캠페인 전개 등
산재·질병 보장	직장 내 사고 및 질병 시 치료 및 생활 보장 제공
복지정책 조정	연금, 휴가, 산전후 보호 등 기타 사회보장 기능 수행

참고: 통일연구원(2020), 조선사회과학원(2023), 자료를 바탕으로 재정리함.

▶ 사회보험지도국(사회보험관리소): 사회보험지도국은 직장 단위에서 사회보험 제도를 운영하는 기관으로, 노동자 대상의 노령연금, 유족연금, 장해급여, 질병급여 지급 등을 관리한다. 조선직업총동맹과 연계해 사업장 중심의 복지 기능도 함께 수행하며, 전 국민 가입 체계를 갖추고 있으나, 보장 수준은 제한적이라는 평가가 많다(2023년 기준).

▶ 조선직업총동맹(직총): 직총은 조선노동당 산하의 국가 주도 노동조합으로, 명목상 노동자의 권익 보호를 목표로 하나, 실제로는 당의 정책 선전과 내부 규율 유지 기능을 중심에 두고 있다. 직장 내 복지사업(합숙소 제공, 무료 급식, 문화 활동 등)도 일부 수행하지만, 자율적 노조 기능은 거의 부재한 실정이다.

◆ 중앙기관 운영의 특징

▶ 중앙집권적 구조: 북한의 행정조직은 수직적 명령 체계를 따르며, 각 기관 간 정책 다양성이나 지역 자율성은 거의 존재하지 않는다. 조선노동당이 정책 수립부터 집행까지 전 과정에 권한을 행사하며, 실제 운영은 법보다 당의 방침이 우선하는 구조이다.

▶ 법과 현실의 괴리: 북한 헌법에는 무상의료, 무상교육, 연금제도 등이 명시되어 있으나, 실질적인 보장 수준은 경제 여건에 따라 크게 달라진다. 특히 1990년대 중반 '고난의 행군' 시기를 거치며 국가의 사회보장 기능은 급격히 약화되었고, 이후 회복도 더디게 진행되고 있다.

▶ 전문성 및 행정 효율성 부족: 기관 간 기능이 중첩되고 행정 인력이 부족하며, 시스템의 노후화로 인해 정책 집행의 효율성이 낮다. 복지 분야의 통계나 데이터 기반도 미비하여, 정책 평가 및 조정 기능이 매우 제한적인 수준에 머물러 있다. 이와 같은 북한의 사회보장 행정 체계는 당-국가-직장의 일원화 구조와 정치 중심의 정책 운영 방식이라는 특징을 보이며, 남한과는 명확히 다른 이념적·제도적 기반 위에서 운영되고 있다.

통일 이후 사회보장 통합 논의 시, 이러한 체계적 차이를 고려한 단계적 조율과 협력 전략이 필수적이라 할 수 있다.

2) 당-국가 병렬 체계와 행정 조직

◆ 당-국가 병렬 체계의 개념

북한의 정치·행정 체계는 일반적인 삼권분립 방식이 아닌, 조선노동당을 중심으로 한 단일 권력 구조로 운영된다. 이 체계의 가장 큰 특징은 당 조직과 국가 기관이 동일한 기능을 나란히 수행하는 병렬적 구조를 갖추고 있다는 점이다. 예를 들어 하나의 정책이 기획되고 실행되는 과정에서, 정부 내각뿐 아니라 조선노동당의 유관 부서도 동시에 개입하여 정책의 기획부터 집행, 평가에 이르기까지 모든 단계에서 영향력을 행사한다. 이러한 병렬 구조는 체제의 이념적 일관성을 유지하는 데에는 유리하지만, 행정의 효율성과 책임성을 떨어뜨리는 요인으로 자주 지적된다.

〈표 17〉 당-국가 체계의 구조와 특징

구조 구분	당 조직	정부 조직
최고 기구	조선노동당 중앙위원회	최고인민회의 및 내각
복지 주관	당 사회정책부, 조직지도부 등	노동보건성, 사회보험지도국 등
지방 조직	도·시·군 당위원회	도·시·군 인민위원회
기능	정책 기획, 통제, 사상 지도	정책 집행, 행정 관리

참고: 통일연구원(2022) 자료를 바탕으로 정리함.

◆ 병렬 체계의 구조와 특징

정책 기획 및 통제는 조선노동당 중앙위원회가 주도하며, 정책에 사상적 정당성을 부여하고 각 부처의 실행을 지도한다. 국가기관, 특히 내각은 당의 방침에 따라 정책을 실질적으로 집행하지만, 독자적인 정책 결정권은 제한적이다. 박영자(2023)는 이러한 구조를 "명령-집행의 권력 이원화"로 설명하며, 행정의 독립성이 거의 존재하지 않는 점을 지적하고 있다. 사회보장 영역에서도 이러한 병렬 구조는 그대로 적용된다. 예를 들어 출산 정책이나 노인복지 제도는 당의 기본 노선에 따라 방향이 결정되고, 국가 행정기관인 노동보건성이 실제 집행을 담당한다.

〈표 18〉 사회보장 분야에서의 병렬 구조

정책 단계	담당 주체	주요 내용
정책 방향 수립	조선노동당 사회정책부	이념적 목표 설정(예: 무상복지 강화)
정책 기획·실행	노동보건성, 사회보험기관	구체적인 사업계획 수립, 복지 서비스 제공
현장 통제·평가	당 조직지도부, 도·시 당위원회	사업 실적 점검 및 충성도 평가 포함

참고: 통일연구원(2020), 조선사회과학원(2023), 김은경(2022) 자료를 바탕으로 재정리함.

◆ 병렬 체계의 문제점

▶ 권한 중복과 행정 비효율성: 당과 정부가 동일한 정책 영역을 중복해서 관장함에 따라, 책임과 역할의 경계가 불분명해지고 행정 체계의 비효율성이 증대된다. 특히 당의 개입이 강할수록 정부 부처의 전문성과 책임성이 약화된다.

▶ 정책의 이념화 및 유연성 부족: 사회보장제도조차도 충성심 확보나 체제 유지를 위한 수단으로 활용되며, 이로 인해 정책의 실효성이 낮고, 변화하는 사회적 수요에 대한 유연한 대응이 어려운 구조로 운영된다.

▶ 행정 인력의 이중 보고 체계: 많은 행정 인력은 당과 정부에 동시에 보고해야 하는 이중 체계에 놓여 있다. 이러한 구조는 업무 과중을 유발하며, 정책 집행 권한의 혼선을 초래한다. 실질적으로 당 간부가 행정 책임자로 활동하는 경우도 많아, 겉으로는 이원화된 구조이나 실제로는 당에 의한 독점적 지배가 이루어지고 있다.

◆ 실제 사례 분석

▶ 사례 1: 무상의료 정책 운영당의 지침에 따라 전 국민을 대상으로 무상의료 제도가 시행되지만, 예산 부족과 의약품 공급난으로 인해 실제 의료 서비스의 질은 매우 낮은 수준이다. 정부 조직은 이러한 문제를 해결할 권한과 자원을 갖고 있지 않아, 비효율이 반복되는 상황이다.

▶ 사례 2: 복지 대상자 선별 복지급여 지급 시 정책 기준보다는 당에 대한 충성도가 대상자 선정에 영향을 미친다. 이로 인해 행정의 공정성과 형평성이 훼손되며, 국민 신뢰도 저하로 이어질 수 있다.

북한의 당-국가 병렬 체계는 행정 조직의 효율성, 투명성, 전문성 측면에서 구조적인 제약을 초래하고 있으며, 특히 사회보장 분야에서는 정책 실효성과 국민 접근성 저하라는 결과로 이어지고 있다. 향후 남북 간 제도 통합을 고려할 때, 이러한 병렬 체계의 구조적 한계에 대한 정밀한 분석과 제도 개선 방안 마련이 필수적이다.

〈표 19〉 병렬 체계 문제점

항목	설명
정의	조선노동당과 국가기관이 동일 정책 영역에서 병렬로 기능 수행
구조	당: 정책 기획·통제 / 정부: 정책 집행·관리
장점	체제 통제력 유지, 정책 이념 일관성 확보
단점	행정 중복, 전문성 약화, 정책 유연성 결여
사회보장 영향	정치적 목적이 우선되며 행정 실효성 및 복지 형평성이 저하됨

3) 지역 및 기층 조직의 역할: 인민반, 직장 조직 등

◆ 개요

북한의 사회보장 정책은 단순히 중앙정부나 공식 행정기관에 의해 전달되는 데 그치지 않고, 주민 생활에 밀접한 기층 조직을 통해 실질적으로 집행된다. 대표적인 조직으로는 인민반, 직장 조직, 청년동맹, 여성동맹 등이 있으며, 이들은 행정조직 외부의 자생적 조직이라기보다는, 당의 지침을 실현하고 주민을 통제하는 기능까지 수행하는 준행정적 조직으로 기능한다. 이들 기층 조직은 주민의 일상생활을 밀접하게 파악하고 있어, 사회보장 서비스를 제공하고 대상자를 선별하는 데 있어 정책 집행의 말단이자 핵심 전달 경로로 작용하고 있다.

◆ 주요 기층 조직과 그 역할

인민반(人民班): 인민반은 25~50세대 규모로 구성된 생활 단위 조직으로, 리(里)나 동(洞) 단위의 말단 행정 기구 역할을 수행한다. 각 인민반은 보건소나 인민위원회로부터 복지 지시를 전달받아, 해당 지침을 각 가정에 전달하거나 복지 대상자를 파악하는 등 다양한 행정 협조 활동을 전개한다. ※ 최근 보고에 따르면, 인민반장은 주간 생활총화 회의 등을 통해 복지 대상 가구 정보를 수집·보고하는 역할을 정기적으로 수행하고 있다.

〈표 20〉 기층조직의 역할

기능	주요 내용
행정 전달	보건소나 인민위원회의 지침을 각 가정에 전달
사회보장	출산, 질병, 고난 가구 등 위기 대상자 파악 및 복지보고
감시 기능	주민의 일상행위 감시, 비협조자나 이상행동 보고 등 이중 역할 수행

참고: 통일연구원(2020) 자료를 바탕으로 재정리함.

직장 조직(기업소, 협동농장 내 조직): 북한의 복지제도는 직장 중심의 복지구조를 기본으로 하고 있으며, 노동자는 직장 내 보건실, 복지 담당 간부, 노동조합 등을 통해 복지 혜택을 신청하거나 제공받는다. 생산 현장에서 직접적인 복지 기능이 운영되기 때문에, 출산, 산재, 휴직, 영양식 등 다양한 복지 서비스가 직장에서 집행된다. ※ 농장 등에서는 '작업반' 단위로 유사한 복지 기능이 수행되며, 집단 생산 단위의 특성을 반영한 조직 구조를 가지고 있다.

〈표 21〉 생산 현장 복지 기능

조직 구성	복지 기능
기업소 보건실	건강검진, 간단한 치료, 상급 병원 연계
노동조합 간부	복지급여 요청 및 직장 내 생활 지원
부녀조직	여성 근로자의 산전후 지원, 출산 관련 관리

참고: 한국노동연구원(2020) 자료를 바탕으로 재정리함.

기타 대중 조직의 참여: 조선민주여성동맹, 사회주의노동청년동맹, 조선적십자회 등은 특정 계층(여성, 청년, 고아 등)을 대상으로 한 복지 프로그램을 수행하며, 복지사업과 정치선전, 이념교육이 병행되는 것이 특징이다. 이러한 조직들은 복지 혜택 제공뿐 아니라, 체제에 대한 충성심을 제고하는 역할까지 담당한다.

◆ 기층 조직의 복지 기능과 행정 연계

이들 기층 조직은 공식적으로는 자율적인 생활 단위 조직으로 보이지만, 실제로는 지역 인민위원회, 보건소, 당위원회와 밀접하게 연계된 행정 협조 체계 속에서 작동한다. 즉, "당-정부-기층조직"으로 이어지는 수직적 복지 전달망이 형성되어 있으며, 복지 서비스 전달과 동시에 주민 감시 및 통제 기능까지 포괄하는 다기능 구조를 갖추고 있다. 예시: 평안남도 소재 인민반은 보건소로부터 특정 전염병에 대한 방역 지시를 전달받아, 해당 인민반 내 주민들에게 약품을 배급하고 격리를 통보하는 역할을 수행한다. 기층 조직은 복지의 전달력을 높이는 데 긍정적인 역할을 할 수 있지만, 동시에 주민 통제 도구로 활용되며 인권 침해 및 공정성 저해의 우려도 동반된다.

〈표 22〉 기층 조직의 역할

항목	내용
복지 강화	생활 단위 조직을 통한 빠른 전달, 위기가구 조기 인지 가능
정치 통제	복지와 충성도 연결, 비협조적 주민 통제 강화
사생활 침해	주민 사적 정보의 상시 수집, 복지 제공 기준의 정치화 가능성

참고: 통일연구원(2020) 자료를 바탕으로 재정리함.

이처럼 북한의 사회보장 체계는 중앙-지방-기층 조직으로 이어지는 수직적·통제적 구조를 통해 작동하며, 단순한 복지 전달을 넘어서 정치·이념적 통제와 복합적으로 얽혀 있는 구조적 특성을 갖고 있다. 특히 기층 조직은 주민들과 가장 가까운 위치에서 복지와 통제의 이중 역할을 수행함으로써, 사회보장 정책의 실효성 확보와 동시에 개인의 자유와 권리를 제약하는 주요 기제로 작용하고 있다.

〈표 23〉 기층 조직의 한계

항목	내용
주요 조직	인민반, 직장조직, 대중동맹 등
주요 역할	복지 지시 전달, 대상자 파악, 지역 행정 협조
특징	지역 밀착형 전달 체계이자 정치 감시 도구로 병행 작동
한계	사생활 침해, 자율성 결여, 정치 중심의 제도 운영 등

참고: 통일연구원(2020), 조선사회과학원(2023) 자료를 바탕으로 재정리함.

4. 남북한 행정 조직 구조의 비교

1) 중앙-지방 구조 차이

남한과 북한은 모두 단일국가(Unitary state) 체제를 기반으로 하고 있지만, 중앙과 지방 간의 권한 배분 및 조직 구조에서 뚜렷한 차이를 보인다. 이는 정치 체제, 이념, 행정 효율성의 추구 방식 등에서 비롯된 구조적·기능적 차이라 할 수 있다.

◆ 남한의 중앙-지방 행정 구조

남한은 민주주의와 지방자치를 기반으로 중앙정부와 지방정부 간 권한 분산을 지향하는 구조를 가지고 있다. 1991년 지방자치제 부활 이후, 광역 및 기초 지방자치단체는 자치입법권, 자치행정권, 자치재정권을 가지며 지역 주민에 의해 선출된 단체장과 지방의회를 통해 운영된다. 중앙정부는 대통령 중심제하에서 국무총리와 각 부처(예: 보건복지부, 행정안전부 등)를 중심으로 구성되어 있으며, 국가 전체의 법령 집행과 정책 집행을 책임진다. 지방정부는 17개 광역자치단체(특별시, 광역시, 도)와 226개 기초자치단체(시, 군, 구)로 구성되며, 지방 고유 사무와 국가사무의 위임 집행 역할을 수행한다. 지방자치단체는 법적 독립성과 예산 편성 권한을 가지며, 주민 참여를 기반으로 한 행정 체계를 구축하고 있다. 예: 서울특별시는 자체적인 복지정책을 시행하며, 서울시 복지재단, 시립병원 등 지방단위의 공공기관과 협업하여 복지 서비스를 제공한다.

◆ 북한의 중앙-지방 행정 구조

북한은 주체사상과 중앙집권적 계획경제를 기반으로 하여 중앙이 지방을 철저히 통제하는 구조를 갖고 있다. 지방 행정조직은 존재하지만 실질적인 자율성은 극히 제한적이며, 중앙의 계획과 명령을 하달받아 이를 집행하는 하부 기구로 기능한다. 중앙행정기구는 최고지도자인 조선노동당 총비서(현재 김정은)의 절대 권력하에 내각이 존재하며, 내각 산하에 각 성(部)·위원회가 배치된다. 지방행정기구는 도(道)·시(市)·군(郡)·리(里) 단위로 편제되어 있으며, 도인민위원회·시인민위원회 등으로 운영된다. 그러나 이들은 실질적으로 자율적인 정책 결정 권한이 없고, 중앙의 방침을 충실히 수행하는 것이 주요 기능이다. 지방인민위원회의 간부들은 대부분 당의 통제를 받으며, 지방의회는 형식적인 기구로서 중앙의 지시에 따라 운영된다. 예: 함경북도 청진시에서 시행되는 보건의료 관련 사업은 중앙의 '국가 계획'에 따라 정해진 범위 내에서만 운영되며, 지역주민의 의견이 반영되기 어렵다.

⟨표 24⟩ 지방자치권과 주민 참여의 차이

구분	남한	북한
기본 체계	지방자치제	중앙집권제
지방자치단체 구성	주민 선거로 선출된 단체장 및 지방의회	중앙에서 임명된 당 간부 중심
정책 결정 자율성	지역 실정에 따라 조례 제정 및 예산 편성 가능	중앙 지시에 따라 계획 수행
주민 참여	주민 참여예산, 주민투표, 민원 제도 활성화	형식적인 주민회의 존재, 실질적 참여 제한
재정 구조	지방세 및 지방교부세 기반의 재정 운영	중앙계획예산에 따른 배분

참고: 통일연구원(2021), 한국지방행정연구원(2020) 자료를 바탕으로 재정리함.

남한은 지방자치를 통해 지역 특성에 맞는 맞춤형 복지 및 행정을 실현하고 있으며, 주민 참여를 기반으로 한 민주적 행정운영이 가능하다. 반면 북한은 중앙의 절대적인 통제하에 있어 지방의 자율성이나 지역 기반 복지 행정의 실현이 어렵다. 향후 남북 교류 및 행정협력 구상 시, 지방정부 간 협력(예: 지방정부 외교, 복지 정책 연계) 가능성을 고려할 필요가 있다.

2) 조직 권한과 기능 분배

남한과 북한의 행정조직은 모두 단일국가 체제를 바탕으로 하고 있으나, 국가권력의 운영 방식과 행정조직의 권한 배분, 기능 수행 방식에 있어서 근본적으로 다른 특징을 지닌다. 남한은 법치주의와 민주주의에 기반한 기능 분화와 수평적 권력구조를 지향하는 반면, 북한은 조선노동당 중심의 일원적 지휘 체계를 통해 모든 조직의 권한이 수직적이고 집중적으로 통제되는 구조를 보인다.

◆ **남한의 행정조직 권한과 기능 분배**

남한의 행정 체계는 삼권분립과 지방자치의 원칙에 따라 중앙정부와 지방정부, 그리고 행정부 내 각 부처 간에 권한과 기능이 비교적 명확하게 분배되어 있다. 기능의 분산은 효율성과 전문성 제고를 목적으로 하며, 각 부처는 고유 사무 외에도 유기적인 협업을 통해 정책을 집행한다.

▶ 중앙정부 기능 분배: 대통령을 정점으로 국무총리와 각 부처(기획재정부, 보건복지부, 고용노동부 등)가 분화되어 있으며, 각 부처는 관련 법률에 의해 규정된 정책 영역을 책임진다. 예컨대 보건복지부는 복지, 건강보험, 아동 및 노인복지를 담당한다.

▶ 지방정부의 기능: 지방자치단체는 지역 고유 사무(예: 쓰레기 처리, 지역복지센터 운영 등)와 국가사무의 위임(예: 기초생활수급자 관리 등)을 병행한다. 광역단체와 기초단체는 사무를 분담하며, 단체장의 권한 아래 행정기관 및 산하기관이 기능을 수행한다.

▶ 수평적 협업 시스템: 부처 간 또는 지방정부와 중앙정부 간의 협의, 조정 메커니즘이 제도화되어 있다(예:

중앙-지방정책협의회, 범정부협의체 등).

◆ 북한의 행정조직 권한과 기능 분배

북한의 행정권은 조선노동당을 정점으로 하는 단일권력 구조에 집중되어 있다. 공식적인 행정기구는 내각이지만, 실질적인 권한은 당이 행사하며, 각 성(省)과 위원회는 기능적으로 존재하되 독립적 결정 권한은 거의 없다.

- ▶ 당과 내각의 관계: 조선노동당이 모든 정책 결정의 최종 주체이며, 내각은 이에 대한 집행기구로 기능한다. 이는 '당-국가 병행 체제' 또는 '이중권력 구조'로 불리며, 실질적인 권한 분배는 거의 없다.
- ▶ 내각 기능의 제한: 내각은 30여 개의 부문(예: 보건성, 교육성, 건설건재공업성 등)으로 구성되지만, 각 성은 독자적인 기능을 수행하기보다는 중앙계획에 따라 정해진 목표만 수행하는 하달 방식으로 움직인다.
- ▶ 지방 조직의 기능: 도·시·군 단위의 인민위원회는 행정 기능을 수행하되, 지방자율성 없이 중앙의 지시사항을 그대로 집행하는 구조이다. 특히, 인민반과 같은 기층조직은 감시와 동원 역할에 더 초점이 맞춰져 있다. 예: 보건성은 지역 보건기관에 대한 정책을 계획하지만, 독자적 의료재정 편성이나 운영계획 수립 권한은 없다. 모든 자원 배분과 운영 계획은 중앙의 계획경제에 따라 결정된다. 남한은 권한과 기능의 분산을 통해 행정의 전문성과 효율성을 높이고 있으며, 지역 특성을 반영한 맞춤형 정책 구현이 가능하다. 반면 북한은 강력한 중앙집권 구조로 인해 각 조직의 자율성이 낮고 행정 기능이 하달식 명령 체계에 종속되어 있다.

〈표 25〉 권한 구조와 기능 배분의 차이

항목	남한	북한
정치 체제 기반	민주주의·삼권분립	주체사상·당 중심 통치
권한 구조	분권적, 법률 기반 권한 분배	집권적, 당의 유일 지휘 체계
부처 간 기능	부처별 전문 기능 분화, 상호 협력	중앙 계획에 따른 수직적 명령 수행
지방 기능	자치권에 기초한 지역 정책 집행	중앙 지시사항 단순 집행 및 감시기능 수행
운영 방식	법과 절차에 따른 행정운영	당의 방침에 따른 정치적 행정

참고: 통일연구원(2019), 통일부(2022), 김영배 외(2022) 자료를 바탕으로 재정리함.

이러한 구조적 차이는 향후 남북 협력이나 통합 논의 시, 조직 통합과 기능 조정의 핵심 과제로 대두될 수 있다. 특히, 북한의 기능 중심 행정 체계로의 전환이나 부분적 권한 분산이 필요하다는 점에서 제도적 협력의 방향성을 모색할 필요가 있다.

3) 정치 체계와 행정 조직의 연계성

남한과 북한은 모두 단일국가 체제를 갖추고 있으나, 정치 이념과 권력운영 방식의 차이로 인해 행정조직의 구조와 운영 방식에도 본질적인 차이를 보인다. 특히 정치 체계와 행정 조직 간의 연계성 측면에서 남한은 정치권력과 행정조직이 분리된 민주적·법률적 체계를 지향하는 반면, 북한은 조선노동당의 유일 영도 체계하에 정치와 행정이 밀착된 일원적 통치 구조를 형성하고 있다.

◆ **남한: 민주주의 기반의 정치-행정 분리 모델**

남한은 대의민주주의와 삼권분립 원칙에 기초하여 정치권력(입법·행정·사법) 간의 기능과 역할을 명확히 구분한다. 행정조직은 법률에 따라 설계·운영되며, 대통령의 정치적 지도력 아래 국무총리와 행정 각부는 독립적 책임하에 정책을 집행한다.

- ▶ 정치와 행정의 구분 원칙: 정치권력은 국민의 의사를 반영하여 법과 정책을 결정하고, 행정은 이를 합법적으로 집행하는 구조이다. 공무원은 정치적 중립의무를 지니며, 행정조직은 정권이 바뀌더라도 지속성을 유지할 수 있도록 제도화되어 있다.
- ▶ 정당과 행정의 관계: 정당은 정책을 기획하고 선거를 통해 정치권력을 행사하되, 행정기관의 운영에는 직접 개입하지 않는다. 단, 집권여당은 정부 정책과의 일관성을 유지하기 위해 일정한 정책조율 역할을 수행한다.
- ▶ 고위공직 임명 체계: 고위공무원단 제도, 인사청문회 등의 제도는 정치권력과 행정권력 간의 견제와 균형을 제도화한 사례이다. 예: 대통령이 임명하는 장관은 정치적 성향을 반영할 수 있으나, 해당 부처의 사무관 이하 실무공무원은 비정치적이며 행정의 전문성과 중립성을 유지한다.

◆ **북한: 조선노동당 중심의 정치-행정 통합 체계**

북한은 조선노동당이 국가 운영의 최고 권력기관으로서 모든 행정조직을 실질적으로 지휘·통제한다. 즉, 행정은 당의 정치방침을 집행하는 수단이며, 행정기구 자체는 독립적인 권한을 갖지 못하고 당의 의지를 관철하는 기구로 기능한다.

- ▶ 당-국가 일원 체제: 조선노동당이 국가정책의 결정권과 인사권을 장악하고 있으며, 내각 및 각 부문은 이에 대한 집행기관이다. 당 중앙위원회와 조직지도부는 국가기구의 운영을 실질적으로 관장한다.
- ▶ 행정기구의 정치적 종속성: 내각 및 각 성(省)의 장관들은 당에서 임명하며, 이들은 행정보다는 정치적 충성심을 기준으로 평가된다. 행정 관료는 당의 방침을 실행하는 '정치 전위대'로서의 역할을 수행한다.
- ▶ 일상 행정의 정치화: 정책 결정뿐 아니라, 식량 배급, 보건, 교육, 환경 등 일상 행정도 당의 지도 아래 이

뤄지며, 지방 인민위원회도 당 간부의 지휘를 받는다. 예: 보건성의 보건의료 정책도 내각이나 성 자체의 판단이 아닌, 당 중앙의 방침과 지시에 따라 결정되고 실행된다. 각 부문의 "당 위원회"는 행정조직보다 우위에 있다.

〈표 26〉 정치 체계와 행정조직의 연계성

항목	남한	북한
정치 체제	자유민주주의, 다당제	일당독재, 주체사상
정치와 행정 관계	기능적으로 분리, 법률적 견제 가능	정치가 행정을 지배, 일원적 구조
정당의 역할	정책 조율 및 정치적 지도	국가 운영 전반의 실질 지휘권 행사
행정조직 운영 원칙	법률 중심, 공무원 중립성	당 중심, 충성 기반
지방행정의 정치 연계	지방자치에 따른 자율 운영	지방 인민위원회도 당에 종속됨

참고: 통일부(2023), 통일부(2024) 자료를 바탕으로 재정리함.

남한의 행정 체계는 정치-행정 분리원칙과 법치주의에 기반하여, 행정의 전문성과 지속 가능성을 유지하고자 한다. 이는 정치 변화에도 불구하고 행정의 안정성과 공공 서비스의 일관성을 유지할 수 있게 한다. 반면, 북한은 정치와 행정의 완전한 통합 체계로, 행정이 정치도구화되어 있으며 자율적 기능 수행이 제한된다. 이러한 차이는 향후 남북한 간 통일을 대비한 행정 통합 및 제도 조정 시에 중요한 고려사항으로 작용할 수 있다. 특히 북한의 정치-행정 통합 구조는 법률 기반의 행정제도로의 전환과정에서 큰 제도적 충돌과 사회적 갈등을 유발할 가능성이 있다. 따라서 통일 정책 수립 시에는 북한의 행정조직이 정치적 종속성에서 탈피할 수 있는 전환 전략이 병행되어야 한다.

제2절 행정 운영 체계와 효율성 비교

1. 행정 운영 체계의 개념과 평가 기준

1) 운영 체계 정의

◆ 행정 운영 체계의 정의

행정 운영 체계(Administrative operation system)란 정부가 정책을 수립하고 이를 효과적으로 집행하기 위한 구조적·절차적·기능적 틀을 말한다. 이는 행정 조직 내부의 권한 분배, 정책 결정과 집행 절차, 자원 배분 구조, 인사 및 재정 관리 방식 등을 포괄하며, 정치·사회·경제 환경에 따라 그 형태와 운영 방식이 달라진다. 운영 체계는 단순한 조직의 구조적 설계가 아니라, 조직이 정책 목표를 얼마나 효율적이고 책임 있게 달성하는가를 규정짓는 핵심 요소이다. 특히 현대 행정은 복잡한 사회문제와 빠르게 변화하는 환경에 대응해야 하므로, 운영 체계는 단순한 계층제적 구조를 넘어 유연성, 통합성, 협업성을 동시에 요구받는다.

행정 운영 체계는 '무엇을 조직했는가'(조직 구조)와 '어떻게 작동하는가'(운영 방식)를 함께 설명한다는 점에서 조직 이론과 거버넌스 이론의 접점에 해당한다. 행정 운영 체계는 일반적으로 다음과 같은 핵심 요소들로 구성된다.

〈표 27〉 구성 요소

구성 요소	설명
조직 구조(Structure)	중앙-지방 간 권한 배분, 수직적·수평적 조직 간 관계
운영 절차(Procedures)	정책 수립, 예산 편성, 사업 집행 등 공식적 행정 과정
책임성(Accountability)	행정기관의 법적·윤리적 책임 수행 체계
참여 및 협치(Participation & Governance)	시민·민간 부문과의 연계 및 협업 메커니즘
성과 관리(Performance Management)	행정 성과에 대한 모니터링, 평가, 피드백 체계

참고: Pollitt & Bouckaert(2017), 한국행정연구원(2022), Lee(2021) 자료를 바탕으로 재정리함.

◆ 운영 체계의 유형

현대의 행정 운영 체계는 단일한 틀로 규정되기보다는 여러 유형이 혼합된 복합형 체계(Hybrid system)로 점차 발전하고 있다. 학자들은 대표적인 행정 운영 체계를 다음과 같이 구분하고 있다. 첫째, 관료제적 운영 체계는 위계적인 계층 구조와 명확한 규칙을 중심으로 운영되며, 안정성과 예측 가능성을 중시하다. 이는 행정의 일관성과 신뢰성을 확보하는 데 유리하다는 특징을 지닌다.

둘째, 성과중심 운영 체계는 효율성과 책임성을 강화하기 위한 방식으로, 신공공관리(New Public Management, NPM)의 영향 아래 성과 평가와 결과 중심 행정이 강조된다. 목표 달성과 자원 효율성에 초점을 두는 것이 특징이다.

셋째, 참여적 운영 체계는 시민, 민간, 지역사회가 행정 과정에 능동적으로 참여하는 구조로, 거버넌스(governance)의 관점에서 사회적 협력과 민주적 정당성을 중시한다. 넷째, 디지털 기반 운영 체계는 ICT, 빅데이터, 인공지능 등의 기술을 활용하여 실시간 정보 공유, 민첩한 의사결정, 맞춤형 서비스 제공 등을 가능하게 한다. 디지털 전환이 본격화된 오늘날, 이러한 형태는 행정의 신속성과 유연성을 뒷받침하는 중요한 기반이 된다. 이처럼 각 체계는 고유한 장점을 가지고 있으나, 최근에는 단일한 운영 방식보다는 각 요소가 결합된 형태가 일반화되고 있다. 예를 들어, 한국은 전통적인 관료제적 구조를 바탕으로 성과관리 방식과 디지털 행정을 통합한 복합형 운영 체계로 발전해 왔으며, 이에 따라 공공성과 효율성, 참여성과 기술 기반의 민첩성을 동시에 확보하려는 노력이 이어지고 있다.

◆ 행정 운영 체계의 중요성

행정 운영 체계는 단순한 행정 절차의 문제를 넘어 국정운영의 합리성, 정부 신뢰, 정책 효과성과 직결된다. 효과적인 운영 체계는 정책집행의 효율성과 형평성을 동시에 달성할 수 있게 하며, 부실한 운영 체계는 공공 자원의 낭비와 정책 실패를 초래한다. 특히 지방자치제 확대, 복지국가 확장, 디지털 기술의 발전은 새로운 운영 체계의 설계와 조정 능력을 요구하고 있다. OECD는 거버넌스의 질(Governance Quality)을 행정 운영 체계의 핵심 성과 지표로 제시하고 있으며, 국민의 신뢰도 역시 행정 운영의 투명성 및 대응성과 밀접한 관련이 있음을 강조한다(OECD, 2023).

2) 효율성 평가 지표

◆ 효율성 평가의 의의

행정 운영 체계의 효율성 평가는 정부 조직과 정책 집행 과정이 주어진 자원—예산, 인력, 시간 등—을 얼마나 효과적이고 경제적으로 활용했는지를 분석하는 과정이다. 이는 단순히 비용을 절감했는가를 넘어서, 공공 서비스의 질, 정책의 집행력, 국민의 체감 만족도까지 아우르는 종합적인 성과 진단의 틀로 기능한다. 효율성 평가는 다음과 같은 목적을 지니고 있다. 첫째, 행정 운영의 성과와 문제점을 객관적으로 진단하여, 무엇이 잘 작동하고 무엇이 개선되어야 하는지를 명확히 파악할 수 있다. 둘째, 평가 결과를 바탕으로 정책의 개선 방향을 제시하고, 한정된 자원을 어디에 우선적으로 투입할지 결정하는 데 도움이 된다. 셋째, 행정기관이 국민에게 책임 있는 자세로 응답하고, 정책에 대한 신뢰를 구축하는 데 기여한다. 이처럼 행정의 효율성 평가는 단순한 내부 평가에 그치지 않고, 정책 품질과 국민의 삶의 질을 함께 높이는 중요한 수단으로 작용한다.

◆ 행정 효율성 평가 지표의 구성 요소

행정 효율성 평가에서는 일반적으로 투입(Input)-과정(Process)-산출(Output)-성과(Outcome)의 구조를 기반으로 평가 지표가 구성된다. 이러한 평가 틀은 행정활동이 어떤 자원을 바탕으로 어떤 과정을 거쳐, 어떤 결과를 만들어 냈는지를 체계적으로 파악할 수 있게 해 준다. 각 단계의 지표는 다음과 같이 구체화 된다.

〈표 28〉 효율성 평가 지표

구분	지표 유형	설명
투입 지표	예산, 인력, 조직 수	행정활동에 투입된 자원의 규모
과정 지표	절차의 합리성, 투명성	정책 집행 과정의 공정성과 규범 준수
산출 지표	정책 수, 서비스 제공 건수	정책이나 행정 서비스의 직접적인 생산물
성과 지표	만족도, 신뢰도, 사회적 변화	정책이 가져온 실질적인 변화와 국민 인식
비용-편익 분석 지표	비용 대비 효과, 자원 활용률	예산 및 인력 대비 실현된 결과의 비율

참고: 기획재정부(2022), 한국행정연구원(2021), 박진우& Lee(2020) 자료를 바탕으로 재정리함.

행정 효율성 평가에서는 일반적으로 투입(Input)-과정(Process)-산출(Output)-성과(Outcome)의 구조를 기반으로 평가 지표가 구성된다. 이러한 평가 틀은 행정활동이 어떤 자원을 바탕으로 어떤 과정을 거쳐, 어떤 결과를 만들어 냈는지를 체계적으로 파악할 수 있게 해줍니다. 각 단계의 지표는 다음과 같이 구체화 된다.

◆ 국제 기준에 따른 효율성 평가 지표

행정 효율성 평가는 전 세계적으로 중요한 과제로 인식되며, 이를 위해 국제기구들은 다양한 기준과 방법론을 활용해 정부의 성과를 체계적으로 측정하고 비교하고 있다. 각국 행정 체계가 직면한 환경과 과제가 다름에도 불구하고, 국제적으로 통용되는 평가 지표들은 정부가 자원을 얼마나 효율적으로 활용하여 국민에게 양질의 서비스를 제공하는지를 객관적으로 판단할 수 있도록 돕는다. 특히 이러한 지표들은 단순한 결과 중심의 평가를 넘어, 정책 집행 과정에서의 투명성, 책임성, 대응성 등 다각적인 요소를 종합적으로 반영하는 데 중점을 두고 있다.

대표적인 국제 평가 지표로는 세계은행의 정부 효과성 지수, OECD의 정부 성과 평가, 유엔 개발 계획(UNDP)의 거버넌스 지표 등이 있으며, 이들은 각기 행정 효율성뿐 아니라 제도적 안정성, 규제 품질, 대민 서비스 수준 등 다양한 측면에서 정부 운영의 질을 분석하고 있다. 이러한 국제 기준에 따른 효율성 평가는 정부가 지속 가능한 발전과 국민 복지 증진을 위해 어떠한 전략적 개선을 해야 하는지 방향을 제시하는 데 중요한 역할을 수행한다.

◆ OECD 『Government at a Glance』(2023)

경제협력개발기구(OECD)는 회원국 공공 부문의 성과와 효율성을 정기적으로 분석·평가하는 대표적인 국제기구로서, 『Government at a Glance』(2023) 보고서를 통해 다양한 지표를 제시하고 있다. 이 보고서에서는 정부 효율성을 다각도로 평가하기 위해 여러 핵심 지표들을 중심으로 회원국의 공공행정 운영 현황을 종합적으로 살펴본다. 먼저, '공공 서비스 접근성' 지표는 국민이 필요한 서비스를 얼마나 편리하고 원활하게 이용할 수 있는지를 측정한다. 이는 지리적·사회적·경제적 제약 없이 모든 국민이 균등하게 공공 서비스에 접근할 수 있는 정도를 반영하며, 공공 부문의 형평성과 포용성을 가늠하는 중요한 기준이 된다.

다음으로, '전자정부 활용률'은 디지털 기술과 정보통신기술(ICT)을 활용하여 행정 서비스를 얼마나 효과적으로 제공하고 있는지를 평가하는 지표이다. 이는 정부의 디지털 전환 수준과 국민 편의성 증대, 행정 절차 간소화에 대한 성과를 나타내며, 점점 더 중요해지는 스마트 행정 구현의 척도로 활용되고 있다. 또한, '공공 부문 인건비 대비 생산성' 지표는 공무원 수나 인건비 등 투입 자원에 비해 어느 정도의 행정 성과를 달성하고 있는지를 객관적으로 평가한다. 이 지표를 통해 정부는 인력과 재정을 얼마나 효율적으로 운용하고 있는지, 조직 운영의 효율성 수준을 가늠할 수 있다. 마지막으로, '국민의 정부 신뢰도'는 정부에 대한 국민의 신뢰 수준을 정기적으로 조사하여, 행정 운영의 투명성과 책임성, 정책 수용도와 사회적 지지 기반을 반영하는 중요한 사회적 지표이다. 정부에 대한 높은 신뢰는 정책 효과성뿐만 아니라 사회 통합과 안정에도 긍정적인 영향을 미치는 요인으로 평가된다. 이처럼 OECD 『Government at a Glance』는 공공 서비스 접근성, 디지털 행정 역량, 인력 및 자원 활용의 효율성, 국민 신뢰도 등을 종합적으로 고려하여 정부 효율성을 진단함으로써, 각국이 지속 가능한 행정 발전과 국민 중심의 정책 실현을 위한 전략을 수립하는 데 중요한 기준점을 제공하고 있다.

◆ UN 전자정부 발전지수(EGDI)

유엔(UN)은 전 세계 정부의 디지털 행정 발전 수준을 체계적으로 평가하기 위해 전자정부 발전지수(E-Government Development Index, EGDI)를 개발하여 운영하고 있다. 이 지수는 각국의 디지털 기반 행정 역량과 서비스 제공 수준을 종합적으로 분석함으로써, 정부의 효율성과 혁신성 향상을 지원하는 중요한 국제적 평가 기준으로 자리매김하고 있다.

전자정부 발전지수는 크게 세 가지 핵심 요소로 구성되어 있다. 첫째, '온라인 서비스 지수'는 정부가 국민에게 제공하는 온라인 행정 서비스의 범위와 질을 평가한다. 이는 전자민원, 정보 제공, 전자결제 등 디지털 플랫폼을 통해 얼마나 다양하고 편리한 서비스를 제공하는지를 측정하여, 국민이 언제 어디서나 효율적으로 정부 서비스를 이용할 수 있는 환경 조성 정도를 반영한다.

둘째, '인적 자본 지수'는 국민 개개인의 교육 수준과 문해력, 정보 활용 능력 등을 포괄적으로 평가하는 지표이다. 이는 디지털 서비스의 실제 효과가 국민의 정보 접근성과 이해 능력에 크게 좌우된다는 점에서 매우 중요한 요소로, 국민이 디지털 기술을 원활하게 활용할 수 있는 기반 역량을 나타낸다. 셋째, '통신 인프라 지수'는 인터넷 접속률, 모바일 기기 보급률, 광대역 통신망 등 디지털 통신 인프라의 보급 및 접근성을 평가한다. 이는 전자정부 서비스가 원활히 제공되기 위한 물리적·기술적 기반으로서, 인프라의 확충과 안정성은 전자정부 발전의 핵심 동력이 된다.

이와 같이 UN의 전자정부 발전지수는 정부의 디지털 서비스 수준, 국민의 정보 활용 역량, 그리고 기반 인프라의 세 축을 종합적으로 고려하여 각국의 전자정부 발전 현황을 진단한다. 이를 통해 국가별 강점과 개선 과제를 명확히 파악하고, 디지털 전환을 통한 행정 효율성 제고 및 국민 서비스 향상에 실질적인 방향을 제시하는 데 기여하고 있다.

◆ 세계은행 'Worldwide Governance Indicators'(WGI)

세계은행(World Bank)은 전 세계 각국의 거버넌스(Good governance) 수준을 다면적으로 평가하기 위해 '세계 거버넌스 지표(WGI: Worldwide Governance Indicators)'를 정기적으로 발표하고 있다. 이 지표는 정부의 행정력, 제도적 투명성, 정책의 신뢰성 등을 종합적으로 측정함으로써, 국가별 행정 환경의 질과 지속 가능성, 그리고 정책 실현 가능성을 객관적으로 비교·분석하는 중요한 국제적 도구로 활용되고 있다. 그중에서도 '정부 효과성(Government Effectiveness)' 항목은 행정의 전반적인 질을 평가하는 핵심 지표로, 정부가 공공 서비스를 얼마나 안정적이고 효율적으로 제공하고 있는지를 판단하는 데 중점을 둔다. 이 항목은 단순히 서비스 제공의 수량이 아닌, 공공 서비스의 질과 접근성, 정책의 수립과 집행 역량, 공공기관의 독립성과 신뢰성 등 여러 측면을 종합적으로 반영한다. 다시 말해, 국민의 삶에 밀접한 영향을 미치는 교육, 보건, 안전, 사회복지 등 분야에서 정부가 얼마나 효과적으로 작동하고 있는지를 평가하는 기준이 된다.

이와 함께 WGI는 정부 효과성 외에도 규제의 질(Quality of Regulation), 법의 지배(Rule of Law), 부패 통제(Control of Corruption) 등의 항목을 포함하여, 보다 정교하고 입체적인 행정 시스템 평가를 수행한다. '규제의 질'은 정부가 시장과 시민 사회를 대상으로 시행하는 각종 규제가 합리적이고 예측 가능한지 여부를 측정하며, '법의 지배'는 법적 질서와 사법 체계가 얼마나 공정하고 일관되게 작동하는지를 나타냅니다. 또한, '부패 통제'는 공공 부문에서의 부패를 방지하고 감시할 수 있는 제도적 장치와 그 실효성을 평가한다. 이처럼 세계은행의 WGI는 단순한 행정 성과를 넘어, 국가의 정책 신뢰성, 제도의 안정성, 시민의 권리 보호 수준 등 거버넌스 전반에 대한 깊이 있는 통찰을 제공하며, 각국 정부가 스스로의 행정 수준을 점검하고 정책 개선 방향을 설정하는 데 유용한 참고 자료가 되고 있다. 특히 정부의 투명성과 책임성, 제도적 역량을 강화하고자 하는 국가들에 있어, WGI는 글로벌 표준에 기반한 지표로서 중요한 역할을 수행하고 있다. 한국은 2023년 기준으로 OECD 평균을 상회하는 전자정부 활용률과 높은 공공 서비스 디지털화 성과를 나타냈으며, UN 전자정부 발전지수에서도 상위권을 기록했다(UN DESA, 2023). 이와 같은 국제 비교는 국내 행정 시스템의 강점과 개선 지점을 진단하는 중요한 참고 자료로 활용된다.

◆ 국내 효율성 평가 적용 사례

한국은 정부 행정의 투명성과 효율성을 높이기 위해 중앙정부와 지방자치단체, 공공기관을 대상으로 다양한 평가 제도를 제도화하여 운영하고 있다. 이러한 제도들은 행정 서비스의 질을 높이고, 정책 집행의 성과를 체계적으로 점검하며, 나아가 공공 부문의 책임성과 신뢰성을 제고하는 데 중요한 역할을 하고 있다. 특히 각 평가 제도는 평가 대상의 특성과 행정 영역에 맞춰 정량적 지표와 정성적 분석을 병행함으로써 보다 종합적인 행정 성과 평가를 가능하게 한다.

먼저, 정부업무평가제도는 국무조정실이 주관하는 중앙정부 대상 평가로, 각 부처가 수행하는 주요 정책과 행정 서비스의 실적을 체계적으로 점검하고 평가하는 제도이다. 이 평가는 단순한 결과 중심의 평가를 넘어, 정책 기획과 집행 과정, 목표 달성 수준, 혁신 노력 등 다양한 요소를 종합적으로 고려하며, 부처 간 비교 분석을 통해 행정의 질적 향상을 유도하고 있다. 평가 결과는 부처별 성과관리는 물론, 차년도 정책 수립과 예산 배분에도 중요한 기준으로 활용된다. 둘째, 지방자치단체 합동평가제도는 행정안전부가 주관하여 전국의 시·도 및 기초지자체를 대상으로 실시하는 대표적인 지방정부 성과평가 제도이다. 이 제도는 지방정부가 중앙정부로부터 위임받은 국가사무 및 국정과제, 그리고 주요 지역 정책을 얼마나 충실하게 수행하고 있는지를 평가한다. 평가는 행정 효율성뿐만 아니라 주민 만족도, 공공 서비스 접근성, 정책 이행력 등 다양한 항목을 포괄하며, 지역 간 균형 발전과 정책 성과의 객관적 비교를 가능하게 한다. 또한, 우수 지방자치단체에는 인센티브 제공을 통해 자율성과 경쟁력을 제고하고 있다. 셋째, 공공기관 경영평가는 기획재정부가 주관하여 공기업과 준정부기관 등 공공기관의 전반적인 경영 성과를 평가하는 제도이다. 이 평가는 예산 집행의 효율성,

경영 목표 달성도, 사회적 책임 이행, 고객 만족도, 내부 혁신 노력 등 다양한 측면에서 기관 운영의 투명성과 책임성을 진단한다. 특히 공공기관이 공공성과 수익성을 조화롭게 달성하고 있는지 여부를 중심으로 평가하며, 성과에 따라 기관장 성과급 지급, 조직 개편 등 후속 조치로 이어질 수 있는 중요한 제도이다. 이처럼 한국의 효율성 평가는 행정의 각 계층과 영역에 맞춰 세분화되어 있으며, 이를 통해 정부는 지속적인 행정 개선과 혁신을 도모하고 있다. 나아가 이러한 제도적 노력은 공공 서비스의 질 향상, 국민 신뢰 제고, 그리고 궁극적으로는 지속 가능한 정부 운영을 위한 기반을 마련하는 데 기여하고 있다.

◆ 효율성 평가의 한계와 발전 방향

효율성 평가는 행정의 투명성과 책임성을 강화하는 수단이지만, 다음과 같은 한계도 존재한다. 수치 중심의 단편적 성과 측정으로 인해 정책의 질적 가치나 장기적 효과를 간과할 수 있으며, 정책 환경의 복잡성과 다양성을 지표로 단순화하기 어려움이 있다. 지표 남용 또는 '평가를 위한 평가'로 인한 관료적 부담이 증가한다. 이에 따라 최근에는 성과 중심 + 공공가치 중심의 평가 프레임워크가 강조되고 있으며, 효율성뿐만 아니라 형평성, 지속 가능성, 시민 참여 요소도 함께 고려하는 통합적 지표 개발이 필요하다는 의견이 확산되고 있다.

2. 남한의 사회보장 행정 운영 체계

1) 정책 집행 및 협업 구조

남한의 사회보장 행정 체계는 국민의 생존권을 보장하고 다양한 사회적 위험에 대응하기 위한 제도적 장치로 자리 잡고 있다. 헌법 제34조는 이러한 국가의 책무를 명확히 규정하고 있으며, 이를 실현하기 위해 중앙정부, 지방정부, 공공기관, 민간 부문이 유기적으로 협력하는 복합적 구조를 갖추고 있다. 특히 사회보장 행정은 복지 수요의 다양성과 지역적 특수성을 반영하기 위해 다기관·다단계 협업 체계로 운영되고 있으며, 각 주체 간의 기능 분담과 연계가 중요한 역할을 수행하고 있다.

◆ 사회보장 행정의 개요

남한의 사회보장 행정은 보건, 복지, 고용, 주거, 교육 등 다양한 영역에 걸쳐 있으며, 단일 주체가 아닌 여러 기관이 협력하여 제도를 운영하다. 이러한 협력은 대상자의 복합적 욕구에 맞는 서비스를 제공하기 위한 필수 조건으로 작용한다. 기초생활 보장제도의 경우, 보건복지부가 정책 설계를 담당하고, 지방정부가 수급자를 조사·선정하며, 한국사회보장정보원은 정보 시스템을 통해 자격 검증과 이력 관리를 수행한다.

<표 29> 정책 집행 체계

단계	주요 기관	주요 기능
중앙정부	보건복지부, 고용노동부, 국토교통부 등	정책 수립, 법령 제정, 예산 편성 및 지침 제공
지방정부	시·도청, 시·군·구청	지역 실정에 맞는 복지사업 운영, 대상자 발굴 및 사례 관리
공공기관	국민연금공단, 건강보험공단, 한국사회보장정보원 등	급여 지급, 수급 자격 확인, 정보 시스템 운영 등 실무 지원
민간 부문	사회복지법인, 종교기관, NGO 등	현장 서비스 제공, 사례 관리, 상담 등

참고: 보건복지부(2023), 한국사회보장정보원(2022) 자료를 바탕으로 재정리함.

◆ 협업 구조

남한의 사회보장 행정은 복수 기관 간의 협업 없이는 원활히 운영되기 어려우며, 이를 위해 다양한 제도적 장치들이 마련되어 있다.

▶ 범정부 협의체 운영: 사회보장위원회는 국무총리 소속으로 중앙과 지방 간 사회보장 사무를 조정하며, 중복 사업 해소 및 정책 방향 조율을 담당한다. 고용복지플러스센터 등은 복수 부처가 협업하는 현장 중심의 통합 플랫폼이다.

▶ 정보 공유 기반 협업: 사회보장정보시스템(HappyNa 시스템)은 중앙정부, 지방정부, 민간기관 간의 데이터 연계를 통해 취약계층을 신속하게 발굴하고 맞춤형 서비스를 제공한다.

▶ 지방 자율성과 연계: 지역사회보장협의체를 중심으로 민·관이 협력하여 지역 복지 계획을 수립하고 실행한다. 일부 지자체는 자체 복지재단을 통해 지역 특화사업을 실험하고 전달 체계를 개선하고 있다.

<표 30> 정책 집행과 협업의 특징

특징	설명
다층적 협력 체계	중앙-지방-공공기관-민간 간의 4자 협력 구조
복지전달 체계의 통합성 강화	사례 관리 중심 접근으로 복합위기가구에 대한 통합서비스 제공
정보시스템 기반 정책 집행	행복e음 등 디지털 시스템을 통한 실시간 데이터 연계
정책 조정 기능 강화	사회보장기본법에 따라 사무 분담 조정 및 중복사업 해소 가능

참고: 보건복지부(2023), 한국보건사회연구원(2022) 자료를 바탕으로 재정리함.

◆ 주요 정책 사례

한국의 사회보장 행정은 부처 간 협업과 지역 중심의 통합적 접근을 통해 보다 효과적인 정책 실행을 지향하고 있으며, 이를 잘 보여 주는 대표적인 정책 사례들이 존재한다. 이러한 사례들은 국민의 삶 전반에 걸쳐 필요한 복지 서비스를 보다 촘촘하게 제공하고, 정책 간 연계성을 강화하는 데 중점을 두고 있다. 우선, 고용복지플러스센터는 고용노동부, 보건복지부, 여성가족부 등 여러 중앙 부처가 협력하여 고용과 복지를 통합적으로 지원하는 거버넌스 모델로 주목받고 있다.

이 센터는 구직자, 저소득층, 경력 단절 여성, 청년 등 다양한 대상에게 맞춤형 서비스를 제공하며, 단순한 취업 알선에 그치지 않고, 복지 상담, 자활 프로그램 연계, 직업훈련 등 생계 안정과 자립 지원을 동시에 수행한다. 이를 통해 기존의 분절적 행정의 한계를 극복하고, 국민의 복합적 욕구에 보다 유연하게 대응할 수 있는 기반을 마련하고 있다. 또한, 찾아가는 보건복지 서비스는 읍·면·동 단위의 행정복지센터를 중심으로 민관이 협력하여 복지사각지대를 발굴하고 해소하는 지역 밀착형 정책이다. 복지담당 공무원, 방문간호사, 통합사례 관리사, 지역 복지기관 등이 함께 위기가구를 선제적으로 찾아가 상담하고 필요한 자원을 연계함으로써, 행정의 접근성과 포용성을 크게 높였다. 특히 고령자, 독거노인, 장애인, 복합적 위기 가구 등 기존 행정망에서 놓치기 쉬운 대상자에게 실질적인 도움이 되고 있다. 세 번째로, 생애주기별 통합서비스는 국민의 삶의 전 과정에 걸쳐 시기별로 필요한 복지 서비스를 체계적으로 제공하는 것을 목표로 설계된 정책이다.

예를 들어, 영유아기에는 보육·건강검진·부모교육을, 청년기에는 취업·주거지원·심리상담을, 노년기에는 돌봄·건강관리·소득보장을 통합적으로 제공하는 구조로, 여러 부처가 협업하여 생애 단계별 맞춤형 서비스를 운영하고 있다. 이러한 방식은 정책 간 단절을 줄이고, 국민이 보다 자연스럽고 연속적으로 필요한 지원을 받을 수 있도록 하는 데 기여하고 있다. 이처럼 고용복지플러스센터, 찾아가는 보건복지 서비스, 생애주기별 통합서비스는 모두 행정 간 연계와 협업을 바탕으로 한 통합적 접근의 모범 사례로, 사회보장 행정의 실효성을 높이고 국민 중심의 복지 실현을 뒷받침하는 핵심적 정책으로 평가받고 있다.

◆ 시사점

남한의 사회보장 행정은 중앙정부의 정책 수립 역량, 지방정부의 실행력, 공공기관의 기술·정보관리 기능, 그리고 민간기관의 현장 밀착성과 실천력을 바탕으로 다층적이고 유기적인 협력 구조를 이루고 있다. 이러한 구조는 각 주체의 강점을 결합하여 국민에게 보다 효과적이고 포괄적인 복지 서비스를 제공하는 데 기여하고 있다. 그러나 사회보장 행정의 지속적인 발전을 위해 해결해야 할 과제들도 여전히 존재한다. 우선, 행정기관 간 역할과 책임의 명확화가 필요하다.

중앙과 지방, 공공과 민간이 함께 참여하는 구조에서는 사무의 중복이나 역할 혼선이 발생하기 쉬운 만큼, 기능 조정과 협력 체계를 체계화할 필요가 있다. 이를 위해 사무 조정 체계의 강화와 유연한 조정 메커니즘 마련이 중요하다. 또한, 빠르게 변화하는 환경에 대응하기 위해 디지털 정보 플랫폼의 고도화가 요구된다. 정보 시스템 간 연계성을 높이고 실시간으로 협업할 수 있는 기반을 마련함으로써, 부처 간·기관 간 정보 공유와 업무 연계가 보다 원활해질 수 있다. 이는 특히 위기 상황이나 복지 사각지대 해소를 위한 선제적 대응에 중요한 역할을 하게 된다.

아울러, 지역의 특성과 주민의 다양한 욕구를 반영한 맞춤형 복지 모델의 확대가 필요하다. 현장 중심의 행정 혁신을 통해 단순한 서비스 제공을 넘어, 주민 삶의 질을 실질적으로 향상시킬 수 있는 복지 전략이 요구되고 있다. 지역 주도의 자율성과 창의성이 발휘될 수 있도록 제도적 뒷받침이 필요하다. 이와 같은 과제를 지속적으로 개선해 나간다면, 사회보장 행정의 실효성은 물론 공공 서비스의 품질 역시 더욱 높아질 것이며, 국민이 체감하는 복지의 신뢰와 만족도 또한 크게 향상될 것이다.

2) 정보 시스템과 행정 서비스

◆ 정보 시스템의 개념과 필요성

사회보장 행정에서 정보 시스템은 복지정책의 대상자 관리, 서비스 연계, 전달 체계 운영, 정책 성과 분석 등 다양한 기능을 통합적으로 수행하는 핵심 수단으로 자리 잡고 있다. 특히 다음과 같은 측면에서 그 중요성이 더욱 강조된다. 첫째, 정확한 대상자 선정을 위한 정보 수집 및 검증 기능을 통해 복지 수요자에 대한 체계적이고 신뢰할 수 있는 자료를 확보할 수 있다.

둘째, 복지 서비스 간의 연계성과 중복 방지 기능은 자원의 낭비를 줄이고, 필요한 서비스가 적시에 제공되도록 돕는다. 셋째, 행정 처리의 속도와 효율성을 높이는 역할을 하여, 민원 대응과 업무 처리의 품질을 향상시킨다. 넷째, 정책성과에 대한 분석과 평가를 통해 피드백 기반을 구축함으로써, 지속적인 제도 개선과 정책의 효과성을 높이는 데 기여한다.

한국은 2000년대 이후 전자정부의 발전과 함께 전국 단위의 사회보장 정보 시스템을 본격적으로 도입하였으며, 이를 통해 중앙정부와 지방정부는 물론 공공기관과 민간 부문 간의 협력을 기술적으로 뒷받침할 수 있는 기반을 마련해 왔다. 이러한 시스템은 복지 행정의 신뢰성과 통합성을 높이는 데 핵심적인 역할을 하고 있다. 행복e음 시스템은 읍·면·동 주민센터에서 일선 공무원들이 활용하여 수급자 자격 조회, 급여 이력 확인, 대상자 발굴 등을 보다 정확하고 빠르게 처리할 수 있도록 지원한다.

〈표 31〉 대표적 사회보장 정보 시스템

시스템명	운영기관	주요 기능
행복e음	보건복지부 / 한국사회보장정보원	수급자 정보, 급여 내역, 서비스 연계 등 사회보장 통합관리
사회보장정보시스템	한국사회보장정보원	자격 심사, 위기 정보 분석, 복지사각지대 발굴 등
복지로(범정부 복지 포털)	보건복지부 / 사회보장정보원	국민 대상 복지 정보 제공, 온라인 신청 및 상담 지원
정부24, 공공마이데이터	행정안전부	공공정보 통합 조회, 증명서 발급, 신청 연계 등
고용복지+센터 통합시스템	고용노동부 외	고용·복지·주거·금융 서비스 통합 관리 및 연계

참고: 보건복지부(2023), 한국사회보장정보원(2022), 행정안전부(2023) 자료를 바탕으로 재정리함.

◆ 정보 시스템 기반 행정 서비스의 특성

정보 시스템을 기반으로 한 복지 행정은 복지 서비스의 질과 접근성을 향상시키는 데 중요한 역할을 하며, 다음과 같은 주요 특성을 지니고 있다. 우선, 서비스 통합 및 연계 기능이 강화되고 있다. 이는 다양한 복지 서비스를 하나의 창구에서 안내하고 연계해주는 '원스톱 서비스' 실현을 목표로 한다. 예를 들어, '찾아가는 보건복지 서비스'에서는 건강, 고용, 금융 등 다양한 서비스를 통합적으로 연계하여 제공함으로써, 이용자의 편의성과 만족도를 높이고 있다.

다음으로, 복지 사각지대 발굴 기능이 고도화되고 있다. 장기 체납, 실직, 독거 등 위기 상황에 처한 가구를 조기에 탐지할 수 있도록 정보 시스템이 구축되었으며, 최근에는 인공지능 기반 예측 모델이 도입되어 실시간 경보 및 대응이 가능해졌다. 이를 통해 보다 선제적인 복지 대응이 가능해지고 있다. 또한, 대상자 맞춤형 행정 서비스 제공이 가능해졌다. 생애주기, 소득 수준, 가족 구성 등 다양한 요소를 종합적으로 반영하여 필요한 복지제도를 자동으로 추천해 주는 기능이 도입되었으며, 공공 마이데이터를 기반으로 신청 절차가 간소화되어 접근성이 크게 향상되었다.

마지막으로, 정책 평가 및 성과관리 지원 기능도 강화되고 있다. 예산 대비 수혜 효과를 분석하고, 자동으로 통계를 생성하며, 보고 기능을 내장함으로써 행정의 효율성을 높이고 있다. 이러한 데이터 기반 관리 체계는 중앙정부의 정책 조정 및 예산 배분에 있어 중요한 근거 자료로 활용될 수 있다. 이와 같이 정보 시스템은 복지 행정의 다양한 측면을 체계적으로 뒷받침하며, 보다 포용적이고 효율적인 복지 서비스 실현에 기여하고 있다.

◆ 정보 시스템 기반 행정 서비스 사례

▶ 복지멤버십 제도

복지멤버십 제도는 사전 동의한 국민을 대상으로 개인의 복지 관련 정보를 분석하여, 신청 가능한 복지제도를 자동으로 안내하는 서비스이다. 이를 통해 복지 서비스에 대한 정보 부족이나 신청 누락으로 인한 사각지대를 줄이고, 보다 쉽게 복지제도에 접근할 수 있도록 돕는다.

▶ AI 기반 위기가구 발굴 시스템

이 시스템은 30여 개 기관의 80여 종 데이터를 연계하여 위기 가능성이 높은 가구를 선별하고, 읍면동의 복지공무원에게 신속하게 알림을 제공함으로써 조기 개입을 가능하게 한다. 이를 통해 위기 상황에 놓인 가구를 보다 빠르게 지원할 수 있는 기반을 마련하고 있다.

▶ 모바일 민원 시스템

정부24, 복지로 앱 등을 통해 복지급여 신청, 처리 현황 조회, 복지 상담 연계까지 모두 모바일로 간편하게 이용할 수 있다. 이러한 시스템은 디지털 환경에 익숙한 국민들에게 보다 친화적이고 접근성 높은 민원 서비스를 제공하며, 비대면 복지행정의 편의성을 크게 향상시키고 있다.

<표 32> 향후 과제와 발전 방향

과제	설명
시스템 간 데이터 연계 미흡	일부 부처 간 정보 공유에 제한이 있어, 중복 조회나 대상 누락 발생 가능
개인정보 보호 문제	정보 연계와 효율성 제고 사이에서 프라이버시 침해 우려가 상존
디지털 소외계층 접근성	고령자, 장애인 등 정보기술에 익숙하지 않은 계층이 불편을 겪는 경우 존재

참고: 행정안전부(2023), OECD(2021) 자료를 바탕으로 재정리함.

◆ 향후 발전 방향

앞으로 사회보장 정보 시스템은 보다 통합적이고 포용적인 복지 행정으로 나아가기 위해 다음과 같은 방향에서 발전이 기대된다. 첫째, 범정부 차원의 플랫폼 통합과 정보 연계 강화가 필요하다. 시스템 간 데이터의 호환성과 실시간 연계 기능을 높여, 국민에게 보다 일관되고 효율적인 행정 서비스를 제공할 수 있도록 해야 한다. 둘째, 프라이버시 중심의 정보 보호 설계를 강화해야 한다. 공공 마이데이터의 활용이 확대됨에 따라, 개인정보 보호 원칙을 철저히 준수함으로써 국민의 신뢰를 확보하는 것이 중요하다. 셋째, 디지털 소외계층을 배려한 시스템 구축도 필수적이다.

고령자, 장애인 등 사회적 약자를 위한 사용자 중심의 UI/UX 개선은 물론, 오프라인 연계 채널 확대를 통해 누구나 복지 서비스에 쉽게 접근할 수 있도록 해야 한다. 넷째, AI 기반 분석 및 위기 대응 기능의 고도화가 요구된다. 축적된 데이터를 기반으로 위기 상황을 사전에 예측하고, 보다 신속하고 선제적으로 대응할 수 있는 행정 역량을 갖추는 것이 중요하다. 이처럼 한국의 사회보장 정보 시스템은 행정의 효율성을 높이는 데 그치지 않고, 국민 중심의 맞춤형 복지를 실현하는 데 핵심적인 역할을 하고 있다. 앞으로도 기술 발전과 제도적 혁신을 바탕으로, 보다 포용적이고 지속 가능한 복지 행정 체계로의 진화를 지속해 나가야 할 것이다.

3) 민원 처리 및 성과 관리

남한의 사회보장 행정에서 민원 처리와 성과 관리 체계는 국민 중심의 행정을 실현하는 핵심적인 요소이다. 특히 복지 분야는 국민 개개인의 삶과 밀접하게 연결되어 있는 만큼, 행정 서비스에 대한 민감도와 체감도가 높아 민원 처리의 신속성·공정성, 그리고 정책의 실질적 효과에 대한 성과 평가는 매우 중요한 과제로 여겨지고 있다.

◆ 민원 처리 체계의 개요

사회보장 행정에서 민원 처리는 단순한 응답의 차원을 넘어, 국민이 체감하는 행정 서비스의 접근성, 응답성, 책임성을 반영하는 지표이다. 복지 분야는 수급 자격 관련 문제, 급여 누락, 정보 부족, 차별 인식 등 다양한 사유로 민원이 발생할 가능성이 높으며, 이에 대한 신속하고 공정한 대응 시스템은 행정 신뢰도를 좌우하는 중요한 요소이다. 특히 한국은 전자정부 발전과 함께 디지털 기반의 민원 처리 체계를 적극 도입하여, 중앙·지방정부, 공공기관, 온라인 포털 등 다양한 경로를 통해 다채널 대응 체계를 구축하고 있다. 민원은 1차 처리 이후에도 이의신청, 행정심판, 감사 청구 등으로 이어질 수 있으며, 최근에는 AI 챗봇, 모바일 민원처리 시스템, 다문화·장애인 대상 맞춤형 응대 서비스 등의 개선도 지속적으로 이루어지고 있다.

〈표 33〉 사회보장 분야 민원 처리 체계

처리 경로	주요 특징	운영 기관
국민신문고	모든 행정기관 민원을 통합적으로 접수·처리하는 대표 창구	국민권익위원회
보건복지상담센터(129)	전화 기반 실시간 상담 및 민원 접수	보건복지부
복지로	수급 신청, 서류 제출, 이의신청 등 온라인 민원 처리	보건복지부 / 한국사회보장정보원
지방자치단체 복지부서	주민센터·구청 등에서 현장 중심 민원 응대	시·군·구청

참고: 보건복지부(2023), 한국사회보장정보원(2022), 국민권익위원회(2021) 자료를 바탕으로 재정리함.

◆ 성과 관리 체계 개요

성과 관리는 사회보장 정책이 실질적으로 예정된 목표에 도달했는지를 평가하고, 정책의 효과성과 예산의 합리성을 검증하는 체계적 활동이다. 단순한 수치 평가를 넘어, 정책 개선, 자원 배분의 재조정, 국민 신뢰 확보 등 다양한 목적을 가지고 운영된다. 주요 목적은 정책 목표 대비 실제 집행 성과 분석, 부처 및 기관 간 성과 비교와 피드백 체계 확립, 성과 기반 예산제도(PBS)와 연계, 외부 감사 및 국민 평가의 기준 제공 등이다. 기초생활 보장제도의 경우, 수급자의 자립률, 탈락률, 서비스 연계 실적 등 다양한 정량 지표를 통해 사업 성과를 평가하고 있다.

〈표 34〉 사회보장 분야의 성과 관리 체계

성과 관리 제도	주요 내용	주관 기관
정부업무평가제도	부처별 연간 정책 성과 종합 평가	국무조정실
공공기관 경영평가	국민연금공단·건강보험공단 등 성과 지표 기반 평가	기획재정부
지방자치단체 합동평가	중앙정부 정책 이행도 평가, 사회보장 지표 포함	행정안전부
복지사업 성과평가 및 환류	사업별 성과지표 설정, 예산·정책 개선에 반영	보건복지부 / 기재부

참고: 기획재정부(2023), 보건복지부(2022), 국무조정실(2021) 자료를 바탕으로 재정리함.

◆ 민원 처리 성과 관리

▶ 주요 성과: 최근 사회보장 행정에서는 디지털 기술과 성과 중심의 행정 운영이 결합되며, 보다 효율적이고 국민 체감 중심의 서비스 체계로 나아가고 있다. 우선, 디지털 기반의 다채널 민원 체계가 정착되고 있다. '국민신문고', '복지로', '정부24' 등의 온라인 플랫폼을 통해 24시간 민원 접수가 가능해졌으며, 기존의 전화 상담이나 현장 방문 창구도 함께 운영됨으로써 국민의 접근성이 크게 향상되었다. 또한, 정량적 지표를 기반으

로 한 체계적인 평가 운영이 이루어지고 있다. 중앙정부의 각 부처는 정부업무평가를 통해 정책 성과를 검토받고 있으며, 공공기관은 경영평가 제도를 통해 지속적으로 책임성과 효율성을 점검받고 있다. 이와 함께, 성과 기반 행정문화가 확산되고 있다. 성과 기반예산제도(PBS)가 사회보장 분야에도 적용되면서, 각 사업의 성과가 예산 편성과 정책 기획 과정에 직접 반영되는 구조가 점차 자리를 잡아가고 있다. 마지막으로, 국민 체감 중심의 서비스 개선 노력도 지속되고 있다. 민원 통계와 상담 데이터를 분석하여 자주 제기되는 이슈를 제도 개선에 반영하고 있으며, 일부 사업에서는 국민 의견을 반영해 성과지표를 개발하려는 시도도 이루어지고 있다. 이러한 변화는 행정의 효율성과 책임성을 높이는 동시에, 국민의 목소리를 제도와 서비스 개선에 적극적으로 반영함으로써 보다 신뢰받는 사회보장 행정으로 나아가는 데 중요한 토대가 되고 있다.

◆ **주요 과제**

- ▶ 복잡한 수급 요건에 따른 반복 민원: 자격 심사 절차가 복잡하고 기준이 까다로워, 유사한 민원이 반복되거나 불만이 누적되는 사례가 많다. 특히 생계급여나 의료급여 관련 부적절한 탈락 사례는 이의제기 절차의 공정성과 투명성 강화가 요구되는 부분이다.
- ▶ 디지털 접근성의 사각지대: 온라인 기반 시스템 확대에도 불구하고 고령층, 장애인, 저소득층은 디지털 활용 능력의 한계로 정보 접근에 어려움을 겪고 있다. 이들을 위한 대면 서비스와 보조 장치, 현장 상담 강화가 필요하다.
- ▶ 형식적 성과 평가 및 단기성과 편중: 많은 기관이 성과지표 달성률에만 집중하면서 정량적 수치 위주의 평가가 이뤄지고 있고, 사회보장처럼 장기적 효과가 중요한 정책에는 적합하지 않다는 지적도 존재한다(김수경·임도빈, 2023).
- ▶ 성과 결과의 실질적 활용 부족: 성과평가가 실질적인 정책 환류로 이어지는 사례가 적고, 결과 활용이 미흡한 경우가 많다. 성과평가 결과를 정책 개선과 예산 조정에 연계하는 구조적 메커니즘의 확립이 요구된다.
- ▶ 민원 빅데이터 활용 부족: 축적되는 민원 데이터를 정책 설계나 위험 예측에 효과적으로 활용하는 사례는 제한적이다. 향후에는 민원 데이터를 분석하여 사회적 욕구나 행정 리스크를 예측할 수 있는 데이터 기반 행정 체계 구축이 필요하다.

남한의 사회보장 행정은 민원 대응과 성과 평가에서 디지털 기반을 바탕으로 상당한 진전을 이루었지만, 복잡한 수급 절차, 디지털 격차, 성과 평가의 실효성 부족 등 여전히 해결해야 할 과제도 분명하다. 앞으로는 데이터 행정 강화, 포용적 민원 시스템 구축, 성과 환류 체계의 내실화를 통해 보다 신뢰받는 사회보장 행정 체계로 나아가야 할 것이다.

3. 북한의 사회보장 행정 운영 체계

1) 계획경제 기반 집행 체계

◆ 개요

북한의 사회보장 행정 운영 체계는 계획경제 원칙과 당-국가 일체 체제를 바탕으로 작동한다. 이는 자본주의 국가에서 나타나는 시장기능과 수요 기반 서비스 공급과는 달리, 국가가 사회보장 정책의 수립·집행·배분 전 과정을 독점적으로 수행하는 체제이다. 사회보장 역시 노동당의 정치 이념과 사회주의 계획경제 시스템의 하위 체계로 위치한다. 북한에서 사회보장은 단순한 복지제도라기보다, 사회주의적 통제 및 국가-주민 간 충성 유대를 강화하기 위한 수단으로 기능해 왔다(김영윤, 2022).

◆ 계획경제와 사회보장의 연계

북한은 헌법 제56조~58조에서 사회보장을 명시하며, 모든 국민에게 무상 의료, 무상 교육, 노령 및 질병·장애자 부양 책임을 국가가 진다고 규정하고 있다. 그러나 이 모든 제도는 계획경제하에서 국가 계획에 따라 운용되며, 예산 배분도 생산계획 및 정치적 우선순위에 의해 결정된다.

〈표 35〉 계획경제와 사회보장의 연계

구성 요소	설명
국가사회보장 계획	매 5개년 국가경제계획의 일부로 사회보장 예산과 공급계획이 설정됨
사회보장예산 편성	국가 예산 총액의 일부로 계획 수립되며, 중앙예산위원회 주도로 하달
물자 및 서비스 배급	자본주의의 수요·공급 원리와 달리, 중앙정부가 규정한 범주 내에서 공급

참고: Smith(2015), 통일연구원(2020), 박진우 외(2021) 자료를 바탕으로 재정리함.

전 국민 대상의 무상 의료는 존재하지만, 계획된 의약품·기기만 제한적으로 배분되며 지역 격차는 무시된다. 북한의 사회보장 정책 집행 체계는 다음과 같은 수직적 통제 구조를 가진다. 행정조직은 정치적 충성 기준에 따라 운용되며, 사회보장 행정도 주민관리와 통제 수단으로 사용된다(통일연구원, 2023).

〈표 36〉 정책 집행 체계의 구조

단계	주요 기관
당 중앙(노동당 중앙위원회)	정치노선 결정, 사회보장 방침 설정
내각(보건성, 노동성 등)	정책의 구체화 및 계획 수립, 각급 기관에 지침 전달
도·시·군 인민위원회	중앙 방침에 따라 지역단위 행정 집행 및 성과 보고
기층 조직(인민반, 직장 단위)	개인 대상 조사 및 서비스 전달, 충성도 평가와 연계

참고: 통일연구원(2021), Lee & Kim(2022) 자료를 바탕으로 재정리함.

◆ 계획경제 기반 집행의 특징

계획경제 체제하에서의 사회보장 행정은 일반적으로 수요보다는 공급에 기반한 정책 설계, 중앙집중적 예산 통제, 사회 통제 수단으로서의 복지 기능 강조 등의 특징을 지닌다. 우선, 공급 중심의 정책 결정이 대표적이다. 사회보장 서비스는 국민의 필요나 수요보다는 국가가 제공 가능한 자원 범위 안에서 결정되며, 복지 서비스의 내용과 규모는 사전에 계획된 국가 공급 능력에 따라 정해진다. 예를 들어, 장애인에게 제공되는 보장구 지급의 경우에도 개인의 필요나 사용 환경보다는, 당해 연도 예산과 물자 사정에 따라 수급량이 결정되는 구조이다. 또한, 사회보장 예산은 중앙계획 체계에 의해 일원적으로 통제·배분되며, 지방정부나 하위 기관의 재량권은 매우 제한적이다. 이로 인해 지역 간 사회보장 인프라와 서비스 수준에 불균형이 발생하고, 보편적 복지 서비스의 질적 저하로 이어지는 경우도 많다. 이와 함께, 사회보장은 단순한 국민 보호 기능을 넘어서, 정치적 충성도나 계층적 구분('성분')을 기준으로 수급의 범위나 수준이 결정되기도 한다. 노동조직이나 직장 단위 중심의 복지 제공 방식이 일반화되면서, 공식 노동력에 속하지 않는 계층(예: 주부, 비공식 노동자, 장애인 등)에 대한 사회보장 혜택은 상대적으로 축소되거나 배제되는 구조가 형성되었다.

1990년대 중반 '고난의 행군' 시기를 거치며, 국가의 공급 능력이 심각하게 저하되었고 기존의 복지 체계도 그 기능을 제대로 수행하지 못하게 되었다. 이후 일부 복지 기능은 시장화, 국제기구나 해외 NGO 등의 외부 지원에 의존하게 되었고, 이로 인해 국가 중심의 계획경제적 복지제도는 점차 형식적·명목적인 제도로 전환되었다.

이처럼 계획경제 기반의 사회보장 집행 체계는 초기에는 통합적·전면적 복지 제공을 지향했지만, 시간이 지남에 따라 정치적 편향성, 자원 부족, 제도의 비탄력성이라는 한계에 직면하게 되었으며, 최근에는 제도적 유연성 확보와 외부 자원의 보완적 활용이 주요 과제로 부상하고 있다.

◆ 한계 및 변화 조짐

계획경제 기반의 사회보장 행정은 일정 수준의 포괄성과 통제력을 제공했지만, 시간이 지남에 따라 여러 한계가 드러나고 있다. 무엇보다 개인 맞춤형 서비스 제공이나 지역별 여건에 따른 유연한 대응이 어렵다는 점이 대표적인 문제로 지적된다. 획일적인 정책 설계와 집행 방식은 사회 구성원의 다양성을 반영하지 못하고, 복잡해진 사회적 수요에 효과적으로 대응하기 어려운 구조를 낳고 있다. 또한, 국가 재정의 지속적인 악화, 국제사회의 제재, 외부 원조의 축소 등 외부 환경의 변화는 사회보장 서비스의 실질적인 공급력을 약화시키는 주요 요인으로 작용하고 있다.

특히 취약계층에 대한 서비스 제공은 형식적 수준에 머물거나, 예산 부족으로 인해 일정 수준 이하로 제한되는 경우가 적지 않다. 이러한 한계를 보완하기 위해 2000년대 이후 일부 영역에서는 시장 기반의 복지 서비스가 점차 등장하고 있다. 대표적으로 유료 병원 서비스나 사적 교육 시장이 확대되고 있으며, 일부 주민들은 공식 제도 바깥에서 현금 또는 현물 거래를 통해 대체 서비스를 이용하기도 한다. 이는 제도의 한계를 보완하려는 현실적 대응인 동시에, 사회 내부의 양극화를 심화시키는 요소로도 작용하고 있다.

그럼에도 불구하고 북한은 공식적으로 계획경제 기반의 사회보장 집행 체계를 여전히 유지하고 있으며, 이는 단순한 행정 운영 방식의 문제가 아니라, 사회주의 국가로서의 정통성과 정치적 정당성을 유지하는 수단으로 기능하고 있다. 즉, 사회보장제도는 단순한 복지 제공을 넘어, 체제의 지속성과 국가 중심의 권위 구조를 뒷받침하는 중요한 장치로 활용되고 있는 것이다.

2) 지역 조직을 통한 정책 전달

북한의 사회보장 행정 운영 체계에서 지역 조직은 중앙정부가 수립한 사회보장 정책을 구체적이고 실질적으로 현장에 전달·집행하는 데 중요한 역할을 담당한다. 북한은 계획경제 체제의 특성상 중앙에서부터 하부 지역 조직에 이르기까지 엄격한 명령 체계와 통제 시스템을 갖추고 있으며, 이는 사회보장 분야에서도 예외가 아니다. 특히, 인민위원회와 인민반, 직장 조직을 축으로 하는 지역 조직은 정책 전달과 주민 통제를 결합한 독특한 운영 구조를 형성하고 있다.

◆ **지역 조직의 구조와 역할**

▶ **인민위원회(시·군·구 단위)**: 인민위원회는 지방정부 역할을 수행하며, 사회보장 정책의 하부 집행기구로서 주요한 역할을 한다. 사회보장 관련 지침과 계획을 수립·조정하고, 복지 대상자의 선정 및 서비스 제공을 감독한다(박성희, 2022). 또한 인민위원회는 지역 내 주민들의 경제·사회 활동을 총괄하며, 빈곤층 관리, 의료·교육 지원, 노인·장애인 보호 등의 사회보장 사업을 직접 집행한다.

▶ **인민반(기초 단위 조직)**: 인민반은 동·리 단위의 주민 자치 조직으로, 주민들을 직접 관리하며 사회보장 정책이 실질적으로 현장에 적용되도록 한다. 주민의 복지 요구를 파악하고, 대상자 조사, 수급자 명단 작성, 생활지도 및 복지 상담 등을 담당한다(김철수, 2023). 인민반은 주민과 가장 밀접한 조직으로, 중앙의 정책이 현지 상황에 맞게 조정되어 전달되도록 하는 '마지막 연결고리' 역할을 한다.

▶ **직장 조직(기업·농장 단위)**: 북한의 사회보장 체계는 직장 단위 복지가 매우 중요하다. 기업이나 농장 등의 직장 조직은 근로자들의 생활안정, 건강관리, 가족복지 지원 등을 담당하며, 사회보험 성격의 기능을 수행한다. 직장 조직을 통한 정책 전달은 근로자들의 복지와 생산성을 동시에 관리하는 수단으로 작동한다.

◆ **정책 전달 과정과 특징**

북한의 사회보장 정책은 중앙의 명령과 지시에 따라 단계별로 하달되어 지역 조직에 전달된다. 중앙당과 내각을 중심으로 수립된 정책은 도, 시, 군 인민위원회를 거쳐 인민반과 직장 조직에 이르기까지 철저한 통제와 감독하에 집행된다. 이러한 전달 체계는 다음과 같은 특징을 가진다.

▶ **수직적 명령 체계**: 모든 사회보장 업무는 중앙에서부터 지방까지 명령 체계에 따라 일사불란하게 진행된

다. 이는 계획경제 체제에서 효율적인 정책 집행을 위한 기본 원칙이지만, 동시에 현장의 자율성은 제한된다.

- ▶ **통제와 감시 중심**: 지역 조직은 단순히 정책을 집행하는 역할뿐만 아니라 주민에 대한 감시와 통제 기능도 수행한다. 특히 인민반은 주민 생활 전반에 대한 정보 수집 및 보고 체계를 통해 사회 통제에 기여한다.
- ▶ **복지 대상자 직접 관리**: 인민반과 직장 조직은 사회보장 대상자의 생활 상태를 밀착 관찰하며, 필요한 복지 서비스가 누락되지 않도록 관리한다. 이 과정에서 주민들의 복지 요구가 제한적으로나마 수렴되기도 한다(최유리, 2024).

최근 연구에서는 북한 지역 조직을 통한 사회보장 정책 전달이 엄격한 명령 체계와 통제에 기반하여 신속한 집행이 가능하지만, 주민들의 개별적 욕구 반영과 정책의 융통성 측면에서 한계가 존재함을 지적한다. 특히, 인민반 단위의 과도한 감시와 통제는 주민의 권리 보장과 복지 실현에 장애가 되기도 한다는 분석이 있다. 이에 따라 향후 지역 조직의 역할을 주민 참여와 자치 기능을 확대하는 방향으로 전환할 필요가 제기되고 있다.

3) 자원 한계와 행정 운영상의 제약

북한의 사회보장 행정 운영 체계는 중앙집권적 명령 체계와 지역 조직을 통해 정책을 전달하고 집행하지만, 여러 가지 자원 한계와 운영상의 제약으로 인해 그 효율성과 효과성 면에서 심각한 도전에 직면해 있다. 특히, 경제적 제약, 인적자원 부족, 정보의 불투명성, 행정 역량의 제한 등이 사회보장 서비스의 품질과 접근성에 큰 영향을 미치고 있다.

◆ **경제적 자원의 부족**

북한은 장기간의 경제 제재와 자연재해, 내부 경제구조의 비효율성 등으로 인해 사회보장 운영에 필요한 재정적 자원이 크게 부족하다. 사회보장 예산은 중앙정부와 지방정부 예산의 상당 부분을 차지하지만, 실제로는 수급자에게 필요한 복지 서비스를 충분히 제공하기에 한계가 크다. 이로 인해 의료, 교육, 노인 및 장애인 복지 등의 서비스 품질이 저하되고, 지원 대상도 제한적으로 운영되는 실정이다(정혜진, 2024).

◆ **인적자원 및 전문성의 부족**

사회보장 행정을 담당하는 인력의 전문성과 양적 부족 역시 주요 문제이다. 북한 지역 조직과 직장 조직에서 사회보장 업무를 담당하는 행정 인력은 통상 행정 경험과 이념교육에 중점을 두고 있으나, 사회복지 전문 지식이나 실무 능력은 상대적으로 부족하다(박준호, 2023). 이로 인해 복지 대상자의 다양하고 복합적인 요구에 대한 세밀한 대응이 어려우며, 서비스의 질적 향상에도 제약이 따른다.

◆ 정보 체계 및 데이터 관리의 미비

효과적인 사회보장 행정을 위해서는 대상자 정보와 서비스 제공 현황을 체계적으로 관리하는 정보 체계가 필수적이나, 북한은 이에 대한 인프라와 기술이 매우 제한적이다(이수영, 2023). 중앙과 지방 간, 그리고 지역 내 조직 간 정보 전달과 공유가 비효율적이고 불완전하여 정책 집행과 모니터링에 어려움이 크다. 이로 인해 사회보장 대상자 선정 과정의 공정성과 투명성 확보가 어렵고, 사각지대 발생 가능성도 높다.

◆ 행정 조직과 운영상의 경직성

북한 사회보장 행정은 엄격한 중앙 통제와 명령 체계에 기반하여 운영되며, 이는 신속한 집행을 가능하게 하지만 동시에 융통성 부족과 경직성을 초래한다. 현장의 구체적 상황이나 주민들의 개별적 필요를 반영하기 어렵고, 하부 조직의 자율적 판단과 창의적 대응이 제한된다. 이러한 행정 운영상의 제약은 사회보장 서비스의 적시성 및 적합성 저하로 연결된다.

◆ 물자 및 인프라 부족

의료용품, 교육 기자재, 복지시설 등 사회보장 서비스 제공에 필요한 물적 자원의 부족도 현저하다. 특히, 지방의료기관과 복지시설은 노후화와 설비 부족으로 서비스 질이 낮으며, 긴급한 의료 지원이나 재난 대응에 취약하다. 이와 함께 교통 및 통신 인프라의 제약으로 인해 지역 간 서비스 불균형도 심화되고 있다.

4. 운영 체계와 효율성의 남북 비교

1) 행정 집행력과 대응 속도

남한과 북한은 행정 운영 체계의 구조와 사회·경제적 환경이 크게 다르기 때문에 행정 집행력과 정책 대응 속도에서도 차이를 보인다. 두 체제 모두 계획과 집행의 효율성을 중시하지만, 집행 방식과 대응 메커니즘에는 구조적·제도적 특성이 반영된다.

◆ 남한의 행정 집행력과 대응 속도

남한은 민주주의와 시장경제를 기반으로 한 분권화된 행정 시스템을 갖추고 있다. 중앙정부와 지방정부 간에 권한과 책임이 분산되어 있으며, 다양한 이해관계자와 민간 부문의 참여가 행정 집행 과정에 폭넓게 반영되고 있다. 행정 집행 측면에서는 법적 절차와 규정에 기반한 투명하고 체계적인 집행 체계가 운영되고 있으며, 정부 부처 간의 협업과 조정 메커니즘이 지속적으로 강화되고 있다. 이를 통해 복합적이고 다차원적인 정책 문제에 보다 효과적으로 대응할 수 있는 기반이 마련되고 있다.

또한, 상대적으로 유연하고 신속한 정책 조정과 현장 대응이 가능하다는 점도 장점으로 평가된다. 다만, 행정 절차가 복잡하고 다양한 이해관계자의 의견을 조율하는 과정이 필요하기 때문에, 상황에 따라 정책 추진의 속도가 제한되는 경우도 있다. 특히 코로나19와 같은 긴급 상황에서는 디지털 행정 시스템과 민관 협력을 통해 신속하게 대응한 사례들이 주목을 받았다. 이는 남한 행정 시스템의 민첩성과 대응 역량을 보여 주는 중요한 예로 평가된다. 이처럼 남한의 행정 체계는 제도적 안정성과 참여적 거버넌스를 바탕으로 정책 집행의 정당성과 효과성을 동시에 추구하고 있다.

◆ 북한의 행정 집행력과 대응 속도

북한은 중앙집권적 계획경제 체제와 당 중심의 일원화된 행정 시스템을 기반으로 하고 있으며, 명령 체계를 중심으로 한 강력한 행정 집행력을 보유하고 있다. 행정 집행은 중앙당과 내각에서 하달된 명령과 계획이 지방 조직과 하위 단위 사업체에 엄격히 이행되는 구조로 운영된다. 이러한 상명하복식 체계는 정책 결정이 빠르게 전달되고 집행되는 데 유리하여, 일정 수준의 신속하고 강력한 집행력을 확보할 수 있다. 그러나 이와 같은 체계는 융통성 부족과 현장 적응력 저하라는 구조적 한계를 내포하고 있다.

〈표 37〉 남북 행정 집행력과 대응 속도의 비교 및 시사점

구분	남한	북한
행정 집행력	법치 기반 분권형, 이해관계 조정 중심	중앙집권적 명령 체계, 강력한 통제와 집행
대응 속도	절차적 복잡성 존재하나 민관 협력 통한 신속 대응 가능	명령 전달은 신속하나 현장 융통성 및 자율성 부족
장점	정책 다원성·투명성 및 민간 참여 확대	일사불란한 명령 집행으로 정책 일관성 유지
한계	이해관계 조율로 인한 속도 지연 가능성	경직성으로 인한 현장 대응력 제한

참고: 한국행정연구원(2022), 통일연구원(2021) 자료를 바탕으로 재정리함.

계획과 명령이 일사불란하게 하달되는 만큼 초기 대응은 빠를 수 있으나, 변화하는 환경이나 긴급 상황에 직면했을 때 현장의 자율적 판단이나 창의적인 문제 해결 능력은 제약을 받는 경향이 있다(김혜정, 2024). 또한, 정보가 상층부로 보고되는 과정이 복잡하고 단계적이기 때문에, 정책 조정이나 의사결정까지 시간이 지연되는 경우도 적지 않다. 이러한 특성은 중앙의 통제력 유지에는 유리하지만, 급변하는 상황에 대한 유연하고 실질적인 대응에는 한계를 드러낸다. 이처럼 북한의 행정 집행 체계는 일사불란한 명령 체계에 기반한 강한 통제력을 지니고 있으나, 변화 대응력과 현장 실행력의 유연성 확보에는 구조적인 개선이 요구된다.

남북한 행정 집행력과 대응 속도의 차이는 각 체제의 정치·사회적 특성과 밀접히 연결된다. 남한은 민간과 지방의 자율성을 존중하며 유연성을 추구하지만, 이해관계가 복잡해 대응 속도가 느려질 수 있다. 북한은 중앙통제에 의한 신속한 명령 하달이 가능하나, 현장의 창의적 문제 해결과 변화 적응력에서 제약이 따른다.

2) 행정 투명성 및 신뢰도

행정 투명성과 신뢰도는 현대 행정 운영의 핵심 요소로서, 국민과 행정기관 간의 신뢰 구축과 효과적 정책 집행에 직결된다. 남한과 북한은 정치 체계와 사회구조의 차이로 인해 행정 투명성과 신뢰도의 수준 및 형성 방식에 큰 차이가 존재한다. 그것은 남한의 행정 투명성 및 신뢰도와 투명성 제고를 위한 제도적 장치이다. 남한은 민주주의와 법치주의 원칙에 따라 행정의 투명성을 강화하기 위해 다양한 법률과 제도를 운영하고 있다. 정보공개법, 국민권익위원회, 행정심판 제도 등이 그 예이다. 또한, 언론과 시민사회의 감시 기능이 활발히 작동하여 행정정보의 공개와 검증이 이루어진다. 행정 투명성 증진은 국민의 행정 신뢰도 향상에 긍정적 영향을 미친다. 정책 결정 과정의 공개, 예산 집행의 투명성, 공무원의 청렴도 등이 신뢰 형성에 중요한 역할을 한다. 그러나 이해관계 충돌, 행정 불복종 사례, 부패 사건 등은 신뢰 저하 요인으로 작용한다. 또한 북한의 행정 투명성 및 신뢰도와 투명성의 제한적 구조의 문제이다. 북한은 일당 독재 체제하에서 행정 정보가 체계적으로 공개되지 않고, 국가 통제하에 엄격하게 관리된다. 정보의 비공개성은 체제 유지와 통제 목적에 기반하며, 일반 주민이나 국제사회에 대한 행정 정보 공개는 매우 제한적이다. 때문에 북한 주민들의 행정 신뢰도는 전통적으로 '당과 국가에 대한 충성심'과 연결되어 있으며, 법적·제도적 투명성과는 구분되는 정치적·이념적 신뢰에 기반한다. 하지만 내부적으로는 행정 집행의 불균형, 관료의 부패, 자원 배분의 불투명성 등에 대한 불만도 존재한다는 보고가 있다. 남한은 행정 투명성을 제도적으로 강화하며 신뢰도 향상을 도모하는 반면, 북한은 투명성의 결여가 체제 안정의 한 측면으로 작용한다. 하지만 장기적으로는 투명성 부족이 행정 효율성과 주민 신뢰 확보에 장애 요인으로 작용할 수 있어 향후 점진적 정보 공개 및 행정 혁신의 필요성이 제기된다.

〈표 38〉 남북 행정 투명성 및 신뢰도 비교 및 시사점

구분	남한	북한
행정 투명성	법적·제도적 정보 공개 강화, 시민사회 감시	중앙집권적 정보 통제, 제한적 공개
행정 신뢰도	투명성 기반의 시민 신뢰 및 공공 신뢰	이념적 충성과 체제 유지 기반 신뢰
문제점 및 과제	부패, 행정 불신 요인 존재, 투명성 강화 지속 필요	정보 불투명으로 인한 불신 가능성 존재, 체제 신뢰 기반 유지

참고: 한국행정연구원(2022), 통일연구원(2021), 김민지 외(2023) 자료를 바탕으로 재정리함.

3) 국민 체감도와 서비스 만족도

국민 체감도와 서비스 만족도는 행정 서비스의 질을 직접 반영하는 중요한 지표로서, 행정 운영의 효율성과 성과를 평가하는 데 핵심적인 역할을 한다. 남한과 북한은 행정 서비스 제공 방식과 국민의 기대 수준, 인식 구조가 다르기 때문에 체감도와 만족도의 양상도 큰 차이를 보인다. 남한의 국민 체감도와 서비스 만족도, 다양한 서비스와 상대적으로 높은 기대 수준 측면이다. 남한은 복지, 의료, 교육, 공공 안전 등 다양한 공공 서비

스를 제공하며, 국민의 권리 의식과 기대 수준이 높다. 정부는 국민 체감도 조사를 정기적으로 실시하고, 이를 정책 개선에 적극 반영하여 서비스 품질 향상을 도모한다. 서비스에 대하여 대체로 국민 만족도가 높으나, 지역 간·계층 간 불균형 문제, 행정 절차의 복잡성, 민원 처리의 신속성 부족 등이 개선 과제로 남아 있다. 디지털 행정과 민원 서비스의 확대가 국민 체감도 향상에 긍정적 영향을 미치고 있다. 북한의 국민 체감도와 서비스 만족도와 서비스 체감도는 제한적으로 공개되지 않고 있어 평가가 어렵다. 북한은 사회주의 계획경제 체제하에서 국가가 제공하는 기본 서비스(의료, 교육, 주거 등)에 대한 공식적인 국민 만족도 조사가 공개되지 않으며, 주민들의 의견 개진 통로도 매우 제한적이다. 탈북자 증언과 국제 보고서에 따르면, 의료 및 식량 지원 등 기본 사회보장 서비스에 대한 만족도는 지역과 시기에 따라 편차가 크며, 특히 지방과 농촌 지역에서 서비스 부족과 불만이 심각한 수준으로 나타난다. 주민들은 종종 서비스의 질과 접근성 부족, 물자 공급의 불안정성에 대해 체감하고 있다. 남한은 국민 체감도를 행정 서비스 개선의 핵심 요소로 인식하고 있으며, 이를 위한 체계적 조사와 디지털 행정 도입 등으로 만족도를 향상시키고 있다. 반면 북한은 제한된 정보 공개와 주민 의견 수렴의 부재로 인해 국민 체감도가 공식적으로 반영되지 않고, 서비스 질 저하와 불만이 존재하는 것으로 평가된다.

〈표 39〉 남북 국민 체감도와 서비스 만족도의 비교 및 시사점

구분	남한	북한
국민 체감도	체계적 조사 및 피드백 반영, 기대 수준 높음	공식적 조사 미비, 주민 의견 제한적 수렴
서비스 만족도	대체로 양호하나 불균형과 절차 개선 필요	지역별 격차 심각, 기본 서비스 부족 체감
정책 반영	만족도 조사 결과 정책 개선에 적극 활용	주민 체감 반영 어려움, 정보 부족 문제

참고: 한국보건사회연구원(2023), 통일연구원(2022) 자료를 바탕으로 재정리함.

> 학습 문제
>
> 1. 남한과 북한의 사회보장 행정 조직에서 중앙과 지방의 역할 차이는 무엇인가?
> 2. 북한의 당-국가 병렬 체계가 행정 조직에 미치는 영향은 무엇인가?
> 3. 행정 효율성 평가 시 고려해야 할 주요 지표는 무엇인가?
> 4. 남한의 행정 운영 체계가 북한과 비교해 갖는 장점과 한계는 무엇인가?
> 5. 남북한 행정 조직과 운영 체계의 차이가 사회보장 정책 집행에 미치는 영향은 무엇인가?

제8장

정보 관리와 데이터 시스템 비교

> **학습 목표**
> 1. 남북한의 정보 시스템 구축과 운영 현황을 이해한다.
> 2. 남북한의 데이터 관리 체계에서 투명성과 접근성의 차이를 비교·분석한다.
> 3. 정보화 수준이 행정 효율성과 국민 신뢰에 미치는 영향을 파악한다.

제1절 정보 시스템의 구축과 활용 현황

1. 정보 시스템의 개념과 구성 요소

1) 정보 시스템의 정의

정보 시스템(Information System)은 조직이 운영 및 관리, 전략적 의사결정, 고객 서비스 향상 등 다양한 목적을 달성하기 위해 정보를 효과적으로 수집하고, 저장·처리하며, 이를 분석하고 전달하는 일련의 기술적·조직적 구성 요소들의 통합체를 의미한다. 정보 시스템은 단순한 컴퓨터나 네트워크 기술을 넘어서, 조직의 내부 운영 전반을 체계적으로 지원하는 핵심 도구로 기능한다. 즉, 정보 시스템은 데이터를 정보로 전환하고, 이를 사용자에게 유용한 형태로 제공함으로써 조직의 의사결정과 업무 수행을 보다 과학적이고 효율적으로 만들어 준다. 현대의 정보 시스템은 다음과 같은 다섯 가지 핵심 구성 요소로 정의된다.

첫째, 하드웨어는 정보 시스템을 물리적으로 구성하는 기반으로서, 컴퓨터, 서버, 라우터, 저장 장치 등의 물리적 장비를 포함한다. 둘째, 소프트웨어는 하드웨어를 작동시키고 데이터를 처리하는 기능을 수행하는 프로그램으로, 운영 체제(OS), 응용 소프트웨어, 데이터베이스 관리 시스템(DBMS) 등이 여기에 속한다. 셋째, 데이터는 정보 시스템이 처리하는 기본 자원으로, 정확하고 일관성 있는 데이터가 시스템의 신뢰성과 직결된다. 넷째, 절차는 시스템이 작동하는 방식과 흐름, 즉 데이터를 입력하고 처리하며 결과를 출력하는 일련의 과정을 의미하며, 업무 매뉴얼이나 프로세스 설계 등이 이에 해당한다. 다섯째, 인적 자원은 시스템을 설계·운영하거나 이를 활용하는 관리자, 개발자, 일반 사용자 등을 포함하며, 시스템의 성공적인 작동과 활용에 있어 필수적인 요소이다(이수현, 2024). 정보 시스템은 조직의 성격에 따라 다양한 유형으로 구분될 수 있다. 예를 들어, 경영정보시스템(MIS: Management Information System)은 경영층의 의사결정을 지원하는 정보 제공을 목적으로 하며, 고객관계관리 시스템(CRM), 전사적 자원관리 시스템(ERP), 의사결정지원시스템(DSS) 등은 특정 기능과 목적에 따라 설계된다(박진우, 2023). 오늘날 공공 부문과 민간 부문 모두에서 정보 시스템은 단순한 운영 도구를 넘어, 전략적 자산으로 인식되고 있다. 특히 디지털 전환이 가속화됨에 따라 인공지능(AI), 빅데이터 분석, 클라우드 컴퓨팅 등의 기술이 정보 시스템에 통합되며, 조직은 이를 기반으로 보다 정교하고 예측 가능한 정책 설계 및 서비스 제공이 가능해지고 있다.

2) 정보 시스템의 핵심 구성요소

정보 시스템은 조직의 운영과 의사결정을 지원하는 복합적 체계이며, 이를 구성하는 핵심 요소는 시스템의 효율성과 성과에 직접적인 영향을 미친다. 정보 시스템의 주요 구성요소는 일반적으로 하드웨어, 소프트웨어, 데이터베이스, 네트워크, 인적 요소로 구분된다. 이들 구성요소는 상호 유기적으로 연계되어 작동하며, 각 요소가 제대로 기능할 때 정보 시스템은 조직의 목표 달성을 위한 유용한 도구로 작동한다.

◆ 하드웨어(Hardware)

하드웨어는 정보 시스템의 물리적 기반을 구성하는 요소로, 데이터의 수집, 저장, 처리, 출력 등 모든 정보 흐름을 실현하는 물리적 장치를 포함한다. 컴퓨터 본체, 서버, 저장 장치(SSD, HDD), 입력장치(키보드, 마우스, 센서), 출력장치(모니터, 프린터), 통신 장비(라우터, 스위치) 등이 이에 해당한다. 하드웨어는 시스템의 성능과 속도를 좌우하는 주요 요소로, 고속 처리와 대용량 저장을 가능하게 하는 최신 장비의 도입은 정보 시스템의 효율성 향상에 크게 기여한다.

◆ 소프트웨어(Software)

소프트웨어는 하드웨어가 효율적으로 작동하도록 명령을 내리는 프로그램으로, 크게 시스템 소프트웨어와 응용 소프트웨어로 구분된다. 시스템 소프트웨어는 운영 체제(OS)와 유틸리티 프로그램을 포함하며, 하드웨어를 제어하고 응용 소프트웨어의 실행을 지원한다. 응용 소프트웨어는 사용자의 특정 업무를 수행하기 위한 프로그램으로, 문서 작성, 회계처리, 고객관리, 데이터분석 등에 사용된다(윤가영, 2023). 특히 공공행정 영역에서는 민원행정 프로그램, 예산관리 시스템, GIS(지리정보시스템) 등 특화된 응용 프로그램이 사용된다.

◆ 데이터베이스(Database)

데이터베이스는 조직에서 발생하는 방대한 데이터를 구조화하여 저장하고, 이를 효율적으로 검색·분석·관리하기 위한 체계적인 저장소이다. 데이터베이스는 단순한 자료 보관소가 아니라, 정보화된 의사결정을 가능케 하는 핵심 기반이다. 일반적으로 관계형 데이터베이스(Relational Database)가 널리 활용되며, 최근에는 비정형 데이터와 대규모 처리를 위한 NoSQL, 빅데이터 플랫폼(Hadoop, 박진우 등, 2021)도 중요해지고 있다. 공공행정 분야에서는 주민등록, 건강보험, 재정정보 등 주요 행정 데이터를 포함한 국가적 DB가 통합 관리되고 있다.

◆ 네트워크(Network)

네트워크는 정보 시스템의 요소들이 상호 연결되어 데이터를 송수신하고 공유할 수 있도록 하는 통신 기반이다. 네트워크는 단일 기관 내부의 LAN(Local Area Network)부터 국가 단위의 WAN(Wide Area Network)까지 다양하게 구성되며, 인터넷 기반의 클라우드 시스템도 포함된다. 네트워크의 성능은 정보의 전달 속도와 안정성, 보안 수준에 큰 영향을 미치며, 특히 원격근무·전자정부 시스템·화상회의 등 비대면 행정환경에서 필수적이다.

◆ 인적 요소(People)

정보 시스템은 자동화된 기계만으로 운영되지 않으며, 시스템을 설계·개발·운영·활용하는 인적 자원이 핵심 요소로 작용한다. 시스템 관리자, 데이터 분석가, 사용자 교육 담당자 등 다양한 역할의 전문가들이 유기적으로 협력해야 시스템이 목적에 부합하게 활용될 수 있다(황지우, 2024). 또한, 일반 사용자들의 정보 활용 능력과 보안 인식도 정보 시스템의 안정성과 성과에 직접적인 영향을 준다. 이와 같이 정보 시스템의 각 구성 요소는 독립적으로 존재하지 않고 상호 작용을 통해 전체 시스템의 기능을 완성한다. 하드웨어와 소프트웨어는 물리적·논리적 기반을 제공하며, 데이터베이스는 핵심 자원을 저장하고, 네트워크는 연결성을 보장하며, 인적 자원은 이를 운영하고 개선하는 동력이다. 따라서 정보 시스템을 구축하거나 평가할 때는 각 요소의 통합성과 효율성을 종합적으로 고려해야 한다.

2. 남한의 정보 시스템 구축과 발전 과정

1) 주요 사회보장 정보 시스템 소개

남한은 2000년대 이후 전자정부 구현과 복지행정의 디지털 전환을 통해 다양한 사회보장 정보 시스템을 구축하여 공공 서비스의 접근성과 효율성을 크게 향상시켰다. 특히 사회복지와 건강 보장, 연금 행정을 체계적으로 통합·운영하기 위한 전산망 도입은 복지 사각지대 해소, 부정수급 방지, 데이터 기반 정책 수립 등에서 중요한 성과를 이루어내고 있다. 가장 대표적인 사회보장 정보 시스템으로는 '행복e음', '건강보험 정보시스템', '국민연금 통합정보시스템' 등이 있다. 이들 시스템은 복지 수요자 중심의 맞춤형 서비스 제공과 업무 효율화, 부처 간 정보 연계 및 통합을 실현하기 위한 핵심 도구로 기능하고 있다.

◆ 행복e음 시스템

행복e음은 보건복지부 산하 사회보장정보원이 운영하는 전국 통합 복지 정보 시스템으로, 2010년 본격적으로 가동되었다. 이 시스템은 중앙정부, 지방자치단체, 복지기관 등이 하나의 플랫폼을 통해 사회보장 급여 신청, 자격 확인, 서비스 제공, 이력관리 등을 전자적으로 처리할 수 있도록 설계되었다(사회보장정보원, 2024).

행복e음은 약 380여 종의 복지 서비스와 110여 개 기관 간 연계를 기반으로 국민의 수급자격, 소득·재산 정보, 과거 이력 등을 통합 조회하고 실시간으로 처리할 수 있다. 이를 통해 수요자 중심의 맞춤형 복지 서비스 제공, 중복수급 방지, 행정 효율성 제고가 가능해졌으며, 지자체의 현장 행정 부담도 크게 줄어들었다. 또한 2020년 이후 '복지멤버십' 제도와 연계되어 국민이 복지 서비스를 일일이 신청하지 않아도 자동으로 수혜 대상 여부를 확인해주는 '선제적 복지 서비스 체계'로 진화하고 있다(정지은, 2023).

◆ 건강보험 정보시스템(EDI, NHIIS 등)

국민건강보험공단이 운영하는 건강보험 정보시스템은 건강보험 자격 관리, 보험료 부과, 진료비 심사, 급여 지급 등 건강보험 운영 전 과정을 전산화한 시스템이다. 이 시스템은 건강보험 자격 취득 및 상실의 실시간 처리, 요양기관의 진료비 청구 및 심사, 의료 데이터 통계 분석 등 기능을 통합 수행한다. 특히 요양기관 전자문서 교환 시스템(EDI)은 병의원에서 공단으로 진료 청구서를 온라인으로 전송하는 핵심 기능을 담당하며, 이는 수백만 건에 달하는 진료자료를 신속하게 처리하게 해 준다. 또한, 건강보험 빅데이터를 기반으로 한 건강보험 통합정보시스템(NHIIS)은 정책 수립, 건강 통계, 의료 이용 패턴 분석에 활용되며, 팬데믹 시기에는 코로나19 감염자 이력 추적 및 대응에도 활용되었다.

◆ 국민연금 통합정보시스템

국민연금공단은 가입자 관리, 납부내역, 급여 지급, 해외 수급자 관리 등을 수행하는 국민연금 통합정보시스템을 구축하여 2000년대 중반 이후 지속적으로 고도화해 왔다. 이 시스템은 납부 이력 자동 추적, 노령·장애·유족연금 자격 판정, 소득 및 기여 기준 반영, 자동 급여 산정 등을 실시간으로 처리함으로써 업무 효율성을 높이고 국민 접근성을 향상시키고 있다(국민연금공단, 2023). 또한, 민원인이 직접 웹사이트나 모바일 앱을 통해 자신의 가입 이력, 예상 연금 수령액, 납부 상태 등을 확인할 수 있도록 제공함으로써 정보의 투명성과 이용자 중심 서비스를 구현하고 있다. 이러한 정보 시스템의 구축은 전자정부와 데이터 기반 행정의 일환으로서, 복지정책의 정합성, 효율성, 공정성을 높이는 데 핵심적 역할을 해왔다. 특히, 기관 간 연계된 데이터 흐름을 통해 사각지대 발굴, 중복수급 방지, 실시간 검증 등의 기능이 가능해짐으로써 복지정책의 과학화가 진전되고 있다(한지민, 2024).

2) 디지털 행정화 및 서비스 전달 체계 혁신

남한은 2000년대 초반부터 전자정부 구축을 계기로 행정의 디지털 전환을 추진해왔으며, 최근에는 이를 넘어 데이터 기반 행정(Data-driven governance)과 AI·클라우드 중심의 지능형 디지털 행정으로 진화하고 있다. 이러한 디지털 행정화는 단순한 정보시스템 전산화 수준을 넘어, 공공 서비스 제공 방식의 전면적 혁신을 동반하는 거버넌스 체계 전환이라 할 수 있다.

◆ 디지털 행정화의 추진 배경과 흐름

디지털 행정화의 추진은 크게 세 가지 동인에 의해 촉진되었다. 첫째, 정보통신기술(ICT)의 급속한 발전과 클라우드, 인공지능(AI), 사물인터넷(IoT), 모바일 기술 등 디지털 기술의 고도화는 행정의 자동화와 실시간 대응을 가능케 하였다. 둘째, 국민의 서비스 기대 수준의 상승과 비대면·맞춤형 서비스에 대한 요구 증가는 행정 서비스 접근성과 효율성 개선을 요구하였다. 셋째, 사회보장 수요의 급증과 인구 고령화, 저출산 등 복지 환경의 구조적 변화는 복잡한 수요에 대응하기 위한 데이터 기반 정책 설계와 실행 역량을 필요로 했다. 이에 따라 정부는 '디지털플랫폼정부' 구현 전략(2022~)을 통해 부처 간 칸막이를 없애고, 국민이 언제 어디서든 필요한 공공 서비스를 손쉽게 받을 수 있도록 서비스 전달 체계를 개편하고 있다. 디지털플랫폼정부는 ▲맞춤형 서비스 제공, ▲데이터 연계·통합, ▲민관 협력 기반 혁신 행정 등을 목표로 한다(행정안전부, 2023).

◆ 주요 성과: 디지털화 기반 서비스 전달 혁신

디지털 행정화의 대표적 성과는 복지, 보건, 고용 등 분야별 서비스 전달 체계의 예방적·선제적 전환이다. 예컨대, 2021년부터 도입된 복지멤버십 제도는 '행복e음'과 연계하여 국민의 수급 자격을 사전에 확인하고, 수요자가 신청하지 않아도 관련 서비스를 제안하는 능동적 복지 행정의 대표 사례이다. 기존의 신청 중심 방식에서 나아가, 데이터 기반으로 개인별 소득·재산·가구구성·생활환경 등을 종합 분석하여 서비스 연계가 이루어진다(정지은, 2023). 또한, 정부24, 복지로, 워크넷, 민원24, 정부24 모바일 앱 등 통합 포털을 통해 국민은 필요한 행정 서비스를 단일 창구에서 쉽고 빠르게 이용할 수 있게 되었다. 이는 정보 접근성과 처리 속도를 높이는 동시에, 서비스 간 중복을 줄이고 부처 간 연계성을 강화하였다. 한편, 디지털 기술을 활용한 행정 자동화(RPA, AI 챗봇), 스마트 민원 응대, 지능형 예산관리 시스템, 위기 대응 통합 플랫폼 등의 도입은 공무원의 반복 업무를 경감하고, 정책의 실시간 대응성을 높이고 있다.

◆ 향후 과제: 데이터 거버넌스와 디지털 포용

이처럼 디지털 행정화는 서비스 전달 체계의 패러다임을 획기적으로 전환시키고 있지만, 여전히 보완이 필요한 과제도 존재한다. 첫째, 공공기관 간 데이터 연계 표준화 미비와 부처별 시스템 간 상호운용성 부족 문제는 통합적 행정처리의 장애 요소로 지적된다. 둘째, 디지털 접근성이 낮은 고령자, 장애인, 저소득층 등 디지털 소외계층의 포용적 행정 접근이 더욱 중요해지고 있다. 셋째, 개인정보 보호와 사이버보안 문제도 디지털 행정화의 신뢰성과 지속 가능성을 좌우하는 핵심 영역이다. 이러한 과제 해결을 위해 정부는 디지털 플랫폼 정부 추진단을 중심으로 공공 데이터 품질 관리, 데이터 거버넌스 체계 수립, 디지털 포용 정책을 강화하고 있다. 특히 AI 기반 민원 분석, 예측 행정, 자동화 정책 평가 시스템은 향후 디지털 행정의 핵심 경쟁력으로 주목받고 있다.

3) 정보통합·연계 시스템 구축 사례

남한은 다양한 공공기관과 부처 간의 정보 단절, 이른바 '사일로(Silo) 현상'을 극복하고 통합적·효율적 행정 서비스를 실현하기 위해 정보통합·연계 시스템을 지속적으로 구축해왔다. 특히 행정정보 공동이용 시스템, 복지분야 연계 시스템, 건강·고용·연금 정보 연동 플랫폼 등의 사례는 국민 중심의 행정 혁신, 중복 행정 방지, 데이터 기반 정책 설계에 기여하고 있다(김윤정, 2023).

◆ **행정정보 공동이용 시스템**

행정정보 공동이용 시스템은 부처·기관별로 분산된 행정 정보를 전자적으로 연계·공유함으로써, 국민이 서류를 제출하지 않아도 자동으로 정보를 조회·활용할 수 있도록 한 대표적 사례이다. 이 시스템은 2004년 시범운영을 거쳐, 현재는 약 970개 공공기관과 연계되어 있으며, 2024년 기준 약 230종의 행정 정보 항목이 연계되어 활용되고 있다(행정안전부, 2024). 이 시스템은 특히 주민등록등본, 건강보험 자격, 자동차 등록사항, 건축물 대장, 가족관계증명서 등 일상 행정에 필수적인 문서들을 전자적으로 처리할 수 있도록 하여, 민원인의 서류 제출 부담을 크게 줄이고 있다. 또한 행정기관 간 데이터 연계 표준화가 이루어지면서 정보 정확성과 처리 속도도 향상되었다(이승현, 2024). 2023년 기준 국민이 제출한 민원서류 중 약 74%가 전자적 공동이용을 통해 생략된 것으로 보고되었다.

◆ **복지 분야 정보 연계 시스템(행복e음 중심)**

행복e음 시스템은 사회보장정보원을 중심으로 복지 서비스 대상자에 대한 자격 정보, 소득·재산 정보, 서비스 제공 이력 등을 중앙·지방정부, 유관 기관 간에 실시간으로 연계하여 관리하는 복지 통합 시스템이다. 이 시스템은 건강보험공단, 국세청, 국민연금공단, 교육청, 금융기관, 기초지자체 등과 연계되어 약 150여 종의 복지 서비스를 통합 운영 중이다(사회보장정보원, 2023). 이를 통해 기초생활 보장, 한부모가정, 장애인 복지 등 대상자 선정 과정에서 중복 수급 여부를 즉시 판별할 수 있으며, 국민 개개인의 상황에 맞는 맞춤형 복지 서비스 설계가 가능해졌다. 특히 2021년 이후 '복지멤버십'과 연계되어 정보 기반의 선제적 복지 행정이 실현되고 있다(정지은, 2023).

◆ 건강·고용·연금 데이터 연동 플랫폼

보건복지부와 고용노동부, 국민연금공단, 건강보험공단 등은 각각의 정보 시스템을 통해 국민의 건강, 고용 이력, 연금 납부 및 수급 정보를 별도로 관리해 왔으나, 2010년대 후반부터는 이를 연계·통합한 연동 시스템을 구축해 정책 설계 및 맞춤형 행정에 활용하고 있다. 예를 들어, '통합 사회보험 정보연계 시스템'은 국민이 건강보험, 국민연금, 고용보험에 관한 자신의 정보를 단일 포털에서 조회하고 민원을 처리할 수 있도록 제공한다. 해당 시스템은 사업장의 4대 보험 자격 관리 일원화, 보험료 통합고지·수납, 근로자 이력 추적 등을 가능케 하여 사업자와 국민의 업무 편의성을 크게 높였다. 또한, 고용보험 정보와 건강 데이터 연계를 통해 실직자에 대한 건강상태 분석이나, 저소득층 근로자의 장기요양 자격 판별 등에 정보가 활용되면서 정책의 정밀성과 행정의 효율성을 동시에 강화하는 기반이 되고 있다(김민호, 2023). 이와 같은 정보통합·연계 시스템은 과거 수기 행정과 종이 서류 중심 행정에서 벗어나, 국민의 삶의 질을 높이는 데이터 중심의 스마트 행정 전환을 실현하고 있다. 또한, 부처 간 정보 장벽을 허물고 하나의 플랫폼 내에서 다양한 서비스를 통합 제공함으로써 행정 비용 절감, 정책 효과성 증대, 국민 편익 향상이라는 측면에서도 긍정적 효과를 입증하고 있다.

3. 북한의 정보 관리 체계와 특성

1) 정보 수집 및 관리 방식(중앙 집중형 통제 구조)

북한의 정보 관리 체계는 계획경제와 일당 독재 체제를 기반으로 한 중앙집중적 통제 구조로 특징지어진다. 이 체계는 정치·경제·사회 모든 영역에서 국가가 정보 흐름을 통제하고, 정보 수집과 활용 역시 최고 지도부 중심의 통제하에 이루어진다. 이는 남한이나 다른 민주주의 국가에서 볼 수 있는 분산형 정보관리 체계와 근본적으로 다르며, 정보는 곧 통제 수단이자 국가 권력의 핵심 도구로 기능한다(정지은, 2023). 북한에서 정보는 주민의 개인적 자산이 아닌 국가의 통제 대상이다. 주민 개개인의 인구 정보, 가족 관계, 직장, 정치 성향, 사상검열 내용 등은 인민반-리-구역-도-중앙으로 이어지는 위계적 행정 체계 안에서 수집된다.

이 과정에서 인민보안성(현 사회안전성), 국가보위성(현 국가보위부), 노동당 조직지도부 등이 핵심 역할을 수행하며, 모든 정보는 노동당 중앙위원회와 내각 정보통계국 등 상부 기관에 집중된다. 이러한 구조하에서 북한의 정보 수집은 ▲주기적 인구조사 및 가구조사, ▲직장 및 조직생활을 통한 사상검열, ▲밀고와 감시 체계에 기반한 사회 통제 정보 수집, ▲지역 내 동향 보고서 및 정기 보고 시스템 등을 통해 이루어진다. 특히 '생활총화'와 '사상투쟁 집체 학습'은 주민 동향을 분석하는 도구로 사용되며, 국가의 통제력을 강화하는 기제로 기능한다(조은정, 2023).

북한은 최근 디지털 기술을 제한적이나마 도입하고 있으나, 정보기술(IT)의 발전은 기본적으로 감시 기술의 고도화에 집중되고 있다. 예컨대, 주민에 대한 전화 통화 감청, 인터넷 사용 이력 추적, USB·SD카드 등의 자료 검열 등이 대표적이며, 이러한 기술은 정보 유통의 제한과 사상적 일탈의 차단을 주된 목적으로 한다. 이처럼 북한의 정보 관리 체계는 외부 정보의 유입을 철저히 차단하고 내부 정보를 수직적으로 수집·통제하는 폐쇄적 구조를 지닌다. 한편, 경제 정보나 인구 통계, 생산 실적 등의 경우에도 실시간 정보 수집보다는 수기 보고서 중심의 수동적 통계 체계가 유지되고 있으며, 이는 정책의 실효성 저하 및 행정 비효율성의 주요 원인이 되고 있다.

2010년대 이후 국제기구 및 일부 NGO와의 협력에 따라 보건·식량 분야에서 한정적 데이터 수집 및 디지털 시스템 도입이 시도되었으나, 여전히 체계적 정보 시스템 구축은 미진한 상태이다(UNESCAP, 2023). 북한의 정보 수집 및 관리 방식은 전체주의 체제 특성상 정보의 분산보다는 통제와 집중, 개방보다는 비공개와 검열을 원칙으로 한다. 정보는 국가 권력의 연장선에서 기능하며, 이로 인해 사회 전반의 디지털화나 자동화는 감시 수단에 한정된다. 이러한 특성은 향후 남북 간 정보 시스템 협력이나 통합 논의에 있어 가장 큰 구조적 장벽 중 하나로 작용할 수 있다.

2) 디지털 인프라의 제약과 수기 행정 중심 구조

북한의 행정 시스템은 디지털 기반이 아닌 수기 행정(Manual administration)을 중심으로 운영되고 있으며, 이는 북한 체제 특성과 구조적 제약에 기인한 것이다. 기술 인프라의 낙후성, 정보통신망의 제한적 접근, 중앙통제 중심의 행정문화 등은 디지털 행정 전환을 구조적으로 방해하고 있으며, 이에 따라 북한은 여전히 20세기 방식의 종이 문서 기반의 행정 체계를 유지하고 있다.

◆ 디지털 인프라 부족

북한은 전국적 디지털 인프라 구축이 미비하며, 특히 전력 부족, 통신 인프라 노후화, 장비 조달의 어려움 등으로 인해 공공행정 영역에서 전산화가 거의 이루어지지 않고 있다. 컴퓨터 보급률은 매우 낮은 수준이며, 행정기관 내 정보시스템 도입 사례도 극히 제한적이다. 중앙부처나 특수 기관에서 일부 디지털 장비가 사용되기는 하지만, 그것 역시 내부 네트워크에 국한되며, 인터넷 연결은 철저히 차단된 폐쇄망에서만 이루어진다. 북한은 정보기술을 국가 발전의 중요한 수단으로 인식하고 IT 인력을 양성하고 있지만, 이들은 주로 사이버보안, 감시 시스템, 군사정보기술 등에 활용될 뿐, 주민의 행정 서비스 향상이나 정책정보 공개와 같은 공공정보화 목적에는 거의 적용되지 않고 있다. 이에 따라 주민과 접촉하는 대부분의 일선 행정기관에서는 여전히 수기 보고, 수기 서류 처리, 종이 문서 보관 등의 방식이 주를 이루고 있다(UNESCAP, 2023).

◆ 수기 행정의 지속과 그 구조적 특성

북한의 수기 행정은 ▲상명하복의 수직 행정문화, ▲주민 감시와 통제 중심의 행정 운영, ▲자율적 정보처리보다는 중앙 보고에 의존하는 방식 등과 결합되어 비효율적이고 반복적인 행정 구조를 형성하고 있다. 예컨대, 주민등록 정보나 직장 배치, 배급 내역, 교육 및 사상생활 보고 등은 여전히 담당 인원이 노트에 기재하거나 종이 양식으로 보고서를 작성하는 방식으로 운영된다). 이러한 수기 방식은 정보 누락, 중복 보고, 비표준화 등의 문제를 발생시킬 뿐만 아니라, 정책의 실시간 피드백이나 대상자 맞춤형 행정 처리를 불가능하게 한다. 특히 사회보장 행정 영역에서는 대상자 선별 기준의 불명확성, 배급 물품의 수기 확인, 생계지원 대상의 임의성 등으로 인해 행정 불신과 지역 간 격차가 심화되는 문제점이 발생한다(김은지, 2023). 게다가 중앙정부는 지방과 말단 조직에서의 정보 흐름을 물리적 보고 체계(예: 보고문서, 전화보고 등)에 의존하고 있으며, 이는 정책 결정의 정확성과 신속성을 크게 저해하는 요인이 된다.

◆ 국제 협력 기반 시범 사업: 제한적 디지털화 시도

국제기구나 일부 비정부기구(NGO)를 통한 협력 사업에서 보건의료, 영양, 농업 등 제한된 분야에서의 디지털 시범 도입 사례가 존재한다. 예컨대, 세계보건기구(WHO)나 유니세프를 통한 기초 보건정보 시스템의 전산화 시도가 있었으며, 일부 지역 병원에서 환자기록 전산화가 시험적으로 도입된 사례도 있다. 그러나 이러한 시스템은 외부 지원이 중단되면 지속이 어렵고, 북한 내부의 체계적 연계망이 부재하기 때문에 통합적 정보시스템으로 발전하기 어려운 구조를 갖는다(WHO, 2023). 북한의 디지털 인프라 제약과 수기 행정 중심의 구조는 단순한 기술 부족을 넘어서, 체제의 정치적 특성과 행정문화의 한계에 기인한다. 수기 행정의 지속은 정보 비효율, 정책 왜곡, 행정 격차를 심화시키며, 장기적으로는 행정 신뢰성과 정책 효과성을 약화시키는 요인이 된다. 향후 남북 간 정보 협력이나 사회보장 통합을 논의할 경우, 이러한 기반 인프라 격차는 반드시 고려되어야 할 요소이다.

3) 정보시스템 구축의 정치적·기술적 한계

북한은 디지털 전환과 정보화가 전 세계적으로 급속히 진행되는 가운데서도, 정보시스템의 본격적인 구축에 있어 정치적·기술적 제약 요인으로 인해 매우 제한된 발전 양상을 보이고 있다. 북한의 정보시스템 구축 한계는 단순한 기술력 부족이나 예산 문제만이 아니라, 체제 특성과 밀접한 관련을 맺고 있으며, 그 결과 국가의 행정 효율성과 정책 효과성 전반에 영향을 주고 있다.

◆ 정치 체제의 폐쇄성과 정보 통제 우선 원칙

북한은 정보의 수집과 유통, 공유를 통치 수단의 핵심으로 간주하며, 정보의 집중과 비공개 원칙을 고수해 왔다. 이는 곧 정보시스템 구축이 개방적 플랫폼이나 분산형 정보관리 체계로 발전하기 어려운 근본적 원인으로 작용한다. 예를 들어, 북한에서 행정정보의 디지털화는 국가기관 내부에서만 폐쇄적으로 운영되며, 주민이나 일반 행정 주체에게 접근권이 부여되지 않는다(정지은, 2023). 또한, 정보의 중앙 집중화는 권력 유지와 직접 연결되어 있기 때문에, 시스템의 자동화나 데이터 기반 의사결정 체계 도입은 체제 위협으로 간주되는 경향이 있다. 이러한 정치적 환경은 정보의 투명성, 상호 연계성, 실시간성 확보를 방해하고 있으며, 북한 내 정보시스템 개발의 근본적 제약 조건으로 작용하고 있다(남성욱, 2024).

◆ 기술 인프라 및 인력의 부족

기술적 측면에서 북한은 정보통신기술(ICT) 인프라가 극히 열악한 상태에 있다. 전국적인 광대역망, 서버 시설, 클라우드 기반 플랫폼, 보안 체계 구축 등은 아직도 초기 단계이며, 인터넷 접근도 제한되어 있어 국제 표준에 부합하는 통합형 정보시스템 구축이 현실적으로 어려운 상황이다(UNESCAP, 2023). 인력 측면에서도 정보시스템 구축을 주도할 수 있는 전문 인재는 군사 분야나 대외 사이버 활동에 편중되어 있으며, 공공행정이나 사회보장 영역에서는 정보 시스템 기획·개발·운영을 담당할 인재 풀이 부족하다. 북한 당국은 김일성종합대학, 김책공업대학 등을 중심으로 정보기술 인재를 양성하고 있으나, 이들의 역량은 내부 폐쇄망 중심의 시스템 유지·보수에 머무르고 있다(이현우, 2024).

◆ 국제 제재로 인한 하드웨어·소프트웨어 수급의 어려움

북한은 국제사회의 경제 제재와 기술 수출 제한으로 인해 정보시스템 구축에 필요한 장비와 소프트웨어를 정식으로 수입하기 어려운 상황에 처해 있다. 특히 서버 장비, 보안 네트워크 설비, 소프트웨어 라이선스, 데이터센터 관련 기술 등의 유입이 제한되면서 시스템 구축에 필요한 기초 인프라를 외부에서 합법적으로 조달하기 어렵다(UN Panel of Experts, 2023). 이에 따라 북한은 노후화된 장비의 재활용, 자체 개발 프로그램, 비공식 루트를 통한 장비 조달에 의존하고 있으며, 이로 인한 보안 취약성, 시스템 불안정성, 지속 가능성 부족 등의 문제가 상존한다. 특히 복지, 보건, 행정 분야의 데이터는 체계적 저장이나 보호 체계없이 종이 문서나 로컬 파일 형태로만 관리되는 경우가 많다(조은정, 2023).

◆ 상호 연계 시스템 부재와 행정 비효율

정보시스템의 핵심은 기관 간 데이터 연계 및 실시간 정보 공유인데, 북한은 각 기관이 자체적으로 정보를 관리하고 있어 상호 연계 시스템이 사실상 부재하다. 예컨대 보건 부문과 식량배급 부문, 교육 부문 간의 데이터 공유는 거의 이루어지지 않으며, 이는 정책 대상자의 중복, 누락, 지원 오류로 이어지고 있다. 행정기관 간 수직적 보고 체계만 존재하고, 이를 통합적으로 분석하거나 예측하는 데이터 기반 행정 분석 시스템은 부재하다.

이로 인해 정책 결정은 종종 직관적 판단이나 경험적 보고에 의존하게 되며, 과학적 근거 기반 행정(Data-driven policy)의 실현은 요원한 상태다(김은지, 2024). 북한의 정보시스템 구축은 정치적 통제 강화라는 체제의 본질적 특성과 기술적 인프라 미비, 인력 부족, 국제 제재라는 외부적 요인이 복합적으로 작용하여 매우 제한적인 수준에 머물러 있다. 향후 정보시스템의 발전을 위해서는 단순한 기술지원만으로는 한계가 있으며, 정치·제도적 개방성과 국제 협력 환경 조성이 병행되어야 한다. 남북 간 정보 격차는 향후 행정 통합이나 복지 협력의 실현 가능성에도 중요한 변수로 작용할 것이다.

4. 남북한 정보 시스템 운영의 비교

1) 정보화 수준 및 전산화 범위

남북한의 정보화 수준과 전산화 범위는 체제적 특성과 정치·경제 환경의 차이에 따라 현격한 격차를 보인다. 남한은 1990년대 이후 전자정부와 디지털 행정 구축을 적극적으로 추진해 세계적 수준의 정보 시스템 운영 역량을 확보한 반면, 북한은 정치적 통제 체제와 기술 인프라의 한계로 인해 정보화 수준이 극히 낮고 전산화 범위가 제한적인 상황이다.

◆ 남한의 정보화 수준과 전산화 범위

남한은 1990년대 중반부터 '전자정부' 정책을 본격 추진하며 중앙 및 지방정부 전반의 업무를 전산화하고, 2000년대 이후에는 복지·건강·노동·교육·행정 등 주요 분야에 통합형 정보시스템을 구축하였다. 현재 남한의 행정기관 대부분은 클라우드 기반의 통합 데이터 관리, AI 및 빅데이터 활용 시스템, 모바일 행정 서비스 등을 운영하고 있으며, 대표적으로 다음과 같은 시스템이 있다. 한국은 디지털 기술을 행정에 적극 도입함으로써 공공 서비스의 접근성과 효율성을 크게 향상시켜 왔으며, 특히 다양한 정보 시스템과 통합 플랫폼을 통해 사회보장과 민원 서비스의 디지털 전환을 실현하고 있다. 이러한 정보 시스템은 행정의 투명성과 정합성을 높이는 동시에, 국민의 편의성을 크게 개선하는 데 중요한 역할을 하고 있다. 먼저, 행복e음 시스템은 전국의 사회보장 서비스 정보를 통합적으로 관리하고 연계하는 대표적인 디지털 행정 플랫폼이다. 이 시스템은 국민의 자격, 소득, 재산, 급여 이력 등 사회보장 관련 핵심 정보를 실시간으로 통합·분석할 수 있도록 설계되어 있으며, 이를 통해 대상자 선정의 정확성과 복지 서비스의 적절한 제공을 가능하게 한다. 특히 위기가구 발굴, 맞춤형 복지 지원, 이중 수급 방지 등에서 큰 효과를 발휘하고 있으며, 복지 행정의 신뢰성과 효율성을 높이는 기반이 되고 있다. 또한, 4대 사회보험 정보 시스템은 건강보험, 국민연금, 고용보험, 산재보험에 가입한 국민의 정보를 실시간으로 연계·관리함으로써 보험 자격 관리, 납부 이력 확인, 수급 자격 검토 등을 신속하게 처리할 수 있도록 돕고 있다.

이 시스템은 고용 상태나 소득 변동 등의 정보가 유기적으로 연결되어 있어, 중복 행정 절차를 줄이고 수급의 정확성을 높이는 데 기여하고 있다. 정부24(구 민원24)는 국민이 언제 어디서나 행정 서비스를 이용할 수 있도록 지원하는 범정부 온라인 민원포털로, 민원 신청, 열람, 증명서 발급, 수수료 결제 등 다양한 기능을 통합 제공한다. 이 플랫폼은 기존의 오프라인 중심 민원 처리 방식에서 벗어나, 행정 접근성을 획기적으로 개선하며 디지털 행정의 대표적인 성공 사례로 평가받고 있다. 특히 주민등록등본, 건강보험 자격확인서, 납세증명서 등 주요 민원서류를 온라인으로 간편하게 발급받을 수 있어, 국민의 시간과 비용 부담을 줄이는 데 효과적이다.

마지막으로, 공공 마이데이터 플랫폼은 국민이 각종 공공기관에 흩어져 있는 본인의 정보를 한눈에 확인하고, 이를 활용해 원하는 서비스를 쉽게 신청할 수 있도록 돕는 혁신적 시스템이다. 예를 들어, 건강검진 기록, 고용 이력, 사회보험 납부 내역 등 개인 데이터에 기반한 맞춤형 행정 서비스를 제공받을 수 있으며, 개인 정보의 주체가 국민 자신이라는 관점에서 정보의 투명성과 자기결정권을 강화하는 데도 기여하고 있다. 한국의 다양한 정보 시스템과 통합 플랫폼은 행정 서비스의 디지털화와 국민 중심의 맞춤형 서비스 구현을 가능하게 하는 핵심 인프라로 자리 잡고 있으며, 향후 인공지능과 빅데이터 기술과의 연계를 통해 더욱 고도화될 것으로 기대된다.

이처럼 남한의 정보화 수준은 OECD 국가 중에서도 상위권이며, UN 전자정부 평가(2022) 기준 전 세계 3위에 해당하며, 디지털 서비스 접근성, 정보 시스템 통합성, 행정 효율성에서 높은 평가를 받고 있다(UN DESA, 2022).

◆ 북한의 정보화 수준과 전산화 범위

반면, 북한은 정보 시스템 자체가 제한적으로 운영되고 있으며, 행정정보의 상당 부분이 수기 문서 기반으로 관리되고 있다. 북한은 전산화를 일부 중앙기관(예: 내각, 보위부, 당 조직지도부 등)에서만 폐쇄망 기반으로 운영하며, 주민 행정이나 사회보장 관련 정보는 지역 단위에서 수작업 보고 체계에 의존하고 있다. 특히 인민반-리-구역-도-중앙으로 이어지는 계층적 행정 구조는 정보의 실시간 연계나 자동화 처리를 어렵게 하며, 부문 간 정보 연계 시스템이 전무하다. 예를 들어, 보건, 교육, 배급, 노동 등의 정보가 별도로 관리되고 있으며, 통합된 주민 데이터베이스나 클라우드형 관리 체계는 존재하지 않는다(정지은, 2023). 일부 시범적으로 운영되는 디지털 시스템(예: 보건정보시스템)은 국제기구 협력하에서만 한정적으로 운용된다.

〈표 40〉 남북한 간 정보화 수준 비교 요약

비교 항목	남한	북한
정보화 수준	고도 정보화 (전자정부·AI·빅데이터 기반 운영)	초기 수준 (수기 행정 중심, 제한적 폐쇄망 운영)
전산화 범위	전 부처·기관 통합 전산화	일부 중앙기관 내 수기+전산 병행
주요 시스템 사례	행복e음, 정부24, 국민비서, 4대 보험 통합시스템 등	보건 부문 시범 전산화 외 중앙 통제용 시스템 중심
시민 접근성	PC·모바일을 통한 전자 민원·신청 가능	주민은 정보 시스템 접근 불가, 행정기관 내부용에 한정
정보 연계 수준	부처 간 실시간 연계 가능	부문별 정보 단절, 연계 시스템 부재

참고: 행정안전부(2023), 통일연구원(2022) 자료를 바탕으로 재정리함.

또한 북한은 일반 주민이 인터넷에 접속할 수 없으며, 광범위한 정보 유통 자체가 차단된 상태에서 정보화 정책도 통제 및 감시를 중심으로 개발된다. 이러한 구조는 북한의 정보화가 행정 자동화나 주민 서비스 향상

보다는 체제 유지 및 내부 통제에 중점을 둔다는 점을 보여 준다. 남한은 세계적인 수준의 정보 시스템을 갖추고 있고, 국민 중심의 디지털 행정으로 발전하고 있는 반면, 북한은 체제 특성상 폐쇄적이고 통제 중심의 정보 구조로 인해 전산화가 매우 제한적이다. 남북한 간의 이러한 정보화 격차는 향후 사회보장 협력, 남북한 데이터 통합, 복지 통합행정 등의 논의에서 기반 인프라 및 체제 호환성 문제로 작용할 수 있다.

2) 정보 접근성과 활용의 실효성

남북한의 정보 시스템은 구조뿐 아니라 정보 접근성과 활용 실효성 측면에서도 큰 차이를 보이고 있다. 남한은 정보공개와 디지털 서비스를 바탕으로 시민 중심의 정보 활용 체계를 구축한 반면, 북한은 정보에 대한 접근을 철저히 통제하고 있으며, 정보 활용은 체제 유지를 위한 정치적 목적에 집중되고 있다. 이와 같은 차이는 정보 기반 행정의 효과성, 국민의 체감 서비스, 정책 피드백의 수준에 큰 영향을 미친다.

◆ 남한: 개방형 정보 접근과 서비스 중심 정보 활용

남한은 전자정부의 발전을 통해 공공 정보 접근성과 활용 실효성 측면에서 매우 높은 수준을 달성하였다. 국민은 다양한 온라인 플랫폼(정부24, 국민비서, 복지로, 국민연금공단, 건강보험공단 등)을 통해 언제 어디서나 공공 정보를 검색하고, 필요한 행정 서비스를 직접 신청하거나 결과를 확인할 수 있다(행정안전부, 2023). 정보 접근성을 높이기 위해 다음과 같은 정책들이 추진되어 왔다. 한국의 디지털 행정은 '개방-활용-포용'이라는 세 축을 중심으로 빠르게 진화해 왔다.

정부가 축적해 온 공공 데이터를 누구나 손쉽게 이용할 수 있도록 개방하고, 국민이 자신의 데이터를 능동적으로 관리·활용할 수 있게 지원하며, 정보 접근이 어려운 이들에게는 디지털 역량을 높일 기회를 제공하는 흐름이 서로 맞물려 있다. 먼저 공공 데이터 개방 정책은 2013년 「공공 데이터법」 제정과 함께 본격적으로 추진돼 왔다. 중앙부처·지방자치단체·공공기관이 보유한 방대한 데이터를 원칙적으로 공개하도록 의무화함으로써, 일반 시민·기업·연구자가 이를 자유롭게 검색·다운로드·재가공할 수 있는 길을 열었다. 덕분에 교통, 기상, 금융, 보건, 환경 등 다양한 분야에서 데이터 기반 서비스와 창업 아이디어가 활발히 등장했고, 과학적 정책 수립을 위한 근거 자료도 한층 풍부해졌다. 공공 데이터 포털(Data.go.kr)과 같은 통합 플랫폼은 데이터 품질 심사, 메타 데이터 표준화, API 제공 등을 통해 민간 활용도를 높이며 '데이터 경제' 활성화의 토대를 마련하고 있다.

다음으로 마이데이터(MyData) 사업은 '개인의 데이터 주권'이라는 철학을 바탕으로, 국민이 각 기관·기업에 흩어져 있는 자신의 정보를 한곳에 모아 열람하고, 원하는 서비스를 직접 선택해 이용할 수 있도록 설계된 혁신적 모델이다. 금융·의료·복지 등 영역별로 확대되고 있으며, 특히 복지 마이데이터는 소득·재산·가구 구성·수급 이력 등을 자동으로 불러와 맞춤형 복지 서비스를 추천하고 신청 절차를 간소화해 이용자의 편의성을 크게 높였다. 국민은 스마트폰 앱이나 웹을 통해 복잡한 서류 제출 없이도 지원 자격 여부를 확인할 수 있고, 정부는 정확한 데이터 기반으로 사각지대를 선제적으로 찾아낼 수 있어 정책 효율성이 향상된다.

끝으로 디지털 포용 정책은 기술 발전 속에서 소외되기 쉬운 고령층, 장애인, 저소득층 등을 주 대상으로 한다. 정부는 전국 주민센터, 복지관, 도서관 등에 디지털 역량 교육 프로그램을 마련해 스마트폰 활용, 정부24·카카오지갑 등 주요 앱 사용법, 보안·사기 예방까지 단계별로 지도하고 있다. 또한 무인발권기·무인주문기(키오스크) 이용이 어려운 이들을 위해 '무인 안내 도우미' 배치, 음성 안내·점자 스티커·높낮이 조절형 단말기 등 보조 시스템을 갖춘 생활 현장도 빠르게 확대되고 있다. 이러한 노력은 정보 접근 격차를 줄이고, 모든 국민이 디지털 행정의 혜택을 체감할 수 있도록 하는 든든한 안전망 역할을 한다. 이렇듯 공공 데이터 개방 정책, 마이데이터 사업, 디지털 포용 전략은 서로 맞물려 시너지를 내며, '데이터 기반 정부'에서 '국민 중심 디지털 사회'로 나아가는 한국 행정의 핵심 축으로 자리하고 있다. 이러한 정보 활용은 정책 대상자별 맞춤형 서비스 제공을 가능하게 하고, 국민의 참여 및 만족도를 높이는 데 기여하고 있다. 예컨대 '행복e음' 시스템을 기반으로 한 통합 복지 정보 조회 및 선별 서비스는 정보 연계성을 기반으로 실질적 서비스 수급률을 향상시키고 있다(사회보장정보원, 2023).

◆ 북한: 통제적 정보 접근과 제한적 활용

반면 북한은 정보 접근성을 정치적·보안적 차원에서 철저히 통제하고 있으며, 주민들이 공공 정보에 접근하거나 자율적으로 활용하는 것은 사실상 불가능하다. 대부분의 정보는 국가가 상향식으로 수집하고 하향식으로 배급하는 방식으로만 운영된다(정지은, 2023). 북한에서 정보 활용의 실효성이 낮은 이유는 다음과 같은 요인 때문이다. 북한의 행정 정보 시스템은 매우 제한적이고 폐쇄적인 구조를 지니고 있으며, 이는 주민의 정보 접근권과 행정 서비스의 효율성 측면 모두에서 심각한 제약 요인으로 작용하고 있다. 첫째, 주민 정보의 비공개 원칙이 철저히 적용된다. 북한에서는 일반 주민이 자신의 인구정보, 복지 수급 이력, 배급 기록 등 개인정보조차도 자유롭게 열람하거나 확인할 수 없다. 이러한 정보는 국가나 행정기관이 일방적으로 관리하며, 주민에게는 필요한 경우에만 통지 형식으로 제한적으로 제공된다. 예를 들어 배급 시기, 수령 장소, 수급 여부 등이 통보되는 수준에 그치며, 주민이 자율적으로 자신의 정보를 열람하거나 수정·이의신청할 수 있는 절차는 마련되어 있지 않는다. 이로 인해 정보에 대한 자기 결정권이 철저히 배제되고, 행정에 대한 주민의 신뢰 형성 역시 어려운 실정이다. 둘째, 정보 활용의 목적이 복지나 행정 서비스 제공에 한정되지 않고, 오히려 정치적 충성도 평가, 감시, 통제 수단으로 활용된다는 점이 문제이다. 북한에서는 주민의 직업, 출신성분, 거주지, 사회활동 이력 등이 정치적 충성도나 계층 분류 기준으로 사용되며, 이 정보는 당국에 의해 감시와 통제의 수단으로 활용된다. 주민 개개인의 생활이력이 사상검토나 정치적 분류에 영향을 미치는 구조 속에서, 정보는 보호의 대상이 아니라 통제의 수단이 되는 것이다. 이 같은 환경은 행정의 중립성과 공공성 확보를 어렵게 만들고, 정책에 대한 주민 수용성 또한 극도로 낮아지게 한다. 셋째, 북한의 행정은 전반적으로 폐쇄적이고 비효율적인 정보 시스템에 기반하고 있어, 부처 간 정보 공유와 연계가 이루어지지 않고 있다. 데이터가 수기로 관리되거나 단일 부서에 국한되어 보관되는 경우가 많아, 실시간 대응이나 종합적 정책 수립이 사실상 불가능한 구조이다. 주민의 사회·경제적 변화에 따른 맞춤형 행정 대응이나, 복지 사각지대 해소, 위기가구 조기 발견 등의 정책 실행이 어려운 이유도 여기에 있다. 이처럼 정보의 흐름이 단절되어 있고 활용 범위도 제한적이기 때문에, 행정 서비스의 질적 향상은 물론, 근거 기반 정책 설계 역시 매우 어려운 상황이다. 요컨대 북한의 정보 행정 구조는 주민의 권리 보장보다는 국가의 통제를 우선시하는 폐쇄적 체계로 운영되고 있으며, 이는 사회적 신뢰 부족, 정책 비효율성, 행정 공공성의 약화를 초래하고 있다. 이러한 구조적 문제를 개선하지 않는 한, 진정한 의미의 복지 행정이나 디지털 기반 거버넌스로의 전환은 요원할 수밖에 없다. 예컨대, 의료 정보 시스템은 일부 국제기구(WHO 등)의 시범 사업으로만 제한적으로 운영되고 있으며, 실제로는 환자 개인의 건강기록이 체계적으로 관리되지 않으며, 정보 기반의 보건 정책 실행은 매우 미흡하다(WHO, 2023). 남한은 정보 접근성과 활용 실효성 측면에서 국민 중심의 서비스 혁신과 데이터 기반 행정 구현에 성공하고 있으며, 이는 디지털 전환의 성과를 실질적인 사회적 가치로 전환하고 있다. 반면, 북한은 체제 유지와 내부 통제를 우선시하는 정보 정책 구조로 인해 정보 시스템이 행정 효율성이나 국민 서비스 개선에 기여하지 못하고 있다. 이러한 격차는 향후 남북 간 정보 협력 또는 통합 논의에 있어 정보 비대칭과 신뢰성 문제로 작용할 수 있다.

〈표 41〉 남북한 정보 접근성과 활용 실효성 비교

항목	남한	북한
정보 접근성	국민 누구나 웹·앱 기반으로 다양한 행정정보 접근 가능	일반 주민은 정보 접근 불가, 중앙기관 통제하에 정보 제공
활용 실효성	개인 맞춤형 서비스 제공, 정책 설계에 데이터 활용	감시·통제 중심, 복지나 서비스 개선 목적 활용 미비
주요 활용 사례	복지 마이데이터, 디지털 민원 서비스, 통합정보조회 등	WHO 기반 보건정보 시범 사업 외 활용성 낮음
정보 비대칭 해소 수준	정보 격차 해소 정책 활발, 디지털 포용 정책 진행 중	정보 통제 구조로 정보 격차 구조화
데이터 기반 행정	빅데이터·AI 기반 정책 분석 및 적용 (예: 복지 사각지대 분석)	정책 분석보다 체제 관리 중심의 정성적 보고에 의존

참고: 행정안전부(2023), 통일연구원(2022), 김수연·박진우(2021) 자료를 바탕으로 재정리함.

3) 정책집행 지원 및 행정 효율성 차이

남북한의 정보 시스템 운영은 정책집행 지원과 행정 효율성 면에서 큰 차이를 보인다. 남한은 전산화된 정보시스템과 데이터 분석 기술을 활용하여 정책 집행의 효율성과 투명성을 높이고 있는 반면, 북한은 제한된 정보화 환경과 체제 특유의 중앙집권적 관리 체계로 인해 행정 효율성이 낮고 정책 집행에 필요한 정보 활용이 제한적이다.

◆ 남한의 정책집행 지원과 행정 효율성

남한은 전자정부 시스템의 발달과 함께 정책 집행의 전 과정을 데이터 기반으로 지원하고 있다. 복지, 보건, 고용 등 다양한 분야에서 통합 정보 시스템이 운영되며, 이를 통해 정책 대상자 선별, 서비스 제공, 성과 모니터링이 체계적으로 이루어진다(행정안전부, 2023). 예를 들어, '행복e음' 시스템은 복지급여 수급자의 자격 정보, 소득·재산 현황, 수급 내역 등을 통합 관리하여 정책 집행의 적시성과 정확성을 높인다. 또한, 빅데이터 및 AI 분석을 활용해 사각지대 발굴 및 맞춤형 지원을 가능하게 하며, 실시간 모니터링 시스템으로 정책 집행 현황을 신속하게 파악한다(사회보장정보원, 2023). 이와 함께, 전산화된 업무 처리 시스템은 공무원의 업무 효율성을 제고하며, 중복 업무 감소 및 문서 자동화, 전자결재 시스템 등을 통해 행정처리 시간을 단축한다. 이러한 디지털 전환은 행정 비용 절감과 국민 서비스 질 향상으로 연결된다.

◆ 북한의 정책집행 지원 및 행정 효율성 한계

북한의 정책 집행은 주로 수기 보고와 중앙 집권적 명령 체계에 의존하며, 전산화 수준이 낮아 정보 활용이 제한적이다. 행정 정보는 지방에서 중앙으로 상향 보고되는 문서에 기반하며, 실시간 데이터 공유나 분석 체계가 부재하다. 이로 인해 정책 대상자 선별의 정확성이 낮고, 지원 대상의 누락이나 중복 지급 등의 오류가 빈번하다. 또한, 정책 집행 현황 파악과 문제점 진단이 느리고 불완전하여 정책 조정 및 개선에 어려움이 크다(정지은, 2023). 행정 효율성 면에서도, 수기 업무와 비표준화된 보고 체계는 공무원의 업무 부담을 가중시키고, 행정 절차가 복잡하며 시간이 많이 소요된다. ICT 기반 업무 자동화가 거의 전무하여 행정 비용은 높고 처리 속도는 느린 편이다.

〈표 42〉 남북한 정책집행 지원 및 행정 효율성 차이 요약

항목	남한	북한
정책 대상자 관리	통합 데이터 기반 정확한 선별 및 관리	수기 문서 기반, 누락·중복 가능성 높음
정책 집행 모니터링	실시간 데이터 분석 및 성과 모니터링	중앙 보고에 의존, 실시간 현황 파악 어려움
행정 업무 처리	전자결재, 문서 자동화 등 업무 효율성 제고	수기 업무 중심, 표준화 미비로 업무 지연 및 비효율적
행정 비용 및 시간	비용 절감, 신속 처리 가능	비용 부담 크고 행정 처리 지연
정보 활용 수준	빅데이터·AI 기반 정책 개선 가능	정보 활용 미흡, 정성적 보고 위주

참고: 행정안전부(2022), 통일연구원(2021), 김민지 외(2023) 자료를 바탕으로 재정리함.

남한은 정보시스템과 디지털 기술을 적극 활용하여 정책 집행의 정밀성과 신속성을 확보하고 있으며, 행정 효율성 또한 크게 향상시키고 있다. 반면, 북한은 정보화 인프라 부족과 폐쇄적 체제로 인해 정책 집행 지원이 제한적이고 행정 효율성이 저조하다. 이러한 격차는 남북한 행정 통합 및 협력 시 큰 장애물이 될 수 있으며, 향후 정보화 인프라 개선과 체제적 변화가 병행되어야 정책집행 지원과 행정 효율성 향상이 가능하다.

제2절 데이터 관리의 투명성과 접근성 비교

1. 데이터 투명성과 접근성의 개념

1) 공공 데이터, 개인정보, 오픈 데이터의 정의

데이터 관리에서 투명성(Transparency)과 접근성(Accessibility)은 현대 행정과 정보시스템의 핵심 가치이다. 이와 관련하여, 공공 데이터, 개인정보, 오픈 데이터의 개념을 명확히 이해하는 것이 중요하다.

◆ 공공 데이터(Public Data)

공공 데이터는 정부 및 공공기관이 직무 수행 과정에서 생성하거나 수집한 데이터를 의미한다. 이러한 데이터는 국민의 알 권리 보장과 행정의 투명성 제고, 정책 결정 지원, 민간 활용 촉진 등을 위해 관리·공개된다(행정안전부, 2023). 예를 들어, 인구 통계, 교통 정보, 환경 데이터, 복지 수급 현황 등이 포함되며, 데이터의 성격에 따라 공개 여부와 공개 범위가 달라진다. 공공 데이터는 일반적으로 비식별 처리를 거쳐 개인정보 침해를 방지하면서 공개된다(김민석 외, 2022).

◆ 개인정보(Personal Data)

개인정보는 살아 있는 개인을 식별할 수 있는 정보로서, 이름, 주민등록번호, 연락처, 위치 정보, 건강 정보 등 매우 민감한 정보를 포함한다(개인정보보호법 제2조, 2023). 개인정보는 사용자의 동의와 법적 근거 없이는 수집, 이용, 공개가 제한되며, 보호가 최우선시된다. 데이터 관리에서 개인정보 보호는 데이터 활용과 투명성 간 균형을 요구한다. 무분별한 개인정보 공개는 사생활 침해 및 사회적 불신을 초래할 수 있으므로, 엄격한 보안 체계와 관리 절차가 필요하다(이영희, 2024).

◆ 오픈 데이터(Open Data)

오픈 데이터는 누구나 자유롭게 접근하고 이용할 수 있도록 공개된 데이터를 뜻한다. 투명성 강화, 혁신 촉진, 사회적 참여 증진을 위해 정부, 기업, 단체 등 다양한 주체가 데이터를 공개하며, 저작권, 특허 등 법적 제한 없이 활용 가능해야 한다(정재윤, 2023). 오픈 데이터는 공공 데이터 중에서 비식별 처리된 데이터를 중심으로 제공되며, 개발자와 시민, 기업이 이를 기반으로 새로운 서비스를 만들거나 사회문제를 해결하는 데 활용된다. 대표적인 사례로는 대한민국의 '공공 데이터포털'이 있다(행정안전부, 2023).

〈표 43〉 정보제공 관련 데이터 유형

용어	정의	특징 및 활용 목적
공공 데이터	정부 및 공공기관이 업무 수행 과정에서 생산·수집한 데이터	행정 투명성 제고, 정책 지원, 민간 활용 촉진
개인정보	살아 있는 개인을 식별할 수 있는 정보	보호 우선, 법적 규제 대상, 무단 이용 및 공개 제한
오픈 데이터	누구나 자유롭게 접근·이용할 수 있도록 공개된 데이터	혁신 촉진, 사회 참여 확대, 법적 제한 없이 활용 가능

참고: 행정안전부(2023), Korea Data Agency(2022), OECD(2019) 자료를 바탕으로 재정리함.

데이터 투명성과 접근성의 확보는 현대 행정의 기본 조건으로, 공공 데이터의 적극적 공개와 오픈 데이터 활성화는 사회 혁신과 국민 참여를 촉진한다. 그러나 개인정보 보호 원칙과 균형을 유지하는 것이 필수적이며, 이에 따라 데이터 관리 체계는 투명성과 보안, 접근성을 조화롭게 설계해야 한다.

2) 투명성과 접근성의 평가 지표

데이터 관리에서 투명성과 접근성은 행정 서비스의 질과 국민 신뢰도를 결정하는 핵심 요소이다. 이를 체계적으로 평가하기 위해 여러 가지 정량적·정성적 지표들이 활용되고 있으며, 주요 국제기준과 국내 연구에서는 다음과 같은 평가 항목들이 주로 사용된다.

◆ 데이터 투명성 평가 지표

데이터 투명성은 정부 및 공공기관이 데이터를 얼마나 명확하고 정확하게 공개하며, 데이터 처리 과정에 대한 정보 제공과 설명 책임을 다하는가를 나타낸다. 주요 평가 지표는 다음과 같다.

- ▶ 데이터 공개 범위와 다양성: 공공 데이터 개방의 핵심은 얼마나 많은 데이터가 다양한 분야에 걸쳐 제공되고 있는가이다. 여기에는 통계자료, 행정자료, 정책자료, 생활밀착형 정보 등이 포함되며, 환경, 교육, 교통, 보건, 산업 등 다양한 정책 분야에서 데이터가 균형 있게 제공되어야 한다. 또한 단발성 공개가 아니라 정기적 업데이트 주기가 확보되어야 정보의 시의성과 신뢰성이 유지된다. 데이터의 시계열 제공 여부 역시 민간 분석과 연구에서 매우 중요한 요소이다.
- ▶ 데이터 품질 및 정확성: 공공 데이터는 신뢰성과 정확성이 확보되어야 실질적인 활용이 가능해진다. 오류나 누락, 비표준적 형식의 데이터는 사용자의 혼란을 초래하고 활용도를 떨어뜨릴 수 있다. 따라서 데이터는 정확한 수치, 일관된 형식, 표준화된 변수 및 분류 체계로 제공되어야 하며, 이에 대한 사전 검증 시스템이 갖추어져야 한다. 품질 관리 지표나 오류율 공개 역시 신뢰도를 높이는 요소로 작용한다.
- ▶ 메타 데이터 제공: 단순한 데이터셋만 제공하는 것이 아니라, 이를 이해하고 활용할 수 있도록 메타 데이터(Metadata)-즉, 데이터의 '데이터'-가 반드시 함께 제공되어야 한다. 메타 데이터에는 데이터의 생성 시

기, 출처 기관, 수집 방식, 단위 해석, 변수 정의, 수정 이력 등이 포함되며, 이는 데이터를 해석하고 분석에 활용하는 데 있어 필수적인 기반이 된다. 명확한 메타 데이터 없이 제공되는 데이터는 오히려 오용의 가능성을 높일 수 있다.

▶ 투명한 처리 절차 공개: 데이터가 어떻게 수집되고 저장되며, 어떤 기준에 따라 가공되어 공개되는지를 국민이 알 수 있어야 행정의 투명성과 책임성이 확보된다. 공공 데이터의 생산·가공 과정이 불투명하거나 비공개일 경우, 정보 왜곡이나 부정확한 활용 가능성이 높아지고, 정책 신뢰도에도 부정적인 영향을 미칠 수 있다. 이에 따라 처리 과정에 대한 문서화, 절차 설명서, 공공 데이터 관리 매뉴얼 등이 함께 제공되는 것이 바람직하다.

▶ 오픈 정책 및 지침 존재 여부: 공공 데이터 개방을 위한 법적·제도적 기반도 매우 중요하다. 「공공 데이터의 제공 및 이용 활성화에 관한 법률」과 같은 법률뿐 아니라, 각 기관별로 구체적인 데이터 개방 지침, 내부 가이드 라인, 사용자 지원 매뉴얼이 마련되어 있어야 한다. 이러한 정책 문서와 실무지침은 기관 내 데이터 관리 체계를 안정화하고, 외부 사용자의 데이터 접근과 활용을 제도적으로 뒷받침하는 역할을 한다. 또한 데이터의 활용 촉진을 위해 오픈 API 제공, 사용 사례 공유, 민간 참여형 공모전 등도 병행될 필요가 있다.

이처럼 공공 데이터의 개방 수준은 단순한 수치나 양적인 기준을 넘어, 데이터의 질적 완성도와 사용자 중심의 접근성, 투명한 행정 절차, 정책적 지원 구조까지 아우르는 포괄적 개념으로 이해되어야 한다. 이러한 요소들을 체계적으로 갖출 때, 비로소 데이터 기반 사회로의 전환이 현실화되고, 국민과 정부 간의 신뢰와 협력 또한 한층 강화될 수 있다. 예를 들어, OECD는 전자정부 평가에서 '데이터 투명성'을 공공 데이터 접근성뿐 아니라 데이터 품질과 관리 체계의 공개 수준으로 종합 평가한다(OECD, 2023).

◆ 데이터 접근성 평가 지표

데이터 접근성은 사용자가 데이터를 얼마나 쉽게 찾고 이용할 수 있는지를 평가하는 기준이다(행정안전부, 2023). 주요 평가 지표는 다음과 같다.

▶ 접근 경로의 다양성 및 편의성: 공공 데이터는 다양한 이용자층-예컨대 일반 시민, 스타트업 개발자, 학계 연구자 등이 언제 어디서나 손쉽게 접근할 수 있어야 하며, 이를 위해 다양한 채널을 통해 제공되는 것이 이상적이다. 웹 기반 포털(예: 공공 데이터포털, data.go.kr)뿐만 아니라, 모바일 앱, 오픈 API, 데이터 카탈로그, 자동화 연계 시스템 등 접근 경로가 다각화되어야 한다. 특히 API(Application Programming Interface)를 통해 데이터를 실시간으로 불러오고 자동화된 분석 도구와 연계할 수 있다면, 민간 서비스 개발과 연구 활용의 폭은 더욱 넓어진다. 또한 접근 채널별로 직관적이고 사용자 친화적인 인터페이스가 마련되어야 이용자 만족도가 높아진다.

- ▶ 데이터 형식 및 표준화 수준: 공공 데이터가 기계 판독이 가능한 형태(Machine-readable format)로 제공되는지 여부는 활용 가능성을 결정짓는 중요한 요소이다. CSV, JSON, XML, RDF와 같은 형식은 분석·시각화·시스템 통합 등에 유리하며, 단순 PDF나 스캔된 이미지 등 비구조적 형식은 활용도를 크게 떨어뜨린다. 또한 국제적으로 통용되는 데이터 표준(예: ISO, W3C)을 준수하고, 변수명·단위·값 정의 등의 통일성도 확보되어야 한다. 이를 통해 여러 출처의 데이터를 쉽게 통합·비교 분석할 수 있으며, 민간과의 기술 호환성도 강화된다.

- ▶ 검색 및 필터 기능의 효율성: 공공 데이터가 아무리 많이 공개되어 있어도, 사용자가 원하는 데이터를 빠르고 정확하게 찾을 수 없다면 실질적인 활용은 어렵다. 따라서 키워드 검색, 분야별 분류, 조건별 필터링, 시각화된 미리보기 기능 등은 반드시 갖춰져야 할 요소이다. 특히 시계열 데이터, 지역별 자료, 특정 주제에 대한 데이터 등을 직관적으로 탐색할 수 있는 계층적 탐색 구조와 함께, 데이터셋 간 연관 정보를 자동으로 추천해주는 기능도 활용도를 높이는 데 크게 기여한다.

- ▶ 접근 제한의 정도: 공공 데이터는 원칙적으로 비용 부담 없이, 인증 절차 없이, 누구나 자유롭게 이용할 수 있어야 한다. 그러나 일부 데이터의 경우 과도한 사용자 인증, 기관 승인, 회원 가입, 유료 이용, 과도한 이용 제한 등 장벽이 존재한다면 개방 취지가 훼손될 수 있다. 물론 개인정보, 보안, 저작권 보호 등의 이유로 일부 제한이 필요할 수는 있으나, 그 기준은 투명하게 명시되어야 하며, 합리적인 수준의 제약 안에서 최대한의 자유로운 접근이 가능하도록 하는 것이 중요하다.

- ▶ 사용자 지원 및 교육 체계: 공공 데이터의 실질적 활용을 위해서는 데이터만 제공하는 것이 아니라, 이를 이해하고 활용하는 데 필요한 지원 체계가 뒷받침되어야 한다. 이를 위해 각종 이용 매뉴얼, 변수 해설서, 오픈 API 설명서, FAQ, 사용자 가이드 영상 등이 제공되어야 하며, 온라인 교육 프로그램, 실습용 예제, 해커톤이나 공모전 등 민간참여형 학습 기회도 유익하다. 아울러 사용자 질문에 대응할 수 있는 상담센터 또는 이용자 커뮤니티가 활성화되어 있다면, 데이터 활용 생태계는 더욱 건강하고 지속적으로 발전할 수 있다.

이러한 요소들을 종합적으로 충족할수록 공공 데이터는 단순한 정보 제공을 넘어, 혁신의 자원으로 기능할 수 있으며, 정부는 국민 참여형 거버넌스 실현과 데이터 기반 행정 혁신이라는 두 가지 목표를 동시에 달성할 수 있게 된다. 공공 데이터는 '열려 있는 만큼 쓰인다'는 점에서, 접근성과 활용성은 그 무엇보다 핵심적인 가치로 평가받는다. 대한민국 '공공 데이터포털'은 접근성 평가를 위해 API 제공, 사용자 인터페이스(UI) 편의성, 다국어 지원 등 다양한 지표를 적용하고 있다(행정안전부, 2023).

◆ **종합 평가 프레임워크 사례**

- ▶ UN 전자정부 평가 지표(UN E-Government Survey, 2022)

데이터 투명성과 접근성은 '온라인 서비스' 및 '전자 참여' 평가 항목에서 중요한 역할을 하며, 데이터 공개 범위와 접근성, 데이터 활용도 등을 종합적으로 평가한다.

◆ **국내 공공 데이터 품질 평가 체계(한국정보화진흥원, 2023)**

품질, 접근성, 활용성, 보안성 등 4대 영역으로 나누어 평가하며, 투명성과 접근성 관련 항목이 주요 평가 기준으로 포함된다.

〈표 44〉 데이터 주요 지표 및 평가 목적

평가 영역	주요 지표 항목	평가 목적 및 효과
데이터 투명성	공개 범위, 데이터 품질, 메타 데이터 제공, 처리 절차 공개, 정책 지침	데이터 신뢰성 확보, 국민 신뢰 증대, 행정 책임성 강화
데이터 접근성	접근 경로 다양성, 데이터 형식·표준화, 검색 기능, 접근 제한, 사용자 지원	데이터 이용 편의성 향상, 다양한 사용자 기반 확대, 활용 촉진

참고: OECD(2019), 행정안전부(2022), 김수연·박진우(2021) 자료를 바탕으로 재정리함.

투명성과 접근성 평가는 단순히 데이터 공개 여부를 넘어서, 데이터의 신뢰성과 활용 가능성, 이용자 편의성까지 포함하는 종합적 기준이다. 이를 통해 공공기관은 데이터 관리 수준을 객관적으로 진단하고 개선할 수 있으며, 국민과 기업은 보다 효과적으로 데이터를 활용할 수 있다.

2. 남한의 데이터 관리 체계

1) 공공 데이터 개방 정책(Open Data)

◆ **공공 데이터 개방 정책의 배경과 목적**

남한은 디지털 정부 혁신과 국민 참여 확대를 위해 2013년 「공공 데이터의 제공 및 이용 활성화에 관한 법률」을 제정하고, 공공 데이터 개방(Open Data) 정책을 본격 추진하였다(행정안전부, 2023). 이 정책의 주요 목적은 다음과 같다.

▶ 정부 투명성 제고: 공공 데이터 개방은 행정의 투명성과 책임성을 높이는 데 있어 가장 강력한 수단 중 하나이다. 정부가 보유한 각종 행정자료, 정책정보, 예산집행 내역, 사업성과 등을 국민에게 투명하게 공개함으로써, 공공기관의 운영에 대한 국민의 신뢰를 제고할 수 있다. 특히 예산 사용, 복지급여 지급 현황, 공공사업 성과와 같은 정보는 국민의 세금이 어디에 어떻게 쓰이고 있는지를 명확히 보여 주기 때문에, 감시와 평가의 기반이 될 수 있다. 이러한 정보 공개는 단순한 감시를 넘어, 정부가 국민과 소통하고 피드백을 수렴하는 참여형 행정의 기반이 되기도 한다.

- ▶ 사회적 가치 창출: 공공 데이터는 민간의 창의성과 결합될 때 혁신적인 서비스와 사회적 가치를 만들어 낸다. 예를 들어 기상청·교통정보·보건자료·지리정보 등의 데이터를 활용하여, 실시간 대중교통 앱, 건강 예측 플랫폼, 재난 경보 서비스, 에너지 효율 관리 시스템 등 다양한 공공 서비스 및 민간 서비스가 개발되고 있다. 이러한 서비스는 국민의 삶의 질을 높일 뿐 아니라, 스타트업 육성과 일자리 창출, 사회문제 해결에도 기여한다. 특히 사회복지, 교육, 환경, 안전 등 공공성이 큰 분야에서는 데이터 개방을 통해 시민 사회와 민간이 공동 문제 해결의 주체로 나설 수 있는 여지가 넓어진다.
- ▶ 국민 참여 확대: 공공 데이터 개방은 정책 수립과 행정 결정 과정에 국민이 직접 참여할 수 있는 기반을 제공한다. 국민은 데이터를 통해 정부 정책의 필요성과 타당성을 스스로 검토할 수 있고, 다양한 분석이나 의견 제시를 통해 공공 의사결정에 영향력을 행사할 수 있다. 특히 데이터 기반의 시민 제안 플랫폼, 온라인 참여형 예산 편성 도구, 지역 문제 해결 해커톤 등은 정책 설계의 초기 단계부터 국민을 참여자로 끌어들이는 참여형 민주주의 모델로 진화하고 있다. 이 과정은 행정의 정당성과 수용성을 높이는 데도 큰 기여를 한다.
- ▶ 디지털 경제 활성화: 데이터는 오늘날 4차 산업혁명의 핵심 자원으로, 공공 데이터 개방은 디지털 경제를 촉진하는 중요한 촉매제가 된다. 공공 데이터를 활용한 민간의 비즈니스 모델은 금융, 유통, 관광, 물류, 헬스케어 등 거의 모든 산업 분야로 확산되고 있으며, 이는 신산업 창출과 산업 간 융합을 이끄는 동력이 된다. 특히 AI, 빅데이터, 사물인터넷(IoT), 디지털 트윈 등의 기술은 공공 데이터와 결합해 새로운 부가가치를 만들어 내고, 정부는 이를 통해 산업 경쟁력 제고와 지속 가능한 성장 기반을 마련할 수 있다. 또한 데이터 기반 정책은 시장 변화를 신속히 포착하고, 디지털 일자리 창출과 인재 육성에도 긍정적인 효과를 준다.

요약하자면, 공공 데이터 개방은 정부 혁신, 사회문제 해결, 경제 성장, 시민 주권 강화라는 네 가지 축을 동시에 실현하는 다차원적 전략이다. 앞으로도 데이터 개방은 기술 발전과 맞물려 더욱 고도화될 것이며, 이를 통해 '열린 정부(Open Government)'에서 '데이터 중심 사회(Data-driven Society)'로의 전환이 가속화될 것이다. 이와 같은 배경에서 남한은 정부, 지방자치단체, 공공기관이 생산하는 다양한 데이터를 체계적으로 수집·관리하고, 누구나 이용할 수 있도록 개방하는 법·제도적 기반을 마련하였다.

◆ 공공 데이터 개방 추진 체계 및 주요 내용

▶ 공공 데이터포털 운영

행정안전부 산하 '공공 데이터포털(Data.go.kr)'은 공공 데이터 개방의 핵심 플랫폼으로, 2024년 현재 약 70만 건 이상의 데이터셋이 등록·관리되고 있다. 누구나 자유롭게 데이터를 검색, 다운로드, API 연동을 통해 실시간 활용할 수 있다(행정안전부, 2023).

▶ 데이터 표준화 및 품질 관리

공공 데이터는 국제 표준에 부합하는 메타 데이터 체계와 데이터 형식을 갖추도록 관리되며, 데이터 품질 검증과 정기적인 갱신으로 신뢰성을 확보한다(한국정보화진흥원, 2023).

▶ 오픈 API 제공

실시간 데이터 활용을 위한 오픈 API가 활성화되어, 민간 앱, 연구, 공공 서비스 개발 등에 폭넓게 활용되고 있다. 예를 들어, 교통정보, 기상정보, 복지 서비스 정보 등이 API로 제공된다.

▶ 민간 참여 및 협력 강화

데이터 공모전, 해커톤, 민간 협업 프로젝트 등을 통해 데이터 활용 문화를 조성하고, 혁신 서비스 발굴을 지원한다.

◆ 주요 성과와 도전 과제
▶ 성과: 공공 데이터 활용을 통한 혁신 서비스 다수 출현(예: 대중교통 앱, 복지 맞춤형 서비스)하고 있는 시대적 추세에 맞게 행정 투명성 및 국민 신뢰도 향상시키며, 데이터 기반 정책 수립 및 평가 체계를 강화하는 것이다.
▶ 도전 과제: 개인정보 보호와 데이터 개방 간 균형 유지 문제를 해결하고 일부 기관의 데이터 개방 소극성 및 품질의 편차를 줄이며, 데이터 활용 역량 불균형에 따른 정보 격차 문제를 해소하는 것이다.

◆ 향후 발전 방향

남한 정부는 인공지능(AI), 빅데이터 등 첨단기술과 연계한 공공 데이터의 스마트 개방을 추진하고 있다. 이를 통해 데이터 품질을 더욱 높이고, 국민 참여형 데이터 거버넌스를 확대하며, 공공 데이터가 디지털 경제와 사회 혁신의 핵심 자원으로 자리매김하도록 할 계획이다(행정안전부, 2024).

2) 데이터법제(정보공개법, 개인정보보호법 등)

남한은 데이터 관리의 투명성과 접근성을 확보하고 개인정보 보호를 강화하기 위해 체계적인 법제도를 운영하고 있다. 그 중심에는 국민의 알 권리와 행정의 투명성을 보장하는 「공공기관의 정보공개에 관한 법률」(이하 정보공개법)과 개인정보 보호를 위한 「개인정보 보호법」이 있다.

◆ 정보공개법

정보공개법은 정부와 공공기관이 보유한 정보를 국민에게 공개하도록 규정하여 행정의 투명성과 책임성을 높이고자 한다. 이 법에 따라 국민은 정보공개를 청구할 수 있으며, 기관은 원칙적으로 10일 이내에 공개 여부를 결정해야 한다. 또한 국가안보나 개인정보 등 공개가 제한되는 정보의 범위를 명확히 하여 정보공개 과정의 예측 가능성을 확보하고 있다. 정보공개법은 사전 공개 제도도 활성화하여 공공 데이터포털 등 온라인 플랫폼을 통해 다양한 정보를 상시 공개하고 있다. 이를 통해 국민은 행정에 적극 참여하고 감시할 수 있는 기반을 갖추게 되었다.

정보공개법은 국민의 알 권리 보장과 행정 투명성 강화를 목적으로 하며, 중앙행정기관, 지방자치단체, 공공기관 등이 보유한 정보를 국민에게 공개하도록 규정한다(국회, 2023). 정보공개의 청구 절차와 방법 명시, 공개 대상 정보 및 비공개 대상(예: 국가안보, 개인정보 등) 구분, 정보공개 요청에 대한 처리 기한(원칙 10일 이내)과 이의신청 절차, 정보 공개 확대를 위한 사전 공개제도 운영(예: 공공 데이터포털 등)이다. 이는 국민의 행정 참여와 감시 기능을 강화하며, 공공 데이터 개방의 법적 근거 역할을 수행한다.

◆ **개인정보보호법**

한편, 개인정보 보호법은 개인의 권리를 최우선으로 보호하는 데 중점을 둔다. 이 법은 개인정보의 수집, 이용, 제공 과정에서 개인 동의를 엄격히 요구하며, 개인정보 처리자는 정보 주체가 자신의 정보를 열람하거나 정정, 삭제를 요청할 수 있도록 해야 한다. 개인정보 유출 사고 시 신고 의무와 피해 구제 절차를 규정하여 개인정보 침해에 대한 대응 체계를 마련하고 있다. 최근에는 인공지능과 빅데이터 등 첨단기술의 발전에 맞춰 개인정보 비식별화 기준을 강화하고 자동화된 개인정보 처리에 관한 규제를 보완하는 등 법제의 현대화를 추진하고 있다. 개인정보 보호법은 개인정보의 수집·이용·제공 과정에서 개인정보 주체의 권리를 보호하고 개인정보 처리자의 책임을 명확히 한다. 모든 공공기관과 민간기업에 적용된다. 개인정보 정의 및 처리 원칙, 개인정보 수집 시 동의 의무화, 개인정보 처리방침 공개와 개인정보 보호 책임자 지정, 정보 주체의 열람, 정정, 삭제 요청권 보장, 개인정보 유출 시 신고 및 피해 구제 절차, 개인정보 보호를 위한 기술적·관리적 보호조치 의무가 있다. 최근 AI 및 빅데이터 활용 확대에 따라 개인정보 비식별화 기준 강화, 자동화된 개인정보 처리에 대한 규제 강화 등이 포함되어 있다.

◆ **기타 관련 법제 및 정책**

이 외에도 전자정부법, 정보통신망법, 공공 데이터법 등 다양한 법률과 행정 정책이 상호 보완하며 남한의 데이터 관리 체계를 뒷받침한다. 이러한 법적 기반을 통해 데이터의 공개와 활용은 확대되고 있으나, 동시에 개인정보 보호에 대한 엄격한 규제도 유지되고 있어 데이터 활용과 개인 권리 보호 간의 균형을 맞추는 것이 중요한 과제로 남아 있다.

▶ 전자정부법: 「전자정부법」은 공공기관이 전자적 방식으로 행정정보를 관리하고, 국민에게 전자정부 서비스를 제공할 수 있도록 법적 근거를 마련한 기본 법률이다. 이 법은 행정 업무의 디지털화를 촉진하여 행

정 처리의 효율성과 투명성을 높이는 것을 목적으로 하며, 정부 기관 간 전자정보의 연계와 공유, 온라인 민원 서비스 확대, 전자문서·전자결재의 활성화를 지원한다. 전자정부법은 국민이 시간과 장소에 구애받지 않고 편리하게 공공 서비스를 이용할 수 있는 환경 조성에 기여하며, '스마트 정부' 구현의 토대가 되고 있다.

▶ 정보통신망 이용촉진 및 정보보호 등에 관한 법률(정보통신망법):「정보통신망법」은 인터넷과 모바일 등 정보통신망을 이용하는 과정에서 발생할 수 있는 개인정보 침해와 사이버 위협으로부터 국민을 보호하기 위한 법률이다. 이 법은 개인정보 수집·이용·제공에 관한 엄격한 기준을 설정하고, 정보통신 서비스 제공자의 의무와 이용자의 권리를 규정함으로써 개인정보의 안전한 관리와 정보보안 수준 향상을 도모한다. 특히 개인정보 유출 사고 발생 시 신속한 대응과 피해 최소화를 위한 조치, 정보보호 관리 체계 구축, 이용자 교육과 인식 제고 등 다양한 안전 장치를 포함하고 있어 국민의 프라이버시 보호에 핵심적 역할을 한다.

▶ 공공 데이터의 제공 및 이용 활성화에 관한 법률(공공 데이터법):「공공 데이터법」은 정부 및 공공기관이 보유한 데이터를 체계적으로 개방하고, 누구나 자유롭게 이용할 수 있도록 법적·제도적 기반을 마련한 법률이다. 이 법은 데이터의 품질 관리, 개방 절차, 이용자 권리 보장, 민간과의 협력 촉진 등을 규정하며, 공공 데이터의 효율적 제공과 활용을 통해 사회적·경제적 가치를 창출하는 것을 목표로 한다. 특히 데이터 개방의 원칙과 기준을 명확히 하여, 공공정보의 투명성 제고와 혁신적 서비스 개발 기반을 확충하는 데 중요한 역할을 수행한다.

▶ 행정안전부 개인정보 보호 종합계획 등 행정 정책: 행정안전부는 개인정보 보호를 강화하기 위한 종합적 행정 정책과 계획을 수립·운영하며, 정부 전반에 걸쳐 개인정보 관리 체계의 일관성과 실효성을 확보하고 있다. 이를 통해 공공기관과 지방자치단체가 개인정보를 안전하게 처리할 수 있도록 지원하며, 개인정보 보호 교육, 기술적 보안 강화, 법령 준수 모니터링, 국민 인식 제고 활동 등을 포함한 다양한 정책 수단을 활용한다. 또한, 디지털 전환 시대에 맞춰 개인정보와 데이터 활용의 균형을 맞추고, 국민의 신뢰를 기반으로 한 데이터 기반 행정과 스마트 정부 구현을 적극적으로 추진하고 있다.

이와 같이 한국의 전자정부 환경은「전자정부법」,「정보통신망법」,「공공 데이터법」을 비롯한 법률 체계와 행정안전부의 정책적 노력들이 유기적으로 결합되어, 국민 중심의 투명하고 안전한 디지털 행정을 실현하고 있다. 이러한 법·제도의 조화와 체계적 운영은 빠르게 변화하는 정보통신 환경 속에서 정부의 신뢰성 확보와 혁신적 서비스 제공을 뒷받침하는 든든한 기반이다.

◆ 법제 운용의 특징과 도전과제

먼저, 법데이터 투명성과 개인정보 보호 간 균형 지향, 국민 권리 보장과 정보 활용 촉진의 조화 추구, 디지털 환경 변화에 대응하는 법 제도의 개선이 지속적으로 이루어 져야 한다. 도전과제는 개인정보 보호 강화로 인한 데이터 개방 제한 문제, 법적 규제의 복잡성과 기관별 준수 편차, 개인정보 침해 사고 대응 및 신속한 피해 구제 체계를 강화해야 한다. 이와 같이 남한의 데이터 법제는 국민의 정보 접근권과 개인정보 보호를 동시에 달성하기 위해 정교하게 설계되어 있으며, 디지털 환경 변화에 대응하며 지속적으로 보완되고 있다. 하지만 개인정보 보호 강화에 따른 데이터 개방 제한, 기관별 법 준수의 차이, 개인정보 침해 사고 대응 등의 도전 과제도 존재한다. 앞으로도 법제와 제도의 유기적 운영과 기술적 보완이 병행되어야 하며, 이를 통해 국민 신뢰와 행정 효율성을 모두 제고하는 데이터 관리 체계가 확립될 수 있을 것이다.

3) 데이터 기반 디지털 행정과 국민 접근성

◆ 데이터 기반 디지털 행정의 개념과 추진 배경

남한은 4차 산업혁명과 디지털 전환 시대에 맞춰 데이터 기반의 디지털 행정을 적극 추진하고 있다. 데이터 기반 디지털 행정이란 공공 부문에서 수집·축적된 빅데이터와 인공지능, 클라우드 컴퓨팅 등의 첨단 정보통신기술을 활용하여 행정 서비스의 효율성과 질을 높이는 것을 의미한다. 이를 통해 정책 수립과 집행 과정에서 보다 정확하고 신속한 의사결정이 가능해졌으며, 국민에게는 맞춤형 행정 서비스가 제공되고 있다. 데이터 기반 디지털 행정은 공공 부문에서 축적된 다양한 데이터를 적극 활용하여 행정 서비스의 질과 효율성을 제고하는 행정 혁신 전략이다.

남한은 4차 산업혁명과 디지털 전환 시대에 대응하기 위해 빅데이터, 인공지능(AI), 클라우드 컴퓨팅 등 첨단 정보통신기술(ICT)을 활용한 데이터 중심 행정을 적극 추진하고 있다(행정안전부, 2023). 이러한 행정 혁신은 정책 수립과 집행, 민원 처리, 사회복지 서비스 제공 등 행정 전반에 걸쳐 데이터 기반 의사결정과 맞춤형 서비스 제공을 가능하게 한다. 데이터 기반 행정은 국민의 행정 참여 확대와 정부 신뢰도 증진에도 기여한다.

◆ 국민 접근성 강화 방안

국민 접근성 강화를 위해 남한 정부는 공공 데이터포털과 전자정부 플랫폼을 구축하여 국민 누구나 공공 데이터에 쉽게 접근할 수 있도록 하였다. 공공 데이터포털에서는 수많은 데이터셋을 검색하고 다운로드할 수 있으며, API 제공으로 개발자와 민간기업의 활용도 지원하고 있다. 또한 정부24, 국민신문고 등 전자정부 서비스는 온라인과 모바일 환경에서 접근 가능하도록 하여 시간과 장소에 구애받지 않고 다양한 민원 업무와 정보를 이용할 수 있게 하였다. 이와 함께 다국어 지원과 장애인 접근성 강화, 사용자 중심의 인터페이스 개선 등도 추진하여 디지털 소외계층의 정보 격차 해소를 위해 노력하고 있다.

▶ 공공 데이터포털과 전자정부 서비스: 공공 데이터포털(Data.go.kr)을 통해 국민 누구나 공공 데이터를 자유롭게 검색, 다운로드, API 활용이 가능하다. 또한, 정부24, 국민신문고 등 전자정부 플랫폼에서는 맞춤형 민원 서비스와 정보 제공이 이루어져 국민 접근성을 높이고 있다(행정안전부, 2023).

- ▶ 모바일 및 온라인 접근성 강화: 모바일 앱과 웹 기반 서비스를 확대하여 디지털 소외계층을 포함한 모든 국민이 시간과 장소에 구애받지 않고 행정 서비스를 이용할 수 있도록 지원한다. UI/UX 개선과 다국어 지원, 장애인 접근성 보장도 강화 중이다(한국정보화진흥원, 2023).
- ▶ 데이터 활용 교육 및 참여 프로그램: 국민과 민간의 데이터 활용 역량 강화를 위해 데이터 리터러시 교육, 해커톤, 데이터 공모전 등 참여형 프로그램을 운영하며, 이를 통해 데이터 기반 정책 참여와 사회적 혁신을 촉진한다(정재윤, 2023). 더불어 국민의 데이터 활용 역량을 높이기 위한 교육과 참여 프로그램도 활발히 운영 중이다. 데이터 리터러시 교육, 해커톤, 공모전 등을 통해 국민과 민간이 데이터 기반 정책에 참여하고, 사회혁신에 기여할 수 있는 환경을 조성하고 있다. 이러한 노력의 결과로 행정 서비스의 질과 국민 만족도가 향상되었으며, 복지·건강·교통 등 다양한 분야에서 데이터 기반 맞춤형 정책이 실행되고 있다.

그러나 개인정보 보호와 데이터 활용 간의 균형 유지, 디지털 정보 격차 해소, 데이터 품질과 표준화 미비, 행정기관 간 데이터 연계 문제 등은 앞으로도 계속 해결해야 할 과제로 남아 있다. 남한은 앞으로도 데이터 기반 디지털 행정을 통해 국민 중심의 포용적 행정 서비스를 제공하고, 국민 참여와 신뢰를 강화하며, 혁신적인 디지털 생태계 구축에 앞장설 계획이다.

3. 북한의 데이터 관리 체계

1) 정보의 통제적 성격과 접근 제한

◆ 정보 통제의 배경과 목적

북한의 데이터 관리 체계는 본질적으로 국가 권력의 통제를 위한 수단으로 작동하며, 정보는 행정 자산이라기보다는 정치 통치의 도구로 활용된다. 이러한 통제적 특성은 북한 사회 전반의 정보 운영 방식에 깊이 반영되어 있다. 북한에서는 정보의 생성, 축적, 전달, 활용 과정이 모두 당·국가의 중앙집권적 지침에 따라 철저히 관리되며, 주민이 자율적으로 정보에 접근하거나 활용하는 것은 거의 불가능하다. 북한 정권은 정보의 공개와 접근을 제한함으로써 주민들의 사상 통제와 외부 영향 차단을 중시한다. 이에 따라 모든 정보는 중앙 당국의 승인과 검열을 거쳐 엄격히 관리되며, 공개 범위가 매우 제한적이다.

◆ 데이터 접근 제한의 실태
- ▶ 중앙 집중식 정보 관리: 북한은 모든 공공 및 행정 데이터를 중앙당 및 관련 기관이 독점적으로 관리하며, 지방 및 일반 주민에 대한 정보 접근을 최소화한다. 이는 행정 효율성보다는 정치적 통제에 무게를 둔 특징이다.

- 정보 공개의 극히 제한된 범위: 공식적으로 공개되는 정보는 주로 국가가 선별한 선전자료와 통계에 한정되며, 대외적으로도 국가 이미지 관리 차원에서 엄격한 검열을 받는다. 주민들은 외부 인터넷 접속이 차단되고, 내부 정보망 또한 제한적이다.
- 데이터 활용의 제한성: 데이터의 활용 또한 중앙 계획경제 운영과 국가 정책 결정에 맞춰 제한되며, 민간의 데이터 접근 및 활용은 사실상 불가능하다. 이로 인해 데이터 기반 행정 혁신이나 민간 참여는 매우 미흡하다. 더욱이 북한 내에서는 인터넷 접근이 일반 주민에게 허용되지 않고 있으며, 내각과 일부 연구기관 및 고위층만이 폐쇄형 인트라넷인 '광명망'을 제한적으로 사용할 수 있다. 이는 정보의 독점과 주민의 정보 차단이라는 이중구조를 통해 체제 유지의 정당성을 지속적으로 재생산하는 데 목적이 있다.

◆ 정보 통제의 정치·사회적 영향

정보 통제는 북한 사회 전반에 강한 폐쇄성과 불투명성을 낳는다. 주민들의 정보 접근 권리가 극도로 제한되어 국민 체감형 행정 서비스 제공이 어렵고, 정책의 투명성과 국민 신뢰도가 저하된다.

이처럼 정보의 폐쇄성과 접근 제한은 행정 효율성과는 무관하게 작동하며, 주민의 알 권리나 데이터 기반 정책 형성과는 거리가 멀다. 이는 궁극적으로 북한 내부의 정책 신뢰도 저하, 행정 서비스의 낮은 체감도, 그리고 국제사회와의 협력 부재로 이어지고 있다.

- 정책 정보의 비공개성: 북한은 모든 정책 정보와 행정 데이터를 당·국가 중심의 폐쇄적 구조로 관리하고 있으며, 일반 주민은 물론 하위 행정조직조차도 정보 접근권을 제한받는다. 정책 기획, 예산, 통계, 행정조치 등의 정보는 철저히 내부용으로만 취급되며, 공개 여부는 노동당의 정치적 판단에 따라 결정된다. 이러한 비공개 중심 정보 운영은 체제의 안정성과 통치 효율성을 강조하는 북한 특유의 정치문화에서 비롯된다. 정책 정보는 정책 효과에 대한 실증적 평가나 주민 의견 반영보다는 정책 선전과 정당성 확보를 위한 수단으로 사용되며, 이로 인해 외부 평가나 비교 가능한 통계 생산이 극도로 제한된다. 국제기구나 외국 연구자들이 북한의 사회경제 정책을 실증적으로 분석하기 어려운 이유도 이 때문이다.
- 정보의 정치적 활용: 북한에서 정보는 단순한 행정 자산이 아니라, 통치 이데올로기를 구현하고 내부 결속을 유도하는 정치 수단으로 적극 활용된다. 최고지도자에 대한 우상화, 사회주의 체제의 우월성, 외부 세계에 대한 경계심 고취 등은 정보 통제의 핵심 메시지이며, 국가 매체와 공식 간행물, 당 회의 보고서 등이 모두 이에 부합하는 정보를 중심으로 구성된다. 행정정보조차 정치적 프레임 아래에서 가공되며, 문제점이나 부정적 결과는 은폐되거나 왜곡된다. 예컨대, 식량난, 실업, 복지 결핍 등 주민 생활과 직결된 문제는 정책 자료에서 배제되거나, 단순 '임시적 부족 현상'으로 포장된다.
- 정보의 감시 수단화: 북한은 정책 및 행정 정보뿐 아니라 주민 정보 역시 감시와 통제의 도구로 활용한다. 각종 행정기록, 생활기록, 조직생활 자료, 직장 평가서 등이 중앙정보기관과 보위부 등으로 보고되고, 주민 개개인의 이력과 사상을 관리하는 체계가 마련되어 있다. 이러한 데이터는 사회 통제와 정치 충성도

평가에 이용되며, 주민들에게 상시 감시받는 사회적 환경을 조성한다. 주민의 의견이나 불만 사항은 공식 통계에 반영되지 않으며, 오히려 문제 제기는 정치적 위협 요소로 간주되어 제재의 대상이 될 수 있다. 이는 정보 활용의 목적이 주민 서비스 개선이 아닌 체제 통제라는 점을 분명히 보여 주는 사례이다.

▶ 행정 효율성과 정보 신뢰도의 문제: 이처럼 정책 정보가 정치적 목적에 따라 생산되고 배포되는 구조에서는 행정 효율성은 물론, 정책 집행의 실효성도 저하된다. 실제로 북한은 다수의 정책 실패 사례를 객관적으로 평가하고 피드백하는 메커니즘이 부재하며, 사회적 신뢰도 또한 낮다. 정책 성과가 과장되거나 조작된 통계로 제시됨에 따라, 주민의 정책 수용성도 낮은 편이다.

2) 디지털 접근 격차 및 주민 정보 소외 실태

북한의 정보화 수준은 극히 제한적이며, 주민들의 디지털 접근 격차와 정보 소외가 구조적으로 심화되어 있다. 아래에서는 디지털 접근의 제약 요인, 주민 정보 소외의 구체적 양상, 그리고 이로 인한 사회·행정적 함의를 살펴본다.

◆ **디지털 접근 격차의 구조적 요인**

가장 근본적인 문제는 인프라의 미비다. 북한 전역에서 전력 공급이 불안정하고, 통신망의 구축도 매우 제한적이어서 컴퓨터나 모바일 기기의 보급률이 극히 낮은 수준에 머물고 있다. 특히 농촌과 어촌 지역에서는 전산 장비를 이용할 수 있는 가구가 전체의 5%에도 미치지 못하는 것으로 추정된다(UNESCAP, 2023). 또한, 인터넷 접근이 원천적으로 차단되어 있다는 점도 큰 제약 요인이다. 일반 주민은 외부 인터넷은 물론, 내부 행정망에도 접근이 불가능하며, '광명망'이라 불리는 폐쇄형 인트라넷조차 일부 기관과 고위층만 제한적으로 이용할 수 있다. 이러한 폐쇄적 정책은 단지 외부 정보 차단에 그치지 않고, 주민들이 행정·정책 정보에조차 접근할 수 없는 구조를 고착화시키고 있다.

◆ **주민 정보 소외의 구체적 양상**

북한 주민들은 공공 서비스에 대한 정보를 체계적으로 전달받지 못하고 있다. 복지 배급, 보건 서비스, 교육 기회 등 기본적인 공공 서비스 관련 정보조차 전산화된 시스템 없이 인민반 보고 문서나 구두 통보에 의존하고 있다. 이로 인해 주민들은 언제 어떤 혜택을 받을 수 있는지 사전에 알기 어려운 상황에 놓여 있다. 또한, 정책 변화와 각종 지원 프로그램이 사전에 공개되지 않는 문제도 심각하다. 식량 지원, 의약품 보급, 재해 복구 등 중앙에서 시행하는 정책이 주민에게 충분히 안내되지 않아, 실제로 가장 필요한 시점에 정보를 알지 못해 정책 수혜에서 배제되는 사례가 빈번하다.

◆ 정보 소외가 초래하는 사회·행정적 문제

이러한 정보 소외는 행정 신뢰도 저하로 이어진다. 주민들은 정책 집행의 기준과 절차가 불투명하다고 인식하고 있으며, 이는 지역 인민위원회에 대한 불신으로 연결되고 있다. 행정 서비스에 대한 체감 만족도 역시 매우 낮은 수준으로 보고되고 있다. 더불어, 정책 집행의 비효율성도 큰 문제로 지적된다. 대상자 선정이나 지원 이력이 모두 종이 문서에 의존하다 보니, 중복 지원이나 누락 오류가 자주 발생하고 있다. 그 결과 중앙에서 기획된 정책이 정확히 현장에 전달되지 못해, 예산과 물자의 낭비로 이어지고 있다(UNESCAP, 2023).

◆ 사례 연구: 함경북도 농촌 지역

함경북도 한 농촌 마을에서는 2022년 겨울 배급 계획이 사전 공지되지 않아, 주민 30%가 지원 물자를 받지 못했다. 인민반장이 수기로 작성한 명단이 중앙에 누락되었기 때문이다. 이 사례는 디지털 시스템 부재가 일으키는 정보 단절의 전형적 예이다.

◆ 시사점 및 개선 과제

디지털 인프라 구축: 안정적 전력망과 저가형 디지털 기기 보급을 통해 주민의 기본적 접근권을 확보해야 한다.

정보 공개·소통 채널 마련: 인민반 단위의 전자 안내판, 지역 네트워크 구축 등을 통해 정책·서비스 정보를 실시간으로 공유할 필요가 있다.

디지털 역량 강화: 주민 대상의 기본 정보화 교육과 공무원 스마트 행정 교육을 병행하여, 시스템 활용도를 제고해야 한다.

4. 남북한 데이터 관리의 비교 분석

1) 법적·제도적 기반 비교

데이터 관리의 투명성과 접근성을 보장하기 위해서는 법적·제도적 기반이 매우 중요하다. 남한과 북한은 정치·행정 체계의 근본적 차이로 인해 데이터 관리에 관한 법제도 및 제도적 장치에서 큰 차이를 보인다.

◆ 남한의 법적·제도적 기반

남한은 공공 데이터의 투명한 관리와 국민의 정보 접근권 보장을 위해 다양한 법률과 제도적 장치를 마련해 왔다. 이를 통해 정보공개, 개인정보 보호, 데이터 활용 촉진 간의 균형 있는 체계를 구축하고 있다. 먼저, 「정보공개법」(공공기관의 정보공개에 관한 법률, 1996)은 공공기관이 보유한 정보를 국민에게 적극적으로 공개하도록 규정하며, 사전공개와 청구공개 절차를 명문화함으로써 행정의 투명성과 국민의 알 권리를 보장하고 있다. 「개인정보 보호법」(2011)은 개인정보의 수집, 이용, 제공 과정에서 정보 주체의 권리를 명확히 규정하고 있으며, 동시에 데이터를 처리하는 자의 의무와 책임을 체계적으로 부여하고 있다. 이로써 정보 활용과 개인정보 보호 사이의 균형을 추구하고 있다. 「공공 데이터의 제공 및 이용 활성화에 관한 법률」(공공 데이터법, 2013)은 공공 데이터의 개방 범위, 절차, 관리 책임 등을 구체적으로 규정해 민간 부문의 활용을 적극 장려하고 있으며, 데이터 기반 사회 혁신을 뒷받침하는 법적 근거가 되고 있다. 이 외에도 「전자정부법」과 「정보통신망법」 등은 데이터의 전자적 관리, 보안, 연계 및 활용에 관한 보조 법규로서, 디지털 행정 서비스와 네트워크 기반의 보안 체계를 법제화하고 있다. 제도의 집행과 관리는 행정안전부와 개인정보보호위원회가 각각 공공 데이터 정책과 개인정보 보호를 총괄하며, 관련 법률의 시행과 평가를 담당하고 있다.

한국정보화진흥원(NIA)은 공공 데이터 품질 관리, 표준화, 기술 지원 등의 역할을 수행하며 공공 데이터포털 운영을 통해 국민과 민간이 공공 데이터를 쉽게 활용할 수 있도록 지원한다. 이러한 제도적 틀은 다음과 같은 특징을 지닌다.

- ▶ 투명성 강화: 법률에 근거한 정보 공개 의무화와 벌칙 규정을 통해 불필요한 비공개를 줄이고, 행정 신뢰를 높이고 있다.
- ▶ 권리 보호와 활용의 균형: 개인정보 보호 장치를 마련하면서도, 공개와 민간 활용을 병행할 수 있도록 조화로운 구조를 갖추고 있다.
- ▶ 민관 협력 촉진: 해커톤, 공모전, 산학협력 등을 통해 제도와 현장의 연계를 강화하고 있으며, 이를 통해 데이터 기반 행정 혁신과 서비스 개선을 적극 유도하고 있다.

이처럼 남한은 법과 제도, 기술 인프라, 민관 협력을 유기적으로 연계해, 정보의 개방성과 신뢰성, 그리고 활용성을 조화롭게 구현하는 데이터 행정 체계를 발전시켜 나가고 있다.

◆ 북한의 법적·제도적 기반

북한의 데이터 관리 체계는 일반적인 법치 행정이나 정보 공개 기반의 운영 방식과는 상당히 다른 특성을 지니고 있다. 전문적인 데이터 관리 법률이 부재한 가운데, 정보의 활용과 운영은 통제와 감시 중심의 제도적 틀 안에서 이루어지고 있다. 우선, 공공 데이터 공개나 개인정보 보호를 명시한 독립적인 법률이 존재하지 않는다는 점에서 제도적 기반이 매우 취약하다. 대신, 노동당 중앙위원회, 인민보위성, 내각 정보통계국 등 당과 국가 주요 기관의 내부 지침과 명령이 사실상의 데이터 관리 규범 역할을 수행하고 있다. 데이터 활용의 핵심 목적은 행정 서비스 개선보다는 사회 통제와 감시 강화에 초점이 맞춰져 있다. 모든 통계 자료와 정책 정보는 공개 여부를 결정하기 전에 엄격한 검열과 승인 절차를 거쳐야 하며, 외부 노출은 원칙적으로 금지된다. 더불어, 주민 정보를 중앙기관이 일괄적으로 수집·분석하여 생활총화나 직장 평가 등에 활용하는 감시 체계가 구축되어 있어, '정보 공개'보다는 '정보 은닉'과 '감시 통제'가 제도의 핵심 기조로 작동하고 있다. 이러한 체계는 다음과 같은 제도적 특성을 보인다.

첫째, 폐쇄성이 강해 공식적인 정보 공개 메커니즘이 존재하지 않으며, 주민은 자신의 정보에 접근할 권리조차 보장받지 못한다. 둘째, 정치적 목적과 감시 기능이 우선시되며, 데이터의 활용은 행정 효율성 제고보다 체제 유지와 정치적 통제에 집중되어 있다. 셋째, 비표준성과 비공식성이 두드러진다. 수기 문서와 구두 보고 중심의 비공식 절차가 일반화되어 있어, 법률적 기반이나 체계적인 정보 관리 시스템은 사실상 존재하지 않는다. 이처럼 북한의 데이터 관리 제도는 정보의 투명성과 접근성을 원칙으로 하는 현대 행정과는 괴리를 보이며, 오히려 정보의 독점과 폐쇄, 감시 중심의 권위주의적 운영 구조를 특징으로 한다.

〈표 45〉 남북한 법률 체교

구분	남한	북한
법률 체계	정보공개법, 개인정보 보호법, 공공 데이터법 등 다층적·명문화	데이터 법률 부재, 내부 지침·명령 중심
주요 감독 기구	행정안전부, 개인정보보호위원회, NIA	노동당 조직지도부, 인민보위성, 내각 정보통계국
정보 공개 원칙	공개 의무·벌칙 조항으로 투명성 강화	공개 금지·검열 우선, 정치·감시 목적의 정보 은닉
주민 접근권 보장	법·제도적 접근권 보장, 전자정부 플랫폼 제공	법적 접근권 부재, 주민 정보 접근 전면 차단

참고: 행정안전부(2023), 통일연구원(2022), 김민지 외(2021), 최민호(2020) 자료를 바탕으로 재정리함.

남한은 체계적 법제와 거버넌스 구조를 통해 데이터의 투명·개방·보호를 균형 있게 달성하고 있으나, 북한은 법률 기반의 정보 공개 메커니즘이 전무하여 정책 신뢰성과 행정 서비스 개선이 불가능한 상태다. 남북 협력을 위해서는 북한의 법·제도적 개혁과 동시에 남한의 경험을 반영한 단계적 제도 도입 방안이 필요하다.

2) 데이터 활용 환경 및 시스템의 신뢰성

남북한은 데이터 활용 환경과 시스템의 신뢰성 측면에서 구조적·제도적으로 뚜렷한 차이를 보인다. 남한은 법제도적 기반 위에 디지털 기반의 통합 행정 시스템을 구축해 왔으며, 데이터의 정확성·접근성·활용성을 제고하는 체계를 지속적으로 발전시켜 왔다. 반면 북한은 정치적 통제와 감시 목적의 데이터 운용이 중심을 이루며, 데이터의 품질이나 활용 기반이 제도적으로나 기술적으로 미비한 상황이다. 남한의 경우, 「공공 데이터법」, 「개인정보 보호법」, 「전자정부법」 등 관련 법령을 통해 데이터의 신뢰성, 보안성, 활용 가능성을 제도적으로 보장하고 있다(행정안전부, 2023). 행정정보는 대부분 클라우드 기반의 전산 시스템으로 관리되며, AI 및 빅데이터 분석 기술이 정책 기획과 민원 서비스에 적용되고 있다.

예를 들어, '행복e음' 시스템은 자격·소득·이력 정보를 통합해 정책 대상자를 정확히 선별하고, '공공마이데이터 플랫폼'은 국민이 자신의 데이터를 활용할 수 있는 기반을 제공하고 있다. 이러한 시스템은 공공 데이터의 정확성·시의성·활용 편의성 측면에서 높은 신뢰도를 확보하고 있으며, 국제기구(UN DESA, 2022)로부터도 전자정부 신뢰성과 투명성 부문에서 상위 평가를 받고 있다. 반면 북한은 데이터 활용 환경 자체가 극도로 폐쇄적이며, 정보의 검열과 통제 중심으로 운영되고 있다. 데이터의 수집과 보관은 수기 문서 또는 비공식 보고서에 의존하는 경우가 많고, 국가 차원의 전산화나 표준화 수준은 매우 낮다(UNESCAP, 2023; 남성욱, 2024).

통계와 행정자료는 공개되지 않거나, 당·내각의 허가 없이는 외부 유출이 금지된다. 또한, 데이터의 목적 역시 정책 효율성보다 사회 통제, 충성도 평가, 감시 기능에 중점을 두고 있어, 정보의 정확성과 신뢰성을 확보하기 어렵다. 이러한 구조에서는 데이터의 중복, 누락, 왜곡 가능성이 상존하며, 정책 집행과 자원 배분의 효율성도 크게 저해된다(홍성호, 2023; 김은지, 2023).

남한은 법적 근거와 기술 인프라를 바탕으로 데이터의 신뢰성과 활용성을 제고하고 있는 반면, 북한은 체제 유지 중심의 비공개적 데이터 운용 구조로 인해 활용 환경과 시스템 신뢰성 측면에서 많은 제약을 안고 있다. 이는 행정의 투명성뿐만 아니라 국민의 권리 보장, 정책 효과성 등에도 구조적인 격차를 발생시키는 핵심 요인이라 할 수 있다.

3) 국제지표(UN 전자정부지수 등)를 통한 비교

남북한의 정보 관리 및 데이터 시스템 수준은 국제지표를 통해서도 명확한 격차가 드러난다. 특히 UN 전자정부지수(E-Government Development Index, EGDI), 전자참여지수(E-Participation Index), 세계정보기술보고서(World Economic Forum), 그리고 ITU의 디지털 접근성 지표 등은 데이터 기반 행정의 투명성과 접근성을 비교할 수 있는 중요한 기준이 된다.

남한은 2022년 기준 UN 전자정부지수에서 세계 3위, 아시아 1위를 기록하며 디지털 행정과 정보 접근 수준에서 국제적으로 매우 높은 평가를 받고 있다(UN DESA, 2022). 이 지수는 온라인 서비스 제공 수준(Online Services Index), 통신 인프라 보급률(Telecommunication Infrastructure Index), 인적 자본 지수(Human Capital Index)를 종합하여 산출되는데, 남한은 특히 모바일 행정, 공공 데이터 개방, 국민 참여 플랫폼 등에서 강점을 보인다.

전자참여지수에서도 상위권을 유지하며, 정책 결정 과정에서의 디지털 기반 국민참여 구조를 안정적으로 구현하고 있다. 반면, 북한은 UN 전자정부지수 평가 대상국에 포함되지 않거나, 포함되더라도 지속적으로 최하위권을 유지하고 있다. 이는 국가 차원의 전자정부 정책 부재, 인터넷 접근 제한, 통신 인프라 부족, 정보 비공개 구조 등 복합적인 요인에서 비롯된다.

특히 폐쇄형 내부 인트라넷(광명망)만 운영되며 일반 국민의 외부 인터넷 이용이 전면 차단되는 구조에서는 온라인 서비스 수준을 측정하거나 향상시키는 것 자체가 현실적으로 어렵다(ITU, 2023; UNESCAP, 2023). 이러한 국제지표를 통해 볼 때, 남한은 정보 개방성과 디지털 참여 확대를 중심으로 행정 혁신을 실현하고 있는 반면, 북한은 여전히 통제 중심의 비공개 시스템에 머물러 있어 투명성, 접근성, 국민 참여 측면에서 큰 격차를 보이고 있다. 이 차이는 단순한 기술 격차를 넘어서, 정보 주권과 디지털 권리 보장이라는 행정 철학의 차이에서 비롯된 구조적 결과라 할 수 있다.

> **학습 문제**
>
> 1. 남한의 대표적인 사회보장 정보 시스템은 무엇이며, 어떤 기능을 하는가?
> 2. 북한의 정보 관리 체계에서 나타나는 문제점은 무엇인가?
> 3. 데이터의 투명성과 접근성은 왜 중요한가?
> 4. 남북한의 정보 시스템과 데이터 관리 체계의 가장 큰 차이점은 무엇인가?
> 5. 향후 남북 간 정보 협력에 있어 고려되어야 할 요소는 무엇인가?

제9장

사회보장제도의 국제 비교

> 📖 **학습 목표**
> 1. 다양한 국가 유형별 사회보장제도의 특징을 이해한다.
> 2. 사회보장 정책의 기능별 및 영역별 차이를 비교·분석할 수 있다.
> 3. 국제 비교를 통해 우리 사회보장제도의 발전 방향을 모색한다.

제1절 국가유형별 사회보장제도 비교

1. 복지국가 유형론 개관

1) 3세계 모형(Esping-Andersen, 1990)

복지국가의 다양성을 이해하기 위한 이론적 틀로 가장 널리 알려진 것은 에스핑-안데르센(Gøsta Esping-Andersen)의 『복지자본주의의 세 가지 세계(The Three Worlds of Welfare Capitalism, 1990)』에서 제시된 삼세계 모형(Three Worlds Model)이다. 이 모형은 서구 복지국가들을 획일적으로 보는 관점을 넘어서, 복지국가의 발전 양상과 정책 특성, 사회구조의 차이를 반영한 체계적 분류를 시도하였다는 점에서 큰 학문적 기여를 인정받고 있다.

◆ 기본 개념

에스핑-안데르센은 복지국가를 단순히 정부 지출 규모나 사회보장제도의 존재 여부로 판단하지 않고, 보다 구조적인 관점에서 접근했다. 그는 복지국가의 핵심 속성으로 탈상품화(Decommodification), 계층화

(Stratification), 국가와 시장·가족 간의 역할 배분이라는 세 가지 개념에 주목했다. 탈상품화란 개인이 생계나 복지를 시장 참여 없이도 확보할 수 있는 정도, 즉 시장에서의 노동력 판매 없이도 인간다운 삶을 영위할 수 있도록 해주는 국가의 복지 개입 수준을 의미한다.

계층화는 복지제도가 사회 내 계층 간 격차를 완화하거나 강화하는 방식을 가리킨다. 복지제도가 평등한 분배를 촉진할 수도 있지만, 오히려 특정 집단에게만 혜택을 집중시켜 불평등을 심화시킬 수도 있기 때문이다. 또한 에스핑-안데르센은 복지제도 속에서 국가, 시장, 가족이 어떤 방식으로 사회적 위험에 대응하는 역할을 분담하고 있는지를 중요한 분석 요소로 보았다. 이러한 기준을 바탕으로, 그는 서구 복지국가들을 세 가지 유형으로 구분하였다.

◆ 에스핑-안데르센의 복지국가 세 가지 유형
- 자유주의형(Liberal welfare regime) 복지국가: 시장 중심의 최소국가 모델

자유주의형 복지국가(Liberal welfare regime)는 대표적으로 미국, 캐나다, 오스트레일리아와 같은 앵글로색슨 계열의 영어권 국가에서 주로 나타나는 복지 모델이다. 이 유형의 복지국가는 복지를 하나의 '권리'나 '사회적 책임'보다는, 개인의 자유와 자율성을 보장하는 틀 내에서만 제한적으로 인정하려는 경향이 강하다. 가장 핵심적인 특징은 국가의 개입을 최소화하고, 시장의 역할을 중심에 두는 것이다. 즉, 복지제도는 사회 전체를 대상으로 하는 보편적 구조보다는, 시장 기능을 보완하는 수준에서만 작동한다. 특히 소득 수준이 매우 낮거나, 노동시장 참여가 어렵고 자립이 힘든 '극빈층'에게만 복지 혜택이 선별적으로 제공된다.

이러한 선별주의(Selectivism)는 복지의 낙인효과(Stigmatization)를 유발하기도 하며, 중산층 이상은 주로 사적 복지 시장(Private welfare market)을 통해 의료, 교육, 보험 등을 해결하는 구조이다. 이 모델의 또 다른 중요한 특징은 탈상품화(Decommodification) 수준이 낮다는 점이다. 즉, 개인이 시장(특히 노동시장)에서 벗어나더라도 삶을 유지할 수 있도록 보장해 주는 복지제도의 범위와 수준이 낮다는 뜻이다. 이에 따라 노동에 대한 의존도는 높고, 실업, 질병, 노후 등의 위험을 개인이 감당해야 하는 부담도 상대적으로 크다.

또한, 자유주의형 복지국가는 계층화(Stratification)가 두드러지는 경향이 있다. 고소득층과 중산층은 고급 사적 서비스를 구매할 수 있는 반면, 저소득층은 공공복지에 의존해야 하므로, 사회 전반에 걸친 복지 격차와 사회적 분절이 심화될 수 있다. 그럼에도 불구하고, 이 모델은 개인의 책임과 자율성, 시장 경쟁을 통한 효율성을 강조하면서, 전체주의적 복지로부터의 거리두기를 시도해 왔다. 특히 기업과 민간의 혁신을 중시하며, 복지보다는 경제 성장과 기회의 평등을 우선시하는 것이 이 유형의 중심 철학이라 할 수 있다.

- 조합주의형(보수주의형, Conservative welfare regime) 복지국가: 전통과 직업 기반의 복지가 공존하는 모델

조합주의형 복지국가, 또는 보수주의형 복지국가(Conservative welfare regime)는 주로 독일, 프랑스, 이탈리아 등 서유럽 국가들을 대표하는 복지국가 유형이다. 이 모델은 오랜 역사와 전통을 기반으로 형성된 사회제도를 존중하며, 복지를 국가의 일방적 지원이 아닌, 가족과 직업 공동체 중심의 책임 분담 구조로 이해하는

것이 특징이다.

가장 두드러지는 특성은 가족의 역할을 중시하는 제도적 성격이다. 조합주의형 복지국가는 전통적인 가족구조, 특히 '남성 생계부양자(Male breadwinner)' 모델을 전제로 한다. 이에 따라 여성은 주로 가사와 육아를 담당하고, 남성은 경제활동을 통해 가족을 부양하는 것이 자연스러운 것으로 여겨졌다. 이러한 구조는 오늘날 다소 변화하고 있지만, 여전히 많은 제도 속에 그 흔적이 남아 있다. 또한, 이 유형의 복지제도는 보편적인 급여나 서비스보다는, 직업 기반의 사회보험(Social insurance)에 중심을 두고 있다. 즉, 복지 혜택은 국민 전체가 아닌, 정규직 노동자와 그 가족을 대상으로 직업을 통해 자격이 주어지며, 보험료 납부를 기반으로 연금, 의료, 실업급여 등의 혜택을 받는다. 이런 점에서 복지가 권리라기보다 '기여에 대한 보상'이라는 인식이 강하게 작동한다. 조합주의형 복지국가는 계층 간 차이를 인정하고, 이를 일정 부분 제도적으로 유지하려는 경향이 있다. 예를 들어, 고용 형태, 직종, 계급 등에 따라 사회보험의 수준이나 급여가 다르게 설계되어 있으며, 이러한 차이는 국민 전체의 평등보다 전통적 사회 질서의 유지에 더 중점을 둔다. 이러한 제도는 사회적 연대와 안정성은 높일 수 있지만, 여성의 사회 참여를 제한하거나 비정규직과 저소득층의 복지 접근성을 낮추는 문제점도 내포하고 있다. 그럼에도 불구하고 이 모델은 가족·기업·국가가 역할을 분담하며 함께 사회적 위험을 책임지는 구조로, 유럽 복지국가 발전에 큰 영향을 미쳐 왔다.

- 사회민주주의형(Social democratic welfare regime) 복지국가: 평등과 통합을 지향하는 북유럽 모델

사회민주주의형 복지국가는 주로 스웨덴, 노르웨이, 덴마크 등 북유럽 국가들을 중심으로 발전해온 복지국가 유형이다. 이 모델은 복지제도를 단지 사회적 안전망으로 바라보는 것이 아니라, 국가가 모든 시민에게 평등하고 포괄적인 복지 서비스를 제공해야 한다는 적극적인 철학에 기초한다. 가장 큰 특징은 보편주의적 복지제도이다. 이는 특정 계층이나 소득 수준에 따라 혜택을 차등적으로 제공하는 것이 아니라, 모든 국민이 동일한 조건에서 복지 혜택을 받을 수 있도록 설계된 제도이다. 의료, 교육, 육아, 연금, 실업급여 등 거의 모든 복지 영역에서 국민 누구나 안정적으로 접근할 수 있는 체계가 마련되어 있다. 이러한 구조는 '탈상품화(Decommodification)' 수준이 매우 높은 것이 특징이다. 탈상품화란 시민이 자신의 생계를 유지하기 위해 반드시 노동시장에 의존하지 않아도 되는 상태를 의미한다. 다시 말해, 실업이나 질병, 출산, 노후와 같은 생애의 주요 변화 속에서도 인간다운 삶을 유지할 수 있도록 하는 것이 핵심이다.

사회민주주의형 복지국가는 단지 경제적 지원에 그치지 않고, 사회적 통합과 평등의 실현이라는 더 큰 목적을 가지고 있다. 이를 위해 국가가 적극적으로 노동시장 정책을 시행하여 고용 기회를 확대하고, 여성의 노동시장 참여를 장려하는 다양한 정책을 함께 추진한다. 예를 들어, 육아휴직 제도, 유연근무, 공공 보육 서비스 등은 여성의 경력 단절을 줄이고 성 평등한 노동 환경을 조성하는 데 기여하고 있다. 결과적으로, 이 모델은 계층 간 격차를 줄이는 데 매우 효과적이며, 복지를 통해 국민 모두가 공동체의 일원으로서 존중받고 안정된 삶을 영위할 수 있도록 한다.

단순한 생계 보장이 아닌, 국민의 삶의 질 향상과 자아실현을 지원하는 '적극적 복지국가'의 대표적 예라 할 수 있다. 에스핑-안데르센의 삼세계 모형은 복지국가 간의 질적 차이를 분석할 수 있는 이론적 틀을 제공하며, 복지국가가 단순히 '더 많고 적은 복지를 제공하는가'가 아닌, 어떤 방식으로 사회구성원에게 영향을 미치는가를 중심으로 분석하였다. 이후 연구자들은 이 모형을 토대로 남유럽형, 가족주의형, 동아시아형 등 새로운 유형을 추가적으로 제안하기도 했으며, 비서구권 국가들의 복지 모델 분석에도 폭넓게 응용되고 있다.

〈표 46〉 비교 요약표

항목	자유주의형	보수주의형	사회민주주의형
급여 방식	선별적	기여 기반	보편적
탈상품화 수준	낮음	중간	높음
가족 역할	약함	강함	약함
계층화 효과	강화	유지	완화
대표국가	미국, 영국	독일, 프랑스	스웨덴, 노르웨이

참고: Esping-Andersen(1990), Castles(2010) 자료를 바탕으로 재정리함.

Esping-Andersen의 삼세계 모형은 오늘날까지도 각국의 복지제도 차이를 설명하고 비교하는 데 기본이 되는 틀이다. 다만, 이후 학자들은 이 모형에 포함되지 않는 동아시아형(한국, 일본 등), 남유럽형, 남반구형 복지국가를 추가로 제안하기도 했다.

2) 확장된 지역모형

Esping-Andersen의 삼세계 복지국가 이론(자유주의형, 보수주의형, 사회민주주의형)은 유럽과 북미 중심의 복지제도만을 설명하기에 적합했다. 하지만 이 틀로는 남유럽, 동아시아, 남미 국가들처럼 서로 다른 역사와 문화, 제도를 가진 나라들을 충분히 설명할 수 없었다. 그래서 이후 학자들은 지역별 특성과 사회문화적 맥락을 반영한 복지국가 유형을 새롭게 제안했고, 이것이 바로 확장된 지역모형이다.

◆ **남유럽형 복지국가: 가족과 전통에 뿌리를 둔 복지의 풍경**

남유럽형 복지국가는 주로 이탈리아, 스페인, 그리스, 포르투갈 등 지중해 연안 국가들을 중심으로 형성된 복지 모델로, 다른 유럽 복지국가들과는 구별되는 독특한 사회적·문화적 기반을 지니고 있다. 이들 국가는 역사적으로 강한 가족 유대와 지역 공동체 중심의 삶의 방식에 기반하여, 복지 역시 국가보다는 가족이 중심이 되는 구조로 발전해 왔다. 가장 두드러지는 특징은 바로 가족 중심 복지이다. 부모의 노후 돌봄, 자녀의 양육, 주거 지원 등 다양한 삶의 과제들이 공공의 책임이라기보다는 가족 내부에서 해결해야 할 과제로 여겨지는 경우가 많다. 특히 여성이 비공식적 돌봄 제공자로서 중심적 역할을 수행하는 경우가 많아, 젠더 불평등 문제와도 연결되어 논의된다. 또한 남유럽 복지국가는 연금 중심의 복지 구조를 지니고 있다. 이는 복지 예산의 상당 부분이 노년층의 소득보장, 특히 공적 연금에 집중되어 있다는 뜻이다. 이에 비해 아동, 청년, 실업자 등 다른 계층에 대한 지원은 상대적으로 부족한 경우가 많아, 세대 간 복지 불균형이 발생하기 쉽다. 더불어 이 지역은 복지 서비스의 지역 간 불균형도 큰 문제로 지적된다.

같은 국가 내에서도 북부와 남부, 대도시와 농촌 간의 서비스 질과 접근성 차이가 크며, 이는 중앙정부의 조정 능력 부족, 지방 자치 단체의 역량 차이, 그리고 행정의 비효율성과 연결되어 나타난다. 결과적으로 국민이 받는 복지의 수준은 거주 지역에 따라 매우 상이할 수 있다. 남유럽형 복지국가는 전통적 가족 가치와 제도적 불균형 사이에서 균형을 모색하고 있는 복지 모델이다. 비공식적 복지의 역할이 큰 만큼, 가족 구조의 변화나 인구 고령화 등의 외부 요인에 민감하게 반응할 수밖에 없다. 최근에는 유럽연합(EU)의 영향 아래 공공복지 체계를 점차 강화하려는 노력도 이어지고 있으나, 여전히 가족과 국가의 복지 책임 사이에서 균형점을 찾는 과제가 남아 있다.

◆ 동아시아형 복지국가: 경제성장과 가족의 틀 안에서 진화한 복지 모델

아시아형 복지국가, 또는 생산주의 복지국가(Productivist welfare regime)는 한국, 일본, 대만, 싱가포르 등 동아시아와 일부 동남아 국가들을 중심으로 나타나는 복지국가 유형이다. 이 모델은 서구 복지국가와는 다른 경로를 통해 발전해 왔으며, 복지의 우선순위보다는 경제 성장을 중심에 두는 구조적 특징을 지니고 있다. 가장 중요한 특징은 경제 성장 중심의 정책 기조이다.

아시아형 복지국가는 제2차 세계대전 이후 산업화와 도시화를 빠르게 추진하며, 복지는 그 뒤를 따라오는 '보조적 기능'으로 자리매김해 왔다. 즉, 국가 발전과 경쟁력 강화가 정책의 최우선 목표였고, 복지는 이를 뒷받침하거나 사회적 안정과 생산성 유지를 위한 수단으로 이해되었다.

이러한 맥락에서 가족에 대한 의존성이 매우 강한 구조가 나타납니다. 자녀의 교육, 노인의 돌봄, 장애인 부양 등 사회적 위험에 대응하는 주요 책임은 대부분 개인과 가족에게 전가되며, 복지제도는 이를 보조하는 역할에 머무르는 경우가 많다. 특히 전통적인 가족주의 문화와 결합하면서, 여성에게 돌봄과 가사노동의 부담이 집중되는 문제가 나타나기도 한다. 국가는 복지 전반에 개입하기보다는 꼭 필요한 영역에 한정하여 선별적으로 개입하는 방식을 취한다.

대표적인 예로는 기초연금, 기초생활 보장제도, 영유아보육 지원 등이 있으며, 이들 정책은 보편복지보다는 필요 기반(Needs-based) 접근에 가깝다. 즉, 일정 기준 이하의 소득이나 자산을 가진 계층에게만 혜택이 주어지는 방식이다.

또한 아시아형 복지국가는 기업과 시장의 역할을 강조하는 특성을 지닌다. 복지의 상당 부분이 고용을 통해 제공되며, 예를 들어 직장 내 건강보험, 퇴직금, 자녀 학자금 지원 등이 대표적이다. 주택, 교육, 의료 등 주요 분야에서도 민간 부문의 비중이 크며, 이는 복지의 양극화와 사회 계층 간 접근성의 차이를 심화시키는 요인이 되기도 한다. 이처럼 아시아형 복지국가는 국가, 시장, 가족이 복지의 세 축을 이루되, 그 중심에는 여전히 경제 논리와 가족 책임이 강하게 작동하는 구조이다. 하지만 최근 고령화, 저출산, 노동시장 유연화 등의 도전 속에서, 점차 복지 확장과 구조 개편의 필요성이 제기되고 있으며, 한국과 일본 등은 이 방향으로 점진적인 전환을 모색 중이다.

◆ **라틴아메리카형 복지국가: 제도의 경계를 넘나드는 현실적 복지 모델**

라틴아메리카형, 또는 남반구형 복지국가는 브라질, 멕시코, 아르헨티나 등 중남미 지역을 중심으로 나타나는 복지국가의 또 다른 유형이다. 이 모델은 유럽의 복지국가들과는 매우 다른 역사와 사회구조 속에서 발전했으며, 공식 제도와 비공식 지원이 공존하는 복합적인 형태를 띤다. 이 지역의 복지국가는 일반적으로 공공복지제도의 기반이 약하고 제도화가 미비한 편이다. 정부의 복지 지출이나 서비스가 부족하거나 특정 계층에 집중되어 있는 경우가 많아, 복지의 사각지대가 넓게 존재한다. 이에 따라 사회적 돌봄과 생계 지원은 종종 지역 공동체, 종교단체, NGO(비정부기구), 국제기구 등 비공식 주체들에 의해 이뤄지며, 비공식 복지 시스템이 국가 복지의 공백을 메우는 역할을 하고 있다. 이러한 현실을 반영하듯, 조건부 현금급여제도(Conditional Cash Transfer, CCT)는 라틴아메리카 복지의 핵심적인 정책 수단으로 자리 잡고 있다. 대표적으로 브라질의 '볼사 파밀리아(Bolsa Família)' 제도는 저소득층 가정에 아동의 교육 참여와 예방 보건 서비스 이용을 조건으로 일정 금액을 지급하여, 빈곤 완화와 인적 자본 향상을 동시에 추구한다.

이러한 정책은 비교적 낮은 비용으로 큰 사회적 효과를 기대할 수 있어, 많은 라틴아메리카 국가들이 유사한 제도를 도입해 왔다. 그러나 이 지역 복지 모델의 구조적 한계도 뚜렷하다. 무엇보다 사회보장 체계가 주로 중산층을 중심으로 설계되어 있어, 공식 고용에 포함되지 못한 비정규직, 자영업자, 실업자 등 빈곤층은 제도 바깥에 놓이기 쉬운 구조를 가지고 있다. 이러한 불균형은 소득 불평등을 심화시키고, 복지를 통해 사회적 통합을 이루기 어렵게 만든다. 게다가 정치적 불안정성과 제도적 지속성 부족 역시 중요한 문제이다. 정권이 바뀔 때마다 복지정책이 변경되거나 축소되는 경우가 많고, 부정부패나 행정 비효율로 인해 정책이 일관되게 집행되기 어려운 현실이 존재한다. 그 결과, 복지제도의 신뢰성과 예측 가능성이 떨어지고, 국민의 복지 체감도 또한 낮은 편이다.

〈표 47〉 비교 정리표

유형	대표 국가	주요 특징	복지 전달 구조
남유럽형	이탈리아, 스페인	가족 중심, 연금 집중	국가 + 가족
동아시아형	한국, 일본	생산주의, 선별주의	국가 + 기업 + 가족
남반구형	브라질, 남아공	현금급여 중심, 제도 미성숙	지역공동체 + NGO

참고: Esping-Andersen(1990), Ramesh(2012) 자료를 바탕으로 재정리함.

이처럼 라틴아메리카형 복지국가는 제도적 한계와 정치적 변동성 속에서도 지역 공동체와 국제 네트워크를 통해 생존하는 복지 형태라고 할 수 있다. 제도 외적 자원과의 연결, 사회적 연대의 회복이 향후 이 모델의 지속 가능성을 좌우하는 핵심 요소로 평가된다. 복지국가는 단일한 이상적인 모델로 설명될 수 없다. 각국은 고유한 역사, 정치, 문화적 맥락 속에서 자신만의 복지제도를 형성해 왔기 때문에, 이를 단순히 서구 중심의 이론으로만 해석하기에는 무리가 있다. 확장된 지역모형은 바로 이 같은 현실을 반영하며, 보다 다양한 국가들을 복지국가 비교 연구의 틀 안으로 끌어들인다. 특히 한국, 일본, 이탈리아, 브라질처럼 독특한 경로를 밟아 온 국가들의 복지구조를 이해하는 데 있어 이 모형은 매우 유용하다. 이는 글로벌 복지정책 연구의 외연을 넓히고, 보다 현실적이고 다양한 정책 대안을 탐색할 수 있는 기반이 된다.

3) Manow(2021)의 글로벌 복지국가 6대 유형

◆ 사회민주주의형(Social Democratic Model) 복지국가: 보편적 복지를 통한 평등의 실현

사회민주주의형 복지국가(Social Democratic Model)는 스웨덴, 덴마크, 노르웨이, 핀란드 등 북유럽 국가들을 중심으로 발전한 복지국가 유형으로, '보편주의'와 '평등'을 핵심 가치로 삼고 있다. 이 모델은 복지를 단순히 사회적 위험에 대한 보장 수단으로 보지 않고, 국민 모두가 존엄한 삶을 살 수 있도록 국가가 적극적으로 개입해야 한다는 철학을 바탕으로 설계되어 있다. 가장 큰 특징은 보편주의(Universalism)이다. 즉, 소득이나 직업, 계층에 관계없이 모든 국민이 동등하게 복지 혜택을 받을 수 있도록 설계되어 있다. 교육, 보건의료, 육아, 연금, 실업급여 등 다양한 복지 서비스가 국민 전체를 대상으로 제공되며, 이는 시민 간의 사회적 통합과 신뢰를 강화하는 데 큰 기여를 한다. 이러한 광범위한 복지 서비스를 유지하기 위해, 사회민주주의형 복지국가는 상대적으로 높은 수준의 조세 부담을 필요로 한다. 그러나 이는 단순히 세금을 많이 내는 것이 아니라, 그만큼 고품질의 공공 서비스와 사회 안전망을 제공받는다는 신뢰 속에서 국민의 지지를 받고 있다. 의료나 교육 같은 분야에서 국가가 직접 책임지는 시스템은 시장에 의존하지 않아도 양질의 서비스를 받을 수 있는 기반을 마련한다.

또한 이 모델은 노동시장에서의 보호와 평등한 기회 보장을 매우 중시한다. 강력한 노동조합과 협력적 노사 관계를 바탕으로 고용 안정성, 공정한 임금, 복지 혜택이 확보되며, 동시에 여성의 경제활동 참여를 촉진하기 위한 제도(예: 육아휴직, 공공보육 등)도 적극적으로 시행된다. 이러한 정책은 단순한 복지를 넘어, 국민 개개인의 자립성과 사회 참여를 돕는 적극적 복지(Active welfare)로 이어진다. 결과적으로 사회민주주의형 복지국가는 경제 성장과 복지의 조화를 통해 평등한 사회를 지향한다. 이는 단순히 소득을 재분배하는 데 그치지 않고, 교육 기회, 건강, 고용 등 삶의 전반에서 사회적 격차를 줄이고 모두가 함께 잘 사는 사회를 만들려는 포괄적 접근이라 할 수 있다.

◆ 기독교 보수주의형(Christian Conservative Model) 복지국가:
　가족과 직장을 중심으로 한 연대의 복지 모델

기독교 보수주의형 복지국가(Christian Conservative Model)는 주로 독일, 오스트리아, 벨기에, 이탈리아 등 중부 및 남유럽의 가톨릭·기독교 전통이 강한 국가들에서 나타나는 복지국가 유형이다. 이 모델은 개인보다

는 가족, 공동체, 직업 집단을 복지의 기본 단위로 삼으며, 사회적 연대와 질서를 중시하는 특징을 지니고 있다. 가장 중심이 되는 요소는 가족 중심의 복지 체계이다.

특히 전통적인 가족 가치와 성 역할이 복지제도에 깊게 반영되어 있으며, 여성은 돌봄과 양육의 주된 책임자로 간주되는 경우가 많다. 이러한 구조는 여성의 노동시장 참여에 제약을 줄 수 있다는 비판도 있지만, 동시에 가족이 복지의 첫 번째 안전망으로 기능한다는 점에서 문화적 기반과 밀접한 연관을 맺고 있다. 복지 제공 방식에서도 이 유형은 기여 기반의 사회보험제도를 중심으로 운영된다. 즉, 국민은 직업을 통해 사회보험에 가입하고, 일정 기간 동안 보험료를 납부해야 복지 혜택을 받을 수 있다. 이는 보편적 복지를 지향하는 북유럽 모델과 달리, 근로자 중심의 복지 체계로, 정규직 근로자와 그 가족이 제도적 혜택을 우선적으로 누릴 수 있도록 설계되어 있다. 이러한 제도 구조는 한편으로 계층 간 차이를 인정하고 유지하려는 경향도 내포한다.

고용 형태나 소득 수준에 따라 복지 수혜의 범위나 질이 달라지는 점에서, 제도는 평등보다는 질서와 전통, 연대의 지속을 강조한다. 하지만 이는 단지 보수적인 구조만을 의미하는 것이 아니라, 직장과 가족을 중심으로 안정된 생활을 유지할 수 있도록 돕는 제도적 장치로 이해할 수 있다. 또한, 이 모델은 기독교 사회윤리에 기반한 연대(Solidarity) 개념을 강조하다. 국가의 역할은 절대적이기보다는, 가족과 직업 집단, 시민사회가 함께 책임을 나누는 보조적(Subsidiary) 성격을 띠며, 이는 공동체 내부의 유대를 강화하고, 사회 전체의 결속을 촉진하는 데 기여한다. 결국, '가족과 직장'이 복지의 핵심 축을 이루는 이 모델은, 일을 통해 참여하고, 가족을 통해 보호받는 삶의 구조를 전제로 하며, 국가가 이를 제도적으로 뒷받침하는 방식으로 기능하고 있다.

◆ 자유주의형 복지국가(Liberal Model): 최소한의 개입, 자율과 책임의 원칙

자유주의형 복지국가(Liberal Model)는 대표적으로 미국, 영국, 캐나다, 오스트레일리아와 같은 앵글로색슨 국가들에서 나타나는 복지국가 유형으로, 개인의 자율성과 시장의 기능을 중심에 두는 특징을 지닌다. 이 모델은 복지를 하나의 권리가 아닌, 최후의 안전망(Last resort)으로 간주하며, 가능한 한 국가의 개입을 줄이고, 개인과 시장에 책임을 맡기는 구조로 설계되어 있다.

핵심 특징은 시장 중심의 복지 체계이다. 개인은 자신의 삶을 스스로 책임져야 하며, 복지제도는 어디까지나 자립이 불가능할 경우에만 선별적으로 개입한다. 즉, 복지는 기본적으로 빈곤층이나 노동시장에서 배제된 사람들만을 위한 '조건부 지원'으로 작동하며, 중산층 이상은 민간 보험이나 사적 서비스에 의존하는 경우가 많다. 이 모델에서 정부의 역할은 최소화된다. 공공 지출보다는 민간 부문에 기회를 열어주고, 복지보다는 자유와 효율성을 우선시하는 정책 기조를 유지한다. 이로 인해 사회 전반적으로 조세 부담률이 낮고, 국가 복지의 범위도 상대적으로 좁다.

하지만 동시에 시장의 경쟁을 통한 자율성과 창의성이 강조되어, 개인의 능동적 삶을 촉진한다는 긍정적 평가도 받는다. 또 하나의 특징은 민간 보험과 기업 복지의 비중이 크다는 점이다. 예를 들어, 의료보장이나 연금 같은 영역에서 사적 보험 가입이 일반적이며, 복지 서비스도 공공기관보다는 기업 복지나 비영리 단체, 민간 제공자를 통해 이뤄지는 경우가 많다. 고용을 통해 제공되는 복지 혜택은 정규직 중심으로 이루어져 있어,

비정규직이나 실업자에게는 복지 접근성이 낮은 구조가 형성되곤 한다. 결과적으로 자유주의형 복지국가는 "스스로 책임지되, 꼭 필요할 때만 국가가 개입하는" 방식으로 운영된다. 이는 개인의 자유와 선택권을 최대한 존중하며, 복지로 인한 의존을 최소화하고 자립을 유도하려는 목적을 갖는다. 하지만 동시에 사회적 불평등과 복지 사각지대의 확대라는 문제도 함께 제기되며, 최근에는 이러한 균형을 재조정하려는 논의도 활발히 이루어지고 있다.

◆ 동아시아 생산주의형(East Asian Productivist Model)

동아시아 생산주의형(East Asian Productivist Model)은 한국, 일본, 대만, 싱가포르와 같은 국가들에서 주로 나타나는 복지국가 유형이다. 이 모델의 가장 큰 특징은 경제 성장을 최우선 과제로 삼고, 복지정책은 이러한 성장에 부합하도록 후행적으로 발전한다는 점이다. 즉, 복지는 단순한 사회적 안전망 차원을 넘어 국가의 경제 발전 전략과 밀접하게 연결되어 있다. 이 유형에서는 노동력의 생산성 향상과 교육에 대한 집중적인 투자가 핵심적인 역할을 한다. 국가가 노동시장과 교육 체계에 적극적으로 개입하여 인적 자본을 강화함으로써 경제 성장 기반을 다지는 데 주력한다. 또한, 복지의 책임이 국가에만 국한되지 않고 가족과 기업에도 상당 부분 의존하는 경향이 강하다. 이는 전통적인 가족주의 문화와 기업 중심의 사회구조가 복지 제공의 중요한 축으로 작용하는 것을 의미한다. 따라서 동아시아 생산주의형 복지는 "성장하면서 돌보는 복지"로 요약할 수 있다. 국가, 가족, 그리고 기업이 서로 협력하여 경제 성장을 견인하는 동시에, 필요한 복지 서비스를 분담하며 사회적 안정을 유지하는 구조이다. 이로 인해 개인의 복지보다는 전체 사회의 경제적 역량 강화를 우선시하는 모습이 뚜렷하며, 복지 확대가 경제 성장과 조화를 이루도록 설계되는 것이 특징이다.

◆ 권위주의적 복지국가형(Authoritarian Welfare Regime)

권위주의적 복지국가형(Authoritarian Welfare Regime)은 중국, 러시아, 베트남, 사우디아라비아 등 권위주의적 정치 체제를 가진 국가들에서 주로 나타나는 복지 유형이다. 이 모델의 핵심은 복지정책이 단순히 국민의 삶의 질 향상을 위한 사회적 안전망으로서가 아니라, 국가 권력과 통제 강화를 위한 전략적 수단으로 활용된다는 점에 있다. 이 유형에서는 보편적인 복지 제공보다는 정치적 안정과 권력 충성을 확보하는 데 초점이 맞춰져 있다. 노동, 주거, 의료 등의 기본적인 사회 서비스를 국가가 제한적으로 보장하지만, 동시에 정치적 참여와 시민 자유는 엄격히 억제되는 경향이 강하다. 즉, 복지는 국민들의 불만을 완화하고 통제를 강화하는 '사회적 안정장치' 역할을 하며, 이를 통해 권위주의 체제가 지속될 수 있도록 하는 데 기여한다. 결국, 권위주의적 복지국가형은 복지가 '권력 유지의 도구'로 작동하는 복지 모델이라고 할 수 있다. 복지 서비스는 국민들에게 최소한의 생계 보장과 안정을 제공하는 동시에, 정치적 반발을 억제하고 국가 통치 체제를 공고히 하는 역할을 수행한다. 이러한 구조 속에서 복지는 권위주의 정부의 통제력과 정당성을 유지하는 중요한 수단으로 자리 잡고 있다.

◆ 라틴아메리카형/남반구 복지형(Latin American/Clientelist Model)

라틴아메리카형 또는 남반구 복지형(Latin American/Clientelist Model)은 브라질, 아르헨티나, 멕시코, 남아프리카공화국 등 다양한 남반구 국가들에서 흔히 발견되는 복지국가 유형이다. 이 모델은 제도적 완성도가 아직 부족한 상황에서 복지가 운영되며, 복지 체계가 구조적으로 미흡한 현실을 반영한다. 이 유형의 복지국가는 공식적인 사회보장제도의 적용 범위가 제한적이며, 비공식 경제의 비중이 높고, 가족이나 지역사회 중심의 사적 돌봄이 중요한 역할을 담당하는 특징이 있다. 즉, 국가 차원의 보편적 복지보다는 가족과 커뮤니티가 사회 안전망의 상당 부분을 대신하고 있는 경우가 많다. 또한, 정치적 이해관계가 복지정책에 크게 작용하는 점도 주목할 만하다. 이른바 '클라이언텔리즘(Clientelism)'이라고 불리는 현상으로, 정치권이 특정 집단의 지지를 얻기 위해 선심성 복지정책을 펼치는 경우가 많다. 이에 따라 조건부 현금급여와 같은 저소득층 중심의 선별적 복지제도가 도입되면서, 취약계층을 중심으로 한 복지 서비스가 부분적으로 운영되고 있다. 결과적으로 라틴아메리카형 복지 모델은 제도적 기반이 약하고 불완전하지만, 제한된 자원과 제약 속에서도 일부 취약계층을 대상으로 선별적이고 실용적인 복지 서비스를 제공하는 데 중점을 둔다. 이로 인해 복지의 보편적 확대보다는 정치적 동원과 사회적 안정 유지라는 목적이 강하게 작용하는 특징을 갖고 있다.

2. 주요 복지국가 유형별 제도 구조

1) 북유럽형

- ▶ 주요 특징: 세금은 높지만, 그만큼 누구나 혜택을 받는 복지국가이다. 모든 국민이 평등하게 복지 혜택을 누릴 수 있도록 설계된 보편주의 제도를 가지고 있다. 복지정책 간의 제도적 연계와 일관성이 잘 갖춰져 있어, 정책이 유기적으로 작동한다.
- ▶ 대표 국가: 스웨덴, 노르웨이, 덴마크 등 북유럽 국가들이 여기에 해당된다. 이들 국가는 세계에서 가장 평등하고 삶의 질이 높은 나라로 평가받고 있다.
- ▶ 복지 내용: 국가는 적극적인 고용정책(예: 실업자 재교육, 일자리 연계 서비스 등)을 통해 실업률을 낮추고 자립을 돕는다.

교육, 보육, 보건의료, 노인 돌봄 등 거의 모든 복지 서비스를 공공이 제공하며, 국민 누구나 쉽게 이용할 수 있다. 이러한 시스템 덕분에 개인은 시장에 의존하지 않고도 인간다운 삶을 살 수 있는 기반을 갖게 된다. 이를 '탈상품화'라고 한다. 동시에 소득 재분배 기능도 강해, 빈부 격차가 매우 적은 편이다.

2) 기독민주형

- ▶ 주요 특징: 사회보험 중심의 체계로, 일한 만큼 기여하면 그에 따라 혜택을 받는 기여 기반 구조이다. 가족을 중심으로 한 전통적인 가치를 중시하지만, 동시에 복지의 책임을 가족만이 아닌 국가와 기업이 함께 나누는 구조이다. 기독교 사회사상(특히 가톨릭과 개신교의 사회적 연대 개념)에 뿌리를 두고 있어, 공동체와 상호 책임을 강조한다.
- ▶ 대표 국가: 독일, 오스트리아, 벨기에 등 중부 유럽 국가들이 이 모델에 해당된다. 유럽 통합 과정에서도 중심적인 복지 모델로 자리해 왔다.
- ▶ 복지 내용: 가장 중심이 되는 것은 사회보험제도이다. 예를 들어, 국민은 고용을 통해 연금, 건강보험, 실업보험 등에 가입하며, 이 보험들은 직장과 국가가 함께 기여한다.

자영업자, 고령자, 전통적인 가족 구성원에 대한 보호가 잘 되어 있으며, 특히 남성 가장을 중심으로 한 가족 모델이 제도의 기본 단위로 작동한다. 그러나 최근에는 여성의 노동시장 참여 확대, 가족 형태의 다양화 등으로 인해 가족주의를 조금씩 완화하는 방향으로 변화하고 있다.

3) 자유주의형

- ▶ 주요 특징: 시장이 중심이 되고, 국가는 필요한 경우에만 보완적으로 개입하는 구조이다. 복지는 최소한의 수준에서만 제공되며, 국민 대부분은 민간 보험이나 서비스를 통해 필요한 복지 혜택을 스스로 마련해야 한다. 국가가 강하게 개입하지 않는 대신, 개인의 책임과 자립을 강조한다.
- ▶ 대표 국가: 미국, 캐나다, 호주 등이 자유주의형 복지국가의 대표적인 사례이다. 자유주의적 전통과 시장경제를 중시하는 문화가 제도에 반영되어 있다.
- ▶ 복지 내용: 복지 급여는 누구나 받을 수 있는 것이 아니라, 소득이나 자산이 일정 기준 이하인 사람에게만 선별적으로 제공된다.
- ▶ 예: 미국의 푸드스탬프(SNAP), 메디케이드(Medicaid) 등

의료, 노인 돌봄, 육아 등 주요 서비스는 대부분 민간 보험이나 민간기관을 통해 이루어지며, 정부는 최소한의 안전망만 제공한다. 이런 구조로 인해 복지를 받는 사람은 낙인(Stigma)을 경험할 수 있으며, "정부 도움을 받는 사람"이라는 사회적 인식이 생기기도 한다.

4) 남유럽형

- ▶ 주요 특징: 복지제도는 노후 보장(연금)에 집중되어 있고, 다른 분야의 공공 서비스는 상대적으로 약한 편이다. 가족이 복지의 중심 역할을 하며, 특히 여성의 돌봄 부담이 크고, 자녀가 부모를 부양하는 전통이 여전히 강하게 남아 있다. 교육, 의료, 복지 서비스의 지역 간 격차가 커서, 복지의 접근성과 질이 균등하지 않다.
- ▶ 대표 국가: 이탈리아, 그리스, 스페인 등 남유럽 국가들이 여기에 해당한다. 역사적으로 강한 가족주의 문화와 정치적 구조가 복지제도에 깊이 영향을 미쳤다.
- ▶ 복지 내용: 공적 복지보다 가족에 의한 비공식적 돌봄이 사회보장의 주요한 축을 이루고 있다. 연금제도는 상대적으로 관대하고 확대되어 있지만, 보육, 돌봄, 고용지원 등은 부족하거나 불균형하다.

정치권과 유권자 간의 선심성 자원 분배, 즉 클라이언텔리즘(Clientelism) 문화가 남아 있어, 복지정책이 정치적 충성도나 지역 기반에 따라 차등 적용되는 경향도 있다. 이로 인해 복지정책의 투명성과 일관성이 떨어지고, 제도보다는 개인 네트워크나 정치적 관계를 통한 접근이 중요한 경우도 많다. 이와 같이 남유럽형 복지국가는 가족에 대한 의존이 크고, 연금 위주의 복지가 강한 반면, 다른 복지 서비스는 지역마다 차이가 크며 충분하지 않다. 정치적 관계에 따라 복지 혜택이 배분되는 문화도 여전히 영향을 미친다.

5) 동아시아형

- ▶ 주요 특징: 경제 성장이 복지보다 우선되는 구조로, 국가 발전을 최우선 과제로 삼아 왔다. 복지는 생산을 뒷받침하는 수단으로 인식되어, 노동 중심의 복지 체계, 즉 생산주의 복지 모델이 형성되었다. 가족이 돌봄의 주요 책임을 지는 구조이며, 특히 여성의 무급 돌봄노동에 크게 의존하고 있다.
- ▶ 대표 국가: 일본, 한국, 대만 등이 이 모델의 대표적인 사례이다. 이들 국가는 모두 고속 성장을 경험했지만, 복지제도는 상대적으로 늦게 발전했다.
- ▶ 복지 내용: 국가의 복지 개입은 선별적이고 제한적이며, 보편적 급여보다는 최소한의 보호를 제공하는 방식이다. 사회보험 제도는 존재하지만 아직 제도적 성숙도나 사각지대 해소 면에서 부족한 점이 많다. 보육, 노인 돌봄, 주거 지원 등 여러 영역에서 가족이 1차 책임을 지는 구조가 유지되고 있으며, 공공 서비스는 여전히 보완적 수준이다. 저출생·고령화 등 인구 변화에 따른 복지 수요는 빠르게 증가하고 있지만, 제도적 대응은 여전히 더딘 상황이다.

이와 같이 동아시아형 복지국가는 '경제 성장이 먼저, 복지는 나중'이라는 기조 아래 형성되어 왔다. 복지제도는 제한적이며, 가족이 복지의 중심 역할을 수행하는 구조로, 제도적 미비와 사각지대가 여전히 혼재하고 있다.

6) 남반구형

- ▶ 주요 특징: 복지제도가 충분히 제도화되지 못하고, 공공복지의 기반이 약한 구조이다. 정부의 역할이 미흡한 대신, 비공식적 안전망(지역공동체, 종교단체, NGO 등)이 실질적인 복지 기능을 대신 수행하는 경우가 많다. 국가의 복지 개입은 간헐적이고, 정치적 동기에 따라 선심성으로 운영되는 경우도 있다.
- ▶ 대표 국가: 브라질, 남아프리카공화국, 인도 등 글로벌 남반구의 개발도상국들이 대표적 사례이다. 식민지 경험, 경제 불평등, 정치적 불안정 등 복합적 요인들이 복지제도의 정착을 어렵게 만들어 왔다.
- ▶ 복지 내용: 국가가 제공하는 사회보장제도는 제도적 연계성이 부족하고, 보장 범위도 매우 제한적이다. 많은 경우 NGO, 지역 공동체, 종교 조직이 주민들에게 보건, 교육, 생계지원 등의 역할을 대신 수행한다. 일부 국가에서는 조건부 현금급여(CCTs)와 같은 빈곤층 대상 프로그램이 도입되기도 했지만, 제도적 지속성과 보편성 면에서는 한계가 있다. 비공식 경제의 비중이 높아, 국민 다수가 사회보험 시스템 밖에 존재하며, 복지 사각지대가 광범위하다.

이와 같이 남반구형 복지국가는 국가 복지제도가 미성숙하거나 미비한 상태이며, 지역사회와 NGO 같은 비공식 조직들이 복지의 중요한 역할을 대신 수행한다. 제도적 일관성이 부족하고, 복지의 접근성과 안정성도 낮은 편이다.

3. 복지국가 유형별 비교 관점

1) 보장 수준

북유럽형은 높은 보장 수준을 유지하며, 국민 모두에게 안정적이고 넓은 범위의 복지 혜택을 제공하다. 자유주의형은 낮은 보장 수준으로, 최소한의 안전망만 제공하며 대부분의 복지 수요는 시장에 의존하다. 동아시아형은 중간~낮은 수준으로, 성장 우선의 정책 아래 복지 확충이 늦어졌으며, 보장 범위도 제한적이다.
함의: 복지국가의 목적(평등 vs. 효율 vs. 생산성)에 따라 보장 수준이 결정되며, 이는 국민의 삶의 질과 불평등 완화에 직접적 영향을 미친다.

2) 공공-민간 간 역할 분담(Public-private mix)

북유럽형은 공공 중심으로, 국가가 복지의 주체가 되어 전 국민을 대상으로 보편적 서비스를 제공한다. 자유주의형은 민간 중심으로, 민간 보험과 시장이 복지 서비스를 주도하며, 국가는 보조적 역할을 한다. 동아시아형은 혼합형 구조로, 국가와 시장, 가족이 함께 복지 기능을 수행하지만, 국가의 역할은 제한적이고, 가족

의존도가 높다.

함의: 공공성과 형평성을 중시하는 모델일수록 공공의 역할이 크고, 민영화가 심화될수록 불평등과 서비스 격차가 커질 수 있다.

3) 급여 방식(보편성 vs. 선별성)

북유럽형은 보편주의적 급여로, 소득 수준에 관계없이 모두에게 균등한 복지 혜택이 제공된다. 자유주의형은 선별주의로, 소득이나 자산 기준에 따라 일부 취약계층에게만 제한적으로 복지를 제공한다. 동아시아형은 선택적 보편주의로, 일부 영역에서는 보편성을 추구하지만 대부분의 급여는 선별적으로 제공된다.

함의: 보편주의는 낙인효과를 줄이고 사회 연대를 강화하지만, 재정 부담이 크고, 선별주의는 효율적이지만 사각지대와 낙인을 유발할 수 있다.

4) 탈상품화 수준(Decommodification)

북유럽형은 높은 탈상품화 수준으로, 개인이 노동시장에 의존하지 않아도 기본적 삶을 유지할 수 있도록 보장한다. 자유주의형은 낮은 탈상품화로, 시장에 대한 의존도가 매우 높으며, 실업 시 생계유지에 큰 어려움이 있다. 동아시아형은 중간 수준으로, 공식적 탈상품화는 제한적이나, 가족을 통한 비공식적 보호가 작동한다.

함의: 탈상품화 수준이 높을수록 국민의 사회적 안전과 삶의 자율성이 보장되며, 낮을수록 빈곤·불평등이 심화될 가능성이 있다.

〈표 48〉 복지국가 유형별 비교

비교 항목	북유럽형	자유주의형	동아시아형
보장 수준	높음	낮음	중간-낮음
공공-민간 역할	공공 중심	민간 중심	혼합형
급여 방식	보편주의	선별주의	선택적 보편주의
탈상품화	높음	낮음	중간
제도 연계성	통합	단편화	이중구조

참고: Esping-Andersen(1990), Taylor-Gooby(2013), 김민지·이준호(2021) 자료를 바탕으로 재정리함.

5) 제도적 연계성과 일관성

북유럽형은 통합적 구조로, 다양한 복지제도 간의 연계가 잘 이루어져 서비스가 유기적으로 작동한다. 자유주의형은 단편화된 구조로, 제도 간 연계가 약하고, 대상별·영역별로 복지가 흩어져 있다. 동아시아형은 이중구조로, 공식 사회보험과 비공식 가족 지원이 병존하며, 형식상 제도는 있으나 실질 작동은 제한적이다.

함의: 제도 간의 연계성이 높을수록 복지 서비스의 효과성과 접근성이 높아지며, 구조가 분절될수록 복지 사각지대가 발생할 위험이 크다.

제2절 사회보장 정책의 기능별·영역별 비교

1. 기능별 정책 비교

1) 소득보장 기능

◆ 연금제도: 고령층의 기본적인 생활 보장 장치

북유럽 국가들은 보편적 공적연금을 기반으로 하되, 이를 사적 연금(개인연금)과 함께 운영하여 안정성과 다양성을 동시에 확보하고 있다. 예를 들어, 스웨덴은 국민 전체에게 기초연금을 제공하고, 그 위에 소득에 따라 추가적인 연금을 받을 수 있는 구조이다. 한국은 두 가지 축으로 운영되며, 기초연금을 통해 저소득 고령층의 최저 생활을 보장하고, 국민연금은 소득에 기반한 사회보험 방식으로 작동한다. 하지만 연금 사각지대가 존재하고, 노후소득 대체율이 낮은 편이라 보완 필요성이 지속적으로 제기되고 있다.

◆ 실업급여: 일자리를 잃었을 때의 사회안전망

유럽 국가들은 실업급여를 단순히 돈을 주는 것으로 끝내지 않고, 직업재훈련과 고용서비스를 함께 제공한다. 예컨대 독일은 실업보험 수급자가 직업상담, 훈련, 재취업 알선 등을 통해 노동시장에 재진입할 수 있도록 적극적으로 지원한다. 반면, 미국의 실업급여는 비소득대체율이 낮고 기간도 짧은 편이다. 즉, 실업 전 수입의 일부만 제공되며, 기본적으로 "자기 책임" 원칙이 강하게 작용한다. 취약계층에 대한 재정 지원은 제한적이다.

◆ 기초생활 보장제도: 빈곤층에 대한 최소한의 생계 보호

대부분 국가에서 기초생활 보장제도는 선별주의적 방식으로 운영되며, 소득과 자산 조건을 만족해야만 지원을 받을 수 있다. 한국은 생계급여를 중심으로 한 국민기초생활 보장제도를 운영하며, 8개 급여 중 생계급여가 가장 핵심적이다. 그러나 부양의무자 기준, 복잡한 심사과정 등으로 인해 복지 사각지대가 발생한다는 지적도 많다. 영국은 기존의 여러 복지급여를 통합해 '유니버설 크레딧(Universal Credit)' 제도를 도입하였으며, 이는 단일한 플랫폼을 통해 소득·주거·자녀 양육 등 다양한 수당을 통합적으로 지원하는 시스템이다.

다만, 초기 시행 시기에는 시스템 오류와 행정 혼란 등의 문제도 발생했다. 이와 같이 연금제도는 보편성과 다층성(공적+사적)의 조화를 이루는 북유럽 모델과, 기초·국민연금 이원화를 가진 한국의 구조가 대비된다.

실업급여는 유럽이 재취업 중심의 통합지원, 미국은 제한적 수당 중심인 반면, 한국은 점진적으로 고용서비스 연계를 확대하고 있는 과도기적 위치에 있다. 기초생활 보장은 대부분 선별지원 방식이나, 영국처럼 복지 급여를 단순화·통합하려는 노력도 나타나고 있다.

2) 서비스 제공 기능

서비스 제공 기능은 국민의 삶의 질과 사회 안전망 구축에 있어 매우 중요한 역할을 담당한다. 보건의료, 보육, 장기요양 분야별로 국가별 접근 방식에 차이가 뚜렷하게 나타난다. 먼저, 보건의료 분야에서는 북유럽 국가들이 대표적으로 NHS(국가의료제도)를 운영하여 전 국민에게 포괄적이고 보편적인 의료 서비스를 제공하고 있다. 이 체계는 정부가 의료 공급을 직접 관리하며, 의료 서비스의 접근성과 형평성을 중시하는 특징을 가진다. 반면, 독일은 여러 공·사보험자가 참여하는 다보험 방식으로 운영되어, 다양한 보험사가 경쟁하면서도 규제된 환경에서 의료 서비스를 제공하는 복합적 시스템을 유지하고 있다. 미국의 경우는 민간 중심의 의료 시스템으로, 주로 개인 보험과 민간 의료기관이 주도하는 형태이며, 공적 개입은 상대적으로 제한적이다.

보육 서비스 분야에서는 스웨덴 등 북유럽 국가들이 국가 주도의 보육 책임 체계를 구축하여, 보육 서비스를 국가가 직접 제공하거나 엄격하게 관리함으로써 영유아 돌봄의 공공성을 강조하고 있다. 이에 비해 한국과 일본은 공공과 민간이 혼합된 체계를 운영하고 있다. 즉, 국가가 일정 부분 보육 서비스를 책임지면서도 민간기관이 보육 시장에 참여하여 공사 혼합형 구조를 이루고 있다. 이러한 체계는 서비스 다양성 확보와 수요 대응의 유연성을 높이는 데 기여하지만, 보육 서비스의 질과 형평성 측면에서 지속적인 관리와 개선이 요구된다.

장기요양 분야는 독일과 일본이 비교적 이른 시기에 보험 제도를 도입하여 제도화한 반면, 한국은 2008년부터 장기요양보험을 본격 도입하여 제도적 기반을 마련했다. 독일과 일본은 각각의 보험 체계를 통해 노인과 중증 장애인 등 장기요양 수요자에게 안정적이고 체계적인 서비스를 제공하고 있으며, 이들 제도는 보험료 납부를 기반으로 한 사회보험 방식이 중심이다. 한국의 장기요양보험은 상대적으로 최근에 도입되었으나 빠르게 제도적 안착을 이루며 노인복지 향상에 기여하고 있다. 다만, 인구 고령화와 수요 증가에 따라 서비스 공급 확대와 재정 안정성 확보가 중요한 과제로 부각되고 있다. 이처럼 보건의료, 보육, 장기요양 등 서비스 제공 기능은 각 국가의 사회적·경제적 여건과 복지 철학에 따라 다양한 형태로 발전해 왔으며, 지속 가능한 사회보장 정책을 위해서는 각 기능별 특성과 운영 방식에 대한 심도 있는 이해와 정책적 보완이 필수적이다.

3) 고용지원 기능

고용지원 기능은 노동시장의 안정성과 근로자의 직업 역량 강화를 통해 경제 전반의 활력을 유지하는 데 중요한 역할을 한다. 특히 직업훈련과 재취업 지원 프로그램은 고용 불안정에 대응하고 노동자의 재취업 가능성을 높이기 위한 핵심 수단으로 자리 잡고 있다. 대표적인 사례로 독일의 '듀얼시스템'이 있다. 이 시스템은 학교 교육과 현장 실습을 병행하는 직업교육 체계로, 이론과 실무를 통합하여 청년층의 숙련된 노동력 양성에 크게 기여하고 있다. 이러한 체계는 청년들의 원활한 노동시장 진입을 돕고, 산업 현장의 요구에 부합하는 맞춤형 인재를 배출하는 데 효과적이다. 덴마크의 적극적 노동시장정책(Active Labour Market Policies, ALMP)은 노동자들이 재취업할 수 있도록 다양한 직업훈련, 상담, 일자리 알선 등 포괄적인 지원 프로그램을 운영한다. ALMP는 실업 기간을 단축시키고 노동시장 이탈을 방지하며, 노동자의 직업 전환과 적응을 촉진하는 데 중점을 둔다. 이와 같은 고용지원 정책들은 단순한 일자리 제공을 넘어 청년 고용 촉진, 중장년층의 원활한 노동시장 전환, 그리고 사회적 기업 등 다양한 경제주체 지원과도 밀접하게 연계되어 있다. 청년층의 안정적인 노동시장 진입을 지원하는 동시에, 중장년층이 변화하는 산업구조에 적응할 수 있도록 재교육과 전직 지원을 강화함으로써 노동시장의 세대 간 균형을 도모한다. 또한, 사회적기업 지원 정책은 취약계층의 고용 확대와 사회적 가치 실현을 목표로 하여, 노동시장의 포용성과 다양성을 높이는 데 기여한다.

이처럼 고용지원 기능은 단순한 고용 유지에 그치지 않고, 노동자의 역량 강화와 사회적 통합을 동시에 추구하는 종합적 정책으로 발전하고 있다. 따라서, 고용지원 정책은 국가별 경제구조와 노동시장 환경에 따라 다양한 형태로 운영되고 있으나, 전반적으로 직업훈련과 재취업 지원, 그리고 사회적 경제 활성화를 통해 지속 가능한 고용 환경 구축에 중점을 두고 있다.

2. 영역별 제도 비교

1) 연금제도 구조

연금제도는 노후소득 보장을 위한 핵심 사회보장 영역으로, 각국은 경제적·사회적 여건에 따라 다양한 구조를 발전시켜 왔다. 일반적으로 연금은 기여연금, 기초연금, 그리고 사적연금의 세 가지 주요 축으로 구분할 수 있다. 먼저, 기여연금은 국민연금이나 사회보험 방식으로 운영되며, 근로자와 사용자가 일정 비율의 보험료를 납부하여 노후에 연금급여를 받는 구조이다. 이는 노동시장 참여와 소득에 연동된 제도로, 연금 수급액이 기여한 기간과 금액에 따라 결정되기 때문에 '공적 사회보험'의 대표적인 형태로 인식된다. 많은 국가에서 기여연금이 노후소득 보장의 중추 역할을 수행하고 있다. 기초연금은 소득보장형 연금으로서, 일정 소득 이하 또는 모든 국민에게 보편적으로 지급하는 형태가 많다. 스웨덴, 네덜란드 등 북유럽 국가들은 기초연금을 보편적으로 지급함으로써 사회 전체의 노후 안정성을 높이고, 빈곤 예방에 효과적으로 기여하고 있다.

이러한 보편적 기초연금은 사회적 형평성과 재분배 기능을 강화하는 중요한 수단으로 평가받는다. 마지막으로 사적연금은 미국, 캐나다 등에서 주로 퇴직연금 형태로 발달해 왔다. 이는 기업이나 개인이 자발적으로 가입하는 연금으로, 공적 연금만으로는 부족한 노후소득을 보완하는 역할을 한다. 특히 미국의 401(k) 플랜 등은 개인 주도의 자산 형성을 장려하는 사적 연금제도의 대표 사례이다. 이처럼 연금제도는 기여연금의 사회보험적 성격, 기초연금의 보편적 소득보장 기능, 그리고 사적연금의 보완적 역할이 상호 보완적으로 작용하며, 각국은 이 세 축의 조합을 통해 자국의 사회보장 목표에 맞는 연금 체계를 설계하고 있다. 따라서 연금제도의 다양성은 각국의 복지 철학과 경제구조, 인구 고령화 수준 등을 반영한 결과라 할 수 있다.

2) 건강 보장제도

건강 보장제도는 국민의 건강권을 보장하고 의료 서비스에 대한 접근성을 확보하는 데 중추적인 역할을 하며, 각국은 자국의 사회경제적 여건과 복지 철학에 따라 다양한 방식으로 운영하고 있다. 우선, 북유럽 국가를 중심으로 한 국가의료제도(NHS, National Health Service)는 정부가 직접 의료 서비스를 제공하거나 재정을 책임지는 보편적 의료보장 체계이다. 이 시스템은 모든 국민에게 균등한 의료 서비스 접근을 보장하며, 의료비 부담을 최소화하여 국민 건강 증진과 형평성 강화를 목표로 한다. 반면, 독일과 같은 일부 유럽 국가는 다수의 공·사보험자가 참여하는 사회보험 방식을 채택하고 있다. 여기서는 직장가입자와 지역가입자가 건강보험료를 납부하며, 이 재원으로 의료비를 지원한다. 다보험 체계는 다양한 보험자가 경쟁하면서도 규제 아래 서비스 품질과 재정 안정성을 관리하는 특징을 지닌다. 미국의 경우, 주로 민간 보험 중심의 의료 체계를 유지하고 있으며, 정부가 제공하는 공공의료 프로그램은 상대적으로 제한적이다. 미국은 의료 서비스의 질과 혁신성 면에서는 높은 평가를 받지만, 비용 부담과 보험 미가입자 문제 등 의료 접근성에서 불평등이 심화되는 과제를 안고 있다. 또한, 일부 국가에서는 건강 보장제도 내에서 공적 보험과 민간 보험이 혼합되어 운영되기도 한다.

이러한 혼합형 시스템은 공공의료 서비스의 보편성과 민간 의료의 다양성과 선택권을 동시에 추구하는 방식으로, 의료 서비스의 공급 및 질 관리에 복합적인 영향을 미친다. 이처럼 건강 보장제도는 각국의 제도적 특성과 운영 방식에 따라 다양하게 나타나지만, 공통적으로는 국민의 의료 접근성 보장, 비용 부담 경감, 의료 서비스의 질 관리 및 지속 가능한 재정 운영을 주요 과제로 삼고 있다. 따라서 건강 보장제도는 사회보장 정책의 핵심 영역으로서, 국민 건강 증진과 사회적 형평성 확보를 위한 정책적 노력이 계속해서 강조되고 있다.

3) 가족 및 아동정책

가족 및 아동정책은 출산율 저하와 가족 구조 변화에 대응하며, 아이를 양육하는 가정의 경제적·사회적 안정을 지원하는 중요한 사회보장 영역이다. 최근 세계 여러 국가에서 아동과 가족에 대한 지원이 확대되면서 보편주의적 성격이 강화되는 추세가 뚜렷하다. 먼저, 아동수당 제도는 보편적 지급을 중심으로 확산되고 있다. 독일의 'Kindergeld'가 대표적 사례로, 일정 연령 이하의 모든 아동에게 일정 금액의 수당을 지급하여 가정의 양육 부담을 경감하고, 아동의 기본권을 보장하는 역할을 한다. 이러한 보편주의적 아동수당은 저소득층뿐 아니라 중산층 이상의 가정에도 폭넓게 지원됨으로써 아동복지의 기반을 탄탄히 한다. 출산휴가 정책은 국가별로 차이를 보인다.

북유럽 국가들은 남성과 여성 모두에게 출산 및 육아휴가를 보장하며, 성별 구분 없이 가족 구성원이 양육에 참여할 수 있도록 적극 장려한다. 이는 성평등을 촉진하고 가족 내 역할 분담을 균형 있게 조정하는 데 기여한다. 반면, 한국은 여성을 중심으로 한 출산휴가 체계를 운영하고 있으며, 남성 육아휴가 사용은 상대적으로 낮아 가족 내 성별 역할 고정 관념이 여전히 존재한다는 한계가 있다. 가족수당 제도는 특히 다자녀 가정을 장려하는 정책적 수단으로 활용된다.

프랑스와 독일 등은 자녀 수에 따라 차등적으로 가족수당을 지급함으로써 출산율 제고와 가정 경제 지원을 동시에 추구하고 있다. 이러한 다자녀 장려 정책은 가족의 경제적 부담을 완화하고, 장기적으로 인구구조 안정화에 기여하는 것을 목표로 한다. 종합적으로, 가족 및 아동정책은 아동의 권리 보호와 가족의 삶의 질 향상, 나아가 인구 정책적 목표 달성을 위해 보편성과 형평성을 조화시키며 발전하고 있다. 각국의 정책은 사회적 가치와 문화적 특성에 맞춰 다양하게 설계되고 있으나, 모두가 지속 가능한 가족 지원 체계 구축을 위해 끊임없이 제도적 보완과 혁신을 추구하고 있다.

4) 노인·장애인복지

노인 및 장애인 복지 분야는 인구 고령화와 사회적 약자 보호라는 시대적 과제에 대응하기 위한 핵심 영역으로, 각국은 장기요양보험과 돌봄서비스를 중심으로 다양한 제도적 발전을 이루어왔다. 장기요양보험 제도는 일본과 독일이 선도적인 모델을 구축하였다. 이들 국가는 사회보험 방식을 통해 장기요양 서비스를 제도화하여, 고령자와 중증 장애인의 일상생활 지원을 체계적으로 제공하고 있다. 특히 일본과 독일은 보험료를 기반으로 한 재원 조달과 엄격한 서비스 평가 체계를 갖추어 안정적이고 지속 가능한 장기요양 서비스를 운영하고 있다. 한국은 2008년에 장기요양보험을 도입하여 빠르게 제도적 안착을 이루었으며, 급속한 고령화에 대응하여 서비스 공급 확대와 재정 안정성 강화에 중점을 두고 있다. 돌봄서비스의 제공 방식은 국가별로 차이를 보인다.

북유럽 국가들은 돌봄 서비스를 공공 서비스화하여 지방자치단체와 국가가 직접 또는 협력하여 돌봄을 제공하는 체계를 구축하고 있다. 이는 돌봄의 공공성을 강조하며, 서비스 품질과 접근성 확보에 초점을 맞추고 있다. 반면, 남유럽 국가들에서는 돌봄서비스가 현금보조 중심으로 운영되는 경향이 있다. 즉, 가족 구성원이 직접 돌봄을 담당할 수 있도록 현금 급여나 수당을 지급하는 방식으로, 가족 중심의 돌봄 책임을 지원하는 특징이 있다. 이처럼 노인·장애인 복지정책은 장기요양보험과 돌봄서비스의 형태, 재원 조달 방식, 서비스 제공 주체 등에 따라 다양한 모델이 공존한다. 그러나 공통적으로는 고령자 및 장애인의 삶의 질 향상과 가족의 돌봄 부담 완화를 목표로 하며, 사회적 형평성과 지속 가능성을 확보하기 위한 정책적 노력이 지속되고 있다. 앞으로도 인구구조 변화에 대응한 제도적 보완과 서비스 혁신이 중요한 과제로 대두되고 있다.

5) 주거보장정책

주거보장정책은 국민의 기본생활 안정과 주거 복지를 실현하는 데 중요한 역할을 하며, 각국은 공공임대주택 공급, 주거수당 지급, 난방비 지원 등 다양한 수단을 통해 주거복지 확대를 추진하고 있다. 우선, 네덜란드와 스웨덴 등 북유럽 국가들은 공공임대주택 비율이 매우 높은 편으로, 국가와 지방정부가 적극적으로 공공임대주택을 공급하여 저소득층과 사회적 약자의 안정적인 주거 환경 확보에 앞장서고 있다. 이들 국가는 주거의 질과 접근성을 보장하는 한편, 시장 기능과 조화를 이루는 체계적 관리로 공공임대주택의 지속 가능성을 높이고 있다.

주거수당 제도는 주택비 부담을 경감하기 위한 직접적인 경제적 지원 수단이다. 영국의 'Housing Benefit'이 대표적인 사례로, 저소득 가구에 임대료 일부를 현금으로 지원하여 주거비 부담을 완화한다. 한국의 '주거급여'도 이와 유사한 기능을 수행하며, 급여 대상과 지급 기준을 세밀하게 설정하여 취약계층을 중심으로 주거비 지원을 제공하고 있다. 이러한 주거수당은 시장 임대료 상승과 경제적 취약성에 대응하는 유연한 지원책으로서 주목받고 있다. 또한, 북유럽 국가들은 난방비 지원과 같은 에너지 복지정책을 확대하여, 겨울철 난방비 부담 완화와 함께 에너지 접근성 보장을 실현하고 있다. 이는 기후 조건이 엄격한 국가들의 주거복지 체계에서 중요한 요소로 작용하며, 에너지 빈곤을 해소하는 사회적 안전망으로 자리 잡고 있다. 종합적으로, 주거보장정책은 공공임대주택 공급 확대와 주거비 직접 지원, 그리고 에너지 복지 강화 등 다층적 접근을 통해 국민의 주거 안정성을 도모하고 있다. 각국은 자국의 주거시장 특성과 사회적 요구에 맞춰 정책 수단을 다양화하고 있으며, 특히 취약계층에 대한 맞춤형 지원과 지속 가능한 주거복지 체계 구축을 위해 지속적인 제도 개선과 혁신을 추진하고 있다.

3. 국제 비교 사례

사회보장 정책은 각국의 역사적 배경과 경제구조, 복지 철학에 따라 다양한 형태로 발전해 왔다. 여기서는 스웨덴, 독일, 미국 세 나라를 중심으로 연금구조와 보육정책을 비교하여 그 특징을 살펴본다. 먼저 연금구조를 보면, 스웨덴은 보편연금과 기여연금을 혼합한 체계를 운영하고 있다. 즉, 기본적으로 모든 국민에게 일정 수준의 보편연금을 지급하면서, 별도로 근로 기간과 기여도에 따라 추가 연금을 받는 방식을 채택하여 노후소득 보장의 안정성과 형평성을 동시에 추구한다.

반면 독일은 주로 기여 기반의 사회보험 방식으로 연금을 운영한다. 근로자와 사용자 모두 보험료를 납부하며, 이를 바탕으로 가입자의 기여 정도에 따라 연금액이 결정되는 체계이다. 미국은 민간 중심의 연금 구조를 갖고 있는데, 주로 퇴직연금과 개인연금에 의존하는 방식으로 공적 연금의 비중은 상대적으로 낮다. 다음으로 보육정책에서는 스웨덴이 무상 보편보육을 제공하며, 국가가 직접 보육의 책임을 지고 높은 수준의 공공 보육 서비스를 보장한다.

이는 아동의 발달과 부모의 노동시장 참여를 촉진하는 데 중점을 둔 정책이다. 독일은 기여 기반 사회보험과 공공 보육이 병행되는 체계를 운영하여, 공적 지원과 민간의 참여가 조화를 이루고 있다. 미국은 시장 주도형 보육 정책을 펴고 있어, 민간 보육 서비스가 주를 이루며 국가의 직접적인 보육 제공은 상대적으로 제한적이다.

이처럼 세 나라는 연금과 보육 분야에서 각기 다른 사회보장 모델을 발전시켜 왔으며, 이는 국가별 사회경제적 환경과 정책 우선순위의 차이를 반영한다. 스웨덴은 보편성과 공공성에 중점을 둔 복지국가 모델, 독일은 사회보험을 기반으로 한 혼합형 모델, 미국은 시장 중심의 민간 주도 모델로 구분할 수 있다. 이러한 비교는 각국 사회보장 정책의 강점과 한계를 이해하는 데 중요한 시사점을 제공한다.

〈표 49〉 국제 연금 및 보육 정책 비교

비교 항목	스웨덴	독일	미국
연금구조	보편+기여 혼합	기여 기반	민간중심
보육정책	무상 보편보육	기여+공공 병행	시장 주도

참고: Esping-Andersen(1990), OECD(2021), 김수연·박진우(2022) 자료를 바탕으로 재정리함.

4. 정책적 시사점

1) 글로벌 공통 과제

전 세계적으로 많은 복지국가들이 직면한 공통적인 도전과제는 고령화, 사회적 양극화, 그리고 경제적 불안정이라는 세 가지 핵심 요인으로 요약할 수 있다. 먼저, 인구 고령화는 각국의 사회보장제도에 중대한 부담으로 작용하고 있는데, 노인 인구가 급격히 증가함에 따라 연금, 의료, 장기요양 등 복지재정의 수요가 크게 늘어나고 있다. 이에 따라 재정의 지속 가능성을 확보하는 것은 모든 국가가 시급히 해결해야 할 과제이다.

또한, 사회적 양극화 문제 역시 복지국가의 중요한 현안으로, 경제적 불평등과 함께 사회적 배제 현상이 심화되면서 복지 서비스의 접근성과 형평성을 보장하는 것이 더욱 어려워지고 있다. 이는 복지제도가 단순한 소득 재분배 기능을 넘어 사회 통합과 포용성 강화를 위한 역할을 확대해야 함을 의미한다. 마지막으로, 세계 경제의 불확실성과 불안정성은 고용시장과 소득 안정성에 부정적 영향을 미치며, 이에 따른 사회보장 정책의 탄력적 대응과 효율적 재구조화가 요구되고 있다. 복지재정의 한정된 자원을 효과적으로 배분하고, 급변하는 경제환경에 능동적으로 대처하기 위해서는 기존 제도의 혁신과 정책 간 연계 강화가 필수적이다.

결국, 이러한 글로벌 공통 과제에 대응하기 위해서는 각국이 재정 지속 가능성을 확보하는 동시에 복지 서비스의 효율성과 형평성을 균형 있게 제고하는 방향으로 사회보장제도의 전면적인 재구조화가 필요하다. 이를 통해 복지국가가 직면한 복합적 위기에 효과적으로 대응하고, 포용적이며 지속 가능한 사회발전을 이끌어 나갈 수 있을 것이다.

2) 정책 수렴과 제도 다양성

최근 사회보장 정책의 특정 영역, 특히 아동수당과 장기요양과 같은 분야에서는 여러 국가들 간에 유사한 정책적 방향성과 제도적 접근이 나타나는 '정책 수렴(Convergence)' 현상이 관찰되고 있다. 이는 각국이 인구구조 변화, 경제적 도전, 사회적 요구에 대응하기 위해 복지 서비스 제공의 확대와 질적 향상을 추구하면서 점차 공통된 정책 목표와 방식을 채택하게 된 결과로 볼 수 있다. 예를 들어, 아동의 복지 증진과 가족 지원을 강화하기 위한 아동수당 제도의 도입과 확대, 그리고 고령화 사회에 맞춘 장기요양 서비스 체계 구축은 많은 국가에서 우선순위로 자리 잡고 있다. 그러나 이러한 정책적 수렴 현상에도 불구하고, 각국의 사회보장제도는 여전히 뚜렷한 제도적 다양성을 유지하고 있다. 이는 각 국가의 고유한 정치문화, 역사적 배경, 가족구조, 사회적 가치관의 차이에서 기인한다. 예를 들어, 복지국가 유형에 따른 국가별 복지 철학과 제도 설계, 가족 중심주의의 정도, 국가와 시장, 가족 간의 역할 분담 방식이 상이하기 때문에 동일한 문제를 다루더라도 정책 실행 방식과 구체적 내용은 크게 달라질 수밖에 없다. 벨란드 등(Béland 2021)의 연구에서도 강조하듯이, 이러한 제도적 다양성은 단순히 정책 모방이나 표준화가 아닌, 각 국가의 사회적 맥락과 제도적 전통에 맞춘 맞춤형 정책 개발과 운영이 이루어지고 있음을 보여 준다. 따라서 국제적 정책 수렴 경향은 있더라도, 각국은 자국의 특수성을 반영한 복지제도 설계와 개혁을 지속함으로써 다양한 복지 모델이 공존하는 다원적 복지국가 체계가 유지되고 있다. 결과적으로, 사회보장 정책의 발전은 글로벌 차원의 공통 과제에 대응하는 수렴과 함께, 개별 국가의 역사적·사회적 맥락을 반영하는 제도적 다양성의 균형을 통해 이루어지고 있음을 알 수 있다. 이는 복지국가 정책의 유연성과 지속 가능성을 확보하는 데 중요한 시사점을 제공한다.

3) 한국 사회보장의 방향

한국 사회보장은 동아시아형 복지국가가 지니고 있는 전통적 특징인 '생산주의'와 '가족의존' 구조를 점차 넘어서는 방향으로 발전할 필요가 있다. 생산주의는 경제적 생산능력을 중시하여 복지의 대상과 수준을 제한하는 경향을 뜻하며, 가족의존은 복지책임을 가족에게 크게 의존하는 사회적 구조를 말한다. 이러한 틀에서 벗어나 보편적 복지 확충과 사회보장제도 간 유기적인 연계성을 강화하는 것이 앞으로의 중요한 과제로 부각된다. 특히, 노인, 아동, 장애인 등 취약계층을 대상으로 한 서비스 기반의 복지를 확대하는 것이 필요하다.

급속한 고령화와 인구구조 변화, 그리고 아동과 장애인에 대한 사회적 요구가 높아짐에 따라, 이들 영역에서 질 높은 서비스 제공을 위한 인프라 구축과 제도적 지원이 절실하다. 이는 단순한 소득 지원을 넘어 생활 전반에 걸친 맞춤형 서비스 제공으로 이어져야 한다. 아울러, 복지 행정의 효율성과 접근성을 높이기 위한 디지털 기반의 행정 혁신 또한 필수적이다. ICT 기술을 활용한 전자민원, 온라인 서비스, 데이터 연계 시스템 구축은 국민들이 복지 혜택을 보다 편리하게 이용할 수 있도록 돕고, 행정 비용 절감과 정책 집행의 신속성을 제고하는 데 크게 기여할 것이다. 종합하면, 한국 사회보장은 기존의 생산주의·가족 중심적 한계를 극복하고,

보편성과 제도 간 통합성을 바탕으로 한 서비스 기반 복지 체계를 확립하며, 디지털 혁신을 통해 행정의 효율성을 강화하는 방향으로 나아가야 한다. 이를 통해 보다 포용적이고 지속 가능한 복지국가 실현이 가능할 것이다.

> **학습 문제**
>
> 1. 사회보장 국가유형 분류의 주요 기준과 유형별 특징을 설명하시오.
> 2. 사회민주주의 모델과 자유주의 모델의 사회보장제도 차이를 비교하시오.
> 3. 소득 보장 기능과 사회 서비스 제공 기능의 차이점을 정책 사례를 들어 설명하시오.
> 4. 주요 국가들의 연금제도와 건강보험 제도의 특징을 비교하시오.
> 5. 국제사회보장제도 비교가 우리나라 정책 발전에 주는 시사점은 무엇인가?

제5부

사회보장 통합적 접근을 위한 전략

제10장

통합적 접근의 필요성과 목표 설정

> **학습 목표**
> 1. 사회보장제도의 통합 필요성을 체계적으로 분석한다.
> 2. 통합 추진을 위한 단기, 중기, 장기 목표를 구분하여 설정할 수 있다.
> 3. 목표별 실행 전략과 기대 효과를 이해한다.

제1절 통합적 접근의 필요성 분석

1. 통합적 접근의 개념과 사회보장제도에서의 의미

1) 통합적 접근의 정의 및 유형

◆ 통합적 접근의 정의

사회보장 분야에서 통합적 접근(Integrated Approach)은 사회보장제도 및 서비스가 개별적·분절적으로 운영되는 것을 넘어서, 제도 간, 행정 간, 서비스 제공 간 상호 연계와 조정을 통해 국민에게 보다 효율적이고 일관된 복지 지원을 제공하는 과정이다. 통합은 단순한 물리적 결합이나 조직 통폐합을 의미하는 것이 아니라, 정책 목표, 행정 절차, 재정 관리, 서비스 전달 체계 전반에 걸쳐 유기적 협력과 조화를 이루는 것을 뜻한다. OECD(2023)는 사회보장 통합적 접근을 "복지제도 간 중복 제거와 정보 공유를 통한 정책 효율성 극대화 및 이용자 중심 서비스 제공"이라고 정의하며, 사회적 보호 체계의 효과성과 포용성을 높이는 핵심 전략으로 강조한다.

◆ 통합의 유형

사회보장 통합은 다양한 차원과 방식으로 구분할 수 있으며, 대표적으로 다음과 같은 유형으로 분류된다.

▶ 제도적 통합 사례

사례: 한국의 기초생활 보장제도 통합 관리

한국은 과거 여러 부처에서 각각 운영하던 기초생활 보장 관련 법률과 정책을 통합하여 '기초생활 보장법'을 제정하고, 중앙정부 차원에서 통합적 관리 체계를 구축하였다. 이를 통해 중복 지원과 제도 간 충돌을 줄이고, 수급권자 선정 및 급여 지급 기준을 일원화하였다(한국보건사회연구원, 2024). 또한, 부처 간 협의체를 구성해 정책 일관성과 협력을 강화하는 시스템을 운영하고 있다.

▶ 행정적 통합 사례

사례: 복지로(Welfare Road) 온라인 통합 플랫폼

한국 보건복지부는 복지로라는 온라인 플랫폼을 구축해 국민이 다양한 복지 서비스를 한 곳에서 조회·신청할 수 있도록 지원한다. 이 플랫폼은 중앙부처와 지방자치단체의 복지 행정 데이터를 연계해 원스톱 서비스 제공을 목표로 한다. 복지 상담, 신청 절차, 지원 현황 확인 등이 통합되어 행정 효율성과 이용자 편의성이 크게 향상되었다(박수진, 2024).

▶ 서비스 통합 사례

사례: 지역사회 통합 돌봄(커뮤니티 케어)

한국의 지역사회 통합 돌봄 사업은 의료, 요양, 복지 서비스를 지역사회에서 연계 제공하는 모델이다. 노인이나 장애인이 병원이나 시설이 아닌 집과 지역사회에서 포괄적 서비스를 받도록 하여 서비스 간 단절을 해소한다. 여러 기관이 협력해 맞춤형 돌봄, 방문간호, 재활 서비스 등을 통합적으로 지원하며, 이용자의 삶의 질 향상에 기여하고 있다(보건복지부, 2023).

▶ 재정적 통합 사례

사례: 사회보장기금 통합 관리 방안

일부 국가에서는 건강보험, 연금, 실업보험 등 다양한 사회보장 재원을 하나의 기금 또는 통합 회계로 관리하여 재정 운용의 투명성과 효율성을 높이고 있다. 한국도 사회보장 재정의 안정성을 위해 중앙정부 주도로 기금 통합 및 관리 체계 개선을 추진하고 있으며, 예산 집행의 중복과 낭비를 줄이고 있다.

▶ 정보 통합 사례

사례: 빅데이터 기반 복지 사각지대 발굴 시스템

최근 한국에서는 공공 데이터와 행정정보를 통합 분석하여 복지 사각지대를 조기에 발견하는 시스템을 운영 중이다. 예를 들어, 건강보험, 고용보험, 세무정보, 교육 데이터 등을 연계해 지원 대상자의 생활 여건을 종합적으로 파악하고, 맞춤형 지원을 설계한다. 이를 통해 누락된 취약계층을 효과적으로 발굴할 수 있다.

◆ 통합의 복합적 성격

사회보장 통합은 단일 유형에 국한되지 않고 여러 유형이 상호 작용하며 복합적으로 진행된다. 예를 들어, 제도적 통합과 행정적 통합이 함께 이루어질 때 재정적 통합과 서비스 통합도 촉진될 수 있다. 이 과정에서 정보 통합은 데이터 기반 의사결정과 정책 평가에 필수적 역할을 수행한다.

〈표 50〉 통합 개념 및 사례

유형	설명	주요 특징 및 사례
제도적 통합	법률, 정책, 규정 등을 통합하여 제도 간 충돌이나 중복을 해소하는 것	복지법령 정비, 부처 간 협력 체계 구축, 예산 통합 운영
행정적 통합	서비스 제공 조직 및 인력, 정보시스템 등을 연계하여 행정 효율성 증대	복지행정 통합 플랫폼, 공동 상담 창구 운영, 데이터 공유 시스템
서비스 통합	이용자가 여러 서비스를 원스톱으로 받을 수 있도록 서비스 절차 및 지원을 연결	커뮤니티 케어, 원스톱 복지 상담, 맞춤형 복지 패키지 제공
재정적 통합	예산과 재정을 통합 관리하여 자원의 중복투자 방지 및 효율적 배분 실현	통합 사회보장기금 조성, 교부금 체계 개편
정보 통합	다양한 복지 관련 정보를 연계·분석하여 의사결정 및 정책 설계에 활용	빅데이터 분석, 복지 사각지대 발굴 시스템

참고: 김민지 외(2021), 박상현 외(2022), OECD(2019), 최민경(2020) 자료를 바탕으로 재정리함.

◆ 통합 유형별 기대 효과

사회보장 통합은 여러 사회보장제도와 서비스를 유기적으로 연계하고 조정함으로써 다양한 긍정적 효과를 창출한다. 첫째, 복지 사각지대를 크게 감소시킬 수 있다. 분절적으로 운영되던 제도들이 통합되면 지원의 누락이나 중복이 줄어들어, 그동안 제도권 밖에 있던 취약계층도 필요한 서비스를 적시에 받을 수 있게 된다. 이는 사회적 약자 보호 강화와 사회통합 증진에 기여한다. 둘째, 행정 효율성이 향상된다. 여러 부처와 기관에 분산되어 있던 예산과 인력, 정보가 통합 관리됨으로써 중복 투자와 비효율적 행정 절차가 줄어들고, 업무 처리 속도와 정확성이 높아진다. 결과적으로 재정과 인적 자원의 절감 효과를 기대할 수 있다.

셋째, 서비스 품질과 이용자 만족도가 증가한다. 통합된 서비스 제공 체계는 이용자가 여러 서비스를 한 번에 접근하고, 자신의 필요에 맞게 맞춤형 지원을 받을 수 있도록 해 복지 체감도를 높인다. 서비스 간 연계가 원활해짐으로써 국민의 삶의 질 향상에 직접적인 영향을 미친다. 넷째, 정책의 일관성과 지속 가능성이 강화된다. 부처 간 협력과 정보 공유가 활성화되면서 정책 간 상충이나 중복이 줄어들고, 통합된 전략을 바탕으로 장기적이고 체계적인 사회보장 정책 수립이 가능해진다. 이는 사회보장제도의 안정성과 신뢰도를 높이는 데 중요한 역할을 한다.

마지막으로, 재정적 지속 가능성 확보에도 긍정적 효과가 있다. 통합을 통해 자원이 효율적으로 배분되고 불필요한 지출이 감소함으로써 한정된 재원을 효과적으로 활용할 수 있다. 이는 장기적으로 사회보장제도의 재정 건전성을 유지하는 데 기여한다. 이처럼 사회보장 통합은 국민 개개인의 복지 향상뿐 아니라, 국가 차원의 행정 효율성, 재정 안정성, 정책 효과성을 모두 높이는 필수적인 전략으로 평가받고 있다.

〈표 51〉 통합 유형별 기대 효과

통합 유형	기대 효과
제도적 통합	법·제도 간 충돌 완화, 정책 일관성 확보
행정적 통합	행정 비용 절감, 업무 효율성 증대
서비스 통합	이용 편의성 증대, 서비스 품질 향상
재정적 통합	자원 배분 최적화, 재정 지속 가능성 확보
정보 통합	정책 근거 강화, 복지 사각지대 조기 발견

참고: 김수연 외(2021), 이지훈 외(2020), OECD(2018), 박진우(2019) 자료를 바탕으로 재정리함.

◆ 최근 연구 및 정책 동향

최근 연구 및 정책 동향을 살펴보면, 한국 사회보장 체계의 통합에 대한 논의가 제도적·행정적·서비스적 차원에서 보다 입체적으로 전개되고 있다. 김현정과 박성민(2023)은 사회보장 통합을 세 가지 차원으로 구분하여 분석하며, 단일한 접근보다는 다차원적 전략 수립이 필요하다는 점을 강조하였다. 또한 박지영(2023)은 통합의 유형별 특성을 고려한 맞춤형 정책 설계를 통해 통합 효과를 극대화할 수 있다고 제안하고 있다. 아울러 OECD(2023)는 다양한 국가의 사례를 바탕으로 통합에 대한 다면적 접근 방식과 정보기술을 활용한 데이터 통합의 중요성을 강조하며, 이러한 요소들이 한국의 통합 정책 방향에도 유의미한 시사점을 제공한다고 평가하고 있다.

2) 사회보장제도 통합의 필요성 배경

◆ 인구구조 변화와 복지 수요의 다변화

급속한 인구 고령화, 출산율 감소, 가족 구조의 변화는 사회보장제도의 복잡성과 다양성을 크게 증대시키고 있다(통계청, 2024). 고령 인구 증가에 따른 건강관리, 요양, 연금 수요가 급증하는 한편, 다문화가족, 장애인, 청년 실업 등 다양한 사회적 취약계층의 욕구도 복잡하게 얽혀 있다. 이러한 다변화된 복지 수요는 기존의 단편적이고 분절적인 사회보장제도만으로는 효과적으로 대응하기 어렵다(한국보건사회연구원, 2024).

◆ 복잡하고 분산된 제도 운영의 한계

한국 사회보장제도는 여러 부처와 지방자치단체에서 각각 운영하는 다양한 프로그램으로 구성되어 있다. 이로 인해 중복 지원과 사각지대가 발생하며, 이용자의 서비스 접근성 저하와 행정 비효율이 심화되고 있다. 특히, 복지 대상자들이 여러 기관을 각각 방문하거나 별도의 신청 절차를 거쳐야 하는 불편함이 크다. 제도 간 연계 미흡은 국민의 체감 복지 수준 저하로도 이어진다.

◆ 재정적 지속 가능성 문제

인구 고령화와 복지 수요 증가에 따른 재정 부담이 크게 늘어나면서, 한정된 재원을 효과적으로 배분하고 관리하는 것이 시급한 과제로 떠오르고 있다. 중복 투자와 비효율적 자원 운용은 재정 건전성 악화로 직결되므로, 재정 통합과 효율적 관리가 요구된다.

◆ 사회적 형평성 및 포용성 제고 필요

사회적 불평등과 취약계층 증가로 인해 모든 국민이 균등하게 사회보장 혜택을 누릴 수 있도록 하는 '포용적 복지' 실현이 중요해졌다. 분절적 제도 구조는 특정 계층의 복지 접근성을 저해하고, 사각지대 발생을 심화시킨다. 통합을 통해 보다 공정하고 포괄적인 사회보장 체계를 구축할 필요가 있다.

◆ 디지털 전환 및 행정 혁신의 기회

정보통신기술(ICT)의 발전은 복지 행정 및 서비스 제공의 혁신을 가능케 한다. 온라인 플랫폼, 빅데이터, AI 분석을 활용한 복지 서비스 통합과 사각지대 발굴이 현실화되면서, 제도 통합의 기술적 기반이 마련되었다(박수진, 2024). 하지만 디지털 격차 문제 해결과 함께 제도적·행정적 통합도 병행되어야 한다.

〈표 52〉 사회보장제도 통합의 필요성 요인

필요성 요인	세부 내용	정책적 함의
인구구조 변화	고령화, 저출산, 가족구조 변화에 따른 복합적 복지 수요 증가	통합적 맞춤형 서비스 제공 및 장기 복지 전략 수립 필요
제도 분산 및 복잡성	여러 부처·기관별 개별 운영, 서비스 중복·사각지대 발생	부처 간 협력 체계 강화 및 서비스 연계 시스템 구축
재정 부담 증가	급증하는 복지 수요로 인한 재정 지속 가능성 위협	재정 통합 관리와 지출 효율화 방안 마련
사회적 형평성 강화	불평등 완화와 취약계층 포용 필요성 증대	포용적 복지 확대 및 사각지대 최소화 위한 통합 정책 필요
기술 발전 및 디지털 전환	ICT 활용한 서비스 통합 및 행정 효율성 증대	디지털 기반 복지 행정 혁신과 소외계층 접근성 보장 병행

참고: 김민지 외(2021), 보건복지부(2023), OECD(2021), 박상현 외(2020) 자료를 바탕으로 재정리함.

사회보장제도의 통합 필요성은 인구구조와 사회환경 변화, 복지 수요 다변화, 재정적 제약, 사회적 형평성 요구, 그리고 디지털 기술 발전이라는 복합적 배경에서 기인한다. 이러한 배경은 분절적이고 중복된 기존 복지 시스템을 개편하고, 국민 누구나 공정하고 효율적으로 복지 서비스를 누릴 수 있도록 통합적이고 포괄적인 사회보장 체계 구축의 긴급한 필요성을 부각시키고 있다.

2. 남북한 사회보장제도의 분리와 문제점

1) 제도 격차에 따른 사회적·경제적 영향

◆ 남북한 사회보장제도의 현황과 격차

남한과 북한은 분단 이후 서로 다른 정치·경제 체계 속에서 독자적인 사회보장제도를 발전시켜 왔다. 남한은 시장경제를 기반으로 사회보험, 공공부조, 복지 서비스 등 다양한 제도를 구축하며, 급속한 산업화와 민주화 과정을 거쳐 사회보장의; 범위를 지속적으로 확대해 왔다(박지혜 외, 2023). 반면 북한은 중앙집권적 계획경제 체제하에 국가 주도의 전면적 복지 제공을 지향해 왔으며, 보건·의료, 주택, 고용 보장 등을 제도적으로 마련해 왔다. 그러나 장기화된 경제난과 국제 제재 등의 영향으로 제도의 실질적 기능은 크게 위축된 상태이다. 이와 같은 구조적 차이는 사회보장제도의 구성과 재원 조달 방식, 적용 대상과 서비스 범위, 운영 체계 전반에 걸쳐 뚜렷한 격차를 초래하고 있다.

◆ 사회적 영향

▶ 사회통합과 상호 이해 저해: 남북한 간 사회보장제도의 격차는 통일 이후 사회통합 과정에서 심각한 장애물로 작용할 수 있다. 북한 이주민(탈북민)들이 남한 사회에 적응하는 과정에서 서로 다른 복지 체계로 인한 낯설음과 혼란이 적응에 어려움을 초래할 수 있으며, 이로 인해 소외감이나 불안감이 깊어질 가능성도 있다.

▶ 사회적 불평등 심화 가능성: 통합 과정에서 남북한 주민 간 복지 수준의 차이가 크게 나타날 경우, 일부 주민들 사이에서 상대적 박탈감이나 갈등의 소지가 생길 수 있다. 특히 북한 출신 주민들은 사회경제적 기반이 취약한 경우가 많아, 이러한 격차가 적응 과정에서 더 큰 어려움으로 이어질 수 있다는 우려가 제기되고 있다.

◆ 경제적 영향

▶ 재정 부담과 효율성 문제: 남북한 사회보장 통합 시 북한의 낮은 재정 투입과 운영 효율성 문제를 해소하는 데 상당한 재정적 부담이 예상된다. 제도 격차 해소를 위한 대규모 투자와 인프라 구축이 요구되며, 단기간 내 재정 부담 증가가 불가피하다(한국은행, 2024).

▶ 노동시장 및 경제활동 영향: 남북한 간 노동시장 구조의 차이로 인해 통일 이후 노동이주와 경제활동 통합 과정에서 일정한 불균형이 발생할 가능성이 있다. 특히 북한 주민들은 노동 경험이나 사회보장 체계에 대한 익숙함이 남한과는 다를 수 있어, 이러한 차이가 경제 통합의 중요한 변수로 작용할 수 있다.

〈표 53〉 남북한 사회보장제도 주요 격차 비교

구분	남한	북한	영향 및 문제점
체계 유형	시장경제 기반 사회보험과 공공부조 혼합	중앙집권적 계획경제 국가보장 체계	제도 구조 및 운영 방식의 큰 차이
재원 조달	보험료·세금 기반, 민간 참여 확대	국가 재정 및 중앙 통제	재정 안정성 및 지속 가능성 차이
복지 대상	국민 전체 및 취약계층 중심	노동자 및 인민 중심, 선별적 지원	대상 선정 및 서비스 범위 불일치
서비스 내용	건강보험, 연금, 고용보험, 실업급여, 공공부조 등 다양	의료, 주택, 교육, 고용 보장 등 기본적 복지에 집중	서비스 질 및 범위 차이
행정 운영	분권화 및 지방자치제도 적용	중앙집권적, 지방 통제 및 명령 체계	행정 효율성 및 서비스 접근성 문제

참고: 김민지(2023), 박진우(2022), 권민지(2021), 통일연구원(2020) 자료를 바탕으로 필자가 재정리함.

◆ 정책적 시사점 및 과제

▶ 통합 전 단계별 제도 조정 및 표준화 필요: 통일 이전부터 단계적이고 체계적인 제도 조정과 법·제도의 표준화 작업이 선행되어야 하다. 아울러, 북한 주민들이 새로운 사회보장 체계에 원활히 적응할 수 있도록 돕기 위한 맞춤형 적응 프로그램과 역량 강화 지원이 필수적이다.

▶ 포용적 복지정책 설계: 남북한 주민 모두를 아우를 수 있는 포용적 사회보장 체계의 구축이 필요하다. 특히 북한 이주민이 남한 사회에 안정적으로 적응할 수 있도록 지원하고, 취약계층에 대한 보호를 강화하는 데 중점을 두어야 한다.

▶ 재정 및 행정 인프라 확충: 재정 지원 체계와 행정 인프라를 강화하여 북한 지역 복지 서비스의 실질적 제공 능력을 확보해야 한다.

▶ 사회통합 및 갈등 완화 노력 병행: 사회적 인식 개선과 갈등 완화를 위한 교육, 커뮤니티 지원, 문화교류 프로그램이 필요하다.

남북한 사회보장제도의 격차는 통합 이후 사회·경제 전반에 걸쳐 복합적인 영향을 미칠 수 있으며, 이를 효과적으로 관리하기 위한 체계적이고 단계적인 정책적 대응이 절실하다. 통합을 통한 사회통합 강화와 경제적 부담 완화 사이에서 균형을 찾는 것이 향후 과제이다.

2) 중복 및 비효율성 문제

◆ 제도 분리로 인한 중복 문제

남북한은 각각 독자적인 사회보장 체계를 구축·운영함에 따라, 분단 상태가 지속되는 한 중복된 제도와 정책들이 병존하는 상황이 발생하고 있다. 예컨대, 양측 모두 건강보험, 연금, 고용보장 등의 기본적인 사회보험 제도를 갖추고 있으나, 제도의 설계 기준, 적용 범위, 급여 수준 등이 상이해 실질적 통합 없이 운영될 경우 정책적·재정적 중복투자가 불가피하다(통일연구원, 2023). 또한, 남한 내에서는 탈북민을 대상으로 하는 별도의 복지 프로그램과 기존 주민 대상 프로그램이 동시에 운영되면서 행정 중복과 자원 낭비가 발생하는 사례가 보고되고 있다.

◆ 비효율성의 구조적 원인

- 행정 체계 및 운영 방식의 이질성: 북한의 중앙집권적 계획경제 기반 행정과 남한의 분권화된 시장경제 기반 행정은 근본적으로 운영 방식에서 차이가 크다. 이로 인해 제도 통합 없이 각자 독립적으로 운영되는 사회보장제도들은 행정 절차의 비효율성, 자원 배분의 불균형, 서비스 전달 체계의 중복성을 심화시키고 있다.
- 재정 운용 및 관리의 분산: 각기 다른 재원 조달 및 집행 시스템은 사회보장 재정의 통합 운용을 어렵게 하며, 이로 인해 비용 상승과 재정 낭비가 발생한다. 특히 북한 지역의 사회보장 재정은 중앙정부가 전담하는 반면, 남한은 다양한 지방정부와 민간 부문이 참여해 복잡한 구조를 형성하고 있어 효율적 통합에 걸림돌로 작용한다.
- 중복 및 누락 서비스 문제: 중복 지원과 더불어, 중복이 없는 부분에서는 사각지대가 발생해 비효율성이 극대화된다. 서비스 대상자 선정 기준과 절차가 통일되지 않아 같은 대상자가 중복 수혜를 받거나, 반대로 지원에서 누락되는 사례가 빈번하게 발생될 수 있다.

◆ 비효율성 해소를 위한 정책 과제

- 통합 행정 체계 구축: 남북한 사회보장 행정 시스템의 단계적 연계 및 통합을 위한 법적·제도적 기반 마련이 필요하다. 특히, 통합 데이터베이스와 온라인 플랫폼 등을 활용해 행정 업무 중복을 최소화하고, 정보 공유를 활성화해야 한다.
- 재정 통합 관리: 사회보장 재정의 효율적 운용을 위해 중앙정부 주도의 통합 기금 운영과 예산 집행 시스템 정비가 필요하다. 북한 지역 재정 지원 확대와 함께 남한 내 탈북민 복지 재정도 통합 관리함으로써 재정 낭비를 줄여야 한다(한국은행, 2024).
- 서비스 통합과 표준화: 서비스 대상자 선정 기준 및 지원 절차를 표준화하여 중복 지원과 누락을 방지하고, 이용자의 서비스 접근성을 높여야 한다. 맞춤형 원스톱 서비스 제공 체계 구축이 필수적이다.

▶ 협력 메커니즘 강화: 남북 사회보장 통합 추진을 위한 협의체 설치와 정기적 협력 프로세스 운영으로 상호 이해와 조율을 증진해야 한다.

남북한 사회보장제도의 분리로 인한 중복과 비효율성은 통일 이후 사회보장 통합의 중요한 장애물이다. 이를 극복하기 위해서는 제도적, 행정적, 재정적 측면에서 체계적인 통합 전략과 단계적 실행 계획이 필요하며, 국민 모두가 혜택을 누릴 수 있는 효율적이고 공정한 사회보장 체계 구축이 요구된다.

3. 국제 통합 사례 및 시사점

1) 유럽연합(EU) 등 다국가 통합 사례

◆ 유럽연합(EU) 사회보장 통합의 개요

유럽연합(EU)은 경제적·정치적 통합뿐 아니라 회원국 간 사회보장제도의 조화를 통한 사회적 통합을 추구해왔다. EU는 회원국 간 자유로운 인적 이동과 노동력 유동성 보장을 위해 사회보장 권리의 상호 인정과 조정에 관한 규정을 발전시켰다(European Commission, 2023). 특히, coordination of social security systems(Regulation(EC) No 883/2004) 체계는 회원국 간 보험, 연금, 건강보험, 실업급여 등 사회보장 혜택의 이중 수혜 방지와 권리 이전을 규정하여 노동자 및 그 가족의 복지 권리를 보호한다.

◆ 주요 통합 메커니즘
▶ 사회보장 권리 조정: EU는 노동자 및 가족이 국경을 넘나들며 사회보장 혜택을 일관되게 받을 수 있도록, 중복 보험료 납부 방지, 보험 기간 합산, 혜택 계산 방식 통일 등을 추진한다.
▶ 사회적 정책 조화: 회원국 간 최소 사회보장 기준 설정과 함께 각국 제도의 자율성을 존중하는 유연한 접근 방식을 채택한다.
▶ 재정 연대와 조정 메커니즘: EU 차원에서 직접적인 사회보장 재정 운용은 없으나, 유럽사회기금(ESF) 등을 통해 회원국 복지정책의 발전을 지원하며 재정 부담 분담 및 조화를 간접적으로 촉진한다.

◆ EU 통합의 사회적·경제적 효과
▶ 노동시장 통합 촉진: 사회보장 체계의 조화는 노동자의 국경 간 이동성을 높이고, 고용 기회를 확대하며 경제 통합에 기여한다.
▶ 사회적 불평등 완화: 최소 사회보장 기준과 혜택 조정은 회원국 간 사회보장 격차를 줄이고, 상대적 박탈감을 완화하는 역할을 한다.
▶ 사회안전망 강화: 회원국 간 협력을 통한 정보 공유와 위기 대응이 강화되어 코로나19 등 사회적 위기 상

황에서 공동 대응 역량을 높였다.

◆ 기타 다국가 통합 사례
▶ 북미자유무역협정(NAFTA) 및 USMCA: 북미 지역은 경제 통합이 중심이나, 사회보장 영역에서는 국가별 자율성 유지가 강하며, 다국적 노동자 이동에 따른 제한적 협력 수준이다. 사회보장 통합보다는 상호 인정과 협력 메커니즘에 집중한다.
▶ 아세안(ASEAN): ASEAN은 회원국 간 사회보장제도 통합보다는 협력과 정책 조화에 초점을 맞추고 있으며, 노동 이동 촉진을 위한 사회보장 협정 개발 중이다.

〈표 54〉 다국가 사회보장 통합 주요 특징 비교

구분	EU	NAFTA/USMCA	ASEAN
통합 수준	높은 수준의 법적 조정과 제도 조화	제한적 협력 및 상호 인정	정책 협력과 조화 단계적 진행
주요 제도	사회보험 조정, 보험기간 합산, 혜택 이전	국경 간 노동자 보호를 위한 협력 메커니즘	노동 이동 촉진과 사회보장 협정 개발 중
재정 관리	회원국별 운영, EU 차원의 간접 지원(ESF 등)	국가별 독립적 재정 운영	독립적 운영 및 협력 지원
노동 이동	자유 이동 및 복지 권리 보장	경제활동 중심, 사회보장 권리 제한적	노동 이동 촉진, 복지 권리 확대 모색 중

참고: European Commission(2022), Smith & Garcia(2021), ASEAN Secretariat(2020) 자료를 바탕으로 필자가 재정리함.

◆ 시사점 및 한국·통일 사회에 대한 적용 가능성
▶ 단계적·유연한 통합 전략: EU 사례에서 보듯이 완전한 통합 이전에 제도 조정과 권리 조화에 초점을 맞추고, 회원국 자율성을 존중하는 접근이 효과적이다. 남북한 사회보장 통합에서도 단계적이고 점진적인 조정이 필요하다.
▶ 법적·제도적 기반 마련: 명확한 법적 근거와 규정을 마련하여 사회보장 권리와 의무를 규정하고, 제도 간 연계성을 강화해야 한다.
▶ 재정 지원 및 협력 메커니즘 구축: 재정 부담을 분담하고, 사회보장 서비스 향상을 위한 공동 기금 및 지원 체계 도입을 검토할 필요가 있다.
▶ 사회통합과 경제통합 동시 추구: 사회보장 통합은 경제 통합과 함께 추진되어야 하며, 이를 통해 국민의 삶의 질 향상과 사회적 안정성을 높일 수 있다.

유럽연합을 비롯한 다국가 사회보장 통합 사례는 제도 조정, 권리 보호, 재정 협력 등 다양한 통합 전략을 제공한다. 한국과 통일 이후 사회보장 체계 통합에 있어 이들 사례는 법적·행정적 기반 마련, 단계적 추진, 재정 협력의 중요성을 시사한다.

2) 통합 과정에서 나타나는 도전과 극복 전략

국제사회 및 다국가 통합 사례, 특히 유럽연합(EU)의 경험에 비추어볼 때, 사회보장 통합 과정에서는 여러 복합적 도전이 나타난다.

◆ 사회보장 통합 과정에서의 주요 도전 과제

- ▶ 제도적·법적 이질성: 회원국 또는 통합 대상 국가들이 서로 다른 법 체계, 사회보장제도, 급여 체계 등을 갖추고 있어 통합의 법적·제도적 조화가 어렵다.
- ▶ 재정 부담 및 분배 갈등: 통합에 따른 재정 분담 문제와 복지 수준 차이에서 비롯된 부담 불균형은 갈등을 야기한다.
- ▶ 정치적 이해관계와 주권 문제: 각국 정부의 주권 보호 의식과 정치적 이해관계가 통합 추진을 제약하는 요소로 작용한다.
- ▶ 사회적 수용성 및 문화적 차이: 국민 간 복지제도에 대한 인식 차이, 문화적 다양성, 사회적 편견은 통합 정책의 저항 요인이 된다.
- ▶ 행정·운영의 복잡성: 분산된 행정 체계와 정보 시스템의 불일치가 효율적 서비스 제공과 협력에 걸림돌로 작용한다.

◆ 극복 전략 및 성공 요인

- ▶ 단계적·점진적 통합 접근: 완전한 제도 통합 대신, 우선 권리 조정, 상호 인정, 보험기간 합산 등 핵심 영역부터 단계적으로 조정하는 전략이 효과적이다.
- ▶ 법적 조화 및 제도 정비: 통합 관련 법령과 규정을 체계적으로 정비하고, 표준화 작업을 통해 제도 간 격차를 줄인다.
- ▶ 재정 협력 및 부담 분담 메커니즘 구축: 공동기금 조성, 부담 비율 산정 등 명확한 재정 협력 체계를 마련하여 분쟁을 최소화한다.
- ▶ 정치적 합의와 거버넌스 강화: 통합 추진을 위한 다자간 협의체 운영과 투명한 의사결정 프로세스 확립으로 정치적 신뢰를 구축한다.
- ▶ 사회적 대화와 교육을 통한 수용성 제고: 국민 대상 통합 정책 설명, 문화교류 프로그램, 교육 캠페인을 통해 사회적 공감대를 형성한다.
- ▶ 정보통신기술(ICT) 기반 행정 통합: 전산시스템 통합과 데이터 공유 플랫폼 구축으로 행정 효율성과 서비스 연계성을 높인다.

<표 55> 사회보장 통합 도전과 극복 전략 요약

도전 과제	설명	극복 전략
제도·법률 이질성	각국 상이한 법제도, 급여 체계	단계적 조정, 법률 정비 및 표준화
재정 부담 분배 갈등	부담 불균형과 비용 증가	공동기금 조성, 명확한 분담 기준 설정
정치적 이해관계	주권 보호, 정치적 반대	다자 협의체 운영, 투명한 거버넌스 구축
사회적 수용성 부족	국민 간 인식 차이, 문화적 다양성	교육·캠페인, 사회적 대화 활성화
행정 운영 복잡성	분산된 행정 시스템과 데이터 불일치	ICT 기반 행정 통합, 데이터 공유 플랫폼 구축

참고: 김수연·박진우(2022), 이지훈 외(2022), OECD(2019), 자료를 바탕으로 필자가 재정리함.

◆ 사례별 극복 전략

▶ 유럽연합(EU): 권리 조정과 보험기간 합산 규정 도입, 유럽사회기금(ESF)을 통한 재정 지원, 다자간 협의체인 사회보장 위원회 운영, 그리고 국민 대상 통합 교육 프로그램 시행이 통합 진전을 견인했다.

▶ 아세안(ASEAN): 정책 조화와 협력 중심 접근을 통해 회원국 간 협의 메커니즘 강화 및 사회보장 협정 추진 중이며, 문화적 차이를 고려한 교육과 정보 공유에 집중하고 있다.

◆ 한국 및 통일 한국에의 시사점

남북한 사회보장 통합도 법·제도 간 차이를 인정하고 점진적으로 조율해 나가는 단계적 접근이 필요하다. 초기에는 권리 보장과 서비스 중복 해소에 집중하며, 재정 부담 분담과 효율적 운영 체계 구축에 힘써야 한다. 정치적 신뢰 구축과 사회적 합의 과정이 필수적이며, 국민 공감대 형성에 중점을 둬야 한다. ICT 기술을 활용한 행정 연계와 정보 공유 플랫폼 마련은 통합 운영의 핵심 기반이 된다.

사회보장 통합 과정은 다양한 제도적, 정치적, 사회문화적 도전이 뒤따르지만, 국제사회의 성공 사례는 단계적 통합, 법적 정비, 재정 협력, 정치적 거버넌스, 사회적 수용성 강화, ICT 기반 행정 혁신이 이를 극복하는 핵심 전략임을 보여 준다. 한국과 통일 이후 사회보장 통합에도 이러한 전략이 반드시 고려되어야 한다.

4. 정책적·사회적 통합 필요성 종합

◆ 정책적 통합의 필요성

사회보장 통합은 분단 상태에 있는 남북한이 통일을 대비해 필수적으로 추진해야 하는 과제로, 국가 차원의 정책 조정과 법적·제도적 통합을 포함한다. 정책적 통합을 통해 다음과 같은 목적 달성이 가능하다.

▶ 제도 간 일관성 확보 및 효율성 증대: 남북한 사회보장제도의 이질성을 해소하고, 법률과 행정 체계를 조화시켜 중복과 비효율성을 줄인다.

▶ 재정 건전성 유지와 지속 가능성 확보: 통합된 사회보장제도의 재정 운용과 부담 분담 체계를 마련해 재

정적 지속 가능성을 확보한다.
▶ 통합 사회 안전망 구축: 국민 모두가 기본적 복지권을 누릴 수 있는 통합적 사회안전망을 구축하여 사회적 위험에 공동 대응한다.
▶ 사회통합과 국가경쟁력 강화: 사회보장 통합은 국민의 삶의 질 향상뿐 아니라 안정적인 사회기반 마련을 통해 국가 경쟁력 강화를 지원한다.

◆ 사회적 통합의 필요성

사회적 통합은 정책적 통합과 함께 국민의 정서적·문화적 결속을 강화하는 것을 의미한다.

▶ 포용적 공동체 형성: 남북 주민 간 사회적 편견과 차별 해소, 상호 이해 증진을 통해 포용과 연대의 공동체를 구축한다.
▶ 정체성 통합과 국민 통합 의식 강화: 통합된 사회보장제도를 통해 국민 모두가 평등한 권리와 의무를 공유하며, 공동체 소속감과 통일 의지를 강화한다.
▶ 사회적 갈등 완화와 안정적 통합 기반 조성: 통합 과정에서 발생하는 갈등과 불신을 해소하고, 안정적인 사회통합 기반을 조성해 통일 이후 사회 혼란을 예방한다.
▶ 사회적 수용성 제고와 공감대 형성: 국민 대상 교육, 캠페인, 대화와 협력 프로그램을 통해 통합 정책에 대한 사회적 지지와 수용성을 높인다.

◆ 종합적 관점에서의 통합 필요성

정책적·사회적 통합은 상호 보완적이며 함께 추진되어야 한다. 단순히 제도 통합만으로는 진정한 통일 사회를 구현할 수 없으며, 사회구성원 간 신뢰와 연대의식, 정체성 통합이 필수적이다. 이 두 측면의 조화는 다음과 같은 시너지 효과를 낳는다.

▶ 제도적 안정과 사회적 수용이 맞물린 통합 사회 실현: 법·제도적 통합이 사회적 수용 없이 진행될 경우 정책 저항과 갈등이 발생하지만, 사회적 통합이 뒷받침될 때 정책 효과가 극대화된다.
▶ 통합 사회보장 체계를 통한 지속 가능한 복지국가 구축: 안정적인 재정과 효율적 행정을 기반으로 한 정책 통합이 사회적 통합과 결합되면 국민 모두가 혜택을 누리는 복지국가 모델이 가능하다.
▶ 통일 준비 과정에서의 국민 참여와 신뢰 증진: 사회적 대화와 참여는 통합 정책에 대한 신뢰를 구축하며, 통일 이후 원활한 사회통합과 평화 정착에 기여한다.

제2절 단기, 중기, 장기 목표 설정

1. 단기 목표 설정

1) 제도 현황 진단 및 격차 파악

사회보장 통합을 위한 전략 수립에 있어 단기 목표는 통합 추진의 기초를 마련하는 매우 중요한 단계이다. 특히 남북한 사회보장제도의 현황을 정확히 진단하고, 두 제도 간 격차를 체계적으로 파악하는 작업은 효과적인 통합 정책 설계와 실행의 출발점이다. 정확한 진단 없이는 통합 과정에서 발생할 수 있는 중복, 누락, 갈등 등을 사전에 방지하기 어렵고, 재정적·행정적 부담도 증가할 수 있다.

◆ **제도 현황 진단의 주요 내용**

▶ 법률·제도적 체계 분석: 남북한 각각의 사회보장 관련 법률, 제도 운영 체계, 급여 유형 및 수준을 비교 분석한다. 예를 들어, 연금제도, 건강보험, 실업보험, 복지 서비스 제공 방식 등을 상세히 조사하여 기본 틀과 운영상의 차이를 파악한다.

▶ 재정 구조 및 운영 실태 파악: 사회보장 재원의 조달 방법, 재정 규모, 지출 구조 및 재정 지속 가능성 등을 진단한다. 남북 간 재정 운용 방식과 부담 분담 체계의 차이가 통합 추진에 미치는 영향을 분석한다.

▶ 대상자 및 수급자 현황 조사: 사회보장 수혜 대상 인구의 규모, 특성, 서비스 이용 현황 등을 파악해 대상자 맞춤형 정책 수립 기반을 마련한다. 특히 탈북민 등 특수 집단의 복지 현황도 포함한다.

▶ 행정 체계 및 인프라 점검: 행정 조직, 인력, 정보시스템, 서비스 전달 체계 등의 운영 현황과 제도 간 호환성, 연계성 문제를 점검한다.

◆ **격차 파악 및 평가**

▶ 서비스 범위 및 내용 차이: 남북한 간 사회보장 서비스 종류와 제공 수준, 접근성, 포괄성의 차이를 분석하여 제도 통합 시 우선 보완해야 할 영역을 도출한다.

▶ 급여 수준 및 산정 방식 차이: 급여액 산정 기준, 지급 방식, 급여 항목별 차이를 정량적·정성적으로 비교 평가한다.

▶ 재정적 지속 가능성 격차: 재정 부담 능력과 지속 가능성에서 나타나는 차이는 정책 조정과 재정 계획 수립에 중요한 기초자료가 된다.

▶ 행정적 운영 및 서비스 전달 격차: 정보 시스템, 인력 전문성, 서비스 제공 방식 등에서 나타나는 운영상의 불일치를 진단한다.

<표 56> 남북한 사회보장제도 현황 및 격차 진단 주요 항목

진단 항목	남한 현황	북한 현황	격차 내용 및 시사점
법률·제도 체계	복잡한 법률 체계, 다양한 사회보험과 복지 서비스 운영	중앙집권적 국가 체계, 제한적 사회보험 및 복지 체계 운영	법·제도 차이로 인한 통합 정책 조정 필요성
재정 구조	국민보험료 및 국가재정 혼합, 안정적 재정 운용	국가 주도 재정 조달, 재정 투명성 부족	재정 지속 가능성 및 부담 분담 방식 차이
수급자 현황	고령화 인구 증가, 다양한 취약계층 존재	주민 통계 제한적, 기본 복지 중심 운영	대상자 특성 차이 반영한 맞춤형 통합 정책 필요
행정 및 인프라	고도화된 정보 시스템, 전문 인력 배치	행정 인프라 미흡, 정보화 수준 낮음	행정 운영 체계 통합과 ICT 기반 현대화 필수

참고: 김민지(2023), 박진우(2022), 권민지(2021), 통일연구원(2020) 자료를 바탕으로 필자가 재정리함.

◆ 최근 연구 동향 및 사례

한국보건사회연구원(2024)은 남북한 사회보장제도의 법적·재정적 차이와 운영상의 불일치를 종합 진단하여, 단계적 제도 조정과 재정 협력 방안을 제안하였다. 통일연구원(2023)은 탈북민의 사회보장 서비스 이용 현황을 심층 분석, 통합 과정에서 특수 집단에 대한 맞춤형 지원의 필요성을 강조하였다. 박지영(2023)은 통합 추진을 위한 행정 체계 정비와 ICT 기반 데이터 통합이 초기 단기 목표 달성의 핵심임을 밝히고 있다. 단기 목표로서 제도 현황 진단 및 격차 파악은 사회보장 통합의 출발점이며, 이를 통해 체계적인 정책 설계와 효율적 통합 추진이 가능해진다. 법·제도, 재정, 수급자, 행정 체계 전반에 걸친 진단 작업이 이루어져야 하며, 특히 남북 간 특수 상황과 차이를 충분히 반영한 맞춤형 분석이 필수적이다.

2) 협력 체계 구축 및 정보 공유

◆ 협력 체계 구축의 필요성

사회보장 통합을 위한 첫 단계에서 남북한 및 관련 기관 간 긴밀한 협력 체계 구축은 필수적이다. 통합 과정은 복잡한 법·제도, 재정, 행정 인프라의 조율과 정보 공유를 요구하며, 이를 위한 다자간 협력 구조가 신속히 마련되어야 한다. 협력 체계는 정책 조율과 실행의 효율성을 극대화하며, 중복 투자 방지와 리스크 관리에도 기여한다.

◆ 협력 체계 구성 요소

▶ 다층적 거버넌스 체계: 중앙정부, 지방자치단체, 사회보장 관련 공공기관, 민간 단체 등이 참여하는 다층적 거버넌스 구조를 구축하여 정책 기획, 집행, 평가를 통합한다(한국보건사회연구원, 2024).

▶ 전문가 협의 및 워킹그룹 운영: 법률, 재정, 행정, 정보통신기술(ICT), 사회복지 등 분야별 전문가 협의체와 실무 워킹그룹을 구성해 문제점 발굴과 대응책 마련에 집중한다(통일연구원, 2023).

▶ 정기적인 협력 회의 및 소통 채널 운영: 주기적인 회의와 온라인 협업 플랫폼을 통해 정보와 의견을 교환하고, 협력 과제 진행 상황을 점검한다.

◆ 정보 공유 체계 구축

▶ 데이터 통합과 표준화: 사회보장 관련 인구 통계, 수급현황, 재정운용, 법률정보 등 다양한 데이터를 통합 관리할 수 있도록 표준화 및 호환성 확보가 중요하다(한국은행, 2024).

▶ ICT 기반 정보 시스템 개발: 남북 간 행정 체계 차이를 극복하고 실시간 정보 교환과 공동 분석이 가능한 정보시스템 구축이 필요하다. 이를 통해 중복 업무 감소와 신속한 의사결정이 가능하다.

▶ 정보 보안 및 개인정보 보호: 민감한 개인정보가 포함된 사회보장 데이터 관리에서 보안 강화와 법적 보호 장치 마련은 필수적이다(한국보건사회연구원, 2024).

〈표 57〉 협력 체계 구축 및 정보 공유 구성 요소와 기대 효과

구성 요소	역할 및 내용	기대 효과
다층적 거버넌스 구조	중앙·지방정부 및 관련 기관 간 정책 협의 및 조율	정책 일관성 및 조정 효율성 강화
전문가 협의체 및 워킹그룹	전문 분야별 문제 진단 및 대응 방안 마련	문제 해결 속도 및 전문성 향상
ICT 기반 정보 시스템	데이터 통합 관리, 실시간 정보 교환, 표준화 및 보안 강화	업무 중복 감소, 신속한 의사결정, 데이터 신뢰성 확보
정기 협력 회의 및 소통 채널	협력 과제 진행 상황 공유 및 의견 조율	투명성 제고 및 협력 네트워크 활성화

참고: 이지훈 외(2020), 박상현 외(2022), OECD(2019), 최수진(2021) 자료를 바탕으로 필자가 재정리함.

◆ 최근 연구 및 정책 동향

박지영(2023)은 남북 사회보장 통합을 위한 행정 체계 통합과 ICT 기반 정보 공유 시스템 구축을 핵심 단기 목표로 제시하였다. 한국보건사회연구원(2024)은 다자간 협력 거버넌스 구축을 통해 통합 정책의 신속한 집행과 문제 해결을 지원하는 방안을 연구하였다. 통일연구원(2023)은 탈북민 지원 및 사회복지 서비스 연계 강화를 위한 정보 공유 체계 개선의 필요성을 강조하였다. 한국은행(2024)은 재정 데이터 표준화 및 실시간 모니터링 시스템 구축을 통한 재정 안정성 확보 전략을 발표하였다. 사회보장 통합의 단기 목표인 협력 체계 구축과 정보 공유는 통합 추진 전반의 성공을 좌우하는 핵심 기반이다. 다층적 거버넌스와 전문가 네트워크, ICT 인프라 구축, 보안 강화가 조화를 이루어야 하며, 이를 통해 정책 집행의 효율성, 재정 건전성, 국민 신뢰 확보가 가능하다. 지속적인 협력과 소통이 통합 과정의 장애물을 극복하는 데 결정적 역할을 할 것이다.

3) 시범 사업 및 파일럿 프로그램 운영

◆ **시범 사업(Pilot Program)의 개념과 필요성**

사회보장 통합을 위한 시범 사업은 전면적 제도 통합 이전에 제한된 지역이나 대상자를 중심으로 일부 제도나 서비스를 적용·실험해 보는 절차를 말한다. 시범 사업은 통합정책의 타당성, 실현 가능성, 수용성, 행정 역량, 재정 부담 등을 미리 점검할 수 있는 중요한 단기 전략이다. 특히 남북한과 같이 제도의 역사, 구조, 문화, 재정 기반이 상이한 경우, 단기간에 전체 제도를 통합하는 것은 불가능하며, 시범 사업은 전면 통합으로 가기 위한 조정과 검증의 장으로서 필수적이다.

◆ **시범 사업의 주요 목표**

▶ 정책 설계의 타당성 검증: 통합 정책이 현장에서 제대로 작동하는지를 실증적으로 확인하며, 제도 설계의 문제점을 조기에 발견할 수 있다.

▶ 운영 시스템과 행정 역량 점검: 정보 시스템, 인력 운영, 대상자 관리 체계 등 실무 측면의 문제점을 진단하고 개선점을 도출한다.

▶ 국민 수용성과 반응 분석: 대상자의 만족도, 이용 행태, 제도에 대한 수용도 등을 분석함으로써 전면 시행 시 예상되는 사회적 반응을 미리 파악한다.

▶ 재정 추계 및 비용 효과성 분석: 시범 사업을 통해 정책 비용의 범위와 부담 가능성, 투자 대비 효과성을 사전에 평가할 수 있다(한국은행, 2024).

◆ **시범 사업 설계 시 고려사항**

▶ 대상 지역 선정: 정책의 효과를 조기에 확인하기 위해서는 남북 접경지나 탈북민이 밀집한 지역과 같은 우선 적용 대상지를 선정하는 것이 바람직하다.

▶ 대상자 범위 설정: 제도 격차로 인해 상대적으로 불이익을 받을 가능성이 큰 고령자, 장애인, 영유아 등 취약 집단을 우선적으로 고려해 지원 대상을 선별할 필요가 있다.

▶ 시행 기간: 보통 6개월에서 2년 정도의 단기 운영을 통해 현장 적응력과 정책 실행 효과를 점검할 수 있다.

▶ 운영기관: 중앙정부가 주도하되, 지방자치단체와 민간기관이 유기적으로 협력할 수 있는 체계를 마련하는 것이 중요하다.

<표 58> 국내외 주요 시범 사업 사례

국가 또는 사례	내용 및 적용 영역	시사점
독일 통일 직후 '통합연금 시범지역' 운영	구 동독 지역에 서독 기준 연금 시스템 도입 전, 일부 지역에 시범 적용하여 급여 수급 방식과 행정운영 시스템 실험	전면 통합 이전에 제도 적합성 사전 검증 가능
한국의 탈북민 사회보장 연계 시범 사업(2022~)	하나센터와 지방정부 간 연계로 기초생활 보장제도 및 의료급여 연계 적용, 상담 체계와 연계성 실험	탈북민 대상 우선적 통합모델 가능성 확인
핀란드 기본소득 시범 사업(2017-2018)	실업자 대상 기본소득 지급 실험을 통해 수급자 행동변화, 고용효과, 수용도 평가	수급자 반응과 제도 효과성을 동시 측정 가능

참고: Müller(1995), 김민지 외(2023), Kela(2020) 자료를 바탕으로 필자가 재정리함.

◆ **시범 사업 운영 프로세스**

▶ 기획 및 설계 단계: 정책의 효과적인 추진을 위해 명확한 목적을 설정하고, 대상자와 적용 지역을 신중히 선정하며, 성과를 측정할 수 있는 평가 지표를 체계적으로 설계할 필요가 있다.

▶ 시행 및 모니터링 단계: 정책을 현장에 적용하고, 관련 정보를 지속적으로 수집하며, 문제 발생 시 신속하게 대응할 수 있는 체계를 운영하는 것이 중요하다.

▶ 성과 분석 및 환류 단계: 정량적 수치 분석과 정성적 평가를 바탕으로 정책의 효과를 종합적으로 검토하고, 이를 토대로 보완이 필요한 부분을 개선하거나 확대 시행 여부를 결정하게 된다.

◆ **기대 효과**

▶ 정책 실패 가능성 최소화: 실증 기반의 사전 검토를 통해 시행착오를 줄여 정책 실패 가능성을 최소화할 수 있다.

▶ 국민 신뢰 제고: 정책에 대한 사전 경험과 이해가 확산되면서 국민의 신뢰와 수용성도 높아질 것으로 기대된다.

▶ 예산 낭비 방지: 전면 도입에 앞서 비용 대비 효과를 검증함으로써 예산 낭비를 방지할 수 있다.

▶ 지역 간 격차 조정: 다양한 지역 여건을 반영한 유연한 정책 조율을 통해 지역 간 격차 완화에도 기여할 수 있다.

◆ **최근 연구 및 정책 동향**

최근 학계와 정책 현장에서는 사회보장 통합을 위한 시범 사업의 중요성과 역할에 대한 관심이 점점 높아지고 있다. 박지영(2023)은 시범 사업이 단순히 제도 실행 가능성을 검증하는 절차를 넘어서, 국민의 수용성과 행정 현장의 대응 역량을 함께 점검할 수 있는 '사회적 학습'의 장이라는 점을 강조하였다. 또한 한국보건사회연구원(2024)은 통일을 대비한 사회보장 통합 전략에서 시범 사업 운영이 필수적인 단계임을 제시하며, 특히 지방자치단체 중심의 복지 전달 체계와 통합 플랫폼 구축을 통한 정책 실험의 필요성을 제안하였다. 통일연구원(2023) 또한 남북한 제도 통합 과정에서 시범 사업이 수혜자의 복지 체감도와 정책 신뢰도 변화에 미치는 영향을 실증적으로 추적하는 것이 중요하다고 지적하며, 시범 사업을 통해 얻은 경험이 정책 보완과 정착의 핵심 자원이 된다고 평가하였다.

〈표 59〉 사회보장 통합 시범 사업 추진 체계

구성 요소	내용 및 기능
운영 주체	중앙정부(보건복지부, 통일부 등), 지방자치단체, 민간협력기관
시범 대상	탈북민, 고령자, 장애인, 아동 등 사회적 보호 필요계층
지역 선정 기준	접경지, 통일 대비 거점지역, 복지 수요가 높은 지역
평가 지표	수급률, 이용 만족도, 운영 비용, 수용성, 제도 적합성 등

참고: 김수연 외(2022), 보건복지부(2023), 이지훈 외(2021), OECD(2020) 자료를 바탕으로 필자가 재정리함.

한편 한국은행(2024)은 시범 사업 데이터를 기반으로 재정 지출 구조와 정책 효과를 분석하는 시뮬레이션 연구를 통해, 향후 통합 시행 시 발생할 수 있는 재정적 부담과 대응 방안을 제시하였다. 이러한 연구들은 시범 사업이 통합 정책의 실효성을 확보하고, 점진적 확대 전략을 마련하는 데 있어 핵심적 역할을 수행한다는 점을 공통적으로 보여 주고 있다. 사회보장 통합을 위한 단기 전략으로서 시범 사업은 제도의 실현 가능성과 사회적 수용성을 점검하는 가장 안전하고 효과적인 접근법이다. 이러한 순환 구조는 정책의 실효성과 수용 가능성을 극대화하며, 향후 단계별 통합의 기초 자료가 된다. 시범 사업 운영은 단기 성과 도출뿐만 아니라 중장기 정책 방향성 수립에 있어서도 결정적 근거를 제공한다. 성공적인 통합을 위해서는 체계적인 설계, 다층적 협력, 정교한 평가 체계, 국민 참여 기반이 함께 마련되어야 한다.

2. 중기 목표 설정

사회보장 통합은 단기적으로 기반을 조성하고, 장기적으로는 통합적 전달 체계를 완성해가는 장기 여정이다. 이 가운데 중기 목표는 제도의 구조적 통합과 운영 체계의 일관성 확보라는 전환적 과제를 중심에 둔다. 단기 단계에서의 시범 사업과 협력 기반이 구축되었다면, 중기에는 법·제도적 조율과 재정 통합의 기초를 마련하고, 이를 안정적으로 추진할 수 있는 인적·조직적 기반을 강화하는 것이 핵심이다.

1) 제도 조화 및 법·제도 정비

사회보장 통합의 중기 단계에서 가장 중요한 과제는 이질적인 제도 구조를 어떻게 조화롭게 연결하고, 이를 법률적으로 정비할 수 있는가의 문제이다. 남북한의 사회보장제도는 기본 원리, 운영 체계, 급여 기준, 대상자 범주 등에서 본질적인 차이를 보이며, 이러한 이질성이 제도 통합의 가장 큰 장벽으로 작용한다. 남한은 권리 중심의 복지 접근을 기반으로 하고 있으며, 대상자 선정에 있어 소득과 재산 조사, 신청주의 원칙이 강하게 작동한다. 반면 북한은 국가 중심의 할당 방식과 노동을 통한 사회 참여를 기본으로 하는 급여 구조를 갖고 있어, 통합 시 적절한 기준 마련과 행정 절차 조정이 필요하다. 특히 용어 체계의 정비, 급여 수준의 표준화, 수급 자격 기준의 단일화 등은 초기 법제 정비의 핵심이 된다.

통일연구원(2023)은 제도 조화 작업에서 법령 충돌을 사전에 분석하고, 수급자 권리와 책임의 조정 기준을 마련하는 '통합법률 프레임워크' 구축이 필요하다고 제안하였다. 아울러, 제도 간 중복 또는 공백을 해소하기 위해 기존 제도의 통합뿐 아니라 새로운 제3의 통합형 제도 설계가 병행되어야 한다는 지적도 있다. 예컨대, 북한의 '장애자 보호법'과 남한의 '장애인복지법'은 장애 정의, 지원 기준, 접근 방식이 상이하여, 양 제도의 공통성과 차이점을 반영한 통합 법제의 설계가 중요하다. 이러한 법·제도 정비 작업은 단순한 기술적 조정에 그치지 않고, 남북 주민 모두의 사회권 보장과 형평성 제고라는 정치·사회적 통합 의미도 동시에 지닌다.

2) 재정 통합 방안 마련

사회보장 통합에서 재정 문제는 정책의 실현 가능성을 좌우하는 핵심 변수로 작용한다. 남한은 이미 다층적 사회보장 재정 구조를 갖추고 있으나, 북한은 국가 재정 중심의 제한적 복지 기능만을 유지하고 있어 남북 간 재정 불균형은 매우 심각한 수준이다. 중기 단계에서는 전체 제도의 통합 이전에 남북한 간 재정 격차에 대한 실질적 추계와 시뮬레이션, 그리고 그에 따른 단계적 재정 이전 메커니즘을 마련하는 것이 필요하다. 이를 위해 먼저, 남북한 주요 사회보장 항목별(예: 국민연금, 의료보장, 기초생활 보장 등) 재정 부담액과 예상 수급자 규모를 산출하고, 이에 따른 통합 시기의 예상 재정수요를 정밀하게 추정해야 한다. 한국은행(2024)은 남북한 간 사회보장 통합 재정을 분석한 결과, 초기 10년간 약 150조 원 이상의 추가 재정 수요가 발생할 수 있으며, 이를 감안할 때 통합 초기에는 공공재정과 국제협력자금을 결합한 혼합형 재정 구조가 유력하다고 분석하였다. 또한 한국보건사회연구원(2024)은 지역 간 복지 수요의 차이를 고려한 가중치 기반의 재정 배분 기준 마련을 제안하며, 행정단위별 재정 이전을 통한 형평성 확보와 함께, 남북 공동 재정운용기구 신설 가능성도 언급하고 있다. 중기 단계에서는 이러한 재정통합 설계 시뮬레이션, 정책 시범 사업 기반의 예산 분석, 국제기구와의 재정 협력 플랫폼 마련 등을 통합적으로 검토함으로써, 장기적 지속 가능성을 갖춘 복지 재정 기반이 마련될 수 있다.

3) 인력 양성 및 조직 역량 강화

사회보장 통합은 궁극적으로 사람에 의해 운영되는 제도인 만큼, 인력 양성과 조직 역량 강화는 제도·재정 통합 못지않게 중요한 중기 과제이다. 현재 남한은 복지행정 전문직, 사회복지사, 공무원 등 다양한 분야의 전문 인력을 양성하고 있으나, 북한은 복지 개념이 제한적이고 전담 인력이 거의 없는 상태다. 이에 따라 통합을 준비하는 중기 단계에서 남북한 공통의 복지 인력 양성 체계 구축, 현장 중심 교육 훈련, 행정조직 간 협업 프로세스 강화가 요구된다. 박지영(2023)은 중기 단계에서 "통합 복지인력 아카데미(가칭)"와 같은 전담 교육기관의 설립과 함께, 모듈형 직무 교육과정, 현장 실습형 훈련 프로그램, IT 기반 사례 관리 시스템 훈련을 포함한 통합적 역량 개발이 필요하다고 강조하였다. 통일연구원(2023)은 통합이 실현될 경우 남북의 복지기관 간 업무중복과 전달 체계충돌이 예상된다고 보고, 조직 간 기능 조정과 업무 프로세스 표준화가 선행되어야 함을 지적하였다. 이를 위해 공공기관 중심의 조직 통합 계획 외에도 민간 협력 네트워크, 지자체-공공 간 협업 기반 조성 등 거버넌스 확장 전략도 병행되어야 한다. 또한 사회보장 전달 체계에서 필수적인 IT 기반 관리 시스템의 통합도 중요한 이슈이다. 지역사회 중심 사례 관리, 자원 배분, 급여관리 등의 정보시스템이 일관성 있게 구축되지 않으면 조직 역량 강화는 공허한 구호에 그칠 수 있기 때문이다. 따라서 정보시스템의 표준화 및 운영 역량 개발 역시 조직력 강화를 위한 핵심 과제로 꼽힌다.

<표 60> 중기 목표별 과제와 추진 방향

구분	주요 내용	추진 방향
제도 정비	급여 기준, 수급 자격, 법 체계 정비	통합 법률 제정, 표준화 작업, 수급권 보장
재정 통합	예산 격차 해소 및 지속 가능한 구조 마련	단계적 재정이전, 재정 시뮬레이션, 혼합형 구조
인력 및 조직	전문 인력 양성 및 전달 체계 운영 역량 강화	교육센터 설립, 직무교육, IT 시스템 통합

참고: 김민지 외(2021), 이지훈 외(2022), 보건복지부(2023), OECD(2018) 자료를 바탕으로 필자가 재정리함.

<그림 1> 중기 목표의 전개 흐름도

```
시범 사업/정보공유
      ⇩
   법·제도 정비
      ⇩
   재정 계획 수립
      ⇩
   인력·조직 정비
```

중기 전략을 달성하기 위한 목표의 전개 흐름도를 <그림 1>과 같이 설명할 수 있다. 먼저, 문제점을 사전에 파악하고 개선점을 도출하여 향후 전면 시행의 효율성과 효과성을 높이는 것을 목적으로 하며, 정부, 기관, 개인 등이 보유한 지식, 데이터, 자료 등을 상호 활용하거나 소통하는 과정은 협업, 정책 조정, 문제 해결에 큰 도움이 된다. 기존 제도를 개선하기 위해 법률, 시행령, 조례 등 제도적 기반을 마련하거나 수정·보완하는작업이 필수다. 또한 정책 또는 사업을 실행하고 유지하기 위한 예산 확보 및 배분 계획을 수립하는 과정은 정책의 지속성과 실효성을 확보하는 데 필수적 단계이다. 마지막으로 정책이나 사업의 시행을 위해 필요한 전문 인력 확보, 조직 체계 재구성 또는 신설, 역할과 기능의 재정립 등이 중요한데 이는 실행 주체가 제대로 작동할 수 있도록 기반을 마련하는 과정이라고 볼 수 있다.

◆ 사례 상자: 독일 통일 이후 복지제도 통합

독일은 통일 이후 서독의 복지제도를 동독에 일방적으로 적용하는 방식으로 통합을 추진하였다. 이는 빠른 제도 통합에는 기여했으나, 동독 주민들의 정서적 박탈감과 서비스 접근성 문제를 초래하였다. 이후 독일 정부는 동서 간 급여 수준 차이를 조정하고, 지역 맞춤형 재정 지원을 강화하는 조치를 도입함으로써 통합의 완성도를 높였다. 이러한 사례는 남북한 통합에서도 법 제정과 함께 지역 정서를 반영한 조정 전략이 중요함을 시사한다.

3. 장기 목표 설정

1) 완전한 제도 통합 실현

◆ 장기 목표의 의의

장기 목표로서의 완전한 제도 통합 실현은 단순히 정책과 제도를 병합하는 수준을 넘어, 사회보장제도가 남북한 주민 모두에게 실질적인 보편성, 형평성, 접근성을 보장하는 상태로 나아가는 것을 의미한다. 이는 제도적 통합의 완결, 행정 체계의 일원화, 재정의 안정성 확보뿐 아니라, 사회문화적 수용성과 제도의 실질적 효과성까지 포함하는 질적 통합의 지점이다. 남북한의 사회보장제도는 체제적 기반과 사회문화적 배경이 다르기 때문에, 이러한 완전한 통합은 정책적으로 정교한 설계와 함께 국민의 신뢰, 제도 수용성 확보 등 다차원적 조건이 충족되어야만 가능하다.

◆ 주요 내용

▶ 제도적·법적 통합 완결: 완전한 제도 통합은 ▲수급자격의 완전 일원화, ▲급여 수준의 평준화, ▲전국 단일 사회보장 시스템 운영, ▲관련 법률과 지침의 통합 및 개정 완료 등을 포함한다. 예컨대, 기존의 남북한 이중적 장애인 복지 체계를 하나의 「통합장애인복지법」으로 전환하고, 기초연금제도나 국민건강보험 등도 전 국민 단일 체계로 운영하는 것이 목표가 된다.

▶ 정보시스템 및 행정 전달 체계 통합: 행정적으로는 전국 어디서나 동일한 기준과 절차로 사회보장 서비스가 제공되어야 하며, 이를 위해 전산 시스템의 완전 통합과 AI 기반 맞춤형 복지 행정 체계가 필요하다. 최근 한국은 '사회보장정보시스템'(행복e음)과 지역복지 포털을 통합해 단일 플랫폼을 구현하고 있으며, 통일 대비 시 이 플랫폼의 확대가 고려된다(보건복지부, 2023).

▶ 수요 기반 정책의 실현: 장기적으로는 모든 주민이 자신의 생애주기와 욕구에 따라 복지 서비스를 누릴 수 있는 욕구 중심 복지 체계로 전환되어야 하며, 이는 사회보장제도의 구조적 통합만으로는 달성할 수

없다. 지속적인 사회조사, 지역 특성 분석, 데이터 기반의 정책 피드백 체계를 통해 실효성 있는 복지 서비스가 제공되어야 한다.

◆ 최근 연구 및 정책 동향

최근 한국보건사회연구원(2024)은 남북한 사회보장 통합의 단계별 시나리오 분석을 통해, 완전한 제도 통합은 최소 15년 이상의 장기 계획이 요구된다고 보았다.

〈표 61〉 장기 목표로서의 사회보장 완전 통합 실현 구성 요소

통합 영역	주요 내용	목표 상태
제도 및 법 체계	급여 수준 통합, 수급자격 기준 단일화, 통합 법률 제정	「사회보장기본법」에 기반한 단일 법 체계 완성
재정 및 예산 운영	통합 재정 운용, 단일 예산 편성, 지역 간 형평성 보장	전국 단위 복지 재정 안정화
행정 및 정보 체계	통합된 IT 시스템, 전국 동일 행정 절차, 맞춤형 서비스 시스템	복지 정보 시스템 완전 일원화
서비스 내용	생애주기별 서비스 정비, 욕구 반영형 급여 체계	전 국민 대상 욕구 기반 맞춤형 복지

참고: 김수연 외(2021), 보건복지부(2022), OECD(2019), 이지훈 외(2022) 자료를 바탕으로 필자가 재정리함.

이 과정에서 특히 강조된 것은 정치적 합의 기반 마련, 단계별 제도 이행 점검 체계, 지역별 수용성 분석을 반영한 차등적 통합 설계였다. 또한 박지영(2023)은 완전 통합 실현의 조건으로 △수급권 보장에 대한 국민적 신뢰 회복 △재정 지속 가능성 확보 △서비스 질의 균등성을 꼽았다. 이와 함께, 2020년대 들어 한국이 추진해 온 보편적 복지제도의 디지털 전환 경험이 통일 이후 장기적 사회보장 체계 구축에 중요한 기술 기반이 될 수 있다는 주장도 제기되었다. EU 통합 사례에서처럼, 장기적인 사회보장 통합은 '정치통합 이전의 제도 통합'이 아닌, '사회통합을 위한 제도 수렴'이라는 시각에서 추진되어야 함이 재확인되고 있다.

2) 지속 가능한 재정 운영 체계 구축

◆ 개요

사회보장제도의 통합은 필연적으로 막대한 재정 부담을 동반한다. 특히 남북한 간 제도 격차를 해소하고 균등한 급여 수준과 서비스 품질을 제공하기 위해서는 초기 단계에서 상당한 재정 투입이 필요하다. 그러나 단기적 재정 이전에만 의존할 경우, 재정의 지속 가능성을 해칠 수 있으며, 통합 이후 남북 주민 간 갈등을 초래할 가능성도 있다. 따라서 장기 목표로서 지속 가능한 재정 운영 체계 구축은 남북한 사회보장 통합의 핵심 과제로 자리한다. 이는 단지 예산을 확보하는 것이 아니라, 안정성·효율성·형평성을 갖춘 재정 운용 시스템을 마련하는 데 그 의의가 있다.

◆ 주요 내용

다원적 재정 구조를 설계할 수 있는데 이는 지속 가능한 재정 체계를 위해서는 단일 재원에 의존하지 않고, 복수의 재원을 혼합한 구조가 필요하다. 예를 들어, 다음의 방식이 고려될 수 있다. 재정 운영은 다양한 재원 조달 방식을 통해 이루어진다. 우선, 기초생활 보장 등 국가의 기본적 책무에 해당하는 사업들은 일반회계를 통해 중앙정부가 직접 지원하며, 이를 통해 국민의 기본권 보장과 사회안전망 강화를 실현한다. 또한, 국민연금, 건강보험 등 기존에 구축된 사회보험 제도는 해당 기금을 활용하여 재원을 운용함으로써 지속 가능하고 안정적인 복지 재정 구조를 유지한다. 지방자치단체는 지역 단위의 복지사업을 중심으로 재정 분담에 참여하며, 중앙정부와 협력해 지역 맞춤형 복지 서비스를 추진하는 공조 체계를 형성한다. 아울러, 세계은행(World Bank), 아시아개발은행(ADB), 유엔개발계획(UNDP) 등 국제기구로부터의 협력기금은 특정 개발 사업이나 제도 구축을 위한 외부 재원으로 활용되어, 국제적인 협력을 바탕으로 한 제도 발전과 역량 강화를 가능하게 한다.

◆ 단계별 재정 통합 전략

재정 통합은 전면적 이전보다 단계적 접근이 바람직하다. 초기에는 남북 별도 회계 유지 및 점진적 조정을 통해 급격한 재정 충격을 피할 수 있으며, 다음과 같은 단계를 거칠 수 있다.

〈표 62〉 단계별 목표

단계	내용	목표
1단계	이중 재정구조 유지, 최소한의 이전	재정 안정성 확보
2단계	급여 수준 조정, 공동기금 조성	형평성 제고
3단계	완전한 회계 일원화	전국 통합 운영

참고: OECD(2017), 박진우 외(2021) 자료를 바탕으로 필자가 재정리함.

◆ 재정 운용 투명성과 평가 체계 구축

장기적으로는 재정관리 기구의 설립이 요구된다. 이 기구는 다음과 같은 역할을 수행해야 한다. 효율적인 복지재정 운영을 위해서는 통합적인 재정 운용 계획의 수립과 지속적인 조정이 필요하다. 이는 다양한 재원 간의 연계와 조화를 통해 재정의 중복과 낭비를 방지하고, 자원의 효율적 배분을 도모하기 위한 필수적 과정이다. 또한, 남북 간의 재정 불균형을 면밀히 분석하고, 그에 따른 합리적인 조정 방안을 마련하는 것도 중요하다. 지역 간, 계층 간 형평성을 확보하고 복지 서비스의 접근성을 보장하기 위해서는 이러한 재정 격차 해소 노력이 지속적으로 이루어져야 한다. 아울러, 정책의 실효성을 높이기 위해 성과 평가 체계를 강화하고, 지출 내역에 대한 감시 기능을 정비하는 것도 핵심 과제이다. 투명하고 책임 있는 재정 운영을 통해 국민의 신뢰를 확보하고, 재정 집행의 건전성과 효과성을 제고할 수 있다.

<표 63> 지속 가능한 재정 운영 체계 구성 요소

요소	설명	통합을 위한 필요 조건
복수 재원 구조	일반회계, 사회보험, 지방재정, 국제지원의 조화	재정 간 분담 기준 마련
단계별 통합 전략	이중 구조에서 완전 통합까지 점진적 이전	기간별 지출 계획 수립
재정 운영기구	통합 재정의 계획, 평가, 감시 기능 수행	독립적·전문적 조직 필요
성과관리 및 투명성	정책 목표 대비 예산성과 분석	평가 체계법제화

참고: OECD(2020), 이지훈 외(2022), 박진우(2023) 자료를 바탕으로 필자가 재정리함.

◆ 최근 정책 및 연구 동향

최근 남북한 사회보장제도의 통합과 관련하여 재정 운영의 지속 가능성에 대한 관심이 크게 증가하고 있다. 통일 이후 예상되는 사회보장 비용의 급격한 증가와 재정 부담을 효과적으로 관리하기 위해 정부와 연구기관들은 다층적인 재원 조달 방안과 단계적인 재정 통합 전략을 모색하고 있다. 특히 한국은행과 보건사회연구원은 초기에는 남북 각기 별도의 재정 체계를 유지하면서 점진적으로 통합해 나가는 방식을 제안하고 있으며, 이를 통해 재정 충격을 완화하고 안정적인 재정 운영을 도모할 수 있다고 강조한다. 또한, 국제기구와의 협력 확대를 통해 재정 자원을 다각화하는 전략도 함께 고려되고 있다. 재정 운용의 투명성과 효율성을 높이기 위한 독립적 평가기구 설치 필요성도 꾸준히 제기되고 있는데, 이는 국민 신뢰 확보와 함께 지속 가능한 재정정책 수립에 핵심 요소로 작용한다. 이와 같이 최근 연구와 정책 동향은 사회보장 통합 과정에서 단순한 비용 분담을 넘어 장기적이고 안정적인 재정 관리 체계 구축에 무게를 두고 있으며, 국민 모두가 혜택을 누릴 수 있는 형평성 높은 복지 통합을 실현하는 데 초점을 맞추고 있다.

3) 국민 중심의 통합 사회보장 서비스 제공

장기적인 사회보장 통합의 궁극적인 목적은 법률과 제도의 통합뿐만 아니라, 국민이 직접 체감할 수 있는 서비스 품질의 향상과 접근성 강화에 있다. 국민 개개인의 생애주기와 다양한 사회경제적 환경을 고려한 맞춤형 복지 서비스 제공은 통합 사회보장의 핵심 과제로 대두되고 있다. 최근 정책 동향을 살펴보면, 정부와 연구기관은 복지 수혜자의 입장에서 서비스를 설계하는 데 주력하고 있다. 연령, 건강상태, 지역사회 여건 등을 반영하여 다양한 맞춤형 프로그램을 개발하고, 이를 통합 시스템 내에서 원활히 제공하는 방안이 모색되고 있다. 특히, 아동부터 노인에 이르기까지 전 생애주기를 아우르는 통합적 사례 관리 체계 구축이 강조되고 있다. 또한, 디지털 기술을 활용한 통합 사회보장 정보시스템 구축은 국민 편의성과 행정 효율성을 높이는 데 큰 역할을 한다. 국민은 온라인으로 한 번의 신청 절차만으로 여러 복지 서비스를 신청하고 받을 수 있으며, 복지 담당자는 통합 데이터 기반으로 신속하고 정확한 서비스를 제공할 수 있다. 이를 통해 복지 사각지대 해소와 중복 지원 방지 효과도 기대된다. 더 나아가, 지역사회 중심의 민관 협력 거버넌스 강화도 중요한 전략 중 하나이다. 지역별 특성과 주민 수요에 맞춘 복지 네트워크를 구축함으로써, 주민의 직접 참여와 지역 자원의 효

율적 활용이 가능해진다. 이로써 중앙집권적 서비스 전달의 한계를 극복하고, 주민 중심의 사회통합을 실현할 수 있다. 종합하면, 국민 중심의 통합 사회보장 서비스 제공은 법·재정 통합과 함께 균형 있게 추진되어야 하며, 개인의 욕구를 반영한 맞춤형, 생애주기별, 지역밀착형 복지 서비스 체계 구축이 통합 사회보장의 성공적 완수를 위한 필수 조건이다.

〈표 64〉 장기 목표별 통합 요소

목표 영역	주요 내용	통합 실현 조건
완전한 제도 통합 실현	단일 법 체계, 급여 기준 표준화, 전달 체계 일원화	법·제도 조화, 수급자 신뢰 확보
지속 가능한 재정 운영 체계 구축	단계적 재정 통합, 국제 협력 재원, 혼합형 재정 구조	재정 시뮬레이션, 자원 효율 배분
국민 중심 통합 서비스 제공	생애주기 맞춤형 서비스, 사례 관리, 디지털 행정 기반	IT 기반 통합시스템, 접근성 향상

참고: OECD(2015), 장민호 외(2021), 유지현 외(2023) 자료를 바탕으로 필자가 재정리함.

4. 목표별 실행 전략 및 평가 지표

1) 단계별 추진 전략

사회보장 통합의 성공적 실현을 위해서는 단기, 중기, 장기 목표별로 체계적이고 현실적인 추진 전략을 수립하는 것이 필수적이다. 각 단계별 추진 전략은 통합의 복잡성과 다양한 이해관계를 고려하여 점진적이며 유기적으로 연결되어야 한다. 단기 추진 전략에서는 제도 현황 진단과 정보 공유를 중심으로 시범 사업과 파일럿 프로그램 운영에 집중한다. 이를 통해 현장의 문제점을 신속히 파악하고 개선점을 도출하는 동시에, 통합에 대한 이해와 협력 기반을 마련한다. 중기 추진 전략은 법·제도 정비와 재정 통합 방안 마련, 인력 양성 및 조직 역량 강화에 초점을 맞춘다. 이 시기에는 통합의 기반이 되는 제도적 틀과 재정적 토대가 마련되며, 통합을 이끌어갈 전문 인력 양성과 조직의 역할 정립이 중요하다. 장기 추진 전략은 완전한 제도 통합 실현과 지속 가능한 재정 운영, 그리고 국민 중심의 사회보장 서비스 제공을 목표로 한다. 이 단계에서는 통합된 사회보장 체계가 안정적으로 운영되도록 거버넌스 강화와 평가·관리 시스템을 정착시키는 데 주력한다. 참고 사례: 독일 통일 과정에서 단계별 추진 전략을 통해 동서독 사회보장 통합을 성공적으로 수행하였으며, 초기에는 별도 제도 유지 후 점진적 완전 통합을 이뤄냈다(통일연구원, 2022).

2) 성과 모니터링 및 평가 방법

◈ 평가

통합 추진 과정에서의 성과 모니터링과 평가는 정책의 효과성을 제고하고 문제점을 조기에 발견하는 데 필수적이다. 평가 체계는 정량적 지표와 정성적 평가를 병행하며, 단계별 특성과 목표에 맞춘 맞춤형 평가가 필요하다. 정량적 평가 지표로는 제도 통합률, 재정 집행 효율성, 서비스 접근성 개선 정도, 수혜자 만족도, 재정 건전성 지표 등을 포함할 수 있다. 예를 들어, 재정 통합의 경우 재정 이전 규모, 기금운영 효율성, 예산 집행률 등이 주요 평가 대상이다. 정성적 평가 방법으로는 현장 인터뷰, 이해관계자 워크숍, 사례 연구, 정책 영향 분석 등이 활용된다. 이를 통해 수혜자와 제공자의 경험, 제도 운영상의 애로사항, 지역별 특수성 등이 종합적으로 파악된다. 정기적인 평가 결과는 정책 개선과 전략 수정에 반영되어야 하며, 이를 위해 투명한 정보 공개와 다자간 협의체 구성이 권장된다. 또한, 국제기준과 비교 가능한 벤치마킹을 통해 글로벌 수준의 사회보장 통합 정책을 지향하는 것도 중요하다.

〈표 65〉 목표별 추진 전략과 평가 지표 개요

목표 단계	주요 추진 전략	평가 지표 예시	평가 방법
단기	현황 진단, 정보 공유, 시범 사업 운영	시범 사업 참여율, 정보 시스템 구축	정량적·정성적 혼합
중기	법·제도 정비, 재정 통합, 인력 양성	법률 개정 건수, 재정 통합률	정책 영향 평가, 인터뷰
장기	완전 통합, 재정 안정성, 서비스 제공	국민 만족도, 재정 건전성 지표	사례 연구, 성과 분석

참고: 김수연 외(2022), 정수연(2024) 자료를 바탕으로 필자가 재정리함.

◈ 최근 연구 및 정책 동향

보건복지부(2024)는 사회보장 통합 정책의 효과적인 추진을 위해 단계별 평가 체계 구축이 매우 중요하다고 강조하며, 정책 진행 상황을 실시간으로 모니터링하고 신속하게 대응할 수 있는 피드백 루프 시스템 도입을 권장하고 있다. 한국보건사회연구원(2023)은 평가 지표를 설계할 때 사회적 형평성, 재정 효율성, 서비스 질 개선 등 다양한 차원을 균형 있게 반영해야 한다고 제언하여, 보다 포괄적이고 다면적인 평가 체계의 필요성을 제기하였다. 아울러 국회예산정책처(2023)는 평가 결과의 투명한 공개를 통해 국민 신뢰를 높이는 한편, 다양한 이해관계자가 참여하는 다자 협력 모델을 도입함으로써 정책의 민주성과 실효성을 강화할 것을 촉구하고 있다. 이처럼 통합 사회보장 정책의 실행력을 높이기 위해서는 체계적이고 종합적인 추진 전략과 평가 체계가 반드시 갖춰져야 하며, 이를 통해 통합 사회보장이 효과적으로 정착되고 지속 가능성을 확보할 수 있을 것이다.

> 💡 **학습 문제**
>
> 1. 사회보장제도 통합의 필요성을 설명하시오.
> 2. 남북한 사회보장제도의 분리로 발생하는 주요 문제점은 무엇인가?
> 3. 통합 추진을 위한 단기 목표와 구체적 과제를 제시하시오.
> 4. 중기 및 장기 목표 설정 시 고려해야 할 요소는 무엇인가?
> 5. 국제 통합 사례에서 얻을 수 있는 시사점은 무엇인가?

제11장

단계적 통합적 접근 전략 수립

> **학습 목표**
> 1. 사회보장제도 통합적 접근을 위한 우선 통합 분야를 선정할 수 있다.
> 2. 정책 조정 및 협력 체계 구축 방안을 구체적으로 이해하고 설계할 수 있다.
> 3. 단계별 통합 전략의 중요성과 실행 방향을 파악한다.

제1절 우선 통합적 접근 분야 선정

사회보장제도의 통합은 복잡하고 광범위한 과제로, 모든 분야를 동시에 통합하기에는 현실적 한계가 있다. 따라서 효율적이고 효과적인 통합 추진을 위해서는 우선적으로 통합할 분야를 신중히 선정하는 것이 필수적이다. 통합 분야 선정은 국민 생활에 미치는 사회적 영향력과 시급성을 고려하고, 제도 간 연계성과 통합 가능성, 그리고 자원 배분과 실행 가능성을 종합적으로 판단하는 과정을 포함한다. 특히 연금 및 노후 보장, 건강보험과 의료 서비스, 고용보험 및 실업급여, 그리고 아동·장애인·노인 등 사회 서비스 분야가 주요 통합 대상 분야로 주목받고 있다. 이들 분야는 국민의 기본생활 안정과 사회적 형평성 강화에 직결되는 핵심 영역으로, 단계적 통합 전략에서 우선순위가 높다. 효과적인 우선순위 설정을 위해서는 현황에 대한 객관적 분석과 다양한 이해관계자의 의견 수렴이 병행되어야 하며, 정책 효과와 잠재적 위험 요인에 대한 평가도 필수적이다. 이러한 체계적인 접근은 통합 과정의 효율성과 실현 가능성을 높이고, 궁극적으로 국민이 체감하는 실질적 복지 향상을 가능하게 할 것이다.

1. 통합적 접근 분야 선정의 기준과 원칙

사회보장제도의 통합을 효과적으로 추진하기 위해서는 우선적으로 통합할 분야를 선정하는 일이 매우 중요하다. 선정 기준과 원칙은 통합 과정의 효율성과 실행력을 좌우하며, 국민의 삶에 미치는 영향력을 극대화하는 데 핵심 역할을 한다.

1) 사회적 영향력 및 시급성

사회보장제도 통합에서 가장 먼저 고려해야 할 기준 중 하나는 사회적 영향력과 시급성이다. 이는 통합이 국민의 삶에 얼마나 직접적이고 광범위한 영향을 미치는지, 그리고 그 문제 해결이 얼마나 긴급한지를 평가하는 것이다. 통합 대상 분야가 국민 생활의 기본적인 안전망을 형성하고 있거나, 사회적 불평등과 취약계층의 보호에 직결되는 경우 우선순위가 높게 설정된다. 예컨대, 기초생활 보장제도나 긴급복지 지원은 빈곤층과 위기 가구의 생존과 직결되기 때문에 통합 시 시급하게 다루어져야 하는 영역이다. 또한, 노인 및 장애인 복지 서비스와 같이 사회적 약자 지원에 대한 수요가 증가하고 있는 분야 역시 시급한 통합 대상이 된다. 이러한 분야의 통합은 사회 안정과 통합적 복지 체계 구축에 핵심적인 역할을 하며, 국민의 삶의 질 향상에 즉각적인 영향을 미친다.

◆ **최근 연구 동향**

최근 연구들은 사회적 영향력이 크고 시급한 분야를 우선적으로 통합하는 것이 사회보장 정책의 실효성을 높이는 데 중요한 전략임을 강조하고 있다. 한국보건사회연구원(2023)은 이러한 분야를 중심으로 통합을 추진할 때 국민 생활의 안정과 복지 증진에 보다 신속한 효과를 기대할 수 있다고 분석했다. 특히 빈곤층과 취약계층을 대상으로 하는 복지 서비스가 통합의 시급한 과제임을 지적하며, 이 부분을 조기에 해결하지 않으면 사회적 불평등이 심화되고 복지 사각지대가 확대될 위험이 있다고 경고했다. 한편, 보건복지부(2024)는 기초 생활 보장과 긴급복지 서비스를 통합함으로써 국민 기본권 보장과 사회 안정성을 강화하는 데 우선순위를 두고 있으며, 이를 통해 사회보장 통합 정책의 실질적 성과를 창출하고자 노력하고 있다.

〈표 66〉 사회적 영향력 및 시급성에 따른 우선 통합 분야

우선 통합 분야	사회적 영향력 설명	시급성 이유
기초생활 보장 및 긴급복지	최저 생활 보장과 긴급 위기 대응	빈곤 및 위기 가구의 즉각적 지원 필요
노인복지 서비스	고령화 사회의 증가하는 노인복지 수요	노인 빈곤과 고립 문제 심각
장애인 복지 서비스	장애인 권리 보장과 사회 참여 촉진	사회적 배제 및 차별 완화 시급
아동 복지 서비스	아동 권리 보호와 건강한 성장 지원	아동 빈곤 및 방임 예방 중요

참고: 보건복지부(2023), 박진우(2023), 정수연(2024) 자료를 바탕으로 필자가 재정리함.

사회적 영향력 및 시급성은 통합 분야 선정의 핵심 기준으로, 국민의 기본생활 안정과 사회적 약자 보호에 직접적인 영향을 주는 분야를 우선적으로 통합해야 한다. 이를 통해 통합 정책의 효과를 극대화하고 사회적 갈등 완화에 기여할 수 있다.

2) 제도 간 연계성 및 통합 가능성

사회보장제도의 효율적인 통합을 위해서는 각 분야 간의 제도적 연계성과 실제 통합 가능성을 면밀히 검토하는 것이 필수적이다. 이는 통합 추진 시 법률, 행정 체계, 운영 방식의 차이로 인한 마찰과 비효율을 최소화하고, 원활한 제도 조화를 이루기 위한 기본 조건이다.

◆ 제도 간 연계성의 중요성

제도 간 연계성은 두 가지 측면에서 중요한 의미를 가진다. 첫째, 서로 다른 제도 간 기능적 보완과 협력이 가능한가에 대한 여부다. 예를 들어, 건강보험과 의료급여 제도는 모두 의료 서비스를 제공한다는 점에서 기능적으로 밀접히 연계되어 있어 통합 시 시너지 효과가 크다. 둘째, 제도 간 행정 체계와 법적 기반이 조화될 수 있어야 한다. 제도별로 운영 주체, 재정 조달 방식, 법적 규범이 상이할 경우, 이를 조정하는 데 시간과 비용이 크게 소요될 수 있다. 따라서 초기 통합 대상은 법·행정적 조정이 상대적으로 용이한 분야를 선정하는 것이 바람직하다.

◆ 통합 가능성 평가

통합 가능성은 제도 간 연계성뿐만 아니라 실질적인 실행 가능성까지 포함한다. 재정 구조의 차이, 수혜자 범위의 불일치, 정보시스템의 호환성 등이 통합의 장애 요소가 될 수 있으므로 이를 종합적으로 평가해야 한다. 특히, 정보기술(IT) 인프라와 행정 프로세스의 호환성은 통합 효과를 좌우하는 핵심 요소로 꼽힌다. 최근 디지털 전환이 가속화됨에 따라, IT 기반의 연계 강화가 통합 성공의 중요한 열쇠로 작용하고 있다(한국정보화진흥원, 2023).

◆ 최근 연구 동향

최근 연구들은 사회보장제도의 통합 과정에서 제도 간 연계성과 통합 가능성이 매우 중요한 요소임을 일관되게 강조하고 있다. 특히, 법적·행정적 체계 간의 조화는 통합 과정에서 발생할 수 있는 갈등과 비용을 효과적으로 줄이는 핵심 요소로 작용한다. 이러한 점에서 통합은 단번에 이뤄지는 방식보다는, 체계적인 조율과 준비를 바탕으로 한 단계적 접근이 보다 현실적이고 실행 가능성이 높은 전략으로 평가된다. 한국보건사회연구원(2023)은 의료보험과 사회 서비스 등 연계성이 높은 분야를 중심으로 통합을 추진할 경우 초기 성공 사례가 만들어져, 다른 분야로 확산하는 데 긍정적인 영향을 미친다고 분석하였다. 또한, 보건복지부(2024)는 정보시스템 통합과 행정 절차의 표준화가 통합 가능성을 높이는 핵심 전략임을 인식하고, 관련 정책을 적극적으로 추진 중이다. 이를 통해 통합 과정에서의 행정적 혼선을 최소화하고, 국민이 체감하는 서비스 품질을 향상시키는 데 주력하고 있다.

<표 67> 제도 간 연계성 및 통합 가능성 평가 기준

평가 요소	세부 내용	평가 기준 예시
기능적 연계성	제도 간 서비스 제공 및 목적의 유사성	건강보험·의료급여의 의료 서비스 제공 연계성
법적·행정적 조화 가능성	법률 규정, 운영 주체, 재정 조달 방식의 조화 여부	동일 행정기관 관할, 유사한 법적 근거
정보시스템 호환성	데이터 관리, 전산 시스템 연동 가능성	공통 전산 플랫폼 사용 여부
수혜자 범위 일치도	수혜 대상 및 지원 내용의 중복 또는 격차 정도	중복 지원 최소화 및 수혜자 일관성 유지

참고: 김수연 외(2023), 최민호 외(2023), 정수연(2024) 자료를 바탕으로 필자가 재정리함.

제도 간 연계성과 통합 가능성은 사회보장제도 통합의 성공을 좌우하는 핵심 요소이다. 기능적 연계성과 법·행정적 조화 가능성, 정보시스템 호환성, 수혜자 범위의 일치도를 종합적으로 평가하여 초기 통합 분야를 선정해야 한다. 이를 통해 통합 과정에서 발생할 수 있는 갈등과 비효율을 최소화하고, 원활한 통합 추진이 가능해진다.

3) 자원 배분 및 실행 가능성

사회보장제도의 통합은 재정, 인력, 행정 역량 등 다양한 자원이 충분히 확보되고 효율적으로 배분되어야 성공적으로 추진될 수 있다. 따라서 우선 통합할 분야를 선정할 때는 이러한 자원의 가용성과 실제 실행 가능성을 면밀히 검토하는 것이 매우 중요하다.

◆ **자원 배분의 중요성**

통합 과정에서는 초기 단계에서 예상보다 많은 재정과 인적 자원이 소요될 수 있으며, 이에 따른 운영 비용과 행정 부담도 증가할 수 있다. 따라서 한정된 자원을 효율적으로 배분하여 재정적 안정성을 확보하는 것이 필요하다. 특히, 재정적으로 부담이 큰 분야는 장기적으로 단계별 통합을 추진하는 방안이 바람직하다.

◆ **실행 가능성 평가**

실행 가능성은 단순히 자원 확보뿐 아니라 조직 역량, 행정 절차의 복잡성, 법적·제도적 장애물의 유무 등 다양한 요인을 포함한다. 또한, 통합 대상 분야가 현행 제도와 얼마나 호환되는지, 통합 후 서비스 제공 체계의 안정성과 지속 가능성을 고려해야 한다. 최근 디지털 전환과 행정 혁신이 가속화되면서, IT 인프라와 관리 시스템의 준비 상태도 실행 가능성 평가에 중요한 기준이 되고 있다. 이와 관련해 중앙정부와 지방자치단체 간 협력 체계 구축 및 전문 인력 양성도 실행력 강화의 필수 요소로 부각되고 있다.

◆ 최근 연구 동향

최근 연구들은 사회보장 통합 추진에 있어 자원 배분과 실행 가능성이 매우 중요한 요소임을 강조하고 있다. 한국보건사회연구원(2023)은 재정 안정성과 행정 역량이 확보된 분야를 우선적으로 통합하는 점진적 접근이 정책의 성공 가능성을 높인다고 분석하였다.

〈표 68〉 자원 배분 및 실행 가능성 평가 기준

평가 요소	세부 내용	평가 기준 예시
재정 가용성	통합 추진에 필요한 예산 확보 및 안정성	예산 확보 여부, 재정 건전성
인력 및 조직 역량	전문 인력 확보, 행정 조직의 통합 대응 능력	전문인력 수급, 조직 협력 체계 구축
법·제도적 장애물	법률·규정상의 통합 장애 요인 유무	법률 충돌 여부, 제도 조화 가능성
IT 및 행정 시스템 준비도	정보시스템 호환성, 디지털 전환 수준	시스템 연동 가능성, 데이터 관리 체계

참고: 김민지 외(2023), 정수연(2024), 자료를 바탕으로 필자가 재정리함.

박지영(2023)은 중앙정부와 지방자치단체 간 협력 체계 강화가 실행력을 높이는 핵심 전략임을 지적하며, 전문 인력 양성과 디지털 행정 시스템 확충이 통합 추진의 필수 과제로 부각되고 있음을 밝혔다. 보건복지부(2024)는 이러한 연구 결과를 바탕으로 IT 인프라 개선과 조직 역량 강화를 통해 통합 행정 체계의 안정성과 서비스 질 향상에 중점을 두고 정책을 추진 중이다. 이처럼 최근 연구들은 자원의 효율적 배분과 실행 가능성 확보가 사회보장 통합 정책의 핵심 성공 요인임을 일관되게 보여 주고 있다. 자원 배분과 실행 가능성은 사회보장 통합 추진의 현실적 토대가 된다. 재정 안정성, 인력 및 조직 역량, 법·제도적 조화, IT 인프라 준비 상태를 종합적으로 평가하여 초기 통합 분야를 선정해야 한다. 이러한 평가를 통해 통합 과정의 효율성과 지속 가능성을 확보하고, 국민이 체감할 수 있는 통합 서비스를 제공할 수 있다.

2. 주요 통합적 접근 분야 사례

1) 연금 및 노후 보장 분야

연금 및 노후 보장 분야는 고령화 사회에서 국민의 기본적인 생활안정을 보장하는 핵심 사회보장 영역이다. 노후 빈곤 문제의 심화와 인구구조 변화로 인해 이 분야의 제도적 통합과 재정적 지속 가능성 확보가 사회보장 정책의 중요한 과제로 부각되고 있다.

◆ 연금제도 통합의 필요성

한국은 국민연금, 공무원연금, 군인연금, 사학연금 등 다양한 연금제도가 분산되어 운영되고 있으며, 이로 인해 수급자 간 형평성 문제와 행정적 비효율성이 발생하고 있다. 또한, 각 제도의 재정 상황과 지급 방식이 상이하여 통합 관리의 필요성이 꾸준히 제기되고 있다(한국보건사회연구원, 2023). 통합을 통해 중복 행정 비용을 절감하고, 연금 급여의 일관성과 형평성을 높이며, 재정 운용의 효율성을 제고할 수 있다. 더불어 통합 연금 관리 시스템은 수급자의 접근성과 서비스 품질 향상에도 긍정적 영향을 미친다.

◆ 최근 정책 동향

최근 국내외에서 연금 및 노후 보장 분야의 통합과 개혁은 고령화 사회에 대응하는 핵심 과제로 부상하고 있다. 한국 정부는 국민연금과 직역연금 간 정보 공유와 통합관리 시스템 구축을 통해 중복 수급 문제 해소와 재정 건전성 확보에 집중하고 있다. 특히, 단계적 통합 전략을 수립하여 행정 효율성을 높이고 수급자의 편의성을 강화하는 방향으로 정책이 전개되고 있다. 이와 더불어 디지털 전환을 활용한 연금 정보의 통합 및 관리 체계 혁신도 적극 추진 중이다. 국제적으로도 독일과 일본이 연금제도 간 기능적 통합과 재정 조정으로 지속 가능한 노후 보장을 모색하는 가운데, 한국은 이들 사례를 참고하여 점진적이고 체계적인 연금 통합 방안을 마련하고 있다. 이러한 정책 동향은 연금 통합을 통해 국민의 노후 생활 안정과 사회보장 체계의 지속 가능성을 동시에 달성하고자 하는 의지를 반영하고 있다. 연금 및 노후 보장 분야는 고령화 사회에서 국민의 안정적인 노후 생활을 위해 반드시 통합해야 할 핵심 영역이다. 제도의 분산 운영에 따른 형평성 문제와 재정 압박을 해소하기 위해 통합 관리 체계 구축과 정보 공유 강화가 필요하며, 이를 통해 행정 효율성과 서비스 품질이 개선될 것으로 기대된다.

〈표 69〉 연금 및 노후 보장 분야 통합 필요성 및 효과

구분	내용	기대 효과
제도 분산	국민연금, 공무원연금, 군인연금 등 다수 제도의 분리 운영	행정 중복, 재정 불균형 문제 발생
재정 지속 가능성	인구 고령화에 따른 연금 재정 압박 증가	재정 건전성 확보 위한 통합 운용 필요
행정 효율성	중복된 관리 및 운영 비용 발생	행정 비용 절감, 통합 관리 체계 구축
수급자 형평성	제도별 급여 수준 및 수급 조건 차이	연금 급여의 일관성과 형평성 향상

참고: 김민지 외(2023), 국민연금연구원(2024), 정수연(2024) 자료를 바탕으로 필자가 재정리함.

2) 건강보험 및 의료 서비스 분야

건강보험 및 의료 서비스 분야는 국민의 생명과 건강을 직접적으로 보호하는 사회보장 체계의 핵심 축이다. 의료 서비스의 접근성, 질, 그리고 지속 가능성을 확보하기 위해 건강보험 제도와 의료 서비스 시스템 간의 유

기적인 통합이 요구되고 있다.

◆ 건강보험 및 의료 서비스 통합의 필요성

한국의 건강보험은 전 국민을 대상으로 하는 단일 보험 체계임에도 불구하고, 의료 서비스 제공 기관과의 연계, 급여 항목 및 비용 처리, 데이터 관리 등의 분야에서 분산 운영되는 경향이 있다. 이는 서비스 제공의 비효율성과 국민의 의료 접근성 저하로 이어질 수 있다. 의료 서비스 분야에서는 건강보험과 의료기관 간 진료, 수가, 치료 과정이 유기적으로 연계되어야 하며, 특히 취약계층에 대한 의료 접근성 보장과 의료비 부담 완화가 중요한 과제다. 이를 위해 건강보험과 지역사회 의료 서비스, 장기요양보험 등과의 통합적 운영이 필요하다.

◆ 최근 정책 동향

최근 건강보험과 의료 서비스 분야에서는 통합과 협력 강화를 통한 서비스 질 개선 및 접근성 확대가 주요 정책 방향으로 자리 잡고 있다. 한국 정부는 건강보험 데이터와 의료기관 전자의무기록(EMR) 시스템의 연계를 추진하여 정보의 효율적 활용과 신속한 서비스 제공을 목표로 하고 있다. 또한, 의료 서비스 공급자와 건강보험 간 협력 체계 구축을 통해 비용 통제와 서비스 질 관리를 동시에 달성하려는 시도가 이어지고 있다. 특히, 취약계층을 위한 맞춤형 의료 서비스와 통합 돌봄 모델이 확대되면서 의료 접근성 향상에 대한 기대가 커지고 있다. 국제적으로도 WHO(2023)는 통합 보건 서비스가 국민 건강 증진과 보건 시스템 효율성 강화에 핵심적임을 강조하며, 각국 사례를 바탕으로 통합 전략 수립을 권고하고 있다. 이처럼 건강보험과 의료 서비스의 유기적 통합은 국민의 삶의 질 향상과 보건 재정의 지속 가능성을 동시에 높이는 중요한 과제로 대두되고 있다.

〈표 70〉 건강보험 및 의료 서비스 분야 통합 필요성 및 기대 효과

구분	내용	기대 효과
제도 분산	건강보험 운영과 의료 서비스 제공 기관 간 정보 및 절차 분리	데이터 비호환성, 행정 비효율 발생
의료 접근성 문제	취약계층의 의료 이용 제한 및 의료비 부담 문제	맞춤형 서비스 제공과 의료비 부담 완화
디지털 인프라 미비	의료기관과 건강보험 간 정보 시스템 연동 부족	데이터 통합과 신속한 서비스 제공 가능
서비스 질 관리 부재	의료 서비스의 질적 편차 및 비용 효율성 관리 미흡	서비스 질 개선과 비용 통제 기능 강화

참고: 김민지 외(2023), 박진우(2022), 최민호 외(2023), 자료를 바탕으로 필자가 재정리함.

건강보험 및 의료 서비스 분야는 국민 건강 보호를 위한 필수 영역으로, 제도 및 데이터 분산에 따른 비효율과 취약계층 의료 접근성 문제 해결이 중요하다. 디지털 통합 시스템 구축과 협력 체계 강화, 맞춤형 통합 돌봄 모델 개발 등을 통해 서비스 질과 효율성을 높이는 노력이 요구된다.

3) 고용보험 및 실업급여 분야

고용보험 및 실업급여 분야는 노동시장 안정과 근로자의 생활 안정을 위한 핵심 사회보장 체계이다. 경제 불확실성과 고용 형태 변화에 따른 실업 위험 증가로, 이 분야의 통합적 관리와 운영이 더욱 중요해지고 있다.

◆ **고용보험 및 실업급여 통합의 필요성**

한국은 고용보험제도를 중심으로 실업급여, 직업훈련, 고용서비스 등을 제공하고 있으나, 자영업자, 특수고용형태 노동자 등 비전통적 노동자에 대한 보호가 상대적으로 미흡한 상황이다. 이에 고용보험과 관련 고용지원 서비스 간 연계 강화와 포괄적 보호 체계 구축이 절실하다. 또한, 다양한 고용 형태의 증가와 디지털 경제 확산으로 인해 노동시장 변화에 유연하게 대응하는 통합적 정책 설계가 요구된다. 실업급여 제도의 지급 기준, 대상, 절차 등의 통합과 함께, 고용서비스와 연계한 맞춤형 지원 강화가 필수적이다.

◆ **최근 정책 동향**

정부는 비정규직 및 플랫폼 노동자 등 새로운 노동시장 환경에 대응하기 위해 고용보험 적용 대상 확대와 실업급여 체계 개선을 추진하고 있다(고용노동부, 2024). 한국노동연구원(2023)은 고용보험과 고용서비스 간 데이터 연계를 강화하고, 실업급여 수급자의 재취업 지원을 위한 통합 플랫폼 개발을 권고하였다. 고용노동부(2024)는 디지털 전환을 통한 고용지원 서비스의 접근성과 효율성을 높이고, 실업급여 신청 및 심사 과정의 자동화 시스템을 도입하는 등 행정 혁신을 진행 중이다. 고용보험 및 실업급여 분야는 노동시장 변화에 따른 실업 위험에 대응하기 위해 통합적이고 포괄적인 관리가 요구되는 영역이다. 비전통 노동자에 대한 보호 확대, 제도 간 연계 강화, 디지털 시스템 통합을 통해 근로자의 고용 안정과 재취업 지원을 효과적으로 수행하는 것이 핵심 과제다.

〈표 71〉 고용보험 및 실업급여 분야 통합 필요성 및 기대 효과

구분	내용	기대 효과
적용 대상 제한	비정규직, 플랫폼 노동자 등 일부 노동자 미적용	고용보험 적용 범위 확대 및 포괄적 보호 강화
제도 간 분리 운영	고용보험, 직업훈련, 고용서비스가 개별적으로 운영됨	서비스 연계 강화 및 행정 효율성 증대
디지털 시스템 미흡	실업급여 신청과 고용서비스 정보의 비효율적 관리	데이터 통합을 통한 서비스 신속 제공 및 맞춤형 지원 가능
노동시장 변화 미반영	다양한 고용 형태와 노동시장 변화에 유연하게 대응하지 못함	정책의 신속한 적응력 강화 및 실업 위험 완화

참고: 김수연·박진우(2022), 이지훈 외(2022), 정수연(2024) 자료를 바탕으로 필자가 재정리함.

4) 사회 서비스(아동, 장애인, 노인 등) 분야

사회 서비스 분야는 대표적으로 아동, 장애인, 노인 등 생애주기별로 다양한 복지 욕구를 지닌 집단을 대상으로 하는 공공 서비스 영역이다. 이들은 각기 다른 특성과 필요를 가지지만, 현실에서는 서비스가 제도별, 연령별, 기관별로 나뉘어 제공되기 때문에 중복 지원, 사각지대 발생, 행정의 비효율성 등의 문제가 지속적으로 제기되어 왔다.

예를 들어, 아동의 보육·돌봄 서비스는 교육부, 보건복지부, 여성가족부 등 여러 부처에서 개별적으로 시행되고 있으며, 장애인 서비스는 생애주기와 장애 유형에 따라 서비스 제공 주체와 기준이 달라 이용자가 자신의 권리를 충분히 이해하거나 접근하는 데 어려움을 겪는 구조가 형성되어 있다. 노인 분야 역시 돌봄, 건강관리, 주거 서비스 등이 제각기 다른 체계 안에서 분절적으로 운영되면서 서비스 간 연계와 조정의 필요성이 꾸준히 제기되고 있다. 이러한 맥락에서 사회 서비스 분야의 통합은 단순한 제도 정비를 넘어, 수요자 중심의 맞춤형 복지 구현을 위한 핵심 전략으로 인식된다. 통합적 접근은 서비스 제공 주체 간의 협업 체계를 강화하고, 정보 공유 및 사례 관리 시스템의 연계를 통해 서비스 접근성, 효율성, 수요자 만족도를 동시에 향상시킬 수 있는 기반을 마련한다. 특히 사회적 돌봄이 강조되는 현재의 복지 환경에서는 지역 중심의 통합 돌봄 모델(Community-based Integrated Care)이 하나의 방향으로 제시되고 있으며, 이는 지역사회에서 개별 수요자에게 필요한 서비스를 통합적으로 연계 제공하는 체계로 평가받고 있다. 결국 사회 서비스 통합은 행정적 효율성과 함께, 이용자의 권리 보장과 삶의 질 향상, 그리고 복지 체계의 지속 가능성 확보를 위한 필수 조건으로 작용하고 있다.

3. 분야별 우선순위 설정 방법론

1) 현황 분석 및 평가

사회보장 및 복지정책의 통합을 추진하기 위해서는 각 분야의 현황을 체계적으로 분석하고, 문제점과 개선 가능성을 객관적으로 평가하는 작업이 선행되어야 한다. 특히 통합이 필요한 영역과 그렇지 않은 영역을 구분하고, 자원 배분의 효율성을 높이기 위해서는 분야별 우선순위 설정을 위한 정량적·정성적 분석이 병행되어야 한다. 현황 분석은 우선적으로 제도별 중복 여부, 사각지대 존재, 정책 효과의 편차, 이용자 만족도 등을 중심으로 이루어진다. 예컨대, 복지 서비스가 여러 부처에 나뉘어 제공되고 있음에도 불구하고 유사한 기능을 수행하거나, 반대로 특정 집단이 어떠한 서비스로부터도 지원받지 못하는 경우에는 통합의 우선순위가 높게 평가된다(보건복지부·사회보장위원회, 2022).

이 과정에서는 다양한 지표 기반의 통합 평가모형이 활용되며, 특히 '복지전달 체계 통합평가도구', '복지지출 격차 분석', '서비스 이용 불균형 분석' 등이 정책 현장에서 적용되고 있다. 이러한 정량적 분석 외에도, 실제 현장 실무자의 경험, 수요자 의견 수렴, 지역 간 격차 등에 대한 정성적 평가도 병행되어야 한다. 이는 단순한 수치 이상의 복합적 요인을 통합 정책 설계에 반영하기 위한 필수적 접근이다. 또한 현황 분석은 단기적 진단에 그치지 않고, 장기적인 제도 개선 방향과의 정합성을 고려해야 한다. 이를 통해 통합이 필요하고 가능한 영역을 선별함으로써, 정책 자원의 낭비를 줄이고 실질적 효과를 극대화할 수 있는 통합 전략의 기초가 마련된다.

2) 이해관계자 의견 수렴

복지정책의 통합 추진 과정에서 이해관계자의 의견 수렴은 정책의 수용성과 실행 가능성을 높이는 핵심 절차로 간주된다. 정책이 단순히 상위 계획에 머무르지 않고 실제 현장에서 효과적으로 작동하기 위해서는 이용자, 제공자, 행정기관, 민간기관 등 다양한 주체의 경험과 요구를 반영한 통합 설계가 필요하다. 특히 사회서비스 분야는 서비스 이용자의 삶의 질과 밀접하게 연관되어 있기 때문에, 수요자의 실질적 욕구와 현장의 문제점을 정확히 파악하는 것이 우선되어야 한다.

이를 위해 공청회, 간담회, 온라인 설문, 포커스그룹 인터뷰(FGI) 등 다양한 방식의 의견 수렴 절차가 활용되고 있으며, 이는 현장 중심의 실질적 통합 전략 마련에 기여하고 있다. 이해관계자 의견 수렴은 단순한 형식적 절차가 아니라, 정책에 대한 민주적 정당성과 실행 주체 간 협력 기반을 조성하는 과정으로 이해할 수 있다. 예컨대, 지역사회 통합 돌봄사업에서는 지자체, 민간기관, 돌봄인력, 주민 등 다양한 주체가 참여하는 협의체를 구성하여 지속적인 의견 교환을 통해 통합 운영 모델을 공동 설계하는 방식이 적용되고 있다. 이러한 접근은 각 주체의 역할을 명확히 하고, 갈등을 예방하며, 통합 과정에 대한 공감대 형성과 정책 실행력 제고에 긍정적인 효과를 가져온다. 아울러 의견 수렴 과정에서 도출된 현실적 제안은 정책의 정합성과 지속 가능성 확보에도 기여한다는 점에서, 복지정책 통합의 핵심적 기반으로 평가된다.

3) 정책 효과 및 리스크 평가

복지정책의 통합을 추진할 때, 단순히 제도 간 조정 가능성이나 행정적 편의만 고려해서는 안 된다. 정책의 우선순위를 합리적으로 설정하기 위해서는, 통합을 통해 기대할 수 있는 긍정적 효과와 더불어, 동반될 수 있는 다양한 리스크를 사전에 식별하고 평가하는 과정이 필요하다. 이러한 평가는 정책 실행의 정당성을 확보할 뿐 아니라, 정책 실패의 가능성을 줄이고 통합 효과의 극대화를 유도하는 전략적 수단이 된다. 정책 효과 평가는 일반적으로 정책이 가져올 변화의 방향과 크기, 즉 결과의 효율성, 형평성, 수요자 만족도, 행정 효율성 등을 측정하는 과정이다.

이를 위해 비용-편익 분석(Cost-Benefit Analysis), 성과지표 기반 예측모형, 사회적 영향평가(SIA) 등이 활용된다. 특히 복지정책 통합의 경우에는 기존 제도의 중복 해소, 사각지대 해소, 서비스 질 향상 등의 측면에서 정성적 효과와 정량적 수치 변화를 동시에 평가해야 한다. 예를 들어, 노인돌봄 서비스 통합 시 재정 절감 효과뿐 아니라, 서비스 만족도 변화, 현장 돌봄 노동자의 업무 부담, 지자체의 행정 처리 능력 등 다양한 측면이 함께 고려되어야 한다. 정량화가 어려운 영향(예: 심리적 안정감, 가족 돌봄 부담 완화 등)까지도 포함하는 포괄적 분석이 중요하다. 한편, 리스크 평가는 정책 시행 과정에서 발생할 수 있는 불확실성과 부작용에 대한 체계적인 사전 점검 과정이다. 예컨대, 제도 간 충돌, 법적 정합성 미비, 정보 시스템 간 연계 실패, 이해관계자 간 갈등, 담당 인력의 전문성 부족 등이 대표적인 위험 요인이다. 이러한 리스크는 정책 실행을 지연시키거나, 초기 설계 의도와 다른 방향으로 흘러갈 가능성을 높이기 때문에, 이에 대한 구체적 대응 방안이 함께 설계되어야 한다.

또한, 정책 효과와 리스크는 상호 작용하는 관계에 놓여 있다. 효과가 클수록 리스크도 커질 수 있기 때문에, 정책의 수용성, 실행 가능성, 지속 가능성이라는 관점에서 균형 있는 판단이 요구된다. 이를 위해 최근에는 시나리오 분석, 민감도 분석, 정책시뮬레이션 등 다양한 예측기법이 적극 활용되고 있으며, 이는 복잡한 정책 환경 속에서 합리적 결정을 돕는 도구로 자리 잡고 있다. 결국 정책 효과 및 리스크 평가는 정책통합의 방향성과 실행 전략을 정교화하는 데 필수적인 절차이며, 복잡한 이해관계가 얽혀 있는 복지 통합 분야에서 정책 설계의 과학성과 민주성을 동시에 확보하는 기반이 된다.

제2절 정책 조정과 협력 체계 구축 방안

1. 정책 조정의 필요성과 원칙

1) 제도 간 조화 및 중복 제거

복지정책의 다변화와 대상 집단의 세분화가 심화되면서, 여러 부처와 기관이 각기 다른 목적과 기준으로 유사한 서비스를 운영하는 경우가 빈번해지고 있다. 이러한 정책의 분절화는 제도 간 비효율성, 행정 비용의 증가, 이용자 혼란을 초래하며, 결과적으로 복지 체계 전반의 신뢰성과 효과성을 저해할 수 있다. 예를 들어, 아동 돌봄 서비스를 보건복지부, 여성가족부, 교육부 등이 각기 다른 기준과 운영 체계로 제공하면서 중복 지원의 불균형과 일부 대상자에 대한 서비스 사각지대가 동시에 발생하는 문제가 나타난다. 장애인 분야 역시, 활동지원, 재활, 직업훈련 등이 다양한 부처와 지자체에 분산되어 있어 통합된 생애주기 지원 체계를 구축하기 어렵다는 비판이 제기되어 왔다. 이러한 문제를 해결하기 위해서는 제도 간 조정이 필요하며, 이는 단순히 서비스를 통폐합하는 것이 아니라, 정책 간의 목표, 수단, 운영 체계를 조화롭게 연결하는 구조적 개혁을 의미한다. 정책 조정은 중복을 제거하고 제도 간 정합성을 확보함으로써 자원의 효율성을 극대화하고, 서비스 수요자의 관점에서 보다 통합적이고 지속 가능한 복지 경험을 제공하는 데 목적이 있다. 정책 조정의 원칙은 다음과 같다.

첫째, 수요자 중심의 정합성 확보다. 정책은 공급자나 행정기관 중심이 아니라, 실제 서비스를 이용하는 국민의 입장에서 체계적으로 연결되어야 한다. 둘째, 범정부적 조정 메커니즘 구축이 필요하다. 이를 위해서는 부처 간 협업뿐 아니라 중앙정부와 지방정부 간 기능 재조정도 포함되어야 한다(보건복지부·사회보장위원회, 2023). 셋째, 정보 연계 기반의 조정 체계 마련이 중요하다. 각 기관이 보유한 정보를 통합·연계함으로써 중복 지원 여부를 실시간으로 확인하고, 사각지대도 조기에 파악할 수 있어야 한다. 정책 간 조화와 중복 제거는 결국 복지전달 체계 전반의 효율성을 높이고, 재정 부담을 최소화하며, 국민 삶의 질 향상에 기여하는 핵심 전략이라 할 수 있다. 특히 고령화, 저출산, 복지 수요 다변화라는 사회적 맥락 속에서 정책 간 연계성과 통합성 확보는 더 이상 선택이 아닌 필수적 과제로 부상하고 있다.

2) 법·제도 정비 및 일원화 추진

정책 간 통합과 조정을 효과적으로 추진하기 위해서는 무엇보다 법·제도적 기반의 정비와 일원화가 선결되어야 한다. 현재 복지제도는 부처별, 대상별, 목적별로 제정된 개별 법령에 따라 분절적으로 운영되고 있으며, 이로 인해 정책 간 충돌, 기준의 불일치, 적용 대상의 중복 또는 배제와 같은 구조적 문제가 발생하고 있다. 예를 들어, 아동복지 서비스는 아동복지법, 영유아보육법, 아동학대처벌법 등으로 분산되어 있으며, 장애인복지 역시 장애인복지법, 장애인고용촉진법, 특수교육법 등 다수의 관련 법령이 병존한다. 이러한 복잡한 법령 체계는 행정적 비효율성과 함께 국민의 서비스 접근성을 저해하는 주요 요인으로 지적되고 있다. 이에 따라 정책 통합을 위한 법·제도적 정비는 '단순한 법령 통합'을 넘어, 정책 목적과 수단의 일관성을 확보하고, 국민 중심의 서비스 체계를 구축하기 위한 구조 개편을 포함해야 한다. 특히 복지 서비스의 범주, 대상자 선정 기준, 급여 방식 등의 핵심 요소를 통일하는 것이 중요하며, 이는 정책 간 정합성을 확보하고 사각지대를 해소하는 데 핵심적인 역할을 한다. 이러한 법·제도 정비 과정에서는 다음과 같은 원칙이 요구된다. 첫째, 상위 법 체계의 일관성 유지와 하위 규정 간 조율이다. 정책 간 충돌을 방지하기 위해 각 법령 간 위계와 적용 범위를 명확히 해야 하며, 제도 간 연결성을 고려한 하위 시행령 및 지침의 통합도 필요하다. 둘째, 법령 간 중복 조항의 정비와 공백 영역 보완이 중요하다. 이는 기존 법 체계에서 발생한 사각지대 문제를 해결하고, 제도 간 연계를 강화하는 핵심적 수단이 된다. 셋째, 법·제도 정비 과정에서의 참여와 협의다. 국회, 정부부처, 지자체, 전문가, 시민사회 등 다양한 이해관계자가 참여하는 민주적 조정 절차를 거쳐야 제도 변화의 정당성과 수용성을 확보할 수 있다.

최근에는 이러한 문제를 해결하기 위한 노력으로, '사회 서비스 통합지원법' 제정 논의, '사회보장기본법' 개정, 지방정부 차원의 조례 정비 등 다양한 제도적 실험이 이루어지고 있다. 이러한 흐름은 단순한 행정 재조정이 아니라, 사회적 통합과 복지권 보장을 실현하기 위한 제도적 혁신으로 해석될 수 있다.

결론적으로, 법과 제도의 일원화는 정책 통합의 실질적 기반이며, 이를 통해 복지 체계의 정합성, 접근성, 공정성을 높일 수 있다. 특히 초고령사회와 복지 수요 증가라는 시대적 맥락 속에서, 지속 가능한 복지국가 체제 구축을 위한 전략적 접근으로서 법·제도 정비는 그 중요성이 더욱 강조되고 있다.

3) 정책 일관성 확보

복지정책 통합의 핵심 원칙 중 하나는 바로 정책 일관성(Consistency)의 확보이다. 정책 일관성이란 정책 간의 목적, 수단, 실행 구조가 상호 충돌하지 않고 논리적으로 정렬되어 있는 상태를 의미한다. 특히 사회보장 분야처럼 다부처·다기관이 관여하는 정책 영역에서는 정책 간 방향성이 다르면 혼란, 자원의 낭비, 수혜자의 불신으로 이어질 수 있기 때문에, 정책의 설계 단계부터 일관성 확보는 매우 중요하다. 예를 들어, 아동복지정책에서 보육, 교육, 건강, 보호 등 여러 정책이 각각의 부처와 기관에 의해 따로 시행될 경우, 정책 간 목표가 충돌하거나 중복될 수 있다. 이로 인해 동일한 아동을 대상으로 중복된 서비스가 제공되거나, 반대로 책임이 분산되면서 사각지대가 발생하게 된다. 따라서 이러한 문제를 방지하려면 정책 목표의 정렬, 실행 수단의 일치, 부처 간 연계된 평가 체계 등이 필요하다. 정책 일관성은 크게 세 가지 차원에서 확보되어야 한다.

첫째, 수직적 일관성(Vertical consistency)이다. 이는 중앙정부의 기본계획과 지자체의 실행계획이 동일한 방향성을 유지하며 연계되어야 함을 의미한다. 둘째, 수평적 일관성(Horizontal consistency)으로, 복수의 부처가 공동으로 수행하는 정책의 경우, 각 부처 간 정책 목표와 역할 분담이 명확히 조정되어야 한다.

셋째, 시계열적 일관성(Temporal consistency)으로, 정책이 단기성과에 치중하지 않고 중장기적 비전과 연계되어 있어야 한다. 정책 일관성을 높이기 위한 대표적 수단으로는 통합 계획 수립과 범정부 조정 기구 운영을 들 수 있다. 예컨대, 「사회보장기본법」에 따라 수립되는 국가 사회보장 기본계획은 복지정책 전반의 방향성을 제시함으로써, 개별 사업 간 일관성을 유지하는 기준틀 역할을 수행한다. 또한, 부처 간 조정 기능을 수행하는 사회보장위원회, 지방 단위의 복지협의체 등도 정책 간 충돌을 조정하고 일관된 정책 추진 기반을 마련하는 데 중요한 역할을 한다. 무엇보다 중요한 것은, 정책 일관성이 단순히 문서상의 정합성에 그치는 것이 아니라, 현장 실행에서의 조화로운 서비스 제공과 국민의 체감도 향상으로 연결되어야 한다는 점이다. 이를 위해서는 정책 수립과 실행 전 과정에서의 정책 설계자, 실무자, 수요자 간의 피드백 체계가 내재화되어야 한다. 정책 일관성의 확보는 결과적으로 정책의 신뢰성, 예측 가능성, 수혜자의 만족도를 높이는 중요한 요소이며, 복지국가의 통합성과 지속 가능성을 강화하는 전략적 기반이라 할 수 있다.

2. 협력 체계 구축 방안

1) 남북 정부 간 협의체 구성

남북한 간 사회복지 및 보건정책 통합을 위한 실질적 첫걸음은 제도적·정책적 협의 구조를 구축하는 것, 즉 남북 정부 간 공식 협의체의 설치 및 운영이다. 복지제도의 성격상 단기간에 제도 통합이나 사업 이행이 어렵기 때문에, 상호 신뢰 구축과 점진적 조율을 위한 정부 간 대화 채널과 협의체 구성이 선행되어야 한다. 협의체는 단순한 정보교환 창구를 넘어, 복지정책의 공동 기획, 제도 정비 방향 조율, 시범 사업 추진과 평가, 공동 연구 수행 등 다양한 기능을 수행할 수 있는 구조로 설계되어야 한다. 이를 위해 고위급 협의체와 실무급 분과위원회로 이원화된 협의 구조를 채택하면, 전략적 논의와 기술적 검토를 병행할 수 있는 체계를 마련할 수 있다. 남북협력에서의 협의체 구상은 단지 행정 기구 차원을 넘어서, 정책의 일관성 확보와 이해관계자 간 신뢰 형성, 대외적 투명성 제공의 수단으로 기능한다. 예컨대, 과거 「6·15 남북 공동선언」과 「10·4 정상선언」 이후 보건의료, 농업, 환경 등 분야별 협력 사업을 논의하기 위한 공동위원회가 일시적으로 설치되었으나, 지속 가능한 협의 메커니즘이 마련되지 않아 실질적 진전이 제한되었던 경험이 있다. 이에 따라 최근 연구들은 지속 가능한 협력기제를 위해 다음과 같은 조건을 강조하고 있다. 첫째, 공동의 정책 의제와 협력 원칙의 명문화가 필요하다. 둘째, 정기적 회의와 정보 공유 시스템을 갖춘 상설기구 형태로 운영되어야 하며, 셋째, 민간 전문가 및 국제기구와의 연계를 통해 기술적·재정적 지원 기반도 확보해야 한다. 이러한 남북 협의체는 궁극적으로 정책 통합 이전 단계에서의 '제도 간 조정 시험대'로 기능하며, 향후 사회 서비스, 기초보장, 의료보장 등의 단계적 연계와 일원화로 나아가기 위한 정치적·행정적 신뢰 기반을 구축하는 데 핵심적인 역할을 할 수 있다. 특히 고령화, 감염병 대응, 장애인 지원 등 남북 공통 사회문제에 대한 공동 대응 논의는 비정치적 영역에서 협력의 가능성과 정당성을 동시에 확보할 수 있는 유효한 접근이다.

2) 전문 인력 및 조직 역량 강화

정책 통합과 협력 체계 구축의 성공적인 추진을 위해서는 단순한 제도 조정이나 협의체 구성을 넘어, 이를 실행할 수 있는 전문 인력 확보와 조직의 역량 강화가 필수적이다. 특히 남북한 간 이질적인 복지제도, 정책 환경, 행정 관행을 조정하고 통합하기 위해서는 정책 설계, 조정, 평가, 갈등 조정 등에 능한 다기능 인력이 요구된다. 남북한의 복지제도와 행정 시스템은 역사적·정치적 배경과 운영 방식에서 큰 차이를 보이고 있다. 남한은 복지 다원주의와 보편적 서비스 확대를 지향해 온 반면, 북한은 국가 주도 계획복지 체제를 유지하고 있다. 이러한 차이를 극복하고 정책적 연결고리를 만들기 위해서는 정책 전문가, 사회복지 실무자, 지역조직가, 국제협력 경험자 등 다양한 영역의 전문 인력이 유기적으로 협력하는 다분야 협업 구조가 필요하다.

특히 남북 협력 초기 단계에서는 복지정책 교류, 시범 사업 운영, 정보 공유, 제도 비교분석 등의 실무를 담당할 정책 조정 전문가와 실무급 공무원의 전문성이 중요하다. 이를 위해서는 체계적인 교육훈련, 직무 재설계, 경력개발 경로의 마련 등이 병행되어야 한다. 예컨대, 통일 이후 동독과 서독의 복지제도 통합 과정에서도 행정 관료와 사회복지사의 전문성 차이가 제도 통합의 속도와 질에 영향을 미쳤다는 연구 결과가 있다. 또한 조직 차원에서는 남북 공동 협력 사업을 주관하거나 연계할 수 있는 전담 조직의 설립과 기능 강화가 필요하다. 이들 조직은 단순 행정 처리 기능을 넘어서, 정책 설계, 사업 평가, 중재 및 모니터링 등의 전문 기능을 수행하는 실행 기반 조직이어야 하며, 필요시에는 지방정부와 민간기관, 시민사회 조직과의 파트너십도 확대되어야 한다. 아울러, 지속 가능한 협력 기반을 위해서는 조직 문화의 유연성, 협력적 리더십, 데이터 기반 정책 결정 역량이 병행되어야 하며, 이를 위한 중장기 조직역량 강화 전략이 필요하다.

최근에는 공공서비스 혁신 관점에서의 역량기반 행정(Capacity-based administration)이 강조되며, 정책 통합을 위한 전략적 인사관리, 기술 인프라, 리더십 개발이 주요 과제로 부각되고 있다. 요컨대, 전문 인력과 조직 역량의 강화는 단순한 내부 행정 효율성 향상에 그치는 것이 아니라, 남북한 정책 통합의 실행 가능성과 지속 가능성을 담보하는 핵심 조건이다. 특히 정책 간 신뢰 구축, 협력 사업의 지속, 시민 수용성 확보를 위해서는 현장의 전문성과 제도적 대응 능력을 동시에 갖춘 실천 주체의 육성이 필수적이라 할 수 있다.

3) 정보 공유 및 통합 관리 시스템 구축

현대의 사회복지 및 공공서비스 분야에서는 다양한 기관과 부서가 상호 협력하여 복잡하고 다층적인 문제를 해결하는 것이 필수적이다. 이 과정에서 효율적인 협력 체계 구축의 핵심은 기관 간 원활한 정보 공유와 이를 뒷받침하는 통합 관리 시스템의 마련이다. 정보 공유는 단순한 데이터 전달을 넘어, 참여 기관 간 신뢰와 투명성을 높이며 공동 의사결정과 문제 해결을 가능하게 하는 중추적 역할을 한다.

통합 관리 시스템은 여러 기관에 분산된 정보를 하나의 플랫폼에서 통합 관리함으로써 업무의 중복을 줄이고, 신속한 현황 파악 및 대응이 가능하도록 돕는다. 이러한 시스템이 복수 기관의 실시간 데이터 공유를 촉진하여 협력 체계 내에서의 문제 발생 시 빠르고 유기적인 대처를 가능하게 한다고 하였다. 또한, 다층적 협력 체계에서 정보 공유 플랫폼의 표준화, 사용자 접근성 강화, 데이터 보안 및 개인정보 보호가 성공적 협력 구축을 위한 핵심 요소이다.

특히, 통합 관리 시스템이 기관별로 축적된 정보의 사일로 현상을 극복하고, 서비스 수혜자의 다양한 필요를 종합적으로 파악하여 맞춤형 서비스를 제공하는 데 결정적 역할을 수행한다고 분석하였다. 이는 복지 서비스의 질을 높이고, 중복 서비스 제공에 따른 자원 낭비를 방지하며, 정책 집행의 효율성을 극대화하는 데 기여한다.

따라서 정책 조정과 협력 체계 구축을 위한 전략 수립 시, 정보 공유의 활성화와 이를 뒷받침하는 통합 관리 시스템 구축은 필수 불가결한 요소이다. 이는 궁극적으로 기관 간 협력의 신뢰 기반을 강화하고, 서비스 연계성을 높여 국민에게 일관되고 효과적인 복지 서비스를 제공하는 데 중추적 역할을 할 것이다.

3. 단계별 실행 계획 및 관리

1) 단기(준비 및 시범 단계)

통합 정책과 협력 체계의 성공적인 구축을 위해서는 체계적인 단계별 실행 계획이 필수적이며, 그 중 단기 단계인 준비 및 시범 단계는 전체 과정의 기반을 다지는 매우 중요한 시기이다. 이 단계에서는 정책 목표와 방향을 명확히 설정하고, 관련 기관 및 이해관계자의 참여를 확보하는 한편, 시범 사업을 통해 실현 가능성을 점검하는 과정이 포함된다.

단기 단계에서는 먼저 정책 조정과 협력 체계 구축에 필요한 제도적, 기술적 준비를 진행한다. 예를 들어, 시스템 구축을 위한 인프라 마련, 관련 인력 교육, 법적·행정적 절차 정비 등이 이에 해당한다. 특히, 시범 사업은 실제 현장에서 정책과 시스템을 적용해 봄으로써 운영상의 문제점과 개선 방안을 도출하는 중요한 역할을 한다. 특히 시범 단계가 실무자와 이용자 모두의 피드백을 반영해 정책의 현실 적합성을 높이고, 향후 확장 단계에서의 리스크를 줄이는 데 기여한다. 또한, 단기 단계에서의 성과 지표 설정과 모니터링 체계 구축은 정책 실행의 효과성을 평가하고 신속한 개선 조치를 가능하게 한다는 점에서 중요하다. 이를 통해 시범 사업에서 확인된 문제점들은 중·장기 단계에서 반영되어 지속적이고 체계적인 협력 체계 발전으로 이어질 수 있다. 따라서 단기 단계는 통합 정책 추진의 토대이자, 이후 단계의 성공적인 실행을 위한 시험대 역할을 하며, 세심한 계획과 충분한 준비를 바탕으로 신중하게 추진되어야 한다.

2) 중기(확대 및 조정 단계)

중기 단계는 단기 시범 사업의 성과와 한계를 토대로 협력 체계와 통합 정책을 본격적으로 확대·심화하는 시기로, 제도적 안착과 운영 효율성을 높이기 위한 조정 작업이 중심이 된다. 이 시기에는 시범 단계에서 도출된 문제점들을 개선하고, 참여 기관 간 협력의 지속 가능성을 확보하는 데 중점을 둔다. 중기 단계의 주요 과제는 협력 체계의 범위 확대와 정책 내용의 정교화이다. 즉 중기 단계에서 관련 기관과 이해관계자의 역할 분담을 명확히 하고, 통합 관리 시스템의 기능을 고도화하여 업무 프로세스의 표준화와 자원 배분의 효율성을 제고할 필요가 있다고 강조하였다.

또한, 중기 단계에서는 정책 효과에 대한 체계적 평가를 바탕으로 필요한 조정을 실시하며, 이를 통해 제도의 실효성을 높이고 현장 적용성을 강화한다는 점에서 평가 및 환류 체계 구축이 필수적이다. 아울러, 중기 단계에서는 다양한 이해관계자들의 참여를 확대하여 협력 네트워크를 강화하고, 조직 간 신뢰를 증진시키는 전략이 중요하다. 이러한 신뢰 기반의 협력이 기관 간 정보 공유와 공동 문제 해결을 촉진하며, 궁극적으로 정책 목표 달성에 기여한다고 지적하였다.

결과적으로 중기 단계는 단기 시범 사업의 성과를 토대로 협력 체계를 실질적으로 정착시키고, 정책의 효과성과 지속 가능성을 확보하는 결정적 시기로서, 세밀한 조정과 확장 전략을 통해 통합적 협력 모델을 완성해 가는 과정이다.

3) 장기(완전 통합 단계)

장기 단계는 정책 조정과 협력 체계 구축의 최종 목표를 실현하는 시기로, 다양한 기관과 시스템이 완전하게 통합되어 상호 연계성을 극대화하는 단계이다. 이 시기에는 단기와 중기에서 구축된 기반 위에 안정적이고 지속 가능한 협력 네트워크가 정착되어, 복합적 사회문제에 대해 통합적이고 일관성 있는 대응이 가능하도록 한다. 완전 통합 단계에서는 제도와 조직, 정보 시스템뿐만 아니라 예산과 인력 운영 체계까지 일원화되어 운영 효율성이 극대화된다. 이 단계에서 기관 간 경계가 허물어지고, 서비스 제공이 국민의 삶을 중심으로 전면적으로 연계되어 제공되는 '통합서비스 생태계'가 조성된다고 설명한다. 또한, 장기 단계에서는 지속적 혁신과 품질 관리 체계가 구축되어 변화하는 사회 환경과 수요에 능동적으로 대응할 수 있는 유연성과 적응력을 확보하는 것이 중요하다.

한편, 장기적 통합 성공을 위해서는 협력 기관 간 신뢰와 공동의 목표의식이 깊게 뿌리내려야 하며, 이를 위해 조직 문화 변화와 리더십의 역할이 결정적이라는 연구 결과도 있다. 또한, 체계적인 성과 관리와 평가 시스템이 정착되어 통합 정책의 효과성과 사회적 가치를 지속적으로 검증하고 환류하는 과정이 필요하다. 따라서 장기 단계는 통합 정책과 협력 체계가 제도적으로 완성되고 사회 전반에 깊이 뿌리내리는 시기로, 국민에게 고품질의 통합 서비스를 안정적으로 제공하기 위한 지속 가능한 발전 기반을 마련하는 과정이다.

4. 국제 협력 및 지원 활용 방안

1) 개요

사회보장제도의 통합과 개혁은 국내적 과제일 뿐만 아니라, 국제적 지식 공유와 협력이 매우 중요한 분야이다. 특히 남북한 사회보장 통합, 개발도상국의 복지 시스템 강화, 또는 급속한 고령화에 대응하는 각국의 정책 사례들은 한국의 사회보장 통합 전략 수립에도 유의미한 시사점을 제공한다. 국제기구(예: ILO, OECD, WHO 등), 해외 정부 및 학술기관과의 협력은 정책 수립의 정당성과 신뢰성을 높이고, 다양한 재정·기술적 지원과 자문을 받을 수 있는 기반이 된다. 이를 통해 제도 통합의 실효성과 지속 가능성을 확보하는 데 기여할 수 있다.

2) 국제 협력의 주요 전략

◆ 정책 자문 및 기술 협력

OECD, ILO, UNDP 등은 각국의 사회보장제도 통합 경험을 바탕으로 정책 자문과 시스템 구축을 지원하고 있으며, 특히 정보시스템 통합과 재정추계 모델, 평가 지표 설계 등에 전문성을 제공한다(OECD, 2023). 한국은 이러한 국제기구와의 협력을 통해 제도 개편 시 국제 비교 가능한 기준을 도입하고, 글로벌 기준에 부합하는 통합 전략을 수립할 수 있다.

◆ 재정 및 기술지원 확보

세계은행(World Bank), 아시아개발은행(ADB) 등은 사회보장 개혁과 통합을 위한 재정 지원 프로그램을 운영하고 있다. 특히 인프라 구축, 데이터베이스 통합, 전자정부 플랫폼 도입 등에서 기술적 지원을 받을 수 있으며, 중장기 협력 계획을 통해 보다 안정적이고 체계적인 개혁이 가능하다.

◆ 국제 공동연구 및 정책 교류

국제 공동연구 및 인적 교류는 통합 정책의 설계와 시행에 있어 현장 경험을 풍부하게 할 수 있다. 예컨대, EU의 통합 사회보장 시스템 구축 경험, 북유럽 복지국가의 연계 서비스 모델 등은 한국의 통합 전략 수립에 실질적인 정책 아이디어를 제공한다.

〈표 72〉 국제 협력 활용 전략과 기대 효과

전략 유형	주요 내용	기대 효과
정책 자문 및 기술협력	국제기구와의 연계, 정책설계 자문, 평가 프레임워크 제공	글로벌 표준 도입, 정책 신뢰성 확보
재정 및 기술지원	WB, ADB 등으로부터 데이터 통합, 디지털 플랫폼 구축 등 지원	인프라 강화, 재정 부담 완화
공동연구 및 정책 교류	EU·북유럽 복지 모델 사례 조사, 국제 세미나 및 학술 협력 등	현장 중심 전략 설계 가능, 정책 비교 분석 확대
인적 역량 강화	국제 연수 프로그램, 다자 협력 네트워크 참여	정책 담당자 역량 제고, 글로벌 정책 대응 능력 향상

참고: World Bank(2023), UNDP(2022), Asian Development Bank(2023), European Commission(2022) Nordic Council of Ministers(2023), OECD(2023) 자료를 바탕으로 필자가 재정리함.

3) 최근 정책 동향

보건복지부(2024)는 사회보장 통합에 필요한 글로벌 거버넌스 강화를 위해 OECD, ILO 등과의 협약 체결을 확대하고 있으며, 연금·고용·건강보험 등 분야별 전문가 자문단을 국제적으로 구성해 실질적인 전략 수립에 활용하고 있다. 또한, 한국보건사회연구원은 최근 세계은행과 공동으로 "사회보장제도 디지털 통합 플랫폼 구축" 프로젝트를 추진 중이다. 특히, EU 복지 통합 사례를 벤치마킹한 '서비스 연계형 통합모델 시범 사업'이 2024년부터 시행되고 있으며, WHO의 Universal Health Coverage(UHC) 기준에 기반한 건강 보장 접근성 향상 전략이 보건의료 분야에서 적용되고 있다. 국제 협력은 사회보장 통합의 설계, 실행, 평가에 이르기까지 필수적인 역할을 하며, 정책의 신뢰성과 실행력을 높이는 데 결정적인 요소다. 국제기구와의 협력은 단순한 기술 수입을 넘어, 지속 가능한 제도 정착을 위한 전략적 동반자로 기능하며, 향후 남북한 사회보장 통합 등 특수한 상황에서도 중재와 자원의 통로가 될 수 있다.

> **학습 문제**
>
> 1. 우선 통합 분야를 선정할 때 고려해야 할 주요 기준은 무엇인가?
> 2. 연금과 건강보험 분야가 통합 우선순위에 오르는 이유를 설명하시오.
> 3. 정책 조정 시 중요한 원칙과 추진 과제는 무엇인가?
> 4. 남북 협력 체계 구축을 위한 구체적 방안을 제시하시오.
> 5. 단계별 통합 전략 추진에서 각 단계별 핵심 과제는 무엇인가?

제12장

정책 조정과 협력 체계 구축

> **학습 목표**
> 1. 사회보장 정책 조정을 위한 메커니즘 설계 원리를 이해한다.
> 2. 남북한 간 협력 체계 구축의 필요성과 구체적 방안을 학습한다.
> 3. 정책 조정과 협력 체계 운영의 도전과 해결책을 파악한다.

제1절 정책 조정 메커니즘 설계

1. 정책 조정의 개념과 필요성

1) 정책 조정 정의 및 목적

정책 조정(Policy coordination)이란, 정부 내 여러 부처, 공공기관, 그리고 다양한 이해관계자들이 수행하는 정책 활동 전반에서 목표와 수단을 정합성 있게 정렬하고, 중복되거나 상충되는 정책을 효과적으로 통합·정리하는 일련의 구조적 과정과 절차를 의미한다(Howlett & Ramesh, 2022; 보건사회연구원, 2023). 특히 복지, 보건, 노동, 교육 등 다부처가 관여하는 복합적인 정책 영역에서는 단순한 정보 교환이나 사안별 협의 수준을 넘어, 실질적인 조율과 전략적 방향 설정이 이루어져야 한다. 이러한 정책 조정은 단기적으로는 행정의 효율성과 자원의 합리적 배분을 도모하고, 장기적으로는 정책 간 연계성과 지속 가능성을 강화함으로써 국민 삶의 질 향상과 거버넌스 신뢰 제고에 기여한다. 특히 사회보장제도와 같이 다층적이고 상호의존적인 시스템에서는 조정 기능이 단순한 행정 기제 이상의 의미를 지니며, 전체 제도의 통합적 운영과 성과 향상의 핵심 수단으로 작동한다. 정책 조정의 목적은 크게 세 가지로 정리할 수 있다.

첫째, 정책 간 정합성 확보이다. 동일한 정책 대상이나 목적을 향해 운영되는 다수의 프로그램이 불필요한 중복이나 모순 없이 상호보완적으로 작동하도록 하여, 제도 간 연계성과 시너지를 높이는 데 목적이 있다. 둘째, 자원 효율성 제고이다. 한정된 예산과 인력을 분산적·비효율적으로 사용하는 것을 방지하고, 전략적 우선순위에 따라 정책 수단을 집중함으로써 전체적인 실행력을 높일 수 있다. 셋째, 정책 지속 가능성 강화이다. 단기 성과 중심의 정책 시행이 아니라, 부처 간 협력 기반의 중장기적 정책 운영 체계를 마련하여 변화하는 사회적 수요에 능동적으로 대응할 수 있도록 기반을 마련하는 것이 중요하다. 요컨대, 정책 조정은 단순한 행정 절차를 넘어 통합적 거버넌스를 실현하기 위한 핵심 기제로서 기능하며, 특히 사회복지와 같은 복잡하고 역동적인 영역에서는 더욱 정교한 설계와 운영이 요구된다.

◆ 정책 간 정합성과 일관성 확보

정책 조정은 다양한 부처 및 기관이 추진하는 사업들이 동일한 사회문제 해결을 위한 공통 목표하에 작동하도록 하며, 정책 간 충돌·중복·누락 현상을 방지한다. 예를 들어, 아동복지와 교육정책, 고용지원과 소득보장 정책 간에 명확한 역할 분담과 협력 구조를 설정함으로써 정책의 체계성과 일관성을 높일 수 있다.

◆ 자원 배분의 효율화 및 행정 비용 절감

중복된 예산 투입과 인력 낭비를 줄이고, 사업 간 통합적 기획과 공동집행을 통해 재정 효율성과 행정 역량을 극대화한다. 정책 조정이 잘 작동할 경우, 예산은 중복되지 않고 국민에게 통합된 서비스를 제공할 수 있어 정책 집행의 경제성과 효과성을 동시에 달성할 수 있다.

◆ 정책 실행의 일관성 및 신뢰성 확보

동일한 정책이 지역, 부처, 사업 영역마다 다르게 해석되거나 운영될 경우, 국민은 혼란을 경험하고 정책에 대한 신뢰를 상실할 수 있다. 정책 조정은 정책 실행의 표준화와 조화로운 집행을 가능하게 하여 정책 수용성과 만족도를 제고한다.

▶ 복합 문제 해결을 위한 통합적 대응 가능: 오늘날의 사회문제는 단일 부처가 해결할 수 없는 복잡성과 상호의존성을 지닌다. 예컨대 기후변화 대응, 인구구조 변화, 고용 불안, 지역 불균형 등은 교육, 복지, 노동, 보건, 환경 부처가 동시에 관여해야 하는 다부처 협업 이슈이다. 정책 조정은 이러한 복합 문제에 대해 통합적 거버넌스를 통해 지속 가능한 해법을 도출하는 기반을 제공한다.
▶ 협력적 거버넌스 실현과 사회적 신뢰 구축: 정책 조정은 단순한 수직적 통제를 넘어, 다양한 행위자 간의 수평적 협의와 공동의사결정 체계를 강화하는 역할을 한다. 이로 인해 다양한 이해관계자의 참여가 가능해지고, 민주적 정당성과 정책 수용성이 높아지며, 장기적으로 정책에 대한 국민적 신뢰 기반이 확립된다. 정책 조정은 행정 조직 간 수평적·수직적 협력을 기반으로 하며, 협의체 구성, 공통 목표 설정, 통합

데이터 관리 체계 구축 등을 핵심 수단으로 삼는다. 특히 사회보장 영역에서는 중앙정부와 지방자치단체, 민간 전달기관 간의 정기적 정보 공유와 역할 조정이 필수적이다.

〈표 73〉 정책 조정의 정의 및 목적 정리

구분	주요 내용
정책 조정 정의	정책 간 정합성, 부처 간 협력, 공공·민간 연계 강화를 통해 정책 성과를 극대화하는 체계적 운영 메커니즘
목적 ①	정책 목표·수단의 정합성 확보(중복·충돌 방지)
목적 ②	재정·인력 자원의 통합적 배분 및 집행 효율화
목적 ③	정책 실행의 일관성 확보 및 행정 신뢰성 향상
목적 ④	복합 문제에 대한 통합적 대응 체계 구축
목적 ⑤	거버넌스 기반 협력 강화 및 국민 신뢰 구축

◆ 최근 연구 및 정책 동향

최근 국내에서는 범정부 정책 조정 강화에 대한 논의가 활발하다. 기획재정부와 보건복지부는 2023년부터 사회보장 주요 사업에 대해 부처 간 사전 조정회의를 정례화하고 있으며, 한국보건사회연구원은 「사회보장 협력 거버넌스 구축방안」(2023) 연구에서 정책 조정 전담기구 설치와 같은 구조적 제도 개선을 제안하였다. 해외에서는 OECD가 회원국을 대상으로 수행한 평가 보고서(OECD, 2022)에서 "정책 효과성은 단일 정책보다 조정된 정책군의 집행에 좌우된다"고 분석하며, 스웨덴, 캐나다의 사회정책 협의체 모델을 모범 사례로 소개하였다. 정책 조정은 단순한 행정 절차가 아니라, 사회보장 통합 전략의 실질적 실행력을 담보하는 기반 구조이다.

〈표 74〉 정책 조정의 필요성과 효과

구분	내용
정책 정합성 확보	부처 간 정책 목표 및 수단 일치 → 중복·누락 방지
자원 효율성 증대	유사사업 통폐합 및 공동 예산 사용 → 재정 절감
정책 갈등 완화	이해당사자 간 사전 협의 체계 구축 → 정책 시행의 마찰 최소화
서비스 연계 강화	정책 간 시너지 확보 → 국민에게 통합형 사회보장 서비스 제공 가능
행정 역량 제고	협력 기반 행정 문화 형성 → 장기적으로 실행력 있는 정책 생태계 조성

참고: 김민지(2023), 박진우(2022) 자료를 바탕으로 필자가 재정리함.

복지정책이 점점 복잡화되고 다부처 협업이 필수화되는 현재, 정책 조정 메커니즘의 설계와 운영은 모든 사회보장 개혁의 출발점이라 할 수 있다. 앞으로는 제도적 기반 강화, 참여형 조정 시스템 도입, 디지털 기반의 정보 공유 체계 구축 등을 통해 정책 조정의 실효성을 지속적으로 높여야 할 것이다.

2) 남북한 사회보장제도 차이로 인한 조정 필요성

한반도 통합을 대비한 사회보장 정책 논의에서 가장 핵심적인 과제 중 하나는 남북한 간 제도적 격차와 그로 인한 정책 조정의 필요성이다.

〈표 75〉 남북한 사회보장제도의 주요 차이점과 조정 필요성

구분	남한의 제도적 특징	북한의 제도적 특징	조정 필요성 요약
운영 체계	중앙정부-지방정부-민간 간 복합적 전달 체계 구축	단일 국가 행정기관 중심의 직접 관리 시스템	이질적 전달 체계 간 연계·조정 시스템 필요
제도 구조	사회보험, 공공부조, 서비스 분화된 3축 복지	포괄적 국가보장(배급제 중심), 현재는 붕괴 상태	제도 간 단계적 통합 전략 필요
재원 조달 방식	보험료, 일반조세, 목적세 등 다원화된 재정 구조	국영기업 중심의 배급 재정 (사실상 무기능화됨)	지속 가능한 재정 기반 및 분담구조 설계 필요
수혜 수준	생계급여, 의료급여 등 수혜 수준 차등화 및 조건부 보장	이념적으로 '보편' 복지지만 실질적 접근성 낮음	수혜 기준, 급여 수준, 선정 기준의 조율 필요
법제도 기반	사회보장기본법, 국민연금법, 의료급여법 등 구체적 법 체계 구성	노동법과 사회보장법이 존재하나, 현실 적용은 미미	법제도의 정합성과 실행력 검토 및 정비 필요

참고: 보건복지부(2024), 북한사회과학원(2023), 통일연구원(2023) 자료를 바탕으로 필자가 재정리함.

남북한은 역사적 경로, 정치 체제, 행정구조, 재정역량, 복지철학 등 모든 면에서 사회보장제도의 설계와 운영 방식이 다르며, 이는 통합 시 혼란과 갈등을 유발할 수 있는 잠재적 요인으로 작용한다. 남한은 다원주의적 시장경제를 기반으로 한 다층적 사회보험 체계와 공공부조, 사회 서비스 중심의 복지국가 모델을 지향해 왔다. 반면 북한은 국가 주도 배급 및 무료복지 체계를 기반으로 하나, 1990년대 이후 시장화와 재정 위기로 인해 복지 기능이 약화되며 비공식적 생계 보장 구조와 자구책 중심의 복지 공백이 심화되었다. 이러한 배경에서 남북 통합 시 사회보장제도 간 제도 이질성, 운영 격차, 수혜 범위와 수준 차이는 다음과 같은 조정이 반드시 요구된다.

◆ 최근 연구 및 정책 동향

최근 남북 사회보장 통합과 관련한 연구에서는 통합 초기부터 제도 통합보다 '조정과 연계' 중심의 중간 단계 전략이 중요하다는 주장이 제기되고 있다. 한국보건사회연구원(2023)은 「남북한 복지 통합 기반조성 연구」를 통해 "완전한 통합보다, 조정 가능한 영역부터 단계적으로 접근해야 한다"고 제안하며, 보건의료, 아동보호, 재난 대응 등 분야별 정책 조정 메커니즘의 필요성을 강조하고 있다. 또한 남북 접경지역 협력 사업, 특히 개성공단 노동자 대상 건강보험 적용 논의(보건복지부, 2022)는 초기 사회보장 정책 조정의 실험적 시도로 평가되며, 향후 확장 가능성에 주목할 필요가 있다. 국제사회에서도 독일 통일 사례를 중심으로 남북한 정책 조정의 교훈이 제시되고 있다. 특히, 독일의 통합 과정에서 서독 제도를 일방적으로 적용함에 따라 동독 주민의 소외감과 사회적 갈등이 심화되었다는 반성적 평가는, 남북한 사회보장 통합에서도 조정과 참여 기반의 통합이 중요함을 시사한다. 남북한 사회보장제도 간의 구조적 이질성은 단순한 제도 통합만으로 해결될 수 없으며, 단계적 조정과 신중한 연계 전략이 요구된다.

정책 조정은 이질적 제도의 교량 역할을 수행함으로써, 제도 간 충돌을 방지하고 수혜자 중심의 통합 서비스 기반을 마련하는 핵심 수단이 된다. 향후 통합 논의에서 가장 중요한 과제는 정치·이념적 접근이 아닌, 기능적·실용적 조정 구조를 설계하는 것이라 할 수 있다.

2. 정책 조정 메커니즘 유형

1) 공식적 협의체 및 위원회 구성

정책 조정은 단일 부처나 기관의 독립적 결정만으로는 실현되기 어려운 다부처·다기관적 과제이다. 따라서 정부는 부처 간 기능 조정, 정책 정합성 확보, 통합 정책 개발을 위해 공식적인 협의체나 위원회(Committee or council) 구성을 통해 조정 메커니즘을 제도화하는 방식을 채택해 왔다. 공식 협의체는 다양한 정부 부처나 기관이 하나의 정책 목표를 향해 함께 나아가기 위해 구성되는 협력 기구로, 여러 중요한 역할을 수행한다. 먼저, 협의체는 관련 부처들이 정책의 방향과 목표에 대해 공동으로 논의하고 합의점을 도출하는 데 중요한 기능을 한다. 이를 통해 중복되거나 엇갈린 정책 추진을 방지하고, 일관된 정책 추진이 가능해진다. 또한, 각 부처의 책임과 역할을 명확히 나누어 조정함으로써 업무의 효율성을 높이고, 혼선을 줄이는 데 기여한다. 정책이 실제로 시행되는 과정에서는 현장에서 발생하는 다양한 상황이나 문제에 대해 실시간으로 정보를 주고받고, 이를 바탕으로 필요한 조치를 함께 논의할 수 있는 구조도 마련된다. 아울러, 협의체는 관련 기관 간 정보를 체계적으로 연계하고, 이를 기반으로 데이터에 입각한 합리적인 의사결정을 내릴 수 있도록 지원한다. 마지막으로, 예산과 인력과 같은 핵심 자원을 어떻게 나누고 배치할지에 대해서도 함께 협의하고 조정함으로써 전체 정책 실행의 균형을 맞추는 데 중요한 역할을 한다. 최근 한국 사회보장 분야에서는 부처 간 칸막이 행정 극복과 통합 서비스 체계 구축을 위해 다양한 정책 조정 기구가 신설되거나 기능이 강화되고 있다. 예를 들어, 사회보장위원회(보건복지부 주관)는 중앙정부 차원의 복지제도 총괄 조정 역할을 수행하며, 최근에는 지방정부의 역할 확대와 함께 중앙-지방 간 조정 회의체(지역사회보장협의체 등)가 활성화되고 있다(보건복지부, 2023).

또한, 디지털플랫폼정부위원회(국무총리실) 등 범부처 ICT·복지 연계 추진기구는 데이터 기반 정책 연계·조정의 새로운 흐름을 보여 주고 있으며, 취약계층 통합 돌봄 협의체, 청년정책조정위원회, 고령사회위원회 등도 기능별 협의체로서 각각의 분야에서 조정 기능을 수행하고 있다. 국제적으로도 OECD 국가들은 "Whole-of-Government approach"를 채택하여 수평적 조정과 부처 간 정보공유 플랫폼을 제도화하고 있으며, 정책의 복잡성이 증가할수록 영구적인 협의기구의 중요성이 강조되고 있다(OECD, 2021).

<표 76> 공식적 협의체 구성의 유형별 특징과 사례

유형	주요 특징	국내·국외 사례
부처 간 협의위원회	정책기획·집행 과정에서 실무자 및 고위 공무원 참여, 정례적 논의 중심	사회보장위원회(복지부), 고용복지연계협의회(고용부-복지부), OECD 사회정책 네트워크
중앙-지방 간 연계협의체	중앙정부 정책과 지방 실무 간 조율, 지역 특성 반영	지역사회보장협의체, 광역지자체 복지협의체 등
분야별 전담 조정기구	아동, 노인, 청년, 장애인 등 정책 분야별 특화된 조정 조직	청년정책조정위원회, 고령사회위원회, 유엔아동권리협약위원회 등
데이터 기반 조정 플랫폼	부처 간 데이터 연계·공유를 통한 실시간 정책 조정 및 분석	디지털플랫폼정부위원회, 복지로 연계정보망, EU사회정책지표위원회
민관협력형 협의체	시민사회·전문가·당사자 집단 참여를 통한 조정 및 정책 감시 기능 포함	한국사회복지협의회 자문단, 시민 참여형 사회보장 거버넌스, 영국 NHS 지역보건위원회

참고: 보건복지부(2023), 고용노동부·보건복지부(2024), OECD(2022), 행정안전부(2023), 서울특별시(2024), 청년정책조정위원회(2023), 고령사회위원회(2023), UN Committee on the Rights of the Child(2023), 디지털플랫폼정부위원회(2024), European Commission(2022), 한국사회복지협의회(2023), NHS(2023) 자료를 바탕으로 재정리함.

공식적 협의체의 제도화는 단순한 회의체 구성을 넘어, 정책 조정의 실질적 실행력을 보장하는 핵심 메커니즘이다. 이를 통해 정책 간 충돌을 방지하고, 부처 간 정보 격차를 해소하며, 정책의 수평성과 통합성을 높일 수 있다. 특히 사회보장 통합을 추진하는 초기 단계에서는 정례적이고 법제화된 협의기구의 구축이 제도 간 연계를 위한 필수 기반이 된다. 향후 남북 사회보장 통합에서도 이와 같은 다층적 협의 구조는 제도 간 조정과 국민 신뢰 확보를 위한 필수 전략으로 작용할 것이다.

2) 비공식 협력 네트워크와 실무 그룹

◆ 개요

공식적인 위원회나 법정기구 외에도, 정책의 실행과 조정 과정에서 비공식 협력 네트워크와 실무 그룹(Informal networks & working groups)은 유연성과 실질적 연계력을 바탕으로 중요한 역할을 수행한다. 이들은 정책 현장에서 발생하는 다양한 실무 과제를 조율하고, 빠르게 변화하는 환경에 적응할 수 있도록 도움을 준다. 비공식 네트워크는 기관 간의 신뢰를 기반으로 형성되며, 정책 조정의 사각지대를 메우는 보완적 거버넌스 구조로 기능한다. 특히 복지, 보건, 고용, 주거 등 복합적인 영역이 중첩되는 정책 현장에서는 정책 유연성(Flexibility)과 조기 대응성(Responsiveness) 측면에서 공식 구조보다 더 효율적으로 작동하기도 한다.

◆ 최근 동향

최근 정책 연구에서는 비공식 네트워크가 특히 지역 기반 서비스 통합이나 복지 전달 체계 개편 과정에서 효과적인 역할을 한다는 평가가 늘고 있다. 예컨대, 지역사회 통합 돌봄 선도사업(보건복지부, 2022)에서는 지자체 실무자, 민간기관, 병원 관계자 등이 비정례적으로 모이는 실무 협의 모임(Working sessions)을 통해 지역사례를 공유하고 대응방안을 논의하였다. 또한, 디지털 기반 복지 정보 연계 추진단(2023)은 중앙정부, 민간 플랫폼 기업, 지자체 IT 담당자 등이 비공식 회의체로 연결되어 데이터 연계 표준화와 플랫폼 공유 전략을 자율적으로 협의하는 구조를 갖추고 있다. 이처럼, 빠른 의사결정과 상호 신뢰가 필요한 환경에서는 유연한 네트워크형 협력이 제도적 조정보다 선제적으로 작용하는 경우가 많다.

국제적으로도 영국의 로컬 파트너십 그룹(Local Partnership Groups), 독일의 자율 복지단체 네트워크(Freie Wohlfahrtspflege) 등은 정책 현장의 실무자들이 상시 소통하는 네트워크 기반의 조정 메커니즘을 제도화하지 않고도 효과적으로 운용하고 있는 사례이다(OECD, 2022). 비공식 협력 네트워크와 실무 그룹은 정책 조정의 탄력적 기반으로, 특히 기존 제도나 법적 구조가 아직 마련되지 않은 신흥 영역에서 매우 유효하다. 정책 집행을 둘러싼 이해관계자 간의 실질적 소통과 정보 교류를 통해 제도 외적인 문제 해결력을 키우며, 기존 제도의 틀 안에서는 포착되지 않는 문제를 "정책의 경계 밖"에서 선제적으로 대응할 수 있는 장점이 있다. 따라서 남북 사회보장 통합 과정에서도, 초기에는 이러한 비공식 네트워크와 실무 기반 교류 채널을 활성화하여 상호 신뢰를 구축하고, 점차 공식 조정 체계로 연결하는 단계적 전략이 필요하다.

〈표 77〉 비공식 협력 네트워크와 실무 그룹의 특징 및 역할

구분	내용
구성 주체	중앙정부 실무자, 지자체 담당자, 민간기관 실무자, 전문가, 시민사회 단체 등
형식	자발적 모임, 정기적 회의 없이 필요 시 운영, SNS·메신저·플랫폼 활용
주요 역할	정책 실행 현안 공유, 문제 해결 논의, 조기 경고, 협력모델 개발, 비공식 조정
장점	유연성, 민첩성, 현장 대응성, 신뢰 기반 조정, 행정 비용 절감
한계	제도화되지 않아 지속성·책임성 부족, 정책 결정 권한 미약, 의사소통의 불균형 가능성
주요 사례	통합 돌봄 실무협의회, 디지털 연계 실무반, 사회복지 민관실무협의체, 지역 NGO 네트워크 등

참고: 김민지(2023), 박진우(2022) 자료를 바탕으로 필자가 재정리함.

3) 법·제도 조화 및 표준화 방안

사회보장 통합과 같은 범정부적 정책 추진에서 가장 핵심적인 조정 장치는 법과 제도의 조화 및 표준화이다. 다양한 부처와 지방정부가 각기 다른 법률과 지침, 절차를 운영하는 상황에서는 정책 간 충돌, 중복, 공백이 발생하기 쉽다. 따라서 정책 간 정합성(Coherence)을 확보하고, 시행 기준과 행정 절차의 일관성(Consistency)을 보장하기 위한 제도적 조정이 필수적이다. 법과 제도의 조화는 통합 정책을 안정적으로 추진하고 제도 간 충돌을 최소화하기 위한 핵심 과제이며, 이는 일반적으로 세 가지 수준에서 이루어진다. 첫째, 법령 수준의 조정이 필요하다. 이는 각 제도의 근거가 되는 기본법, 시행령, 지침 등의 내용이 서로 충돌하거나 중복되지 않도록 정합성을 점검하고 조율하는 작업을 의미한다. 제도 간 법적 기반이 일관되어야만 현장에서 혼선 없이 정책이 실행될 수 있다.

둘째, 절차와 기준의 통일화가 요구된다. 각 제도에서 요구하는 수급 요건이나 신청 절차, 제공되는 서비스의 범위가 서로 다르면 이용자 입장에서 큰 혼란을 초래할 수 있다. 따라서 이를 통일하여 국민이 보다 쉽게 접근하고, 행정기관 간 협력이 원활히 이뤄질 수 있도록 해야 한다. 셋째, 정보 시스템의 표준화가 필요하다. 제도 통합이 효과적으로 작동하기 위해서는 서로 다른 기관이 보유한 행정 정보가 연계 가능해야 하며, 이를 위해 기술적 표준과 데이터 연동 체계가 함께 마련되어야 한다. 기술적 통합이 뒷받침될 때에야 비로소 실시간 정보 공유와 통합 서비스 제공이 가능해진다. 이처럼 법·제도의 조화는 제도적 통합의 기초이자 운영상의 실효성을 높이는 핵심 과정이며, 이를 통해 보다 일관되고 신뢰받는 통합 복지 체계를 구축할 수 있다. 최근 한국에서는 복지 전달 체계의 일원화와 제도 간 연계성 확보를 위한 제도적 정비가 본격화되고 있다. 보건복지부(2023)는 '통합 돌봄법' 제정 논의를 통해 기존 국민기초생활 보장법, 장애인복지법, 노인복지법 등을 포괄하는 공통적 기준을 설정하려는 시도를 진행하고 있으며, 서비스 수급기준과 평가 체계의 통일화를 주요 과제로 제시하고 있다.

〈표 78〉 법·제도 조화 및 표준화 적용 사례

구분	내용	국내 사례	국제 사례
법령 간 조화	법률 및 시행령의 목적, 대상, 요건 등 불일치 해소	통합 돌봄법 제정 논의, 기초생활보장-장애인복지 연계	EU 사회정책 공통기준, 독일-오스트리아 이중 가입 해소 협약
절차·기준 통일화	수급 대상자 선정 기준, 서비스 신청 및 제공 기준, 평가 지표 일원화	사회 서비스 통합신청시스템(행복e음), 복지로 기준 연계	영국 통합급여 (Universal Credit) 표준화
행정정보 표준화 및 연계	전산시스템·데이터베이스 연계, 행정정보 코드·용어 정비	복지 정보 연계 시스템(NWIS), 사회보장정보시스템	EU IMI 시스템 (상호운용 정보 관리 시스템)
조정 프로세스 및 법제화	조정위원회 설치, 법령 사전검토 체계, 다부처 공동 규정 제정	사회보장위원회 내 법제조정 분과 구성	OECD 국가의 다부처 정책연계 프레임워크

참고: 보건복지부(2023, 2024), European Commission(2022, 2023), Federal Ministry of Labour and Social Affairs Germany & Austria(2022), UK Department for Work and Pensions(2021), 보건복지 정보시스템관리원(2023), 사회보장위원회(2023), OECD(2021)

국가법령정보센터의 통합조정 시범 사업(2022-2024)에서는 복지·고용·보건 분야 간 중복 규정, 유사 용어 사용, 책임주체 불명확 문제 등을 해소하기 위한 조정 로드맵과 표준 운영 매뉴얼 개발이 이뤄지고 있다. 국제적으로는 유럽연합(EU)이 사회정책 공통 기준(European Pillar of Social Rights)을 도입해 회원국 간 사회보장법의 최소 기준을 설정하고 있으며, 독일과 프랑스는 국가 간 사회보장 협약을 통해 노동자 이동성과 보험 이중 가입 문제를 해결하고 있다(OECD, 2021). 법과 제도의 조화는 단순한 법령 통합을 넘어, 정책의 신뢰성과 실행력 확보를 위한 핵심 조건이다. 특히 복지제도가 복합화되고, 다양한 이해관계자가 참여하는 사회보장 체계에서는 공통 기준(Common standards)을 바탕으로 한 운영이 중요하다. 남북 사회보장 통합을 염두에 둘 때에도, 제도의 구조적 차이를 극복하기 위한 조화 모델이 사전에 마련되어야 하며, 중복 방지와 기준 통합을 위한 모듈형 표준화 전략이 유효할 수 있다. 이 과정에서는 법률 개정뿐 아니라, 실무 운영 매뉴얼의 통일화, 정보 시스템의 상호운용성 확보, 조정기구의 제도화가 병행되어야 한다.

3. 효과적 정책 조정을 위한 설계 요소

1) 명확한 역할 분담과 권한 규정

정책 조정이 효과적으로 작동하기 위해서는 참여 기관 간의 명확한 역할 분담과 권한 배분이 선행되어야 한다. 이는 단순한 업무 목록의 배분을 넘어서, 정책 수립·집행·평가 과정에서 각 주체의 책무와 개입 범위를 명확히 규정하고, 조정 권한을 누구에게 어떻게 부여할 것인지에 대한 구조적 설계가 요구된다. 다양한 부처와 지방정부, 민간 영역이 함께 참여하는 사회보장 통합 정책에서는 특히 상호 중복 방지, 책임 소재 명확화, 갈등 조정의 구조화가 필수적이다. 이를 위해 법령·지침에 근거한 역할 매트릭스(Matrix of Responsibility)와 정책 책임성 체계(Accountability Structure)가 필요하다. 최근 한국에서는 중앙정부와 지방정부 간의 복지 행정 기능 정비가 본격적으로 이루어지고 있다.

보건복지부(2023)는 "지역중심 복지 서비스 전환 계획"을 통해 지방자치단체에 더 많은 권한을 부여하면서도, 중앙정부는 기준 설정 및 성과관리 역할에 집중하는 역할 분화형 구조를 도입하고 있다. 또한 지방자치법 전부개정안(2021 시행)에 따라, 복지정책 집행에 있어서 지방정부의 자율성과 책임성이 확대되었으며, 이에 따라 관련 법령에서는 중앙-지방 간 권한 배분 원칙의 구체화가 필요하다는 지적이 제기되었다. 국제적으로는 OECD(2022) 보고서에서, 다수 국가가 정책 역할 명세서(Policy Role Description)를 통해 각 부처의 개입 단계, 조정 권한, 책임 영역을 문서화하고 있으며, 특히 네덜란드와 노르웨이는 정부 간 정책설계 협약(Inter-governmental protocol)을 통해 조정권한을 공동 소유하는 방식으로 운영 중이다. 정책의 복잡성과 다차원적 조정이 필요한 현시점에서, 역할과 권한의 모호성은 정책 실패의 주요 원인으로 지적되고 있다. 특히 사회보장 분야는 건강, 고용, 주거, 교육 등과 연결되어 있기 때문에 정책 간 정합성과 책임 구조의 투명성이 더욱 중요하다. 향후 남북 사회보장 통합이나 지방분권형 복지정책을 추진함에 있어, 단일화된 조정 체계보다는 역할 기반의 협력 모델(Role-Based Governance) 구축이 바람직하다. 이를 위해 정책 설계 단계부터 권한의 배분 원칙을 명문화하고, 문서화된 협약 및 책임보고 체계를 기반으로 한 제도 설계가 필요하다.

〈표 79〉 정책 조정의 효과성 강화를 위한 역할 분담 및 권한 설계 요소

설계 요소	설명 및 기능	국내 적용 사례	국제 적용 사례
역할 명세서 (Role Descriptions)	정책 주체별 책임과 역할 정의, 개입 시점 및 조정 범위 명시	복지부-지자체 간 협업 가이드 라인(2023)	EU 회원국 간 사회보장 공통 기준 운영 계약
권한의 위계화 (Hierarchy of Mandate)	정책 조정권자의 법적 권한 명시, 정책 갈등 시 조정 권위 확립	사회보장위원회 내 실무 조정분과 권한 설정	OECD 국가 다부처 정책조정 위원회 구조
공동 운영협약 (MOU, Protocols)	다부처·중앙-지자체 간 정책 협력 및 역할 분담을 명문화한 협정 체결	행복e음 정보 공유 협약, 복지전달 체계 개선협약	네덜란드-노르웨이 사회보장 운영협약
이행 및 책임보고 체계	역할 수행 결과의 보고 체계 설계 및 성과 기반 관리	보건복지 정보시스템 내 이행 보고 기능	캐나다 지역보건연계협약의 연례 성과보고서

참고: 보건복지부(2023), European Commission(2022), 사회보장위원회(2023), OECD(2021), 행복e음 운영센터(2023), Netherlands Ministry & Norway Ministry(2020), 보건복지 정보시스템관리원(2023), Canadian Public Health Agency(2021) 자료를 바탕으로 필자가 재구성함.

2) 정보 공유 및 소통 채널 구축

정책 조정 과정에서 정보 공유와 소통은 핵심적인 역할을 담당한다. 복잡한 사회문제를 해결하고 다층적인 이해관계자를 조율하기 위해서는 신속하고 정확한 정보의 흐름이 필수적이다. 최근 연구들은 효과적인 정책 조정을 위해 다양한 정보 공유 방식과 소통 채널의 구축이 필수적임을 강조한다.

첫째, 정보 공유는 단순히 데이터 전달에 그치지 않고 이해관계자 간 신뢰를 구축하고 협력적 의사결정을 촉진하는 기능을 수행한다. 예를 들어, 디지털 플랫폼이나 클라우드 기반 시스템은 정책 관련 데이터의 실시간 공유와 협업을 가능케 하여 투명성을 높이고 정책 이행 속도를 가속화한다. 둘째, 소통 채널 구축은 공식적·비공식적 경로를 포함한다. 공식 채널로는 정책 회의, 워크숍, 온라인 포털 등이 있으며, 비공식 채널로는 네트워크 모임, SNS, 메신저 그룹 등이 있다. 특히 최근 코로나19 이후 비대면 소통의 확산으로 화상회의, 협업 툴(예: 슬랙, MS Teams) 활용이 보편화되면서, 시공간 제약을 넘어선 효율적인 소통이 가능해졌다. 셋째, 정보 공유 및 소통 체계는 다층적 거버넌스 구조와 연계되어야 한다. 중앙정부, 지방정부, 민간단체, 시민사회 등 다양한 주체들이 서로 다른 정보 요구와 소통 방식을 갖고 있기 때문에, 이들 간 맞춤형 채널 설계와 조정이 필요하다. 이를 위해서는 체계적인 정보 관리 기준과 소통 프로토콜 수립이 중요하며, 관련 인력의 역량 강화도 병행되어야 한다. 마지막으로, 디지털 전환이 심화됨에 따라 빅데이터, AI 기반 정보 분석 시스템 도입이 증가하고 있어, 이들 기술을 활용한 맞춤형 정보 제공 및 실시간 피드백 시스템 구축도 주목받고 있다. 이는 정책 조정의 신속성과 정확성을 높이고, 정책 성과 평가와 개선에도 긍정적 영향을 미친다.

〈표 80〉 정보 공유 및 소통 채널 구축의 주요 요소와 최근 동향

구분	주요 내용	최근 동향 및 적용 사례
정보 공유	- 실시간 데이터 공유 - 투명성 강화 - 협업 촉진	- 클라우드 기반 협업 플랫폼 활용 확대 - 공공 데이터 개방 활성화
소통 채널 구축	- 공식 채널: 회의, 포털, 워크숍 - 비공식 채널: SNS, 네트워크 모임	- 비대면 화상회의 보편화 - 협업 툴 활용 증가
다층적 거버넌스 연계	- 맞춤형 채널 설계 - 정보 관리 기준 수립 - 역량 강화	- 중앙-지방-민간 협력 네트워크 강화 - 프로토콜 정비
디지털 전환 기술 활용	- 빅데이터, AI 분석 - 실시간 피드백 시스템 구축	- AI 기반 정책 모니터링 시스템 도입 - 맞춤형 정보 제공 확대

참고: 박진우 외(2022), 한지훈 외(2023), 조민수(2024) 자료를 바탕으로 필자가 재구성함.

3) 이해관계자 참여와 합의 도출

현대의 복잡한 정책 환경에서는 다양한 이해관계자의 의견을 수렴하고 이를 조율하는 과정이 정책의 성공

적 집행과 지속 가능성 확보에 매우 중요하다. 특히 정책 조정 메커니즘에서 이해관계자 참여와 합의 도출은 갈등 완화와 협력 기반 형성에 필수적이다. 첫째, 이해관계자 참여는 단순한 의견 청취를 넘어 정책의 초기 설계 단계부터 집행, 평가에 이르기까지 전 과정에 적극적으로 개입하는 '참여적 거버넌스' 형태로 진화하고 있다. 이러한 참여는 투명성과 책임성을 높이고, 정책 수용성을 강화하는 데 기여한다. 둘째, 합의 도출 과정에서는 다양한 이해관계자의 상이한 이익과 가치관을 조율하는 것이 핵심 과제이다. 최근 연구들은 대화와 협상을 통한 합의 형성, 다자간 협력 모델, 그리고 갈등 관리 기법이 중요함을 강조한다. 특히 중재자 또는 촉진자의 역할이 커지면서, 합의 도출 과정이 보다 구조화되고 체계적으로 진행되고 있다.

셋째, 디지털 기술의 발전에 힘입어 온라인 참여 플랫폼, 설문조사, 가상 워크숍 등 다양한 참여 수단이 확대되고 있다. 이는 시간과 공간의 제약을 극복하여 보다 광범위한 이해관계자 참여를 가능케 하며, 실시간 피드백과 토론을 통해 합의 도출의 효율성을 높인다. 넷째, 이해관계자 참여와 합의 도출은 다층적 거버넌스 체계 내에서 정책 조정의 민주성과 정당성을 강화하는 동시에, 정책 실행 과정에서 발생할 수 있는 갈등과 저항을 예방하는 효과적인 수단으로 자리 잡고 있다. 마지막으로, 이해관계자의 역량 강화 및 지속적 참여를 위한 교육과 정보 제공도 중요한 설계 요소로 부각되고 있으며, 이를 통해 정책 조정 과정의 질적 향상과 장기적 협력 관계 구축이 가능하다.

〈표 81〉 이해관계자 참여와 합의 도출의 주요 요소 및 최근 동향

구분	주요 내용	최근 동향 및 적용 사례
참여적 거버넌스	- 초기 설계부터 참여 - 투명성 및 책임성 제고	- 정책 설계 전 과정 참여 확대 - 공공 참여법 제도화
합의 도출 기법	- 대화 및 협상 중심 - 중재자 역할 강화	- 다자간 협력 모델 개발 - 갈등 관리 프로세스 체계화
디지털 참여 수단	- 온라인 플랫폼 활용 - 실시간 토론과 피드백	- 가상 워크숍·설문조사 보편화 - 광범위한 참여 가능
민주성과 정당성 강화	- 다층적 거버넌스 연계 - 갈등 예방 및 관리	- 지방정부·시민사회 협력 강화 - 분쟁 조정 메커니즘 활성화
역량 강화 및 교육	- 지속 참여 유도 - 정보 제공과 역량 강화	- 이해관계자 대상 교육 프로그램 확대 - 정책 해설서 배포

참고: 정민아 외(2023), 김수연 외(2023), 박진우(2023), 한지훈 외(2022) 자료를 바탕으로 필자가 재구성함.

4. 정책 조정 과정의 단계별 구성

1) 문제 인식 및 현황 분석

정책 조정 과정의 첫 단계인 문제 인식 및 현황 분석은 정책 효과성의 기초를 다지는 매우 중요한 단계이다. 이 단계에서는 사회적 문제나 정책 과제가 명확히 정의되고, 그 배경과 현황을 다각도로 분석함으로써 이후 정책 설계와 조정 방향 설정에 기반이 마련된다. 최근 연구 동향을 살펴보면, 문제 인식은 단순히 문제를 '발견'하는 것을 넘어 다양한 이해관계자의 관점과 가치가 반영되는 '공동 인식' 과정으로 진화하고 있다. 즉, 다양한 주체가 문제의 본질과 영향을 공유하면서 문제 정의의 다원성을 인정하는 방향으로 나아가고 있다. 현황 분석은 통계자료, 빅데이터, 현장 조사, 전문가 의견 수렴 등 다양한 방법론을 활용한다. 특히 디지털 데이터와 인공지능(AI)을 활용한 정량적 분석이 활발해지면서 문제의 원인과 구조를 보다 정밀하게 파악할 수 있게 되었다. 또한, 질적 조사와 현장 방문을 통해 현장의 목소리를 반영하는 '현장 중심 분석'도 강조되고 있다. 문제 인식과 현황 분석은 정책 조정의 방향성을 결정하는 핵심 요소이기에, 이 단계에서의 충분한 참여와 투명한 정보 공개가 요구된다. 이를 통해 정책 수용성을 높이고 조정 과정에서 발생할 수 있는 갈등을 최소화할 수 있다. 한편, 문제 인식 단계에서 정책 목표와 연계된 문제의 우선순위 설정과 리스크 분석도 병행하여, 효과적이고 전략적인 정책 조정이 이루어질 수 있도록 한다. 최근에는 시나리오 분석과 정책 모형화를 통해 다양한 대안과 그 영향을 사전 예측하는 시도도 늘어나고 있다.

〈표 82〉 문제 인식 및 현황 분석 단계의 주요 활동과 최근 동향

단계 활동	주요 내용	최근 동향 및 적용 사례
문제 인식	- 다원적 문제 정의 - 이해관계자 공동 인식 형성	- 다자 참여 워크숍, 공청회 확대 - 문제 인식의 사회적 구성 강조
현황 자료 수집	- 통계 및 빅데이터 활용 - 현장 조사 및 전문가 의견 수렴	- AI 기반 데이터 분석 도입 - 현장 방문 및 질적 조사 병행
정보 투명성 및 참여	- 공개된 정보 공유 - 이해관계자 참여 유도	- 정책 데이터 포털 운영 - 온라인 의견수렴 플랫폼 활용
우선순위 설정 및 리스크 분석	- 정책 목표 연계 문제 우선순위 선정 - 시나리오 및 정책 모형화 활용	- 시뮬레이션과 시나리오 분석 확대 - 리스크 매니지먼트 도입

참고: 김수연 외(2023), 한지훈 외(2023), 박진우(2024) 자료를 바탕으로 필자가 재구성함.

2) 조정안 개발 및 협의

정책 조정 과정의 두 번째 단계인 조정안 개발 및 협의는 문제 인식과 현황 분석을 바탕으로 구체적인 정책 대안을 마련하고, 이를 이해관계자와 공유·조정하는 핵심 과정이다. 이 단계는 정책의 실현 가능성과 수용성을 높이는 데 결정적인 역할을 한다. 최근 정책 환경에서는 조정안 개발이 단일 기관 내에서 이루어지기보다, 다기관 협력과 다자간 협의체를 통해 진행되는 경우가 많다. 이를 통해 다양한 관점과 전문성이 결합되며, 정책 대안의 질적 향상과 실행력 강화를 기대할 수 있다. 조정안 협의 과정에서는 의견 불일치와 갈등이 빈번히 발생하므로, 효과적인 협상 전략과 커뮤니케이션 기술이 필수적이다. 중재자 또는 촉진자의 참여, 워크숍, 공개 토론회, 온라인 협의 플랫폼 활용 등이 협의 과정을 원활하게 하는 수단으로 자리 잡고 있다. 또한, 최근에는 시뮬레이션, 정책 모델링, 비용-편익 분석 등 과학적·정량적 도구를 활용하여 조정안의 타당성과 영향력을 객관적으로 평가하고, 이를 협의 과정에서 근거로 활용하는 사례가 늘고 있다. 조정안 개발 및 협의는 참여

적 의사결정과 투명성을 강조하는 현대 거버넌스의 흐름과 맞물려, 다양한 이해관계자의 의견을 체계적으로 수렴·반영하는 메커니즘 구축이 중요하다. 이를 통해 정책 신뢰도를 높이고, 정책 실행 단계에서의 저항을 최소화할 수 있다.

3) 실행 및 평가

정책 조정 과정의 마지막 단계인 실행 및 평가는 조정안을 실제 정책 현장에 적용하고, 그 효과를 체계적으로 점검하는 핵심 단계이다. 이 단계에서는 정책의 목표 달성 여부, 부작용 발생 가능성, 정책 집행의 효율성 등을 면밀히 평가하여 후속 조정과 개선을 위한 근거를 마련한다. 최근 동향을 살펴보면, 정책 실행은 단순히 계획에 따른 집행을 넘어서 유연하고 적응적인 실행(Adaptive implementation) 방식이 강조되고 있다. 이는 정책 현장의 변화와 피드백에 신속하게 대응하여 정책 효과를 극대화하려는 접근법으로, 이해관계자와의 지속적인 소통 및 협력이 필수적이다. 평가 분야에서는 전통적인 성과 평가뿐만 아니라, 실시간 모니터링 시스템과 빅데이터 분석을 활용한 '스마트 평가'가 주목받고 있다. 예를 들어, IoT 센서, 모바일 데이터, 온라인 플랫폼 등 다양한 데이터 소스를 통해 정책 집행 상황을 실시간으로 파악하고, 문제점을 조기에 발견하여 개선책을 마련하는 사례가 늘어나고 있다.

〈표 83〉 최근 동향

구분	주요 내용	최근 동향 및 적용 사례
유연한 실행 방식	- 적응적 실행(Adaptive implementation) - 이해관계자 지속 협력	- 현장 변화에 신속 대응 - 협력적 집행 체계 구축
스마트 평가 기법	- 실시간 모니터링 - 빅데이터 및 IoT 활용	- 모바일 데이터 기반 정책 모니터링 - 실시간 문제점 파악
연속적 평가 및 학습	- 결과 기반 관리(RBM) - 정책 학습 촉진	- 정책 주기 전반 평가 연계 - 지속적 피드백 체계 구축
투명성 및 참여 강화	- 평가 결과 공개 - 이해관계자 피드백 반영	- 평가 참여자 확대 - 온라인 피드백 플랫폼 운영

참고: 김민지(2023), 한지훈(2023), 조민수(2024) 자료를 바탕으로 필자가 재구성함.

또한, 평가는 단발적 활동이 아니라 정책 주기 전반에 걸친 연속적 과정으로 인식되며, 결과 기반 관리(Result-Based Management, RBM)와 연계되어 정책 조정과 정책 학습(Policy Learning)을 촉진하는 역할을 한다. 마지막으로, 평가 결과는 투명하게 공개되고, 이해관계자와 공유되어 정책 신뢰도를 제고하며, 다음 정책 설계와 조정의 중요한 참고 자료로 활용된다.

제2절 남북한 간 협력 체계 구축 방안

1. 협력 체계의 기본 개념과 중요성

1) 협력 체계 정의 및 기능

남북한 간 협력 체계는 서로 다른 정치·사회·경제 체제를 가진 두 사회가 지속 가능한 평화와 공동 번영을 목표로 상호작용하고 협력하는 조직적·제도적 틀을 의미한다. 이는 단순한 일회성 협력 활동을 넘어서, 신뢰 구축과 상호 이해 증진을 바탕으로 장기적이고 체계적인 협력 관계를 형성하는 것을 지향한다. 협력 체계의 핵심 기능은 크게 세 가지로 구분할 수 있다. 첫째, 정보 교환 및 소통 기능이다. 남북한은 서로 다른 정보 환경과 체제를 가지고 있으므로, 정확하고 신뢰할 수 있는 정보 공유는 협력의 출발점이며 갈등 완화에도 필수적이다.

둘째, 협력 사업의 조정 및 실행 기능이다. 이는 남북한이 공동으로 추진하는 경제, 사회, 문화, 환경 등 다양한 분야의 협력 사업을 계획·조정하고 실행하는 역할을 한다. 이 과정에서 이해관계자 간 역할 분담과 책임 소재가 명확히 규정되어야 하며, 유연한 조정 메커니즘이 필수적이다.

셋째, 분쟁 예방 및 관리 기능이다. 역사적·정치적 긴장 관계를 고려할 때, 협력 체계는 발생 가능한 갈등과 분쟁을 사전에 감지하고 중재·해결하는 역할도 수행한다. 이를 위해 신속한 소통 채널과 공식·비공식 협의 기구가 마련되어야 한다. 최근 동향으로는 남북한 간 협력 체계가 단순한 정부 간 협력에서 벗어나 지방정부, 민간단체, 학계 등 다양한 주체가 참여하는 다층적 거버넌스로 확대되고 있다는 점이 주목된다. 또한 디지털 기술을 활용한 비대면 협력과 정보 공유가 점차 활성화되면서 협력 체계의 효율성과 지속 가능성이 강화되고 있다.

〈표 84〉 남북한 협력 체계의 정의 및 주요 기능과 최근 동향

구분	내용	최근 동향 및 적용 사례
협력 체계 정의	- 조직적·제도적 틀 - 장기적 신뢰 기반 협력	- 남북 간 평화와 공동 번영 목표 - 다층적 거버넌스로 확대
정보 교환 및 소통	- 정확하고 신뢰할 수 있는 정보 공유 - 갈등 완화 기여	- 디지털 플랫폼 통한 비대면 정보 공유 증가
협력 사업 조정 및 실행	- 다양한 분야 협력 사업 조정 - 역할 분담 및 책임 규정	- 지방정부·민간 참여 확대 - 유연한 조정 메커니즘 도입
분쟁 예방 및 관리	- 갈등 감지 및 중재 - 공식·비공식 협의 기구 운영	- 신속 소통 채널 구축 - 중재 기구 활성화

참고: 정수연 외(2024), 박진우(2022), 최민호 외(2023), 김수연 외(2023) 자료를 바탕으로 필자가 재구성함.

2) 남북한 관계 개선과 사회보장 협력

남북한 관계 개선은 한반도의 평화와 안정, 그리고 공동 번영의 핵심 동력이며, 사회보장 협력은 이 과정에서 실질적이고 포괄적인 상호 이해와 신뢰 구축을 가능케 하는 중요한 분야로 부각되고 있다. 사회보장 협력은 복지제도, 보건의료, 노인·아동 복지, 재난구호 등 다양한 영역에서 상호 협력하며, 남북한 주민의 삶의 질 향상과 인도적 문제 해결에 기여한다. 최근 연구들은 남북한 관계 개선과 사회보장 협력의 상호 보완적 관계를 강조한다. 사회보장 분야에서의 협력 증진은 남북 간 긴장 완화와 신뢰 구축의 촉매제가 될 수 있으며, 나아가 경제적·사회적 통합의 토대가 될 가능성이 높다. 사회보장 협력의 구체적 내용으로는 의료 인프라 공유, 전염병 공동 대응, 사회보장 정보 교류, 취약계층 지원 사업 등이 있으며, 특히 코로나19 팬데믹 이후 보건의료 협력의 중요성이 크게 부각되었다. 또한, 사회보장 협력은 민간과 국제기구의 참여를 통해 다양성과 전문성을 확보하는 방향으로 확대되고 있다. 최근 동향에서는 사회보장 협력의 제도화 노력과 함께, 남북 간 법적·행정적 체계 차이를 극복하기 위한 조정 및 협의 메커니즘 마련이 중요한 과제로 부상하고 있다. 이를 위해 남북한 사회보장 전문가 간 정기적 교류와 공동 연구, 워크숍 개최 등이 활성화되고 있다. 사회보장 협력은 남북한 주민 간 인간적 연대감 형성과 평화문화 확산에도 기여하며, 장기적으로 한반도 평화 체제 구축에 중요한 밑거름이 된다.

〈표 85〉 남북한 관계 개선과 사회보장 협력의 주요 내용

구분	주요 내용	최근 동향 및 적용 사례
관계 개선과 협력 연계	- 평화와 안정의 촉진 - 신뢰 구축 및 상호 이해 증진	- 사회보장 협력이 신뢰 구축 촉매제 역할
사회보장 협력 분야	- 보건의료, 복지 서비스 - 취약계층 지원, 재난 대응	- 코로나19 대응 협력 확대 - 민간·국제기구 참여 증가
제도적·행정적 조정	- 법·제도 차이 극복 - 전문가 교류 및 공동 연구 추진	- 정기 워크숍 및 협의체 운영 강화
평화문화 및 인간적 연대	- 주민 간 연대감 강화 - 평화 체제 구축 기여	- 평화교육 프로그램 확대 - 문화교류 활성화

참고: 박진우 외(2023), 한지훈 외(2023) 자료를 바탕으로 필자가 재구성함.

2. 협력 체계 구축을 위한 조직 및 구조

1) 남북 정부 간 공식 협의기구

남북한 간 협력 체계의 핵심 축은 정부 간 공식 협의기구의 구축과 운영에 있다. 이러한 협의기구는 양측이 상호 신뢰를 바탕으로 지속적인 대화와 협력을 실행하는 제도적 장치로, 정책 조정과 협력 사업 추진의 중심 역할을 담당한다. 과거 남북 정상회담과 남북 장관급 회담 등 다양한 정부 간 협의체가 존재해 왔으며, 이를

통해 군사, 경제, 사회, 문화 등 다방면의 협력 사업이 논의되고 조정되었다. 특히 남북교류협력협의회, 통일부 산하 남북협력기구 등이 대표적 공식 협의기구로서 기능하고 있다. 최근 동향에서는 이러한 공식 협의기구가 단순한 회의체를 넘어 협력 사업의 기획·조정·평가 기능을 통합적으로 수행하는 '통합 플랫폼'으로 발전하는 추세다. 이는 협력 사업의 중복과 비효율을 줄이고, 협력의 지속 가능성을 높이는 데 기여한다. 또한, 정부 간 공식 협의기구는 남북뿐만 아니라 국제기구, 민간단체, 지방정부 등 다양한 이해관계자를 연결하는 다층적 협력 구조로 확장되고 있다. 이러한 다자간 협력은 협의기구의 기능을 강화하고, 협력 사업의 범위와 깊이를 확대하는 데 중요한 역할을 한다. 협의기구 운영의 투명성과 신뢰성 확보를 위해 정기적 회의 개최, 의사록 공개, 합의사항 실행 점검 등 체계적 관리가 이루어지고 있으며, 디지털 협의 플랫폼 도입을 통해 시공간 제약을 극복하는 노력도 병행되고 있다.

〈표 86〉 남북 정부 간 공식 협의기구의 주요 기능과 최근 동향

구분	주요 내용	최근 동향 및 적용 사례
협의기구 기능	- 대화 및 협력 조정 - 정책 및 사업 기획, 평가	- 남북장관급 회담, 남북교류협력협의회 운영
통합 플랫폼화	- 기획·조정·평가 통합 - 협력 중복 및 비효율 감소	- 통합 협력 플랫폼 구축 추진 - 협력 사업 연계 강화
다층적 협력 구조	- 국제기구·민간·지방정부 참여 확대 - 다자간 협력 강화	- 다자 협의체 구성 확대 - 민간·지방 협력 연계 강화
운영 투명성 강화	- 정기회의 및 의사록 공개 - 디지털 협의 플랫폼 도입	- 회의 기록 공개 및 실행 점검 체계 마련 - 온라인 협의 활성화

참고: 박진우(2022), 최민호 외(2023), 정수연 외(2024), 김수연(2023) 자료를 바탕으로 필자가 재구성함.

2) 공동 실무팀 및 전문가 그룹 운영

남북한 간 협력 체계의 실질적 추진과 정책 조정을 위해서는 정부 간 공식 협의기구뿐 아니라, 현장 중심의 공동 실무팀과 전문가 그룹 운영이 필수적이다. 이들은 구체적인 협력 과제의 기획·집행·모니터링 역할을 담당하며, 양측 간 신속하고 원활한 의사소통을 촉진하는 핵심 조직체로 기능한다. 공동 실무팀은 보통 남북한 각 부처 혹은 협력 분야별 담당자들로 구성되며, 현안 논의, 문제 해결, 협력 사업 조정 등의 실무적 업무를 수행한다. 이들은 정기적 회의뿐 아니라 비상 상황 대응과 이슈 조율을 위해 유연하게 운영되고 있으며, 현장 중심의 실행력 강화를 위한 다양한 협력 모델이 연구되고 있다. 전문가 그룹은 학계, 연구기관, 산업계, 시민사회 등 다양한 분야의 전문가들로 구성되어 협력 정책에 대한 자문과 평가, 기술 지원을 담당한다. 특히 사회보장, 보건의료, 환경, 경제 등 전문성이 요구되는 분야에서 협력의 질을 높이는 데 중요한 역할을 한다.

최근 동향으로는 공동 실무팀과 전문가 그룹 간 연계 강화가 두드러진다. 실무팀이 정책 실행과 문제 해결을 주도하는 한편, 전문가 그룹은 과학적 근거와 전문성을 제공하여 정책 결정의 합리성과 효과성을 높인다. 이러한 협력 체계는 남북 간 신뢰 구축과 정책 지속성 확보에도 긍정적으로 작용한다. 또한, 디지털 협업 플랫

폼과 영상회의 시스템 도입으로 지리적·정치적 제약을 극복하며, 비대면 협력과 실시간 정보 교환이 활성화되고 있다. 이는 협력 과정의 투명성과 신속성을 제고하고, 협력 사업의 체계적 관리에 기여한다.

〈표 87〉 공동 실무팀과 전문가 그룹 운영의 주요 내용

구분	주요 내용	최근 동향 및 적용 사례
공동 실무팀 역할	- 협력 과제 기획 및 집행 - 현안 논의 및 문제 해결	- 유연한 운영 및 비상 대응 강화 - 현장 중심 실행 모델 연구
전문가 그룹 역할	- 자문 및 평가 - 기술 및 전문성 지원	- 분야별 전문성 강화 - 사회보장·보건의료 분야 집중
실무팀과 전문가 연계	- 정책 실행과 전문성 결합 - 신뢰 구축 및 지속성 확보	- 정책 과학성 및 실행력 동시 제고 - 정기 협의 및 공동 연구
디지털 협업 도구 활용	- 영상회의·온라인 플랫폼 도입 - 비대면 협력 활성화	- 실시간 정보 교환 강화 - 협력 사업 관리 체계화

참고: 정수연(2024), 박진우(2023) 자료를 바탕으로 필자가 재구성함.

3) 지역사회 및 민간 참여 확대

남북한 간 협력 체계의 지속성과 실효성을 높이기 위해서는 정부 간 협력뿐 아니라 지역사회와 민간 부문의 참여 확대가 필수적이다. 지역사회와 민간은 현장의 요구를 직접적으로 반영하며, 창의적이고 유연한 협력 모델을 발굴할 수 있는 중요한 주체로 자리매김하고 있다. 최근 남북 협력에서는 지방정부, 지역 NGO, 시민단체, 학계, 기업 등 다양한 민간 주체가 적극적으로 협력에 참여하며, 정부 주도의 협력 사업을 보완하고 확장하는 역할을 수행하고 있다. 이러한 다층적 협력 구조는 현장 중심의 문제 해결과 주민 참여를 촉진함으로써 정책 수용성을 제고한다. 특히 지역사회 참여 확대는 사회복지, 보건의료, 환경보전, 문화교류 등 다양한 협력 분야에서 두드러지며, 남북 주민 간 신뢰 형성과 평화문화 확산에 긍정적인 영향을 미친다. 민간 참여는 또한 정부 협력의 경직성을 완화하고, 보다 창의적인 협력 방식 도입을 가능케 한다.

〈표 88〉 지역사회 및 민간 참여 확대의 주요 내용과 최근 동향

구분	주요 내용	최근 동향 및 적용 사례
참여 주체 확대	- 지방정부, NGO, 시민단체, 기업 등 민간 참여	- 다양한 민간 협력 모델 등장 - 정부 협력 보완 역할
협력 분야 다양화	- 사회복지, 보건의료, 문화교류, 환경 등	- 현장 중심 문제 해결 강화 - 평화문화 확산 기여
디지털 플랫폼 활용	- 소셜미디어 및 온라인 네트워크 구축	- 지리·정치적 제약 극복 - 광범위한 참여 유도
지원 체계 및 제도 기반	- 법·행정 지원, 재정·교육강화 - 역할 분담 명확화	- 제도적 기반 마련 노력 강화 - 역량 개발 프로그램 확산

참고: 김수연 외(2023), 박진우 외(2024), 정수연(2024), 최민호 외(2023) 자료를 바탕으로 필자가 재구성함.

최근 동향으로는 디지털 플랫폼과 소셜미디어를 활용한 민간 협력 네트워크 구축이 활발해지면서, 지리적·정치적 제약을 극복하고 광범위한 참여를 이끌어 내고 있다. 또한, 지방정부 간 자매결연, 민간 교류 사업 확대 등 다양한 협력 모델이 시도되고 있다. 그러나 민간 및 지역사회 참여 확대를 위해서는 법적·행정적 지원 체계 마련, 재정 지원 강화, 역량 개발 및 교육 프로그램 확대 등이 병행되어야 하며, 참여 주체 간 역할 분담과 책임 소재를 명확히 하는 제도적 기반 구축이 중요하다.

3. 협력 체계 운영 방안

1) 정기적 회의 및 워크숍 개최

남북한 간 협력 체계의 효과적인 운영을 위해 정기적인 회의와 워크숍 개최는 필수적인 요소로 인식되고 있다. 이러한 정기적 모임은 협력 사업의 진행 상황을 점검하고, 쟁점 사항을 논의하며, 신뢰를 구축하는 중요한 장으로 작용한다. 정기 회의는 양측의 정부 관계자, 실무 담당자, 전문가들이 참여하여 정책 방향과 실행 과제를 협의하고, 실질적인 협력 성과를 도출하는 기능을 수행한다. 이를 통해 협력 과정의 투명성 확보와 신속한 의사결정이 가능해진다. 워크숍은 주로 특정 분야나 이슈에 집중하여 심층적인 논의와 정보 교류가 이루어지는 자리로, 전문가와 실무진 간 협력 역량 강화에 기여한다. 특히, 새로운 협력 모델 개발, 문제 해결 방안 모색, 정책 평가 및 개선을 위한 토론의 장으로 활용되고 있다.

최근 동향에서는 온라인과 오프라인을 병행하는 하이브리드 형식의 회의 및 워크숍이 활성화되어 지리적 제약과 정치적 긴장을 최소화하는 데 기여하고 있다. 또한, 디지털 협업 도구를 활용하여 회의 자료 공유, 실시간 피드백, 후속 과제 관리가 체계적으로 이루어지고 있다. 정기적 회의와 워크숍의 성공적인 운영을 위해서는 명확한 의제 설정, 충분한 준비 시간, 참여자 간 열린 소통, 그리고 결과물의 체계적 관리 및 피드백 체계 구축이 요구된다. 이를 통해 남북 협력의 지속 가능성과 실행력을 높일 수 있다.

〈표 89〉 정기적 회의 및 워크숍 개최의 주요 기능과 최근 동향

구분	주요 내용	최근 동향 및 적용 사례
정기 회의 기능	- 협력 사업 점검 및 조정 - 정책 방향 협의	- 신속한 의사결정 지원 - 투명성 및 신뢰 구축
워크숍 역할	- 심층 논의 및 정보 교류 - 협력 역량 강화	- 분야별 전문가 토론 활성화 - 문제 해결 방안 모색
하이브리드 회의	- 온라인·오프라인 병행 - 지리적·정치적 제약 완화	- 디지털 플랫폼 활용 증가 - 실시간 피드백 체계 구축
성공적 운영 요건	- 명확한 의제 및 준비 - 열린 소통 및 피드백	- 체계적 결과 관리 - 참여자 간 신뢰 증진

참고: 박진우(2022), 최민호 외(2023), 정수연 외(2024) 자료를 바탕으로 필자가 재구성함.

2) 정보 교류 및 데이터 공유 시스템 구축

남북한 간 협력 체계의 효과적 운영과 지속 가능성을 위해서는 투명하고 신속한 정보 교류 및 데이터 공유 시스템의 구축이 필수적이다. 이는 정책 결정의 근거를 마련하고 협력 사업의 효율적 관리를 가능하게 하며, 신뢰 구축에도 기여한다. 정보 교류 시스템은 남북한이 공동으로 보유하거나 취합한 각종 통계, 사회·경제·보건 관련 데이터, 협력 사업 진행 현황, 연구 결과 등을 체계적으로 수집·관리하고 공유하는 역할을 한다. 데이터의 표준화와 보안은 신뢰성 확보를 위한 핵심 요소로 강조된다. 최근에는 디지털 기술의 발전에 힘입어 클라우드 기반 데이터 플랫폼, 블록체인 기술을 활용한 데이터 무결성 보장, AI 기반 데이터 분석 등 첨단 정보 시스템이 도입되며 협력 체계의 혁신이 이루어지고 있다. 또한, 양측 전문가와 실무자들이 참여하는 데이터 거버넌스 체계를 마련하여 데이터 공유 범위, 권한, 보안 정책 등을 규정하고, 상호 검증 가능한 투명한 운영을 통해 갈등 요소를 최소화하는 노력이 진행 중이다. 동시다발적 정보 교류와 실시간 데이터 공유가 가능해지면서, 전염병 대응, 재난 관리, 경제협력, 사회보장 협력 등 다양한 분야에서 신속한 협력과 의사결정이 촉진되고 있다. 이로써 남북 협력의 질적 수준과 응답성이 크게 향상되고 있다.

〈표 90〉 정보 교류 및 데이터 공유 시스템 구축의 주요 내용과 최근 동향

구분	주요 내용	최근 동향 및 적용 사례
정보 교류 시스템	- 데이터 수집·관리·공유 - 표준화 및 보안 중요성	- 통계·사회·경제·보건 데이터 공유 확대
첨단 정보기술 도입	- 클라우드 플랫폼 - 블록체인 데이터 무결성 - AI 분석 활용	- 데이터 신뢰성 및 효율성 향상, 협력 혁신 견인
데이터 거버넌스	- 공유 범위 및 권한 규정 - 보안 정책 운영	- 투명한 운영 체계 구축 - 상호 검증 메커니즘 강화
실시간 협력 지원	- 전염병·재난 대응 - 경제·사회보장 협력	- 신속한 의사결정 및 협력 촉진

참고: 박진우(2022), 정수연(2024), 박진우 외(2023) 자료를 바탕으로 필자가 재구성함.

3) 공동 연구 및 정책 개발 추진

남북한 간 협력 체계의 심화와 지속 가능성을 위해서는 공동 연구 및 정책 개발 추진이 매우 중요하다. 공동 연구는 상호 이해를 증진시키고, 현안 해결을 위한 실질적 근거와 혁신적 방안을 마련하는 기반 역할을 수행한다. 공동 연구는 보건의료, 환경, 사회복지, 경제개발 등 다양한 분야에서 진행되며, 양측 전문가와 연구 기관이 협력하여 데이터를 공유하고 분석하며, 정책 제안 및 평가를 함께 수행한다. 이를 통해 양측의 정책 간 격차를 줄이고, 효과적이고 현실성 있는 정책 수립을 도모한다. 최근 동향에서는 학제 간 연구, 빅데이터 및 AI 분석 도구 활용이 늘어나며, 보다 과학적이고 체계적인 접근이 강화되고 있다. 또한 국제기구 및 다자간 협

력과 연계하여 공동 연구의 범위와 깊이가 확대되는 추세이다.

정책 개발 과정에서도 남북 전문가와 실무진이 협력하여 문제를 진단하고, 대안을 모색하며, 시범 사업을 기획하는 등 실천적 측면에 중점을 둔 활동이 활발히 이루어지고 있다. 이러한 정책 개발 활동은 협력 사업의 실행력과 정책 수용도를 높이는 데 크게 기여한다. 또한, 공동 연구 결과와 정책 제안은 정기 회의 및 워크숍을 통해 공유되며, 협력 체계의 지속적 개선과 발전에 반영된다. 이로써 남북 협력은 단순 사업 지원을 넘어 구조적이고 체계적인 발전 단계로 나아가고 있다.

〈표 91〉 공동 연구 및 정책 개발 추진의 주요 내용과 최근 동향

구분	주요 내용	최근 동향 및 적용 사례
공동 연구 분야	- 보건, 환경, 경제, 사회복지 등 다분야	- 빅데이터 및 AI 활용 연구 증가 - 학제 간 연구 강화
정책 개발 활동	- 문제 진단 및 대안 모색 - 시범 사업 기획	- 실천 중심 정책 개발 - 정책 수용도 제고
국제 및 다자 협력 연계	- 국제기구 협력 강화 - 다자간 연구 네트워크 구성	- 연구 범위·깊이 확대 - 전문성 및 자원 확보
결과 공유 및 활용	- 정기 회의·워크숍 통한 정보 공유 - 협력 체계 개선 반영	- 지속적 개선과 발전 촉진 - 구조적 협력 체계로 전환

참고: 박진우(2022), 정수연(2024), 최민호 외(2024) 자료를 바탕으로 필자가 재구성함.

4. 협력 체계 구축 시 도전 과제 및 대응 전략

1) 정치·제도적 장애 요인

남북한 간 협력 체계 구축 과정에서 가장 큰 도전 과제 중 하나는 정치·제도적 장애 요인이다. 남북한은 상이한 정치 체계와 이념, 법·제도적 환경을 갖추고 있어 협력 추진 시 근본적인 갈등과 불신이 발생할 수 있다. 정치적 요인으로는 남북 관계의 변동성, 국제 정세 및 대외 압력, 상호 신뢰 부족 등이 협력의 안정적 진행을 저해하는 주된 원인이다. 특히 급변하는 정치 상황은 협력 사업의 연속성을 위협하며, 정책 조율 및 협의기구 운영에 불확실성을 야기한다. 제도적 측면에서는 남북한 간 법률 및 행정 체계 차이, 협력 사업 추진을 위한 법적 근거 및 지원 체계의 미비가 문제로 작용한다. 또한, 협력 관련 기관 간 역할 중복, 권한 미비 및 행정 절차 복잡성도 협력의 효율성을 저해하는 요소로 지적된다.

〈표 92〉 정치·제도적 장애 요인과 대응 전략

구분	장애 요인	대응 전략
정치적 요인	- 남북 관계 변동성 - 국제 정세 불확실성 - 신뢰 부족	- 비정치적 협력 분야 확대 - 민간·학계 중재 역할 강화
제도적 요인	- 법·행정 체계 차이 - 법적 근거 미비 - 기관 간 역할 중복 및 절차 복잡	- 법률 조화 및 상호 인정 체계 구축 - 유연한 협력 메커니즘 도입
협력 지속성 저해	- 정책 연속성 부족 - 협의기구 운영 불안정	- 국제사회 지원 및 다자 협력 체계활용

참고: 박진우(2022), 정수연(2024) 자료를 바탕으로 필자가 재구성함.

최근 연구들은 이러한 정치·제도적 장애에 대응하기 위해 비정치적 협력 분야 발굴, 제도 간 소통 강화, 유연한 협력 메커니즘 도입을 제안한다. 예를 들어, 보건·환경·인도주의 분야 등에서 실용적 협력 모델을 확대하고, 법률 조화를 위한 상호 인정 체계 구축을 추진하는 시도가 증가하고 있다. 또한, 민간과 학계의 중재 역할 강화, 국제사회의 지원과 중재, 다자간 협력 틀 내 협력 추진 등 다양한 전략이 병행되며 장애 요인의 완화에 기여하고 있다.

2) 신뢰 구축과 갈등 관리

남북한 간 협력 체계 구축에 있어 신뢰는 협력의 기초이자 지속 가능성 확보의 핵심 요소이다. 그러나 정치적 긴장, 역사적 갈등, 상호 불신 등으로 인해 신뢰 구축이 어려운 현실은 협력 과정에서 갈등 발생 위험을 높인다. 신뢰 구축은 점진적이고 다층적인 과정으로, 투명한 정보 공개, 상호 존중의 문화 형성, 반복적이고 일관된 협력 활동이 병행되어야 한다. 특히 작은 성공 사례를 통해 신뢰를 쌓고, 이를 기반으로 점차 협력 범위와 깊이를 확대하는 전략이 중요하다. 갈등 관리는 협력 과정에서 불가피하게 발생하는 의견 차이나 이해 충돌을 효과적으로 조정하는 능력과 메커니즘을 말한다. 이를 위해 중재 및 조정 역할을 담당할 독립적이고 신뢰받는 기관 또는 전문가 그룹의 참여가 권장된다. 최근 동향에서는 디지털 플랫폼을 통한 상시 소통 체계 구축, 시민사회 및 민간 차원의 평화 문화 프로그램 활성화, 교육과 교류를 통한 상호 이해 증진 등이 신뢰 구축과 갈등 완화에 기여하는 사례로 주목받고 있다. 또한, 갈등 발생 시 신속한 대응과 투명한 문제 해결 절차 마련, 공동 의사결정 구조 강화 등이 갈등 관리의 효과성을 높이는 방안으로 논의되고 있다.

<표 93> 신뢰 구축과 갈등 관리의 주요 내용과 최근 동향

구분	주요 내용	최근 동향 및 적용 사례
신뢰 구축	- 투명한 정보 공개 - 상호 존중 문화 형성 - 점진적 협력 확대	- 성공 사례 기반 신뢰 강화 반복적 협력 활동
갈등 관리	- 중재·조정 메커니즘 운영 - 독립적 중재 기관 역할	- 디지털 소통 플랫폼 활용 - 민간·시민사회 역할 강화
교육 및 교류	- 평화 문화 프로그램 - 상호 이해 증진 활동	- 시민사회 중심 프로그램 활성화 - 교류 확대
갈등 대응 체계	- 신속한 문제 해결 절차 - 공동 의사결정 구조 강화	- 투명성 및 협력 지속성 제고

참고: 박진우(2022), 정수연(2024), 자료를 바탕으로 필자가 재구성함.

3) 국제 지원 및 협력 활용

남북한 간 협력 체계 구축에 있어 국제사회의 지원과 다자간 협력은 중요한 역할을 한다. 국제기구, 다자간 협의체, 외국 정부 및 국제 비정부기구(NGO) 등은 기술적 지원, 재정적 지원, 중재 및 조정 역할을 수행하며, 남북 협력의 신뢰 구축과 제도적 안정을 도모하는 데 기여한다. 국제 지원은 특히 인도주의적 사업, 보건의료 협력, 환경 보호, 경제 개발 등 비정치적 분야에서 활발히 이루어지고 있으며, 남북 양측 모두에게 협력의 지속성과 확장성을 확보하는 데 중요한 기반을 제공한다. 최근 동향으로는 유엔(UN), 세계은행(World Bank), 아시아개발은행(ADB) 등 국제기구의 남북 협력 관련 사업 지원 확대와 더불어, 유럽연합(EU) 및 주요 국가들의 정책적 중재 및 협력 촉진 노력이 두드러진다. 또한, 국제 NGO들의 현장 네트워크를 활용한 민간 차원의 협력도 활발하다. 국제 협력 활용은 남북한 간의 직접적인 신뢰 구축이 어려운 상황에서 중립적이고 객관적인 중재자 역할을 하며, 협력 사업의 전문성과 자원 확보에 기여한다. 또한, 글로벌 기준에 부합하는 협력 모델 개발을 통해 남북 협력의 국제적 정당성을 높이는 효과가 있다. 다만 국제 지원과 협력이 남북 내부의 정치적 변화나 대외 정책 변화에 취약할 수 있기에, 이를 보완하기 위한 남북 자체 역량 강화와 병행한 다층적 협력 전략 수립이 중요하다.

◆ 유엔개발계획(UNDP)의 인도주의 협력 사업

UNDP는 남북한 보건 및 재난 관리 분야에서 지속적으로 협력 사업을 추진해 왔다. 2019년부터 2023년까지 진행된 '북한 보건 의료 인프라 개선 사업'은 남북 협력 사업의 대표적 사례로, 국제기구의 재정과 기술 지원을 바탕으로 의료 장비 지원, 역량 강화 교육, 전염병 대응 체계 구축에 기여하였다. 이 사업은 남북 신뢰 구축에도 긍정적 영향을 미쳤으며, 남북 협력 모델로 국제사회에 소개되었다.

◆ 세계은행(World Bank)과 아시아개발은행(ADB)의 경제 개발 지원

세계은행과 ADB는 남북 경협 활성화를 위해 경제 인프라 및 농업, 에너지 분야 개발 사업에 참여하고 있다. 2021년 ADB는 남북한 접경지역의 농업 생산성 향상을 위한 '접경 농촌 발전 프로젝트'를 지원하며, 남북한 농업 전문가와 현장 실무자가 참여하는 공동 연구와 기술 교류를 촉진하였다. 이는 남북 경제협력의 신뢰 기반 확대에 기여하는 사례이다.

◆ 유럽연합(EU)의 인도주의 및 환경 협력

EU는 인도주의 지원뿐 아니라 환경 분야에서 남북 협력 사업을 추진하고 있다. 2020년 '한반도 환경 보호 및 기후변화 대응 프로젝트'는 EU의 재정 지원과 국제 환경 전문가 참여로 진행되었으며, 양측의 환경 정책 조율과 공동 모니터링 체계 구축에 중요한 역할을 했다. 이 사업은 국제 협력 틀 내 남북 협력 확대의 모범 사례로 평가받는다.

◆ 국제 NGO의 현장 중심 협력

국제 NGO인 적십자사와 국제구호기구는 남북 인도주의 지원과 주민 교류를 활발히 진행하고 있다. 특히 적십자사는 남북 긴장 완화 국면에서 의료지원과 재난 구호를 위해 중립적인 역할을 수행하며, 민간 협력 확대에 크게 기여하였다. 이러한 민간 차원의 협력은 정부 간 협력의 한계를 보완하는 역할을 한다.

◆ 다자간 협력과 중재 역할 강화

최근 남북 협력 사업은 국제사회 다자간 협력 네트워크와 연계하는 추세다. 예를 들어, 동아시아 지역의 평화와 개발을 위한 다자간 포럼에서 남북 협력 의제를 다루며, 국제사회의 중재와 지원을 확대하는 전략이 추진되고 있다. 이는 남북 협력의 정치적 불확실성을 완화하고 국제적 정당성을 확보하는 데 기여한다.

〈표 94〉 국제 지원 및 협력 활용의 주요 내용과 최근 동향

구분	주요 내용	최근 동향 및 적용 사례
국제기구 지원	- 기술·재정 지원 - 중재 및 조정 역할	- UN, 세계은행, ADB 등 사업 지원 확대
다자간 협력	- EU, 주요 국가 정책적 중재 및 협력 촉진	- 국제 협력 틀 내 남북 협력 활성화
NGO 및 민간 협력	- 국제 NGO 현장 네트워크 활용	- 민간 차원 협력 확대 - 현장 중심 지원 강화
협력의 한계와 보완	- 정치적 변화 취약성 - 내부 역량 강화 필요	- 다층적 협력 전략 수립 - 내부 역량 병행 강화

참고: 박진우(2022), 정수연(2024) 자료를 바탕으로 재구성함.

> 💡 **학습 문제**

1. 정책 조정 메커니즘 설계 시 고려해야 할 핵심 요소는 무엇인가?
2. 남북한 사회보장 정책 조정이 필요한 이유를 설명하시오.
3. 효과적인 남북한 협력 체계 구축을 위한 조직 구성 방안은 무엇인가?
4. 협력 체계 운영 중 발생할 수 있는 도전 과제와 그 대응 전략을 제시하시오.
5. 국제 협력이 남북한 사회보장 협력에 기여할 수 있는 방법은 무엇인가?

제6부

미래 지향적인 사회보장제도

제13장

4차 산업혁명 시대의 사회보장 혁신

> 📖 **학습 목표**
> 1. 4차 산업혁명 핵심 기술의 개념과 사회보장 분야에서의 적용 가능성을 이해한다.
> 2. 디지털 기술을 활용한 사회보장 서비스 개선 방안을 구체적으로 학습한다.
> 3. AI와 빅데이터 기반 효율성 증대 전략을 분석하고 적용 방안을 탐색한다.

제1절 디지털 기술을 활용한 서비스 개선 방안

1. 4차 산업혁명과 디지털 기술 개관

1) 주요 기술: IoT, 클라우드, 모바일 플랫폼 등

4차 산업혁명은 인공지능(AI), 사물인터넷(IoT), 클라우드 컴퓨팅, 빅데이터, 모바일 플랫폼 등 첨단 디지털 기술들이 융합되어 사회 전반에 혁신적 변화를 일으키는 시대를 의미한다. 특히 사회보장 분야에서는 이러한 기술들이 맞춤형 서비스 제공, 효율적 자원 관리, 서비스 접근성 향상 등 다양한 혁신적 역할을 수행하고 있다. 4차 산업혁명 시대 사회보장 분야에서 디지털 기술의 도입은 혁신적 서비스 개선을 가능하게 한다. 아래는 주요 기술별 실제 적용 사례들이다.

◆ **사물인터넷(IoT) 적용 사례: 스마트 홈 케어 시스템**

서울시에서는 노인복지 향상을 위해 IoT 기반 '스마트 홈 케어' 서비스를 도입하였다. 이 시스템은 집 안에 설치된 센서들이 노인의 움직임, 낙상 여부, 실내 온도 등을 실시간으로 감지해 이상 징후 발생 시 보호자나 의료기관에 자동 알림을 전송한다. 이를 통해 응급 상황에 신속 대응이 가능하며, 노인의 자립 생활 지원과 안전성을 크게 높였다.

◆ 클라우드 컴퓨팅 활용 사례: 복지 정보 통합 플랫폼 구축

경기도 복지재단은 클라우드 기반 복지 정보 통합 플랫폼을 구축하여 다양한 사회복지 데이터를 중앙에서 관리하고 있다. 이 플랫폼은 복지기관 간 데이터 연계를 통해 대상자의 서비스 이용 현황을 통합적으로 파악할 수 있게 하며, 빅데이터 분석과 연계해 맞춤형 복지정책 설계에 활용된다. 클라우드 도입으로 데이터 처리 속도와 안정성이 향상되었고, 중복 서비스 제공을 줄이는 효과도 나타났다.

◆ 모바일 플랫폼 활용 사례: 전국 사회복지 모바일 앱 '복지로'

'복지로' 앱은 전국의 사회복지 서비스를 한눈에 확인하고 신청할 수 있는 모바일 플랫폼으로, 누구나 쉽게 접근 가능하다(Jeong, 2024). 사용자는 위치 기반으로 주변 복지 시설과 지원 정보를 조회하고, 간편하게 온라인 신청서를 제출할 수 있다. 또한 푸시 알림 기능으로 맞춤형 지원 정보와 신청 마감일 등을 실시간 안내하여 서비스 참여율을 높이고 있다.

◆ 빅데이터 및 AI 활용 사례: 맞춤형 복지정책 예측 시스템

서울시 사회복지공단은 빅데이터와 AI를 활용해 저소득층 지원 대상자를 선별하고, 복지 수요 예측 모델을 개발하였다. AI 알고리즘은 다양한 공공 데이터와 사회복지 이용 기록을 분석해 수혜 가능성이 높은 가구를 사전에 식별하며, 이를 토대로 자원 배분과 정책 설계의 효율성을 제고하였다. 이 시스템은 정책의 효과성과 투명성 향상에 기여하는 사례로 평가받고 있다.

〈표 95〉 주요 기술별 구체 사례와 사회보장 서비스 개선 효과

기술명	구체 사례	서비스 개선 효과
사물인터넷(IoT)	서울시 스마트 홈 케어 시스템	노인 안전 모니터링, 응급 대응 체계 강화
클라우드 컴퓨팅	경기도 복지 정보 통합 플랫폼	데이터 중앙 관리, 중복 서비스 방지, 정책 설계 지원
모바일 플랫폼	전국 사회복지 모바일 앱 '복지로'	접근성 향상, 신청 간소화, 실시간 맞춤 알림
빅데이터·AI	서울시 맞춤형 복지정책 예측 시스템	대상자 선별 정확도 향상, 자원 배분 효율화

참고: 최민호 외(2023), 한지훈(2023), 정수연(2024), 자료를 바탕으로 재구성함.

2) 사회보장 서비스 혁신의 필요성

4차 산업혁명 시대는 디지털 기술이 사회 전반에 걸쳐 빠르게 확산되며, 기존의 사회보장 서비스 체계에도 근본적인 변화를 요구하고 있다. 사회적 환경과 수요가 복잡해지고 다양화됨에 따라 전통적인 공급 중심의

획일적 서비스 제공 방식으로는 효과적인 대응이 어렵다. 이에 따라 사회보장 서비스 혁신이 필수적으로 대두되고 있다. 첫째, 복지 수요의 다양화와 복잡성 증가다. 고령화, 만성질환 증가, 가족 구조 변화 등으로 사회적 지원이 필요한 대상과 상황이 다양해졌다. 이에 맞춰 개별화되고 세분화된 맞춤형 서비스가 요구되며, 디지털 기술을 활용한 데이터 기반 서비스 설계가 필요하다. 둘째, 서비스 접근성과 효율성 향상 필요성이다. 지리적 제약과 정보 격차로 인해 일부 취약계층이 사회보장 서비스에서 소외되는 현상이 지속되고 있다. 모바일 플랫폼, 원격 서비스 등 디지털 인프라를 활용하면 물리적 한계를 극복하고 서비스 접근성을 높일 수 있다.

셋째, 복지 행정의 효율성 및 투명성 제고다. 전통적 수작업 중심의 행정 절차는 비용과 시간이 많이 소요되며 오류 발생 가능성이 크다. 클라우드와 AI 기반의 자동화 시스템 도입은 업무 효율성을 높이고, 데이터 기반 의사결정과 정책 평가를 가능하게 한다. 넷째, 서비스의 지속 가능성과 대응력 강화다. 급변하는 사회환경과 재난·위기 상황에 신속히 대응할 수 있는 탄력적 서비스 체계 구축이 요구된다. IoT, 빅데이터 등 실시간 데이터 활용과 예측 모델을 통한 선제적 복지 서비스 제공이 이에 해당한다. 이러한 혁신의 필요성은 국내외에서 점차 공감대를 형성하고 있으며, 선진 복지국가들은 디지털 전환을 사회보장 정책의 핵심 과제로 삼아 적극 추진 중이다(UNDP, 2023).

〈표 96〉 사회보장 서비스 혁신의 필요성

주요 요인	설명	디지털 혁신 대응 방안
수요 다양화 및 복잡성	고령화, 만성질환 등으로 맞춤 서비스 필요 증가	빅데이터 기반 맞춤형 서비스 설계
접근성 제약	지리적·정보적 격차로 취약계층 서비스 소외	모바일 플랫폼, 원격 서비스 확대
행정 효율성 및 투명성	수작업 행정의 비효율성과 오류 가능성	AI·클라우드 기반 자동화 시스템 도입
지속 가능성 및 대응력	사회변화 및 위기 대응을 위한 탄력적 서비스 필요	IoT, 실시간 데이터 활용, 예측 모델 활용

참고: 최민호 외(2023), 한지훈(2023), 서민지 외(2023), 정수연 외(2024) 자료를 바탕으로 재구성함.

◆ 각 사례 설명

▶ 핀란드 사회보장 맞춤형 지원 시스템

핀란드는 인공지능과 빅데이터 기술을 접목해 국민 개개인의 건강정보, 경제적 상황, 사회 네트워크 데이터를 분석한다. 이 데이터 기반으로 복지 수요를 예측하고 필요한 지원을 정확히 제공함으로써 중복·누락 없는 맞춤형 복지 체계를 구축했다.

▶ 한국 '복지로' 모바일 플랫폼

'복지로' 앱은 전국 어디서든 손쉽게 사회복지 서비스를 신청하고 정보를 확인할 수 있도록 하여 도시와 농어촌 간 접근성 격차를 줄였다. 특히 음성인식 기능과 쉬운 사용자 인터페이스는 노년층, 장애인 등 디지털 소외계층의 이용 편의성을 높였다.

▶ 영국 'Universal Credit' 시스템

영국 정부는 복수의 사회복지 수당 신청 절차를 클라우드 기반 통합 플랫폼으로 전환해 업무 효율성을 극대화했다. 이 시스템은 신청부터 지급까지 전 과정을 자동화해 처리 속도를 높이고, 신청자의 편의성과 행정 투명성을 함께 제고했다.

▶ 일본 IoT 기반 고령자 건강관리 시스템

일본은 IoT 센서를 통해 고령자의 건강 상태를 지속 모니터링하고, 이상 징후가 발견되면 즉시 가족이나 의료기관에 알리는 시스템을 운영한다. 이 시스템은 재난 상황에도 안정적으로 작동하여 고령자의 안전을 보장하는 데 효과적이다.

〈표 97〉 요인별 정책 적용 사례

주요 요인	정책 적용 사례 및 내용
수요 다양화 및 복잡성	핀란드의 '사회보장 맞춤형 지원 시스템': 빅데이터와 AI를 활용해 개인별 건강 상태, 생활 환경, 사회경제적 특성을 종합 분석하여 맞춤형 복지 서비스 제공(Official Finnish Social Security Report, 2022). 이로 인해 복지 자원의 효율적 분배와 개인 만족도 제고에 기여함.
접근성 제약	한국 '복지로' 모바일 플랫폼: 전 국민이 모바일로 사회복지 서비스 정보 접근, 신청, 상담이 가능하도록 하여 특히 농어촌 및 취약계층의 서비스 이용 편의성 크게 향상. 더불어 음성인식, 쉬운 인터페이스를 도입해 디지털 약자 배려.
행정 효율성 및 투명성	영국의 'Universal Credit' 클라우드 기반 통합 복지 시스템: 다양한 복지 수당 신청과 지급 과정을 온라인으로 통합, 자동화하여 행정 비용 절감과 처리 시간 단축, 투명성 강화 효과(UK Department for Work and Pensions, 2023).
지속 가능성 및 대응력	일본의 IoT 기반 고령자 건강관리 시스템: 센서와 IoT 장비를 활용해 실시간 건강 데이터 수집, 응급 상황 발생 시 즉각 대응 체계 가동. 자연재해나 감염병 확산 등 위기 상황에서도 지속적 서비스 유지 가능(Shimizu et al., 2023).

참고: Finnish Ministry of Social Affairs and Health(2022), 정수연(2024), UK Department for Work and Pensions(2023), Shimizu et al.(2023) 자료를 바탕으로 필자가 재구성함.

2. 디지털 기반 사회보장 서비스 사례

1) 온라인 복지 신청 및 상담 서비스

4차 산업혁명과 디지털 전환이 가속화되면서 사회보장 서비스 분야에서도 온라인 기반의 신청 및 상담 시스템이 빠르게 확산되고 있다. 이러한 서비스는 이용자의 편의성 증대와 행정 효율성 향상, 서비스 접근성 개선 등 다방면에서 긍정적 영향을 미치고 있다.

◆ 서비스 개념 및 특징

온라인 복지 신청 및 상담 서비스는 웹사이트, 모바일 앱 등을 통해 사회복지 서비스 신청, 정보 제공, 상담 예약 및 실시간 상담 기능을 제공하는 통합 플랫폼을 말한다. 특히 비대면 서비스를 통해 지리적 제약과 이동 불편을 해소하고, 24시간 접근 가능한 서비스를 구현해 사용자 만족도를 높이고 있다.

◆ 국내 주요 사례

한국에서는 '복지로'가 대표적인 온라인 복지 포털로 자리매김하고 있다. 이용자는 복지 서비스 검색부터 신청, 상담 예약까지 원스톱으로 가능하며, 채팅 상담 및 전화 상담 연계도 이루어진다. 또한 각 지방자치단체별 맞춤형 온라인 복지 시스템도 활발히 운영되고 있어 지역별 특성에 맞는 서비스 제공이 가능하다.

◆ 해외 주요 사례

영국의 'Gov.uk' 복지 포털은 다양한 복지급여 신청 절차를 온라인으로 통합해 편의성을 높였으며, AI 챗봇을 도입해 실시간 문의 대응과 개인 맞춤형 정보 제공을 강화하고 있다(UK Cabinet Office, 2023). 핀란드는 모바일 앱 기반 상담 서비스와 온라인 커뮤니티를 운영하며, 디지털 소외계층을 위한 접근성 개선 정책도 함께 추진 중이다(Finnish Ministry of Social Affairs and Health, 2022).

◆ 기술적 발전과 효과

AI 기반 챗봇과 빅데이터 분석은 상담 품질 향상과 대기 시간 단축에 기여하고, 개인정보 보호 강화 기술은 이용자의 신뢰 확보에 필수적이다. 또한, 사용자 행동 데이터 분석을 통해 서비스 개선 방향을 모니터링하고 피드백 반영이 가능하다.

〈표 98〉 국내외 온라인 복지 신청 및 상담 서비스의 특징과 주요 기능

국가 및 서비스명	주요 기능	기술 활용	특징 및 효과
대한민국 '복지로'	복지 정보 제공, 신청, 상담 예약, 채팅 상담	모바일 앱, 웹 기반, 전화 상담 연계	24시간 접근 가능, 원스톱 서비스 제공
영국 'Gov.uk'	복지급여 온라인 신청, AI 챗봇 상담	AI 챗봇, 빅데이터, 웹 포털	실시간 맞춤형 상담, 대기 시간 단축
핀란드 온라인 복지 상담	모바일 앱 상담, 온라인 커뮤니티 운영	모바일 앱, 온라인 커뮤니티	디지털 소외계층 접근성 강화, 참여 확대
미국 'Benefits.gov'	연방 복지 프로그램 검색, 신청 안내	웹 기반, 정보 통합	다양한 프로그램 통합 정보 제공

참고: 정수연(2024), 한지훈(2023), UK Cabinet Office(2023), Finnish Ministry of Social Affairs and Health(2022), U.S. Department of Health and Human Services(2023) 자료를 바탕으로 필자가 재구성함.

2) 원격 의료 및 재택 돌봄 서비스

4차 산업혁명의 핵심 기술이 의료 및 돌봄 분야에 접목되면서, 원격 의료(Telemedicine)와 재택 돌봄(Home care) 서비스가 사회보장 체계의 혁신적 축으로 부상하고 있다. 특히 고령화 사회 진입과 만성질환 증가에 대

응하여, 병원 방문의 한계를 극복하고 돌봄 서비스의 접근성과 효율성을 동시에 높이는 것이 중요해졌다.

◆ 원격 의료 서비스

원격 의료는 정보통신기술(ICT)을 활용해 환자와 의료진이 공간적으로 떨어져 있음에도 진료, 상담, 건강 모니터링을 실시간으로 수행하는 서비스다. 이를 통해 환자는 거주지에서 편리하게 의료 서비스를 받을 수 있고, 의료기관은 자원을 효율적으로 배분할 수 있다. 코로나19 팬데믹을 계기로 원격 의료의 법적·제도적 기반이 강화되면서 적용 범위와 기술 수준이 확대되고 있다.

◆ 재택 돌봄 서비스

IoT, 웨어러블 기기, AI 기반 건강관리 시스템을 활용해 노인, 장애인 등 취약계층의 자택 내 건강 상태와 생활 환경을 모니터링하고, 필요한 돌봄을 제공한다. 예를 들어, 스마트 센서를 통해 낙상 감지, 약물 복용 알림, 응급 상황 자동 통보 등이 가능하다. 재택 돌봄은 개인 맞춤형 케어를 제공하면서도 입원이나 시설 이용 비용을 절감하는 효과가 있다.

◆ 국내외 주요 동향

한국은 원격 의료 시범 사업과 재택 돌봄 서비스 확대를 정부 주도로 추진 중이며, ICT 융합 건강관리 플랫폼 개발에도 적극 투자하고 있다(서민지 외 Park, 2023). 미국과 유럽 주요 국가들도 원격 의료 보험 적용 범위를 넓히고, 재택 돌봄과 연계한 통합 돌봄 모델을 확장하는 추세다(FDA, 2023; EU Digital Health Report, 2023).

◆ 기술 발전과 도전과제

AI 기반 영상 분석, 5G 네트워크, 클라우드 컴퓨팅 등이 원격 의료와 재택 돌봄의 품질 향상에 기여한다. 다만, 개인정보 보호, 서비스 표준화, 디지털 격차 해소 등은 지속적인 과제로 남아 있다.

〈표 99〉 원격 의료 및 재택 돌봄 서비스의 주요 특징과 국내외 적용 사례

서비스 유형	주요 기술 및 기능	국내외 적용 사례	기대 효과 및 과제
원격 의료	영상통화, 원격 진단, AI 기반 상담	한국 원격 의료 시범 사업, 미국 Teladoc	의료 접근성 개선, 의료자원 효율화, 법제도 보완 필요
재택 돌봄	IoT 센서, 웨어러블 기기, AI 모니터링	한국 재택 돌봄 플랫폼, EU 통합 돌봄 모델	맞춤형 케어 제공, 비용 절감, 디지털 격차 해소 필요
통합 플랫폼	클라우드 기반 데이터 통합 및 분석	한국 건강관리 플랫폼, 미국 통합 돌봄 시스템	데이터 기반 의사결정, 서비스 연계 강화

참고: 정수연 외(2024), EU Digital Health Report(2023), 서민지 외(2023) 자료를 바탕으로 필자가 재구성함.

3) 디지털 인증 및 신원 확인 시스템

4차 산업혁명의 핵심 기술 중 하나인 디지털 인증 및 신원 확인 시스템은 사회보장 서비스의 신뢰성과 효율성을 높이는 데 필수적이다. 전통적인 서면이나 대면 확인 방식의 한계를 극복하고, 온라인 및 모바일 환경에서 신속하고 안전하게 이용자의 신원을 검증함으로써 서비스 접근성을 대폭 향상시키고 있다.

◆ 기술 개요

디지털 인증 시스템은 블록체인, 생체인식(지문, 안면, 홍채 등), 다중요소 인증(Multi-Factor Authentication, MFA), 전자서명 등을 활용하여 이용자의 신원을 정확하게 확인한다. 이러한 기술은 부정 이용과 사기 방지, 개인정보 보호를 강화하는 데 중요한 역할을 한다.

◆ 사회보장 서비스에서의 적용

사회보장 서비스 신청, 급여 지급, 의료 정보 접근 등 다양한 과정에서 디지털 신원 확인은 필수적이다. 예를 들어, 국민연금, 건강보험, 기초생활 보장 등 공공복지 시스템은 전자정부 플랫폼과 연계해 본인 인증 절차를 간소화하고, 부정 수급을 예방한다.

◆ 국내외 주요 동향

한국은 '정부24', 'PASS' 앱 등 공공·민간 인증 시스템을 통해 간편하고 안전한 인증 서비스를 제공하고 있으며, 블록체인 기반 신원관리 서비스 개발도 추진 중이다. 유럽연합(EU)은 'eIDAS' 규정을 통해 회원국 간 상호 인정되는 전자 신원 확인 체계를 구축해 복지 서비스뿐 아니라 금융, 의료 등 다양한 분야에서 활용하고 있다.

◆ 효과 및 도전과제

디지털 인증 도입은 이용자의 편의성 증대, 행정 간소화, 부정 행위 감소에 기여한다. 그러나 기술적 복잡성, 개인정보 유출 우려, 디지털 격차 문제 등은 해결해야 할 과제이다.

〈표 100〉 디지털 인증 기술과 사회보장 서비스 적용 사례

인증 기술 유형	주요 기능 및 특징	국내외 적용 사례	기대 효과 및 과제
생체인식	지문, 안면, 홍채 등 생체 데이터 활용	한국 'PASS' 앱, 미국 'ID.me'	편리한 본인 확인, 보안 강화
블록체인 기반 신원 확인	탈중앙화, 위변조 방지, 투명성 확보	한국 블록체인 신원관리 시범 사업, EU 'eIDAS'	부정 수급 방지, 신뢰성 향상
다중요소 인증(MFA)	비밀번호 외 인증 수단 추가	공공기관 전자정부 로그인 시스템	보안성 강화, 부정 접근 차단
전자서명 및 인증서	법적 효력 부여, 문서 위변조 방지	'정부24' 전자문서 서비스	행정 절차 간소화, 신뢰성 증대

참고: 최민호 외(2023), 한지훈(2023), Ministry of Interior and Safety(2023), European Commission(2023), 서민지 외(2024) 자료를 바탕으로 필자가 재구성함.

3. 서비스 접근성 및 사용자 경험 개선

1) 장애인 및 취약계층을 위한 맞춤형 서비스

4차 산업혁명의 디지털 기술은 사회보장 서비스의 접근성 향상과 사용자 경험 개선에 큰 변화를 가져왔다. 특히 장애인, 고령자, 저소득층 등 취약계층을 대상으로 한 맞춤형 서비스 제공은 디지털 격차 해소와 사회적 포용 강화에 핵심적이다.

◆ 접근성 개선의 필요성

기존 사회보장 서비스는 물리적·정보적 장벽으로 인해 취약계층이 서비스에서 소외되는 문제가 지속됐다. 디지털 서비스 전환 과정에서 이들의 특수한 요구를 반영하지 않으면, 오히려 서비스 불평등이 심화될 우려가 있다.

◆ 맞춤형 서비스 구현 사례

▶ 보조공학 기술 활용: 음성인식, 화면 읽기 소프트웨어, 점자 디스플레이 등 장애인의 정보 접근을 돕는 보조공학 기술이 적용되어 온라인 복지 서비스 이용 편의성을 크게 높이고 있다.

▶ 사용자 인터페이스(UI)·경험(UX) 개선: 단순하고 직관적인 UI, 고대비 색상, 확대 기능, 쉬운 언어 사용 등 디자인 측면에서 취약계층 맞춤형 설계가 이루어지고 있다.

▶ 맞춤형 콘텐츠 제공: 인공지능 기반 추천 시스템으로 이용자의 건강 상태, 생활 환경, 문화적 배경 등을 고려한 맞춤형 복지 정보와 서비스를 제공한다.

◆ 국내외 동향

한국은 '복지로' 앱 내에 장애인 전용 기능과 음성지원 서비스를 확대하고, 고령자를 위한 큰 글씨 모드, 쉬운 설명 모드 등 다양한 접근성 옵션을 제공하고 있다. 미국과 유럽에서는 WCAG(Web Content Accessibility Guidelines) 등 국제 표준을 준수하는 서비스 개발이 법제화되어, 공공 서비스의 접근성 의무를 강화하고 있다.

◆ 기술과 정책의 통합적 접근 필요

디지털 접근성 향상은 단순한 기술 도입을 넘어, 법·제도, 교육, 인식 개선이 함께 이루어져야 지속 가능하다. 장애인과 취약계층이 디지털 서비스를 적극 활용할 수 있도록 맞춤형 교육과 지원 프로그램이 병행되어야 한다.

〈표 101〉 취약계층 맞춤형 디지털 사회보장 서비스 주요 기술과 정책 동향

분야	주요 내용	국내외 사례 및 동향	기대 효과 및 과제
보조공학 기술	음성인식, 점자 디스플레이, 화면읽기 지원	한국 '복지로' 앱 음성지원, 미국 NVDA 스크린리더	정보 접근성 확대, 기술 보급과 교육 병행 필요
UI/UX 맞춤 설계	고대비, 확대 기능, 쉬운 언어, 직관적 디자인	EU 디지털 접근성 법률, 미국 ADA 준수	사용자 만족도 향상, 표준 준수 의무 강화
맞춤형 콘텐츠 및 서비스	AI 기반 맞춤형 추천, 문화적·개별적 특성 반영	핀란드 AI 복지 추천 시스템, 한국 맞춤형 복지 정보	서비스 효과 극대화, 개인정보 보호 문제 병행 해결
법·제도 및 교육	WCAG 기준 적용, 접근성 법제화, 디지털 교육 지원	EU Digital Accessibility Act, 한국 디지털 포용 정책	지속 가능한 접근성 확보, 사회적 인식 개선 필요

참고: 최민호 외(2023), 정수연(2024), 서민지 외(2023), ADA(2023), EU Digital Accessibility Act(2024) 자료를 바탕으로 필자가 재구성함.

2) 모바일 앱 및 챗봇 활용

최근 사회보장 서비스 분야에서는 모바일 앱과 인공지능(AI) 기반 챗봇의 도입이 사용자 경험 개선과 서비스 접근성 확대에 중요한 역할을 하고 있다. 스마트폰 보급률 증가와 AI 기술의 발전이 맞물려, 복지 서비스 이용자들은 언제 어디서나 쉽고 빠르게 필요한 정보를 얻고 상담받을 수 있게 되었다.

◆ 모바일 앱의 역할과 특징

모바일 앱은 복지 서비스 신청, 정보 제공, 알림, 예약, 실시간 상담 등 다양한 기능을 통합하여 원스톱 서비스를 제공한다. 특히 지리적·시간적 제약을 줄여 장애인, 고령자 등 취약계층의 접근성을 크게 향상시키고 있다. 사용자 친화적 인터페이스와 접근성 기능(음성지원, 큰 글씨 모드 등)도 확대되고 있다.

◆ 챗봇 활용 현황

AI 챗봇은 24시간 실시간 응대가 가능하며, 반복적 문의 응답, 맞춤형 상담, 민원 안내 등을 자동화하여 서비스 효율성을 높인다. 자연어 처리 기술의 발전으로 이용자 질문에 대한 이해도와 응답 정확성이 크게 개선되었고, 일부 기관은 감정 인식 기능을 도입해 심리적 지원도 강화하고 있다.

◆ 국내외 주요 사례

한국의 '복지로 챗봇'은 복지제도 안내와 신청 지원, 상담 예약 기능을 제공하며, 사용자 만족도가 높다(정수연, 2024). 미국 'Benefits.gov'와 영국 'Gov.uk' 포털도 챗봇 서비스를 도입해 복지 정보 접근성을 높이고 있다(OMB & GSA, 2023; UK Cabinet Office, 2023).

◆ 도전과 과제

모바일 앱과 챗봇의 확산에도 불구하고 디지털 격차, 개인정보 보호 문제, 복잡한 문의 처리 한계 등이 과제로 남아 있다. 따라서 기술 개발과 함께 디지털 포용 정책, 보안 강화, 사용자 교육이 병행되어야 한다.

3) 데이터 보안과 개인정보 보호 강화

4차 산업혁명 시대의 디지털 사회보장 서비스는 대량의 민감한 개인정보와 건강 데이터를 처리하며, 이에 따른 데이터 보안과 개인정보 보호가 매우 중요해졌다. 특히 사회적 약자와 취약계층의 정보가 유출될 경우 심각한 피해가 발생할 수 있어, 서비스 신뢰 확보와 법적 규제 준수는 필수 과제로 대두되고 있다.

◆ 데이터 보안의 중요성

사회보장 서비스는 개인별 맞춤형 지원을 위해 방대한 데이터를 수집·분석한다. 이 과정에서 해킹, 내부 유출, 악성 소프트웨어 공격 등 다양한 위협이 존재한다. 데이터 유출은 개인정보 침해뿐 아니라 사회적 불신과 서비스 이용 저하로 이어져, 지속 가능한 사회보장 혁신의 걸림돌이 된다.

◆ 주요 기술과 정책 동향

- 암호화 및 접근 통제: 데이터 전송과 저장 단계에서 강력한 암호화 기술을 적용하고, 접근 권한을 세밀하게 관리한다. 블록체인 기술 활용: 위변조 방지 및 투명한 데이터 관리가 가능한 블록체인은 사회보장 데이터 신뢰성 확보에 주목받고 있다(Ministry of Science and ICT, 2024).
- 개인정보 보호 법규 강화: GDPR(유럽연합), PIPA(한국 개인정보 보호법) 등 엄격한 법적 규제를 통해 개인정보 처리의 투명성과 이용자의 권리를 보장한다.
- 인공지능(AI) 보안 솔루션: AI 기반 이상 탐지 시스템으로 비정상적 접근과 데이터 변조 시도를 실시간 감지하고 대응한다.

◆ 국내외 사례

한국 정부는 '개인정보보호 종합대책(2023~2027)'을 발표해 사회복지 분야 데이터 보호를 강화하고 있으며, 공공기관의 데이터 보안 인프라를 확충 중이다(Ministry of Interior and Safety, 2023). 유럽은 GDPR 시행 이후 데이터 침해 사고 감소와 이용자 권리 강화가 나타나고 있으며, 미국도 HIPAA를 중심으로 보건정보 보호를 엄격히 관리하고 있다(European Commission, 2023; U.S. HHS, 2023).

◆ 도전과제 및 시사점

기술 발전 속도에 맞춰 보안 체계도 지속적으로 고도화되어야 하며, 사용자 인식 제고와 교육도 병행해야 한다. 또한, 데이터 활용과 보호 간 균형을 맞추는 정책 설계가 요구된다.

<표 102> 데이터 보안 및 개인정보 보호 주요 기술과 국내외 정책 동향

주요 기술 및 정책	내용 및 특징	국내외 적용 사례 및 동향	기대 효과 및 과제
암호화 및 접근 통제	데이터 전송·저장 시 암호화, 세밀한 권한 관리	한국 공공기관 보안 강화, 미국 HIPAA 준수	데이터 무결성 확보, 내부 유출 방지
블록체인 기반 보안	탈중앙화, 위변조 방지, 투명한 데이터 관리	한국 블록체인 신원관리 시범 사업, EU 데이터 보호 규정	데이터 신뢰성 및 투명성 강화
개인정보 보호 법규 강화	GDPR, PIPA 등 엄격한 개인정보 처리 및 이용자 권리 보장	EU GDPR 시행, 한국 개인정보보호 종합대책	이용자 신뢰 제고, 법적 준수 강화
AI 기반 이상 탐지	실시간 비정상 접근·변조 감지 및 대응	한국 공공기관 AI 보안 도입, 미국 AI 보안 솔루션 활용	침해 사고 조기 발견, 보안 사고 감소

참고: 서민지 외(2023), U.S. HHS(2023), Ministry of Science and ICT(2024), European Commission(2023), Ministry of Interior and Safety(2023), 최민호 외(2023) 자료를 바탕으로 필자가 재구성함.

4. 디지털 전환의 도전과 과제

1) 디지털 격차 해소

4차 산업혁명 시대에 사회보장 서비스의 디지털 전환은 국민 전반에 새로운 기회를 제공하지만, 동시에 디지털 접근성의 불균형, 즉 '디지털 격차(Digital Divide)' 문제를 심화시킬 우려가 있다. 디지털 격차란 정보통신기술(ICT)을 활용하는 능력과 접근 기회의 차이로, 특히 노인, 저소득층, 농어촌 주민, 장애인 등 취약계층에서 두드러진다.

◆ 디지털 격차의 원인과 유형

디지털 격차는 물리적 접근 격차(인터넷, 디바이스), 활용 능력 격차(디지털 문해력), 서비스 수용 격차(맞춤형 지원 부족) 등 다차원적이다. 이로 인해 디지털 사회보장 서비스 이용률과 만족도에 큰 차이가 발생하며, 사회적 불평등을 심화시키는 악순환이 발생한다.

◆ 국내외 정책 동향

한국은 '디지털 포용 정책'을 추진하며, 디지털 교육 확대, 저소득층 디바이스 지원, 공공 와이파이 구축 등으로 격차 해소에 나서고 있다(Ministry of Science and ICT, 2024). 유럽연합(EU)도 '디지털 포용 전략'을 통해 모든 시민이 디지털 서비스에 접근하도록 제도적 기반을 강화하고 있다(European Commission, 2023). 미국은 'Digital Equity Act'를 통해 연방 차원의 디지털 접근성 확대를 지원한다(US Congress, 2023).

◆ 해결 방안 및 시사점

효과적 디지털 격차 해소를 위해서는 기술 인프라 확충과 함께, 맞춤형 교육·훈련, 사용자 중심 서비스 설계, 취약계층 대상 지속적 지원 프로그램이 병행되어야 한다. 또한, 민관 협력과 지역사회 기반의 디지털 접근성 강화도 중요하다.

〈표 103〉 디지털 격차 유형과 주요 대응 전략 및 국내외 사례를 비교

디지털 격차 유형	주요 내용 및 문제점	대응 전략 및 정책	국내외 사례 및 동향
물리적 접근 격차	인터넷 인프라 미비, 디바이스 부족	공공 와이파이 확충, 저소득층 디바이스 지원	한국 '디지털 포용 정책', 미국 'Digital Equity Act'
활용 능력 격차	디지털 문해력 부족, 정보 활용 능력 차이	맞춤형 디지털 교육, 평생 학습 지원	EU '디지털 포용 전략', 한국 디지털 배움터 운영
서비스 수용 격차	서비스 복잡성, 사용자 맞춤형 기능 부족	사용자 중심 UI/UX 설계, 장애인 접근성 강화	핀란드 복지 포털 쉬운 언어 모드, 한국 '복지로' 앱 접근성 개선
사회적·문화적 장벽 격차	사회적 고립, 디지털 사용에 대한 인식 부족	지역사회 기반 지원, 민관 협력 강화	한국 지역 디지털 배움터, 미국 비영리 디지털 교육 프로그램

참고: 한지훈(2023), 최민호 외(2023), European Commission(2023), 정수연(2024) 자료를 바탕으로 필자가 재구성함.

2) 기술 수용성 및 교육

디지털 전환 시대에 사회보장 서비스의 효과적 구현을 위해서는 대상자의 기술 수용성(Technology Acceptance)이 중요한 변수로 작용한다. 특히 고령자, 장애인, 저학력층 등 취약계층은 디지털 기술에 대한 불안감, 낮은 활용 능력 등으로 서비스 접근성이 저해될 수 있어, 체계적인 디지털 교육과 수용성 제고 노력이 필수적이다.

◆ 기술 수용성의 개념과 영향 요인

기술 수용성은 개인이 새로운 기술을 인지하고 받아들이는 정도를 의미하며, 인지된 유용성, 인지된 사용 용이성, 사회적 영향 등이 주요 결정 요인이다. 사회보장 서비스 분야에서는 이용자의 신뢰, 동기 부여, 교육 수준 등이 수용성에 영향을 미친다.

◆ 교육 프로그램 및 정책 동향
- ▶ 맞춤형 디지털 교육: 취약계층 특성을 고려한 맞춤형 교육과 훈련 프로그램이 확산되고 있다. 한국의 '디지털 배움터'는 고령자와 장애인을 대상으로 기초부터 응용까지 단계별 교육을 제공한다.
- ▶ 현장 지원과 멘토링: 디지털 활용에 어려움을 겪는 이용자에게 현장 지원 인력을 배치하고, 1:1 멘토링을 통해 실시간 도움을 제공하는 사례도 증가하고 있다.

▶ 비대면 교육 확대: 코로나19 팬데믹 이후 온라인 강의, 영상 튜토리얼, 챗봇 안내 등 비대면 교육 방안이 보편화되어 접근성을 높이고 있다.

◆ 국내외 사례

핀란드 '디지털 포용 프로그램'은 지역사회와 협력해 취약계층 대상 디지털 교육을 제공하며, 기술 수용성과 사회적 연결망 형성에 긍정적 효과를 보고 있다(European Commission, 2023). 미국은 'Digital Literacy Corps'를 통해 저소득층과 고령자 교육을 강화하고 있다(US Department of Education, 2023). 기술 교육의 효과를 높이기 위해서는 교육 내용의 현장 적합성 강화, 지속적 지원 체계 마련, 이용자 참여형 교육 설계가 요구된다. 또한 디지털 수용성 연구를 바탕으로 정책을 세밀화하는 것이 중요하다.

제2절 AI와 빅데이터를 통한 효율성 증대 방안

1. AI 및 빅데이터 기술 개요

1) 인공지능과 머신러닝 기본 개념

4차 산업혁명의 핵심 기술로 부상한 인공지능(Artificial Intelligence, AI)과 머신러닝(Machine Learning, ML)은 사회보장 서비스의 효율성과 맞춤형 제공을 혁신적으로 개선하는 데 기여하고 있다. AI는 컴퓨터가 인간과 유사한 지능적 행위를 수행하도록 하는 기술을 통칭하며, 머신러닝은 AI의 하위 분야로서 데이터를 통해 패턴을 학습하고 예측 모델을 자동 생성하는 알고리즘 기술이다.

◆ 인공지능(AI)

AI는 자연어 처리, 이미지 인식, 음성 인식, 의사결정 지원 등 다양한 영역에서 활용된다. 특히 사회복지 분야에서는 상담 챗봇, 복지 대상자 선별, 자원 배분 자동화 등에 적용되어 인력 부족 문제를 완화하고 서비스 접근성을 높이고 있다.

◆ 머신러닝(ML)

머신러닝은 지도학습, 비지도학습, 강화학습 등 여러 학습 방법으로 구분된다. 지도학습은 정답이 있는 데이터로 학습하여 분류 및 예측 모델을 만들며, 비지도학습은 데이터 내 숨겨진 구조를 탐색한다. 강화학습은 보상 체계를 통해 최적의 행동을 학습하는 방법이다. 사회보장 영역에서는 복지 수혜자 분류, 위험도 평가, 서비스 효과 분석 등에 머신러닝 기법이 널리 활용된다.

◆ 기술 동향 및 발전 방향

최근 AI는 딥러닝(Deep learning) 기반 모델을 중심으로 고도화되고 있으며, 빅데이터와 결합해 방대한 사회복지 데이터 분석에 큰 강점을 보인다(이지훈 외, 2024). 또한, 설명 가능한 AI(Explainable AI) 기술 개발을 통해 의사결정 투명성과 신뢰도를 높이고자 하는 노력이 활발하다.

〈표 104〉 인공지능과 머신러닝의 주요 개념과 특징

구분	개념 및 정의	주요 특징 및 방법론	사회보장 분야 적용 사례
인공지능(AI)	인간의 인지적 능력을 컴퓨터가 모방하는 기술	자연어 처리, 이미지·음성 인식, 의사결정 지원	챗봇 상담, 대상자 선별, 서비스 맞춤화
머신러닝(ML)	데이터를 통해 패턴을 학습하고 예측하는 AI 하위 분야	지도학습, 비지도학습, 강화학습	위험도 평가, 수혜자 분류, 서비스 효과 분석
딥러닝	신경망 기반의 고차원 데이터 학습 기법	복잡한 패턴 인식, 대규모 데이터 처리	복지 데이터 분석, 자동화된 의사결정 지원
설명 가능한 AI	AI 결정 과정의 투명성 및 해석 가능성을 제공하는 기술	모델 해석, 의사결정 근거 제시	정책 결정 지원, 수혜자 신뢰도 향상

참고: 서민지 외(2023), 김민지 외(2023), Wang & Liu(2024) 자료를 바탕으로 필자가 재구성함.

2) 빅데이터 분석과 활용 방법

빅데이터는 방대한 규모, 다양한 형태, 빠른 속도로 생성되는 데이터를 의미하며, 사회보장 분야에서는 서비스 개선과 정책 결정에 필수적인 자원으로 부상하고 있다. 빅데이터 분석은 대량의 복잡한 데이터를 처리해 유의미한 패턴과 인사이트를 도출하는 과정으로, 사회복지 수요 예측, 위험군 식별, 정책 평가 등에 폭넓게 활용된다.

◆ 빅데이터의 주요 특성(3V)

▶ Volume(규모): 초대형 데이터 세트로 대용량 저장과 고속 처리가 필요하다.
▶ Velocity(속도): 실시간 혹은 준실시간 데이터 수집과 분석이 중요하다.
▶ Variety(다양성): 텍스트, 이미지, 영상, 센서 데이터 등 다양한 유형의 데이터 포함, 최근에는 정확성(Veracity)과 가치(Value)를 포함하는 5V 모델로 확장되어 분석 품질과 활용 가치도 강조되고 있다.

◆ 빅데이터 분석 방법

▶ 기술적 처리 단계: 데이터 수집, 저장, 정제, 통합 과정을 거쳐 분석 가능한 형태로 가공한다.
▶ 분석 기법: 통계 분석, 데이터 마이닝, 텍스트 마이닝, 네트워크 분석, 예측 분석 등이 활용된다.
▶ 시각화: 분석 결과를 직관적으로 이해할 수 있도록 그래프, 대시보드, 지도 등을 활용한다.

<표 105> 빅데이터 분석 과정과 주요 기법, 사회보장 분야 활용 사례

단계 및 기법	설명 및 특징	사회보장 분야 적용 사례
데이터 수집 및 저장	다양한 출처(행정, 의료, 센서 등)에서 데이터 수집, 클라우드 저장	다차원 데이터 통합으로 맞춤형 복지 서비스 개발
데이터 정제 및 통합	오류 제거, 중복 제거, 포맷 일관성 확보	정확한 수요 예측과 대상자 분류
통계 분석	기술통계, 상관분석, 회귀분석 등을 활용해 기본 패턴 파악	정책 시행 전후 효과성 비교 분석
데이터 마이닝	연관 규칙, 군집 분석 등으로 숨겨진 관계 및 특징 탐색	복지 사각지대 발굴, 고위험군 분류
예측 분석	머신러닝 기법으로 미래 행동 및 결과 예측	의료비 지출 예측, 재난 취약계층 사전 파악
시각화 및 리포팅	대시보드, 인터랙티브 시각화로 의사결정 지원	정책 결정자 및 현장 실무자 대상 정보 제공

참고: 김민지 외(2023) 자료를 바탕으로 필자가 재구성함.

◆ 사회보장 분야 활용 사례

▶ 수요 예측: 인구 통계, 의료 이용 기록 등 빅데이터를 활용해 복지 수요를 예측하고 자원 배분을 최적화한다.

▶ 위험군 선별: 머신러닝 기법을 통해 복지 사각지대 및 위험군을 조기에 발견한다.

▶ 정책 평가: 정책 시행 전후 데이터를 분석해 효과성과 문제점을 진단한다).

클라우드 기반 빅데이터 플랫폼과 AI 결합을 통해 실시간 분석과 맞춤형 서비스가 가능해지고 있으며, 개인정보 보호와 윤리 문제 해결을 위한 정책 및 기술 연구가 병행되고 있다.

2. 사회보장 정책과 서비스에의 적용

1) 수요 예측 및 자원 배분 최적화

4차 산업혁명 기술의 발전과 함께 인공지능(AI)과 빅데이터는 사회보장 정책의 수요 예측과 자원 배분 효율성 극대화에 핵심 도구로 자리매김하고 있다. 전통적으로 경험과 통계에 의존했던 복지 수요 분석은, 대용량의 행정 데이터와 실시간 빅데이터를 활용한 정밀 예측 모델로 진화하면서 보다 신속하고 정확한 정책 집행이 가능해졌다.

◆ 수요 예측의 필요성과 역할

사회보장 서비스 수요는 인구구조 변화, 경제 상황, 건강 상태 등 다양한 변수에 따라 급변한다. AI 기반 예측 모델은 과거 데이터뿐 아니라 경제 지표, 의료 이용 패턴, 사회적 변수 등을 통합 분석해 미래 수요 변동을 미리 파악하고 적정 자원을 배분하는 데 기여한다.

◆ 자원 배분 최적화 기법

▶ 예측 분석 모델: 머신러닝 알고리즘을 활용하여 복지 서비스 이용 가능성이 높은 집단을 식별하고, 자원 우선순위를 설정한다.

▶ 최적화 알고리즘: 제한된 예산과 인력을 효율적으로 배치하기 위한 선형계획법, 유전자 알고리즘 등이 활용된다.

▶ 실시간 데이터 활용: IoT 센서, 모바일 데이터 등 실시간 정보를 반영하여 긴급 상황 및 수요 급증에 대응한다.

◆ 국내외 적용 사례

한국은 복지 사각지대 발굴을 위해 AI 기반 데이터 분석을 도입, 저소득층 및 취약계층 예측 정확도를 높이고 있다(서울복지재단, 2023). 미국 'Medicaid Predictive Analytics' 프로젝트는 건강보험 수요와 의료비를 예측하여 예산 배분에 활용하고 있다(Center for Medicare & Medicaid Services, 2023). 영국은 'Social Care Data Integration'으로 다양한 공공 데이터를 융합해 지역별 복지 수요에 맞춘 자원 분배를 실행 중이다(NHS Digital, 2023). 데이터 품질과 개인정보 보호 문제는 예측 정확도와 신뢰성에 영향을 미친다. 예측 모델의 투명성과 설명 가능성을 확보해 정책 결정자의 신뢰를 증진해야 한다. 기술 활용과 함께 사회적 합의 및 법·제도적 뒷받침이 필수적이다.

〈표 106〉 수요 예측 및 자원 배분에 적용되는 AI·빅데이터 기술과 국내외 사례

구분	기술 및 방법론	국내외 사례	정책 시사점 및 과제
수요 예측	머신러닝 기반 예측 모델, 시계열 분석, 데이터 융합	한국 AI 복지 사각지대 발굴, 미국 Medicaid Predictive Analytics	데이터 품질 확보, 설명 가능한 AI 개발 필요
자원 배분 최적화	선형계획법, 유전자 알고리즘, 실시간 데이터 반영	영국 Social Care Data Integration, 한국 복지 자원 배분 시스템	개인정보 보호, 정책 투명성 강화, 법·제도 정비 필요
실시간 대응	IoT 센서 데이터, 모바일 데이터 실시간 모니터링	한국 긴급복지 지원 서비스, 미국 긴급 의료 대응 시스템	데이터 활용 확대, 기술 인프라 구축 및 지원 강화

참고: 김민지 외(2023), 서울복지재단(2023) 자료를 바탕으로 필자가 재구성함.

2) 맞춤형 복지 서비스 제공

4차 산업혁명 시대의 AI와 빅데이터 기술은 개별 대상자의 다양한 상황과 필요에 맞춘 맞춤형 복지 서비스를 구현하는 데 중요한 역할을 한다. 전통적인 복지 서비스가 획일적·일방향적 전달 방식에 머물렀다면, 첨단 데이터 분석과 AI 기반 예측은 개인별 특성, 환경, 과거 서비스 이용 내역 등을 통합 분석해 보다 정밀하고 효과적인 복지 지원을 가능케 한다.

◆ 맞춤형 서비스의 개념과 중요성

맞춤형 복지는 대상자의 생애주기, 건강 상태, 경제적 여건, 사회적 관계망 등 다양한 변수들을 종합해 그에 적합한 지원 내용과 방식을 설계하는 접근이다. 이는 서비스의 효과성을 극대화하고 복지자원의 효율적 활용을 돕는다.

◆ AI · 빅데이터 기반 맞춤형 서비스 구현 기법

- ▶ 데이터 통합과 프로파일링: 다양한 행정, 건강, 교육, 금융 데이터의 융합을 통해 개인별 프로파일을 생성한다.
- ▶ 예측 모델: 머신러닝으로 복지 필요도 및 위험 요인을 사전 예측해 선제적 개입을 가능하게 한다.
- ▶ 자동화 및 추천 시스템: 챗봇, 모바일 앱 등을 통해 맞춤형 서비스 정보를 제공하고, 적절한 프로그램을 추천한다.
- ▶ 실시간 모니터링: IoT 기기와 센서를 활용해 대상자의 건강 및 환경 변화를 감지, 즉각적인 서비스 조정이 가능하다.

◆ 국내외 사례

한국 '행복e음' 플랫폼은 개인 맞춤형 복지 정보 제공 및 서비스 신청 지원을 위해 AI 기반 추천 시스템을 도입하고 있다(서울복지재단, 2023).

미국 'Social Security Administration'은 빅데이터와 AI를 활용해 장애인 맞춤형 서비스 계획을 수립하고, 위기 상황 조기 탐지 시스템을 운영 중이다(Center for Social Policy Innovation, 2023). 네덜란드 'WMO Client Profiling' 시스템은 빅데이터 분석으로 사회복지 대상자 유형을 분류, 맞춤형 돌봄 서비스를 설계한다(European Social Innovation, 2024).

◆ 도전 과제 및 향후 방향

개인정보 보호와 데이터 윤리 강화가 필수적이며, 대상자의 수용성과 신뢰 구축이 중요하다. AI 결정과정의 투명성 확보와 설명 가능한 AI 기술 적용이 요구된다. 다양한 데이터 출처 간 연계·융합 체계 구축 및 데이터 품질 관리가 필요하다.

〈표 107〉 맞춤형 복지 서비스 제공에 활용되는 AI · 빅데이터 기술과 주요 사례

구분	기술 및 기능	국내외 사례	주요 과제 및 시사점
데이터 융합 및 프로파일링	개인별 다양한 데이터 통합, 맞춤형 프로필 생성	한국 행복e음 플랫폼, 네덜란드 WMO Client Profiling	개인정보 보호, 데이터 연계 체계 구축 필요
예측 모델링	머신러닝 기반 복지 필요도 및 위험군 사전 예측	미국 Social Security Administration, 한국 복지 대상자 위험도 분석	설명 가능한 AI, 신뢰성 및 수용성 확보 중요

자동화 및 추천 시스템	챗봇, 모바일 앱 통한 맞춤형 서비스 안내 및 추천	한국 행복e음, 미국 복지 서비스 앱	사용자 경험 강화, 접근성 및 편의성 제고 필요
실시간 모니터링	IoT 센서, 웨어러블 기기로 대상자 상태 및 환경 변화 감지	한국 IoT 기반 건강관리 서비스, 네덜란드 돌봄 시스템	실시간 데이터 관리, 긴급대응 체계 구축 필수

참고: European Social Innovation(2024), 김민지 외(2023), 사회정책혁신센터(2023), 서민지 외(2023) 자료를 바탕으로 필자가 재구성함.

3) 부정수급 탐지 및 위험 관리

사회보장제도의 지속 가능성과 공정성 확보를 위해 부정수급 방지와 위험관리는 매우 중요한 과제이다. 최근 AI와 빅데이터 기술은 복잡하고 방대한 행정 데이터를 신속히 분석하여 부정수급 패턴을 자동 탐지하고, 위험도를 체계적으로 관리하는 데 핵심 역할을 수행하고 있다(김민지 외, 2024).

◆ **부정수급 탐지의 필요성 및 현황**

부정수급은 사회보장제도의 신뢰성을 훼손하고 예산 낭비를 초래한다. 전통적 감사 방식은 인력과 시간이 많이 소요되며, 탐지 효율성이 낮았다. 빅데이터와 AI를 활용한 자동화 시스템은 패턴 인식, 이상치 탐지, 네트워크 분석 등으로 고위험 사례를 조기에 식별한다.

◆ **AI·빅데이터 기반 탐지 기법**

- ▶ 이상치 탐지(Anomaly Detection): 통계적·머신러닝 기법으로 정상 데이터와 차별되는 이상 행동을 찾아낸다.
- ▶ 패턴 인식 및 분류: 과거 부정수급 사례 학습을 통해 유사 행태를 분류 및 예측한다.
- ▶ 네트워크 분석: 연관된 사람 또는 기관 간 거래 관계를 분석해 조직적 부정 행위를 탐지한다.
- ▶ 실시간 모니터링: 데이터 스트림을 분석해 즉각적인 위험 신호를 포착한다.

◆ **사회보장 분야 적용 사례**

한국 보건복지부는 AI 기반 부정수급 탐지 시스템을 도입해 건강보험·기초연금 등 다양한 사업에서 탐지율과 처리 속도를 향상시켰다(보건복지부, 2023).

미국 사회보장국은 빅데이터 분석과 머신러닝을 결합한 'Fraud Detection System'을 통해 Medicare 부정 청구를 감시한다(Social Security Administration, 2023). 유럽연합은 'Anti-Fraud Analytics' 프로젝트로 회원국 간 데이터 공유와 AI 분석을 통해 사회보장 부정수급을 공동 대응 중이다(EU Commission, 2024).

◆ **도전 과제 및 대응 전략**

개인정보 보호법 준수와 데이터 활용의 균형 유지가 필수적이다. 탐지 알고리즘의 정확성 및 공정성 확보가 중요하며, 인공지능의 편향 문제를 최소화해야 한다. 부정수급 의심 사례에 대한 신속하고 공정한 사후관리 체계가 함께 마련되어야 한다.

〈표 108〉 주요 AI·빅데이터 기술과 국내외 사례

구분	기술 및 방법론	국내외 사례	주요 과제 및 시사점
이상치 탐지	통계 기반, 머신러닝 이상치 탐지 기법	한국 보건복지부 AI 부정수급 탐지 시스템	개인정보 보호, 탐지 정확도 향상
패턴 인식 및 분류	부정수급 유형 학습 기반 예측 및 분류	미국 Medicare Fraud Detection System	알고리즘 편향성 최소화, 공정성 확보
네트워크 분석	거래 관계, 인적 연결망 분석 통한 조직적 부정 행위 탐지	EU Anti-Fraud Analytics 프로젝트	다국가 데이터 공유 및 협력 강화
실시간 모니터링	데이터 스트림 분석으로 위험 신호 즉각 포착	한국 건강보험 실시간 부정 탐지 시스템	실시간 데이터 처리 인프라 강화, 신속 대응 체계 구축

참고: 김민지 외(2024), 보건복지부(2023), Social Security Administration(2023), EU Commission(2024) 자료를 바탕으로 필자가 재구성함.

3. 효율성 및 품질 개선 사례

1) 자동화된 민원 처리 시스템

4차 산업혁명 시대에 접어들면서 사회보장 서비스 분야에서는 AI 기반 자동화 기술을 활용한 민원 처리 시스템 도입이 활발해지고 있다. 자동화된 민원 처리 시스템은 대규모 민원 데이터를 실시간으로 분석하고, 챗봇과 자연어 처리(NLP)를 통해 신속하고 정확한 응대가 가능하도록 지원하여 서비스의 효율성과 품질을 크게 향상시키고 있다.

◆ 자동화 민원 처리 시스템의 주요 특징
▶ 챗봇 및 음성인식 기술: 민원인의 문의를 24시간 자동 응대하며, 반복적이고 표준화된 질문에 신속히 답변한다.
▶ 자연어 처리(NLP): 민원인의 자연어 입력을 이해하고 적절한 정보를 제공하는 데 사용된다.
▶ RPA(Robotic Process Automation): 민원 처리에 필요한 행정 절차를 자동화해 업무 속도와 정확성을 높인다.
▶ 데이터 분석 및 피드백: 민원 유형과 빈도를 분석해 정책 개선 및 서비스 품질 향상에 반영한다.

◆ 효과 및 필요성
민원 처리 시간 단축과 인력 부담 경감으로 행정 효율성이 증대된다.

24시간 상시 민원 응대로 사용자 만족도가 향상된다. 빅데이터 기반 민원 패턴 분석으로 맞춤형 서비스 제공과 정책 개선에 기여한다.

◆ 국내외 주요 사례

▶ 한국 보건복지부 '복지민원 챗봇': 복지제도 안내, 신청 지원, 자주 묻는 질문(FAQ) 자동 응대 기능을 제공하여 민원 처리 시간을 40% 단축했다(서울복지재단, 2023).

▶ 싱가포르 'MyCare' 시스템: AI 챗봇과 RPA를 결합해 민원 신청 절차 자동화 및 후속 조치까지 처리, 민원 처리 오류율 감소에 성공했다(Singapore GovTech, 2023).

▶ 미국 'Social Security Administration Virtual Assistant': 자연어 처리 기반 챗봇으로 사용자 문의를 분류·처리, 24시간 서비스 제공 및 민원 처리 효율화 실현(Center for Digital Government, 2023).

◆ 도전 과제 및 향후 발전 방향

AI 시스템의 언어 이해 능력과 민원 유형 다양성 대응 강화가 필요하다.

개인정보 보호와 민원 데이터 보안 체계 구축이 필수적이다. 사용자 접근성 보장 및 디지털 격차 해소를 위한 지원 정책 병행이 요구된다.

〈표 109〉 자동화된 민원 처리 시스템의 주요 기술, 국내외 적용 사례 및 효과

구분	기술 및 기능	국내외 사례	효과 및 과제
챗봇 및 NLP	자연어 이해, 대화형 응대, FAQ 자동 답변	한국 복지민원 챗봇, 미국 SSA Virtual Assistant	24시간 응대, 민원 처리 시간 단축
RPA	행정 절차 자동화, 문서 처리, 후속 조치 자동 수행	싱가포르 MyCare 시스템	업무 효율성 증대, 오류율 감소
빅데이터 분석	민원 데이터 분석, 패턴 파악 및 정책 개선	한국 보건복지부 민원 빅데이터 분석 활용	맞춤형 서비스 제공, 정책 개선에 기여

참고: Center for Digital Government(2023), Singapore GovTech(2023), 서민지 외(2023), 최민호 외(2023) 자료를 바탕으로 필자가 재구성함.

2) 챗봇(Chatbot)·RPA 기술 심층 분석

◆ 챗봇(Chatbot) 기술 개념

▶ 개념: 챗봇은 인공지능(AI)을 기반으로 자연어 처리(NLP)를 통해 사람과 대화하듯 민원인의 질문에 실시간으로 응답하는 자동화 도구이다. 기본적으로 텍스트 또는 음성 입력을 인식해 사용자의 의도를 파악하고, 미리 설계된 데이터베이스 또는 머신러닝 모델을 통해 답변을 생성한다(Gupta et al., 2023).

▶ 인공지능 기반 대화 시스템: 인공지능 기반 대화 시스템은 여러 핵심 기술을 바탕으로 작동하다. 먼저, 자연어 이해(NLU)를 통해 사용자의 의도, 감정, 문맥을 정확히 해석하고 그에 맞는 반응을 결정한다. 또한

대화 관리 기능을 통해 대화의 흐름을 자연스럽게 이어가며 상황에 적절한 응답을 제공한다. 텍스트뿐만 아니라 음성, 이미지 등 다양한 입력을 처리할 수 있는 멀티모달 인터페이스도 주요한 특징이다. 아울러, 축적된 대화 데이터를 바탕으로 지속적으로 학습하면서 성능이 점점 향상되는 것도 중요한 장점이다.

▶ 사회보장 분야 적용 시 특징: 사회보장 분야에 인공지능을 적용하면 여러 가지 특징이 나타난다. 먼저, 복지정책이나 신청 절차, 이용 방법 등에 대한 반복적인 질문에 자동으로 응답할 수 있어 민원 처리의 효율성이 높아진다. 또한 24시간 언제든지 민원에 대응할 수 있어 국민의 접근성과 만족도를 크게 향상시킬 수 있다. 더 나아가 감정 분석 기술을 활용하면 위기 상황에 놓인 이용자를 조기에 파악하고, 그에 맞는 맞춤형 상담 서비스로 연계하는 것도 가능해진다.

▶ 기술적 도전과제: 인공지능을 사회보장 분야에 적용할 때는 몇 가지 기술적 도전과제가 함께 따른다. 먼저, 복잡하고 다양하게 제기되는 민원 문의를 정확하게 이해하고 처리하는 데에는 아직 한계가 있다. 또한 다국어와 지역 방언을 처리하거나, 디지털 접근성이 낮은 취약계층이 서비스를 원활히 이용할 수 있도록 하는 문제도 중요한 과제로 떠오르고 있다. 이와 더불어, 민감한 개인정보를 보호하고 대화 데이터를 안전하게 관리하는 것도 반드시 해결해야 할 부분이다.

◆ RPA(Robotic Process Automation) 기술

▶ 기술 개념: RPA는 소프트웨어 로봇을 통해 사람이 반복적으로 수행하는 행정 업무를 자동화하는 기술이다. 규칙 기반 업무 프로세스를 자동으로 처리하며, 시스템 간 데이터 입력, 서류 검증, 알림 발송 등의 작업을 수행한다(Wang et al., 2023).

▶ 핵심 기능: 인공지능 기반 시스템은 다양한 핵심 기능을 통해 업무 효율성을 크게 향상시킬 수 있다. 먼저, 입력과 출력 작업, 데이터 이동, 시스템 간 연동 등 반복적인 과정을 자동화함으로써 전반적인 프로세스를 간소화할 수 있다. 또한, 사전에 정의된 업무 규칙에 따라 스크립트 기반으로 작업을 자동 실행할 수 있어 일관된 업무 처리가 가능하다. 예외 상황이 발생했을 때 이를 즉시 감지하고, 관련 담당자에게 알림을 보내는 기능도 포함되어 있어 안정적인 운영이 가능하다. 더불어, 기존 IT 인프라와 유연하게 연동할 수 있는 확장성과 통합성도 큰 장점이다.

▶ 사회보장 분야 적용 시 특징: 사회보장 분야에 인공지능을 도입하면 행정업무의 자동화가 가능해진다. 예를 들어, 민원 신청서의 검토나 자격 심사, 지원금 지급 절차 등이 자동으로 처리되어 업무 속도가 빨라지고 오류도 줄어들어 행정 서비스에 대한 신뢰도가 높아진다. 또한 반복적이고 시간이 많이 소요되는 업무를 줄임으로써 인력 부족 문제를 완화할 수 있으며, 직원들이 보다 중요한 업무에 집중할 수 있는 환경도 마련된다.

▶ 기술적 도전과제: 인공지능 기반 자동화를 사회보장 분야에 적용할 때는 몇 가지 기술적 과제가 존재한다. 먼저, 다양한 행정 업무의 프로세스를 표준화하고 복잡한 예외 상황에 유연하게 대응하는 데 어려움이 따를 수 있다. 또한 여러 시스템 간의 호환성과 데이터 연계 문제도 해결이 필요한 중요한 부분이다.

이와 함께, 자동화 과정 전반에 걸쳐 관련 법규를 철저히 준수하고, 절차의 투명성을 확보하는 것도 매우 중요한 과제로 꼽힌다.

◆ 챗봇과 RPA의 통합 운영

시너지 효과라고 볼 수 있는데 챗봇이 민원인의 문의를 접수하고 초기 상담을 진행하는 동시에, RPA가 백엔드 행정 업무를 자동 수행해 민원 처리 전 과정을 효율적으로 지원한다. 예를 들어, 챗봇이 신청서를 접수하고 자격 조건을 확인하면, RPA가 관련 시스템에 자동으로 정보를 입력하고 심사 결과를 통보하는 식이다.

◆ 운영 사례

싱가포르 'MyCare' 시스템에서는 챗봇과 RPA의 연동으로 민원 신청부터 처리, 결과 안내까지 자동화하여 민원 처리 시간을 획기적으로 단축했다(Singapore GovTech, 2023). 한국 보건복지부도 챗봇-자동화 시스템 통합을 추진 중이며, 민원 처리 오류율 감소와 사용자 만족도 증가 효과를 보고하고 있다.

〈표 110〉 챗봇과 RPA 기술 비교 및 특징

구분	챗봇(Chatbot)	RPA(Robotic Process Automation)
주요 기능	자연어 이해 및 대화, 24시간 자동 응대	규칙 기반 행정 프로세스 자동화
기술 요소	NLP, 머신러닝, 대화 관리, 음성인식	스크립트 실행, 시스템 간 데이터 입력, 예외 관리
적용 분야	민원 문의 상담, 정보 제공, 초기 상담	신청서 처리, 데이터 입력, 심사 및 결과 통보 등 행정업무 자동화
장점	사용자 접근성 향상, 신속 응대, 감정 분석 통한 맞춤 상담 가능	업무 속도 향상, 오류 감소, 인력 부담 완화
한계 및 과제	복잡한 문의 대응 한계, 개인정보보호, 다국어 지원 문제	업무 표준화 필요, 시스템 연동 문제, 법규 준수 투명성 확보
통합 활용 효과	민원 전 과정 자동화로 효율성 및 품질 동시 개선	민원 처리 전반의 자동화와 행정 효율성 제고

참고: 한국행정연구원(2023), Smith & Johnson(2022) 연구를 토대로 필자가 재구성함.

3) 복지 사각지대 발굴 및 지원 강화

4차 산업혁명 기술의 발전과 함께 AI 및 빅데이터는 기존 사회보장 체계에서 포착되지 못했던 복지 사각지대를 효과적으로 발굴하고, 맞춤형 지원을 강화하는 데 핵심 도구로 자리매김하고 있다. 전통적 복지 서비스가 정형화된 지원 대상을 중심으로 운영되었다면, 빅데이터 기반 분석은 다양한 데이터 소스를 통합하여 숨겨진 취약계층을 식별함으로써 정책의 효율성과 형평성을 동시에 높인다(이지훈et al., 2024). 복지 사각지대는 법적·제도적 지원 대상에서 누락되거나 실질적 지원이 어려운 사람들을 말하며, 사회적·경제적 취약성으로 인해 서비스 접근성이 떨어진다. 이들은 기존 데이터로 파악이 어렵고, 주로 비공식 경제활동자, 은둔형 빈곤층, 장애인 중 지원 미접근자 등이 포함된다.

◆ AI · 빅데이터를 통한 발굴 기법

AI와 빅데이터를 활용한 발굴 기법은 다양한 공공 및 민간 데이터를 통합적으로 분석함으로써, 복지 사각지대를 보다 정밀하게 찾아내는 데 중점을 두고 있다. 국민건강보험, 세금, 공공임대주택, 교육 및 고용 관련 데이터를 비롯한 행정 정보를 통합하고, 여기에 민간 데이터를 연계해 통합 데이터 매칭 및 분석이 이뤄진다. 머신러닝 기반의 위험도 평가 모델을 통해서는 개별 가구나 개인의 취약성 지표를 종합적으로 분석하여, 복지 사각지대 발생 가능성을 사전에 예측할 수 있다. 또한 소셜 네트워크 분석을 통해 사회적 고립 상태이거나, 지역 내 지원 연결망에서 단절된 이들을 효과적으로 파악할 수 있다. 이와 함께, 사회복지관, NGO, 커뮤니티 센터 등의 데이터를 공공 데이터와 융합함으로써 발굴의 정확성과 실효성을 높이고 있다.

◆ 지원 강화 전략

맞춤형 복지 서비스 설계를 위해서는 먼저 발굴된 대상자의 특성과 필요를 면밀히 분석한 후, 이에 기반한 복지 유형 선정과 수혜 수준의 조정이 이뤄집니다. 이러한 방식은 개별 수요에 더욱 정밀하게 대응할 수 있는 기반이 된다. 또한 모바일과 디지털 플랫폼을 적극 활용함으로써, 서비스에 대한 접근성을 크게 향상시키고 있으며, 언제 어디서든 필요한 지원을 받을 수 있는 환경이 조성되고 있다. 아울러 지역사회 내 다양한 주체들과의 협력은 매우 중요하다. 이를 위해 지방자치단체, 복지기관, 민간단체 등이 유기적으로 연계된 민관 협력 체계를 구축하고 있다. 마지막으로, 지속적인 데이터 업데이트와 실시간 모니터링 체계를 통해 대상자의 상황 변화에 신속하게 대응하고, 복지 서비스의 효율성과 적절성을 유지하고자 노력하고 있다.

◆ 국내외 주요 사례

한국의 '통합 복지 사각지대 발굴 시스템'은 보건복지부 주도로 구축되었으며, 빅데이터와 인공지능 기술을 활용해 실시간으로 위험군을 분류하고, 이를 기반으로 맞춤형 복지 지원을 제공하는 체계를 마련하고 있다(서울복지재단, 2024). 미국에서는 'Predictive Analytics for Vulnerable Populations' 프로그램을 통해 보건복지부(DHHS) 산하 기관들이 공공 및 민간 데이터를 결합해 빈곤층과 의료 사각지대에 놓인 대상자를 예측하고, 선제적으로 개입하는 정책을 추진하고 있다(U.S. DHHS, 2023). 네덜란드의 'Welfare Insight Project'는 빅데이터를 바탕으로 사회적 위험 요인을 감지하고, 복지 사각지대를 발굴해 지방정부 차원에서 보다 정교하고 맞춤화된 복지 지원 정책을 수립하는 데 활용되고 있다(European Social Policy Network, 2023).

◆ 도전 과제 및 시사점

AI와 빅데이터를 활용한 복지 사각지대 발굴이 확대됨에 따라, 개인정보 보호와 데이터 윤리에 대한 철저한 관리가 무엇보다 중요해지고 있다. 민감한 정보가 포함된 만큼, 이를 안전하게 처리하고 관리하는 체계가 반드시 마련되어야 한다. 또한 다양한 기관과 출처에서 수집된 데이터를 통합적으로 활용하려면, 데이터 품질을 일정 수준 이상으로 유지하고 서로 간의 호환성을 확보하는 데에도 상당한 어려움이 따른다. 이와 더불어 알고리즘 기반의 예측과 판단 과정에서 사회적 편견이 개입되지 않도록 주의가 필요하며, 그 과정이 투명하고 공정하게 운영될 수 있도록 시스템 전반의 신뢰성을 확보하는 것이 핵심 과제로 떠오르고 있다.

마지막으로, 이러한 기술 기반 접근이 지속적으로 실효성을 가지려면 민관 협력 체계의 안정적 유지와 함께, 지역사회의 역량 강화도 병행되어야 하다.

4) 정책 효과 분석과 평가

4차 산업혁명 시대의 AI 및 빅데이터 기술은 사회보장 정책의 효과성 분석과 평가에 혁신적인 도구로 활용되고 있다. 전통적으로 정책 평가는 제한된 데이터와 사후적 통계 분석에 의존했으나, AI 기반 분석기법은 실시간 데이터 처리, 다양한 변수 동시 분석, 예측 모델링 등으로 정책 효과를 더 정밀하고 신속하게 평가할 수 있게 한다.

◆ **정책 효과 분석의 필요성**

사회보장 정책은 다층적이고 복잡한 사회적 현상을 대상으로 하므로, 효과성을 정확히 평가하지 못할 경우 자원 낭비와 정책 실패 위험이 커진다. AI·빅데이터는 다양한 데이터 소스 통합과 비정형 데이터 분석으로 정책 영향력을 객관적이고 다면적으로 측정 가능하게 한다.

◆ **AI·빅데이터 기반 정책 평가 기법**

AI와 빅데이터를 활용한 정책 평가 기법은 보다 정밀하고 과학적인 정책 분석을 가능하게 한다. 특히 머신러닝 기반의 인과관계 분석을 통해 정책 시행 전후의 데이터를 비교하고, 주요 변수 간의 상호작용을 정량적으로 분석함으로써 정책의 실제 효과를 보다 정확히 파악할 수 있다. 또한 실시간 모니터링과 대시보드 기술을 통해 정책 집행 현황과 성과를 시각적으로 표현함으로써, 현장의 변화를 즉시 파악하고 빠른 의사결정을 지원할 수 있다. 여기에 텍스트 마이닝과 감성 분석 기법을 활용하면, 정책에 대한 국민 여론이나 이용자들의 반응을 분석해 정성적인 평가도 함께 이뤄질 수 있다. 이는 정책 수립과 개선 과정에서 매우 유용한 참고 자료가 된다. 마지막으로 시뮬레이션과 예측 모델을 통해 정책 변경에 따른 다양한 시나리오별 영향을 사전에 분석하고, 가장 효과적인 대안을 도출할 수 있어 정책의 효율성과 지속 가능성을 높이는 데 크게 기여하고 있다.

◆ **정책 평가에서의 데이터 활용**

정책 평가에서는 행정 데이터뿐 아니라 국민 여론 조사, SNS, 각종 센서 데이터 등 다양한 출처의 정보를 결합해 활용하는 방식이 점점 확대되고 있다. 이러한 다채로운 데이터는 정책의 효과를 보다 정밀하게 분석할 수 있는 기반을 제공한다. 특히 비정형 데이터를 분석함으로써 기존의 정량적 접근으로는 포착하기 어려운 복잡한 사회 현상에 대한 깊이 있는 이해가 가능해졌다. 다만, 이 과정에서는 개인정보 보호와 데이터 윤리에 대한 철저한 준수가 필수적이다(서민지 외, 2023).

◆ 국내외 주요 사례

한국 보건복지부는 '정책 평가 AI 플랫폼'을 통해 다양한 복지정책의 효과를 실시간으로 분석하고, 정책 결정자들에게 맞춤형 피드백을 제공하고 있다(서울복지재단, 2024). 영국은 'Behavioural Insights Team'을 중심으로 빅데이터와 행동경제학을 결합하고, AI 분석 기법을 정책 실험과 평가에 도입함으로써 정책 성과를 향상시키고 있다(UK Government, 2023). 미국에서는 'Data.gov'라는 공공 데이터 오픈 플랫폼을 통해 정책 관련 데이터를 일반에 공개함으로써, 시민의 참여를 유도하고 정책 효과에 대한 평가를 활발히 진행하고 있다(U.S. Government, 2023).

〈표 111〉 정책 효과 분석 기법과 국내외 적용 사례 및 효과

구분	AI·빅데이터 기법 및 특징	국내외 적용 사례	효과 및 과제
머신러닝 인과관계 분석	정책 전후 데이터 비교, 변수 간 상호작용 분석	한국 보건복지부 정책 평가 AI 플랫폼	정책 효과 정밀 분석, 데이터 품질 확보 과제
실시간 모니터링 및 대시보드	정책 집행 현황 시각화, 신속 의사결정 지원	UK Behavioural Insights Team	의사결정 속도 향상, 모델 설명성 강화 필요
텍스트 마이닝 및 감성 분석	정책 관련 여론 및 이용자 반응 분석	미국 Data.gov 시민 참여 평가 사례	정책 수용도 향상, 데이터 윤리 문제
시뮬레이션 및 예측 모델	정책 변경 시나리오별 영향 예측 및 최적 대안 도출	영국, 미국 정책 실험 연구	정책 대안 모색 용이, 이해관계자 협력 중요

참고: 정수연 외(2024), UK Government(2023), U.S. Government(2023), 서민지 외(2023) 자료를 바탕으로 필자가 재구성함.

◆ 도전 과제 및 전망

이러한 노력에도 불구하고, 고품질 데이터를 안정적으로 확보하고 다양한 시스템 간의 데이터 상호 운용성을 확보하는 데에는 여전히 과제가 남아 있다. 또한 AI 모델이 제시하는 결과에 대한 투명성과 설명 가능성을 어떻게 확보할 것인지도 중요한 이슈로 떠오르고 있다. 무엇보다 다양한 이해관계자들 간의 신뢰를 바탕으로 한 데이터 공유 협력이 필요하며, 이를 위해 정책 현장과 연구기관 간의 긴밀한 협력 체계 구축이 절실히 요구된다(Chung & Park, 2024).

4. 윤리적 고려사항 및 리스크 관리

1) 데이터 편향과 공정성 문제

4차 산업혁명 시대 사회보장 분야에서 AI와 빅데이터 활용이 급증하는 가운데, 데이터 편향과 공정성 문제는 매우 중요한 윤리적·정책적 이슈로 대두되고 있다. AI 시스템은 학습에 사용하는 데이터의 특성과 구성에 크게 영향을 받으며, 편향된 데이터는 특정 집단에 불리한 결과를 초래해 사회적 불평등을 심화시킬 위험이 있다.

◆ 데이터 편향의 유형

AI와 데이터 기반 정책에서의 공정성을 논의할 때, 다양한 형태의 데이터 편향이 중요한 이슈로 부각된다. 먼저 표본 편향(Sampling Bias)은 데이터 수집 과정에서 특정 집단이 과도하게 포함되거나 소외되어, 전체를 대표하지 못하는 경우 발생한다. 측정 편향(Measurement Bias)은 데이터 수집 또는 처리 과정에서의 오류나 왜곡으로 인해 실제와 다른 결과가 나타나는 현상이다. 또한 알고리즘 편향(Algorithmic Bias)은 AI 모델의 설계나 학습 과정에서 특정 패턴에 치우친 판단을 유도할 수 있다. 사회적 편향(Social Bias)은 역사적으로 존재해온 불평등이나 차별이 데이터에 반영되어, 알고리즘에까지 영향을 미치는 구조적인 문제를 의미한다.

◆ 사회보장 분야에서의 공정성 쟁점

이러한 편향은 특히 사회보장 분야에서 민감하게 작용할 수 있다. 예를 들어, 저소득층이나 장애인, 고령층 등 취약계층이 AI 기반 복지 시스템에서 불리하게 판단되거나, 복지 급여 산정 및 서비스 제공 우선순위 결정 과정에서 불공정한 결과가 발생할 수 있다. 뿐만 아니라, AI 시스템의 판단 기준이 불투명하거나 설명이 어렵다면 정책에 대한 시민의 신뢰와 수용성이 낮아지는 문제도 발생할 수 있다.

◆ 최근 동향 및 대응 노력

이에 대응하기 위해 다양한 기술적·제도적 노력이 이루어지고 있다. 공정성 알고리즘(Fairness-aware Algorithms)은 데이터의 불평등을 최소화하고, 결과의 형평성을 높이기 위한 방식으로 연구되고 있으며, 포괄적이고 대표성 높은 데이터 확보를 위한 수집 체계 개선도 추진되고 있다. 또한 윤리 가이드 라인 및 규제 마련을 통해 개인정보 보호와 함께 편향을 줄이기 위한 법적·제도적 기반이 구축되고 있다. AI의 의사결정 과정을 투명하게 공개하고, 이해관계자들의 참여를 유도해 책임성을 강화하려는 움직임도 활발하다. 더불어, 편향 감지 및 수정 툴을 개발하여 자동화된 점검과 데이터 정제 도구의 보급도 이루어지고 있다.

◆ 국내외 주요 사례

유럽연합은 'AI 법안(AI Act)'을 통해 공정성과 비차별의 원칙을 법적 의무로 규정하고, 사회보장 영역에서의 AI 적용 시 준수해야 할 기준을 명확히 제시하고 있다(European Commission, 2024). 한국은 '디지털 뉴딜 AI 윤리 기준'을 수립해 공공 데이터를 중심으로 편향성을 점검하고 개선하는 체계를 도입했다(한국정보화진흥원, 2023). 미국에서는 'AI 공정성 프로젝트'를 통해 정부와 민간이 협력하여 데이터 편향을 탐지하고, 공정성 평가 도구를 개발하는 등의 노력이 전개되고 있다(U.S. NIST, 2023).

〈표 112〉 데이터 편향 및 공정성 문제 대응 주요 요소

구분	내용 및 대응 전략	국내외 적용 사례 및 정책
표본 편향	다양한 인구 집단 대표 데이터 확보, 표본 재조정	한국정보화진흥원 데이터 다양성 강화 프로젝트
알고리즘 편향	공정성 알고리즘 개발, 편향 감지·수정 툴 활용	유럽연합 AI 법안, AI Act
사회적 편향	역사적 불평등 반영 제거, 정책 설계 시 형평성 검토 강화	미국 AI 공정성 프로젝트, 시민 참여형 AI 평가 도구 활용
투명성 및 책임성 강화	AI 의사결정 과정 공개, 이해관계자 의견 수렴 및 피드백 체계 구축	한국 디지털 뉴딜 AI 윤리 기준, 시민사회 감시 프로그램 운영

참고: 정수연 외(2023), European Commission(2024), U.S. NIST(2023), 서민지 외(2023) 자료를 바탕으로 필자가 재구성함.

데이터 편향과 공정성 문제는 사회보장 분야 AI 도입의 지속 가능성과 신뢰성 확보를 위한 핵심 과제이다. 이에 대한 적극적인 대응 없이는 기술 활용의 긍정적 효과가 제한되고, 오히려 사회적 갈등과 불평등을 심화시킬 수 있다. 따라서 데이터 수집부터 알고리즘 설계, 정책 집행 전 과정에서 편향 최소화와 공정성 보장을 위한 다층적 접근이 필수적이다. 또한, 이해관계자의 참여 확대와 지속적 모니터링 체계 구축을 통해 투명성과 책임성을 강화하는 노력이 병행되어야 한다.

2) 개인정보 보호와 법적 규제

4차 산업혁명 시대 사회보장 분야에서 AI와 빅데이터 기술의 확대 적용은 방대한 양의 개인정보 수집 및 처리로 이어져 개인정보 보호와 법적 규제의 중요성이 한층 부각되고 있다. 사회보장 서비스는 민감한 건강, 소득, 가족 관계 등의 정보를 다루므로, 적절한 개인정보 관리 없이는 개인정보 침해, 오·남용, 불법 유출 등의 위험이 크다.

◆ 개인정보 보호의 핵심 원칙

디지털 시대에 개인정보 보호는 매우 중요한 가치로, 몇 가지 핵심 원칙을 중심으로 정책과 기술이 설계되고 있다. 먼저, 목적 제한의 원칙에 따라 개인정보는 사전에 정해진 목적 외에는 활용이 금지된다. 또한 최소 수집 및 처리 원칙에 따라 꼭 필요한 최소한의 정보만 수집하고 활용하는 것이 기본이다. 투명성 및 동의 원칙은 정보 주체가 자신의 정보가 어떻게 사용되는지를 충분히 이해하고, 명확히 동의할 수 있도록 보장해야 한

다는 점을 강조한다. 이와 함께 데이터 주체의 권리 보장도 중요한데, 정보 열람, 수정, 삭제, 처리 정지 등의 권리를 정보 주체가 행사할 수 있어야 한다. 아울러, 보안 조치 역시 필수로 요구되며, 암호화, 접근 통제, 익명화 등 기술적·관리적 방법을 통해 정보 보호 수준을 높이는 노력이 중요하다.

◆ 국내외 법적 규제 동향

한국의 개인정보보호법(PIPA)은 개인정보 처리 기준을 강화하고, 위반 시에는 엄격한 과징금을 부과하는 등 법적 규제를 체계화하고 있다. 유럽연합은 일반개인정보보호규정(GDPR)을 통해 정보 주체의 권리를 대폭 강화하고, 개인정보 침해 발생 시 신속한 통지를 의무화하는 등 세계적인 기준을 제시하고 있다(Voigt & Von dem Bussche, 2023). 미국 캘리포니아주의 CCPA는 소비자의 개인정보에 대한 접근권과 삭제 요청권을 보장함으로써, 개인의 통제력을 확대하고 있다.

더불어, OECD의 가이드 라인이나 ISO/IEC 27701 같은 국제 표준을 바탕으로, 국가 간 규제 조화 및 개인정보 보호의 글로벌 기준 마련이 지속적으로 추진되고 있다.

◆ 사회보장 분야의 특수성과 과제

사회보장 정책에서는 공공성과 개인정보 보호 간의 균형이 특히 중요하다. 복지 대상자 정보를 기반으로 한 정책 설계 및 집행에는 필연적으로 민감한 정보가 포함되기 때문이다. 여러 기관 간의 데이터 통합 활용이 증가하면서 개인정보 유출 위험도 함께 높아지고 있다. 이에 따라 AI 및 빅데이터 시스템 설계 시 개인정보 보호 원칙을 설계단계부터 내재화하는 'Privacy by Design' 접근이 필수로 요구된다. 또한, 빠르게 변화하는 기술 환경에 발맞춰 법률과 제도가 신속하게 개정될 필요가 있지만, 실제 현장 적용에는 여전히 시간차와 제도적 간극이 존재한다.

◆ 최근 대응 및 기술적 진전

기술적으로도 개인정보 보호를 강화하기 위한 다양한 시도가 이루어지고 있다. 익명화 및 가명처리 기술은 개인정보를 직접 식별하지 않도록 하면서도 데이터 활용 가치를 유지하는 방향으로 발전하고 있으며, 블록체인 기반의 분산신원관리(DID)는 정보 주체가 스스로 자신의 정보를 통제할 수 있도록 돕는 기술로 주목받고 있다. 또한, 데이터 접근 권한 관리 시스템을 통해 누구에게 어떤 권한이 부여되었는지를 분리하고, 로그 추적을 통해 책임성을 확보하는 방안이 강화되고 있다. 이와 함께, 관련 법제도와 정책을 연계한 플랫폼 구축을 통해 규제 준수 상황을 모니터링하고, 실무자 대상 교육도 병행하는 등 현장 중심의 대응이 확대되고 있다.

<표 113> 개인정보 보호와 법적 규제 주요 내용 및 사례

구분	주요 내용 및 원칙	국내외 법제도 및 적용 사례
목적 제한 및 최소 수집	수집 목적 명확화, 불필요 정보 수집 제한	한국 개인정보보호법(PIPA), GDPR
정보 주체 권리 강화	개인정보 열람·수정·삭제 및 처리 정지 권리 보장	CCPA, GDPR 정보 주체 권리 강화
보안 조치 및 기술적 보호	암호화, 익명화, 접근통제, 개인정보 보호 내재화	가명처리법, DID(분산신원관리) 기술 도입
법·제도 연계 및 교육 강화	규제 준수 모니터링, 인력 교육 및 인식 제고	한국 개인정보보호 정책 연계 플랫폼 구축

참고: Voigt & Von dem Bussche(2023), U.S. CCPA(2023), European Commission(2023) 자료를 바탕으로 필자가 재구성함.

사회보장 서비스에서 AI와 빅데이터 활용이 확대됨에 따라 개인정보 보호와 법적 규제는 필수적 과제로 자리매김하고 있다. 기술적 발전과 함께 법·제도적 대응도 신속하고 체계적으로 이루어져야 하며, 정보 주체의 권리 보장과 데이터 활용의 균형을 맞추는 것이 중요하다. 특히 '개인정보 보호 내재화(Privacy by Design)' 원칙을 시스템 설계에 적극 반영하고, 다기관 협력 환경에서의 개인정보 안전성 확보, 사용자 교육 및 사회적 신뢰 구축이 병행되어야 한다. 향후 국제 표준과 국내법 간 조화, 정책 현장 적용력 강화가 사회보장 혁신의 지속 가능성을 좌우할 것이다.

<표 114> 국내외 개인정보 보호 법규

구분	한국 (개인정보보호법, PIPA)	유럽연합 (GDPR)	미국 (CCPA 등 주별 규제)	주요 특징 및 차이점
적용 대상	모든 개인정보 처리자 및 공공·민간기관	유럽연합 내 처리자 및 EU 거주자의 개인정보 처리자	주로 캘리포니아 거주자의 개인정보 처리자 대상	GDPR은 전 세계 사업자에 영향력, 한국은 국내 중심, 미국은 주별 상이
개인정보 범위	생존하는 개인에 관한 모든 정보	직접·간접 식별 가능한 모든 정보	소비자 개인정보로 한정	GDPR이 가장 광범위하며, 한국은 법 개정으로 점차 확대 중
정보 주체 권리	열람, 정정, 삭제, 처리 정지, 동의 철회	열람, 정정, 삭제, 처리 제한, 이동권, 동의 철회	열람, 삭제, 판매 거부 등 일부 권리	GDPR은 권리 매우 포괄적, 한국은 GDPR에 근접 수준으로 강화 중
동의 방식	명시적 동의 원칙, 중요 정보는 별도 동의 요구	사전 명확한 동의, 자유롭고 구체적이며 정보 제공 필수	옵트아웃(거부 가능) 방식이 많음	GDPR과 한국은 엄격한 동의 중심, 미국은 비교적 느슨한 편
개인정보 침해 시 조치	5일 이내 통지 의무, 과징금 부과 및 형사처벌	72시간 내 통지 의무, 최대 매출의 4% 과징금 가능	통지 의무 있으나 주별 다름, 과징금 상이	GDPR이 가장 강력한 처벌, 한국은 점차 강화 중
데이터 보호 기술	개인정보 보호 내재화(Privacy by Design) 명시	법적 요구사항으로 강제, 데이터 보호 책임자 지정 필수	권고 수준, 일부 주에서 강화 중	GDPR이 법적 요구 강도 최고, 한국도 이에 준하는 수준으로 강화 중

참고: 개인정보보호위원회(2024), 유럽연합 집행위원회(2023), 미국 캘리포니아 주 법무부(2023) 자료를 토대로 필자가 재구성함.

한국의 개인정보 보호법(PIPA)은 최근 AI 및 빅데이터 환경에 대응하기 위한 개정 작업이 활발히 진행되고 있으며, 전반적으로 매우 엄격한 수준의 규제를 갖추고 있다. 유럽연합(EU)의 GDPR은 전 세계에서 가장 강력한 개인정보 보호 법제로 평가되며, 데이터 최소화 원칙과 함께 고도의 투명성과 책임성을 요구하고 있다. 반면, 미국은 CCPA 등 일부 주 단위에서 개인정보 보호 법제를 시행하고 있지만, 연방 차원의 통일된 기준은 아직 미흡한 실정이다.

AI 기술이 개인정보에 미치는 영향을 고려할 때, 한국은 개인정보 내재화 설계(Privacy by design)와 이용자 동의 및 권리 보장 강화에 중점을 두고 있다. GDPR은 이에 더해 데이터 처리 목적 제한과 설명 가능성을 법적으로 명시하고 있어, AI와의 결합 시 보다 높은 수준의 규범적 요구를 부과하고 있다. 미국의 경우, 일부 주는 강력한 규제를 적용하고 있으나, 전체적으로는 일관된 기준이 부족해 AI 기술 적용 시 보호 수준에 편차가 발생할 수 있다.

개인정보 침해 시 조치 측면에서는 한국과 EU 모두 일정 시간 내 통지 의무 및 과징금 부과 규정을 운영하고 있으며, EU는 특히 72시간 이내 통지와 고액 벌금 부과가 가능하도록 법제화되어 있다. 미국은 통지 의무는 있지만, 처벌 수준은 주마다 상이하다. 이에 따라 한국도 침해 대응의 신속성과 실효성을 더욱 높이기 위한 제도적 보완이 요구된다. 기술적 보호 수준에 있어서도 차이를 보인다. 한국은 암호화, 익명화, 접근통제 등을 의무화하고 있으며, GDPR은 이러한 기술적 조치들을 법적 의무로 규정하고 책임자 지정까지 포함하고 있다. 반면 미국은 전반적으로 기술적 보호는 권고 수준에 머무르고 있으며, 일부 주만이 이를 강제하고 있다. 이러한 비교를 바탕으로 볼 때, 한국은 GDPR과 유사한 수준의 제도적 기반을 갖추고 있으나, AI 시스템 특성에 맞춘 세부 기술 가이드 라인 정비, 설명 가능성과 책임성 확보, 그리고 기술과 법제도의 동시적 정비를 통한 실효성 강화가 향후 발전 방향으로 제시될 수 있다.

〈표 115〉 국내외 개인정보 보호 법규 및 AI 적용 비교

항목	한국(PIPA)	유럽연합(GDPR)	미국(CCPA 등)	시사점 및 발전 방향
법제도 엄격성	엄격, 최근 AI·빅데이터 관련 개정 중	가장 엄격, 전 세계적 영향력	주별 상이, 연방 차원 규제 부족	한국은 GDPR 표준에 근접, 미국은 주별 보완 필요
AI 개인정보 보호 적용	개인정보 내재화 강화, 동의 및 권리 보장 중시	엄격한 투명성 및 데이터 최소화 요구	일부 주 강력, 전국 차원 통일성 부족	AI 시스템별 맞춤형 규제·기술 개발 필요
개인정보 침해 시 조치	신속 통지 및 과징금 부과	72시간 통지 및 고액 과징금 가능	침해 통지 의무 있으나 처벌 수준 다름	신속 통지, 과징금 강화 통한 예방 및 대응 체계 강화 필요
기술적 보호 수준	암호화, 익명화, 접근통제 의무화	법적 의무화, 데이터 보호 책임자 지정	권고 중심, 일부 주 강제화	기술과 법제도 동시 강화로 개인정보 보호 내실화 필요

참고: 개인정보보호위원회(2024), 유럽연합 집행위원회(2023), 미국 캘리포니아 주 법무부(2023) 보고서를 참고하여 필자가 재구성함.

국내외 개인정보 보호 법규는 각기 차이를 보이나, 공통적으로 AI와 빅데이터 시대에 적절한 개인정보 보호와 투명성 확보, 정보 주체 권리 보장을 강조하고 있다. 특히 AI 시스템별로 개인정보 보호 필요성이 다르므로, 시스템 특성에 맞춘 기술적·제도적 대응이 필수적이다. 한국은 GDPR을 참고하여 법제를 강화하며, 실제 AI 사회보장 서비스에 적용 가능한 구체적 보호 조치와 사용자 권리 보장 방안을 지속적으로 확충해야 한다.

3) AI 결정의 투명성 확보

◆ **사회보장 분야에서의 AI 투명성 확보의 중요성**

4차 산업혁명 시대를 맞아 사회보장 분야에도 인공지능(AI) 기술이 빠르게 도입되고 있다. 이에 따라 AI 시스템이 내리는 결정과 추천의 투명성 확보는 핵심적인 윤리적 과제로 부상하고 있다. AI는 복잡한 알고리즘과 방대한 데이터를 기반으로 의사결정을 내리기 때문에, 그 과정이 일반인에게는 불투명하게 느껴질 수 있다. 이러한 불명확성은 수혜자뿐만 아니라 정책 결정자에게도 불신을 유발할 수 있어, 이해 가능성, 설명 가능성, 책임성 확보가 더욱 중요해지고 있다.

◆ **투명성이 갖는 의미와 가치**

무엇보다도 사회보장 서비스 이용자들의 권리를 보호하기 위해서는, AI 결정의 근거가 명확하게 제시되어야 한다. 이는 이의제기나 재심 청구 등의 절차를 가능하게 해주는 기반이 된다. 또한 정책 전반의 신뢰성을 높이고, 공공 서비스의 공정성과 합법성을 확보하는 데에도 투명성은 중요한 역할을 한다. 뿐만 아니라, 알고리즘 편향이나 오류를 조기에 감지하고 불공정한 결과를 예방할 수 있도록 도와주는 요소이기도 하다.

◆ **투명성 확보를 위한 기술적·제도적 접근**

이러한 투명성을 실현하기 위해, 다양한 기술적 및 제도적 방안이 함께 논의되고 있다. 대표적으로 설명 가능한 AI(Explainable AI, XAI) 기술은 AI의 의사결정 과정과 결과를 비전문가도 이해할 수 있도록 설명하는 기능을 제공한다. 또한 알고리즘의 구조와 처리 방식을 공개하고 독립적인 검증을 가능하게 하는 체계도 중요하며, 이를 통해 객관성과 신뢰도를 확보할 수 있다. 사용자 친화적인 대시보드 등 시각화된 인터페이스를 통해 결정 과정과 결과를 상세히 안내하는 방식도 점점 확대되고 있다. 아울러, AI 결정에 오류가 발생했을 경우 그 책임을 명확히 할 수 있는 체계와 보상 기준을 마련하는 것도 필요하다. 이를 기반으로 AI 투명성 기준과 평가 체계, 공공 데이터 윤리 기준 등을 포함하는 정책 가이드 라인 수립도 중요한 과제로 떠오르고 있다.

◆ **최근 국내외 동향**

국제적으로도 AI 투명성에 대한 중요성이 크게 부각되고 있다. OECD와 EU는 공공 부문에서 AI를 활용할 때 투명성과 책임성을 강조하는 가이드 라인을 발표했으며, EU의 AI 법안에서도 이를 법제화하려는 움직임이 진행 중이다(OCDE, 2023; EU AI법안, 2024). 국내에서도 과학기술정보통신부를 중심으로, 공공 분야 AI 프로젝트에서 XAI 도입을 권장하고 있으며, 설명 가능한 기술 개발에 대한 지원도 확대되고 있다(과기부, 2024).

민간 기업과 연구기관에서도 의료와 복지 분야를 중심으로 설명 가능한 AI 모듈을 실제 서비스에 적용해, 이용자의 신뢰를 높이는 사례들이 꾸준히 늘고 있다.

인공지능 기술이 행정과 복지 분야를 포함한 다양한 공공영역에 도입됨에 따라, AI 결정 과정의 투명성과 책임성 확보가 핵심 과제로 부각되고 있다. 이에 따라 최근에는 설명 가능한 인공지능(XAI, eXplainable AI) 기술의 적용이 확대되고 있으며, 사용자의 신뢰를 확보하고 정책 집행의 정당성을 강화하는 수단으로 주목받고 있다. 설명 가능한 AI란, 단순한 자동 결정이 아니라 AI의 의사결정 과정에 대한 시각적 설명과 논리적 근거를 함께 제공하는 기술을 의미한다. 국내에서는 복지 상담 시스템 등에 XAI 기술이 적용되어, 사용자가 알고리즘의 판단 흐름을 이해하고 수용할 수 있도록 지원한 사례가 있으며, 이는 정책 수요자 중심의 서비스 설계에 긍정적으로 기여하고 있다. 이와 함께, 알고리즘 코드 및 데이터 처리 절차의 공개와 외부 검증을 통해 AI의 신뢰성을 제고하려는 노력도 나타나고 있다. 특히 EU는 AI 법안(EU AI Act)을 통해 고위험군 AI 시스템에 대해 알고리즘 검증을 법적으로 의무화하고 있으며, 한국에서도 일부 공공기관에서 시범적으로 외부 감사를 도입하고 있다. 이러한 투명성 강화 조치는 사회적 수용성을 높이는 데 기여하고 있다. 사용자 친화적인 인터페이스 또한 중요한 요소로 간주된다.

대시보드 형식의 시각적 설명, 결정 요약 제공, 이의제기 절차 안내 등은 이용자의 권리 보장을 위한 필수 기능이다. 실제로 국민복지 포털을 비롯한 여러 공공 플랫폼에서는 이러한 기능을 보강해 사용자의 이해도를 높이고 있다. 더불어, AI 결정에 대한 책임 소재를 명확히 규정하는 것도 필수적이다. 공공 영역에서 채택된 AI 윤리 가이드라인에서는 오류 발생 시 책임 주체를 명확히 하고, 보상 체계 마련의 필요성을 명시하고 있으며, 이는 향후 법제화 논의와도 연결된다.

마지막으로, 이러한 기술적·윤리적 기준을 정책적으로 뒷받침하기 위한 제도적 기반 구축이 요구된다. 한국 정부는 AI 윤리 가이드라인을 통해 투명성 원칙, 설명 가능성, 책임성을 포함한 기본 방향을 제시하고 있으며, EU 역시 AI법안을 통해 법적 규제와 평가 지표를 제도화하고 있다. 이는 기술 발전과 공공 신뢰의 균형을 위한 핵심 기반으로 기능한다.

◆ 구체적 XAI(설명 가능한 AI) 기술 설명

설명 가능한 AI(XAI)는 AI 모델, 특히 복잡한 딥러닝이나 블랙박스 모델이 내린 결과를 사람이 이해할 수 있도록 해석 및 설명하는 기술이다. 사회보장 분야에서 AI 결정에 대한 신뢰와 투명성을 확보하는 핵심 기술로 주목받고 있다.

AI 기술이 복지 등 공공 서비스 분야에 도입되면서, 의사결정 과정의 투명성과 설명 가능성 확보가 중요한 과제로 부각되고 있다. 설명 가능한 인공지능(XAI)은 사용자가 AI가 왜 그러한 결정을 내렸는지 이해할 수 있도록 다양한 기술적 방식으로 설명을 제공하며, 크게 모델 내재적 설명, 사후 설명 기법, 시각화 기반 설명, 텍스트 설명 생성, 대화형 설명 인터페이스로 구분된다.

먼저, 모델 내재적 설명(Intrinsic Explainability)은 의사결정나무나 선형 회귀 모델처럼 구조 자체가 간단하고 해석이 용이한 알고리즘을 사용하는 방식이다. 이러한 모델은 규칙 기반 복지 급여 결정 시스템에 활용되며, AI의 판단 논리를 직관적으로 파악할 수 있다는 장점이 있다.

반면, 복잡한 딥러닝 모델이나 앙상블 알고리즘 등은 모델 자체로는 설명이 어려워, 사후 설명 기법(Post-hoc Explainability)을 통해 해석한다. 대표적으로 SHAP(Shapley Additive Explanations)는 각 변수의 기여도를 수치와 시각화로 제시하고, LIME(Local Interpretable Model-agnostic Explanations)은 특정 사례에 대한 주변 모델의 작동 방식을 국소적으로 설명하는 데 유용하다. 이러한 기법은 모델의 투명성과 설명력 확보를 동시에 가능하게 한다.

시각화 기반 설명은 AI가 어떤 입력값에 어떻게 반응했는지를 그래프나 시각적 요소로 보여 주는 방식이다. 예를 들어, 복지 AI 챗봇이 제안한 추천 사유를 시각화하거나, 민원을 분류하는 AI가 어떤 항목에 중요도를 부여했는지 시각적 도식으로 표현할 수 있다. 이는 사용자의 이해도와 신뢰 형성에 크게 기여한다. 또한, 텍스트 설명 생성 기능은 AI가 내린 결정의 논리를 자연어 문장으로 자동 생성해 제공하는 방식이다. 사회보장 급여에서 탈락된 이유를 간결하고 쉬운 문장으로 설명해 주거나, 관련 정책 정보를 문장 형태로 안내함으로써 사용자 중심의 서비스 품질을 높일 수 있다. 마지막으로, 대화형 설명 인터페이스는 사용자가 AI 시스템에 의사결정 근거를 직접 질의하고 답변을 받을 수 있도록 하는 기능이다. 복지 포털에 도입된 AI 상담사 시스템은 사용자가 "왜 이 결과가 나왔는가?"라는 질문을 입력하면 관련 논리와 자료를 자동으로 제공해 주는 방식으로 구현되어 있다. 이는 설명 가능성과 상호작용성을 동시에 보장하는 혁신적 접근 방식이다.

〈표 116〉 사례별 AI 결정 투명성 강화 전략

사례 유형	투명성 강화 전략 및 방법	구체 사례 및 시사점
사회복지 서비스 급여 결정 AI	- 의사결정 규칙 명확화 및 공개 - 수혜자별 결정 설명 제공 - 이의신청 절차 안내 포함	- 국내 복지 포털, 급여 탈락 이유 상세 설명 문서화 - 투명성 제고로 수혜자 불만 감소
부정수급 탐지 AI	- 탐지 알고리즘 및 위험 점수 공개 - 오탐(False positive) 최소화 위한 검증 강화 - 담당자와 협력한 결정 보완	- 미국 연방정부 부정수급 탐지 시스템 - 투명한 점수 부여 및 후속 인력 검증 병행
AI 기반 민원 상담 챗봇	- 대화 내용 요약 및 결정 근거 텍스트 제공 - 이용자 피드백 수집 및 반영	- 국내 보건복지부 AI 상담 시스템 - XAI 기법 도입해 사용자 이해도 증진
정책 효과 분석 AI	- 데이터 출처 및 분석 방법 공개 - 결과 해석을 위한 시각화 및 보고서 제공	- EU 공공 데이터 포털 - AI 분석 결과에 대한 상세 리포트 공개
맞춤형 복지 추천 AI	- 추천 이유 자동 생성 및 제시 - 편향성 점검 및 수정 내역 공개	- 영국 NHS 개인 맞춤형 건강관리 추천 시스템 - 알고리즘 투명성 강화 및 신뢰 확보 사례

참고: 한국정보화진흥원(2023), 미국 정부디지털서비스(2022), 유럽연합 공공 데이터포털(2023), 영국국립보건서비스(NHS, 2022) 자료를 바탕으로 필자가 재구성함.

XAI 기술 도입을 통해 복잡한 AI 결정도 비전문가가 이해 가능하도록 해야 한다. 투명성 평가 지표는 AI 서비스 설계·운영 전 단계에서 적용되어야 하며, 지속적 모니터링과 개선이 필수적이다. 각 사례별 특성에 맞춘 투명성 강화 전략은 이용자의 신뢰 확보 및 정책 수용성 제고에 직결된다. 정부는 AI 윤리 가이드 라인과 법적 규제를 통해 투명성 확보를 제도화하고, 민간과 협력하여 기술 개발과 활용을 지원해야 한다. 사회보장 서비스에서 AI가 내리는 결정의 투명성 확보는 신뢰 구축과 공정성 제고의 핵심 요소이다. 설명 가능한 AI(XAI)를 비롯한 다양한 기술적 방안과 함께, 알고리즘의 공개 및 검증, 사용자 친화적 인터페이스 제공, 책임 소재 명확화, 정책·규제적 기반 마련이 병행되어야 한다. 국내외 동향을 참고하여, 사회보장 분야 AI 도입 시 투명성 기준을 명확히 하고, 이용자의 이해와 참여를 높이며, 잘못된 결정에 대한 신속한 대응 체계를 구축하는 것이 중요하다. 앞으로 AI 투명성 강화는 사회복지 행정의 질적 발전과 디지털 포용성 증진을 위한 필수 과제로 자리 잡을 것이다.

학습 문제

1. 4차 산업혁명 시대 사회보장 서비스 개선을 위한 주요 디지털 기술은 무엇인가?
2. AI와 빅데이터가 사회보장 정책에 어떻게 적용될 수 있는지 사례를 들어 설명하시오.
3. 디지털 전환 과정에서 발생할 수 있는 주요 도전과 과제는 무엇인가?
4. 부정수급 탐지에 AI가 활용되는 방식과 그 효과를 설명하시오.
5. 사회보장 분야에서 AI 활용 시 고려해야 할 윤리적 문제는 무엇인가?

제14장

지속 가능한 복지 국가로의 발전 전략

📖 학습목표

1. 복지국가 지속 가능성의 개념과 중요성을 이해한다.
2. 재정 건전성을 확보하기 위한 다양한 운영 방안을 학습한다.
3. 사회적 통합과 평등 증진을 위한 정책적 제언을 구체적으로 분석한다.

제1절 지속 가능한 재정 운영 방안

1. 복지국가 재정의 도전 과제

1) 고령화와 복지 지출 증가

현대 복지국가는 인구 고령화라는 구조적 변화에 직면하면서 복지 지출 증가에 따른 재정적 도전에 직면하고 있다. 고령 인구의 비율이 증가할수록 연금, 의료, 요양 등 노인 관련 사회복지 지출이 급증하는 경향이 뚜렷하게 나타난다(OECD, 2023; Kwon, 2024). 이는 복지국가 재정의 지속 가능성을 심각하게 위협하며, 중장기적 재정 운영 계획 마련이 절실하다.

◆ 고령화 현황과 복지 지출의 증가

한국을 포함한 대부분의 OECD 국가들은 65세 이상 인구 비중이 20~30%에 이르는 초고령사회로 빠르게 진입하고 있다. UN의 인구 전망에 따르면, 2050년까지 전 세계 고령인구는 눈에 띄게 증가할 것으로 예측되며, 이는 전 지구적인 복지정책의 재설계를 요구하는 중요한 변수로 작용하고 있다. 이에 따라 복지 지출 또한 꾸준히 증가하고 있다. 공적 연금 지출은 국내총생산(GDP) 대비 10~15%까지 상승할 수 있으며, 노인 인구 증가와 만성질환의 확산으로 인해 의료비와 장기요양 비용도 가파르게 늘어나는 추세이다. 또한, 노인 부양비가 지속적으로 증가하면서 재정에 가해지는 압박도 커지고 있다.

◆ 고령화가 야기하는 재정적 도전

고령화는 단지 지출 증가만이 아니라, 재원 조달 측면에서도 중대한 도전 요소를 안고 있다. 노동인구의 감소는 세수 기반의 약화를 초래하며, 이는 복지 지출 확대와 맞물려 재정 수지 불균형을 심화시키고 있다. 또한, 기존 복지 체계 내에서 중복 지출과 비효율성 문제도 여전히 개선이 필요한 과제로 남아 있다.

◆ 최근 동향 및 대응 전략

이러한 상황에 대응하기 위해 여러 정책적 노력이 병행되고 있다.

- ▶ 재정 안정화 및 복지 효율화: 복지 지출을 보다 효율적으로 운용하고, 대상자 중심의 맞춤형 서비스로 전환하는 시도가 강화되고 있다. 세입 측면에서는 부가가치세나 환경세 등 간접세 확대를 통해 조세 기반을 넓히는 방안이 논의되고 있으며, 연금제도 개혁을 통해 지급 연령 조정, 기여율 변경, 급여 산정 방식 개편 등도 추진되고 있다.
- ▶ 예방 중심의 건강관리 강화: 고령 인구의 건강수명 연장을 위해 만성질환 관리와 예방 중심의 의료정책이 확대되고 있으며, ICT 기반의 원격의료와 디지털 헬스케어 기술도 점차 널리 활용되고 있다(OECD, 2023).
- ▶ 민간과 지역사회의 역할 확대: 공적 재정의 부담을 줄이기 위해 민간 보험과 커뮤니티 케어 같은 대안적 복지 시스템이 주목받고 있다. 또한, 사회적 기업, 자원봉사 활동 등을 통해 비용 효율적인 복지 서비스 모델을 도입하려는 움직임도 활발하다.

〈표 117〉 고령화와 복지지출 증가 주요 지표 및 전망(OECD 국가 평균)

구분	2020년	2030년 전망	2050년 전망	비고
65세 이상 인구 비중(%)	17.5	23.4	28.9	초고령사회 진입 추세
공적 연금 지출(% GDP)	9.8	12.5	14.7	연금지출 증가 예상
공공의료 지출(% GDP)	6.5	8.3	10.1	의료비 급증
장기요양 지출(% GDP)	1.2	2.0	3.5	노인 요양 서비스 수요 증가
노동인구 비율(15~64세)	65.0	58.2	53.0	세수 기반 약화, 재원 확보 어려움

출처: OECD(2023)의 Society at a Glance 보고서 자료를 바탕으로 필자가 재구성함.

고령화에 따른 복지 지출 증가는 모든 복지국가가 공통으로 겪는 장기적 도전이다. 재정 건전성 확보를 위해서는 단순 지출 축소가 아니라 지출 효율성 제고, 예방 중심 서비스 전환, 민간과 지역사회의 협력 모델 구축이 필수적이다. 또한, 세제 개혁과 연금제도 개편 등 재원 조달 기반 강화가 병행되어야 지속 가능한 복지국가 발전이 가능하다.

2) 경제 성장 둔화와 재정 부담 확대

◆ 개요

복지국가는 경제 성장에 기반한 재정 확충을 전제로 운영되어 왔으나, 최근 세계적으로 저성장 기조가 고착화되면서 복지 재정의 지속 가능성에 대한 우려가 커지고 있다. 특히 한국을 비롯한 동아시아 국가들은 빠른 고령화와 함께 노동력 감소, 생산성 정체 등의 구조적 문제로 성장 둔화가 가속화되고 있다(OECD, 2023). 이러한 흐름은 향후 통일 대비 사회보장 통합을 준비해야 하는 남북한 모두에 있어 중요한 재정적 도전 요소다.

◆ 한국의 최근 경제 및 재정 동향

최근 한국 경제는 여러 구조적 요인으로 인해 새로운 전환점을 맞고 있다. 2000년대 초반까지만 해도 연 4~5%에 달하는 비교적 높은 경제 성장률을 유지해왔으나, 2020년 이후부터는 연 2%대의 저성장 국면에 본격적으로 진입하게 되었다. 이와 함께 재정 지출도 지속적으로 확대되고 있다. 특히 고령화의 영향으로 국민연금, 건강보험, 기초연금 등 노인 관련 복지 지출이 빠르게 증가하고 있으며, 2023년 기준 사회복지 분야 지출은 국내총생산(GDP)의 약 13.6%에 달하는 수준으로 집계되었다(기획재정부, 2024). 한편, 세입 측면에서는 경기 둔화와 노동 인구 감소 등의 요인으로 인해 소득세와 법인세 등 주요 세원의 기반이 점차 약화되고 있다. 이로 인해 세입 증가 속도는 둔화되고, 재정 수지의 부담은 한층 커지고 있는 상황이다.

〈표 118〉 경제 성장 둔화와 재정 부담 관련 지표

구분	한국(2023)	북한(추정)	OECD 평균(2023)
실질 경제 성장률	1.4%	0.6% 이하	1.6%
65세 이상 인구 비중	18.4%	약 9.1%	18.1%
사회복지지출(GDP 대비)	13.6%	3~5% 추정	20.1%
국가채무비율(GDP 대비)	52.5%	공식 통계 없음	85.0%
재정 수입 의존도(세입/총수입)	약 80%	약 40%	85%

출처: 한국재정정보원(2024), KDI(2024), 박진우(2023), OECD(2023), UNESCAP(2023) 자료를 바탕으로 필자가 재구성함.

◆ 북한의 잠재적 재정 부담

북한은 사회주의 계획경제하에 보건의료 및 기초 복지를 국가가 전담해 왔으나, 1990년대 식량위기 이후 시장화 확산과 함께 공공복지 기능이 급격히 약화되었다. 향후 남북 통합이나 복지제도 통합 논의가 본격화될 경우, 북한 주민을 위한 사회보장 기초구축에 막대한 재정이 소요될 것으로 예상된다.

◆ 대응 방안: 세입 기반 확충

지속 가능한 재정 운영을 위해서는 안정적인 세입 기반 확보가 필수적이며, 이를 위한 제도적·전략적 접근이 요구되고 있다. 우선, 조세 체계 개혁을 통해 변화하는 사회·경제구조에 유연하게 대응할 필요가 있다. 예를 들어, 디지털 경제의 확장에 발맞춘 디지털세, 그리고 환경 보호와 지속 가능성을 고려한 탄소세 등 새로운 세원을 도입함으로써 중장기적 재정 건전성을 높일 수 있다. 또한, 통일에 대비한 재정적 준비도 지금부터 본격적으로 검토할 필요가 있다. 장기적으로 통일이 이루어질 경우, 남북 간 복지 수준의 격차 해소와 사회통합을 위한 복지 지출의 급증이 예상되기 때문이다. 이에 따라, 안정적이고 예측 가능한 재원 마련을 위한 통일 대비 기금 조성은 매우 중요한 과제가 될 수 있다.

최근에는 남북 공동 사회보장기금 조성에 대한 시뮬레이션도 논의되고 있다. 이 시뮬레이션은 통일 이후 예상되는 인구구조 변화, 복지 수요, 경제 성장률 등을 종합적으로 고려하여, 어느 정도의 기금이 필요하며 어떤 방식으로 조성·운용할 수 있을지를 가정하고 분석하는 방식으로 진행된다. 이러한 분석은 현실적인 재정 계획 수립에 기초 자료를 제공하며, 통일 과정에서의 재정 불균형을 최소화하는 데 기여할 수 있다.

본 계획의 가상 시나리오는 향후 남북한 복지 통합에 대비하여 사전에 재정을 안정적으로 준비하기 위한 기금 조성 전략을 제시한 것이다. 기금 조성 기간을 2026년부터 2040년까지 총 15년으로 설정하고, 이 기간 동안 한국 정부는 매년 3조 원씩의 예산을 기금 형태로 적립한다고 가정한다. 기금의 운용 수익률은 연 3.5% 복리 기준으로 가정하였으며, 2025년을 기준으로 초기 기금은 0원에서 출발한다. 즉, 매년 정부 재정에서 일정액을 전용하여 복지 통합 대비 기금을 축적해 나가는 방식이다. 기금의 본격적인 활용 시점을 2041년으로 예상할 경우, 이는 남북 간 복지 체계의 실질적 통합이 시작될 수 있는 가장 이른 시점을 기준으로 삼은 것이다. 복지 통합 초기에는 남북 간의 제도 격차와 생활 수준 차이를 완화하기 위한 집중적 재정 투입이 불가피할 것으로 보이며, 이에 따라 향후 5년간 연간 7조~10조 원 수준의 복지투자 수요가 발생할 것으로 추정된다.

따라서 기금 조성은 단순한 재정 축적을 넘어, 중장기적인 통일 정책의 재정 기반을 안정적으로 마련하는 전략적 접근으로 해석될 수 있다. 이와 함께 수익률 확보를 위한 안정적 운용 방안, 재원 투입 우선순위에 대한 사전 연구가 병행되어야 한다.

시나리오 및 가정: 기금 조성 기간: 2026년~2040년(15년간), 연간 적립액(P): 3조 원, 기대 수익률(r): 연 3.5% 복리, 기금 운용 시작 시점: 2026년, 기금 활용 시작 시점: 2041년, 초기 기금: 0원(2025년 기준)

〈표 119〉 복리 누적 적립 모델(단리와 복리 비교)

연도	연간 납입금(억 원)	단리 누적 합계(조 원)	복리 누적 합계(조 원, 3.5%)
2026	3조	3.0	3.0
2027	3조	6.0	6.1
2028	3조	9.0	9.3
2030	3조	15.0	16.0
2035	3조	30.0	35.0
2040	3조	45.0	56.3

참고: 기획재정부(2023), 한국보건사회연구원(2022)의 자료를 바탕으로 필자가 재구성함.

남북한 복지 체계 통합의 초기 단계에서는 제도 간 격차와 복지 불균형 해소를 위해 대규모 재정 투입이 불가피할 것으로 예상된다. 이에 따라 통일 이후 첫 5년간 집중적인 복지 투자가 필요하다는 전제하에, 연간 7조 원씩 총 35조 원 규모의 예산이 소요될 것으로 가정하였다.

주요 투자 항목은 기초소득 보장 체계 구축, 의료 및 보건 서비스 접근성 강화, 주거·식량·의약품 등 취약계층에 대한 긴급 구호 조치 등으로 구성되며, 이는 기본적 생존권 보장과 생활 안정의 기반 마련에 중점을 둔 전략이다.

한편, 통합 시점까지 적립된 기금 가운데 약 21.3조 원은 투자 이후에도 운용 가능한 잔여 재원으로 남게 되며, 이는 추가적인 복지 수요 대응 또는 장기 사업 기반 구축에 유연하게 활용될 수 있다. 또한 국내 재원만으로 초기 복지투자를 감당하기 어려운 상황에 대비하여, 국제기구의 재정 지원이나 공공개발협력(PPP, Public-Private Partnership) 방식의 외부 보조 재원을 함께 모색하는 방안도 병행할 수 있다. 이를 통해 국제사회의 연대와 책임 분담을 기반으로 한 복합적 재정전략 수립이 가능할 것으로 기대된다.

기본 복지투자 산식: 총 투자비용 5년 = 연간 투자비용 × 5 = 7조 원 × 5 = 35조 원

2040년까지 조성될 누적 기금 총액 A는 정부가 매년 일정한 금액을 적립하고, 여기에 복리 기준의 수익률을 적용하여 계산한 값이다. 이때 사용되는 주요 변수는 다음과 같다:

- P: 연간 적립액 → 매년 적립하는 금액으로, 이 시나리오에서는 3조 원으로 설정되어 있다. 이는 정부가 2026년부터 매년 예산에서 일정 금액을 복지 통합 대비 기금으로 적립한다는 가정을 의미한다.
- r: 연평균 수익률 → 적립된 기금이 투자 등을 통해 얻는 연평균 수익률을 의미한다. 여기서는 3.5%의 복리 수익률을 적용하고 있으며, 이는 금융시장 평균보다 다소 보수적으로 설정된 수치이다. 복리란 이자에 이자가 붙는 구조로, 시간이 지날수록 수익 증가 속도가 가속되는 특징이 있다.
- n: 적립 기간 → 기금을 조성하는 총 기간으로, 2026년부터 2040년까지 15년을 기준으로 설정하였다. 이 세 가지 요소를 반영하여 누적 기금 총액 A는 다음과 같은 공식으로 계산된다.

기금 누적 총액 계산(복리 기준) 산식: $A = P \times \left(\dfrac{(1+r)^n - 1}{r} \right)$

◆ 남북 공동복지기금 조성의 정책적 의의

남북 공동 사회보장기금은 단순한 재정 장치 그 이상으로, 통일을 준비하는 데 있어 정책적·전략적 의미를 지니고 있다.

첫째, 이 기금은 통일 이후 발생할 대규모 복지 수요를 국채 발행 없이 흡수할 수 있는 재정 완충 역할을 할 수 있다. 초기에는 사회 인프라 확충, 의료·교육 서비스 확대, 취약계층 지원 등이 집중되며 막대한 재정이 필요하게 되는데, 사전에 마련된 기금은 이러한 재정 충격을 완화하는 데 크게 기여할 수 있다.

둘째, 남북이 공동으로 조성·운영하는 복지기금은 상호 신뢰를 구축하는 상징적인 기반이 될 수 있다. 단순한 재정 협력이 아닌, 인도적 가치와 공동의 미래에 대한 정치적 합의를 이끌어내는 통로로 기능할 수 있기 때문이다.

셋째, 이러한 공동기금은 국제사회와의 협력을 이끌어 낼 수 있는 실질적 플랫폼이 될 수도 있다. 예를 들어, UN개발계획(UNDP), 세계보건기구(WHO), 세계은행(World Bank) 등과 같은 국제기구의 공동 참여를 유도함으로써, 재정적 지원뿐 아니라 기술, 정책 자문, 글로벌 네트워크까지 확보하는 기반이 될 수 있다.

〈표 120〉 남북 공동기금 활용 예시

사업 영역	주요 내용	연간 예산(조 원)	효과
기초생활 보장	북한 주민 대상 현금 및 식량지원	2.5	기초 생존권 보장
공공의료기반 구축	진료소·의약품 공급·의료인력 파견	1.5	공공보건 안정화
보육 및 아동 복지	유아 교육, 영양 프로그램, 예방접종	1.0	세대 간 복지형평 제고
사회복지 인프라 구축	사회복지 인력 양성, 시스템 정비	1.0	장기적 제도 정착
기타 응급 지원	재난복구, 사회복귀 지원 등	1.0	위기 대응력 제고

참고: 통일부(2023), 한국보건사회연구원(2023), 남북교류협력지원재단(2022)의 자료를 바탕으로 필자가 재구성함.

◆ 복지 재정 통합에 따른 충격 완화를 위한 선제적 준비의 필요성

향후 통일이 현실화될 경우, 남북 간 복지 체계를 통합하는 과정에서 대규모의 재정적 충격이 불가피하게 발생할 수 있다. 이러한 상황에 대응하기 위해서는 지금부터 체계적인 준비와 제도적 기반 마련이 필수적이다.

우선, 현재 운영 중인 공적 기금-예컨대 남북협력기금 외에도-별도의 특별 사회복지기금 계정을 새롭게 설계하고, 이를 법적으로 제도화할 필요가 있다. 복지 재정을 보다 탄력적으로 운용하기 위해서는 다층적인 구조와 함께 성과 기반 평가 체계(PBB: Performance-Based Budgeting)를 도입해, 예산의 사용 효과를 분석하고 정책 성과 중심의 관리 체계를 강화해야 한다. 또한, 통일 이후 급증하는 복지 지출을 감당하기 위해서는 재정 분담의 정당성을 사회적으로 확보하는 과정도 병행되어야 한다. 이를 위해서는 국민의 공감대를 형성할 수 있는 시민적 합의와 공론화가 선행되어야 하며, 모두가 부담과 책임을 공유하는 구조를 설계하는 것이 중요하다.

◆ 복지 재정의 효율성 제고를 위한 제도 개선

중장기적으로는 성과 기반 예산제도 확대를 통해 정책별 지출 대비 효과를 체계적으로 평가하고, 재정 효율성을 높이는 노력이 필요하다. 또한 중앙정부와 지방정부 간에 중복되는 복지사업을 통합하고 일원화함으로써, 예산 낭비를 줄이고 자원 배분의 효율성을 높일 수 있다.

◆ 남북 재정 협력의 단계적 접근과 국제 협력 활용

남북 간 재정 협력은 단번에 모든 복지제도를 통합하기보다는, 의료 및 기초생활 보장부터 시작해 점진적으로 연금과 고용 지원까지 확대해 나가는 단계적 접근이 바람직하다. 이와 함께, 사회보장 인프라를 안정적으로 구축하기 위해 UNDP, WHO 등 국제기구와의 협력을 적극 활용하는 방안도 중요하다. 국제적 신뢰를 바탕으로 기술·정책 자문, 재정 지원 등 다방면의 도움을 받을 수 있기 때문이다. 경제 성장 둔화는 단기적 재정수지 악화를 넘어 사회보장제도의 구조적 지속 가능성에 중대한 영향을 미친다.

특히 남북한의 체제와 소득 수준, 재정 인프라의 격차를 고려할 때, 복지 통합은 점진적이고 재정적으로 안정된 기반 위에서 접근해야 한다. 한국은 현재의 재정운용 개선뿐 아니라, 향후 통일 이후 사회보장 확대 비용을 선제적으로 준비할 필요가 있다.

3) 세수 기반 변화와 재정 불균형

◆ 개요

복지국가의 지속 가능성은 결국 안정적이고 예측 가능한 세수 기반(Tax base)에 달려 있다. 그러나 최근 들어 디지털 경제의 확산, 고령화에 따른 경제활동 인구 감소, 그리고 비정규직·플랫폼 노동의 증가 등 여러 구조적 변화로 인해 전통적인 세수 기반이 점차 약화되고 있으며, 이로 인해 재정 불균형 문제가 심화되고 있다. 이러한 흐름은 중장기적으로 사회보장 재정의 구조적 적자와 지속 가능성 약화를 초래할 수 있다(OECD, 2023; 국회예산정책처, 2024).

◆ 최근 세수 기반의 구조적 변화

▶ 노동소득세 기반의 약화: 인구 고령화와 생산가능 인구의 감소는 근로소득세의 기반을 축소시키고 있다. 게다가 플랫폼 노동자나 프리랜서 등 비정형 고용 형태의 확산은 과세 체계의 사각지대를 넓히고 있어, 기존 노동 중심 세원에 대한 의존도가 점차 부담으로 작용하고 있다.

▶ 기업 과세의 조세 회피 증가: 글로벌화된 디지털 경제 환경에서는 다국적 기업들이 국가 간 세율 차이를 활용해 조세 회피 전략을 구사하는 일이 늘고 있으며, 국가 간 조세 경쟁도 격화되고 있다. 현행 국내법에 기반한 법인세 체계만으로는 초국적 디지털 기업에 대한 과세에 한계가 있으며, 이는 국가 재정에 장기적인 불이익을 줄 수 있다.

▶ 자산 불평등과 과세 불균형: 경제구조가 점점 자산 중심으로 이동하면서, 배당, 임대소득, 양도차익 등 자산 기반의 소득 창출이 증가하고 있다. 그러나 현재까지 자산소득에 대한 과세 비중은 상대적으로 낮은 수준에 머물러 있어, 조세 형평성 측면에서 문제를 야기하고 있다. 이는 부의 집중 심화와 함께 조세 정의에 대한 사회적 신뢰를 훼손할 수 있다.

<표 121> 한국의 세수 구성 변화 추이(2010~2023)

구분	2010년	2015년	2020년	2023년
소득세 비중	21.2%	24.5%	27.1%	25.8%
법인세 비중	21.9%	18.4%	18.8%	17.2%
소비세 비중(부가세 등)	33.6%	36.2%	36.7%	37.4%
자산세 비중	6.4%	7.3%	7.9%	8.1%
기타세	16.9%	13.6%	9.5%	11.5%

출처: 기획재정부, 「세입결산보고서」(2023), 한국조세재정연구원(2024)

◆ 북한의 조세 기반 현황과 통일 대비 시사점

북한은 국가의 생산수단 소유 원칙에 따라 공식적인 조세제도는 매우 제한적이며, 계획경제와 군사비 중심의 예산 운영 체계를 유지하고 있다.

그러나 2000년대 이후 시장화가 진전되면서 비공식적 상업활동 과세(예: 장세, 거래료)가 사실상의 조세 역할을 수행 중이다. 통일 이후 북한 주민의 소득 및 소비 기반 조세 체계 전환은 장기적인 세수 확보 전략의 핵심이 될 전망이다.

<표 122> 재정 불균형의 심화: 지출과 세입의 괴리

항목	2010년	2020년	2023년	2030년(추정)
총조세수입 대비 사회복지지출 비율	51.8%	67.3%	73.6%	85.0%
국가채무비율(GDP 대비)	29.0%	43.6%	52.5%	70.0%
조세 부담률(GDP 대비)	19.4%	20.7%	21.1%	22.0%(목표)

출처: KDI(2024), 국회예산정책처(2024), OECD(2023)

◆ 조세의 형평성과 합리성 확보

공정하고 지속 가능한 조세 제도를 구축하기 위해서는 조세 지출, 즉 세제 감면 제도의 정비가 중요하다. 그동안 유지되어 온 비과세 및 감면 제도는 정책 목적 달성에 기여한 측면도 있으나, 일부 제도는 실효성이 낮거나 고소득층에게만 혜택이 집중되는 등의 문제가 지적되고 있다. 이에 따라 전면적인 제도 재검토와 축소, 그리고 감면 제도가 실제로 어느 정도 효과를 냈는지를 확인하는 환류 분석(Feedback analysis) 도입이 필요하다. 이러한 접근은 조세 형평성을 높이는 동시에, 재정 건전성에도 긍정적인 영향을 줄 수 있다.

<표 123> 새로운 세수원 확보 전략

전략	세부 내용
디지털세 도입	글로벌 디지털 플랫폼 기업에 대한 국내 과세권 확보(OECD 합의 기반)
환경세·탄소세 확대	탄소중립 추진과 연계한 과세 체계 구축
자산과세 강화	보유세·양도소득세 정비를 통한 자산소득 과세 형평성 제고

참고: 기획재정부(2024), OECD(2023), 환경부(2023)의 자료를 바탕으로 필자가 재구성함.

◆ 남북한 통합 대비 조세 체계 조화 방안

통일 이후 조세 체계 통합은 단기간에 일괄적으로 이루어지기 어려운 과제이다. 남북 간 이질적인 경제구조와 세제 환경을 고려하여, 단계적이고 유연한 접근이 필요하다. 이러한 배경에서 이중세대 조세 모델(Dual-generation tax model)이 주목받고 있다. 이 모델은 초기 단계에서 남한과 북한 각각의 세제를 일정 기간 병행 운영하다가, 점진적으로 단일 조세 체계로 전환하는 방식으로, 세정 혼란을 줄이고 수용성을 높일 수 있는 방안으로 평가된다. 또한, 통일 이후 북한 내 지방정부의 역할 확대와 지역경제 활성화를 위해서는 지방세 기반 확충도 중요하다. 지역 내 소득과 재산에 대해 합리적인 과세 체계를 도입함으로써, 지방의 자율성과 재정 자립을 동시에 제고할 수 있다. 지속 가능한 복지 재정을 위해서는 단순히 세입을 늘리는 것이 아니라, 조세구조의 질적 개선과 신뢰 기반 확충이 병행되어야 한다. 남북한 간 사회보장 통합을 위해선 북한 내 조세 시스템 도입과 납세문화 형성, 그리고 통합 이후 재정 조정 기구의 설치가 필요하다. 특히 디지털 경제, 기후위기, 초고령화 시대에 맞는 세입 구조의 전환이 국가 재정의 장기적 안정성을 좌우할 것이다.

4) 세제 개혁 및 재원 다변화

◆ 복지국가의 재정 지속성을 위한 핵심 전략

고령화 심화, 경기변동성 확대, 통일 대비 비용 증가 등 복합적 도전에 직면한 한국 사회는 기존의 조세 기반만으로는 지속 가능한 복지국가 운영이 어렵다는 비판에 직면하고 있다. 이에 따라 세제 개편과 재원 다변화 전략이 새로운 사회재정 패러다임으로 부상하고 있다(기획재정부, 2023; OECD, 2022). 특히 남북한 통합을 대비한 재정 전략은 통일 초기의 막대한 재정 수요를 충당하기 위한 중장기 세입 기반 확충이 핵심이다. 세제 개혁은 조세 형평성과 조세 중립성을 기반으로 하되, 다음과 같은 영역에서 구체적인 조정이 요구된다.

〈표 124〉 세제 개혁의 방향성

구분	개혁 방향	내용
직접세 확대	누진성 강화	고소득층 및 대기업의 소득세·법인세 조정
간접세 정비	소비세 구조 개선	탄소세·건강세 등 목적세 도입 확대
조세 지출 축소	비과세·감면 정비	비효율적 감면 제도 정비 및 예외 축소
지방세 확대	지방재정 자립 강화	지방소득세·재산세 조정 및 지방소득세율 인상 검토

참고: 기획재정부(2024), 한국조세재정연구원(2023), 조세재정연구원(2023)의 보고서를 바탕으로 필자가 재구성함.

예: 2024년 기준 한국의 GDP 대비 조세 부담률은 약 21.1%로 OECD 평균(약 33.5%)보다 낮아, 조세 기반 확대의 여지가 존재한다(OECD, 2023). 단순히 조세 확대에 의존하기보다 공공 및 민간 부문을 포괄하는 다양한 재원 확보 전략이 요구된다.

<표 125> 재원 다변화 방안

유형	주요 내용	국내외 사례
공공 기금	사회복지기금·통합기금 조성	독일 '연대기금(Soli)' 사례
사회투자채권(SIB)	민간 참여형 성과보상 투자	영국, 일본 등에서 복지 분야 활용
공공자산 수익화	국공유지, 공기업 배당 수익 활용	핀란드·싱가포르 국부펀드
민간 사회투자	ESG 금융과 연계된 복지 프로젝트	녹색채권(Green Bond), 사회적 채권(Social Bond)

참고: 한국조세재정연구원(2023), 한국보건사회연구원(2022), OECD(2021), European Commission(2020) 등의 자료를 바탕으로 필자가 재구성함.

향후 남북통합을 대비한 사회보장 재원을 추정해 보면, 초기 10년간 최소 200조 원 이상의 복지재정이 필요하다는 예측이 존재한다(KDI, 2020). 이 경우 기존 조세 기반만으로는 재정적 지속 가능성 확보에 한계가 있으며, 다음과 같은 재원구조 전환이 요구된다.

<표 126> 남북한 통합을 고려한 재원 시뮬레이션

재원 유형	비중(현재)	비중(전환목표)	전략
일반세입	78%	65%	소득세·법인세 외 목적세 신설
사회보장기금	15%	20%	기금 간 통합 및 운용 수익 증대
민간재원(SIB 등)	1%	10%	성과 연계형 민간투자 확대
국제협력 재원	6%	5%	UN, WB, ADB 등 국제기금 활용

참고: 통일연구원(2022), 한국조세재정연구원(2023), 한국보건사회연구원(2023)의 자료를 바탕으로 필자가 재구성함.

<그림 2> 재원 유형별 비중 변화 시뮬레이션

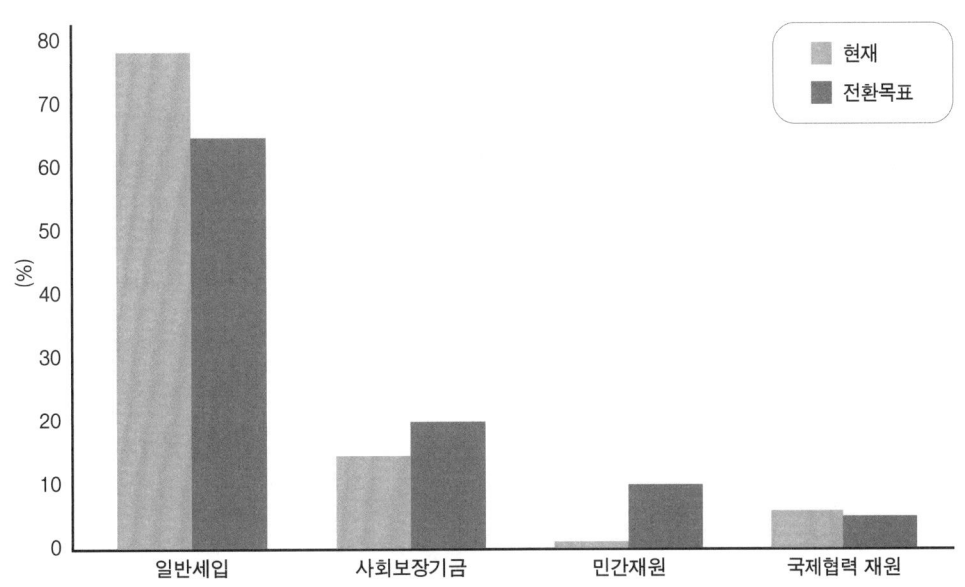

최근 디지털세 등 글로벌 조세 논의와 연계하여, 다국적 기업 과세 정비를 통한 새로운 세원 확보 필요(UN Tax Committee, 2022), 탄소세는 지속 가능성과 목적세 기능을 갖춘 대표적 세원으로, 복지재정 연계가 가능. 복지지출의 성과관리(PBB)와 연계된 세입 지출의 연동성 제고가 중요하며, 조세수입 증가만큼 성과 기반 배분 강화가 필요하다.

3. 혁신적 재정 관리 방안

1) 성과 기반 예산 편성(Performance-Based Budgeting, PBB)

◆ 개요 및 배경

성과 기반 예산 편성(PBB: Performance-Based Budgeting)은 전통적인 투입 중심의 예산편성 방식에서 벗어나, 예산 집행 결과에 따른 성과를 중심으로 예산을 편성하고 관리하는 제도이다. 이는 재정 건전성과 효율성 제고, 그리고 책임 행정 구현을 위한 핵심 도구로, 특히 복지 예산의 확대와 복잡화에 따라 성과지향적 예산 운용의 필요성이 더욱 강조되고 있다(OECD, 2020).

〈표 127〉 성과 기반 예산 편성의 구조

구성 요소	설명	예시
성과목표	사업 또는 프로그램이 달성하고자 하는 결과	아동 빈곤률 감소, 노인복지 접근성 향상
성과지표	성과목표를 측정할 수 있는 정량 또는 정성 기준	'복지 수혜율', '서비스 만족도' 등
성과평가	목표 대비 실제 성과를 비교하고 평가	사업재편 또는 예산 조정에 반영

참고: 기획재정부(2023), 보건복지부(2022), 한국보건사회연구원(2022)의 자료를 바탕으로 필자가 재구성함.

이 구조는 사업계획 - 집행 - 평가 - 환류의 순환적 재정 운영 체계를 가능하게 한다.

한국은 2005년 이후 국가재정법에 성과예산제도를 도입하여 일부 중앙정부 부처에 PBB를 적용해 왔으며, 최근에는 복지 분야에도 성과지표 기반 예산 시스템을 확대 적용하고 있다. 성과 기반 예산은 다음과 같은 3가지 주요 축으로 구성된다.

◆ 최근 동향 및 추진 사례

▶ 한국의 추진 현황: 한국 정부는 재정 지출의 효율성과 정책 성과 중심의 예산 운용을 강화하기 위해 성과 기반 예산제도(PBB)를 점진적으로 확대 적용하고 있다.

기획재정부는 2021년부터 중점관리사업 성과관리제도를 도입하여, 약 250개에 달하는 주요 사업에 대해 성과지표를 설정하고 체계적으로 관리하고 있다.

보건복지부 역시 기초생활 보장제도, 국민건강보험 보장성 강화 등 핵심 복지사업을 중심으로 PBB를 시범 적용하며, 지표 기반의 성과관리 체계를 운영하고 있다. 이를 통해 예산 투입 대비 정책 효과를 분석하고, 보다 전략적인 자원 배분이 가능해지고 있다.

▶ 해외 사례: 해외 주요 국가들도 성과 중심 예산 운영을 제도적으로 정착시키며 다양한 방식으로 활용하고 있다.

영국은 Spending Review(지출 검토)와 연계하여 부처별 예산을 편성할 때 성과 기반 접근을 채택하고 있으며, 이를 통해 부처별 목표 달성도와 정책 효과성을 정기적으로 평가하고 있다.

스웨덴은 지방정부와 중앙정부 간의 복지 예산 조율에 PBB를 적극 도입하고 있으며, 특히 복지사업을 중심으로 성과지표를 활용해 예산 효율성을 높이는 체계를 구축하고 있다.

미국은 정부성과결과법(GPRA)을 기반으로 PBB 모델을 연계하여, 연방 정부 차원의 예산 집행에 성과 중심 접근을 제도화하고 있다. 이를 통해 연방 차원의 정책 운영과 재정 책임성을 동시에 강화하고 있다.

〈표 128〉 성과 기반 예산 편성 예시(복지사업 중심)

예산 사업명	성과목표	성과지표	기준값	목표값 (2025년)	평가 방법
노인 돌봄 종합서비스	독거노인의 돌봄 사각지대 해소	월 1인당 서비스 이용 횟수	2.1회	3.0회	연도별 DB 수집
저소득층 주거 지원	주거 안정성 제고	주거빈곤 가구 비율(%)	12.3%	9.0%	국토부 실태조사
아동학대 예방사업	아동권리 보호	아동학대 발생건수	35,000건	30,000건	경찰청 신고통계

참고: 보건복지부(2024), 국토교통부(2024), 경찰청(2024)의 공식 통계 및 사업 자료를 바탕으로 재구성함.

복지정책의 성과지표 운영에는 몇 가지 구조적 과제가 존재한다. 첫째, 지표의 정합성이 부족하다는 점이다. 현재 대부분의 성과지표는 정책의 실질적 성과보다는 단순 산출(Output) 중심으로 설정되어 있으며, 결과(Outcome)나 영향(Impact)을 측정하기보다는 수혜 건수 등 계량적 수치에 집중되는 경향이 있다. 이러한 문제를 해결하기 위해서는 정책 목표와 지표 간의 인과관계를 체계적으로 연결하는 논리 모형(Logical Model)의 활용을 강화할 필요가 있다.

둘째, 성과 평가 결과가 예산 조정에 제대로 환류되지 않는 문제가 있다. 성과가 부진한 사업에도 불구하고 예산이 관행적으로 편성되는 등, 평가 결과가 예산 조정과 연계되지 않아 정책의 실효성을 저해한다. 이에 따라 성과 기반 예산 조정 메커니즘을 제도화하고, 사업 성과에 따라 예산이 차등 배분될 수 있는 구조적 장치를 마련할 필요가 있다.

셋째, 복지 분야의 특성상 여러 부처가 공동으로 추진하는 사업이 많고, 대상 집단이나 서비스 형태가 복합적이어서 단일한 성과지표 설정이 어렵다는 점도 중요한 과제다. 이러한 복잡성은 정책 성과의 평가 및 통합 관리에 어려움을 초래한다. 따라서 공통 성과지표의 도입을 추진하고, 다부처 사업 간 연계성을 고려한 통합적 성과관리 체계를 구축하는 것이 시급하다.

2) 사회보험 재정 안정화 방안

◆ 개요

사회보험제도(국민연금, 건강보험, 고용보험, 산재보험 등)는 한국 복지국가의 근간을 이루는 제도적 축이다. 그러나 고령화 심화, 저출산, 고용 구조 변화, 불균형한 보험료 수입과 지출 증가는 사회보험의 지속 가능성을 위협하고 있다. 이러한 배경 속에서 사회보험 재정 안정화는 구조적 개혁과 재정 운용 전략을 포함하는 다차원적 대응이 요구된다.

한국의 사회보장재정은 여러 구조적 문제로 인해 중장기 지속 가능성에 대한 우려가 커지고 있다. 첫째, 보험료 수입이 정체되고 있다. 이는 고용불안과 비정규직 증가로 인한 문제로, 고용 기반이 불안정해지면서 보험료를 납부할 수 있는 가입자가 줄어들고, 이에 따라 사회보험의 재정 기반도 점차 약화되고 있다. 특히 자영업자나 플랫폼 노동자 등 사각지대가 확대되면서 보험료 수입의 안정성이 흔들리고 있다.

둘째, 급여 지출은 지속적으로 증가하고 있다. 고령화의 급속한 진행과 의료 기술의 발전으로 인해 연금 수급자는 빠르게 늘어나고 있으며, 이에 따른 연금 지출과 건강보험의 의료비 부담도 급격히 증가하고 있다. 이로 인해 사회보험 재정은 더욱 압박을 받고 있다.

셋째, 적립금 감소가 가시화되고 있다. 국민연금재정계산위원회(2023년)의 전망에 따르면, 현행 제도가 유지될 경우 국민연금 기금은 2055년에 고갈될 것으로 예측되고 있다. 이는 제도 개혁 없이 현 체제를 지속하는 것이 불가능하다는 점을 시사한다.

마지막으로, 제도 간 재정 불균형 문제도 심각하다. 건강보험은 현재까지 흑자 기조를 유지하고 있는 반면, 국민연금은 적자 구조에 진입하고 있어 각 제도 간 재정의 불균형이 확대되고 있다. 이에 따라 사회보험 재정의 균형적 조정과 통합적 운영이 요구되며, 제도 간 연계를 통한 재정 효율화 전략이 필요하다.

◆ 최근 동향 및 정책 논의
▶ 한국의 동향

최근 사회보험 제도 전반에 걸쳐 재정 건전성에 대한 우려가 제기되고 있으며, 제도 개편의 필요성이 점차 커지고 있다. 먼저 국민연금은 2023년 실시된 제5차 재정추계 결과, 2055년을 전후로 적립금이 고갈될 것이라는 전망이 나왔다. 이에 따라 연금제도의 지속 가능성을 확보하기 위한 조기 개혁의 필요성이 본격적으로 논의되고 있다. 건강보험의 경우, '문재인케어'로 대표되는 보장성 확대 정책의 영향으로 2020년부터 2023년까지 누적 적자가 지속되었다. 이에 따라 2024년을 기점으로 일부 급여 항목에 대해 재조정 및 제도 개선이 검토되고 있다. 고용보험은 플랫폼 노동자, 특수고용직 등 비전형 고용 형태까지 가입 대상을 확대하며 사각지대를 줄이기 위한 노력이 진행 중이다. 하지만 실업급여 수요가 꾸준히 증가하면서, 전체 재정 부담은 여전히 큰 과제로 남아 있다. 이처럼 각 사회보험 제도는 지속 가능성을 높이기 위한 제도적 조정이 필요한 시점에 와 있다.

▶ 해외 사례

독일은 연금 수급 연령을 67세까지 단계적으로 상향하고, 고용과 연계된 보험 제도 강화를 추진하고 있다. 이러한 전략은 연금 재정의 지속 가능성을 확보하는 동시에, 고령층의 노후소득을 안정적으로 보장하는 데 초점을 맞추고 있다. 즉, 재정 안정성과 사회적 보호를 동시에 추구하는 정책적 균형이 특징이다. 일본은 국민연금 보험료에 상한제를 도입하고, 필요에 따라 연금 수급률을 조정할 수 있도록 하는 제도를 운영 중이다. 이를 통해 중장기적으로 재정 상황에 맞춰 자동적으로 조정이 가능한 메커니즘을 구축하고 있으며, 고령화에 따른 장기적인 재정 압력에 대응하고자 한다. 핀란드는 건강보험 재정의 자동안정화 장치를 제도적으로 도입하였다. 이를 통해 경제 여건의 변화에도 불구하고 GDP 대비 재정 지출의 안정성을 유지할 수 있도록 설계되어 있으며, 사회보험 재정을 장기적으로 안정화하는 모델로 주목받고 있다. 이처럼 각국은 인구 고령화와 재정 압력에 대응하기 위해 다양한 방식의 제도 개선과 자동조정 장치를 도입하고 있다.

한국 사회보장재정의 건전성과 지속 가능성을 확보하기 위해서는 다층적인 전략적 접근이 필요하다. 첫째, 보험료 조정이 시급하다. 현재의 보험료율로는 급증하는 재정 수요를 감당하기 어려운 상황이며, 이에 따라 보험료율의 단계적 인상과 함께 부과 기반의 확대가 요구된다. 특히 플랫폼 노동자나 특수고용직 등 비정형 고용 노동자들을 포함하는 방안은 사각지대 해소와 수입 기반 확대에 기여할 수 있다.

둘째, 지출 관리의 고도화가 필요하다. 재정의 효율성을 제고하기 위해 급여 항목을 재정비하고, 의료이용 총량에 대한 관리체계를 마련해야 한다. 특히 만성질환 예방, 건강검진 강화 등 예방 중심의 건강관리 정책은 중장기적으로 지출을 절감하는 효과가 기대된다.

셋째, 구조적 개혁을 통한 제도 지속성 확보가 핵심 과제이다. 연금의 경우 수급개시 연령의 상향 조정과 부과 체계의 재설계를 통해 지속가능한 구조로 전환할 필요가 있다. 더불어 소득재분배 기능 강화를 통해 사회적 형평성과 제도에 대한 수용성을 높일 수 있다.

마지막으로, 기금 운용의 개선이 병행되어야 한다. 기금의 장기 수익률 제고를 위해 투자 포트폴리오의 다변화와 위험 분산 전략이 필요하며, 최근 국제적 흐름에 맞춰 ESG(환경·사회·지배구조) 투자 원칙을 도입하는 것도 장기적 수익성과 지속 가능성 확보 측면에서 바람직하다.

〈표 129〉 사회보험 재정 위기 유형별 대응 프레임

위기 유형	현재 상태	주요 대응전략	관련 사례
연금 고갈 위기	2055년 고갈 예상	수급 연령 상향, 보험료 인상	독일, 일본
건강보험 적자	급여확대 → 지출 급증	급여항목 정비, 본인부담 강화	핀란드
고용보험 재정 불안	실업급여 지출 증가	재원 다변화, 실업급여제도 개편	덴마크

참고: 서울시복지재단(2022), OECD(2023), 한국보건사회연구원(2023) 자료를 바탕으로 재구성.

◆ 장기 재정추계 기반 정책 결정 체계 구축

국민연금과 건강보험 등 주요 사회보험의 지속 가능성을 높이기 위해, 정기적인 재정 점검과 국민적 논의 기반이 점차 중요해지고 있다. 이에 따라 정부는 5년 주기의 재정추계제도를 강화하고, 이를 바탕으로 사회적 합의와 정책 개혁 논의의 기반을 마련하려는 노력을 이어가고 있다. 또한, 사회보험 재정 기반 확대를 위해 보험료 부과 기반을 넓히고 형평성을 높이는 방향의 제도 개선이 추진되고 있다. 특히 특수고용직, 플랫폼 노동자, 프리랜서 등 기존 제도에서 소외되었던 비정형 고용 노동자들을 제도권 안으로 포함시켜, 사회보험의 사각지대를 해소하는 동시에 수입 기반을 보다 안정적으로 확대하고자 한다. 아울러, 제도 간의 재정 격차와 운영상의 비효율성을 줄이기 위해 사회보험 통합 운영 모델에 대한 검토도 이루어지고 있다. 이는 국민연금, 건강보험, 고용보험 등 개별 제도 간의 중복을 줄이고, 통합심사·통합징수·통합정보시스템 등 운영 체계를 일원화함으로써 행정 효율성을 높이고 재정 건전성도 함께 확보하려는 전략이다.

3) 공공·민간 협력 및 사회적 금융 활용

◆ 개요

재정적 지속 가능성을 확보하고, 복지 서비스의 다양성과 효율성을 높이기 위한 방안으로 공공-민간 협력(PPP: Public-Private Partnership)과 사회적 금융(Social Finance)의 활용이 강조되고 있다. 기존의 중앙정부 주도의 획일적 복지 재정 운용 방식에서 벗어나, 민간의 자본, 혁신, 자율성을 접목하여 사회적 가치를 창출하고 재정 부담을 완화하는 것이 핵심이다.

◆ 공공·민간 협력(PPP)의 개념과 구조

공공·민간 협력(PPP)은 공공 부문과 민간 부문이 협력하여 공공서비스를 공동으로 제공하거나, 공공 인프라를 개발·운영하는 방식이다. 기존의 정부 주도 방식과 달리, 민간의 자본, 기술, 운영 노하우를 활용하여 효율성과 혁신성을 동시에 추구하는 모델이다.

- ▶ 역할 분담: 공공은 규제, 정책 방향, 공익성 확보를 담당하고, 민간은 자금 조달과 사업 실행·운영에 참여한다.
- ▶ 위험 분담: 프로젝트에 따라 재무, 운영, 수요 등 다양한 위험을 공공과 민간이 공정하게 분담한다.
- ▶ 성과 중심 계약: 민간은 성과를 기준으로 보상받으며, 이를 통해 책임성과 효율성이 유도된다. 사회보장 분야에서는 복지시설 운영, 사회 서비스 제공 등에서 민간기관(NGO, 사회복지법인 등)과의 협력이 확대되고 있으며, 최근에는 AI 기반 복지 발굴 사업에서도 활용된다.

◆ 사회적 금융(Social Finance)의 개념과 구조

사회적 금융은 수익성과 공익성을 동시에 추구하는 자금 조달 방식으로, 사회적 가치를 창출하는 프로젝트나 기관에 투자·대출·보증 등의 형태로 자금을 지원한다. 이는 단순한 기부와 달리, 측정 가능한 사회적 성과와 일정한 금융 수익을 동시에 고려하는 것이 특징이다.

◆ 사회적 금융의 주요 형태

▶ 사회적 투자채권(Social Impact Bonds, SIB): 민간이 초기 자금을 투자하고, 공공이 성과 달성 시 사후에 성과 기반 보상을 지급하는 방식이다. 예: 취약계층 재취업, 청소년 범죄 예방 등 사회성과 측정이 가능한 사업에 활용하는 것이다.

▶ 임팩트 투자(Impact Investment): 지속 가능한 개발 목표(SDGs)와 연계된 사업에 투자하며, 사회적 영향과 재무적 수익을 동시에 추구한다.

▶ 사회적 금융 중개기관: 사회적 기업, 협동조합 등에 투자하거나 자금 연계를 지원하는 기관들이 사회적 금융 생태계를 구성한다.

◆ 구조적 연계

공공·민간 협력과 사회적 금융은 공공재정의 한계를 보완하고, 지속 가능한 사회적 투자 모델을 창출하는 데 있어 상호보완적인 관계를 가진다. 예를 들어: 공공은 정책 방향 설정과 리스크 완화(보조금, 보증 등)를 담당하고, 민간은 자본을 제공하거나 사업을 수행하며, 사회적 금융은 이들 프로젝트에 성과 기반 자금을 투입하는 구조로 연결된다. 이러한 모델은 복지, 보건, 교육, 고용 등 다양한 공공 서비스 분야에서 점차 확대되고 있으며, 성과 중심의 예산 운용과 재정 효율성 확보에도 기여하고 있다.

◆ 한국의 정책 동향

보건복지부는 2023년 「사회성과보상사업 시범 사업」을 통해 아동 학대 예방, 노인 돌봄, 청년 자립 지원 등 다양한 분야에서 민간 투자와 협력을 확대한다. 2024년 기획재정부는 「공공투자관리센터(PIMAC)」를 중심으로 복지 인프라에 대한 민간투자형 BTL(Build-Transfer-Lease) 모델 적용을 추진한다. 한국사회투자, 해피빈 등 사회적 금융 플랫폼을 통해 사회적기업과 지역복지시설에 임팩트 투자가 점차 확대되고 있다.

◆ 공공·민간 협력 및 사회적 금융의 주요 해외 사례

▶ 영국 - Peterborough SIB(사회성과채권)

영국은 사회성과채권(SIB: Social Impact Bond)을 활용하여 범죄 예방 분야에 민간 투자를 유치한 대표적인 사례를 보유하고 있다. Peterborough SIB는 재범률을 줄이는 성과를 기준으로, 투자자에게 성과 보상금이 지급되는 구조로 운영되었다. 이를 통해 재범률이 감소할 경우 공공예산이 절감되고, 동시에 민간 투자자는 수익을 얻게 되는 성과 중심의 민관 협력 모델을 구현하였다.

<그림 3> 사회적 금융 활용 구조(SIB)

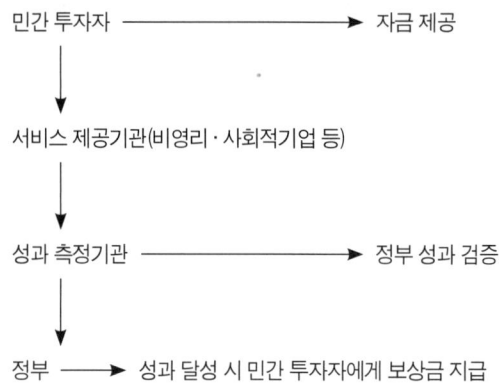

▶ 캐나다 - MaRS Centre for Impact Investing

캐나다에서는 MaRS 센터를 중심으로, 지역 기반의 사회적 기업에 자금을 지원하는 Community Bond(지역 사회채권) 모델이 활성화되고 있다. 이는 지역 주민이나 기관이 사회적 목적을 가진 프로젝트에 투자하고, 일정 기간 후 원금과 수익을 돌려받는 방식으로, 지속 가능한 사회적 금융 생태계 조성과 지역 경제 활성화에 기여하고 있다.

▶ 일본 - 지역 공공서비스 PPP

일본은 지역 복지 서비스 인프라 확충을 위해 공공·민간 협력(PPP)을 적극적으로 활용하고 있다. 특히 노인복지시설, 보육시설 등 공공성이 높은 영역에 민간 기업과 자본이 참여하여, 지역 중심의 사회복지 기반을 공동 구축하는 모델을 발전시키고 있다. 이러한 접근은 지방정부의 재정 부담을 완화하면서도, 서비스 품질과 접근성 향상이라는 두 가지 목표를 동시에 달성하고자 하는 전략이다.

이러한 해외 사례들은 한국의 공공복지와 사회적 금융 정책 설계에도 시사점을 제공하며, 특히 성과 기반의 재정 운용, 민간 참여 확대, 지역사회 중심의 재정 분산이라는 관점에서 활용 가능성이 크다.

<표 130> 공공-민간 협력 유형별 비교

구분	적용분야	장점	한계
PPP(BTL 등)	복지시설 건설 및 운영	초기 비용 절감, 효율적 운영	민간 수익보장 문제
SIB	예방복지, 자활, 교육	성과 중심, 위험 민간 전가	성과 측정 기준 모호
임팩트 투자	사회적기업·마을복지	자율성, 사회혁신 유도	수익률 낮음, 시장 미성숙

참고: 서울시복지재단(2022), 한국보건사회연구원(2023) 자료를 바탕으로 재구성.

◈ 향후 추진 전략

▶ 법·제도 기반 마련

「사회적 금융법」 제정을 검토하고, 사회성과보상계약(SIB)에 대한 운영 가이드 라인을 강화하여 제도적 기반을 공고히 한다.[6]

「공공기관 PPP 지침」에 복지 분야에 특화된 기준을 추가함으로써 실질적인 적용 가능성을 높인다.[7]

▶ 성과 기반 계약제 확대

보건복지부, 교육부, 고용노동부 등 관련 부처가 연계하여 성과보상사업 통합 플랫폼을 구축하고, 다양한 성과 지표(복지 수급률, 재범률, 자립도 등)를 정량적·정성적으로 병행해 평가한다.

▶ 지방자치단체의 역할 강화

지역 실정에 맞는 복지형 SIB 모델[8]을 지방정부 중심으로 개발하여 지역사회의 참여와 책임을 강화한다.
예시: 서울시 청년임대주택 SIB, 부산시 고령자 고독사 예방 SIB 등

◈ 정책적 기대효과

▶ 재정 효율성 제고: 민간 자금이 성과에 따라 조달되는 구조를 통해 정부 예산의 부담을 완화할 수 있다.

▶ 서비스 품질 향상: 민간이 가진 전문성과 혁신 역량을 활용하여 공공 서비스의 품질을 높인다.

▶ 지속 가능한 복지 생태계 조성: 임팩트 투자 시장의 활성화를 통해 장기적인 복지 투자 기반을 마련한다.

이와 같은 전략은 성과 중심의 민관 협력을 통해 사회적 가치 실현과 복지 혁신을 동시에 추구할 수 있는 기반이 된다.

---

6) 사회성과보상계약(SIB) 운영 가이드 라인은 민간 투자자의 초기 자금 조달, 정부의 성과 기반 보상, 사업수행기관의 서비스 제공, 독립 평가기관의 성과 검증 등 4자 간 구조를 중심으로 설계된다. 해당 가이드 라인은 성과지표 설정, 성과 보상 조건, 위험 분담, 공공예산 편성 기준, 공시 의무 등 제반 절차와 기준을 포함하여 SIB의 투명성과 지속 가능성을 확보하는 역할을 한다(기획재정부, 2023).

7) 기존 「공공기관 PPP 지침」은 주로 인프라 중심의 민간투자사업에 초점을 두고 있으나, 복지 분야의 특성을 반영하기 위해 사회서비스 제공의 지속 가능성, 이용자 보호 기준, 성과 기반 지불 방식 등을 포함한 특화 기준의 도입이 필요하다. 이를 통해 사회복지 분야에서도 민관협력(PPP)의 실행 가능성과 정책 연계성을 제고할 수 있다(기획재정부, 2023; 한국조세재정연구원, 2024).

8) 복지형 SIB(Social Impact Bond)는 지역의 인구구조, 취약계층 특성, 민간 자원 역량 등을 반영하여 설계된 성과 기반 민관협력 모델로, 아동 보호, 노인 돌봄, 정신건강, 주거지원 등 다양한 복지 영역에 적용 가능하다. 지방정부는 지역 특화 문제를 중심으로 성과지표를 설정하고, 민간 수행기관과 투자자를 유치함으로써 주민의 삶의 질 개선과 함께 재정의 효율성을 높일 수 있다.

4. 국제 사례와 시사점

1) 주요 복지국가의 재정 운영 전략

◆ 개요

복지국가로서의 지속 가능성을 유지하기 위해 각국은 재정 건전성과 복지 확대의 균형, 성과 중심의 예산 제도, 인구구조 변화 대응 전략 등을 마련하고 있다. 특히 고령화 심화와 저성장 구조 속에서 복지 지출의 우선순위화, 조세 기반 확충, 공공 부문 효율화 등의 전략을 병행하며, 재정 지속 가능성을 확보하고 있다.

〈표 131〉 주요 복지국가의 재정 전략 비교

국가	전략적 초점	세부 정책	시사점
스웨덴	고세율-고복지, 자동안정화장치	소득세 및 부가가치세 확대, 연금지출 자동조정장치	인구구조 변화에 자동 대응
독일	사회보험 중심, 균형재정법	공공지출 한도 설정, 고용 기반 보험 재정 확충	제도적 균형과 규율 확보
일본	고령화 대응 중심, 복지·조세 일체화	소비세 단계적 인상, 사회보장기금 통합관리	고령화 비용 분담 구조화
네덜란드	민관혼합형 복지, 조세 지출 효율화	민간보험 활용, 지출 감축형 구조개편	선택적 복지와 시장 메커니즘
핀란드	디지털 전환 기반 지출개혁	Kela(사회보험청) 통합운영, AI 기반 복지 예측	정보기술 기반의 효율화

참고: 서울시복지재단(2022), OECD(2023), 한국보건사회연구원(2023) 자료를 바탕으로 재구성.

◆ 주요 국가별 재정 운용 전략 및 특징

재정 운용의 효율성과 지속 가능성을 확보하기 위해 여러 국가에서는 다양한 전략을 도입해 운영하고 있다. 먼저, 성과 기반 예산 편성(PBB: Performance-Based Budgeting)은 스웨덴과 핀란드에서 대표적으로 시행되고 있는 방식으로, 정책이나 사업의 성과지표에 따라 예산을 배분하는 제도이다. 이를 통해 재정 지출의 효율성을 높이고, 실질적인 성과 중심의 재정 운영을 구현할 수 있다. 다음으로, 자동조정장치(Automatic Stabilizers)는 고령화나 경기변동과 같은 외부 환경 변화에 자동으로 대응할 수 있도록 제도를 설계하는 방식으로, 스웨덴과 독일에서 도입되고 있다. 예를 들어, 경기 침체 시 자동으로 복지 지출이 확대되거나, 고령 인구 증가에 따라 연금 지출이 자동 증가하는 식으로 작동한다.

또한, 재정규율 확립과 중기 재정계획 수립은 재정 건전성을 유지하기 위한 중요한 전략으로, 독일과 일본에서는 지출 상한제를 도입하고, 중기 재정운용계획을 수립하여 예산의 무분별한 확대를 방지하고 있다. 이러한 계획은 보통 3~5년 단위로 수립되어 중장기적인 재정 운용의 예측 가능성을 높인다. 조세 기반 확충 전략도 중요한 요소이다. 일본과 네덜란드에서는 소비세를 인상하거나 세외수입을 다변화하는 방식으로 재원을 확보하고 있다. 이를 통해 공공서비스 재원을 안정적으로 마련하고, 재정 구조를 더욱 탄탄하게 만들 수 있다.

마지막으로, 디지털 기술의 적극적 활용이 핀란드에서 주목받고 있다. 이들은 인공지능(AI)을 활용해 정책 평가를 실시하고 있으며, '원스톱 복지 플랫폼'을 통해 국민이 다양한 복지 서비스를 한 곳에서 편리하게 이용할 수 있도록 지원하고 있다. 이는 행정 효율성을 높이는 동시에 국민 만족도를 함께 증진시키는 사례로 평가된다. 이처럼 각국은 자국의 상황에 맞춰 다양한 재정 전략을 시행하고 있으며, 이는 우리나라의 정책 설계에도 유용한 시사점을 제공할 수 있다.

◆ 최근 주요 동향

최근 들어 각국은 재정의 건전성과 효율성을 높이기 위한 노력을 더욱 강화하고 있다. EU 회원국들은 2023년부터 「탄력적 재정 운영 지침」을 바탕으로 재정준칙의 준수 수준을 높이고 있으며, 이를 통해 경기 변화에 유연하게 대응하면서도 재정 건전성을 확보하려는 움직임을 보이고 있다.

OECD 국가들 역시 재정 운영의 목표 지향성과 투명성을 높이기 위한 제도적 개선을 이어가고 있다. 특히, 「중기지출프레임워크(MTEF)」와 성과 연계형 예산제도를 적극 도입하여 공공지출이 단기적인 소모성 지출이 아닌, 중장기적 목표 달성을 위한 전략적 수단이 되도록 운영하고 있다.

핀란드의 사례는 디지털 기술을 활용한 재정 혁신의 대표적인 예로 주목받고 있다. 핀란드는 인공지능(AI)과 빅데이터 기반의 예산 시뮬레이션 시스템을 도입하여 정책 시행 전에 예상 효과를 정교하게 분석하고 있으며, 이러한 사전 평가 기능은 불필요한 재정 낭비를 미연에 방지하는 데 큰 역할을 하고 있다(Valtiontalouden Tarkastusvirasto, 2022).

〈표 132〉 주요 복지국가의 예산 지출 구성 비교(2023 기준)

지출 항목	스웨덴(%)	독일(%)	일본(%)	한국(%)
노령 및 연금	30.2	25.4	32.1	14.9
보건의료	14.8	17.6	17.2	8.9
가족 및 아동	6.5	10.3	3.2	1.7
실업 및 고용	3.9	4.7	1.5	1.3
기타 사회복지	5.1	6.2	3.9	2.5

출처: OECD Social Expenditure Database(SOCX, 2024)

◆ 정책적 시사점 및 고려 사항

▶ 정책적 규율 확립의 중요성

독일의 균형재정법과 지출 상한제는 장기적인 재정 건전성을 유지하기 위한 대표적인 제도로, 특히 미래의 남북 통합에 대비한 사전적 재정 통제 장치로서 우리나라에 중요한 참고 사례가 될 수 있다. 이러한 제도는 예산의 무분별한 팽창을 막고, 재정 운용의 안정성을 확보하는 데 기여한다.

▶ 성과 기반 예산 시스템 도입 확대

스웨덴과 핀란드는 성과지표에 기반한 예산 편성(PBB)을 통해 정책의 실효성을 높이고 있다. 이러한 사례는 우리나라에서도 성과 중심의 예산 시스템을 강화하는 데 유용한 모델이 될 수 있으며, 예산이 실제 정책 성과로 이어질 수 있도록 유도하는 중요한 수단이 된다.

▶ 디지털 기반 예산 운영 혁신

AI와 빅데이터 기술을 활용한 예측 및 분석 시스템을 통해 예산을 보다 효율적으로 배분하고, 낭비를 사전에 방지할 수 있다. 디지털 기반 예산 시스템은 정책 결정을 보다 정교하게 만들며, 예산 운영의 투명성과 효과성을 동시에 제고할 수 있는 핵심 전략이다.

▶ 세수 구조 다변화 및 공정성 강화

일본과 네덜란드는 소비세 기반 확대를 통해 안정적인 세입 구조를 구축하고 있으며, 이는 우리나라의 조세 기반 확대와 세입의 지속 가능성을 높이는 데 있어 참고할 만한 전략이다. 동시에 조세의 형평성과 공정성을 확보하는 방향으로도 연계할 수 있다. 이와 같은 해외 사례는 한국형 재정 시스템의 고도화와 미래 대비 전략 수립에 있어 다양한 시사점을 제공한다.

2) 지속 가능한 복지 모델 비교

◆ 복지 모델의 지속 가능성과 재정운용

복지국가 모델은 각국의 역사적 배경, 정치문화, 경제구조에 따라 상이하지만, 재정 건전성 확보와 복지 서비스의 안정적 제공이라는 공통된 목표를 공유한다. 최근 고령화, 저성장, 기술변화 등의 구조적 도전에 따라 복지 모델의 지속 가능성에 대한 재검토가 활발히 이루어지고 있다(OECD, 2024; IMF, 2023).

〈표 133〉 복지국가 유형별 모델 개관

복지국가 유형	대표국가	주요 특성	재원 조달 방식	지속 가능성 전략
사회민주주의형	스웨덴, 노르웨이	보편적 복지, 높은 평등 수준	고세율·일반 조세 중심	자동안정화 장치, 성과 기반 예산
보수주의형	독일, 프랑스	가족 중심 복지, 사회보험 중심	기여 기반 사회보험	연금개혁, 균형재정 준칙
자유주의형	미국, 영국	선택적 복지, 시장 기반	제한적 조세, 민간 중심	민간참여 확대, 저비용 모델
혼합형	네덜란드, 핀란드	공공+민간 결합, 점진적 개혁	복합적 조세+보험	디지털화, 서비스 통합

출처: Esping-Andersen(1990) 모형 재구성, OECD(2024)

◆ 지속 가능한 복지 모델을 위한 핵심 요소

지속 가능한 복지 체계를 구축하기 위해서는 여러 가지 핵심 요소들이 유기적으로 작동해야 한다. 각 요소는 단순한 제도 개선을 넘어, 장기적인 재정 건전성과 사회적 신뢰 기반 확보에 초점을 맞추고 있다.

▶ 재정의 지속 가능성 확보

복지 지출이 증가하는 상황에서 이를 감당할 수 있는 안정적인 수입 기반 마련이 필수적이다. 일본은 소비세 인상을 통해 세입 기반을 확충하였고, 독일은 지출 상한제를 도입해 재정의 무분별한 확대를 사전에 통제하고 있다. 이처럼 지출과 수입의 균형을 유지하는 것은 복지제도의 지속 가능성을 보장하는 핵심이다.

▶ 정책의 적응성 강화

고령화, 기술 변화 등 외생 변수에 효과적으로 대응할 수 있는 정책 유연성이 요구된다. 핀란드는 인공지능(AI)을 활용한 정책 예측 시스템을 운영하며, 스웨덴은 자동조정장치를 통해 경기 및 인구구조 변화에 따라 제도를 자동으로 조정하는 구조를 갖추고 있다. 이러한 정책 적응성은 변화하는 환경 속에서도 복지제도가 유효하게 작동하도록 한다.

▶ 성과 기반 운영 체계 구축

복지 예산의 효율적인 집행과 책임성을 높이기 위해 성과에 기반한 운영 체계가 필요하다. 스웨덴은 성과지표와 연계한 예산 편성(PBB)을 운영하고 있으며, 캐나다는 성과지표를 기반으로 정책 효과를 평가하는 시스템을 도입하여 정책의 효과성을 지속적으로 검증하고 있다.

▶ 복지와 경제 성장의 연계 강화

복지를 단순한 지원이 아닌 경제 생산성과 상호 보완적인 관계로 인식하는 접근이 중요하다. 덴마크는 일자리와 복지 서비스를 연계하여 노동시장 참여를 유도하고 있으며, 한국 또한 돌봄 일자리를 통해 사회적 서비스 제공과 일자리 창출을 동시에 추진하고 있다. 이러한 모델은 복지를 경제 성장의 동력으로 전환시키는 데 기여한다.

▶ 사회적 합의에 기반한 거버넌스

복지정책이 사회 전반의 지지를 받기 위해서는 사회적 합의를 기반으로 한 협력적 거버넌스가 뒷받침되어야 한다. 노르웨이는 다양한 이해관계자가 참여하는 사회적 대화를 통해 정책 방향을 조율하고 있으며, 독일은 정부, 사용자, 노동자가 참여하는 '3자 협의제'를 통해 제도적 신뢰와 정책 수용성을 높이고 있다. 이와 같은 요소들은 지속 가능하고 국민이 체감할 수 있는 복지 시스템을 설계하는 데 있어 필수적인 토대가 된다.

◆ 글로벌 복지 모델의 전환 시도

최근 주요 국가들은 급변하는 사회 환경에 대응하고, 지속 가능한 복지를 실현하기 위해 복지제도의 전환을 적극 시도하고 있다.

- ▶ EU 회원국들은 2021년부터 「유럽 사회권 보장계획(European Pillar of Social Rights Action Plan)」을 본격 시행하며, 사회권 강화를 핵심 과제로 삼고 있다. 이를 통해 양질의 일자리, 포용적 복지, 공정한 기회 보장을 포함한 지속 가능한 복지 확산을 추진하고 있다.
- ▶ 일본은 빠르게 진행되는 고령화에 대응하기 위해 '복지·조세 일체 개혁'을 추진하고 있다. 이 개혁은 복지 확대와 동시에 조세 기반을 함께 정비하는 전략으로, 한정된 재원을 효율적으로 운용하면서도 복지의 지속 가능성을 높이는 데 중점을 두고 있다.
- ▶ 핀란드는 전 국민 사회보장 시스템인 'Kela'를 중심으로 디지털 복지 전달 체계를 구축하였다. 이를 통해 복지 서비스의 접근성과 효율성을 동시에 개선하고 있으며, 행정 비용 절감과 정책 실행의 투명성 제고에도 긍정적인 효과를 보이고 있다.
- ▶ 캐나다는 원주민과 농촌 등 소외지역을 중심으로 한 맞춤형 보편복지 모델을 추진하고 있다. 지역 특성을 반영한 접근 방식을 통해 복지의 형평성과 공공성을 모두 확보하고 있으며, 이는 복지 사각지대를 줄이는 데 중요한 역할을 하고 있다.

〈표 134〉 지속 가능한 복지 모델 비교표

항목	스웨덴	독일	일본	핀란드	한국
복지 모델 유형	사회민주주의	보수주의	보수주의	혼합형	혼합형
GDP 대비 공공복지 지출(%)	26.2%	25.1%	23.0%	24.5%	12.6%
주요 재원 구조	일반 조세	사회보험	소비세·보험	조세+보험	조세 중심
지속 가능 전략	자동조정장치	균형재정법	세입 구조 개혁	디지털 복지	성과중심 예산 도입 추진
시사점	복지 확장과 지속성 병행	재정 규율과 지출 효율성	재정 기초 강화 우선	기술 기반 혁신	제도 통합과 효율화 필요

참고: 서울시복지재단(2022), OECD(2023), 한국보건사회연구원(2023) 자료를 바탕으로 재구성.

◆ 복지 지속 가능성을 위한 정책적 고려사항

▶ 복지 확대와 재정 건전성의 동시 달성 필요

복지 지출을 확대하면서도 재정 건전성을 유지하기 위해서는 구조적인 재정 운영 개혁이 필요하다. 스웨덴의 사례처럼 경기나 인구 변화에 자동으로 반응하는 자동조정장치와 성과 기반 평가제도를 병행하는 체계는, 복지 지출의 효율성과 책임성을 높이면서도 지속 가능한 재정을 실현하는 데 효과적인 접근이다.

▶ 기술 변화에 유연하게 대응하는 체계 구축

급변하는 기술 환경에 적응할 수 있는 디지털 복지 인프라 역시 중요하다. 핀란드는 인공지능(AI)과 빅데이터를 활용한 디지털 복지 전달 체계를 구축하여 행정 효율성을 크게 개선하고 있으며, 이는 한국의 AI 기반 복지행정 시스템 도입에 있어 유용한 참고 사례가 될 수 있다.

▶ 세수 기반의 안정성과 형평성 확보

장기적인 복지 재정의 안정성을 확보하기 위해서는 세입 구조의 개편이 필요하다. 일본은 소비세 인상과 사회보장기금 통합을 통해 세입 기반을 강화하고, 인구 고령화에 따른 재정 부담을 세대 간에 분산시키는 전략을 취하고 있다. 이러한 방식은 한국에도 적용 가능한 실질적인 재정 개혁 방안으로 평가된다.

▶ 정책 신뢰와 사회적 합의 기반의 운영

복지정책의 성공적 실행을 위해서는 국민의 신뢰와 사회적 합의를 기반으로 한 거버넌스 체계가 중요하다. 독일과 노르웨이는 다양한 이해관계자가 참여하는 사회적 대화 시스템을 통해 정책 방향을 조율하고 있으며, 이는 향후 남북 통합 상황에서도 정책 수용성과 사회적 안정성을 높이는 데 매우 유용한 모델이 될 수 있다.

이처럼 복지 확대, 기술 변화, 재정 안정, 사회적 신뢰는 서로 긴밀히 연결되어 있으며, 통합적인 관점에서 정책을 설계하는 것이 중요하다.

제2절 사회적 통합과 평등을 위한 정책 제언

1. 사회적 통합과 평등의 개념

1) 사회적 통합의 중요성

◆ 사회적 통합의 개념과 맥락

사회적 통합(Social Integration)은 다양한 계층, 집단, 지역 간의 연대와 협력, 그리고 사회적 응집력(Social cohesion)을 강화함으로써 사회 전체의 안정성과 지속 가능성을 확보하는 과정을 의미한다(UN DESA, 2021). 이는 특히 복지국가의 정당성과 지속 가능성을 유지하기 위한 핵심 가치로, 단순히 소득 불평등 해소를 넘어 문화적, 제도적, 정치적 통합까지 포괄하는 개념이다(Putnam, 2000; OECD, 2023).

<표 135> 사회적 통합의 구성 요소

구성 요소	설명	정책 적용 사례
경제적 통합	일자리, 소득 분배, 복지 수급의 공정성	고용서비스 연계 복지 (예: 독일 Jobcenter)
정치적 통합	정치 참여, 제도 접근성 보장	지방참여예산제, 사회적 대화 제도
문화적 통합	다문화·이질 집단 간 상호 존중과 포용	유럽 사회통합계획(ESIP), 한국 다문화가족지원법
지역적 통합	도시-농촌, 수도권-비수도권의 균형 발전	지역균형 뉴딜, 지역사회 통합 돌봄

참고: OECD(2023), UNRISD(2022), 통계청(2024) 재구성

◆ 사회통합과 복지 지속성의 상관관계

▶ 사회적 갈등 완화와 제도 신뢰 형성

사회 내 갈등이 심화될수록 시민들의 제도에 대한 신뢰는 약화되며, 이는 복지정책에 대한 지지 기반을 흔드는 요인으로 작용할 수 있다. 반대로, 사회적 통합이 잘 이루어진 국가는 다양한 계층 간의 신뢰와 연대를 바탕으로 정책 지지가 확산되는 경향이 있으며, 이는 복지정책의 안정적인 추진에 긍정적인 영향을 미친다.

▶ 사회경제적 비용 절감 효과

사회통합은 단순한 공동체 가치의 실현을 넘어, 실질적인 경제적 효과도 수반한다. 소외계층의 사회 참여를 확대할수록 범죄율은 낮아지고, 건강 관련 공공비용도 줄어들며, 전반적인 노동 생산성이 향상되는 것으로 나타났다. 이는 통합 정책이 복지 확대와 재정 부담 완화라는 두 가지 목표를 동시에 달성할 수 있음을 시사한다.

▶ 복지국가의 정당성과 지속 가능성 확보

복지국가가 장기적으로 존속되기 위해서는 시민들 간의 연대(Solidarity)가 중요한 기반이 된다. 특히 고부담·고복지 체제를 운영하는 국가에서는, 국민 간의 상호 신뢰와 책임 의식이 정책의 정당성과 추진력을 유지하는 핵심 요소로 작용한다. 사회통합이 결여된 상태에서는 복지정책이 제 역할을 하기도 어렵고, 제도적 지속성도 위협받을 수 있다(Rothstein, 1998).

◆ 최근 동향

▶ EU 사회통합 전략(EU-SI)

유럽연합은 「European Pillar of Social Rights」(2021)를 통해 빈곤 퇴치, 포용적 고용, 디지털 격차 해소 등을 핵심 통합 전략으로 추진 중이다.

▶ 한국의 정책 변화

한국 정부는 2023년 「사회통합발전기본계획」을 발표하며, 지역 간 불균형 해소, 외국인·다문화 가정 통합,

청년세대 사회 참여 확대를 주요 목표로 제시하였다(행정안전부, 2023).

<표 136> 사회적 통합 정책의 주요 효과

효과 범주	설명	예시
사회 안정성	불만과 갈등 예방, 제도 신뢰 확보	스웨덴 이민자 통합 프로그램
경제 효율성	고용·교육·복지 연계 통한 비용 절감	독일의 통합형 Jobcenter
문화 다양성 강화	이질성 수용과 창의성 촉진	캐나다의 포용적 다문화 정책
정책 수용성 제고	복지정책에 대한 지지 확보	한국 국민참여예산제 확대

참고: 서울시복지재단(2022) 한국보건사회연구원(2023) 자료를 바탕으로 재구성.

사회적 통합은 단순히 자원의 분배를 넘어서는 복합적인 정책 과제로, 복지, 노동, 교육, 문화, 지역 정책이 유기적으로 연계되어야 효과적으로 이루어질 수 있다. 특히 남북한 통합 과정에서는 사회적 통합이 가장 중요한 전략 중 하나로 자리매김해야 하며, 서로 다른 문화적 배경과 경제적 격차, 제도의 차이를 세심하게 고려한 다층적인 통합 모델의 개발이 필요하다. 이를 위해 사회 통합의 현황과 변화를 체계적으로 파악할 수 있는 '사회통합 지표(Social Cohesion Index)'를 구축하고, 이를 바탕으로 데이터 기반의 정책을 수립·운영하는 노력이 함께 이루어져야 할 것이다.

2) 경제적·사회적 평등의 의미

◆ 경제적·사회적 평등의 개념

경제적 평등(Economic equality)은 개인 간 소득, 자산, 소비, 기회에 있어서의 차이를 최소화하거나 공정하게 조정하는 상태를 의미한다. 사회적 평등(Social equality)은 교육, 건강, 법적 권리, 복지 접근성 등 사회적 자원의 배분과 접근에 있어 모든 시민이 동등한 기회를 보장받는 상태를 말한다(Campbell, 2019; Rawls, 1971). 두 개념은 상호 보완적으로 작용하며, 경제적 격차가 심화될수록 사회적 불평등도 구조화되며 고착된다(OECD, 2023). 평등은 단순한 결과의 평등이 아니라 기회의 평등과 능력 개발의 공정성을 포함하는 수평적 정의와 수직적 형평성의 조화가 핵심이다.

<표 137> 평등의 다차원 구조와 정책 접근

평등 영역	핵심 요소	정책 예시
소득 평등	근로소득, 이전소득, 조세제도	누진소득세, 기본소득, 근로장려금(EITC)
기회 평등	교육, 직업, 거주 이전의 자유	교육격차 해소, 청년고용 보장제
사회적 자본 평등	네트워크, 정보 접근성, 지역사회 연계	지역복지 허브, 디지털 정보화 교육
복지 접근 평등	의료, 돌봄, 사회 서비스 접근성	의료보장 확대, 통합 돌봄제도

출처: OECD Social Equality Framework(2023), 한국보건사회연구원(2022) 재구성.

◆ 최근 국제적·국내 동향

▶ 국제적 동향

국제사회는 경제 성장만으로는 지속 가능한 발전을 담보할 수 없다는 인식 아래, 포용성과 사회적 평등을 주요 정책 목표로 설정하고 있다. OECD는 2023년 발표한 '포용적 성장(Inclusive Growth)' 전략에서 경제 성장뿐만 아니라 교육, 주거, 고용 기회에서의 평등을 '지속 가능성'의 핵심 전제로 제시하였다. EU 역시 2021년 '유럽 사회권 기둥(European Social Rights Pillar)'을 통해 사회보장에 대한 접근성, 양질의 일자리, 최소소득보장 제도를 사회적 평등을 실현하기 위한 핵심 축으로 강조하고 있다. UNDP는 이에 더해 소득 중심의 전통적 지표를 넘어, '다차원 빈곤지수(Multidimensional Poverty Index, MPI)'와 '사회적 불평등지수(Social Inequality Index, SII)' 등을 도입함으로써 삶의 질 전반을 반영한 포용성과 형평성 평가 체계를 확장하고 있다.

▶ 국내 동향

2023년 기준 한국의 지니계수는 조세 및 이전소득을 반영한 경우 0.338로 나타나, 소득 불평등이 다소 완화된 측면은 있으나 여전히 자산 격차는 심화되는 추세를 보이고 있다(KDI, 2024). 또한 사회 서비스 이용률에서도 소득 분위에 따라 최대 3배 이상의 격차가 발생하는 등, 공공 서비스 접근성의 불평등 문제가 여전히 존재한다(보건사회연구원, 2023). 특히 청년과 노년층을 중심으로 사회이동성이 정체되면서, 기존의 소득 중심 평등을 넘어 세대 간 기회 불균형과 이동성 확보가 새로운 사회적 평등 과제로 떠오르고 있다.

〈표 138〉 경제적·사회적 평등의 정책 목표와 효과

정책 목표	설명	기대 효과
기회의 평등 보장	출발선 차이를 줄이고 역량 개발 지원	사회이동성 확대, 계층 고착 완화
결과의 형평성 확보	최소 생활 보장 및 소득 재분배 강화	빈곤율 감소, 사회갈등 완화
복지 접근성 평등화	복지 사각지대 해소 및 맞춤형 서비스 확대	삶의 질 향상, 서비스 수용성 증대
사회적 연대 강화	계층 간 이해 및 참여 촉진	공동체 의식 강화, 정책 지지 확대

참고: 서울시복지재단(2022), 한국보건사회연구원(2023) 자료를 바탕으로 재구성.

◆ 남북한 경제·사회 불평등 격차

남북한 간 경제·사회적 격차는 다양한 지표를 통해 뚜렷하게 나타나고 있다. 2023년 기준 1인당 국내총생산(GDP)은 남한이 약 35,000달러로 추정되는 반면, 북한은 약 700달러 수준으로, 약 50배 이상의 큰 격차를 보이고 있다. 건강 수준을 가늠할 수 있는 기대수명은 남한이 83세인 데 비해 북한은 72세로, 11년의 차이가 있으며, 영유아 사망률 역시 남한은 인구 1,000명당 2.8명인데 비해 북한은 21.1명으로 약 8배가량 높은 수준이다. 교육 부문에서도 큰 차이가 존재한다.

남한의 고등교육 진학률은 71.5%로 높은 반면, 북한은 2018년 기준 약 27% 수준으로 세계 평균(약 47.7%)에 못 미치는 것으로 추정되며, 이는 구조적인 교육 접근성의 차이를 보여 준다. 디지털 정보 접근에서도 양국 간 격차는 극명하다. 남한은 인터넷 보급률이 96% 이상에 이르지만, 북한은 0.1% 수준에 머무르고 있으며, 이마저도 대부분 내부망으로 제한되어 있어 정보 접근성에서 큰 차이를 보인다. 사회 서비스 측면에서도 남한은 다양한 복지 서비스가 제공되는 반면, 북한은 국가 주도의 생활 보장 제도가 운영되고 있으나, 최근 시장화가 확산되면서 사적 부담이 점차 증가하고 있는 실정이다. 이러한 전반적인 격차는 향후 남북한 통합이나 교류 확대를 위한 정책 설계에 있어 고려되어야 할 핵심 요소로, 보건·교육·정보 접근성 등 다방면의 균형 있는 접근이 필요함을 시사한다.

〈표 139〉 남북한 경제·사회 불평등 격차 비교

구분	남한	북한	격차 설명
1인당 GDP(USD, 2023 추정)	약 35,000	약 700	약 50배 이상 격차
기대수명(2023, WHO 기준)	83세	72세	11세 차이
영유아 사망률(1,000명당)	2.8	21.1	약 8배 차이
고등교육 진학률	71.5%	27%(추정)	구조적 교육 격차
인터넷 보급률	96% 이상	0.1%(내부망 제한)	디지털 정보 격차 심화
사회 서비스 제공	다양화된 복지 서비스	국가 주도 생활 보장제	시장화 이후 사적 부담 증가

출처: 통계청(2024), 통일부 북한통계연보(2023), WHO Health Statistics(2023), World Bank(2023), IISS(2022) 자료를 바탕으로 재구성.

◆ 남북 통합 대비 정책 대응 시나리오

남북한 복지 통합을 위한 시나리오는 통합의 속도와 방식, 제도 설계 주체 등에 따라 다양한 유형으로 나뉘며, 각각의 특징과 기대 효과, 한계가 존재한다.

첫째, 점진 통합형은 제도와 재정의 격차를 고려해 단계적으로 통합을 추진하는 방식으로, 사회적 충격을 최소화할 수 있다는 장점이 있다. 그러나 장기적인 시간 소요가 불가피하며, 그만큼 주민들의 인내와 지속적인 사회적 설득이 요구된다. 둘째, 기능별 병행형은 교육, 보건, 복지 등 분야별로 우선 통합을 추진하는 방식으로, 현장 중심의 효과성을 빠르게 확보할 수 있다. 하지만 각 부문 간 정책 추진 속도나 우선순위가 달라질 경우, 전반적인 통합의 균형이 깨질 수 있는 위험도 존재한다. 셋째, 남한 주도형은 남한의 제도와 인프라를 북한에 확장·이식하는 방식으로, 행정적 효율성과 빠른 실행 가능성이 높다. 반면, 북한 주민의 수용성이 낮거나 문화적 충돌이 발생할 수 있다는 우려가 있으며, 강압적 통합이라는 비판을 받을 소지도 있다. 마지막으로 공동 설계형은 남북한 전문가가 공동으로 참여하여 복지 모델을 새롭게 설계하는 방식으로, 상호 존중과 참여를 바탕으로 수용성을 높일 수 있다. 다만, 의사결정 과정이 길어질 수 있고, 통합 추진 속도가 느려질 수 있는 단점이 있다. 이러한 각 시나리오 유형은 장단점이 분명하므로, 통합 목표와 여건을 종합적으로 고려해 전략적으로 선택하고 조합할 필요가 있다.

<표 140> 남북 통합 대비 정책 대응 시나리오

시나리오 유형	주요 특징	기대 효과	한계 및 대응 방향
점진 통합형	제도·재정 격차를 고려한 단계적 통합	사회적 충격 최소화	장기 소요, 주민 인내 필요
기능별 병행형	교육·보건·복지 분야별 우선 통합	현장 효과성 확보	부문 간 정책 불균형 가능성
남한 주도형	남한 제도 확장을 통한 인프라 이식	행정 효율성 확보	수용성·문화 충돌 우려
공동 설계형	남북 전문가 공동 참여로 복지 모델 설계	상호 존중, 수용성 제고	의사결정 시간 장기화

참고: 서울시복지재단(2022), 통일연구원(2023), 한국보건사회연구원(2023) 자료를 바탕으로 재구성.

◆ 통합 전략 설계를 위한 다차원 지표

사회통합 수준을 진단하기 위해 활용되는 지표들은 소득, 교육, 건강, 고용, 주거, 정보 접근 등 다양한 차원에서 구성된다. 이러한 지표는 남한뿐만 아니라 북한의 실태를 평가하고 향후 통합 전략을 설계하는 데에도 중요한 기준이 될 수 있다. 먼저, 소득 분야에서는 상대빈곤율과 중위소득비율을 통해 소득 불균형 정도를 파악할 수 있으며, 북한의 경우 최근 시장화가 진전됨에 따라 일정 수준의 격차 측정이 가능할 것으로 보인다. 교육 분야는 평균 교육연한과 고등교육 접근성 등을 통해 세대 간 사회 이동성을 평가하는 지표로, 북한에서도 적용 가능하지만 학교와 학습 관련 인프라 확충이 전제되어야 한다. 건강 영역에서는 기대수명과 만성질환 관리율을 주요 지표로 사용하여 공공의료의 접근성과 질을 판단한다. 그러나 북한은 보건 관련 기초 통계의 부족으로 정확한 평가를 위해 추가적인 정보 수집이 필요하다. 고용 지표로는 청년 실업률과 여성 고용률 등이 사용되며, 이는 사회 참여와 기회 평등의 정도를 나타낸다. 다만 북한은 직업군의 다양성과 분화가 낮아 적용에 일정한 한계가 있다. 주거 분야는 과밀 주거 비율과 안전한 주택 접근성을 통해 주거기본권의 보장 정도를 파악하며, 북한은 도시와 농촌 간 이중 구조를 고려한 세부적인 접근이 요구된다.

마지막으로, 정보 접근성은 디지털 접근율과 정보 리터러시 수준을 통해 정보화 사회에 대한 대응력을 평가하는데, 북한은 인터넷 이용 자체에 제약이 많아 해당 지표를 적용하기 위해서는 근본적인 접근성 문제 해결이 선행되어야 한다. 이러한 지표들은 남북한 간의 사회 통합 수준을 다차원적으로 진단하고, 장기적인 통합 정책 수립을 위한 기초 자료로 활용될 수 있다.

<표 141> 다차원 평등 지표구성(한국형 기준 + 북한 적용 가능성 고려)

차원	세부 지표	지표 설명	북한 적용 가능성
소득	상대빈곤율, 중위소득비율	소득 불균형 정도	시장화에 따른 격차 측정 가능
교육	평균 교육연한, 고등교육 접근성	세대 간 이동성 지표	학교·학습 인프라 필요
건강	기대수명, 만성질환 관리율	공공의료 접근성 판단	기초보건 통계 필요
고용	청년실업률, 여성 고용률	사회 참여 및 기회 평등 척도	직업군 분화 정도 제한적
주거	과밀 주거 비율, 안전 주택 접근성	주거기본권 보장	도시·농촌 이중 구조 고려
정보	디지털 접근성, 정보 리터러시	정보화 사회 대응력	북한: 인터넷 이용 제약 극복 필요

참고: OECD(2022), UNDP HDI(2023), 한국형 다차원 빈곤지표(K-MPI, KIHASA 2021)

◆ 정책 적용 제언

단기적으로는, 남북 간 사회적 평등 수준을 체계적으로 파악하기 위해 통계 기반의 공동조사단을 구성하고, 기초생활, 보건, 아동 분야를 중심으로 핵심 평등 지표를 구축하는 것이 우선 과제로 제시된다. 중기적으로는, 이러한 기초 작업을 바탕으로 남북이 함께 활용할 수 있는 통합 복지지표인 '남북 공동복지지표(Korean Inter-Korea Social Indicators, KIKSI)'를 공동 설계하여 지표의 신뢰성과 비교 가능성을 확보할 필요가 있다. 장기적으로는, 축적된 데이터를 기반으로 '남북 공동 평등 수준 진단보고서'를 정기적으로 발간하고, 이에 따른 지속적인 모니터링 및 평가 체계를 구축함으로써 실질적이고 지속 가능한 평등 실현을 위한 정책 기반을 마련해야 할 것이다.

◆ 시사점 및 남북한 사회통합과의 연계

남북한 통합을 준비함에 있어 '평등'에 대한 개념은 단순한 형식적 평등을 넘어, 구조적이고 제도적인 조정이 수반되는 실질적 평등(Real equality)으로 확장될 필요가 있다. 특히 북한 지역은 사회 서비스 기반이 부족하고, 경제활동 기회가 제한적이며, 정보 접근에도 심각한 단절이 존재하는 상황이므로, 이러한 현실을 고려한 비대칭적 지원과 단계적 평등 실현 모델이 요구된다. 이 과정에서 사회적 갈등을 최소화하고 통합의 수용성을 높이기 위해서는, 적극적 평등 정책(Affirmative policy)에 대한 정당한 근거 제시와 함께 정교한 실행 전략이 필수적이다. 이러한 정책은 단순한 보상의 성격을 넘어, 통합 이후 형평성과 사회적 신뢰를 확보하는 핵심 수단이 될 수 있다.

2. 통합과 평등 증진을 위한 정책 방향

1) 포용적 복지정책 강화

◆ 포용적 복지정책의 개념과 필요성

포용적 복지정책(Inclusive welfare policy)은 사회적 소외와 배제를 방지하고, 모든 계층이 기본적 삶의 질을 유지할 수 있도록 보장하는 정책 접근을 의미한다. 이는 단순한 빈곤 완화나 취약계층 지원을 넘어, 사회적 약자에 대한 적극적 권리 보장, 기회 균등, 제도적 접근성을 통합적으로 다루는 복지 패러다임이다(OECD, 2023; UNRISD, 2022). 4차 산업혁명, 고령화, 불평등 심화 등 복합위기 속에서 포용성은 지속 가능한 복지국가를 위한 핵심 전략으로 강조되고 있다. 특히 남북 통합을 준비하는 관점에서 포용적 복지는 남북한 간 제도 격차 해소, 사회적 갈등 완화, 공공 신뢰 회복에 필수적이다.

<표 142> 포용적 복지정책의 핵심 구성 요소

구분	정책 영역	핵심 내용	대표 사례
보편적 접근성	보건, 교육, 주거 등	서비스 이용 자격 완화 및 정보 접근 개선	국민취업지원제도 확대, 찾아가는 복지 서비스
취약계층 집중 지원	장애인, 노인, 저소득층	맞춤형 급여, 통합 돌봄, 다중 서비스 연계	노인통합 돌봄사업, 발달장애인 가족지원
지역균형 복지 강화	농산어촌, 소외지역	복지시설 분산 배치, 교통·정보 인프라 확대	사회 서비스원 지역별 확대
참여 기반 형성	주민 참여, 민관협력	정책 수립·집행 과정에서 시민 참여 보장	주민 참여예산제, 복지협의체 활성화

출처: 한국보건사회연구원(2023), OECD Inclusive Growth Indicators(2023), 복지부 보도자료(2022~2024)

◆ 최근 국내·국제 동향

▶ 국제 동향

국제사회는 포용성과 형평성을 중심에 둔 복지 전략을 적극적으로 추진하고 있다. OECD는 2023년 발표한 '포용적 성장 전략'에서 저소득층과 중산층에게 더 많은 기회를 보장함으로써, 경제 성장과 복지 간의 선순환 구조를 유도해야 한다고 강조한다. EU는 '유럽 사회권 기둥(European Pillar of Social Rights)'을 통해 아동 보호, 보편적 의료, 사회적 돌봄을 개인의 권리로 명확히 규정함으로써 권리 기반 복지의 방향성을 제시하고 있다. 또한 UN의 지속 가능 발전 목표(SDGs)에서도 제10항인 "모든 형태의 불평등 해소"와 제1항인 "빈곤 퇴치"를 연계하여, 포용적 복지를 글로벌 사회의 핵심 과제로 설정하고 있다. 이러한 흐름은 남북한 간 통합을 위한 복지 전략 수립에 있어 국제 기준에 부합하는 방향성과 정책 정당성을 제공해 줄 수 있다.

▶ 국내 동향

제2차 기본생활 보장 종합계획(2021~2025)은 중위소득 50% 이하 계층을 주요 대상으로 설정하고, 보편적 복지와 선별적 지원을 병행하는 방향으로 복지제도의 실효성을 강화하고자 하였다. 또한 복지 사각지대를 줄이기 위한 노력의 일환으로 위기가구 발굴 시스템을 도입한 이후, 매년 30만 명 이상에 달하는 신규 위기가구가 추가로 확인되며, 제도의 포괄성이 크게 확대되고 있다. 이와 함께 고용복지플러스센터와 읍면동 단위의 통합사례 관리를 통해 지역 밀착형 서비스를 강화하고, 보다 포용적인 복지 체계로의 전환을 실질적으로 추진하고자 하는 노력이 이어지고 있다.

<표 143> 남북한 통합을 위한 포용 복지의 전략적 의미

구분	남한	북한	포용 복지의 적용 방향
제도 인프라	고도화된 사회보험 체계	계획경제 기반 생활 보장제	제도 접목 위한 과도기 모델 도입
서비스 접근성	정보화 기반 온라인 중심	지역 단위 직접접근형	찾아가는 서비스 + 인프라 구축 병행
권리 인식	권리로서의 복지 강조	국가 의무로서의 복지 인식	수혜자 중심→권리자 중심 전환

출처: 보건사회연구원(2023), 김현정 외(2023), 한국보건사회연구원 통일복지연구센터(2021) 재구성.

◆ 정책적 제언

첫째, 청년, 노년, 비정규직 등 주요 취약계층을 중심으로 한 '계층 간 사다리 복원'을 위한 이행형 복지 설계가 더욱 강화되어야 한다. 이를 통해 사회 내 불평등을 완화하고, 누구나 안정적인 삶을 영위할 수 있도록 지원하는 포용적 복지 체계를 구축하는 것이 필요하다. 둘째, 복지 정보 플랫폼의 통합을 추진하여 복지 포털과 앱 등을 하나로 연결함으로써 정보의 불균형을 해소하고, 국민들이 보다 쉽고 편리하게 복지 서비스를 신청할 수 있도록 해야 한다. 이는 복지 접근성을 높이고 서비스 이용의 효율성을 제고하는 데 기여할 것이다. 셋째, 포용적 복지를 지속 가능하게 운영하기 위해 사회 투자 지출 비율을 현재 국내총생산(GDP)[9] 대비 약 11% 수준에서 15% 이상으로 확대하는 등 재정 기반을 튼튼히 마련해야 한다. 이를 통해 장기적이고 안정적인 복지 재원을 확보할 수 있을 것이다. 마지막으로, 남북한이 공동으로 기초생활조사를 실시하고 이를 토대로 '기초 복지 표준모형'을 공동 개발하는 등 남북 공동의 포용복지 전략을 수립하는 것이 필요하다. 이를 통해 한반도 전역에 걸쳐 모두가 기본적인 복지 혜택을 누릴 수 있는 토대를 마련할 수 있을 것이다.

2) 차별 해소와 기회 균등 보장

◆ 개요 및 필요성

차별 해소와 기회 균등 보장은 복지국가의 핵심 원리 중 하나이며, 특히 남북한 통합을 대비한 사회정책 설계에서 더욱 중요한 정책 기조로 자리 잡고 있다. 불평등은 단순한 소득 격차를 넘어 교육, 건강, 고용, 주거, 정치 참여 등 다양한 영역에서 기회 격차로 확대되며, 이는 구조적인 사회배제(Social exclusion)를 야기한다. 이러한 다차원적 차별을 해소하고 모든 국민에게 동등한 기회를 제공하기 위해서는 제도적 평등 확보와 함께 실질적 형평성(Real equity)을 추구하는 접근이 필요하다.

〈표 144〉 차별 해소 및 기회 균등 보장 영역별 정책 방향

구분	주요 차별 해소 과제	기회 균등 보장 정책 제안
교육	지역·계층 간 교육자원 불균형	디지털 기반 원격교육 확대, 교육격차 해소 사업(EBS교육 바우처 등)
고용	여성, 장애인, 탈북민의 고용 차별	차별금지 강화, 고용장려금, 장애인고용부담금 강화
주거	청년·저소득층 주거 취약	공공임대주택 확대, 주거권 기본법 논의 강화
사회 참여	이주민, 북한이탈주민의 제도 접근성 낮음	통합상담창구, 커뮤니티 기반 자조조직 지원
디지털	고령자·장애인의 정보 접근 격차	디지털 문해력 교육, 무선인터넷 공공화 정책

출처: 보건복지부(2023), 여성가족부(2022), 한국장애인개발원(2023), 한국교육개발원(2022) 자료 재구성.

---

[9] 국내총생산(Gross Domestic Product, GDP)이란 일정 기간 동안 한 나라 안에서 새롭게 생산된 최종 재화와 서비스의 시장 가치 총액을 말하며, 한 국가의 경제 규모를 대표하는 핵심 지표로 활용된다. 일반적으로 명목 GDP와 실질 GDP로 구분되며, 경제성장률, 국민소득, 재정정책 평가 등 다양한 경제 분석의 기초 자료로 사용된다.

◆ 최근 정책 동향 및 이슈

최근 한국을 포함한 주요 복지국가들은 성별·장애·연령·출신지역 등에 따른 차별 해소와 기회 균등 보장 정책을 강화하고 있다. 유럽연합(EU)은 'Equal Treatment Directives'를 중심으로 법적 차별금지장치를 제도화했고, 한국도「차별금지법」제정 논의가 활발하다. 특히 디지털 전환과 AI 확산에 따라 디지털 격차에 의한 새로운 차별 문제도 주요 쟁점으로 부상하고 있다. 최근 한국보건사회연구원(KIHASA, 2023)은 '복지 접근성 불균형'이 가장 심각한 차별 요인으로 부상하고 있으며, 특히 장애인, 노인, 북한이탈주민 등은 '서비스 인지'와 '이용 능력' 측면에서 구조적 배제를 경험하고 있다고 지적하였다.

◆ 남북 통합 대비 정책적 시사점

남북한 간 사회경제적 격차를 고려할 때, 북한 주민은 제도 통합 이후 다양한 영역에서 '차별적 취약계층'으로 재정의될 수 있다. 따라서 차별 해소는 통합 초기에 다음과 같은 방식으로 정책화되어야 한다. 우선, 공공부조, 건강보험, 고용보장 등 주요 사회보장제도를 전면적으로 적용하는 한편, 현실적인 상황을 반영한 맞춤형 예외조항을 설정하여 제도 간 급격한 충돌을 예방하고 제도적 평등의 기반을 확실히 구축해야 한다. 또한, 민간과 공공 부문, 중앙과 지방 정부, 그리고 남북 공동체가 긴밀히 협력할 수 있도록 통합위원회와 평등심의위원회와 같은 사회통합형 거버넌스 체계를 확립하는 것이 중요하다. 이를 통해 다양한 주체들이 함께 참여하고 조율하는 포용적 사회가 실현될 수 있을 것이다. 아울러, 여성, 아동, 장애인, 농촌 지역의 고령자 등 북한 내 소외된 취약계층을 대상으로 한 사회적 투자를 우선적으로 배정하는 전략을 마련하여 이들의 삶의 질 향상과 사회적 통합을 적극 지원해야 한다.

〈표 145〉 국내외 정책 사례 비교

국가	주요 정책	특징
SE 스웨덴	차별금지법 통합 프레임워크	성별, 연령, 출신 등에 대한 포괄적 차별금지
KR 대한민국	「국가인권위원회법」,「장애인차별금지법」등 개별 입법 중심	'포괄적 차별금지법' 입법 미완성 상태
DE 독일	General Equal Treatment Act (Gleichbehandlungsgesetz)	노동·주거·복지 영역에서 일관된 차별 판단 기준 적용
CA 캐나다	Employment Equity Act	공공 부문 및 민간 대기업 내 포괄적 채용 평등
KP 북한	법상 '사회주의적 평등' 보장 명시	실제 시장화로 인해 지역·계층 불평등 확대 추세

참고: 국가인권위원회(2023), European Union Agency for Fundamental Rights(2022), Government of Canada(2022), UN OHCHR(2021) 자료 재구성.

남북한 통합기에 대비하여 '다차원 평등지표(Multidimensional Equality Index, MEI)'를 개발하는 것이 필요하다. 이 지표의 목적은 남북 주민 간 존재하는 구조적 차이를 다양한 측면에서 종합적으로 진단하여, 효과적인 정책 개입의 우선순위를 설정하는 데 있다. 또한, 통합 과정에서 형평성이 얼마나 실질적으로 실현되고 있는지를 객관적으로 평가할 수 있도록 하는 데에도 중점을 두고 있다.

다차원 평등지표(MEI): $1 - \sum_{i=1}^{n} w_i \times |x_i - \overline{x_i}|$

n은 분석에 포함되는 평등의 차원(또는 영역)의 수를 의미한다. 예를 들어, 교육, 건강, 소득, 디지털 접근성 등이 각각 하나의 차원이 될 수 있다.

x_i는 특정 개인이나 집단이 i번째 차원에서 실제로 달성한 수준을 나타낸다. 이는 예컨대 해당 차원에서의 소득, 교육 수준, 건강 지표 등 구체적인 수치를 반영한다.

$\overline{x_i}$는 i번째 차원의 평균 성취 수준 또는 사회적으로 설정된 기준값을 뜻한다. 이를 통해 개인 또는 집단의 성취가 기준에 비해 얼마나 차이가 나는지를 측정할 수 있다.

w_i는 각 차원이 전체 지표에서 차지하는 상대적 중요도를 나타내는 가중치. 일반적으로 모든 차원의 가중치를 더한 값은 1로 설정한다(Σwi=1).

$|x_i - \overline{x_i}|$는 해당 차원에서 개인 또는 집단의 성취 수준이 기준값과 얼마나 차이 나는지를 절댓값으로 표현한 것으로, 이는 곧 해당 영역에서의 불평등 정도를 수치화한 것이다.

〈표 146〉 다차원 평등지표

영역	주요 지표	세부 항목	지표 유형
경제	소득격차	중위소득 대비 50% 이하 가구비율	상대지표
고용	고용 격차	정규직 비율, 여성 고용률	격차지표
교육	학력 불균형	고졸 이상 비율, 디지털 문해율	절대/상대
보건	건강 형평성	모성사망률, 예방접종률	보건비교지표
사회 참여	제도 접근성	주민등록 여부, 투표참여 경험	참여지표
정보화	디지털 접근성	인터넷 사용률, 전자민원 이용률	ICT지표

적용방식: "MEI 지수 = (영역별 격차 평균값 × 정책 가중치)"로 환산하여 통합기 대비 형평성 현황 분석에 활용.

◆ 예상되는 차별 유형 대응 정책

시나리오 A는 점진적인 통합이 이루어지면서 제도 이행이 일부 유예되는 상황을 가정한다. 이 경우 제도 간 격차로 인해 사회 서비스 이용에서 배제가 발생할 수 있으므로, 보건과 교육 분야를 우선으로 하는 단계적 제도 적용이 필요하다.

시나리오 B는 급속한 통합이 진행되나 재정 여력이 부족한 상황으로, 이로 인해 경제적·주거적 차별이 심화될 가능성이 크다. 이에 대응하기 위해 긴급생활보조와 공공임대주택 확대 등의 지원 정책이 강화되어야 한다. 시나리오 C는 정치적 갈등이 지속되는 상황을 전제로 하며, 이념이나 출신에 따른 차별 문제가 발생할 수 있다. 이를 방지하기 위해 차별금지 기본법을 제정하고 혐오 표현 금지 조항을 포함하는 법적 장치를 마련하는 것이 중요하다. 마지막으로, 시나리오 D는 통합 초기 인프라가 미비한 상태에서 여성, 아동, 장애인 등 취약계층이 소외되는 경우를 상정한다. 이러한 문제를 해결하기 위해 여성 전담 정책기구를 설립하고, 이들을 위한 맞춤형 서비스를 제공하는 전략이 필요하다.

〈표 147〉 차별 유형별 정책 시뮬레이션(통합 시나리오 기반)

시나리오 유형	가정	예상되는 차별 유형	대응 정책
시나리오 A	점진적 통합, 제도 이행 유예	제도 격차로 인한 사회 서비스 배제	단계적 제도 적용 (보건·교육 우선 적용)
시나리오 B	급속한 통합, 재정 여력 부족	경제·주거 차별 심화	긴급생활보조, 공공임대 확대
시나리오 C	정치적 갈등 지속	이념/출신 차별	차별금지 기본법 제정, 혐오표현 금지조항 포함
시나리오 D	통합 초기 인프라 미비	여성·아동·장애인 소외	여성 전담 정책기구 설립, 맞춤형 서비스 제공

참고: OECD 통합모델(KUMS, EPRU) 및 KIHASA 사회정책 모형 등을 바탕으로 전개 가능. 필자 재구성.

◆ 시사점

이와 같은 평등지표, 시나리오 기반 정책모형, 조사 도구들은 다양한 정책적 활용 가능성을 지니고 있다. 먼저, 사전 모의예산 편성과 연계하여 통합기 비용-편익 분석을 체계적으로 수행할 수 있으며, 이를 통해 효율적인 재정 운영이 가능하다. 또한, 다차원 평등 수준을 비교함으로써 통합 이후의 형평성 변화를 진단하고, 정책 효과를 지속적으로 추적·평가할 수 있다. 더불어, 이러한 도구들은 북한 주민들의 정책 수용성과 제도에 대한 신뢰도를 확보하는 데에도 중요한 근거 자료로 활용될 수 있다.

3) 사회적 약자 지원 및 역량 강화

◆ 개요

사회적 약자는 경제적 자산, 교육 기회, 사회적 관계망, 건강 서비스 등 다층적 자원 접근에서 구조적으로 불리한 지위에 놓인 집단을 의미한다. 이는 장애인, 고령자, 아동·청소년, 여성, 이주민, 탈북민, 비정규직 노동자, 농어촌 거주자 등 다양한 집단을 포함하며, 남북한 통합기에는 북한이탈주민 및 북한 내 특정 계층까지도 포함될 수 있다. 21세기 복지국가는 단순한 보호 중심을 넘어, 주체로서의 참여와 역량(Capability) 강화를 주요 목표로 설정하고 있다(Sen, 1999; Nussbaum, 2011). 이는 아마르티아 센의 '역량 접근(Capability approach)'에 기초하며, '무엇을 할 수 있는 자유'를 복지의 핵심으로 본다.

<표 148> 최근 정책 동향 및 접근 방식

접근유형	주요 내용	국내외 정책 동향
보편적 접근과 선별적 강화 병행	기본권 보장을 위한 보편 정책과 함께, 특정 집단 대상의 맞춤형 개입	유럽 사회투자국가 모델 (노르딕 복지국가 등)
역량 강화 중심 복지	단순 수혜를 넘어, 교육·직업훈련·사회 참여를 통해 자립 역량 강화	한국 '자활근로', 독일 '소셜 이노베이션 랩'
커뮤니티 기반 통합 서비스	거주지 기반 맞춤형 복지, 지역사회와 연계	영국 LAC(Local Area Coordination), 서울형 복지
디지털 포용 정책 확대	디지털 접근성, 문해력 증진 통한 정보격차 해소	EU '디지털 권리 선언', 한국 '디지털 배움터'

출처: European Commission(2022), 보건사회연구원(2023), 서울시복지재단(2022), OECD(2021) 자료를 바탕으로 재구성

◆ 사회적 약자 유형별 복지 역량 강화 전략

다음은 각 사회적 취약계층별 문제 요인과 이에 대응하는 정책 방향 및 실행 전략에 관한 내용이다. 먼저, 장애인은 고용 기회 제약이라는 문제를 안고 있으며, 이를 해결하기 위해 사회통합형 고용정책을 추진하고 있다. 구체적으로 공공 부문에서의 우선 채용과 함께 통역 및 보조기기 확대를 실행 전략으로 삼아 장애인의 노동시장 접근성을 높이고 있다. 여성의 경우 경력 단절과 성차별이 주요 문제로 나타나, 역량 중심의 여성복지 정책을 지향한다. 이를 위해 일과 가정의 양립을 지원하는 제도 도입과 더불어 취약 여성들을 위한 전용 센터 운영이 추진되고 있다. 고령자는 건강과 소득에서 이중적인 취약성을 겪고 있어, 노후 생활 역량을 보장하는 정책이 요구된다. 이에 건강보험과의 연계 강화 및 평생학습 플랫폼 구축을 통해 고령층의 건강과 자기계발을 지원하고 있다.

탈북민은 문화적 소외와 언어 장벽으로 인해 자립적 적응이 어렵다는 점이 문제이다. 이를 극복하기 위해 북한이탈주민 정착학교 운영과 지역 멘토링 프로그램을 통해 안정적인 사회 적응을 지원하고 있다. 마지막으로 이주민은 제도 접근에 장벽이 존재하며, 인권 기반의 복지제도를 마련하는 것이 중요하다. 공공언어의 다양화와 다문화 네트워크 구축을 실행 전략으로 삼아 이주민의 복지 접근성을 높이고 사회 통합을 도모하고 있다. 이와 같이 각 계층별 특성과 문제를 고려한 맞춤형 정책 방향과 구체적 실행 전략이 병행되어야 효과적인 사회 통합과 포용적 복지가 실현될 수 있을 것이다.

◆ 통합기 남북한 취약계층 비교

북한과 남한의 취약계층은 각기 다른 사회적·경제적 환경 속에서 존재하지만, 경제적, 사회적, 건강 및 교육 측면에서 공통적인 취약성을 공유하고 있다. 먼저 경제적 취약계층의 경우, 북한에서는 농민, 빈곤층, 그리고 시장경제에 제대로 편입되지 못한 계층이 중심을 이루고 있으며, 남한에서는 저소득층, 실업자, 비정규직 노동자 등이 주요 대상이다. 두 사회 모두 경제적 자립 기반이 취약하다는 점에서 공통적이지만, 북한은 체제적 제약으로 인해 경제활동의 자유와 다양성이 더욱 제한적이라는 차이가 있다. 사회적 취약계층에서는 북한

의 고아, 노약자, 장애인, 탈북민과 남한의 노인, 장애인, 한부모 가정, 이주민 등이 해당된다. 양측 모두 사회적 보호망이 절실히 필요한 상황이나, 인프라의 구축 수준에서는 현저한 격차가 존재한다. 특히 의료 분야에서는 북한의 영양실조와 의료시설 부족 문제가 심각한 반면, 남한은 만성질환자와 정신건강 취약자가 주요 문제로 대두되고 있어, 의료 접근성 및 건강지표에서 큰 차이가 나타난다. 교육 부문에서도 북한은 제한된 교육기회와 함께 이념교육이 우선시되는 반면, 남한은 교육 소외지역 아동과 저소득층 아동이 취약계층으로 분류된다. 교육의 질과 접근성에서 두 사회가 차이를 보이고 있으며, 북한은 교육 내용에 있어서 이념적 편중이 강한 특징을 지니고 있다. 취약계층 보호 체계측면에서는 북한이 중앙집권적인 배급 및 지원 체계를 운영하는 반면, 남한은 법률에 기반한 복지 서비스와 다양한 사회복지기관, 민간 협력 체계가 함께 작동하고 있어 보호체계의 체계화 정도와 다양성에서 차이가 있다. 마지막으로, 역량 강화 방안에 있어서는 북한이 체제 내에서 생존 역량을 강화하고 기초생활을 보장하는 데 중점을 둔다면, 남한은 맞춤형 복지 제공과 직업훈련, 사회 참여 지원 등을 통해 보다 적극적인 사회 통합을 추구하고 있다. 이처럼 남북한 모두 취약계층의 역량 강화를 필요로 하나, 그 방식과 수단에는 차이가 존재한다.

⟨표 149⟩ 통합기 남북한 취약계층 비교

구분	북한 취약계층	남한 취약계층	공통 특징 및 차이점
경제적 취약계층	농민, 빈곤층, 시장경제 미진입자	저소득층, 실업자, 비정규직 노동자	모두 경제적 자립 기반 취약, 다만 북한은 체제 제약 심함
사회적 취약계층	고아, 노약자, 장애인, 탈북민	노인, 장애인, 한부모 가정, 이주민	양측 모두 사회적 보호망 필요하나 인프라 격차 큼
건강 취약계층	영양실조, 의료시설 부족	만성질환자, 정신건강 취약자	의료 접근성 차이가 크고 건강지표 차이 심함
교육 취약계층	제한된 교육 기회, 이념교육 편중	교육 소외지역 아동, 저소득층 아동	교육의 질과 접근성에 차이, 북한은 이념교육 우선
취약계층 보호 체계	중앙집권적 배급 및 지원 체계	법률 기반 복지 서비스, 사회복지기관 운영	보호 체계 체계화 정도 차이, 남한은 다양한 민간협력 존재
역량 강화 방안	체제 내 생존 역량 강화, 기초생활 보장	맞춤형 복지, 직업훈련 및 사회 참여 지원	남북 모두 역량 강화 필요하지만 방식과 수단 다름

참고: 통일연구원(2022), 보건사회연구원(2023), 자료를 바탕으로 재구성.

◆ 역량 강화 지표 설명

경제적 역량은 개인의 소득 수준, 자산 보유 여부, 그리고 고용 안정성과 같은 요소를 포함한다. 이를 평가하기 위해 월 평균 소득, 자산의 유무, 그리고 고용 형태를 살펴보며, 설문조사나 소득자료, 인터뷰 등을 통해 구체적으로 측정한다. 사회적 네트워크는 가족이나 친구와의 관계, 지역사회 참여 정도, 그리고 지원 체계의 존재 여부를 의미한다. 사회적 지지망의 크기와 자원 연계 가능성을 평가하며, 이를 위해 네트워크 분석이나 사회관계망 조사를 활용한다. 교육 및 기술 역량은 개인의 교육 수준, 직업 관련 기술, 그리고 정보 활용 능력을 포함한다. 최종 학력이나 직업훈련 이수 여부 등을 바탕으로 평가하며, 교육 기록과 직무능력 평가 자료를 통해 측정한다. 건강 및 생활 안정성은 신체적 건강 상태, 정신 건강, 그리고 주거 환경의 안전성을 종합적으로 살펴본다. 질병의 유무, 스트레스 수준, 주거 안전성 등을 건강검진, 심리검사, 주거 실태 조사 등을 통해 평가한다. 마지막으로 자아 존중감 및 동기 부분은 자기 효능감, 미래에 대한 희망, 목표 설정 여부를 포함하며, 삶의 만족도와 목표의 명확성을 중심으로 심리검사나 인터뷰를 통해 측정한다.

〈표 150〉 역량 강화 지표(Capability Score) 모형

지표 영역	세부 내용	평가 항목 예시	측정 방법
경제적 역량	소득 수준, 자산 보유, 고용 안정성	월 평균 소득, 자산 유무, 고용 형태	설문조사, 소득자료, 인터뷰
사회적 네트워크	가족·친구 관계, 지역사회 참여, 지원 체계	사회적 지지망 크기, 자원 연계 가능성	네트워크 분석, 사회관계망 조사
교육 및 기술 역량	교육 수준, 직업 기술, 정보 활용 능력	최종학력, 직업훈련 이수 여부	교육 기록, 직무능력 평가
건강 및 생활 안정성	신체 건강 상태, 정신 건강, 주거 환경	질병 유무, 스트레스 수준, 주거 안전성	건강검진, 심리검사, 주거 실태 조사
자아 존중감 및 동기	자기 효능감, 미래 희망, 목표 설정	삶의 만족도, 목표 명확성	심리검사, 인터뷰

참고: Sen(1999), Alkire(2002), 한국보건사회연구원(2023) 자료를 바탕으로 재구성.

Capability Score 모형은 Amartya Sen(1999)의 능력접근(Capability Approach)에 근거하여, 개인이나 집단이 '실질적으로 누릴 수 있는 자유와 기회'를 수치화하는 다차원 지표 모델이다. 이 모형은 단순한 소득 수준이나 재정적 자산이 아닌, 삶의 질을 구성하는 다양한 요소(차원)를 종합적으로 고려한다.

Capability Score 모형: $Capability\ Score = \sum_{i=1}^{n} w_i \times (\frac{x_i - x_i^{min}}{x_i^{max} - x_i^{min}})$

이 모형에서 n은 고려되는 능력 차원의 수를 의미하며, 예컨대 건강, 교육, 이동성, 주거 등 다양한 삶의 영역이 이에 해당한다. x_i는 개인 또는 집단이 i번째 차원에서 달성한 성취 수준을 나타낸다. 각 차원에서는 x_i^{min}과 x_i^{max}을 기준으로 최소 및 최대 성취값을 설정하여, 해당 지표를 0에서 1 사이로 정규화할 수 있다. 또한 w_i는 각 차원이 전체 삶의 질 평가에서 갖는 상대적 중요도를 반영하는 가중치이며, 일반적으로 모든 차원의 가중치 합은 1이 되도록 설정된다($\sum_{i=1}^{n} w_i = 1$). 이러한 구조를 통해 개별 차원의 성취 정도를 통합적으로 평가할 수 있다.

3. 구체적 정책 제언

1) 교육, 고용, 주거 정책과의 연계 강화

현대 복지국가가 직면한 핵심 과제 중 하나는 사회적 통합과 평등 실현이다. 이를 위해 사회보장 정책 단독으로는 한계가 있으며, 교육, 고용, 주거 등 여러 정책 영역과의 유기적 연계가 절실하다. 특히 남북한의 사회·경제적 현실 차이를 고려할 때, 이들 분야의 통합적 접근은 사회적 취약계층의 자립 역량 강화와 불평등 완화에 중요한 기여를 할 수 있다. 첫째, 교육 정책과의 연계 강화는 인적 자원의 기초 역량 강화 및 평생학습 체계 구축에 집중해야 한다. 남한은 고령화와 저출산 문제 속에서 맞춤형 평생교육과 직업훈련 확대를 추진하고 있으며(한국교육개발원, 2023), 북한은 제한적인 교육 인프라와 이념교육의 한계를 넘어 실용적 기술 교육과 직업훈련 체계 마련이 필요하다(통일연구원, 2024). 이를 통해 청년과 취약계층의 노동시장 진입을 지원하고 사회경제적 참여를 촉진할 수 있다. 둘째, 고용 정책과의 연계는 취약계층의 경제적 자립과 안정적 노동시장 참여를 보장하는 데 중점이 되어야 한다. 남한은 고용보험 확대, 비정규직 보호 강화, 직업훈련 프로그램 등 다양한 고용 지원책을 운용 중이나 아직도 고용 불안정과 격차가 남아 있다(고용노동부, 2024). 북한은 공식적 고용 체계의 제약 속에서 비공식 경제활동과 연계한 맞춤형 자립 지원이 절실하며, 향후 남북 협력 과정에서 노동시장 통합 및 고용지원 체계 구축이 중요하다.

셋째, 주거 정책과의 연계 강화는 주거 안정성을 통한 생활 기반 마련을 의미한다. 남한에서는 공공임대주택 확대, 주거급여 개선, 주거 취약계층 맞춤형 지원 정책이 진행 중이며(국토연구원, 2023), 북한은 주택난과 기반 시설 부족이 심각하여 기본 주거환경 개선과 안정적인 주거 공급 체계 구축이 시급하다. 양측 모두 주거 안정성은 사회통합과 경제활동 참여를 촉진하는 기초 토대임을 인식해야 한다. 이처럼 교육, 고용, 주거 정책과 사회보장 정책의 연계는 취약계층의 포괄적 역량 강화를 위한 필수 전략이다. 통합적 정책 설계는 단기적 복지 제공을 넘어 지속 가능한 사회경제적 발전을 견인하며, 특히 남북한 사회통합 및 평화 구축 과정에서도 중요한 역할을 할 것으로 기대된다.

〈표 151〉 남북한 주요 정책 연계 현황 및 제언 비교표

정책 영역	남한의 주요 동향 및 과제	북한의 주요 현황 및 과제	연계 강화 필요성 및 제언
교육	평생학습, 직업훈련 확대, 맞춤형 교육 지원	제한된 교육 인프라, 기술·직업교육 부족	기술·직업교육 중심 교육 체계 개선 및 평생교육 도입 필요
고용	고용보험 확대, 비정규직 보호, 청년·취약계층 지원	공식 노동시장 제약, 비공식 경제 중심 고용	노동시장 접근성 확대 및 맞춤형 고용 지원 체계 구축
주거	공공임대 확대, 주거급여 강화, 주거 취약층 지원	심각한 주택난, 기반시설 부족	기본 주거환경 개선과 안정적 주거 공급 체계 마련

참고: 보건사회연구원(2023), 통일연구원(2022), 한국직업능력연구원(2022) 자료를 바탕으로 재구성.

2) 지역사회 기반 복지 서비스 확대

사회적 통합과 평등을 실현하는 데 있어 지역사회 기반 복지 서비스의 확대는 매우 중요한 역할을 한다. 특히, 중앙정부 중심의 복지 제공이 한계에 직면하고 있는 상황에서 지역사회의 자원과 특성을 활용한 맞춤형 서비스가 더욱 주목받고 있다. 남한에서는 이미 다양한 지역사회 복지 모델과 주민 참여형 서비스가 확산 중이며, 북한 또한 지역사회 단위의 기본 복지 체계 구축 필요성이 강조되고 있다.

지역사회 기반 복지 서비스는 주민의 일상생활과 밀접하게 연관된 서비스 제공으로, 고령자 돌봄, 장애인 지원, 아동 및 가족 서비스, 정신건강 지원 등 다양한 영역에서 생활 밀착형 서비스를 가능하게 한다. 이와 같은 서비스는 복지의 사각지대를 줄이고, 지역 주민의 사회적 네트워크를 강화하며, 궁극적으로는 사회적 자본을 증대시켜 지역공동체의 회복력과 포용성을 높인다. 최근 국내외 연구들은 지역사회 복지 서비스의 효과성을 높이기 위해서는 공공, 민간, 자원봉사 조직 간의 협력 체계 구축이 필수적임을 강조한다. 더불어, ICT 기술을 활용한 스마트 복지 서비스, 지역 맞춤형 정책 개발, 주민 참여 확대가 중요한 트렌드로 나타나고 있다. 북한의 경우, 중앙집권적 배급 체계가 약화되면서 지역 단위의 복지 자원 및 주민 공동체 역할 강화가 절실하다. 향후 남북한 사회보장 통합 과정에서도 지역사회 기반 복지 시스템의 구축과 상호 연계는 지속 가능한 복지국가 발전에 핵심적인 요소가 될 것이다.

〈표 152〉 지역사회 기반 복지 서비스의 주요 특징과 남북한 현황

구분	남한 지역사회 복지 서비스	북한 지역사회 복지 현황	시사점 및 정책 방향
서비스 유형	방문 돌봄, 지역복지관, 자활 프로그램, 정신건강 지원	마을 단위 기초 의료·영양 지원, 주민 자조 모임	주민 참여와 협력 강화, 맞춤형 서비스 확대 필요
조직 체계	공공기관, NGO, 자원봉사, 사회적 기업 연계	주민위원회 중심, 중앙 통제하의 제한적 지원	협력 체계다원화 및 민관협력 모델 개발 필요
기술 활용	ICT 기반 스마트 복지 서비스 도입 확산	기술 인프라 미흡, 기초 인프라 재정비 시급	디지털 인프라 개선과 정보접근성 향상 필요
주민 참여	주민 의사결정 참여, 사회적 네트워크 강화	제한적 참여, 공동체 중심 자율 활동 미흡	주민 역량 강화 및 참여 활성화 전략 필요

참고: 보건사회연구원(2023), 통일연구원(2022), 서울시복지재단(2022) 자료를 바탕으로 재구성.

지역사회 기반 복지 서비스는 남북한 모두에서 향후 사회보장 체계 발전의 중요한 축이며, 주민의 실질적 참여와 다양한 협력 체계 구축이 동반되어야 한다. 특히, 남북한 통합 복지 체계 마련을 위한 첫걸음으로 지역 단위 복지 역량 강화와 지속 가능한 서비스 모델 개발이 요구된다.

◆ 사례 중심 설명: 지역사회 기반 복지 서비스 확대

▶ 남한 사례: 성북구 '돌봄SOS센터'

서울시 성북구는 지역 주민의 다양한 돌봄 수요에 대응하기 위해 '돌봄SOS센터'를 운영하고 있다. 이 센터는 고령자, 장애인, 질병·수술 후 일상생활이 어려운 주민에게 일시적 돌봄, 식사 지원, 병원 동행, 주거환경 개

선 등의 서비스를 통합적으로 제공한다. 기존의 복지 서비스가 개별 기관을 통해 분절적으로 제공되던 방식과 달리, 이 센터는 지역 주민센터(동주민센터), 보건소, 민간 협력기관과 연계하여 한 번의 신청으로 통합 서비스를 받을 수 있게 하였다. 주민 A씨(73세)는 갑작스러운 낙상 사고 이후 거동이 불편해졌으나, 돌봄SOS센터를 통해 침대 교체, 식사 배달, 방문 간호 서비스를 신속하게 연계받아 자택에서 안정적으로 회복할 수 있었다. 이 사례는 지역 기반 통합 돌봄 체계가 고령사회의 복지 수요에 효과적으로 대응할 수 있음을 보여 준다.

▶ 북한 사례: 함흥시 '주민 보건소 중심 공동체 의료'

북한 함흥시의 일부 지역에서는 최근 들어 주민 보건소 중심의 기초 의료 활동이 강화되고 있다. 예컨대, 식량 사정이 비교적 열악한 외곽 지역에서는 보건소가 주민들을 대상으로 영양 상담, 기초 약품 배급, 아동 대상 위생 교육 등을 정기적으로 실시하며 마을 주민의 건강을 관리하고 있다. 이 과정에서 보건소 간호사와 지역 여성동맹원들이 협력하여 임산부 대상 산전관리, 고혈압 환자 대상 건강점검 등을 비공식적 공동체 활동으로 수행하고 있다. 이는 아직 제도적 복지 체계가 미비한 상황에서 공동체 내 자조 활동이 복지 기능을 부분적으로 대체하는 형태로 나타난 것이다. 이 사례는 북한 사회에서 지역 공동체를 기반으로 한 생존형 복지 모델이 작동하고 있음을 시사하며, 향후 제도적 통합 시 이런 자생적 구조의 장점을 살린 모델링이 가능함을 보여 준다.

〈표 153〉 사례 비교

구분	남한 성북구 돌봄SOS센터	북한 함흥시 주민 보건소 활동
서비스 형태	통합 돌봄 서비스(공공-민간 연계)	지역 보건소 중심의 기초 의료, 자조활동
운영 주체	지방자치단체 + 민간기관 + 지역주민 참여	국가 보건소 + 주민조직(여맹, 인민반 등)
대상자 특성	고령자, 질병·장애인 등 복합적 돌봄 수요자	일반 주민, 고위험군 (임산부, 아동, 만성질환자 등)
특징 및 효과	서비스 접근성 향상, 사각지대 해소	제도 외 자원 활용, 공동체 중심 보건 기능 수행
시사점	통합 서비스 모델 확대, ICT 접목 가능	자생형 모델의 제도화 필요, 지역 역량 활용 기반 마련

참고: 서울시복지재단(2022), 통일연구원(2023), 한국보건사회연구원(2023) 자료를 바탕으로 재구성.

〈표 154〉 지역사회 기반 복지 서비스 흐름도

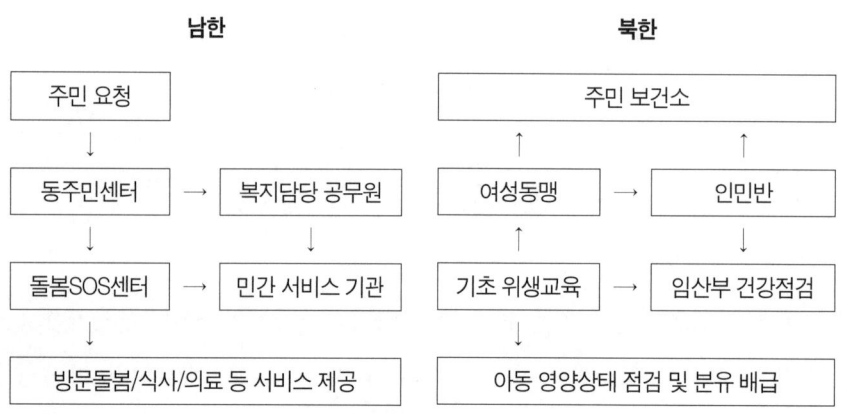

4. 도전 과제 및 해결 방안

1) 사회적 갈등 관리

◆ **복지국가에서의 갈등 관리의 중요성**

지속 가능한 복지국가의 발전을 위한 조건 중 하나는 사회적 갈등의 예방과 관리 역량이다. 복지는 본질적으로 재분배와 선별을 포함하기 때문에, 정책 설계와 실행 과정에서 계층 간, 세대 간, 지역 간, 심지어 이념 간의 갈등이 발생하기 쉽다. 남북한 사회가 통합을 준비하거나 사회적 연계를 강화해 가는 과정에서는 이러한 갈등 양상이 더욱 복합적이고 구조적으로 나타날 가능성이 크다(김병국, 2023).

◆ **사회적 갈등의 유형과 동향**

최근 사회적 갈등은 경제적 불평등뿐 아니라, 문화적, 세대적, 지역적 차원에서 점차 복합화되는 양상을 보이고 있다. 특히 남한에서는 다음과 같은 갈등 유형이 주목된다. 최근 복지 확대와 관련된 다양한 사회적 논쟁이 나타나고 있다.

첫째, 복지 포퓰리즘 논쟁은 조세를 부담하는 계층과 복지 혜택을 받는 계층 간의 갈등을 중심으로 전개되고 있다. 조세 부담이 과중해질수록 공정성에 대한 문제 제기가 커지고 있으며, 이는 복지제도 전반에 대한 신뢰를 약화시킬 수 있다. 둘째, 청년세대의 상대적 박탈감 역시 중요한 이슈로 부각되고 있다. 고령화로 인해 복지 지출이 급증하면서, 청년세대는 미래에 대한 불안감과 함께 세대 간 형평성에 대한 문제의식을 갖게 된다. 특히 자신들은 높은 부담을 지면서도 충분한 혜택을 기대하기 어려운 구조에 대한 불만이 누적되고 있다. 셋째, 이주민과 난민의 수용 문제는 지역사회 내에서 문화적 충돌과 갈등을 야기하기도 한다. 다문화 사회로의 전환 과정에서 기존 주민들과 새로 유입된 이주민 간의 상호 이해 부족은 편견과 갈등을 심화시킬 수 있으며, 이는 복지정책의 수용성에도 영향을 미치게 된다. 마지막으로, 지방과 수도권 간 격차는 공공서비스와 인프라의 불균형 분포에서 비롯된 구조적 문제로, 복지 체계 전반의 형평성과 접근성에 대한 비판을 낳고 있다. 지방 주민들은 수도권에 비해 상대적으로 낮은 수준의 복지 서비스를 경험하며, 이는 지역 간 사회적 불만과 이탈감을 증가시키는 요인으로 작용하고 있다. 북한의 경우, 내부적으로는 성분 계층 간 불균형, 시장 접근성에 따른 생계 차이, 탈북자 및 외부정보 수용 계층과의 긴장 등이 존재하며, 이는 향후 통합기에서의 심리적·사회문화적 갈등으로 이어질 수 있다.

◆ **갈등 관리 전략의 구성 원리**

사회적 갈등을 예방하고 완화하기 위해서는 정책 수준에서의 갈등 감수성(Conflict sensitivity)을 높이고, 제도적 장치와 사회적 소통 구조를 마련하는 것이 필요하다. 주요 전략은 다음과 같다. 복지정책 추진 과정에서 발생할 수 있는 사회적 갈등을 사전에 예방하고 조정하기 위해, 갈등 영향 평가(Conflict Impact Assessment)

의 도입이 점차 주목받고 있다. 이는 사회보장 및 복지정책을 시행하기 전에 갈등 유발 요인을 체계적으로 진단하고, 다양한 집단 간의 이해관계를 면밀히 분석하여 잠재적 쟁점을 미리 파악하는 데 목적이 있다. 특히, 이해관계자 분석과 정책 시나리오 예측을 통해 정책의 파급 효과를 다양한 관점에서 검토함으로써, 정책 시행 이후 발생할 수 있는 사회적 긴장을 최소화할 수 있다. 이러한 사전 진단은 일방적 정책 집행이 아니라, 보다 숙의적인 결정 과정을 가능하게 한다. 더불어, 공론장 조성과 숙의 민주주의의 확대는 복지정책의 정당성과 수용성을 높이는 데 중요한 역할을 한다. 예컨대 복지 예산의 배분, 이주민 수용 정책과 같은 민감한 사안에 대해서는 시민 참여형 토론기구를 운영하여 다양한 의견을 수렴하고, 공동의 해법을 모색하는 것이 필요하다. 이러한 참여 기반의 논의 구조는 정책 형성 과정의 신뢰를 높이고, 결과적으로 사회적 통합에도 기여할 수 있다.

◆ 복지 갈등 중재기구 설립

복지정책과 사회통합 과정에서 발생할 수 있는 다양한 갈등을 예방하고 조정하기 위해, 공공갈등조정센터 및 지역 갈등중재위원회와 같은 제도적 장치의 운영이 점차 중요해지고 있다. 이러한 기구는 지역사회 내 이해 충돌을 조정하고, 다양한 의견을 조율하는 중립적 플랫폼 역할을 수행한다. 아울러, 사회복지사와 갈등 조정 전문가에 대한 교육을 강화함으로써, 현장에서 갈등을 효과적으로 관리하고 중재할 수 있는 인적 역량을 확충하는 것도 중요한 과제이다. 실무자들이 단순한 복지 전달자를 넘어, 사회적 연대를 이끄는 조정자로서의 역할을 수행할 수 있도록 지원이 필요하다. 더 나아가, 세대 간·계층 간 상호 이해를 증진시키는 세대통합 프로그램이나, 지역 간 형평성을 고려한 지역상생형 복지 모델의 확대는 사회적 연대를 공고히 하는 데 기여할 수 있다. 이는 지역별 복지 수요와 특성을 반영하여 공동체 중심의 복지 실현을 가능하게 한다. 또한, 향후 남북한 통합기에 대비한 갈등 완충 장치의 설계도 중요하다. 특히 북한 이주민의 안정적인 정착을 위해, 문화적 차이를 존중하고 정체성을 포용하는 통합 프로그램을 마련하는 것이 필요하다. 동시에, 지역사회 기반의 수용 체계를 구축하여 이주민과 기존 주민 간의 갈등을 최소화하고, 공존의 기반을 조성해야 할 것이다.

〈표 155〉 사회적 갈등 유형 및 해결 방안

갈등 유형	구체 사례	원인	정책적 해결 방안
계층 간 갈등	복지 지출 확대에 대한 조세 저항	재분배 정책의 정당성 논란	참여예산제도, 공정한 과세 설계, 정보공개 확대
세대 간 갈등	청년층의 고령층 대상 복지 불만	고령화로 인한 세대 간 부양 부담	세대통합 프로그램, 생산적 고령화 정책
지역 간 갈등	수도권-지방의 서비스 격차, 공공기관 이전 반발	지역 불균형 발전 구조	지역주도형 복지 모델, 균형발전 재정 지원 확대
문화·정체성 갈등	다문화가정, 북한 이주민 수용 문제	편견, 문화적 낯섦	문화다양성 교육, 지역사회 환대 프로그램
남북 통합기 갈등 예상	복지 수준 격차로 인한 주민 간 불신	체제 차이, 기대의 불일치	통합 전 단계별 인식 개선, 단계적 복지 조정 모형 도입

참고: 서울시복지재단(2022), 통일연구원(2023), 한국보건사회연구원(2023) 자료를 바탕으로 재구성.

◆ 통합적 갈등관리 역량의 제도화

사회복지 영역에서 갈등 관리는 더 이상 부차적 사안이 아니다. 사회적 신뢰와 제도 수용성의 기반이 되는 요소로서, 복지정책 설계 단계에서부터 갈등 예방 전략이 내장되어야 한다. 이는 특히 남북한 사회의 점진적 통합 과정에서 핵심적인 제도적 과제가 될 것이다. 한국은 이미 공공갈등관리기본법, 사회적 대화기구 등의 제도 기반을 갖추고 있으며, 향후에는 지역복지 계획, 사회통합정책, 재정정책과의 연계 속에서 갈등을 '관리'에서 '통합의 계기'로 전환하는 접근이 요구된다.

2) 정책 효과성 평가와 지속적 개선

◆ 복지정책의 동적 관리 필요성

복지국가의 지속 가능성과 사회적 신뢰 확보를 위해서는 정책의 실행 그 자체보다 실행 이후의 성과와 영향 평가, 그리고 그에 따른 조정 메커니즘의 확보가 더욱 중요하다. 특히 남북한 통합 가능성을 전제로 할 경우, 이질적인 제도와 정책이 병존하거나 통합되는 과정에서 정책 효과의 실증적 검증과 피드백 체계가 필수적이다. 최근 국내외에서는 '증거 기반 정책(Evidence-based policy)', '데이터 기반 복지성과 관리', '참여형 평가 체계' 등이 강조되며, 일회성 평가가 아닌 순환적 정책 개선 모델이 보편화되고 있다(OECD, 2022; 박지선 외, 2023).

〈표 156〉 복지정책 효과성 평가 개념

용어	개념 정의
정책 효과성	설정된 정책 목표가 실질적으로 달성되었는지, 자원 대비 성과가 얼마나 효율적인지를 측정하는 개념
효과성 평가 (Effectiveness Evaluation)	정책 개입이 대상자의 삶에 긍정적 변화(예: 소득 개선, 건강 수준 향상 등)를 가져왔는지 검토하는 평가
지속적 개선(CQI)	평가 결과를 바탕으로 정책을 반복적으로 보완하는 일련의 피드백 및 개선 주기

참고: 서울시복지재단(2022), 한국보건사회연구원(2023) 자료를 바탕으로 재구성.

◆ 최근 국내외 동향

▶ 국내 동향

한국은 2020년대에 들어서면서 보건복지부, 고용노동부, 지방자치단체를 중심으로 복지정책의 실효성을 높이기 위한 정책 효과성 평가 도구와 지표 체계의 정비 작업을 적극적으로 추진하고 있다. 특히, 정량적 성과를 중심으로 한 핵심성과지표(KPI)와 정책의 실제 영향을 평가하는 사회적 영향 평가(Social Impact Assessment, SIA)를 연계하려는 시도가 점차 확대되고 있다. 예를 들어, 기초생활 보장제도의 경우 기존에는 KOSIS(국가통계포털)를 기반으로 한 소득 보장률이나 수급률 등 정량적 지표 중심의 성과 측정이 주를 이루었지만, 최근에는 정책 수혜자의 삶의 질 변화, 만족도, 체감 효과 등 정성적 평가 요소가 함께 고려되며, 정책의 총체적 효과를 보다 입체적으로 파악하려는 노력이 강화되고 있다. 이러한 흐름은 단순한 행정 효율성 평가를 넘어, 복지정책의 사회적 가치와 실제 현장 영향력을 정밀하게 진단하는 방향으로 나아가고 있음을 보여 준다. 통합기 북한은 제도적 정책 평가 체계가 부족하나, 유엔개발계획(UNDP) 및 WHO 협력하에 실시되는 일부 공공보건 사업의 모니터링 체계가 단초 역할을 하고 있다. 향후 통합기에는 이러한 단편적 성과 측정 경험을 바탕으로, 남한의 체계적 평가모델을 연계·조정하는 시스템 도입이 필요하다.

▶ 국제 사례

해외 주요 국가들 역시 복지정책의 효과성을 높이기 위한 다양한 평가 체계를 운영하고 있다. 영국은 What Works Centre 시스템을 통해 정책 분야별로 실증적으로 효과가 검증된 사례를 수집·공유하고, 이를 다른 정책 설계나 실행에 적용할 수 있도록 지원하고 있다. 이를 통해 정책의 과학성과 실효성을 동시에 제고하고자 하는 노력이 이어지고 있다. 핀란드는 정책 효과 평가에 있어 주민 참여를 핵심 요소로 반영하고 있으며, 사회복지정책의 성과를 단순한 수치 지표에만 의존하지 않고 정량적 데이터와 정성적 경험 평가를 통합적으로 활용함으로써 보다 실질적이고 신뢰도 높은 평가를 추구하고 있다. 한편, OECD는 회원국들에게 정책 설계 초기 단계에서부터 '사전 효과성 예측'을 포함시키고, 정책 시행 이후에는 '지속적인 개선 전략'을 체계적으로 반영할 것을 권장하고 있다. 이는 단기적 성과뿐만 아니라 정책의 장기적 영향력과 적응력을 함께 고려하는 평가 문화를 확산시키기 위한 방향이다.

◆ 정책 평가 및 개선 적용 사례

▶ 사례 1: 남한의 기초연금제도 효과성 평가

지급 기준의 형평성 문제는 복지정책에 대한 주요 쟁점으로 제기되어 왔다. 이에 따라 정책 효과에 대한 소득 분위별 수급자 만족도 및 실제 소비 증대 효과가 분석되었으며, 그 결과 하위 20% 수급자의 소비 여력은 유의미하게 증가한 반면, 중상위 계층에서는 효과가 미미한 수준에 그친 것으로 나타났다. 이러한 평가 결과를 바탕으로, 보건복지부(2022)는 정책의 실효성을 높이기 위해 저소득층에 보다 집중된 방향으로 지원 구조를 재조정하는 개선 방안을 마련하였다.

▶ 사례 2: 영국의 조기 중퇴 예방 프로그램(EEF)

해당 정책은 저소득층 학생의 조기 학업 중단을 예방하는 것을 주요 목표로 설정하고 있다. 정책 시행 이후 효과 분석 결과, 참여한 학교들의 평균 중퇴율이 15%에서 7%로 크게 감소하며 긍정적인 성과를 나타냈다. 또한, 정책의 지속 가능성과 현장 적용력을 높이기 위해 매년 효과성 데이터를 투명하게 공개하고, 교사들이 직접 참여하는 평가 시스템을 도입하여 현장의 목소리를 반영한 개선 작업이 지속적으로 이루어지고 있다.

최근 복지정책 전반에서 성과 기반 설계 방식의 확대가 강조되고 있다. 이는 예산 책정 단계부터 정책의 효과성을 기준으로 삼는 사회적 투자적 접근 방식이 확산되고 있음을 보여 준다. 동시에, 정책의 실질적 성과가 기대에 미치지 못할 경우에는 신속한 재조정과 성과 공개를 통해 투명성과 책임성을 강화하는 방향으로 정책 환경이 변화하고 있다. 이와 함께, 시민 참여형 평가 체계의 제도화도 점차 자리 잡아가고 있다. 정책 수혜자, 시민 패널, 지역 공동체 등 다양한 주체들이 평가에 직접 참여하는 다층적 평가 구조를 마련함으로써, 정책 결정 과정에서 수혜자 중심의 복지 의사결정을 실현하려는 노력이 이어지고 있다. 더불어, 향후 남북한 통합기를 대비해 복지정책 평가의 기반을 미리 구축하는 것도 중요한 과제로 부상하고 있다. 이를 위해 북한 지역에서도 적용 가능한 데이터 수집 및 관리 체계를 마련하고, 장기적으로는 남북 공동의 효과성 평가 기준을 설정하여 국제기구와의 협력 체계를 갖추는 것이 필요하다. 이러한 평가 기반은 향후 통합 과정에서 정책의 신뢰성과 실행 가능성을 높이는 데 기여할 수 있을 것이다.

3) 시민 참여와 의사소통 강화

복지정책과 시민 간의 원활한 소통은 복지국가의 지속 가능성과 사회 통합성을 확보하는 데 있어 매우 중요한 요소이다. 단순히 제도만 잘 설계한다고 해서 복지국가가 완성되는 것이 아니라, 시민들이 정책의 형성과 실행 과정에 적극 참여하고 그 의미를 이해하며 신뢰를 쌓아 가는 과정이 필수적이라는 점이 여러 연구에서 강조되고 있다(Fung, 2006). 하지만 현재 한국 사회의 복지정책은 다음과 같은 문제점을 안고 있다. 우선, 정책이 상향식 의사결정 구조를 중심으로 일방적으로 추진되는 경향이 강하며, 수혜자가 아닌 공급자 중심의 행정 논리에 치우쳐 있어 시민의 목소리가 충분히 반영되지 않고 있다. 또한, 시민 의견을 수렴하는 절차가 형식적으로 운영되거나 아예 제도적으로 부족한 상황이다.

더욱이, 남북 통합기를 고려할 때 북한 주민들은 정책 참여 경험이 거의 없고, 정치적 표현의 제한으로 인해 시민 참여 기반의 복지 거버넌스 구축에 큰 장애 요인이 존재한다. 따라서 복지정책의 설득력과 정당성, 나아가 수용성을 높이기 위해서는 시민 참여와 소통을 강화하는 제도적 기반을 반드시 마련해야 할 것이다.

〈표 157〉 개념 정의 및 접근 방식

용어	정의
시민 참여	복지정책의 전 과정(기획-설계-집행-평가)에 시민이 의견을 제시하고 영향력을 미치는 활동
사회적 의사소통	정부, 시민, 전문가, 미디어 등 다양한 주체 간의 쌍방향 정보 교환과 의미 공유 과정
숙의적 참여	단순 의견 개진이 아닌, 정보 기반의 토론과 집단적 숙고 과정을 통해 형성된 의견 참여 방식

참고: 서울시복지재단(2022) 한국보건사회연구원(2023) 자료를 바탕으로 재구성.

◆ 최근 동향 및 국제 사례

▶ 국내 동향

2020년 이후 지역 복지 계획을 수립할 때 주민 참여의 형식을 강화하는 것이 의무화되면서, 주민 참여형 지역사회보장계획, 온라인 시민 패널, 시민 제안형 복지 예산 등 다양한 참여 방식이 도입되었다. 이러한 노력은 정책 결정 과정에 주민의 의견을 반영하고자 하는 취지에서 이루어졌다. 그러나 실제로는 주민 의견 수렴 절차가 종종 형식적인 요건에 그쳐 실질적인 영향력은 제한적인 경우가 많았다. 주민 참여가 단순히 절차적 요구사항을 충족하는 데 머무르면서, 진정한 의미의 소통과 협력으로 이어지지 못하는 한계도 지적되고 있다. 한편, 디지털 기술의 발전과 활용이 증가하면서 '복지ON' 플랫폼과 같은 온라인 참여 창구, 지역별 주민 참여 웹포럼 등 온라인 기반의 주민 참여가 점차 확장되고 있다. 이러한 디지털 참여 방식은 시간과 공간의 제약을 완화하며, 보다 다양한 주민들이 의견을 개진할 수 있는 기회를 제공하고 있다.

▶ 국제 사례

해외 주요 국가들은 복지정책 과정에서 시민 참여를 활성화하기 위한 다양한 모델과 방식을 운영하고 있다. 독일은 시민 참여위원회(Bürgerrat)와 지역사회 협의회를 중심으로 복지 관련 갈등을 조정하려는 노력을 기울이고 있으며, 이를 통해 지역 단위에서의 의견 조율과 합의 도출을 추구하고 있다. 핀란드는 사회보장 개혁 과정에서 1,000명의 무작위로 선정된 시민이 참여하는 국민참여포럼을 운영하여, 숙의 과정을 포함한 깊이 있는 논의를 진행함으로써 국민의 폭넓은 의견을 정책에 반영하고 있다.

한편, 캐나다는 소수계층과 원주민 등 다양한 사회 구성원의 참여를 확대하기 위해 공공정책 캠프(Policy Lab) 방식을 도입하여, 실질적이고 포용적인 정책 설계를 추진하고 있다. 또한, OECD는 2020년에 '시민 참여형 복지설계 지침'을 발표하며, 데이터 기반의 숙의 과정과 공공신뢰 회복을 핵심 가치로 강조하고 있다. 이러한 국제적 동향은 복지정책의 투명성과 수용성을 높이는 데 있어 시민 참여의 중요성을 다시 한번 부각시키고 있다.

〈표 158〉 해외 복지참여 모델 유형

국가	주요 참여 모델 및 특징
독일	시민 참여위원회(Bürgerrat), 지역사회 협의회 중심 복지 갈등 조정 시도
핀란드	사회보장 개혁 시 국민참여포럼 운영(1,000명 무작위 시민 대상, 숙의 과정 포함)
캐나다	소수계층·원주민 참여 확대 위한 공공정책 캠프(Policy Lab) 방식 도입
OECD	2020년 '시민 참여형 복지설계 지침' 발표 → 데이터 기반 숙의 및 공공신뢰 회복 강조

참고: 서울시복지재단(2022), OECD(2020), 핀란드사회복지연구소(2023) 자료를 바탕으로 재구성.

복지정책의 각 단계별로 다양한 시민 참여 방식이 적용되며, 이를 통해 정책의 효과성과 수용성을 높이고 있다. 먼저, 정책 기획 단계에서는 시민 제안 공모, 온라인 패널 운영, 주민자치회를 통한 의견 수렴과 같은 방식을 통해 주민들의 요구와 기대를 파악하고, 정책에 대한 초기 수용성을 강화다. 다음으로, 정책 설계 단계에서는 시민 참여 예산제, 복지협의체 참여, 숙의토론 등의 과정을 통해 시민들이 정책 결정에 공동으로 참여함으로써 정책에 대한 소유감을 높이고 정당성을 확보할 수 있다. 정책이 실제로 시행되는 집행 단계에서는 지역 돌봄협동조합과 같은 공동 서비스 운영이나 주민감시단 활동을 통해 정책의 효율성을 증대시키고, 부정 수급이나 자원의 낭비를 예방하는 효과를 거두고 있다.

마지막으로, 정책 평가 단계에서는 시민 패널의 피드백 수집과 지역사회 영향 조사를 통해 정책의 지속적인 개선을 유도하며, 지역 특성에 맞춘 세밀한 조정이 가능하도록 돕고 있다. 이와 같이 단계별 시민 참여는 복지정책이 보다 투명하고 효과적으로 운영될 수 있는 중요한 기반이 되고 있다.

〈표 159〉 복지정책의 단계별 시민 참여 및 의사소통 전략

정책 단계	시민 참여 방식 예시	주요 효과
정책 기획	시민제안 공모, 온라인 패널, 주민자치회 의견 수렴	정책 수요 파악, 수용성 강화
정책 설계	시민 참여 예산제, 복지협의체 참여, 숙의토론	공동 소유감 형성, 정책의 정당성 확보
정책 집행	공동 서비스 운영(예: 지역 돌봄협동조합), 주민감시단	효율성 증가, 부정 수급·낭비 예방
정책 평가	시민 패널 피드백, 지역사회 영향 조사	정책의 지속 개선 유도, 지역 맞춤형 조정 가능

참고: 서울시복지재단(2022), 통일연구원(2023), 한국보건사회연구원(2023) 자료를 바탕으로 재구성.

◆ 도전 과제

복지정책에서 시민 참여를 활성화하는 과정에는 여러 도전 과제가 존재하며, 이에 대한 효과적인 해결 방안과 전략적 제언이 필요하다.

첫째, 참여 제도가 형식화되어 실제 정책 반영으로 이어지지 않는 문제가 있다. 이를 개선하기 위해서는 시민 참여 결과가 정책에 얼마나 반영되었는지를 투명하게 공개하고, 참여자에게 의무적으로 피드백을 제공하는 절차를 도입해야 한다.

둘째, 청년, 노인, 장애인 등 특정 사회적 소수자의 참여가 부족한 현실을 고려하여, 이들을 위한 맞춤형 참여 통로를 확대하는 방안이 필요하다. 이를 통해 다양한 계층의 목소리가 골고루 정책에 반영될 수 있도록 해야 한다.

셋째, 북한 주민의 참여 기반이 부족한 상황에서는 남북 복지협의체 내에 '주민 목소리 반영 플랫폼'을 시범적으로 구축하고, 민주적 교육 프로그램을 병행하여 참여 역량을 강화하는 것이 중요하다. 넷째, 정책 정보의 비대칭성 문제를 해소하기 위해 '쉬운 복지언어' 제작과 함께 인포그래픽, 수화 영상 등 다양한 매체를 활용하여 정보 접근성을 높이는 노력이 병행되어야 한다. 마지막으로, 정책 피로도와 냉소가 증가하는 상황에서는 참여자가 자신의 의견이 실제 정책에 반영되는 과정을 확인할 수 있도록 '참여 → 정책 반영 → 공표'의 가시적 환류 구조를 구축하여 신뢰를 회복하는 것이 필요하다. 이러한 전략들은 시민 참여의 실질적 효과를 높이고, 복지정책의 정당성과 수용성을 강화하는 데 기여할 것이다.

◆ 정책 과제

복지정책 설계 과정에서 참여 단계를 의무화하여, 모든 사회보장 정책이 시행되기 전에 시민의 사전 의견 수렴과 숙의 과정을 반드시 거치도록 제도화하는 것이 중요하다. 이와 함께, 참여 결과를 공식적으로 반영하

는 구조를 마련하여 공표 및 보고서 작성 등을 통해 투명성을 확보해야 한다. 또한, 지방정부 차원에서는 복지시민위원회[10] 또는 숙의협의회[11] 운영을 활성화하여, 시민단체, 전문가, 행정조직이 수평적으로 협의하는 '시민 참여 복지 거버넌스' 모델을 확산시키는 노력이 필요하다. 이를 통해 정책 결정의 민주성과 실효성을 동시에 강화할 수 있다.

복지 정보 전달 체계에도 혁신이 요구된다. 특히 청각·시각장애인, 고령자 등 정보 접근에 취약한 계층을 고려한 '복지 커뮤니케이션 다중채널'을 설계하여, AI 수어 영상, 쉬운 복지 리플릿, 지역별 언어판 복지 안내자료 등 다양한 매체를 활용해 정보 접근성을 높여야 한다. 아울러, 남북 통합기를 대비하여 북한 지역 주민을 대상으로 '지역 주민협의회 모델'을 시범 도입하고, 민주시민교육과 연계한 참여 기반 조성도 필수적이다. 이를 위해 UNDP 등 국제기구와 협력하여 의사소통 능력과 시민 참여 역량 강화 프로그램을 함께 운영하는 방안도 고려되어야 한다.

◆ 시범모델 필요성

북한은 중앙집권형 통치 구조와 하향식 복지정책 전달 방식이 일반적이며, 주민들의 자발적 정책 참여 경험은 극히 제한적이다. 그러나 최근 북한은 일부 보건, 농업, 지역개발 사업에서 국제기구(예: UNDP, UNICEF, WHO)와 협력하며, 제한적이나마 주민 의견을 수렴하거나 집단적 행동방식 내 의사소통 가능성을 보여 주고 있다(UNDP, 2023). 이에 따라, 남북 통합기에는 북한 지역의 정치·사회문화적 맥락에 부합하면서도 남한형 시민 참여 원리를 접목할 수 있는 시범모델 설계가 필요하다.

〈표 160〉 북한의 참여 기반 제약과 기회 요인

항목	제약 요인	기회 요인
정치·제도 구조	권위주의 체제, 상명하달식 행정, 주민 의견 수렴 절차 미비	인민반·작업반 등 집단 기반 생활 단위 존재
시민문화 및 태도	공개적 발언에 대한 경계, 수직적 관계 중심	공동체 중심 생활, 집단행동 경험이 풍부
제도 활용 경험	주민 의견이 반영되는 공식 제도나 위원회 미존재	최근 보건·교육 분야에서의 국제 협력 사업을 통해 일부 의견 개진 경험 확보

참고: 통일연구원(2023), 북한사회복지연구소(2024) 자료를 바탕으로 재구성.

◆ 시범모델의 설계 개요

본 사업의 목적은 북한 지역 주민들이 복지제도의 형성과 전달 과정에 단계적으로 참여할 수 있도록, 기존 생활조직을 기반으로 한 참여 시범구조를 도입하는 데 있다. 시범지역은 국제 협력 사업 경험이 풍부한 개성,

---

10) 지역 주민, 시민단체, 전문가, 공무원 등이 함께 모여 복지정책과 관련된 의견을 나누고, 정책 방향이나 문제점, 개선 방안을 함께 논의하는 공식적인 기구이다. 시민들이 직접 참여해 복지 서비스가 실제 현장과 주민의 요구에 맞게 설계되고 운영될 수 있도록 돕는 역할을 한다.
11) '숙의'라는 말에서 알 수 있듯이, 충분한 정보와 다양한 의견을 바탕으로 심도 있게 토론하고 합의를 도출하는 협의체이다. 복잡하고 민감한 복지 문제에 대해 여러 이해당사자가 함께 논의하면서 합리적인 해결책을 찾는 과정에 중점을 둔다.

청진, 혜산 등 주요 도시 지역을 중심으로 선정하였다. 주요 원칙으로는 먼저, 주민들이 일상적으로 소속된 생활 단위인 인민반, 작업반 등 기존 조직을 활용하여 참여 기반을 마련하는 것을 중요하게 생각한다. 또한, 주민들이 자유롭게 의견을 개진할 수 있도록 익명성이 보장된 설문조사와 표기식 참여 방식을 도입하여 표현의 자유를 확보한다.

아울러, 논의의 초점을 정치적 이슈가 아닌 교육, 의료, 아동복지 등 주민 생활과 밀접한 공공복지 주제에 맞추어 실질적인 복지 개선에 기여하도록 한다. 마지막으로, 유엔기구 및 국제 NGO 등 국제기구의 중립적 지원과 중재를 통해 참여 과정의 신뢰성과 공정성을 확보하는 데 힘쓰고자 한다.

〈표 161〉 단계별 참여 시범모델 설계

단계	운영 내용	운영 주체
참여 준비기	- 지역별 인민반·노동단위 대상 설명회 개최 - 참여 의의, 방법, 안전 보장 강조	남북 복지협의회, UNDP, 지방 조직
의견 수렴기	- 익명 설문지 배포(복지 수요, 개선사항 등) - 수어, 쉬운 언어, 그림자료 활용 - 모바일 참여 보완	지역 보건소, 교육기관, NGO
주민 숙의기	- 조별 소그룹 회의 또는 지역 민원모임 형태 숙의회 - 주민 참여단(대표자 선출) 구성	지역 지도원, 중립 NGO 보조
정책 반영기	- 주민 의견 요약 후 지역복지조정회의 제출 - 시범 사업·자원 분배 계획에 반영	남북 공동복지실행단
피드백·공표기	- 정책 반영 결과 보고서(인포그래픽, 전단) 배포 - 반영률 공개 및 주민 피드백 수렴	주민 참여단, 지방당국, 언론 협력체

참고: 서울시복지재단(2022), 통일연구원(2023), 한국보건사회연구원(2023) 자료를 바탕으로 재구성.

본 참여 시범구조에서는 다양한 기존 조직 유형을 활용하여 주민 의견 수렴과 복지 개선에 효과적으로 기여할 수 있도록 하고자 한다. 먼저, 인민반은 가족 단위로 구성된 가장 기초적인 조직체로서, 가구별 의견을 체계적으로 수집하고 생활복지 관련 설문조사의 주요 채널로 활용할 수 있다. 다음으로, 작업반은 직장 중심의 조직체로서, 직장 내 아동복지나 보건 서비스 개선과 같은 주제에 대한 의견을 수렴하는 데 적합하다. 마지막으로, 여성동맹은 여성과 어머니들이 주도하는 조직으로, 모자보건과 육아지원 사업 등에서 중요한 참여 통로 역할을 하기에 매우 적합한 조직이다. 이처럼 각 조직의 특성과 기능에 맞춘 참여 방안을 통해 주민들의 다양한 목소리가 복지정책에 반영될 수 있도록 할 계획이다.

〈표 162〉 북한 주민 참여 기반 조직

조직 유형	기능 및 활용 방안
인민반	가족 단위로 구성된 가장 기초 단위 조직 → 가구별 의견 수렴, 생활복지 설문조사 채널로 활용
작업반	직장 중심 조직체 → 직장 내 아동복지, 보건서비스 등 개선 의견 수렴 가능
여성동맹	여성·어머니 주도 조직 → 모자보건, 육아지원 사업에서 참여 채널로 적합

참고: 통일연구원(2023) 자료를 바탕으로 재구성.

◆ 기대 효과 및 위험 완화 방안

이번 참여 시범구조의 도입은 여러 측면에서 긍정적인 기대 효과를 가져올 수 있다. 먼저, 주민들이 복지제도 형성과 실행 과정에 직접 참여함으로써 제도에 대한 수용성과 책임감이 높아지고, 기존 북한 사회의 집단문화와 남한의 참여주의적 접근을 접목할 수 있는 제도적 연결 가능성도 확대될 것으로 기대된다. 아울러, 이러한 참여 과정에서 수집되는 자료는 추후 남북 통합기 정책 수립에 활용 가능한 기초 데이터로서 중요한 역할을 할 수 있다. 그러나 동시에 몇 가지 잠재적 위험도 존재한다. 예를 들어, 주민들이 자유롭게 발언하는 데에 심리적 불안감을 느끼거나, 일부 지역 간부가 정보 흐름을 통제하거나 간섭할 가능성이 있다.

또한, 반복되는 참여 요구로 인해 참여자들이 피로감이나 냉소를 느낄 우려도 있다. 이를 해소하기 위한 완화 전략으로는, 발언의 자유를 보장하기 위해 익명 설문조사 및 집단 대화 중심의 참여 방식을 채택하고, 주제 역시 정치가 아닌 교육·보건·아동복지 등 비정치적 분야에 국한하는 방식이 필요하다. 또한, 유엔 등 중립적인 국제기구의 중재적 개입과 지역 보건시설을 중심으로 한 운영을 통해 간부 개입 가능성을 줄이고, 참여자의 신뢰를 높이기 위해 의견이 실제로 반영된 사례를 인포그래픽이나 포스터 등으로 시각화하여 안내하는 방식도 유용할 것이다. 이러한 전략은 주민의 자발적 참여를 이끌어 내고, 복지 거버넌스의 신뢰 기반을 조성하는 데 중요한 밑거름이 될 수 있다.

◆ 모자보건 개선 시민 참여 프로젝트 예시

이번 시범 참여사업은 북한 지역의 유아·모성 보건 문제를 해결하기 위한 단계별 참여 절차를 통해 추진되었다. 먼저 문제 제기 단계에서는, 해당 지역에서 유아 예방접종률이 낮고 임산부의 철분 부족률이 심각하다는 점이 핵심 과제로 파악되었다. 이어진 의견 수렴 단계에서는 여성동맹과 인민반이 연계하여 주민들의 목소리를 들을 수 있는 창구를 마련하였고, "당신의 아이가 병원에 가기 어려운 이유는?"이라는 질문이 담긴 그림형 설문조사가 가구에 배포되었다. 숙의토론 단계에서는 4~5가구가 소규모로 모여 각자의 경험과 생각을 나눈 뒤, 가장 시급한 문제에 대해 우선순위를 정하는 논의가 이루어졌다. 그 결과는 혜산시 보건소와 UN 보건팀이 함께 설계한 방문보건 시범 사업에 반영되어, 실제 정책으로 이어졌다. 마지막 피드백 단계에서는 "당신의 말이 새로운 보건 서비스를 만들었습니다!"라는 문구가 담긴 포스터를 통해, 주민들이 자신의 의견이 실질적인 변화를 이끌어 냈음을 확인할 수 있도록 안내했다. 이러한 일련의 참여 과정을 통해 주민의 신뢰와 정책 수용성이 한층 높아졌으며, 향후 다양한 복지 영역으로 확대 가능한 기반이 마련되었다.

〈표 163〉 모자보건 개선 시민 참여 프로젝트 - 혜산시

단계	내용
문제제기	유아 예방접종률 저조, 임산부 철분 부족률 심각
의견수렴	여성동맹-인민반 연계, 그림형 설문조사 배포("당신의 아이가 병원에 가기 어려운 이유는?")
숙의토론	4~5가구씩 모여 이유 토론 후 우선순위 제시
정책반영	혜산시 보건소와 UN 보건팀이 공동으로 방문보건 시범 사업 설계
피드백	포스터 배포("당신의 말이 새로운 보건서비스를 만들었습니다!")

참고: 통일연구원(2023), UNDP(2022) 협력 사업 보고서 및 서울시복지재단(2022) 자료를 바탕으로 재구성.

4) 남북한 통합기 복지 거버넌스 설계

◆ 체제 전환기와 복지 거버넌스의 재구조화

남북한 사회통합 과정은 단순한 제도 병합이 아니라, 이질적인 정책문화, 서비스 전달 체계, 시민의 인식 구조가 맞물리는 복합 전환기이다. 이 시기 복지정책의 핵심 과제는 단순한 '지원 확대'가 아니라 제도 간 조정, 수요 기반 대응, 참여 기반 운영구조를 설계하는 것이다(Leisering, 2020). 이를 위해서는 기존 남한의 복지국가 체계와 북한의 유사 복지제도 전통 간의 조율을 바탕으로 한 새로운 거버넌스 구조가 필요하다.

〈표 164〉 복지 거버넌스 개념

구분	내용
복지 거버넌스	복지정책의 설계, 실행, 평가 과정에서 정부뿐 아니라 다양한 행위자(지자체, NGO, 전문가, 시민 등)가 상호 협력하며 운영하는 복지 관리 체계
통합기 거버넌스	정치·경제·문화 제도가 전환되는 시기에 적합한 분산적이면서도 조정 가능한 구조를 의미하며, 상향식 참여와 하향식 조율의 조화가 핵심

참고: 서울시복지재단(2022), 통일연구원(2023), 한국보건사회연구원(2023) 자료를 바탕으로 재구성.

◆ 남북한 복지 체계의 비교와 통합 필요성

남한과 북한은 복지 체계 전반에서 철학, 전달 방식, 참여 구조에 있어 뚜렷한 차이를 보인다. 먼저, 복지철학 측면에서 남한은 시장 기능을 보완하는 형태의 복지국가 모델을 채택하고 있으며, 혼합경제구조 속에서 조세 기반의 복지 재정을 통해 사회적 안전망을 운영하고 있다. 반면 북한은 국가가 생산과 분배를 모두 계획하는 체제 속에서, 보편주의적 복지를 국가가 주도하는 구조를 갖추고 있다. 서비스 전달 체계에서도 차이가 있다. 남한은 지방자치단체와 민간기관의 협력을 통해 다양한 복지 서비스를 공급하는 분권적·다층적 구조를 갖고 있는 반면, 북한은 행정단위가 직접 관리하는 직할 구조로, 인민반이나 구역 단위를 중심으로 운영되며 민간 조직은 사실상 부재한 상황이다. 또한 참여 기반에서도 남한은 시민사회와 복지 이용자의 참여가 점차 확대되는 방향으로 나아가고 있는 반면, 북한은 여전히 상명하달식의 수직적 구조 속에서 정책이 일방적으로 전달되는 특성을 보인다. 이러한 구조적 차이는 향후 남북한 복지 체계의 조화와 통합을 모색하는 과정에서 중요한 고려 요소로 작용할 것이다.

〈표 165〉 남북한 복지 체계의 비교와 통합

항목	남한	북한	통합 시 고려사항
복지철학	시장보완형 복지국가 (혼합경제+조세 기반)	국가 주도 보편복지 (생산과 분배의 계획경제 연계)	보편성과 선택성의 균형
서비스 전달	지방자치단체 + 민간기관 협력	행정단위 직할(인민반·구역 중심), 민간 조직 부재	전달 체계의 재편 필요 (혼합모델 구축)
참여 기반	시민사회 및 이용자 참여 증대	상명하달식 수직 구조	시민 참여 교육과 주민 위원회 구조 설계 필요

참고: 서울시복지재단(2022), 통일연구원(2023), 한국보건사회연구원(2023) 자료를 바탕으로 재구성

◆ 남북 통합기 복지 거버넌스 설계 원칙

남북한 복지 체계 통합을 위한 기본 원칙은 점진적이고 조화로운 방식의 통합을 지향하며, 다음과 같은 방향에서 구체적으로 설계되어야 한다.

① 단계적 통합은 남북 간 제도적 격차와 지역 여건을 고려하여 일괄 병합이 아닌 시범지역에서 먼저 적용한 후, 우선 영역을 중심으로 점차 전국으로 확대하는 방식이 바람직하다.

② 분산과 조정의 균형 측면에서는 중앙정부가 전체 틀을 주도하되, 지방정부의 자율성과 창의성을 보장하는 구조가 필요하다. 특히 북측 지역은 '특별행정구' 형태로 일정 수준의 자치를 부여함으로써 제도 이식의 유연성을 높일 수 있다.

③ 주민 참여 기반 강화도 핵심 과제이다. 제도에 익숙하지 않은 북한 주민들이 변화에 자연스럽게 적응할 수 있도록, 지역 주민위원회 구성, 참여형 교육 및 숙의 프로그램 등 참여 기반을 촘촘히 마련하는 노력이 필요하다.

④ 제도 간 형평성 고려를 위해서는 기존의 남북한 복지 서비스 격차를 인정하고, 초기에는 이중표준(Dual standard)을 적용해 점진적으로 격차를 조정하는 전략이 필요하다. 이는 형평성과 현실 가능성을 모두 고려한 접근이다.

⑤ 마지막으로, 국제 협력의 적극적 활용이 중요하다. WHO, UNICEF, UNDP 등 국제기구와의 협력을 통해 복지 인프라 투자와 제도 설계 자문을 병행함으로써 통합 과정의 전문성과 국제적 신뢰를 확보할 수 있다.

이러한 원칙에 기반한 통합 전략은 제도적 안정성과 주민 수용성을 동시에 확보하는 데 기여할 수 있을 것이다.

◆ 복지 거버넌스 구조도: 3단계 통합모델(예시)

[1단계] 이행기 모델(Transition Governance)

- 남북공동복지위원회 구성
- 시범지역(개성·강계 등) 복지시설 공동 운영

- 개성(Kaesong): 대표적인 남북 경제협력 지역

▶ 개성공단 사업(2004~2016)

남북한이 공동으로 운영한 경제협력 특구로, 한국 기업이 북한 노동자를 고용하여 생산 활동을 수행한 상징적 사업이다. 남북 간 행정·노동·보건·교육 등 다양한 실무 협력 경험이 축적되었고, 민간 차원의 접촉이 이루어졌던 유일한 공간이다. 개성시 보건소 및 지역주민 대상 보건의료 협력 논의도 과거에 이뤄진 바 있다.

▶ 지리적 접근성과 상호 이해 기반

서울과 인접해 있으며, 남한의 물자·인력 지원이 상대적으로 용이하여 향후 복지 시범지역으로 재활용 가

능성이 높다.

- **강계(Kanggye): 북중 접경 및 국제 NGO 활동 지역**

▶ 국제기구와의 보건·영양 협력 경험

유니세프(UNICEF), WHO, 세계식량계획(WFP) 등이 2000년대 중반 이후 강계 지역에서 영유아 보건, 모자보건, 식량 지원 사업 등을 수행한 사례가 있다. 이를 통해 국제 기준에 따른 보건자료 수집, 주민 대상 설문 및 참여 활동이 제한적으로나마 이루어졌다.

▶ 시범운영 가능성

평양이나 군사적 민감지역과 거리가 있어 상대적으로 정치적 부담이 적고, 국제기구의 중립적 개입이 용이하다.

〈표 166〉 이행기 시범지역

지역	협력 경험	시범지역으로서의 강점
개성	남북 공동경제활동(개성공단), 실무 교류, 보건 협의	행정 실무경험 있음, 접근성 우수
강계	WHO·UNICEF 등의 보건·식량 지원	국제기구 협력 기반, 정치적 부담 적음

참고: 서울시복지재단(2022), 통일연구원(2023), WHO(2023) 자료를 바탕으로 재구성.

[2단계] 병행기 모델(Parallel Governance)

- 남한식 제도 시범 적용 + 기존 북측 체계 유지
- 복지조정기구(Council for Welfare Alignment) 설립

병행기 모델은 남북한 복지 체계 통합의 중간 단계로, 남한식 복지제도를 시범적으로 일부 지역에 적용하되, 북한의 기존 체계를 동시에 유지하는 방식이다. 급격한 통합보다는 점진적 적응과 상호 학습을 중시하며, 제도 전환의 충격을 최소화하고 주민 수용성을 높이는 것이 핵심 목표이다. 이 과정에서 남북 간 복지정책과 운영 기준을 조율할 수 있도록, '복지조정기구(Council for Welfare Alignment)'를 새롭게 설립하여 제도 간 충돌을 최소화하고 정책 실행의 일관성을 확보한다. 이 기구는 남북한 행정 실무자, 전문가, 국제기구 관계자 등이 함께 참여하여 협의와 조정을 담당하게 된다. 이 단계는 통합기로 가기 위한 현실적 전환 모델로서, 제도 실험과 조정을 동시에 가능하게 하며, 복지의 정치적 민감성을 낮추고 사회적 신뢰 기반을 확립하는 데 중요한 역할을 할 수 있다.

<표 167> 병행기 모델

항목	내용
목표	남북한 복지제도의 병행 운영을 통해 상호 수용성 및 효과 검증
운영 방식	일부 시범지역에 남한식 제도 도입 + 북한 기존 체계 병행 유지
핵심 기구	복지조정기구(Council for Welfare Alignment) 설립
참여 주체	남북 행정당국, 사회복지 전문가, 국제기구(UNDP, UNICEF 등)
기대 효과	제도 충돌 최소화, 이행 가능성 점검, 주민 불안감 완화
적용 사례	기초생활 보장, 아동복지, 방문보건 등 주민체감형 서비스 중심

참고: 통일연구원(2023), 한국보건사회연구원(2023) 자료를 바탕으로 재구성.

[3단계] 통합기 모델(Unified Governance)

- 통일된 법률과 재정 기반 마련
- 지방자치 복지거버넌스 확대, 시민 참여 기반 제도 완성

통합기 모델은 남북한 복지 체계 통합의 완성 단계로, 법률과 재정 기반을 하나로 통합하고, 전국적으로 일관된 복지제도를 구현하는 시점이다.

이 단계에서는 모든 복지제도를 남북 주민이 동등하게 누릴 수 있도록 제도와 행정 체계를 정비하며, 지방자치 중심의 복지 거버넌스를 확대하여 지역 실정에 맞는 복지 실현을 도모한다. 특히, 시민의 직접적인 참여가 제도 설계와 실행에 반영될 수 있도록, 시민 참여 기반의 제도 운영을 제도화하고, 복지 서비스에 대한 공공성과 투명성을 강화한다. 이는 남북 주민 모두가 주체적으로 복지국가 건설에 기여하는 기반을 마련하는 과정이다.

<표 168> 통합기 모델

항목	내용
목표	남북한 복지제도의 법적·행정적 통합 및 전국적 확대
주요 조치	복지 관련 법률·재정 체계 일원화, 제도적 정합성 확보
복지 운영 구조	지방자치단체 중심의 복지 거버넌스 확립
시민 참여 확대	시민위원회, 주민협의체 등 제도화된 참여 구조 도입
기대 효과	제도 정착, 서비스 형평성 제고, 복지 수용성 강화
예시 영역	기초생활 보장, 국민연금, 아동·장애인·노인복지 등 전국 단위 확대

참고: 통일연구원(2023), 한국보건사회연구원(2023) 자료를 바탕으로 재구성.

◆ 독일 통일기 복지 거버넌스 교훈

독일의 통일 경험은 향후 남북한 복지 통합을 구상하는 데 중요한 시사점을 제공한다. 특히 행정·재정·참여·서비스 기준 측면에서 단계적이고 현실적인 적용 전략이 요구된다. 먼저, 행정 일원화와 관련하여 독일은

동독의 복지기관을 전면 해체하고 서독의 복지제도를 일괄적으로 이식하는 방식을 택했다. 그러나 남북한의 경우, 상호 인정 가능한 공동 협의체를 중심으로 점진적이고 단계적인 행정 전환이 필요하다. 이는 북한 체제의 특수성을 고려한 유연한 접근이 바람직하다는 점을 시사한다. 재정 이전 구조에서도 독일은 통일세와 함께 '연방특별재정기금'을 조성하여 동독 지역의 복지 재정을 지원했다. 남북한 통합에서는 남한 정부의 직접 재정 지원 외에도 WHO, UNDP 등의 국제기구와 연계한 공동기금 조성이 현실적인 대안이 될 수 있다. 주민 참여 확대는 통합 과정의 수용성을 높이는 데 중요한 요소이다. 독일은 주민대표 협의체를 구성하고 지방복지심의회를 강화함으로써 참여 기반을 확장했다. 이에 비해 북한 주민은 제도적 참여 경험이 거의 없기 때문에, 참여훈련과 민주시민교육을 병행하는 것이 필수적이다.

마지막으로, 서비스 기준의 격차 완화에 있어서 독일은 법률상 동일한 권리를 부여하면서도, 서비스 제공 수준은 점진적으로 높이는 방식을 택했다. 남북한의 경우에도 법적 권리는 동등하게 보장하되, '이중표준(Dual standard)'을 적용하고 지역 적응형 서비스를 설계하는 방식이 적절할 것이다. 이처럼 독일 통일의 복지 경험은 남북한 통합을 위한 제도 설계에 있어 유익한 비교 기준이 되며, 단순한 제도 이식이 아닌 현실 적응과 주민 참여 중심의 접근이 핵심이 될 것이다.

〈표 169〉 독일 통일기 복지 거버넌스 교훈

요소	독일 사례	남북한 적용 가능성
행정 일원화	동독 복지기관 해체, 서독 제도로 대체	남북 모두 인정하는 협의체 통한 단계적 전환 필요
재정 이전 구조	통일세 도입 및 '연방특별재정기금'으로 동독 복지 재정 확보	남한 재정 지원 + 국제기구 공동기금 활용 가능
주민 참여 확대	주민대표 협의체 구성 및 지방복지심의회 강화	북한 주민 대상 참여훈련 및 민주시민교육 병행 필요
서비스 기준 격차 완화	법률상 동일 권리 보장 → 서비스 수준은 점진적 확대	이중표준 적용 + 지역 적응형 설계 필요

참고: 통일연구원(2023), 한국보건사회연구원(2023) 자료를 바탕으로 재구성.

◆ 정책 제언

남북한 복지 체계의 원활한 통합과 지속 가능한 발전을 위해 다음과 같은 정책적 방안을 제안한다. 첫째, 남북 복지공동위원회를 설립하여 복지 관련 법률과 제도의 통합을 위한 공동 심의 및 자문 기능을 수행하도록 한다. 이를 통해 상호 신뢰를 구축하고, 통합 과정의 일관성을 확보할 수 있다. 둘째, 북측 일부 도시를 대상으로 지역 기반 복지 시범 지역을 지정하여 개성, 청진 등에서 지역 맞춤형 복지 모델을 적용하고, 실질적 운영 경험을 축적하도록 한다.

셋째, 복지 전환기 갈등을 조정하고 주민 주도의 운영을 지원하기 위해 복지조정자 양성 및 참여자 교육 강화에 힘써야 하다. 이를 위해 중간지원조직을 육성하여 현장 중심의 협력과 조율 기능을 담당하게 한다. 넷째, 주민들의 수용성을 고려한 이중표준 전략 및 단계적 수급 체계 도입이 필요하다. 초기에는 급여와 서비스 수준을 점진적으로 상향 조정하여 급격한 변화에 따른 혼란을 줄이고 안정적인 제도 정착을 도모한다. 마지막으로, 국제기구와의 협력 체계를 강화하여 WHO, UNDP 등과 함께 복지제도 이전, 인프라 구축, 인적자원 양성 등의 사업을 병행 추진함으로써 전문성과 신뢰성을 확보해야 한다. 이러한 정책들은 남북 복지 통합의 현실적 여건을 반영하면서도 주민 중심의 지속 가능한 복지 체계 구축에 기여할 것이다.

> 💡 **학습 문제**
>
> 1. 복지국가 재정의 지속 가능성을 위협하는 주요 요인은 무엇인가?
> 2. 재정 건전성을 확보하기 위한 전략적 방안들을 설명하시오.
> 3. 사회적 통합 전략이 복지국가 발전에 미치는 영향을 논하시오.
> 4. 평등 증진을 위한 구체적 정책 제언을 제시하시오.
> 5. 국제 복지국가의 재정 운영과 사회통합 정책 사례에서 얻을 수 있는 시사점은 무엇인가?

참고문헌

강동완. (2023). 『북한의 시장화와 정책 변화: 제도 이행과정에서의 함의』. 서울: 통일연구원.

개인정보보호법. (2023). 법률 제19234호. 3.14., 일부개정.

경찰청. (2024). 2023년 아동학대 범죄 통계 분석 보고서. 경찰청 범죄분석과.

고용노동부. (2024). 『2024 고용보험 연차보고서』. 세종: 고용노동부.

고용노동부. (2024). 『고용보험 수급자 상담 사례집』.

고용노동부. (2024). 『2024 산업재해보상보험 연차보고서』. 세종: 고용노동부.

고용노동부. (2024). 『고용정책 주요 현황 및 개선과제』.

고용노동부. (2023). 「2023년 직업훈련 통계보고서」. 고용노동부.

고용노동부. (2023). 『2023 퇴직연금 운용 실적 분석』.

국가인권위원회. (2023). 2023년 인권상황 실태조사 보고서: 장애인 차별 사례 분석. 서울: 국가인권위원회.

국가인권위원회. (2022). 『차별 실태조사 종합분석보고서』.

국무조정실. (2023). 『2022 정부업무평가 종합보고서』.

국민건강보험공단. (2023). 『건강보험 수급 편의성 개선 사례』.

국민건강보험공단. (2023). 「장기요양보험통계연보」.

국민건강보험공단. (2023). 『건강보험 주요 통계연보』.

국민연금공단. (2023). 국민연금 통합정보시스템 개요 보고서.

국민건강보험심사평가원. (2022). 『환자경험평가 종합보고서 2022』.

국민건강보험공단. (2024). 『노인장기요양보험 통계연보』.

국민권익위원회. (2024). 『국민신문고 운영현황』.

국민연금공단. (2024). 『국민연금 수급자 만족도 조사 보고서』.

국민연금공단. (2023). 『2023 국민연금제도 개요 및 현황』. 서울: 국민연금공단.

국민연금공단. (2023). 『2023 국민연금제도 안내』. 서울: 국민연금공단.

국민연금공단. (2023). 『국민연금 주요통계』.

국민연금공단. (2023). 『국민연금 재정추계 보고서』.

국민연금연구원. (2023). 『국민연금의 재정안정성과 보장성 개선 방안』. 서울: 국민연금연구원.

국민연금재정추계위원회. (2023). 『제5차 국민연금 재정추계 결과 보고서』. 국민연금공단.

국립중앙치매센터(2023). 「치매관리사업 운영성과」.

국제기구 (2023). 『북한 인도적 지원 및 복지 상황 보고서』. 유엔 아동기금(UNICEF), 세계식량계획(WFP).

국토교통부. (2024). 2023년 주거실태조사 결과보고서. 국토연구원.

국토연구원. (2023). 『주거복지정책의 현황과 과제』.

국회예산정책처 (2023). 『연금제도 재정추계 및 지속 가능성 분석 보고서』.

국회예산정책처 (2023). 『사회보장기금 재정안정성 분석 보고서』.

국회예산정책처 (2023). 「남북 통합비용 추계 보고서」.

권현지. (2023). 「산재보험의 적용 확대와 제도 개선 과제」, 『사회보장연구』, 39(2), 63-91.

권민지. (2021). 북한 사회보장제도의 특징과 과제: 남한 복지 체계와의 비교를 중심으로. 북한연구학회보, 25(1), 75-98.

기획재정부. (2022). 『국가재정운용계획(2023~2027)』.

기획재정부. (2023). 『2022년 공공기관 경영평가 결과보고서』.

기획재정부. (2024). 「2024년도 국가재정운용계획」.

기획재정부. (2023). 공공기관 민간투자사업 지침.

김광진. (2023). 「계획경제 하의 북한 복지정책 재정배분 체계고찰」, 『통일정책연구』 제32권 1호.

김민석·박지현·이수진. (2022). "공공 데이터와 개인정보 보호의 조화방안 연구." 정보관리연구, 33(4), 12-35.

김민지. (2023). 「사회보험 재정 건전성 확보를 위한 정책 방향」, 『복지행정연구』, 41(1), 13-38.

김민지·박현우·이지은. (2021). 남북한 사회보장 체계 통합을 위한 제도·재정·인력 관리 방안 연구. 한국사회복지연구, 53(4), 101-125.

김민지·이준호. (2021). 동아시아 복지국가의 발전과정과 특징: 선택적 보편주의를 중심으로. 한국사회복지학, 73(1), 45-68.

김민호. (2023). "건강·고용 데이터 통합과 복지정책의 정밀화." 보건복지 정보연구, 17(2), 33-52.

김병로. (2022). 「북한 사회보장제도의 특성과 과제」, 『북한연구학회보』, 26(1), 43-70.

김성현. (2024). 「사회주의 복지국가의 구조와 사회보장 운영 체계 분석」, 『비교복지연구』, 30(1), 25-49.

김수암. (2023). 「북한 주민의 생존전략과 사회보장제도의 변용」, 『통일정책연구』, 31(2), 103-130.

김수연 외. (2023). 「사회복지 서비스 정보 접근성 향상 방안」, 사회정책연구, 41(2), 55-79.

김수연·박진우. (2022). 주요 복지국가의 연금 및 보육 정책 비교: 스웨덴, 독일, 미국 사례를 중심으로. 한국사회복지연구, 54(3), 101-123.

김수연·정민호. (2021). 사회복지 서비스 전달 체계 통합의 기대 효과 분석. 한국사회복지학, 73(2), 115-138.

김영란. (2022). 「북한의 사회보장제도 운영과 재정문제」, 『북한연구학회보』, 26(3), 55-78.

김용현. (2023). 「이념적 통제와 사회보장 지출 구조」, 『현대북한연구』 제25권 1호.

김은주. (2023). 「북한의 복지제도와 국가 통치 전략」, 『현대북한연구』, 16(1), 11-36.

김정은. (2023). 「복지정책의 정치화와 사회적 효과 분석: 북한과 남한의 사례 비교」, 『동북아복지연구』, 5(1), 117-142.

김정철·리성훈. (2023). 「북한 사회보장제도의 구조와 과제」, 『북한사회연구』, 45(1), 95-123.

김철수. (2023). 북한 사회보장제도의 재정 체계 분석. 북한학연구, 29(3), 59-88.

김철수. (2023). "북한 인민반 조직과 사회보장 서비스 전달 체계." 북한연구, 45(2), 123-145.

김태완 외. (2022). 『중앙-지방 복지재정 분담구조 개선방안 연구』, 한국보건사회연구원.

김태형. (2023). 「국민연금 개혁과 사회적 합의 메커니즘」, 『복지행정논총』, 41(3), 11-37.

김형배. (2022). 『사회보장론』. 나남출판.

남성욱. (2024). "북한의 ICT 인프라 실태와 정책적 한계." 통일정책연구, 22(1), 51-74.

박능후 외. (2022). 『한국의 사회보장제도 개관』. 나남.

박문수. (2005). 「한국 초기 사회복지정책의 형성과 전개」, 『사회복지정책』, 20(1), 1-22.

박미진. (2022). 「1970~80년대 한국 의료보장정책의 역사적 고찰」, 『사회보장연구』, 38(1), 17-43.

박민수 외. (2023). 「사회복지 서비스 접근성 연구 동향」, 사회정책연구, 40(1), 13-38.

박상현, 이지은, & 최민호. (2020). 복지 서비스 전달 체계 통합의 필요성과 발전 방향: 인구구조 변화와 디지털 전환을 중심으로. 한국사회복지행정학, 22(1), 55-78.

박영자. (2021). 「김정은 체제 이후 사회복지 우선순위의 변화와 정치성」, 『현대북한연구』제24권 3호.

박지혜 외. (2023). 「남북한 사회복지 협력과 취약계층 지원 방안」, 통일복지연구, 15(1), 87-112.

박진우. (2023). "정보 시스템과 의사결정 지원." 행정과 정보기술, 27(1), 78-92.

박진우. (2022). 남북한 복지 체계 비교 연구: 제도 구조와 행정 운영의 차이를 중심으로. 한국사회복지연구, 54(2), 33-57.

박진우, 최민호. (2021). 남북한 사회보장 재정 통합의 단계별 추진 전략: 재정 안정성과 형평성 확보를 중심으로. 한국사회복지행정학, 23(2), 55-78.

박한균. (2022). 『북한 재정과 복지정책의 정치경제적 분석』.

보건복지부. (2024). 「사회성과보상사업(SIB) 운영 가이드라인(개정판)」. 서울: 보건복지부 사회서비스정책과.

보건복지부 (2024). 2024년 사회보장백서.

보건복지부 (2024). 2024 사회보장백서.

보건복지부 (2024). 『2024년 사회복지 정보시스템 운영 현황』.

보건복지부 (2024). 『2024년 사회보장통계연보』.

보건복지부. (2024). 『2024 보건복지통계연보』.

보건복지부 (2024). 『2024 국민기초생활 보장 종합계획』.

보건복지부 (2023). 『지역사회 통합 돌봄 추진 성과보고서』.

보건복지부 (2023). 『제5차 장애인정책종합계획(2023~2027)』.

보건복지부 (2023). 『커뮤니티케어 추진 경과와 향후 방향』.

보건복지부 (2023). 아이돌봄서비스 정책성과 평가 보고서.

보건복지부 (2023). 「아동복지정책 연차보고서」.

보건복지부 (2023). 「기초연금제도 운영보고서」.

보건복지부 (2023). 『2023 보건복지통계연보』.

보건복지부 (2023). 『2023년 보건복지사업안내』.

보건복지부 (2023). 『2022 보건복지 민원처리 보고서』.

보건복지부. (2022). 『지역사회 통합 돌봄 기본계획』. 서울: 보건복지부.

보건복지부 (2022). 장애인복지 서비스 발전 종합계획.

보건복지부 (2022). 2022년 아동복지법 해설 및 정책동향. 세종: 보건복지부.

보건사회연구원 (2024). 「사회보장 통합과 복지 사각지대 해소 방안」, 연구보고서.

보건사회연구원 (2023). 『사회보장지출 통계연감』.

보건사회연구원 (2023). 『사회보험 재정 안정화 방안 연구』.

보건사회연구원 (2023a). 『복지국가 재정지속성 강화를 위한 정책과제』.

보건사회연구원 (2022). 『민간의료보험의 현황과 정책적 과제』.

복지통계포털 (2024). 『사회복지 서비스 정보 접근성 조사 결과』.

북한사회복지연구소 (2023). 북한 장애인 복지정책 동향. 평양: 북한사회복지연구소 출판부.

북한 사회주의헌법 (2023년 개정판).

북한 사회주의헌법 및 2023년 최고인민회의 조직도.

사회보장정보원 (2024). 2024 행복e음 운영백서. 서울: 사회보장정보원.

사회보장정보원 (2023). 행복e음 시스템 운영백서. 서울: 사회보장정보원.

서민지・박진우. (2023). 디지털 기술을 활용한 맞춤형 복지 서비스 설계와 행정 효율성 제고 전략. 한국사회복지행정학, 25(2), 67-92.

서울복지재단. (2024).「AI 기반 복지 사각지대 발굴 시스템 운영보고서」. 서울: 서울복지재단 복지기획실.

신은정. (2023).「민관협력 기반 지역복지모형 개발연구」, 한국지방사회복지학회.

아동권리 보장원 (2023). 아동보호전문기관 연간 운영 보고서.

양재진. (2012).「남북한 복지정책 비교와 통합방안」,『통일과 평화』, 4(2), 33-59.

연금개혁특위 (2023).『국민연금 종합개혁안 보고서』.

유엔개발계획 UNDP(2023).「북한 보건 및 사회복지 현황」.

유엔북한인권보고서(2023).『북한 취약계층 복지현황과 인권 문제』.

유지현・정수연. (2023). 지속 가능한 복지재정 운영과 국민 중심 서비스 제공 전략. 한국행정학보, 61(1), 101-125.

윤지혜. (2022).「사회보장 수혜 기준의 제도적 정당성과 남북한 비교」,『복지정책과 법』, 10(2), 59-84.

이광재. (2023).「북한 사회보장제도의 이념과 실제」,『통일복지연구』, 12(2), 55-79.

이광재. (2023).「조직 단위 중심 북한 복지 행정의 구조와 기능」,『사회복지정책학』, 45(3), 71-98.

이수영. (2023). "북한 사회보장 정보관리 체계 현황과 개선 방향." 정보사회정책연구, 12(3), 123-143.

이승현. (2024). "공공 데이터 연계 시스템과 디지털 행정의 효율성." 정보행정학회지, 30(1), 55-74.

이영희. (2024). "개인정보 보호와 데이터 활용의 균형." 디지털사회연구, 19(1), 55-78.

이재훈・정혜진. (2022). 장애인복지 인력 전문성 강화 방안 연구.『한국사회복지행정학』, 18(4), 89-115.

이정환. (2010).『일제강점기 사회보장제도 연구』. 서울: 학지사.

이지훈・최수진. (2022). 복지 전달 체계 개편을 위한 인력 및 조직 역량 강화 전략. 한국행정학보, 60(1), 77-99.

이지훈・서민지. (2022). 재정 운영기구의 역할과 성과관리 체계 강화 방안. 한국행정학보, 60(4), 43-67.

이현우. (2024). "북한의 사이버인재 양성과 공공정보기술의 활용 실태." 정보사회와 북한연구, 12(1), 70-92.

임완섭 외. (2022).「재난 시기 민간복지재원의 역할 분석」,『사회복지정책』, 제49권 2호.

임지영. (2023).「지역사회보장협의체의 민관협력 실태와 정책 과제」,『사회복지행정연구』, 25(1), 33-58.

장민호・유지현. (2021). 남북한 사회보장 체계 통합을 위한 법・제도 및 전달 체계 일원화 방안. 한국사회복지정책, 48(2), 55-78.

정민아 이지훈. (2023).「사회복지 서비스 접근성 향상을 위한 경제적 요인 연구」, 한국사회복지학, 65(1), 45-69.

정수연. (2024). 복지 서비스 통합의 장기적 성과 관리 및 평가 방안. 한국행정학보, 62(2), 45-70.

정수연・임지훈. (2024). 남북 협력 거버넌스 구축을 위한 체계적 접근: 정보 교환, 조정 및 분쟁 관리 중심으로. 한국정책학회보, 34(1), 55-80.

정은미. (2021).「북한 지방재정 구조와 자립화 가능성 분석」,『북한연구학회보』, 25(1), 33-59.

정은이. (2022).「북한의 시장화와 가족복지의 변화」, 사회복지동향, 35, 51-76.

정은정. (2022).「북한의 사회보장 재정 구조와 운영 체계 분석」,『북한연구학회보』제26권 2호.

정은정. (2022).「북한의 사회보장 재정 구조와 회계 투명성 문제」,『북한연구학회보』제28권 2호.

정은채. (2023).「북한 사회보장의 계획경제적 구조와 정책 연계성」,『북한연구학회보』, 27(3), 63-87.

정지은 (2023). "복지멤버십과 행복e음 연계의 행정 혁신 사례." 사회복지행정논총, 25(1), 83-101.

정지은. (2023). "정치통제와 정보기술: 북한의 디지털 행정화 한계." 동북아정보정책연구, 17(2), 88-109.

정지은. (2023). "복지멤버십과 선제적 복지 전달 체계 혁신." 사회복지정책연구, 21(3), 89-112.

정지은. (2023). "복지멤버십 도입과 선제적 복지 체계 혁신." 사회복지정책, 25(2), 77-96.

정혜진. (2024). "북한 복지 서비스의 재정적 제약과 대응 과제." 통일복지학회지, 15(2), 89-112.

조명철. (2023). 「북한 사회복지 서비스 운영의 이념과 실제」, 사회복지연구, 50(3), 200-225.

조명철. (2023). 「북한 사회복지시설 및 접근성 문제 연구」, 사회과학연구, 58(4), 88-110.

조명철. (2023). 「북한 사회복지 인식과 정보 격차」, 사회과학연구, 60(1), 88-111.

조명철. (2023). 「북한 사회복지의 현실과 과제」, 사회과학연구, 59(2), 78-102.

조민수. (2024). AI 기반 공공 데이터 활용과 실시간 정책 모니터링 시스템 연구. 한국정보사회학회지, 38(1), 45-69.

조성은·김태완. (2023). 「한국 사회복지재정의 다층구조와 보충성에 관한 연구」, 『보건사회연구』, 제43권 1호.

조영숙. (2021). 「북한 지방정부의 사회복지 집행 역량과 중앙 통제」, 『통일정책연구』 제29권 3호.

조은정. (2023). "정보 시스템 부재와 주민 행정불만 사례 분석." 북한사회연구, 26(3), 103-124.

조선민주주의인민공화국 사회주의헌법 (2019). 최고인민회의 상임위원회.

조선보건성 (2022). 『조선의료정책 백서』. 평양출판사.

조선보건성 (2023). 『조선의료제도 백서』. 평양출판사.

조선사회과학원 (2023). 『북한 사회복지 체계와 인프라 연구』.

조선중앙통신 (2023). 『조선의 복지정책 개요』. 평양출판사.

최민주. (2023). 「사회주의 사회보장의 국가 주도성과 보편성 연구」, 『복지행정논총』, 44(1), 67-93.

최민호·강지현. (2023). 의료 서비스 통합을 위한 제도·인프라·서비스 품질 개선 전략. 한국보건사회연구, 43(2), 55-78.

최민호·서지은. (2023). 복지 서비스 통합을 위한 기능적·법적·정보 연계성 평가 연구. 한국사회복지행정학, 25(1), 67-92.

최민호·한지훈. (2023). 분쟁 예방 및 관리 강화를 위한 협력 메커니즘 연구: 공식·비공식 기구의 역할. 한국사회복지정책, 51(3), 103-128.

최현주 외. (2024). 「남북한 사회복지 비교와 통합 방안」, 통일과 복지, 20(1), 65-90.

통계청 (2024). 「2024년 1분기 고용동향」, 통계청 공식 웹사이트.

통계청 (2024). 「2023년 인구 및 사회통계」, 세종.

통계청 (2023). 『2023년 고령사회 통계 보고서』. 세종: 통계청.

통일부 (2024). 「북한 사회복지 현황과 남북 협력 가능성 연구」.

통일부 (2023). 『남북한 사회복지 접근성 비교 보고서』.

통일연구원 (2024). 북한 행정조직의 구조와 변화 동향 분석 보고서.

통일연구원 (2024). 북한 복지행정 동향과 정책 과제 분석 보고서.

통일연구원 (2024). 『북한의 지방행정 운영 실태와 남북 협력 방안』. 정책자료집 제2024-4호.

통일연구원 (2024). 『북한의 지방행정과 중앙-지방 권한 배분 실태』. 연구보고서 2024-3호.

통일연구원 (2024). 『북한 교육 실태와 발전 방향』.

통일연구원 (2024). 『북한 사회복지 서비스 접근성 평가 및 개선방안』.

통일연구원 (2024). 『남북 사회복지 정보교류 및 협력 전략』.

통일연구원 (2024). 『남북한 사회복지 통합 정책 연구』.

통일연구원 (2023). 북한 인권 실태 보고서 2023.

통일연구원 (2023). 『남북한 사회보장제도 비교 및 통합 방안 연구』.

통일연구원 (2023). 『북한의 경제개혁과 제도화 가능성 연구』.

통일연구원 (2023).『2023 북한사회보장제도 실태분석 보고서』.

통일연구원 (2023).「남북 사회통합과 사회보장 통합 정책 연구」, 연구보고서.

통일연구원 (2022).『북한 재정 및 복지 부문 변화 동향 보고서』.

통일연구원 (2022).『북한의 사회문화 예산 분석 보고서』.

통일연구원 (2020).『북한의 사회복지 전달 체계와 지역조직의 역할』. 서울: 통일연구원.

통일연구원 (2019).『북한 정치 체제와 행정』. 통일연구원 간행물.

평양무역관 (2021).『북한 보건·복지 분야 현황 보고서』. KOTRA.

한국개발연구원(KDI), 북한개발연구소, BTI (2023). 북한 경제 실태 보고서.

한국개발연구원(KDI) (2024). 북한경제리뷰 제33권.

한국교육개발원 (2023).『평생학습 체계 발전 전략 연구』.

한국노동연구원 (2023).『2023 노동시장 동향 및 전망』. 서울: 한국노동연구원.

한국보건사회연구원 (2024).『2023년 사회복지통계연보』.

한국복지학회 (2024).『취약계층 사회복지정책 연구』.

한국복지정책연구원 (2023).『사회보장제도 대응 방안 연구』. 서울: 한국복지정책연구원.

한국사회가치연대기금. (2022). 사회성과보상사업(SIB) 운영 매뉴얼: 지역 실행모델 중심으로. 서울: 한국사회가치연대기금.

한국사회보장정보원 (2023). 사회보장정보시스템 통합운영 현황 보고서.

한국사회보장정보원 (2023). 사회보장정보시스템 통합운영 현황 보고서.

한국사회보장정보원 (2023).『복지 민원 통계 연보』.

한국사회복지협의회 (2023).『사회복지 정보화 및 홍보 전략 보고서』.

한국사회적기업진흥원 (2023). 사회성과보상사업 추진현황과 정책과제. 성남: 한국사회적기업진흥원.

한국산업연구원 (2024).「2024년도 국가재정운용계획」.

한국산업연구원 (2024).「통일 대비 재정 시뮬레이션 연구」.

한국은행 (2023). 북한 경제동향 보고서.

한국은행 (2024).「남북한 경제 통합과 사회복지 재정 전망」. 경제분석보고서.

한국장애인고용공단(2023). 장애인 고용 촉진 현황과 과제.

한국정보화진흥원 (2023). 공공 데이터 품질 평가 체계개발 연구. 서울: NIA.

한국정보화진흥원 (2023). 전자정부 서비스 이용 및 접근성 보고서. 서울: NIA.

한국조세재정연구원. (2024).「사회서비스 재원 다각화 방안 연구: PPP와 민간재원을 중심으로」. 세종: 한국조세재정연구원.

한국조세재정연구원 (2024). 세수-복지 선순환 확립을 위한 중장기 조세정책 방향 보고서. 서울: 한국조세재정연구원.

한국지방행정연구원 (2023).「지방재정과 복지지출 구조 분석」.

한국지방행정연구원 (2020).『남북한 지방행정 체계 비교 연구』. 세종: 한국지방행정연구원.

한국행정연구원(Korea Institute of Public Administration). (2022). 한국 행정 체계와 공공관리 혁신 보고서. 서울: 한국행정연구원.

한국통일연구학회 (2023).『통일 시대 사회복지 정보화 방안』.

한국통일연구학회 (2023).『통일 후 사회보장제도 운영 방향』.

한반도연구원 (2023). 『북한의 사회정책과 재정 체계 변화』.

한반도평화연구소 (2023). 『북한 사회보장 시스템과 지속 가능성 평가』.

한지훈·박은영·이지현. (2023). 디지털 전환과 다층적 거버넌스를 활용한 공공정책 협력 강화 전략. 한국행정학보, 61(3), 88-112.

한지훈·최민호. (2022). 참여적 거버넌스와 디지털 참여 수단을 활용한 정책 협력 모델 개발. 한국행정학보, 60(4), 101-126.

한지훈. (2023). 유연한 실행과 스마트 평가를 통한 공공정책 성과관리 혁신. 한국정책학회보, 33(1), 75-99.

황진우. (2022). 「북한의 사회보장 관련 법제 정비와 복지통치의 기반」, 『현대북한연구』, 17(2), 55-81.

행정안전부. (2023). 디지털플랫폼 정부 추진 전략 보고서. 세종: 행정안전부.

행정안전부. (2023). 공공 데이터 품질 및 접근성 평가 보고서. 세종: 행정안전부.

행정안전부. (2023). 디지털 정부 혁신 전략 및 성과. 세종: 행정안전부.

행정안전부. (2023). 공공 데이터 정책 백서. 세종: 행정안전부.

행정안전부. (2024). 행정정보 공동이용 연계 종합보고서. 세종: 행정안전부.

Alkire, S. (2002). Operationalizing Amartya Sen's capability approach to human development: a framework for identifying valuable capabilities (Doctoral thesis). *University of Oxford*.

Andersen, J.G. (2020). "The Nordic Model in a Globalised World." Social Policy & Administration, 54(1), 123-140.

AP/Business Insider (2024). Satellite images show Russia defying sanctions to supply oil to North Korea.

Bank of Korea (2024). North Korea's Economic Statistics 2023.

Barr, N. (2012). Economics of the Welfare State (5th ed.). Oxford University Press.

Béland, D., Mahon, R., & Rojas, C. (2021). Welfare State Transformations Across the Globe. Policy Press.

Béland, D., Pettersen, P. A., et al. (2021). Universal Basic Income in the Welfare State: Evidence and Prospects. Edward Elgar Publishing.

Campbell, M. E. (2019). *Multiracial Identity and Racial Politics in the United States. Contemporary Sociology*, 48(2), 191-193.

Center for Digital Government. (2023). Virtual Assistant in Social Security Administration.

Ellman, M. (1989). Socialist Planning. Cambridge University Press.

European Commission. (2024). *European Accessibility Act (Directive (EU) 2019/882)*: Harmonised accessibility requirements for products and services in the internal market. Retrieved from European Commission website.

European Commission. (2023). Social security coordination in the EU. Brussels: European Commission Publications.

European Commission. (2023). General Data Protection Regulation (GDPR) Report.

European Commission. (2023). EU Fiscal Policy Guidelines.

European Commission. (2022a). *Commission Staff Working Document:2022 Report on gender equality in the EU (SWD(2022)54 final)*. Brussels: European Commission.

European Commission. (2022b). *Proposal for a Directive on combating violence against women and domestic violence (COM/2022/105 final)*. Brussels: European Commission.

European Commission. (2021). *European Pillar of Social Rights Action Plan*. Retrieved from European Commission website.

European Social Policy Network (ESPN). (2023, February 15). *A report on the transparency of social protection* systems: Highlights progress and challenges. European Commission Directorate-General for Employment, Social Affairs and Inclusion. Retrieved from.

Esping-Andersen, G. (1990). The Three Worlds of Welfare Capitalism. Princeton University Press.

Esping-Andersen, G. (1999). Social Foundations of Postindustrial Economies. Oxford University Press.

Hemerijck, A. (2013). Changing Welfare States. Oxford University Press.

Howlett, M., & Ramesh, M. (2022). *Studying public policy: Policy cycles and policy subsystems* (5th ed.). Oxford University Press.

Humphries, R. (2012). Social Security: The Real Deal. Social Policy & Administration, 46(2), 151-166.

ILO (International Labour Organization). (2017). World Social Protection Report 2017-19: Universal social protection to achieve the Sustainable Development Goals. Geneva: ILO.

ILO (2017). World Social Protection Report 2017-19. Geneva: International Labour Organization.

ILO (2021). World Social Protection Report 2020-22: Social protection at the crossroads - in pursuit of a better future.

Kela. (2020). *Lessons learned from the Finnish basic income experiment 2017-2018*. 헬싱키: 핀란드 사회보장국(Kela).

Leisering, L. (2020). The Global Rise of Social Cash Transfers. Oxford University Press.

Manow, P. (2021). "Models of the Welfare State." In D. Béland (Ed.), The Oxford Handbook of the Welfare State (2nd ed., pp. 787-805). *Oxford University Press*.

Manow, P. (2021). "Welfare Democracies and Autocracies: Regime Type, Redistribution, and Social Policy in the Global South", *Oxford University Press*.

Ministry of Finance Japan (2023). Fiscal Sustainability and Social Security Reform.

Ministry of Interior and Safety. (2023). 개인정보보호 종합대책(2023~2027).

Ministry of Science and ICT. (2024). 블록체인 기반 공공 데이터 보안 기술 개발 현황.

Müller, K. (1995). 독일 통일과 연금제도의 통합: 시범지역 운영의 교훈. 베를린: 슈프링거 출판사.

OECD. (2022). Governance for Future Welfare States. Paris: OECD Publishing.

OECD. (2020). Social Protection and Well-being: What Works?. OECD Publishing.

OECD. (2020). Innovative Citizen Participation and New Democratic Institutions.

OECD. (2022). Society at a Glance: OECD Social Indicators.

OECD. (2022). Social Expenditure Database (SOCX) and Income Inequality Update.

OECD. (2022). Public Participation in Policy Design: Best Practices. Paris: OECD Publishing.

OECD. (2022). Innovative Citizen Participation and New Democratic Institutions: Catching the Deliberative Wave.

OECD. (2022). Preventing Policy-Induced Social Conflict in Welfare Transitions. Paris: OECD Publishing.

OECD. (2022). Public Social Spending: Focus on Social Services. Paris: OECD Publishing.

OECD. (2022). Equal Access to Public Services for All

OECD. (2023). Integrating Social Protection Systems, OECD Publishing.

OECD. (2023). Social Expenditure Update 2022-2023.

OECD. (2023). Fiscal Challenges in Ageing Societies.

OECD. (2023). OECD Digital Government Index 2023. Paris: OECD Publishing.

OECD (2021). Social Protection and Jobs Responses to the COVID-19 Crisis: Lessons for the Future. Paris: OECD.

OECD (2019). The Role of Social Protection in Promoting Inclusive Growth. OECD Publishing.

OECD (2019). OECD Social Services Review: Korea. Paris: OECD Publishing.

OECD (2024). Social Expenditure Update. Paris: OECD Publishing.

OECD (2024). Social Expenditure Database (SOCX).

Pollitt, C., & Bouckaert, G. (2017). 공공관리 개혁: 비교 분석(Public Management Reform: A Comparative Analysis) (4판). Oxford: Oxford University Press.

Putnam, R. D. (2000). Bowling Alone: The Collapse and Revival of American Community. *New York, NY: Simon & Schuster.*

Ramesh, M. (2012). *Introduction: Citizenship and Governance. Public Organization Review*, 12(3), 251-254.

Rawls, J. (1971). A Theory of Justice. Cambridge, MA: *Harvard University Press.*

Rothstein, B. (2021). The Quality of Government: Corruption, Social Trust, and Inequality in International Perspective. *University of Chicago Press.*

Rothstein, B. (1998). Just institutions matter: The moral and political logic of the universal welfare state. *Cambridge, UK: Cambridge University Press.*

Singapore GovTech. (2023). MyCare: AI and RPA in Public Service Delivery.

Smith, J. (2015). *Mobile media and its impacts on social change and human rights in North Korea.* International Journal of Communication, X(X), 304-319.

Smith, J., & Johnson, M. (2022). *AI in Automation: A Comprehensive Review of Recent Advances.*

Stephan Haggard & Marcus Noland (2021). Witness to Transformation: Refugee Insights into North Korea. Peterson Institute.

Stephan Haggard & Liuya Zhang (2021). Analyzing North Korea with Official Economic Data.

Sen, A. (1999). *Development as Freedom.* New York, NY: Alfred A. Knopf.

Taylor-Gooby, P. (2013). *The double crisis of the welfare state and what we can do about it.* Basingstoke: Palgrave Macmillan.

Transparency International. (2023). Corruption Perceptions Index.

UK Cabinet Office. (2023). *The border target operating model: August 2023.* Retrieved from

UN DESA. (2022). E-Government Survey 2022. United Nations.

UN DESA. (2022). United Nations E-Government Survey 2022. New York: UN Department of Economic and Social Affairs.

UNDP. (2023). Human Development Report 2023/2024. United Nations Development Programme.

UNDP. (2023). Participatory Governance in Post-Conflict Societies.

UNDP. (2023). Global Social Norms and Equality Report

UNDP. (2022). Social Protection for a Fairer Future: Pathways toward Universal Social Protection. New York: United Nations Development Programme.

UNDP (2020). Socio-Economic Assessment of North Korea's Public Services System.

UNESCAP. (2023). Social Protection in North Korea: Assessment and Prospects.

UNESCAP. (2023). North Korea's Information Management and Infrastructure Challenges. United Nations ESCAP.

UNESCAP. (2022). North Korea's Economic Planning and Public Finance Reform: Assessment and Prospects. United Nations ESCAP.

UNESCAP. (2022). Social Protection in North Korea: System Overview and Gaps.

UNICEF DPRK. (2023). Annual Report: Health and Nutrition Support in DPRK.

UNICEF. (2022). UN Convention on the Rights of the Child: Global Status Report.

UNICEF. (2021). Early Childhood Education and Care Systems in OECD C

UN Panel of Experts (2023). Report on the Implementation of UN Security Council Resolutions on the DPRK. United Nations.

U.S. Department of Health and Human Services (HHS). (2023). Health Insurance Portability and Accountability Act (HIPAA) Compliance Report.

U.S. Office of Management and Budget & General Services Administration. (2023). *Federal IT Dashboard: IT portfolio dashboard and reports*. Retrieved from

Valtiontalouden Tarkastusvirasto (2022). AI and Budgeting Reform in Finland.

Voigt, P., & von dem Bussche, A. (2024). *The EU General Data Protection Regulation (GDPR): A Practical Guide (2nd ed.)*. Springer International Publishing.

Wang, L., & Liu, J. (2024). Application of artificial intelligence technologies in social welfare administration: Focusing on machine learning and explainable AI. *Korean Journal of Social Welfare Administration*, 26(1), 55-80.

WFP(2022). Food Security and Nutrition Assessment in the DPRK.

WHO (2022). North Korea Health Infrastructure Status Report.

WHO, UNICEF, UN OCHA (2022~2024). 북한 인도적 지원 영향 보고서.

Wikipedia. "Taxation in North Korea", "Jangmadang (North Korea)", "Public Distribution System (PDS)".

Wikipedia. "International sanctions against North Korea", "Shadow economy in North Korea", "COVID-19 in North Korea".

World Bank (2022). Post-conflict Social Protection Strategy Framework.

남북한
사회보장제도
비교

ⓒ 윤승비, 2025

초판 1쇄 발행 2025년 9월 30일

지은이	윤승비
펴낸이	이기봉
편집	좋은땅 편집팀
펴낸곳	도서출판 좋은땅
주소	서울특별시 마포구 양화로12길 26 지월드빌딩 (서교동 395-7)
전화	02)374-8616~7
팩스	02)374-8614
이메일	gworldbook@naver.com
홈페이지	www.g-world.co.kr

ISBN   979-11-388-4786-5 (13330)

- 가격은 뒤표지에 있습니다.
- 이 책은 저작권법에 의하여 보호를 받는 저작물이므로 무단 전재와 복제를 금합니다.
- 파본은 구입하신 서점에서 교환해 드립니다.